Manfred Grohnfeldt (Hrsg.)

Lehrbuch der Sprachheilpädagogik und Logopädie

Band 1: Selbstverständnis und theoretische Grundlagen

Band 2: Erscheinungsformen und Störungsbilder

Band 3: Diagnostik, Prävention und Evaluation

Band 4: Beratung, Therapie und Rehabilitation

Band 5: Bildung, Erziehung und Unterricht

Manfred Grohnfeldt (Hrsg.)

Lehrbuch der Sprachheilpädagogik und Logopädie

Band 5
Bildung, Erziehung und Unterricht

Verlag W. Kohlhammer

Alle Rechte vorbehalten
© 2004 W. Kohlhammer GmbH Stuttgart
Umschlag: Data Images GmbH
Gesamtherstellung:
W. Kohlhammer Druckerei GmbH + Co. Stuttgart
Printed in Germany

ISBN 3-17-016910-6

Vorwort

Das fünfbändige „Lehrbuch der Sprachheilpädagogik und Logopädie" wendet sich bei einer interdisziplinären Ausrichtung an alle Berufsgruppen, die in Theorie und Praxis mit sprach-, sprech-, rede-, stimm- und schluckgestörten Menschen arbeiten. Es ist vom Mitarbeiterkreis und der Interessenlage her bewusst breit angelegt. Dies soll durch den Titel signalisiert werden, mit dem ohne standespolitische Einengung von der Sache ausgehend das gesamte Handlungsfeld der Sprachheilpädagogik und Logopädie angesprochen wird.
Dem Charakter eines Lehrbuchs entsprechend erfolgt ein systematischer Überblick zu den einzelnen Aufgabengebieten, wobei die Darstellung in knapper Form den Stand der Forschung repräsentiert. Stichworte und Zusammenfassungen am Rand erleichtern eine Nutzung als Nachschlagewerk.
Die Verschiedenartigkeit der einzelnen Störungsformen beeinträchtigter Kommunikation und das stark angestiegene Wissen auf diesen Gebieten in den letzten Jahren dokumentieren sich in einem breiten Spektrum der damit verbundenen Aufgabenstellungen. Die inhaltlichen Schwerpunkte werden dabei auf 5 Bände verteilt:

Band 1: Selbstverständnis und theoretische Grundlagen
Band 2: Erscheinungsformen und Störungsbilder
Band 3: Diagnostik, Prävention und Evaluation
Band 4: Beratung, Therapie und Rehabilitation
Band 5: Bildung, Erziehung und Unterricht

Der vorliegende 5. Band geht schwerpunktmäßig auf schulische Aufgabengebiete von Bildung, Erziehung und Unterricht in der Sprachheilpädagogik ein. Dabei werden theoretische Grundlagen, Fragen der Theorie und Praxis der Sprachförderung im Unterricht sowie altersspezifische Institutionsformen und ihre Weiterentwicklung dargestellt und diskutiert. Damit werden Themenbereiche angesprochen, die die Sprachheilpädagogik seit ihrer Gründung beschäftigen und für die Bestimmung ihres Wissenschaftsverständnisses in der aktuellen Umbruchsituation von wesentlichem Interesse sind.
Es versteht sich, dass das hier dargestellte Wissen prinzipiellerweise eine Momentaufnahme in einer steten Abfolge veränderter Auffassungen im Rahmen einer epochalen Weiterentwicklung der beteiligten Wissenschaften darstellt. Dass diese Zäsur an der Jahrtausendwende erfolgt, ist historischer Zufall wie persönlicher Anspruch zugleich. Dabei sollte

man sich des Blicks nach vorne im Sinne einer Vision des Möglichen stets bewusst sein.

Die bei der Erstellung dieses Bandes beteiligten Fachvertreterinnen und Fachvertreter haben sich den damit verbundenen Anforderungen gestellt. Ihnen gilt mein besonderer Dank ebenso wie auch dem Kohlhammer Verlag, durch den die Möglichkeiten der Ausstattung und Verbreitung eines Lehrbuchs unterstützt wurde, von dem zu hoffen ist, dass es zu einem Standardwerk für Studierende, Theoretiker und Praktiker gleichermaßen wird.

Manfred Grohnfeldt

Inhaltsverzeichnis

Vorwort 5

Zum Wandel sprachheilpädagogischer Aufgabenfelder in der Schule
Manfred Grohnfeldt. 17

1	Historischer Rückblick	17
2	Zur derzeitigen Situation	18
3	Perspektiven für die Zukunft.	21
3.1	Erweiterung und Neuanpassung von Aufgabenfeldern . . .	21
3.2	Auswirkungen auf die Standortbestimmung der Sprachheilpädagogik.	22
4	Epilog: System im Wandel.	24

Grundlagen

Bildung, Erziehung und Unterricht in der Sprachheilpädagogik
Otto Braun 25

1	Zur Grundstruktur des sprachheilpädagogischen Denkens und Handelns.	25
2	Grundorientierungen der Theoriebildung in der Sprachheilpädagogik	26
2.1	Sprachheilpädagogik als Heilpädagogik	26
2.2	Sprachheilpädagogik als Sonderpädagogik	28
2.3	Sprachheilpädagogik als Behindertenpädagogik	28
2.4	Sprachheilpädagogik als Rehabilitationspädagogik	30
2.5	Sprachheilpädagogik als Integrationspädagogik	31
3	Konzepte zur Bildung und Erziehung von Kindern und Jugendlichen mit sonderpädagogischem Förderbedarf Sprache.	35
3.1	Bildung und Erziehung als Umerziehung	35
3.2	Bildung und Erziehung als Aneignung	36
3.3	Bildung und Erziehung als Verhaltensänderung.	38
3.4	Bildung und Erziehung als Interaktion und Kommunikation.	40
4	Unterricht als sprachtherapeutischer Unterricht	42
4.1	Zur Konzeptbildung	42
4.2	Das Berliner Konzept des sprachtherapeutischen Unterrichts	43
4.3	Das Planungsmodell des sprachtherapeutischen Unterrichts	46
4.4	Sprachdidaktischmethodische Ableitungen	48
4.5	Zur praktischen Umsetzung des sprachtherapeutischen Unterrichts	50
5	Zukunft Sprachheilpädagogik – Perspektiven der weiteren Entwicklung	51

Pädagogisierung als Beitrag zur fachlichen Identität
der Sprachheilpädagogik
Stephan Baumgartner.............................. 53

1	Einleitung: Ausgezehrtes Identitätsbewusstsein........	53
2	Die Pädagogisierung der Sprachheilpädagogik........	54
3	Sprachheilpädagogen wollen Pädagogen sein, wenn........	56
4	Sprachheilpädagogik und Erziehungswissenschaft müssen ihren Wissenstransfer intensivieren..........	58
5	Sprachheilpädagogik gewinnt disziplinäre Identität über eine erklärte Zugehörigkeit zur Heilpädagogik....	60
6	Sprachtherapie als pädagogisches Projekt...........	61
7	Die Identität der Sprachheilpädagogik als Wissenschaft..	65
8	Abschließende Bemerkungen: Pädagogisierung als bemühte Selbstbestimmung?................	67

Sprachheilpädagogik als Wissenschaft pädagogischer
Praxis
Ulrich von Knebel................................ 69

1	Zielsetzung und Aufbau des Beitrags...............	69
2	„Sprachheilarbeit" als pädagogische Praxis..........	70
2.1	Pädagogischer Anspruch – zentrales Bestimmungsmerkmal oder schmückendes Beiwerk?.............	71
2.2	Kennzeichen des Pädagogischen aus allgemeinerziehungswissenschaftlicher Sicht.................	73
2.3	Sprachförderung als pädagogisches Aufgabenfeld......	75
2.4	Sprachförderung als didaktische Herausforderung.....	77
3	Sprachheilpädagogik als Wissenschaft.............	78
3.1	Zur Problematik eines Wissenschaftsanspruchs........	78
3.2	Wissenschaftstheoretische Bezugspunkte............	80
3.3	Gütekriterien einer wissenschaftlichen Sprachheilpädagogik.................................	84

Spezielle Aufgabenstellungen

Didaktik und Sprachbehindertenpädagogik
Lothar Werner 88

1	Sprachbehindertenpädagogik und Logopädie – Partner (oder Konkurrenten?) in pädagogischen Handlungsfeldern...................................	88
2	Begründungen sprachbehindertenpädagogischen Handelns in den Lernvoraussetzungen sowie dem Förderbedarf der Klientel.....................	89
3	Unterricht und Therapie als pädagogisches Handeln....	90
4	Didaktik................................	91
5	Aktuelle Didaktikmodelle.....................	92
6	Didaktik und Sprachbehindertenpädagogik..........	94
7	Unterrichtskonzeptionen......................	96
8	Methoden................................	97

9	Aspekte zur Unterrichts- und Therapieplanung	99
10	Lernziele	100
11	Entwürfe der Unterrichts- und Therapieplanung	101
11.1	Der schriftliche Unterrichtsentwurf allgemeine Schule	101
11.2	Der schriftliche Unterrichtsentwurf Schule für Sprachbehinderte (oder integrativ organisierte Einrichtungen mit sprachbehinderten Kindern)	103
11.3	Der schriftliche Entwurf für die Durchführung von Individualtherapie/Gruppentherapie	104
12	Zusammenfassung	105

Emotionen im Unterricht – Theorie und Praxis einer Relationalen Didaktik im Förderschwerpunkt Sprache
Ulrike Lüdtke 106

1	Die Komplexität von „gutem" Unterricht	106
1.1	Emotionalität und Rationalität: Die zwei professionellen Seiten der Sprachförderung im Unterricht	106
1.2	Paradigmenwechsel in der sprachheilpädagogischen Didaktiktheorie: Von der „Pseudorationalität" zur Emotionsintegration	107
2	Die Integration der Emotionalität in die zentralen didaktischen Kategorien	109
2.1	Sprachliches Lernen: Von der kognitiven Wissensbildung zur emotionalen Bedeutungskonstruktion	109
2.2	Professionelles Lehren: Von der kognitiven Wissensvermittlung zur emotionalen Kontextunterstützung	111
2.3	Lernausgangslage: Vom Förderbedarf zur sprachlichen Differenz	114
2.4	Lernziel: Von der linguistischen Homogenität zur sprachlichen Identität	117
2.5	Grundmodell des Unterrichts: Von der rationalen Steuerung zur Sprachspezifisch-Emotionalen Regulation	119
2.6	Professionelles Selbstverständnis: Von der Gefühlsabwehr zur Koevolution	122
3	Perspektiven zur Verbesserung der Unterrichtsqualität	125

Kooperative Sprachdidaktik als Konzept sprachbehindertenpädagogischer Praxis
Alfons Welling 127

1	Zur Geschichte der Kooperativen Didaktik	129
2	Handlung in ihrer Bedeutung für die sprachliche Entwicklung der Persönlichkeit	131
3	Das Planungskonzept der Kooperativen Sprachdidaktik	134
3.1	Unterrichtsthematik	135
3.2	Förderbedürfnisse	136
3.3	Unterrichtsgegenstand	138
3.4	Aspekte der Unterrichtsthematik	140
3.5	Unterrichtsmethoden	143
4	Kooperative Sprachdidaktik und sprachbehindertenpädagogische Praxis – ein Forschungsthema	144

Theorie und Praxis der Sprachförderung im Unterricht

Personengeleitete Sachdialoge als Urformen sprachtherapeutischen Handelns im Grundschulunterricht
Giselher Gollwitz 147

1	Pädagogische Grundlegung.....................	147
2	Funktionale Erzieherhaltung versus intentionaler Stoffdruck..................................	149
3	Der Lehrer und die traditionelle Rolle eines Wissensvermittlers	150
4	Auf dem Weg von der sachlichen Funktionalität hin zur dialogischen Funktionalität................	151
5	Der kindgerechte „Sachdialog" und die Beziehungsebene	153
6	Urformen sprachtherapeutischen Handelns im Grundschulunterricht...........................	154
7	Die Klasse modellierend begleiten	155
8	Die Klasse im gemeinsamen Spiel beim Schriftspracherwerb zur phonetisch-phonologischen Bewusstheit führen.......................................	157
9	Die Klasse in Alltagshandlungen sprachlich und fachlich fördern...............................	160
10	Die Klasse mit fachlichen Lehrplaninhalten sprachlich fördern.......................................	163
11	Ausblick.....................................	165

Sprach- und Kommunikationsverhalten der Lehrkraft als Mittel unterrichtsimmanenter Sprach- und Kommunikationsförderung
Katrin Schmitt & Petra Weiß 167

1	Grundlagen...................................	167
1.1	Kommunikation und Sprache	167
1.2	Zur Bedeutung des Sprach- und Kommunikationsverhaltens der Lehrkraft..........................	168
1.3	Sprach- und Kommunikationsförderung im Unterricht ..	169
2	Beispiele praktischer Umsetzung	169
2.1	Kommunikationsbedingungen....................	169
2.2	Nonverbales Kommunikationsverhalten	172
2.3	Sprachverhalten...............................	173
2.4	Beispiel Bildergeschichte........................	176
3	Schlussbemerkung	179

Kontextoptimierte Förderung grammatischer Fähigkeiten im basistherapeutisch orientierten Anfangsunterricht
Hans-Joachim Motsch & Daniela Ziegler 180

1	Kontextoptimierung im Unterricht	180
2	Ziele der Unterrichtseinheit	182

2.1	Basistherapeutische Förderziele	182
2.2	Grammatisches Ziel	182
3	„Wir gehen auf eine Reise" (Kurzzeitintervention)	183
4	Reise in das Schwarze-Katzen-Land	186
5	Ergebnisse der Förderung	189
6	Ist Therapieintegration im Unterricht möglich?	189

Arbeit mit Bilderbüchern im Rahmen eines sprachheilpädagogisch orientierten Unterrichts – aufgezeigt am Beispiel des Bilderbuchs: „Das Schaf mit dem Zitronenohr"
Angela Ettenreich-Koschinsky 191

1	Grundlagen	191
2	Aufbereitung von Bilderbüchern für einen sprachheilpädagogisch orientierten Unterricht	194
2.1	Kriterien für die Auswahl von Bilderbüchern (vgl. TROSSBACH-NEUNER 1997)	194
2.2	Kriterien zur Vereinfachung der sprachlichen Komplexität von Bilderbuchtexten (vgl. TROSSBACH-NEUNER 1997)	196
2.3	Möglichkeiten der entwicklungsorientierten sprachlichen Förderung mit Hilfe von Bilderbüchern	197
3	Unterrichtsbeispiel zur sprachheilpädagogisch orientierten Arbeit mit Bilderbüchern	202
3.1	Lehrplanbezug	203
3.2	Mögliche Sequenz	203
3.3	Lernziele	204
3.4	Unterrichtsverlauf	204
4	Zusammenfassung	205

Unterricht im sonderpädagogischen Förderschwerpunkt Sprache. Perspektiven für die 2. Ausbildungsphase und Planungsbeispiel
Reiner Bahr & Barbara Grimme 217

1	Vom „sprachtherapeutischen Unterricht" zum Unterricht im Förderschwerpunkt Sprache	218
1.1	Wandel im Selbstverständnis „sprachtherapeutischen Unterrichts"	218
1.2	Sprachtherapeutische Methoden	219
1.3	Diagnostik und exemplarische Methodenanwendung in der 2. Ausbildungsphase	221
2	Planungsbeispiel aus dem Deutschunterricht	225
2.1	Bildungsziele	225
2.2	Förderziele	225
2.3	Verknüpfung der Bildungsziele mit den Förderzielen – Themenfindung	226
2.4	Planung der Unterrichtsreihe	226
2.5	Darstellung einer Unterrichtsstunde: „Wir spielen die Gespenstergeschichte"	229

Lesen und Schreiben bei sprachgestörten Kindern und Jugendlichen
Iris Füssenich 234

1	Spezielle Gesichtspunkte.	234
2	Erwerb der Schriftsprache	235
3	Sprachstörungen und der Erwerb der Schrift	236
3.1	Auf der Sprachebene der Aussprache..............	237
3.2	Auf der Sprachebene der Grammatik..............	241
3.3	Auf der Sprachebene der Semantik	242
3.4	Auf der Sprachebene der Metasprache.............	243
4	Zum Einsatz der Schrift bei der Therapie von mündlichen Sprachstörungen	244
5	Schwierigkeiten mit der Schriftsprache und Auswirkungen für die Weiterentwicklung der mündlichen Sprache.	246
6	Sprache als Medium im Unterricht	246
7	Perspektiven	247

Diagnose und Förderung der phonologischen Bewusstheit
Andreas Mayer 248

1	Historischer Abriss	248
2	Definitionen	249
3	Entwicklung der phonologischen Bewusstheit.........	251
4	Empirische Überprüfung.......................	253
5	Diagnoseverfahren zur Überprüfung der phonologischen Bewusstheit von Kindern	257
5.1	Bielefelder Screening zur Früherkennung von Lese- und Rechtschreibschwierigkeiten (JANSEN, MANNHAUPT, MARX, SKOWRONEK ²2002)...................	257
5.2	Der Rundgang durch Hörhausen (MARTSCHINKE & KIRSCHHOCK & FRANK 2001)..................	258
6	Förderung der phonologischen Bewusstheit	259

Metalinguistische Intervention – computergestützte Förderung
Karin Reber 265

1	Zum Zusammenhang von Laut- und Schriftsprache	265
2	Konsequenzen für Unterricht und Therapie: Metalinguistische Intervention	269
2.1	Schritt 1: Ziel Schriftsprache....................	269
2.2	Schritt 2: Weg Schriftsprache	270
3	Computergestützte Intervention	271
3.1	Reflexion zur Medienwahl: Computereinsatz.........	271
3.2	Formen computergestützter Intervention	272
3.3	Anforderungen an ein Computerprogramm für die sprachheilpädagogische Intervention..........	273
3.4	Metalinguistische Intervention mit dem Computerprogramm paLABra........................	274
4	Ausblick	278

Computerunterstützte Förderung von Wahrnehmung und Sprache in der Schule
Arno Deuse 280

1	Grundvorstellungen (Modelle) und didaktische Folgerungen.	281
1.1	Lernen, Wahrnehmung, Sprache	281
1.2	Drei-Ebenen-Modell menschlicher Aktivität	282
2	Aspekte zur (veränderten) Lebenssituation und individuellen Lernausgangslage.	283
3	Förderbereiche und spezielle Computerprogramme (Beispiele)	285
3.1	Zum Bereich „visuelle Wahrnehmung".	285
3.2	Zum Bereich „auditive Wahrnehmung" (i.w.S.)	286
3.3	Zum Bereich „Stimmgebung, Artikulation"	288
3.4	Zum Bereich „Schriftsprache".	288
4	Schluss	290

Deutsch als Zweitsprache
Angela Miksch & Minh-Dai Nguyen-thi 292

1	Kinder im Spannungsfeld der Migration.	293
1.1	Biografie im Spannungsfeld.	293
1.2	Gegenwart im Spannungsfeld	294
1.3	Sprach- und Identitätsentwicklung im Spannungsfeld . . .	294
1.4	Im Spannungsfeld zweier Sprachen	295
1.5	Erst- und Zweitspracherwerb	296
2	Segregation oder Assimilation?	297
2.1	In einer Grundschule erlebt.	297
2.2	Schule und Deutsch als Zweitsprache.	297
2.3	Schulische Angebote wandeln sich	298
2.4	Perspektivenwechsel	299
2.5	Monolinguale Diagnostik	299
3	Kreative Integration	300
3.1	Sprachüberprüfung.	300
3.2	Förderung	302
3.3	Tipps für Eltern und Pädagogen	303

Englisch an der Schule für Sprachbehinderte? – Zur Theorie des Hörverstehensansatzes und mögliche Konsequenzen
Cornelia Berkhahn. 305

1	Theoretische Überlegungen zum frühen Fremdsprachenlernen	306
1.1	Der Hörverstehensansatz (BLEYHL)	306
1.2	Methodische Konsequenzen	307
1.3	Zielsetzungen des frühen Fremdsprachenlernens	308
1.4	Zur Modifikation des Hörverstehensansatzes in der Schule für Sprachbehinderte.	309
2	Überblick über das Gesamtprojekt.	311

3	Exemplarische Darstellung einer Unterrichtsstunde	311
3.1	Zielsetzungen der Unterrichtsstunde	311
3.2	Geplanter Verlauf der Unterrichtsstunde	312
4	Abschließende Bemerkungen	314

Frühförderung

Frühförderung – übergreifende und fachspezifische Merkmale
Franz Peterander 316

1	Definition von Frühförderung	317
2	Kinder in der Frühförderung	317
3	Etablierung der Frühförderung	318
4	Theoretische Grundlagen	318
5	Prinzipien der Frühförderung	320
6	Diagnostik	321
6.1	Anforderungen an Diagnostik und Früherkennung	322
7	Kindförderung und Kooperation mit Eltern	324
7.1	Bedeutung von Eltern-Kind-Beziehungen	325
8	Spezifische Sprachentwicklungsstörungen und frühe Förderung	326
9	Kompetenzen und persönliche Einstellungen der Fachleute	328
10	Effektivität	329
11	Anmerkungen	329

Sprachheilschule, Förderzentren und integrative Schulformen
Wilma Schneider 331

1	Schüler mit sonderpädagogischem Förderbedarf im Bereich der Sprache	331
2	Schulische Möglichkeiten für Kinder und Jugendliche mit sonderpädagogischem Förderbedarf im Bereich der Sprache	334
2.1	Sprachheilschulen	335
2.2	Sonderpädagogische Förderzentren	336
2.3	Integrative Formen	337
2.4	Weitere Formen der Beschulung sprachauffälliger Schüler an Förderschulen	339
2.5	Sprachheilpädagogische Beratungszentren	340
3	Schwerpunkte in den einzelnen Bundesländern	340
4	Fachpolitische Stellungnahmen zu den unterschiedlichen Schulformen	342
5	Ausblick	345

Sprach- und Lernstörungen
Ulrich Heimlich 346

       Vorbemerkung 346
1   Schüler/-innen mit sonderpädagogischem Förderbedarf
       in den Förderschwerpunkten „Sprache" und „Lernen" .. 347
1.1   Förderschwerpunkt Sprache 349
1.2   Förderschwerpunkt Lernen 350
1.3   Gemeinsamkeiten auf der Ebene der Förderschwerpunkte 351
2   Auswirkungen der KMK-Empfehlungen auf die
       Förderschwerpunkte „Sprache" und „Lernen" 352
2.1   Schüler/-innen mit sonderpädagogischem Förderbedarf
       in der allgemeinen Schule 352
2.2   Lehrkräfte für Sonderpädagogik in der allgemeinen
       Schule am Beispiel Bayerns 353
       Ausblick 355

Sprache und Verhaltensstörungen
Konrad Bundschuh 356

1   Zum Verständnis des Zusammenhangs von Verhaltens-
       störung und Sprache 356
1.1   Verhaltensstörung aus heilpädagogischer Sicht 356
1.2   Sprachstörung und maladaptives Verhalten 358
1.3   Verhaltensstörung und Sprachbehinderung
       aus transaktionaler Sicht 359
2   Pädagogisch-therapeutische Maßnahmen im Umgang
       mit schwierigem Verhalten 360
2.1   Die Lehrer-Schüler-Beziehung aus konstruktivistischer
       Perspektive 361
2.2   Der Entwicklungstherapeutische Unterricht
       als Möglichkeit einer übergreifenden Förderung
       in der Sprachheilschule 362
2.3   Spieltherapeutisches Arbeiten im Kontext Schule
       und Unterricht 363
3   Gemeinsame Herausforderungen im Kontext
       von Sprachheilpädagogik und einer Pädagogik
       bei Verhaltensstörungen 364

Fragen der Diagnostik und spezifischen Förderung bei der Berufsbildung sprachgestörter Jugendlicher
Lilli Jedik 366

1   Spezifische Sprachentwicklungsstörung im Jugendalter .. 367
1.1   Scheinbare sprachliche Unauffälligkeit und latente
       Störungsstruktur 368
1.2   Das Merkmal des absinkenden Intelligenzquotienten ... 368
1.3   Die Gefahr sozio-emotionaler Schwierigkeiten 369
2   Berufliche Ersteingliederung und Rehabilitation von
       sprachgestörten Jugendlichen 370

2.1	Berufsausbildung und spezifische Förderung von sprachgestörten Jugendlichen in Berufsbildungswerken	371
3	Probleme von sprachgestörten Jugendlichen an der Schwelle zur Berufsausbildung	373
	Ausblick	374

Literaturverzeichnis 375

Stichwortverzeichnis 410

Autorenverzeichnis 420

Zum Wandel sprachheilpädagogischer Aufgabenfelder in der Schule

Manfred Grohnfeldt

1 Historischer Rückblick

Lange Zeit war die Sprachheilschule die dominierende Einrichtung in der Sprachheilpädagogik. Ihre zentrale Bezugsgröße zeigte sich nicht nur institutionell, sondern auch von den damit einhergehenden inhaltlichen Aufgabenstellungen, die sich über eine vordergründige Symptomkorrektur hinaus auf die Bildung, Erziehung, Unterricht und Therapie sprachgestörter Kinder und Jugendlicher erstreckt.
Dieses *Primat der Schule* geht bis in die zweifache Wurzel von Pädagogik und Medizin des sprachheilpädagogischen Selbstverständnisses im 19. Jahrhundert zurück. Es findet seinen Ausdruck 1927 in der Gründung der „Arbeitsgemeinschaft für Sprachheilpädagogik in Deutschland" (der späteren „Deutschen Gesellschaft für Sprachheilpädagogik e.V." [dgs]) durch Hamburger Lehrer.
Auch nach der Auflösung dieses Verbandes zur Zeit des Nationalsozialismus und seiner Neugründung im Jahr 1953 wird diese Linie konsequent weiter verfolgt. Sie setzt sich in den 50-er Jahren in heftigen Kontroversen mit außerschulischen Ansätzen in Westfalen-Lippe durch (dazu: BRAUN & MACHA-KRAU 2000, MAIHACK 2001) und etabliert sich als eigenständige sonderpädagogische Fachrichtung (ORTHMANN 1969a).
Auf dieser Grundlage partizipiert die Sprachheilpädagogik vor dem Hintergrund der Empfehlungen der Kultusministerkonferenz vom 16. März 1972 an einem einzigartigen Ausbau des Sonderschulwesens in Deutschland, der in einigen Bundesländern innerhalb von 15 Jahren zu einer Verzehnfachung der Anzahl an Sprachheilschulen führte (GROHNFELDT 1995). Dabei eilte die Praxis der Theorie voraus. Die in dieser Zeit entwickelten Ansätze der Verbindung von Unterricht und Therapie (WERNER 1972, 1975) und zum „sprachtherapeutischen Unterricht" (BRAUN 1982) nehmen Fragen zur „Dualismusproblematik" (ORTHMANN 1969 b) auf und nennen Lösungsvorschläge, die bis heute von Bedeutung sind.
Die Empfehlungen der Kultusministerkonferenz vom 6. Mai 1994 waren Ausdruck eines entscheidenden Perspektivenwechsels. Während 1972 noch von einer „Ordnung des Sonderschulwesens" gesprochen wurde, erfolgt jetzt eine Ablösung eines derartigen institutionellen Paradigmas durch eine *Personorientierung*. Im Vordergrund stehen die individuellen Förderbedürfnisse des Einzelnen und nicht mehr die Zuordnung zu einem bestimmten Sonderschultyp. Der Förderort ist dabei nachrangig.

Marginalien:
Primat der Sprachheilschule

KMK 1972: Ausbau des Sonderschulwesens

KMK 1994: Perspektivenwechsel

> Genannt werden
>
> - traditionell bekannte Sonderschultypen (z.B. Sprachheilschulen),
> - neu zu gründende Förderzentren, die Kinder der ehemaligen Lernbehinderten-, Verhaltensgestörten- und Sprachheilschule aufnehmen sollen sowie
> - verschiedenartige integrative Formen der Beschulung.

unterschiedliche Umsetzung in den Bundesländern

Die Offenheit der Formulierung lässt dabei variierende Interpretationen zu. Sie führte zu einer total unterschiedlichen Umsetzung in den einzelnen Bundesländern. Während z.B. in *Bremen* vor dem Hintergrund einer politischen Grundsatzentscheidung alle Sprachheilschulen ohne gleichwertigen Ersatz aufgelöst wurden, sprach man sich im Abschlussbericht eines flächendeckenden Schulversuchs in *Nordrhein-Westfalen* dafür aus, dass eine alleinige Einrichtung von Förderzentren nicht ausreicht und für manche Kinder eine fachspezifische Förderung in der Sprachheilschule unabdingbar ist. In einigen Bundesländern erfolgte ein Abbau von Sprachheilschulen (z.B. in *Bayern*), in anderen eine Neugründung (z.B. in *Hessen*). Die Folge ist ein total auseinander driftendes divergierendes System ohne einheitliche Zielsetzung, wobei die zukünftige Entwicklung nicht durch inhaltliche Gesichtspunkte, sondern auch vor dem Hintergrund zurückgehender Schülerzahlen (vor allem in den neuen Bundesländern) beeinflusst werden dürfte.

außerschulische Sprachheilpädagogik

Überlagert wird dieser Prozess durch erhebliche Schwerpunktveränderungen von schulischer und außerschulischer Sprachheilpädagogik im letzten Jahrzehnt. Als Ausdruck der erstarkenden Interessensvertretung wurde 1993 die „Arbeitsgemeinschaft freiberuflicher und angestellter Sprachheilpädagogen" (AGFAS) als unselbstständige Untergliederung innerhalb der „Deutschen Gesellschaft für Sprachheilpädagogik e.V." (dgs) gegründet. 1999 erfolgte die Umbenennung in „Deutscher Bundesverband der Sprachheilpädagogen" (dbs), der jetzt auf der Grundlage einer Satzungsänderung als selbstständige Untergliederung der dgs agieren kann. Die Beitritte der Verbände der Linguisten, Sprechwissenschaftler und Patholinguisten in den dbs sowie der Kooperationsvertrag des „Deutschen Bundesverbandes der Logopäden" (dbl) mit dem dbs im Jahr 2002 dokumentieren die Dynamik der Entwicklung. Innerhalb eines Jahrzehnts kam es zu einer totalen Veränderung des Sprachheilwesens in Deutschland.

2 Zur derzeitigen Situation

komplexe Veränderung

Das System der Sprachheilpädagogik in Deutschland ist derzeit in einer komplexen Veränderung, die sich auf zwei Ebenen manifestiert.

- Im *schulischen* Bereich stellt sich die Aufgabe, im Verhältnis zu den anderen sonderpädagogischen Fachdisziplinen – insbesondere zur Lernbehinderten- und Verhaltensgestörtenpädagogik – innerhalb eines

pädagogischen Kontextes eigene Positionen und Anteile zu markieren, sich aber auch in Überschneidungsbereiche organisch einzufügen.
- Im *außerschulischen* Bereich ist für die zukünftige Weiterentwicklung eine Intensivierung der Kooperation mit anderen sprachtherapeutischen Berufsgruppen, insbesondere mit der Logopädie, Linguistik, Sprechwissenschaft von wesentlicher Bedeutung, wobei internationale Vergleichsmaßstäbe an Bedeutung gewinnen.

Beide Bereiche sind miteinander verbunden. Es ist absehbar, dass damit weit reichende Strukturänderungen verbunden sind, die die Einheit des Faches betreffen. Schon jetzt ist erkennbar, dass dabei die Ausbildung eine zentrale Rolle einnehmen wird. Die Tendenzen im schulischen Bereich des Lehramtsstudiums deuten eher auf eine Absenkung der fachspezifischen Anteile bis zur Gefahr der Nivellierung (GROHNFELDT 2004a). Im außerschulischen Bereich ist dagegen eine weitere Erhöhung der fachspezifischen Anteile vorgesehen. Es werden Überlegungen und konkrete Planungen für ein einheitliches Berufsprofil „Sprachtherapeutin" angestellt, wobei noch offen ist, ob dies langfristig zu einer Verschmelzung der bisherigen Berufsgruppen führen wird oder unterschiedliche Wege zu einem übergreifenden Ziel führen werden.

Bedeutung der Ausbildung

Im Folgenden soll gemäß der Thematik des vorliegenden Lehrbuchbandes schwerpunktmäßig auf den schulischen Bereich eingegangen werden, wobei die systemische Einbettung in den Kontext des gesamten Sprachheilwesens immer mitbedacht werden muss. Schwerpunktmäßig soll dabei auf das Verhältnis der Lernbehinderten-, Sprachheil- und Verhaltensgestörtenpädagogik sowie ihre Einbettung in die Allgemeine Pädagogik eingegangen werden. In einem Spannungsfeld von Einordnung und Besonderung kann dabei die Überschneidung der Schnittmengen unterschiedlich groß ausfallen (GROHNFELDT 1995), wobei sich dies auf

Verhältnis der sonderpädagogischen Fachrichtungen

- inhaltliche Merkmale des didaktisch-methodischen Vorgehens,
- die Klientel, d.h. die Erscheinungsformen und Störungsbilder bei den betroffenen Kindern und Jugendlichen und
- die institutionellen Konsequenzen

bezieht. In Abb. 1 sind die Eigenanteile vergleichsweise hoch. Hier sind trennungsscharfe Abgrenzungen möglich, die ein fachspezifisches Vorgehen bei einer Verbindung von Individualtherapie und Gruppentherapie erforderlich machen. Eine Sprachheilschule sollte diese Voraussetzungen bieten.

In Abb. 2 sind die Überschneidungsbereiche vergleichsweise hoch, so dass eine komplex aufeinander bezogene Förderung mit spezifisch aufeinander bezogenen Schwerpunkten notwendig ist. Von der Konzeption her sollte dies in einem Förderzentrum möglich sein.

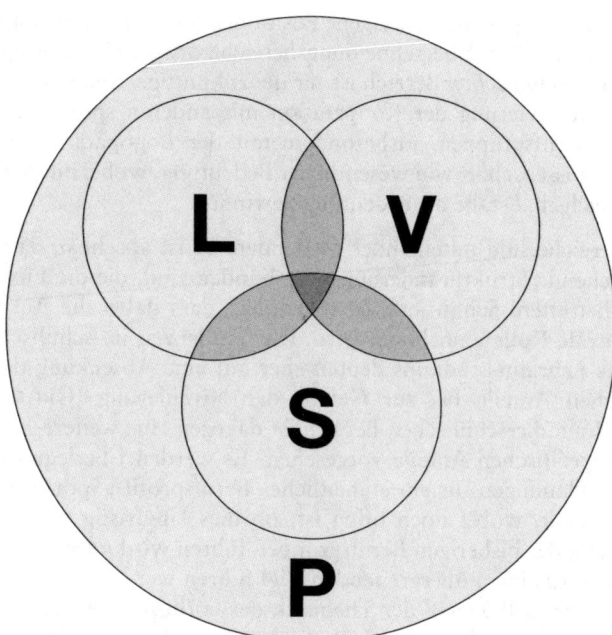

Abb. 1: Schnittmengen von Lernbehinderten (L)-, Sprachheil (S)- und Verhaltensgestörtenpädagogik (V) im pädagogischen Kontext (P) bei hohen fachspezifischen Anteilen

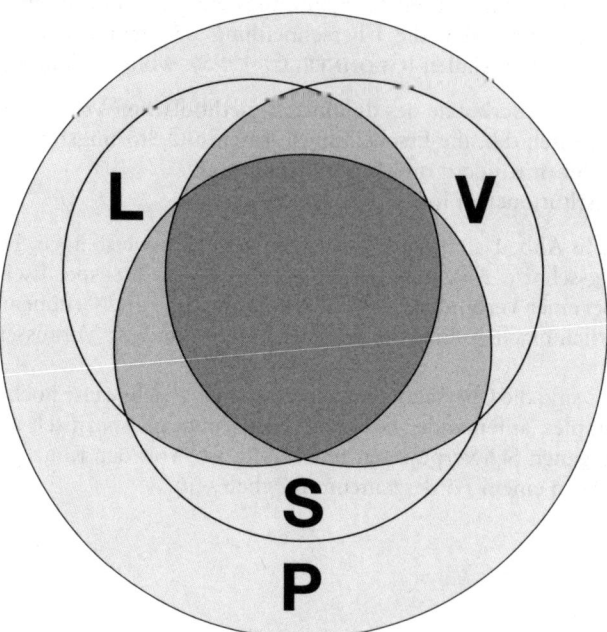

Abb. 2: Schnittmenge von Lernbehinderten (L)-, Sprachheil (S)- und Verhaltensgestörtenpädagogik (V) im pädagogischen Kontext (P) bei hohen Überschneidungsmerkmalen

Natürlich ist diese Einteilung idealtypisch. Sie wird in der Realität überlagert durch

- diagnostische Unschärfen und pädagogisch-therapeutische Überschneidungen,
- regionale Besonderheiten des jeweiligen Versorgungsangebotes und
- ideologische Vorentscheidungen durch bildungspolitische Vorgaben.

Letztlich gilt dies auch für unterschiedliche Formen der integrativen Beschulung. In allen Fällen sollte jedoch das pädagogische Primat zweifelsfrei sein – eine Forderung, die für den außerschulischen Bereich nicht so selbstverständlich ist (s. Kap. 3.2).

Im Folgenden ist zu prüfen, inwieweit sich die damit verbundenen Anforderungen auf das konkrete Vorgehen in der Praxis sowie eine veränderte Standortbestimmung der Sprachheilpädagogik auswirken.

3 Perspektiven für die Zukunft

3.1 Erweiterung und Neuanpassung von Aufgabenfeldern

Generell ist für den schulischen Bereich von einem flexiblen Verbundsystem von miteinander vernetzten Sonderschulen mit der Grundschule auszugehen (GROHNFELDT, HOMBURG & TEUMER 1993). Sprachtherapeutische Interventionen sind damit unabhängig von der Institution zu sehen. Dies bedeutet, dass

flexibles Verbundsystem

- einerseits die klassischen Formen der Verbindung von Unterricht und Therapie weiterentwickelt werden müssen und
- andererseits Möglichkeiten der schulorganisatorischen Integration durch Kooperation zu suchen sind, wobei sich diese Kooperation auch auf eine Vernetzung schulischer und außerschulischer sprachtherapeutischer Maßnahmen zu beziehen hat.

Im Einzelnen bedeutet dies, dass der ursprünglich für die Sprachheilschule entwickelte „sprachtherapeutische Unterricht" (BRAUN 1982) sich neuanpassend an die Bedingungen eines Unterrichts mit dem Förderschwerpunkt Sprache zu adaptieren hat. Dazu liegt ein Positionspapier der Deutschen Gesellschaft für Sprachheilpädagogik e.V. (dgs) vom 25.2.2000 vor. In diesem Lehrbuch gibt es dazu Grundsatzüberlegungen von BAHR & GRIMME. Umsetzungen finden sich in der Form der Kontextoptimierung (MOTSCH & ZIEGLER), zur Bedeutung der Lehrersprache (SCHMITT & WEISS), zum Einsatz von Bilderbüchern (ETTENREICH-KOSCHINSKY) und zur Situation bei Mehrsprachigkeit (MIKSCHER & NGUYEN-THI). Die anderen praxisorientierten Beiträge im Lehrbuch ordnen sich dementsprechend bei.

sprachtherapeutischer Unterricht

Neuere Untersuchungen zeigen, dass unter den Bedingungen der Kontextoptimierung die Therapie grammatischer Störungen im Unterricht zu

Kontextoptimierung

signifikanten Verbesserungen führt (MOTSCH & BERG 2003). Wissenschaftliche Erhebungen dieser Art liegen zur Effizienz sprachtherapeutischer Maßnahmen unter den Bedingungen der Kooperation noch nicht vor. Zweifelsfrei dürfte jedoch sein, dass in diesem Zusammenhang unterschiedliche Formen der *Beratung* zunehmend an Bedeutung gewinnen werden (GROHNFELDT 1999, RITTERFELD 2003).

> Neben der traditionell bekannten Elternarbeit bei sprachgestörten Kindern und ihren Familien gewinnt das Praxisfeld der Kooperation von Regel- und Sonderschullehrer(inne)n im Rahmen der individuellen Förderung und Therapie sprachauffälliger Kinder in der Regelschule zunehmend an Bedeutung. Für die Ausbildung bedeutet das, dass neben vermehrten Angeboten zur Gesprächsführung additive und integrative Formen des „team-teaching" konkret vermittelt werden müssen. Es ist abzusehen, dass eine derartige „kollegiale Praxisberatung" (BUSSE 1998) im Hinblick auf das zukünftige Selbstverständnis der Sprachheilpädagogik zunehmend an Bedeutung gewinnen wird.

Kooperation von schulischer und außerschulischer Sprachheilpädagogik

Eine Kooperation schulischer und außerschulischer Sprachheilpädagogik *innerhalb des Praxisfeldes Schule* ist dagegen derzeit noch ungeklärt. Die Übernahme ambulanter Sprachtherapie im Rahmen integrativer Förderkonzepte durch „externe Fachkräfte" (MAIHACK 2002, 154) ist umstritten. Möglicherweise werden hier Veränderungen der Qualifikationsmerkmale durch eine Absenkung der fachspezifischen Anteile im Lehramtsstudium bei einer gleichzeitigen Erweiterung der Fachspezifität durch neu einzurichtende Bachelor-/Master-Studiengänge für den außerschulischen Bereich neue Ausgangssituationen herstellen (GROHNFELDT 2004a). Überhaupt signalisiert die derzeitige Entwicklung bevorstehende Weichenstellungen innerhalb des Sprachheilwesens in Deutschland.

3.2 Auswirkungen auf die Standortbestimmung der Sprachheilpädagogik

Die bisherigen Anforderungen verdeutlichen, dass die Sprachheilpädagogik derzeit vor einer zweifachen Anforderung steht.

- Im schulischen Bereich geht es um eine *Stärkung nach innen,* indem Abgrenzungen und Überschneidungen insbesondere zur Lernbehinderten- und Verhaltensgestörtenpädagogik neu markiert werden.
- In außerschulischen Handlungsfeldern ist eine *Öffnung nach außen* notwendig, die eine vermehrte Kooperation mit anderen sprachtherapeutischen Berufsgruppen vor dem Hintergrund einer notwendigen Internationalisierung beinhaltet.

In beiden Fällen sind die notwendigen Änderungen mit neuen Aufgabenfeldern verbunden. Der Spagat der Anforderungen führt zu einer allmählichen Metamorphose (GROHNFELDT 2004a), bei der unterschiedliche

Kräfte kumulativ verstärkend oder sich gegenseitig abschwächend einwirken.
Können die damit einhergehenden Prozesse zu einem Verlust der sprachheilpädagogischen Identität führen (BAUMGARTNER in diesem Lehrbuch)? Ist der pädagogische Anspruch überhaupt „zentrales Bestimmungsmerkmal oder schmückendes Beiwerk" (VON KNEBEL in diesem Buch, S. 71)? Diese Frage mag überraschend klingen, ist aber angesichts der immer wieder genannten, aber selten eingelösten Bezugnahmen auf die Pädagogik durchaus berechtigt und für die Diskussion weiterführend.

Als erschwerende Differenzierung tritt hinzu, dass die Beantwortung dieser Fragen u.U. für den schulischen und außerschulischen Bereich der Sprachheilpädagogik unterschiedlich erfolgt. In diesem Zusammenhang sind Untersuchungen von Bedeutung, nach denen sich die Persondaten und Einstellungen zu pädagogisch-therapeutischen Fragestellungen von Sprachheillehrer(inne)n und akademischen Sprachtherapeut(inn)en (Diplom/Magister) gravierend unterscheiden, während das Berufsprofil von Logopäd(inn)en und akademischen Sprachtherapeut(inn)en nahezu identisch ist (GROHNFELDT 2004b). Weiterhin sind Schwerpunktverlagerungen innerhalb des gesamten Sprachheilwesens in Deutschland zu beachten.

Einheit des Faches

- Vor 20 Jahren dominierte der Beruf des Sprachheillehrers bei nur wenigen Logopädinnen.
- Vor 10 Jahren betrug der Anteil schulischer Sprachheilpädagogik ca. 70%, außerschulische Berufsgruppen (Logopädie, Diplom/Magister Sprachheilpädagogik, Linguistik, Sprechwissenschaft usw.) waren insgesamt mit ca. 30% im Gesamtsystem vertreten.
- Heute hat sich dieses Verhältnis umgekehrt: ca. 30% arbeiten im schulischen, ca. 70% im außerschulischen System (GROHNFELDT 2004b).

Schwerpunktverlagerung schulischer und außerschulischer Anteile

Für die nächsten 10 Jahre ist aufgrund der unterschiedlichen Altersstruktur und Ausbildungssituation eine weitere Vertiefung der o.g. Schwerpunktverlagerung schulischer und außerschulischer Versorgungsanteile im Gesamtsystem des Sprachheilwesens zu erwarten.

Letztlich geht es dabei um eine Neupositionierung der sprachtherapeutischen Berufsgruppen innerhalb eines auseinanderdriftenden Systems, das auf Ergänzung angelegt ist.

Was bedeutet das für die Sprachheilpädagogik und Logopädie?

4 Epilog: System im Wandel

Vor 50 Jahren – zur Zeit der Neugründung der heutigen Deutschen Gesellschaft für Sprachheilpädagogik e.V. (dgs) im Jahr 1953 – gab es eine *Einheit* sprachheilpädagogischen Handelns, die sich in der Institution der Sprachheilschule dokumentierte. Es erfolgte ein langsamer Aufstieg aus den Trümmern des 2. Weltkrieges, der aber eindeutig nach vorne gerichtet war.

Diversifikation in einer postmodernen Welt

Heute ist eine *Vielfalt* sprachheilpädagogischer und logopädischer Aufgabenfelder in unterschiedlichen Bereichen als Ausdruck der Diversifikation in einer postmodernen, globalisierten Welt festzustellen. Die schulische Sprachheilpädagogik steht dabei im Legitimationsdruck und Abgrenzungsschwierigkeiten. Im außerschulischen Bereich ist eine Annäherung der Berufsgruppen zu beobachten. Insgesamt sind erhebliche Schwerpunktverlagerungen und Kippbewegungen festzustellen. Die Internationalisierung wartet im Hintergrund.

Ein Zurück wird es nicht geben. Die beteiligten Fachdisziplinen stehen vor einer Neukonfiguration. Die Zukunft wird zeigen, ob dabei eine Einheit der Fachdisziplinen bei einer gleichzeitigen Aufhebung der standespolitischen Grenzen möglich ist.

Bildung, Erziehung und Unterricht in der Sprachheilpädagogik

Otto Braun

1 Zur Grundstruktur des sprachheilpädagogischen Denkens und Handelns

Da sprachheilpädagogische Theorie und Praxis, sprachheilpädagogisches Denken und Handeln prinzipiell untrennbar miteinander verbunden sind, kann ihr Verhältnis als *Theorie-Praxis-Zirkel* (Abb. 1) modelliert werden.

Sprachheilpädagogik
als erziehungswissenschaftliche Fachdisziplin

Erziehungs-, Bildungs- und Organisationstheorien
Sprachheilpädagogische Konzepte zu Aufgaben, Bedingungen und Gestaltungsmöglichkeiten von Bildung und Erziehung

↑ Reflexion   │ Handlungsorientierung

Situationsanalyse   Veränderung
│
Handlungsverunsicherung
│
Problemstellung
│
                                          ↓

Erziehungswirklichkeit der sprachheilpädagogischen Förderung von Kindern und Jugendlichen mit sonderpädagogischem Förderbedarf Sprache
Praxis der sprachheilpädagogischen Bildung und Erziehung

Abb. 1: Theorie-Praxis-Zirkel der Sprachheilpädagogik

Sprachheilpädagogik als erziehungswissenschaftliche Disziplin vermittelt zwischen sprachheilpädagogischer Erziehungswirklichkeit und Theorie-

erziehungswissenschaftliche Grundlage

bildung. Sprachheilpädagogische Theorie als Theorie für die und von der sprachheilpädagogischen Praxis beginnt mit der Situationsanalyse der Vielfalt der Anforderungen, Erfahrungen und Probleme in der Bildungs- und Erziehungspraxis, stellt Reflexionen an und leitet Um- bzw. Neuorientierungen ab. Sie entwirft neue Konzeptansätze zu Aufgaben, Bedingungen und Gestaltungsmöglichkeiten der aufgrund von Veränderungen problematisch gewordenen Bildungs- und Erziehungspraxis bei Kindern und Jugendlichen mit sonderpädagogischem Förderbedarf Sprache. Wie andere reale und fiktive Lebensbereiche unterliegt auch die Sprachheilpädagogik einem ständigen Wandlungsprozess, den man in seiner Vielschichtigkeit und Vielfältigkeit wissenschaftstheoretisch und -methodisch zu reduzieren und zu strukturieren versucht.

terminologischer Wandel

Den Wandel im Grundverständnis von Sprachheilpädagogik als Theorie und Praxis der spezifisch pädagogischen Sprachförderung und Sprachtherapie, vor allem in ihren Grundintentionen, zeigt – wenn auch fürs Erste oberflächenhaft – die Entwicklung der Terminologie des Fachgebietes an. Die historisch erste Bezeichnung für die Theorie und Praxis der pädagogischen Förderung sprachlich förderbedürftiger Kinder und Jugendlicher ist *Sprachheilpädagogik*, die bis in die Gegenwart mehr oder weniger synonym mit *Sprachbehindertenpädagogik* als Fachbezeichnung verwendet wird.

> Hinter dem terminologischen Wandel des sprachheilpädagogischen Fachgebiets verbirgt sich nicht nur der Verständniswandel der Grundbegriffe, sondern auch die Entwicklungsgeschichte der fachspezifischen Theoriebildung und der Institutionalisierung der sprachheilpädagogischen Organisationsformen.

Grundansätze sprachheilpädagogischen Denkens

Zur Klärung der Grundintentionen der Sprachheilpädagogik als erziehungswissenschaftliche Fachdisziplin und der Konzeptbildungen zu Bildung und Erziehung von Kindern und Jugendlichen mit sonderpädagogischem Förderbedarf Sprache soll im Folgenden der Versuch gemacht werden, die *Grundorientierungen* bzw. Grundansätze des sprachheilpädagogischen Denkens und Handelns in ihren wesentlichen Merkmalen zu kennzeichnen, etablierte profilierte Konzepte zur Bildung und Erziehung sprachlich förderbedürftiger Kinder und Jugendlicher darzustellen und in ihrer Bedeutung für die gegenwärtige und zukünftige Theoriebildung und Praxisgestaltung einzuschätzen.

2 Grundorientierungen der Theoriebildung in der Sprachheilpädagogik

2.1 Sprachheilpädagogik als *Heilpädagogik*

Eine erste erziehungswissenschaftliche systematische Darstellung der Sprachheilpädagogik legt HANSEN (1929) mit seiner wegweisenden Monografie „Die Problematik der Sprachheilschule in ihrer geschichtlichen Entwicklung" vor. In einer subtilen Analyse des Konzepts „Stottern als assoziative Aphasie" (HOEPFNER 1925) gewinnt er eine vertiefte Einsicht in das Wesen der Sprache und ihrer Störung, der zufolge bloße Sprachgymnastik nicht ausreicht, sondern eine komplexe medizinisch-pädagogische „umerziehende Heilbehandlung" erforderlich ist. Erziehung und Unterricht fungieren als Mittel und Weg zur Heilung und haben die Aufgabe, den ganzen Menschen in seiner beeinträchtigten Persönlichkeitsstruktur zu verändern. Angesichts der geringen Heilungsquote bei Stotterern relativiert er allerdings den Begriff der Heilung und akzentuiert die pädagogische Aufgabenstellung, die sich auf die Besonderheiten der sprachlichen Erziehungsbedürfnisse zu konzentrieren hat. Er betont, dass bei allen Stotterern das Leiden gemindert werden kann, wenn sie im Unterricht und in der Therapie der Sprachheilschule ihr Sprachübel beherrschen lernen und somit vor schulischer und sozialer Schädigung bewahrt bleiben.

ganzheitlicher Ansatz

HANSENS heilpädagogischer Konzeptansatz geht zurück auf die Entstehung der Heilpädagogik allgemein um die Mitte des 19. Jahrhunderts. Als Vorläufer gilt die *pädagogische Heilkunde* (GRÄFE 1850), die Regeln und Methoden an die Hand gibt, mit denen bei richtiger und konsequenter Anwendung alle körperlichen und geistigen Gebrechen durch Erziehung und Unterricht in dem Maße gelindert werden können, dass die Bildung der Kinder in die Bahn des normalen Verlaufs gelenkt werden kann. So ist z. B. Stottern ein physisches Gebrechen, das in der Regel ein von den Ursachen unabhängiges Erscheinungsbild zeigt und durch *didaktische Heilverfahren* beeinflusst werden kann. Von STRÜMPELL (1890) führt den *medico-pädagogischen* Ansatz des Heilens durch pädagogische Maßnahmen weiter, indem er die Kinderfehler als Störungen der Bildsamkeit ansieht und als zentrale Aufgabe vorgibt, im Sinne Herbarts den störenden Wirkungen auf den Bildungsprozess „durch die passende Anwendung der Maßregeln und des Verfahrens der Regierung oder Disziplin, der Erziehung und des Unterrichts" (v. STRÜMPELL 1910, 26 ff.) vorzubeugen.

pädagogische Heilkunde

didaktische Heilverfahren

> Für die klassische Sprachheilpädagogik ist allein ein medizinisches Paradigma – das physiologisch-organische Erklärungsmuster für Sprachstörungen – konstitutiv und handlungsleitend, was die Entwicklung ihrer Behandlungskonzepte (Übungs- und Komplextherapien) und die Institutionalisierung (Sprachheilkurse ab 1883, Sprachheilklassen ab 1901, Sprachheilschulen ab 1910) maßgeblich bestimmt. Die pädagogische Konzeptualisierung hinkt hinterher. Erst in jüngster Zeit erfolgt eine pädagogische Reflexion der Sprachtherapie, indem die Entwicklung konzeptübergreifender pädagogisch-therapeutischer Handlungsmodelle Gestalt annimmt. Die moderne Sprachheilpädagogik versteht sich als offenes pädagogisch-therapeutisches Fachgebiet, das wissenschaftstheoretisch eine Pluralität an Paradigmen zulässt und angesichts der vielfältigen Aufgabenstellungen eine durch interdisziplinären Austausch gewonnene fachspezifische Konzept- und Methodenvielfalt entwickelt hat.

medizinisches Paradigma zeitlich vor der pädagogischen Reflexion

Die Kritik am heilpädagogischen Grundverständnis, die sich vorwiegend auf die missverständliche Analogie zum medizinischen Heilungsbegriff und auf die Gefahr von überzogenen Erwartungshaltungen bezieht, hat sich weitgehend relativiert. Die zielklare Ausrichtung der Sprachheilarbeit auf die ganzheitliche personale und soziale Persönlichkeitsförderung hat die Defizitorientierung überwunden.

2.2 Sprachheilpädagogik als *Sonderpädagogik*

pädagogisches Grundverständnis

Im Jahr 1941 entwirft HANSELMANN „Grundlinien zu einer Theorie der Sondererziehung", die ein dezidiert pädagogisches Verständnis der Heilpädagogik anzielen, indem sie sich auf die besondere pädagogische Problemlage der Kinder mit Behinderungen konzentrieren. Der Begriffswechsel soll ein neues Selbstverständnis der Heilpädagogik signalisieren. Sonderpädagogik spezifiziert sich aus der Allgemeinen Pädagogik mit der Implikation der Trennung behinderter von nichtbehinderten Kindern und Jugendlichen. Sie sieht sich zuständig für Erziehung und Unterricht der Kinder und Jugendlichen mit Behinderungen, die in den allgemeinen pädagogischen Institutionen nicht genügend gefördert werden können. Das „Enzyklopädische Handbuch der Heilpädagogik" erscheint 1969 in dritter Auflage als „Enzyklopädisches Handbuch der Sonderpädagogik" mit der Begründung, dass viele Pädagogen, die mit behinderten Kindern und Jugendlichen arbeiten, ihre Wissenschaft nicht mehr als Heilpädagogik verstehen und die Bezeichnung Sonderpädagogik vorziehen. Betont wird die Andersartigkeit des behinderten Menschen und die „Sonderheit" des pädagogischen Handelns. Während BLEIDICK (1977) „Sonderpädagogik als formale Bezeichnung" für den neuen Oberbegriff ansieht, führen SCHULZE (1968) und KROPPENBERG (1983) für die Sprachheilpädagogik den Terminus *Sprachsonderpädagogik* ein. „Im Wortbestandteil Sonder- klingt an, dass eine besondere Pädagogik für alle in ihrer Sprachlichkeit beeinträchtigten Menschen erforderlich ist" (KROPPENBERG 1983, 189). Aus der begrifflichen Erweiterung um „die Sozialrückständigkeit in Bezug auf die Belange und Probleme von sprachlich beeinträchtigten Menschen" (KROPPENBERG 1983, 191) ergibt sich eine Differenzierung des Gegenstandsbereichs der Sprachsonderpädagogik in besondere Erziehung, Vorsorgeerziehung und Gesellschaftserziehung. Der Terminus Sprachsonderpädagogik hat sich jedoch nicht durchgesetzt, wohl aber das Konzept „des in seiner Sprachlichkeit beeinträchtigten Menschen", der der besonderen *Erziehung zur Sprachlichkeit* bedarf.

2.3 Sprachheilpädagogik als *Behindertenpädagogik*

In Anknüpfung an die Sichtweise VON STRÜMPELLS, der in seiner „Pädagogischen Pathologie..." (1890) von den möglichen Störungen der Bildsamkeit durch die Kinderfehler ausgeht, setzt BLEIDICK (1972) in seiner „Pädagogik der Behinderten" bei der Frage nach der Behinderung des

Bildungs- und Erziehungsprozesses an, die durch Schädigung, Beeinträchtigung oder Behinderung verursacht sein kann. Behinderung erhält pädagogische Relevanz, wenn sie „als entscheidende intervenierende Variable in der Erziehung" (BLEIDICK 1972, 84) auftritt. Er leitet dazu einen logischen Dreischritt ab, indem er

Behinderung als intervenierende Variable der Erziehung

– „Behinderung als Folge einer Schädigung oder einer funktionellen Beeinträchtigung,
– Behinderung der Erziehung als erschwertes Lernen und Störung der Bildsamkeit und
– Erziehung der Behinderten als ganzheitlichen Prozess der pädagogischen Förderung" (BLEIDICK 1984, 196) folgert.

Ausgangspunkt der behindertenpädagogischen Ableitung ist nicht mehr die defizitäre Behinderung, sondern die Art und Weise der Behinderung des Bildungs- und Erziehungsgeschehens. Behinderung wird zur pädagogischen Kategorie, wenn sie den Bildungs- und Erziehungsvorgang hemmt, stört, unterbricht, verändert.

ORTHMANN (1977) übernimmt das Schema der Gegenstandsbestimmung der Behindertenpädagogik von BLEIDICK und entwirft ein „Integrationsmodell zur Erziehung Sprachbehinderter" (Abb. 2).

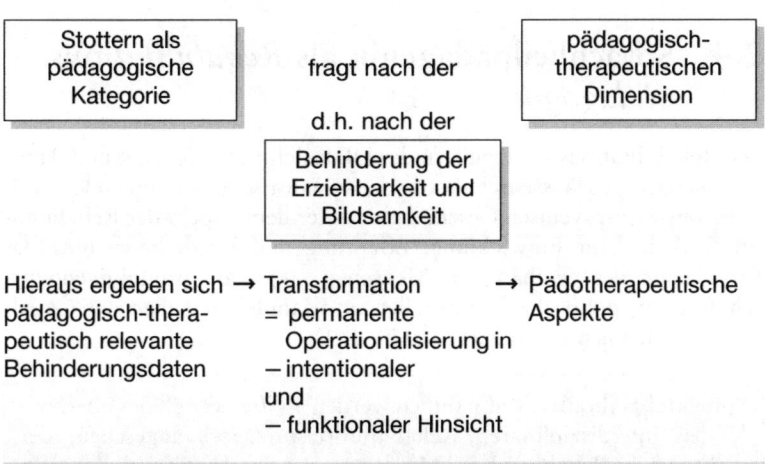

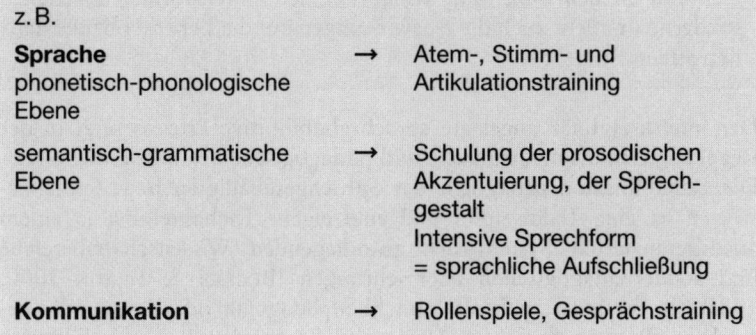

Abb. 2: Modifiziertes Integrationsmodell zur Erziehung Sprachbehinderter nach ORTHMANN (1977, 47)

Gefahr der Stigmatisierung

Die allgemeine Kritik, dass in dem Begriff Behinderung eine implizite Polarisierung zu Nichtbehinderung steckt und damit das Problem der Abgrenzung gegeben ist, erwidert BLEIDICK mit dem Argument der pragmatischen Begriffsfassung, die zur zweckbestimmten sozialen Hilfe, finanziellen Unterstützung, beruflichen Eingliederung und pädagogischen Förderung verhelfen soll. Dennoch enthält die Bezeichnung „Behinderte" die Konnotation einer negativen Bezeichnung und die Gefahr der Stigmatisierung. Besonders problematisch ist die Ausweitung des Behinderungsbegriffs auf alle Formen von Sprach-, Sprech-, Stimm- und Redestörungen, die nur dann in den Geltungsbereich fallen, wenn mit der jeweiligen Störung die personale und soziale Entwicklung der Persönlichkeit betroffen ist.

Das von ORTHMANN entworfene „Integrationsmodell" nimmt sich sehr komplex aus, sodass mehrfache Explikationsmöglichkeiten resultieren. Dabei wird von erhobenen Behinderungsdaten ausgegangen, die durch Transformation zu pädo-therapeutischen Aspekten werden. Der Vorbehalt, dass die einlinige Ableitungsstrategie die Tendenz zur Festschreibung der Behinderungsdaten verstärkt, kann ausgeräumt werden, wenn die Denkrichtung auch vom Anforderungsniveau der pädo-therapeutischen Aspekte ausgeht, wie dies im Konzept des sprachtherapeutischen Unterrichts (BRAUN 1980) angelegt ist.

2.4 Sprachheilpädagogik als *Rehabilitationspädagogik*

Die Rehabilitationspädagogik in der DDR definieren BECKER und Autorenkollektiv „als Wissenschaft von der sozialistischen Bildung und Erziehung physisch-psychisch Geschädigter unter dem Aspekt der Rehabilitation", d. h. „zur Entwicklung, Erhaltung und Wiederherstellung der Fähigkeiten des geschädigten Menschen, aktiv am produktiven/wirtschaftlichen, politischen, kulturellen und familiären Leben der Gesellschaft teilnehmen zu können" (1979, 161).

> Sprachrehabilitative Maßnahmen werden als Teilbereich des übergreifenden interdisziplinären Rehabilitationsprozesses angesehen, der nicht nur die Behebung bzw. Minderung der Sprachstörungen anzielt, sondern vor allem auch die Auswirkungen auf die Lebensvollzüge der Betroffenen angeht.

medizinische und pädagogische Orientierung

Der interdisziplinär angelegte sprachrehabilitative Prozess setzt in der Regel zugleich als medizinische und pädagogische Frühförderung ein.
Die Rehabilitationspädagogik der Sprachgeschädigten bzw. Sprachgestörten ist eine Teildisziplin und eine eigene Fachabteilung in einem ausdifferenzierten System der grundlegenden Wissenschaftsbereiche und sonderpädagogischen Fachrichtungen (BECKER & BRAUN 2000, 148/149). Sie wird auch als Sprachheilpädagogik oder Logopädie bezeichnet (BECKER & SOVAK 1971) und konzeptionell in rehabilitative Wirkungsbereiche strukturiert: Bewegungserziehung, Denkerziehung, Sinneserziehung, Spracherziehung und Umerziehung.

Von wenigen Ausnahmen abgesehen hat sich Rehabilitationspädagogik bzw. Sprachrehabilitationspädagogik als Oberbegriff nicht durchgesetzt. Zum einen umfasst Rehabilitation mehr als spezielle Pädagogik, zum anderen verweisen Kritiker auf die normorientierte Verobjektivierung des Behinderten, dessen Eigeninitiative und Eigenaktivität bei den von außen organisierten rehabilitativen Maßnahmen zu kurz kommen (s. SPECK 1991, 43/44).

2.5 Sprachheilpädagogik als *Integrationspädagogik*

Gleichsam als Gegenbewegung gegen Sonderpädagogik versteht sich Integrationspädagogik als gemeinsame Bildung und Erziehung, als gemeinsames Lernen und Leben behinderter und nichtbehinderter Kinder und Jugendlicher in allgemeinen pädagogischen Einrichtungen, insbesondere in allgemeinen Schulen.

> Grundintention ist nicht nur die Dekategorisierung, sondern die Aufhebung des Behinderungsbegriffs überhaupt, stattdessen Anerkennung größtmöglicher Heterogenität und Akzeptanz von Abweichung, insbesondere von Lernabweichung im weitesten Sinne.

Nach nur wenigen Beiträgen zur Frage der Integration Sprachbehinderter bzw. der Schule für Sprachbehinderte in die Gesamtschule Anfang der 70-er Jahre des vorigen Jahrhunderts (KELLER 1972, EGLINS 1972, ORTHMANN 1972) hat sich die Sprachheilpädagogik an der Integrationsdiskussion zunächst kaum beteiligt, nicht zuletzt der Tatsache wegen, dass sprachheilpädagogische Förderung überwiegend in Form von integrativen bzw. kooperativen ambulanten und teilstationären Maßnahmen angeboten wird. Erst Ende der 80-er Jahre des vergangenen Jahrhunderts beziehen die *Deutsche Gesellschaft für Sprachheilpädagogik* (1988) und der *Verband Deutscher Sonderschulen* (s. Thierbach 1989) in konzeptioneller und organisatorischer Hinsicht klare Positionen. Sie halten Integration als Ziel für selbstverständlich und als Weg in Form gemeinsamer Erziehung und Unterrichtung sprachbehinderter und nichtbehinderter Schüler für möglich, wenn die Bedingungen in räumlicher, sächlicher und personeller Hinsicht gegeben sind. Zentrales Ziel der Erziehung, Bildung und Therapie muss nach wie vor die Aufhebung bzw. Bewältigung der Sprachbehinderung sein. Räumliche und soziale Integration reichen nicht aus, erforderlich ist auch eine *leistungsbezogene Integration*. Für eine intensive und schülerangepasste sprachheilpädagogische Förderung, d. h. für die Erfüllung des sonderpädagogischen Förderbedarfs im Förderschwerpunkt Sprache und Kommunikation, hat sich ein gestuftes System institutionalisierter Maßnahmen bewährt, das durch integrative Organisationsformen eine Weiterentwicklung erfährt, vor allem dann, wenn sprachheilpädagogische Standards und Vorgehensweisen in die Arbeit der allgemeinen Schule mit aufgenommen werden.

Marginalien: Integration als Ziel und Weg; gestuftes System

In einer erziehungswissenschaftlichen Hintergrundanalyse exponieren AHRBECK, SCHUCK und WELLING (1990) fünf Prinzipien „einer auf Integration Sprachbehinderter bedachten Pädagogik", die sie als Ganzheitlichkeit, Entwicklungsbezogenheit, Handlungsorientierung, Kooperation und Primat pädagogischer Konzepte vor Fragen der Organisation markieren. Sie sehen eine anthropologische Legitimation der Integrationsidee, der zufolge Kinder in Entwicklung begriffen, eigenaktiv, selbstbestimmt und kooperativ sind. Entgegen der radikalen Forderung nach Aufhebung der Sonderpädagogik verweisen sie auf die *Gefahr der Enttherapeutisierung* und Entprofessionalisierung der integrativen Pädagogik und plädieren für ein wissenschaftstheoretisch begründetes Gesamtkonzept einer *integrativen Sprachbehindertenpädagogik*, das in erster Linie in einem entwicklungspsychologisch orientierten Föderansatz verankert werden kann.

Gefahr der Enttherapeutisierung

Demgegenüber kommt KRÄMER (1994) zu einem pädagogischen Integrationsverständnis, das auf Nichtaussonderung basiert und sich interaktionstheoretisch mit Grundannahmen des interaktionistischen Spracherwerbsansatzes begründet. Sie konzentriert sich auf die notwendige *kooperative Gestaltung* des gemeinsamen Prozesses der sprachlich-kommunikativen Förderung eines Kindes in einer Integrationsklasse und nennt dazu eine Reihe von besonderen Vorteilen und Chancen, die ein gemeinsamer Unterricht bieten kann.

Grundsatz der Nichtaussonderung

Aus der Überzeugung, dass integrative Fördersituationen günstige Entwicklungsbedingungen für Kinder mit Sprach- und Kommunikationsstörungen abgeben können, schließt sich LÜTJE-KLOSE (1997) der Forderung nach Veränderung der organisatorischen Strukturen, der pädagogischen Förderstrategien und der Kompetenzprofile der an der integrativen Förderung beteiligten Pädagogen nachdrücklich an. In einer empirischen Studie stellt sie fest, dass integrative Sprach- und Kommunikationsförderung als Teil einer jeden integrativen Pädagogik verstanden wird, dass aber radikale Integrationspositionen kaum vertreten werden. Wie eine besondere Sprachförderung interaktionistisch als Kommunikationsförderung konzipiert und integrativ realisiert werden kann, zeigen KRÄMER und LÜTJE-KLOSE (1998) am Beispiel einer psychomotorisch orientierten Sprachförderung. SCHINNEN (1999) stellt ein selbst entworfenes und praktiziertes integratives Konzept sonderpädagogischer Förderung im gemeinsamen Unterricht einer Grundschule vor, das die Förderung der Sprache, der Wahrnehmung und der Motorik in einem *basalen Gesamtkonzept* verbindet.

Bedeutung offener Unterrichtsformen

Allgemeindidaktisch werden für die gemeinsame Unterrichtsarbeit vor allem offene Unterrichtsformen empfohlen, die im Wesentlichen von folgenden didaktischen Prinzipien ausgehen:

> – vom Prinzip der *Selbsttätigkeit* der Schüler im Sinne eines eigenaktiven konstruktiven Lernens in einem Lernumfeld mit möglichst vielen alternativen Lernanreizen in der Wechselbeziehung von Schule und Umgebung;
> – vom Prinzip der *Binnendifferenzierung* des Unterrichts: intentional und thematisch zur Individualisierung der Lernziele und Aufgabenstellungen, methodisch und medial zur Individualisierung

> der Vermittlungs- und Lernwege, der Arbeits- und Lernmittel sowie der Lernhilfestellungen;
> - vom Prinzip der *Handlungs- und Projektorientierung* des Unterrichts, nach dem mit den Schülern an vereinbarten Vorhaben in Form des ganzheitlichen Lernens mit Kopf, Herz und Hand bestimmte Arbeitsergebnisse erzielt werden sollen;
> - vom Prinzip der *Kooperation* der Lehrer und Schüler beim Lernen in Gruppen, die sich flexibel organisieren.

Von sprachheilpädagogischer Seite werden neben den Konzeptvorgaben zu den sprachbasalen Förderbereichen Konzeptvorschläge zu einer *integrativen Sprachtherapie* (BRAUN 1991, GIESEKE 1995) gemacht. Weitgehende Übereinstimmung besteht in den Grundsätzen und Strategien der integrativen Förder- und Therapiezugänge, Divergenz aber in der Einstellung zur spezifischen *pädagogischen Sprachtherapie*, die mehr oder weniger in spezifische Fördermaßnahmen im Sinne der Unterstützung bei der Bewältigung sprach-kommunikativer Anforderungen im Unterricht aufgehen soll. Integrative Sprachtherapie ist indessen nicht nur symptom- und funktionsorientiert, sondern auch und in erster Linie unterrichtsbezogen, indem sie die jeweils auftretenden individuellen störungsbedingten Sprach- und Kommunikationshemmnisse zu überwinden sucht. Die individuellen sprachtherapeutischen Zielsetzungen, Inhalte und Methoden werden in einen sprachlich-kommunikativen Kontext mit Realitätsbezügen eingebettet. Dazu werden sprachlich-kommunikative Handlungsrahmen, thematische Einheiten und lebenspraktische Sprach- und Kommunikationsprojekte angesetzt. Voraussetzung für eine so verstandene integrative Sprachtherapie ist eine hohe allgemeine und spezielle *sprachdidaktische* und *sprachtherapeutische Fachkompetenz* des Lehrers. Wer die Vielfalt und Komplexität möglicher Erscheinungs- und Verursachungsformen von Sprach- und Kommunikationsstörungen bei Kindern und Jugendlichen nicht kennt, kann sie auch nicht differenzieren und verstehen. Er dürfte kaum in der Lage sein, gelingende individualisierte Förderansätze für die betroffenen Schüler in ihren jeweils individuellen sprachlich-kommunikativen Problemsituationen zu finden. Ein schülerzentrierter integrativer Unterricht, der individuelle Förderbedürfnisse und Förderansprüche erfüllen will, kommt ohne gezielte und begründete sprachheilpädagogische und sprachtherapeutische Maßnahmen und Hilfestellungen nicht zum Ziel.

Zur Wirksamkeit der gemeinsamen Beschulung liegen inzwischen mehrere empirische Untersuchungen vor, die in ihren Ergebnissen divergent diskutiert werden. SASSENROTH hält zwei Befunde für bedeutsam:

Wirksamkeit gemeinsamer Beschulung

„1. dass die Lernentwicklung behinderter Schüler tatsächlich in den integrierenden Schulformen besser verläuft und
2. dass die Lernentwicklung der nichtbehinderten Kinder nicht gehemmt wird" (SASSENROTH 2002, 403).

Mit BLESS (1996) vermutet er, dass der Unterricht in integrierenden Schulformen aufgrund der sehr heterogenen Schülerschaft weniger lehrerzentriert, sondern viel individueller gestaltet wird. Er plädiert auf Grund der bislang vorliegenden systematischen Untersuchungen und

Lernzieldifferenzierung

persönlichen Erfahrungen für eine *Schule für alle Kinder* und führt eine Reihe von Forderungen an, die zum einen personelle und sächliche Voraussetzungen, zum anderen didaktische Implikationen und Maßnahmen einer gemeinsamen Beschulung betreffen. Als eine der wichtigsten Bedingungen gelingender gemeinsamer Unterrichtung nennt er die Aufhebung eines für alle Schüler einer Klassenstufe einheitlichen Lernzielkatalogs bzw. das Prinzip der *Lernzieldifferenzierung* des Unterrichts, das allerdings in den gegenwärtig bestehenden Integrationsformen für Kinder und Jugendliche mit sonderpädagogischem Förderbedarf Sprache angesichts der prinzipiellen Orientierung des Unterrichts an den Rahmen- bzw. Bildungsplänen der allgemeinen Schule seine Grenze hat. Alle schulischen Organisationsformen für Kinder und Jugendliche mit sonderpädagogischem Förderbedarf Sprache verstehen sich nicht nur als Durchgangsformen, sondern verfolgen – neben den sprachtherapeutischen Anliegen – das Ziel der allgemeinbildenden Schulabschlüsse. Die Feststellungen und Interpretationen von SASSENROTH werden eindrucksvoll durch Katamnesen bekräftigt, die BROICH (2001) bei 200 Kindern aus integrativen Schulversuchen vorgenommen hat.

Zusammenfassung

Wie der mehr oder weniger synonyme Gebrauch der verschiedenen Bezeichnungen des Fachgebiets anzeigt, verfügt die Sprachheilpädagogik über mehrere theoretische Grundorientierungen, die sich im Laufe ihrer Geschichte im Rahmen der Gesamtentwicklung der Sonderpädagogik herausgebildet haben. Exponiert man die essenziellen Handlungskategorien der verschiedenen Perspektiven hinsichtlich ihrer Grundintentionen, lassen sich für die heilpädagogische Perspektive *Therapie*, für die sonder- und behindertenpädagogische Perspektive *Förderung*, für die rehabilitative Perspektive *Rehabilitation* und für die integrationspädagogische Perspektive *Integration* abstrahieren. Sie markieren die handlungsbezogene Mehrperspektivität der gegenwärtigen Sprachheilpädagogik und stellen die Grundorientierungen der sprachheilpädagogischen Bildung und Erziehung dar.

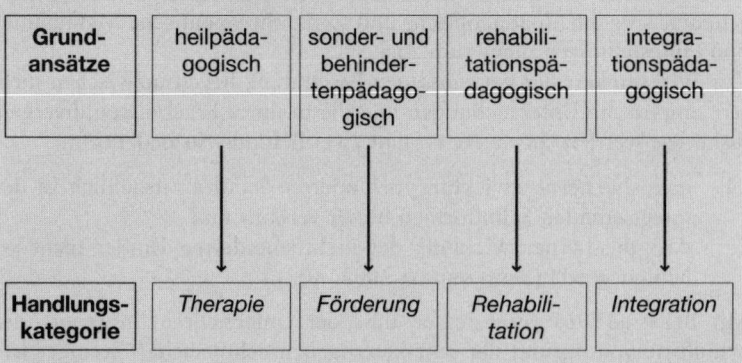

Abb. 3: Grundorientierungen der sprachheilpädagogischen Bildung und Erziehung

3 Konzepte zur Bildung und Erziehung von Kindern und Jugendlichen mit sonderpädagogischem Förderbedarf Sprache

Vor der Darstellung einiger ausgewählter Konzepte zur sprachheilpädagogischen Bildung und Erziehung, die sich in der fachtheoretischen Diskussion und in der Praxis als Handlungsorientierungen profiliert haben, ist das Problem der Verständigung über die Begrifflichkeit von Bildung und Erziehung zu klären. Die Vielzahl und Vielfalt an Definitionsvorschlägen zu Bildung und Erziehung verrät, dass sich die beiden pädagogischen Grundbegriffe nicht präzise definieren lassen, da sie zum einen extensive Ziel-, Prozess- und Ergebniskategorien zugleich darstellen, zum anderen nur im Zusammen das Aufgabenfeld der Theorie und Praxis der Pädagogik bestimmen. Sie bedeuten als Begriffspaar ein korrelatives Verhältnis, in dem sich beide wechselseitig bedingen. Sie können in der Theoriebildung – gleichsam didaktisch isolierend – weitgehend für sich reflektiert, in der praktischen pädagogischen Arbeit wohl kaum voneinander getrennt werden.

Probleme der Definition

Inhaltliche Begriffsbestimmungen verstehen Bildung einerseits als individuellen Bestand an Wissen und Können, als individuelle Kompetenz oder als Qualifikation zur erforderlichen Ausstattung des Individuums für den sozialen und wirtschaftlichen Prozess, andererseits als überindividuelles kulturelles Angebot der Gesellschaft und intellektuelle Höherbildung der Menschheit. Versteht man Bildung als individuellen Prozess, ist der innere Entfaltungsprozess der Individualität, der persönlichen Kräfte, insbesondere die Entfaltung der kognitiven Fähigkeiten gemeint. Demgegenüber zielt Erziehung auf die Entfaltung der emotionalen und sozialen Fähigkeiten, auf Selbstständigkeit und Selbstbestimmung, Toleranz und soziale Verantwortung. Zusammen genommen sind – aus der Handlungsperspektive – Bildung und Erziehung nichts anderes als die intendierte und organisierte Bereitstellung von Entfaltungsmöglichkeiten, von Bedingungen und Maßnahmen zur Entfaltung der Persönlichkeit.

3.1 Bildung und Erziehung als *Umerziehung*

Auf der Grundlage einer subjektiv begründeten anthropologischen Sicht des Stotternden, der als andersartiger Mensch erscheint und „sein Erleben in abnormer Art apperzipiert" (ROTHE 1925, 106), schlägt ROTHE eine speziell angepasste Erziehung, einen speziell angepassten Unterricht und eine besondere Heilbehandlung vor, die in der pragmatischen Formel der *Umerziehung des ganzen Menschen* im Sinne der „Umprägung des bisherigen Menschen" (ROTHE 1929, 3) ihren gemeinsamen Verschmelzungspunkt finden sollen. ROTHE entwirft als erster ein Konzept der Heilerziehung, das den Stotternden als ganzen Menschen erfassen und

anthropologische Grundannahme

behandeln will. Da Stottern als fortschreitender neurotischer Prozess zu verstehen ist, der von der Sprache seinen Ausgang nimmt und sich über die ganze Persönlichkeit ausbreitet, Veränderungen im Denken, Willen und Gemüt hervorruft und das Individuum als Persönlichkeit und in seinem sozialen Wert schwer beeinträchtigt, ist eine umfassende heilpädagogische Behandlung erforderlich. Sie muss den ganzen Menschen umformen und somit eine bloße Übungstherapie übersteigen, auch wenn diese noch so große suggestive Wirkung hat. Die Umerziehung erfolgt auf zweierlei Weise:

1. als Abbau der Angst und Scheu, der Störungsvorstellung und der verschieften Logik sowie der schlechten Sprachgewohnheiten, und
2. als Aufbau von Hoffnung und Zuversicht, Zielsetzung und Selbstvertrauen durch Beruhigung und Ermutigung, Selbsttätigkeit und Selbsterziehung, durch Umlernen im Denken und Handeln.

pädagogischer Bezug

ROTHE formuliert einen hohen pädagogisch-therapeutischen Anspruch an den Umerzieher, der sich für jedes stotternde Kind verantwortlich fühlen muss und jedem in gleicher Weise mit viel Geduld und Verständnis um seiner selbst willen helfen soll. Wenn man so will, liegt seiner Umerziehungskonzeption die klassische Formel des *pädagogischen Bezugs* von NOHL zugrunde. Alle Erziehung muss mit der Herstellung dieses Bezugs beginnen, sodass durch die gegenseitige Zuwendung ein persönlich menschliches Verhältnis entsteht, in dem sich Bildung und Erziehung verwirklichen, das Kind durch die Vorbildwirkung einen Bildungswillen entwickelt und in seiner Bildsamkeit gefördert werden kann.

Die Kritik an ROTHES Auffassung vom Aufbau der Persönlichkeit und der gefolgerten Umprägung hat lange auf sich warten lassen (HOLTZ 1984, KOLONKO & KRÄMER 1992), nicht zuletzt wohl deshalb, weil der konstruktartige Charakter des Konzepts auch andere inhaltliche Interpretationsmöglichkeiten zulässt und mit ihm erstmalig in expliziter und plausibler Weise die Notwendigkeit eines ganzheitlichen sonderpädagogischen Ansatzes zur pädagogischen Therapie Stotternder formuliert und ein Plan zu seiner Verwirklichung vorgegeben wird.

Dennoch ist erstaunlich, dass der Begründungsansatz mit der anthropologischen Prämisse der genetisch bedingten Andersartigkeit stotternder bzw. sprachbehinderter Menschen immer wieder auftaucht.

3.2 Bildung und Erziehung als *Aneignung*

materialistischer Ansatz

Zur übergreifenden Zielsetzung, einen materialistischen Ansatz in der Sprachbehindertenpädagogik zu gewinnen, stellt HOMBURG (1978) „grundlegende Überlegungen" an. Er kritisiert die bis dahin vorgenommenen Begründungsversuche der Sprachbehindertenpädagogik zum einen als theoretisch defizitär, zum anderen als fremdbestimmt, vor allem von Seiten fachmedizinischer Disziplinen, und geht die Konstituierung der Sprachbehindertenpädagogik als Pädagogik mit gesellschafts-, lern- und handlungstheoretischen Prämissen an. Er entwirft einen wissenschaftstheoretischen Argumentationszusammenhang, in dem die inhaltlichen und formalen Entscheidungen begründet werden. Er bestimmt die Pädagogik der Sprachbehinderten in zweifacher Weise:

> - 1. als *handlungsnahe* Wissenschaft, „die ihre Frageimpulse aus Problemen der konkreten Arbeit mit konkreten sprachbehinderten Individuen" (HOMBURG 1978, 19) erhält, ständig nach der besseren Alternative des helfenden Handelns sucht und eine Bewertung ihrer Ergebnisse über die Praxisbewährung erfährt;
> - 2. als *integrative* Wissenschaft, die im Schnittbereich verschiedener Disziplinen steht und sich um eine „schöpferische Synthese" von Ergebnissen wissenschaftlicher Arbeit heterogener Provenienz bemüht, indem sie in zirkulären Prozessen aus „fachinterner Selbstbestimmung, Übernahme von Fremdinformationen und Neuformulierung des Informationsbedarfs" (HOMBURG 1978, 20) ihrem Ziel näherzukommen trachtet. Die Wesensbestimmung der Pädagogik der Sprachbehinderten als Integrationswissenschaft ist durch die komplexe Struktur ihres Gegenstandes bedingt, der nur durch Kooperation mit anderen Wissenschaften angemessen erforscht werden kann.

[Marginalie: Integrationswissenschaft]

Wird sprachliches Handeln als symbolvermitteltes Handeln im Falle von Behinderung genauer definiert, ergibt sich eine umfassende Merkmalssequenz, in der sprachbehindert sprachhandlungsbehindert meint und das Beziehungsverhältnis des Sprachhandlungsbehinderten zu seiner Umwelt in den Mittelpunkt der Bewertung gerückt wird. Gegenstand der Pädagogik der Sprachbehinderten als Sprachhandlungsbehinderte ist demnach „die Frage nach der Gestaltung der Beziehungsverhältnisse des Sprachbehinderten zu seiner materialen und personalen Umwelt durch den Sprachbehindertenpädagogen, ... nach der Struktur und den Inhalten des pädagogischen Prozesses bei Sprachbehinderten" (HOMBURG 1978, 28). Dazu greift HOMBURG auf die *Aneignungstheorie* zurück und erklärt die Kategorie „Handlung als Grundlage und Modus sprachlicher Aneignung" (HOMBURG 1978, 284 ff.). Er erläutert die Bedeutung und Funktionseinbettung der sprachlichen Wahrnehmung, die Stufen der perzeptiven Differenzierung in der Entwicklung des Kindes, das Übergangsfeld von der vorsprachlichen zur sprachlichen Aneignung mit einer Erweiterung des Galperinschen Stufenmodells für Aneignungsstrukturen, „die von Anfang an im Bereich der Sprache angesiedelt sind" (HOMBURG 1978, 311).
Die in das Zentrum der Theoriebildung der Pädagogik der Sprachbehinderten gestellte *Handlungstheorie* wird in 21 Thesen zur Didaktik der Sprachbehinderten entfaltet, wobei die Denkbewegung von der allgemeinen Handlungsstruktur über die Struktur der pädagogischen Handlung zur Struktur der sprachlichen Handlung und schließlich zur Struktur des sprachbehindertenpädagogischen Handelns verläuft. Es erfolgt eine zunehmende Näherung der handlungstheoretischen Konzeption an die reale pädagogische Arbeit mit Sprachbehinderten, sodass sich 26 Merkmale spezifischer pädagogischer Arbeit bei Sprachbehinderten aufführen lassen. Das Besondere besteht in der Wendung auf den besonderen Fall.

[Marginalie: Handlungstheorie]

Auf eine intensivere Auseinandersetzung mit dem materialistischen Pädagogik- und Didaktik-Ansatz von HOMBURG lassen sich vor allem HÖTSCH und HOLTZ (1981) ein, die nicht nur den konzeptionellen Ansatz der grundlegenden Überlegungen, sondern auch tragende Einzelaspekte konstruktiv kritisch reflektieren.

3.3 Bildung und Erziehung als *Verhaltensänderung*

Während die leitende Kategorie einer geisteswissenschaftlich orientierten Sprachheilpädagogik das rationale und/oder einfühlende Sinnverstehen ist, ist das Hauptkriterium verhaltenswissenschaftlich orientierter Pädagogik die intersubjektive, unabhängige, eindeutige und überprüfbare Aussage. Unter dem Gebot der Wertneutraliät werden Aussagen über Verhalten, Erleben und Verhaltensänderungen unter bestimmten Bedingungen einer rationalen Kritik unterzogen. Es geht nicht darum, Erziehungswirklichkeit zu interpretieren, sondern durch systematische Beobachtung, insbesondere durch experimentell hergestellte Beobachtungssituationen Regelhaftigkeiten (Wahrscheinlichkeiten) zu finden, um erzieherische Wirklichkeit beschreiben und analysieren zu können.

Wertneutraliät

Der empirische Zugang hat in der Sprachheilpädagogik seine ersten Vorläufer in den 30-er Jahren des vorigen Jahrhunderts in einigen wenigen erfahrungsbezogenen Beobachtungen und experimentellen Untersuchungen zur Motorik und Intelligenz sowie zum Wortschatz Sprachbehinderter. Diese Tradition wird nach dem Krieg in den 50-er Jahren des 20. Jahrhunderts sporadisch wieder aufgenommen und in den 60-er Jahren zum Arbeitsschwerpunkt sprachheilpädagogischer Forschung und Theoriebildung in der Pädagogik und Didaktik der Sprachbehinderten. KNURA initiiert Ende der 60-er und Anfang der 70-er Jahre eine Reihe von empirischen Arbeiten über Besonderheiten des schulischen Verhaltens sprachbehinderter Kinder und versucht, sie nach ihrer didaktischen Relevanz auszuwerten und in ein didaktisches Handlungskonzept einzubringen, das sie mit folgenden Fragestellungen kennzeichnet:

empirische Untersuchungen

> 1. Welche individuellen Lernvoraussetzungen bringt der Sprachbehinderte mit, wenn er in den Verantwortungsbereich der Sprachbehindertenpädagogik tritt?
> 2. Was müssen Sprachbehinderte lernen, um nach Möglichkeit ihre volle Integration in Schule, Arbeitswelt und Gesellschaft zu erreichen?
> 3. Welche methodischen Schritte sind notwendig, damit Sprachbehinderte die relevanten Inhalte unter den erschwerten Lernbedingungen erwerben, denen sie in qualitativ und quantitativ verschiedenartiger Weise unterliegen?
> 4. Unter welchen organisatorischen Voraussetzungen lassen sich die wünschenswerten Lernziele am günstigsten und nachhaltigsten erreichen? (KNURA 1977, 5).

Zur Umsetzung des lerntheoretisch orientierten Unterrichtskonzepts bezieht sie sich auf die *integrative Lerntheorie* von GAGNÉ, der die Bedingungen „des Lernens in den Vordergrund rückt und die einzelnen Lerntypen hierarchisiert: Signallernen, Reiz-Reaktionslernen, Kettenbildung, sprachliche Assoziation, Diskriminationslernen, Begriffslernen und Regellernen. Dieses Lerntypenhierarchiemodell empfiehlt sie für die zentralen sprachheilpädagogischen Handlungsbereiche Unterricht und Therapie. Sie versteht Unterricht als eine auf Lehren und Lernen gerichtete pädagogische Tätigkeit, die Lernsituationen planmäßig herstellt oder auch günstige reale Lebenssituationen für die jeweilige pädagogische Zielstellung aufnimmt und gestaltet. Es geht prinzipiell darum, die Bedingungen des Lernens, die in einer Lernsituation gegeben sind, so zu arrangieren, dass auf jeder Stufe die Leistungsmöglichkeiten des Lernenden voll ausgenutzt werden und für die nächste Lernstufe die erforderliche Reizsituation geschaffen wird. Unterricht beschränkt sich nicht nur auf Lehren und Lernen in der Schule. Mit der Unterscheidung planmäßig herbeigeführter und realer Lernsituationen nimmt sie die Abgrenzung „sprachtherapeutischer Unterricht versus sprachtherapeutische Erziehung" (BRAUN et al. 1980) vorweg.

integrative Lerntheorie

Zusammen mit NEUMANN definiert sie *pädagogische Sprachtherapie* als „Ingangsetzung, Motivierung und Führung von Lernprozessen", die sich „auf Sprachaufnahme, -verarbeitung und -produktion sowie auf Verhaltensweisen und Einstellungen" beziehen, „die das Sprechen, den Spracherwerb und die Sprachverwendung beeinflussen (KNURA & NEUMANN 1980, 165). Die Sprachtherapie als pädagogisches Handeln zu fassen, bedeutet, Sprachstörungen nicht isoliert anzugehen, sondern zugleich auch die Bedeutung für den Betroffenen und seine sozialen Bezüge zu berücksichtigen. Bei Übertragung der GAGNÉSCHEN Lerntheorie auf die pädagogische Sprachtherapie ergibt sich als Aufgabe, „die Sprache in ihrem strukturellen Aufbau so zu analysieren und die zu vermittelnden Lerninhalte so auszuwählen und zu strukturieren, dass sie mit den beim Sprachgestörten anzutreffenden Lernvoraussetzungen übereinstimmen. Hierbei muss von den grundlegenden Leistungen ausgegangen und zu immer komplexeren Leistungen fortgeschritten werden, wie es auch in der normalen Sprachentwicklung und im ungestörten Sprachgebrauch geschieht" (KNURA & NEUMANN 1980, 166).

pädagogische Sprachtherapie

Unter Zugrundelegung der kritisch-rationalistischen Modellvorstellung von Erziehung von BREZINKA (1975) nehmen BRAUN, HOMBURG und TEUMER (1980) sprachbehindertenpädagogische Bestimmungen vor. Sie übertragen die Präzisierung des Begriffs Erziehung als soziale Handlung, die auf Aufbau, Erhaltung, Verhütung oder Änderung psychischer Dispositionen gerichtet ist, auf das pädagogische Handeln bei Sprachbehinderten.

kritischer Rationalismus

> Erziehung wird zu *sprachtherapeutischer Erziehung*, wenn die in Realsituationen angestrebten Modifikationen von Erlebens- und Verhaltensweisen unter dem Blickwinkel der jeweils vorhandenen sprachlichen Abweichungen erfolgen. Entsprechend wird Unterricht *sprachtherapeutischer Unterricht*, wenn Lernzielbestimmung und Gestal-

> tung der Lernbedingungen des Unterrichts von der jeweils vorliegenden sprachlichen Abweichung sowie deren Bedingungen und Folgen bestimmt werden. Die Merkmale von *Sprachtherapie* sind gegeben, wenn die Veränderung des beeinträchtigten Sprachverhaltens die planmäßige Herstellung der Sprachlernsituation bestimmt.

3.4 Bildung und Erziehung als *Interaktion* und *Kommunikation*

interaktionistische Rollentheorie

Geht man von der Unterscheidung der interaktionstheoretischen Grundansätze zum Verständnis von Erziehung als Interaktion in die strukturell-funktionale Rollentheorie (PARSONS) und die interaktionistische Rollentheorie (MEAD, GOFFMAN) aus, tendieren die sprachheilpädagogischen Rezeptionen eindeutig zu Letzterem. Während im Verständnis des strukturell-funktionalen Rollenkonzepts die gesellschaftlich vorgegebenen Rollenerwartungen von den Kindern und Jugendlichen durch Lernprozesse übernommen werden, wird Erziehung nach dem interaktionistischen Rollenkonzept als symbolische Interaktion verstanden, als soziales Handeln, das sich in seinem Sinngehalt aufeinander bezieht, auf Gegenseitigkeit beruht. Interaktion ist die Bedingung für den Aufbau des Selbst und die Entfaltung einer ausbalancierten Identität. In Interaktionsprozessen erwirbt sich das Kind Qualifikationen zur Situationsdefinition und zur Einflussnahme auf sie. Es kann sich selbst als Person in den Prozess der gegenseitigen Abstimmung über Ziele, Werte und Normen einbringen. Erziehung ist dasjenige Prozessgeschehen, in dem die Grundqualifikationen des Rollenhandelns in der Form des symbolisch vermittelten kommunikativen Handelns erworben werden. Dabei hat die Sprache besondere Bedeutung.

3.4.1 Bildung und Erziehung als *dialogischer Prozess*

Sprachlichkeit des Menschen

Zentrale Kategorie des sprachheilpädagogischen Denkens und Handelns ist nach WESTRICH (1971) die *Sprachlichkeit des Menschen*. Er stellt phänomenologische Analysen an, um das Wesen der gestörten Sprachlichkeit verstehen zu können. Er geht dabei von der Subjekthaftigkeit und Handlungsfähigkeit in der dialogischen Beziehung aus. Er warnt vor der objektivierenden Betrachtung der Sprache, die die „sprachrealisierende bzw. die sich durch Sprache artikulierende Person" ignoriert und gravierende Fakten des Subjektbereichs unterschlägt. Er stellt fest,

„1. dass wir gar nicht eine Sprache sprechen, sondern stets **in** einer Sprache...
2. dass alle Sprachzeichen Sinn- bzw. Bedeutungsträger sind und damit symbolischer Natur...
3. dass nachweislich in unserer Ausstattung kein einziges Organ vorhanden ist, das lediglich oder primär der Sprache dient...

4. dass ein Kind nur so sprechen lernt, wie seine Partner zu und mit ihm sprechen und wie es deren Zeichen wahrnehmen und zu begreifen vermag.." (WESTRICH, persönl. Brief v. 21. 6. 2000).

Er zieht als Konsequenzen, dass beispielsweise Auffälligkeiten im Redefluss auf Unzulänglichkeiten im Dialogerleben hindeuten, dass bei Aphasien die verlorene Sprachlichkeit die Anregung der Begriffsfähigkeit bedeutet, dass hinter einem dysgrammatischen Sprechen Unzulänglichkeiten im Begreifen verbalisierter Sachverhalte zu vermuten sind. Er sieht den Sinn der Sprache darin, dass man durch das Begreifen von Zeichen zu Begriffen gelangt, dadurch Sinn verstehen, anderen Sinn vermitteln und selbst Sinn erfahren kann. Die Schlussfolgerung seiner phänomenologischen Analyse der gestörten Sprachlichkeit und damit der beeinträchtigten Subjekthaftigkeit und *dialogischen Handlungsfähigkeit* ist – pointiert zusammengefasst –, dass nur durch eine Erziehung zur Sprachlichkeit geholfen werden kann.

> „Sprachlichwerden ist ein lernprozessuales Geschehen, das nicht nur abhängig ist von entsprechenden Ausstattungsgegebenheiten und Umweltbedingungen, sondern primär von den Lernerfahrungen des Kindes in Auseinandersetzung mit einem sprechenden Du und ist eine urpädagogische Angelegenheit" (WESTRICH 1989, 496).

3.4.2 Bildung und Erziehung als *kommunikatives Handeln*

Pädagogisches Handeln als kommunikatives Handeln will Verständigung über Sinn-Orientierungen und Handlungsziele erreichen, nicht nur funktionale Handlungsfähigkeit fördern, sondern auch Erkenntnisfähigkeit. Pädagogische Kommunikation heißt im konkreten Umgang Sprache verstehen und Sprechen, Erwartungen wahrnehmen und interpretieren, Beziehungen definieren, Situationen strukturieren, Probleme identifizieren und lösen, Regeln erkennen und einhalten, Handlungen planen u.a.m. Die Bedeutung *pragmalinguistischer Sichtweisen* für die sprachheilpädagogische Theoriebildung und Praxisgestaltung haben u.a. HEIDTMANN (1983), FÜSSENICH (1987) und SCHOLZ (1987) aufgezeigt und damit entscheidend zur Verwissenschaftlichung der Sprachheilpädagogik beigetragen (s. SASSENROTH 2002, 197). Während HEIDTMANN ihre „theoretischen Überlegungen und empirischen Untersuchungen zur Adaptation von Pragmatik-Prinzipien und -Methoden" vor allem in die Förderdiagnostik umsetzt, entwickelt FÜSSENICH ein kommunikatives Sprachförderkonzept, das pragmatische, semantische, grammatische, phonologische Fähigkeiten sowie den Erwerb metasprachlicher und schriftsprachlicher Fähigkeiten umfasst (FÜSSENICH 2003). SCHOLZ erarbeitet maßgebliche interaktionistische Aspekte eines interventionsgestützten Spracherwerbs, dessen „Ziel eine von der Sprachgemeinschaft akzeptierte verbal-kommunikative Performanz" (SCHOLZ 1987, 89) ist.

Marginalie: pragmalinguistische Orientierung

Sprachtherapie als Kommunikationstherapie

In Weiterführung dieser Ansätze und durch Aufnahme der kommunikationstheoretischen Überlegungen, die MOTSCH (1989) zur Begründung der Sprachtherapie als Kommunikationstherapie angestellt hat, erarbeiten BRAUN et al. (1995) „Leitlinien zur spezifisch pädagogischen Förderung von Menschen mit Sprachbehinderungen". Ausgehend vom Strukturwandel in den sprachheilpädagogischen Handlungsfeldern und dem Wandel im Verständnis von Sprachstörungen und Sprachbehinderungen werden die spezifischen Ziele sprachheilpädagogischer Förderung neu bestimmt und begründet, daraus die spezifischen Standards für die Diagnostik, Förderung und die Maßstäbe für die Bewertung und Weiterentwicklung der Organisationsstruktur abgeleitet. Sprachstörungen werden in erster Linie in ihren möglichen Auswirkungen auf die zwischenmenschliche Kommunikation gesehen, sodass sich Ziele und Maßnahmen der Diagnostik und Förderung nicht nur auf den Menschen mit Beeinträchtigungen der sprachlichen Kommunikation beziehen, sondern auch auf die Kommunikationspartner.

Die gedrängte Darstellung der „Leitlinien" hat kritische Diskussionen ausgelöst und eine „eingehende Prüfung" (VON KNEBEL et al. 1996) veranlasst. Als Kritikpunkte werden eine explizite theoretische Begründung, die begriffliche Präzision, die historische Einbindung und das Theorie-Praxis-Verständnis angesprochen und auf ihre wissenschaftliche Dignität hin kritisch befragt. Voraussetzung für eine weiterführende Auseinandersetzung wäre eine Verständigung über die Kriterien, die an ein „Leitlinienpapier" anzulegen sind, die sich allerdings nicht nur auf wissenschaftstheoretische Gesichtspunkte beschränken können.

Dass die „Leitlinien" „sowohl für die Erziehungs- und Unterrichtsarbeit im Verband einer Klasse als auch in anderen Formen sprachheilpädagogischen Handelns Bedeutung haben", führt beispielhaft TROSSBACH-NEUNER aus (1997).

4 Unterricht als *sprachtherapeutischer Unterricht*

4.1 Zur Konzeptbildung

In allgemeindidaktischer Übereinstimmung wird Unterricht als gezielte Planung, Durchführung und Überprüfung (Analyse) von Lehr-Lern-Prozessen definiert.

Unterricht hat bildende und erziehende Funktion zugleich. Neben den Bildungsinhalten, die Unterricht durch organisierte Lernprozesse zu vermitteln sucht, hat Unterricht auch erzieherische Aufgaben. Er fördert nicht nur Sprache und Kognition der Persönlichkeit, sondern auch Emotionalität und Sozialbilität.

Definition Zum *sprachtherapeutischen Unterricht* wird jede organisierte Lehr- und Lernsituation, in der Bildungsinhalte – der allgemeinen Schule – vermittelt werden und dabei zugleich auf die vorhandenen sprachlichen Beeinträchtigungen der Schüler eingegangen wird.

> Jeder Unterricht ist sprachtherapeutischer Unterricht, der
> 1. einen Sinn- und Sachzusammenhang vermittelt – dies kann selbstverständlich auch ein sprachlicher Sinnzusammenhang sein – und der
> 2. die dafür erforderlichen sprachlichen Fähigkeiten und Fertigkeiten der sprachbehinderten Schüler aufarbeitet, also sprachtherapeutisch insoweit wirksam zu werden sucht, wie es zur Bewältigung des konkret intendierten Sach- und Sinnzusammenhanges erforderlich ist.

Diese Konzeptbildung und ihre Bezeichnung ist so allgemein, dass unterschiedliche Begriffsverständnisse entstanden sind. Beispiele dafür sind der psycholinguistisch orientierte Konzeptentwurf von ROMONATH (1983), der neuropsychologische sprachtherapeutische Unterricht von GIESEKE (1993), das Konzeptverständnis von BORBONUS (1999) und das Positionspapier des Hauptvorstandes der Deutschen Gesellschaft für Sprachheilpädagogik zum „Förderschwerpunkt Sprache" (2000).

4.2 Das Berliner Konzept des sprachtherapeutischen Unterrichts

Das ursprüngliche Konzept des sprachtherapeutischen Unterrichts ist ein Praxiskonzept, d. h. es ist in der und für die unmittelbare Unterrichtspraxis in der Berliner Sprachheilschule in der zweiten Hälfte der 70-er Jahre des vergangenen Jahrhunderts (im Westteil der Stadt) entstanden. Mit ein Grund ist in der Tat – wie BORBONUS (1999, 274) erläutert – die zunehmende Verdrängung der Individualtherapie aus der Schule. Der tiefere Grund aber ist der Umstand, dass sich im Gefolge des Strukturwandels der Schülerschaft der Sprachheilschule nicht nur die *sprachspezifischen*, sondern auch die *sprachbasalen* Lernvoraussetzungen bei den Schülern in einem Maße verändert haben, dass der gesamte Unterricht nicht umhinkommt, zu den allgemeinen sprachfördernden Maßnahmen für die ganze Klasse individuell-spezifische sprachtherapeutische Interventionen in die Arbeit zu integrieren.

Ursprung der Entstehung des Konzepts

Da Therapie und Unterricht unterschiedliche Aufgabenbereiche sind und trotz einiger gemeinsamer formaler Momente nicht wesensgleiche Wirkungsbereiche darstellen, sind für die Konzeption eines sprachtherapeutischen Unterrichts folgende Gesichtspunkte und Anforderungen zu berücksichtigen:

1. Sprachtherapeutischer Unterricht ist in erster Linie *Unterricht*. Die individuellen sprachtherapeutischen Ziele werden im Unterrichtsgeschehen nur insoweit verfolgt, wie sie zur Erreichung der Unterrichtsziele erforderlich sind. Sprachtherapie tritt in den Dienst des Unter-

richts, damit die allgemeinen Unterrichtsziele erreichbar werden, und Unterricht wird dann therapeutisch, wenn die sprachtherapeutischen Ziele erfüllt werden, um wiederum die Aneignung des Unterrichtsgegenstandes zu ermöglichen. Unterricht und Therapie werden inhaltlich pragmatisch miteinander verbunden.

> *Sprachtherapie im Dienst des Unterrichts*

2. Sprachtherapeutischer Unterricht ist *allgemeindidaktisch* zu begründen. Da in der Berliner Schule das lern- oder lehrtheoretische Didaktikmodell zur Analyse und Planung von Unterricht (HEIMANN, OTTO, SCHULZ 1965) präferiert wird und dieses Modell die anthropogenen und soziokulturellen Lernbedingungen als Ausgangslage für die Entscheidungen hinsichtlich der Ziele, Inhalte, Methoden und Medien nimmt, erscheint es aus sprachheilpädagogischer Perspektive für die Konstruktion eines sprachtherapeutischen Unterrichts als besonders geeignet. Es setzt bei der Situation der Lehrenden an, deren Hauptaufgabe das Auslösen von Lernprozessen ist, vor allem von Sprachlernprozessen. Letztendlich ist eine realitätsbezogene allgemeindidaktische Ausrichtung des sprachtherapeutischen Unterrichts aus der Sicht der Schüler unabdingbar, zumal sich der Unterricht mit sprachbehinderten Schülern generell am Rahmenplan der allgemeinen Schule orientiert und der größere Teil der Schüler die Sprachheilschule nur vorübergehend besucht.

> *Berliner Didaktikmodell*

3. Sprachtherapeutischer Unterricht ist *sprachdidaktisch* zu fassen. Wenn über die Ziele des sprachtherapeutischen Unterrichts, die sprachliche Kompetenz der sprachbehinderten Kinder zu fördern und zugleich die individuellen Sprachstörungen zu beseitigen, weitgehend Einigkeit besteht, stellt sich die Frage nach einem geeigneten *sprachdidaktischen Modell*. Aus sprachdidaktischer Perspektive, d.h. von den Lernzielen, den Lernprozessen, der Lernkontrolle, der stofflichen Auswahl der Schwerpunkte der gesprochenen und geschriebenen Sprache, von den Methoden und Medien der sprachlichen Vermittlung (der Unterrichtssprache) her gesehen, ist nicht vom Systemcharakter der Sprache, sondern von ihrer Funktionalität bzw. Intentionalität auszugehen. Sprache ist das wichtigste Mittel der Verständigung und die wichtigste Stütze des Denkens. Die Sprachdidaktik des sprachtherapeutischen Unterrichts setzt übergreifend pragmatisch an.

> *Bedeutung der Pragmatik*

Der Begriff der sprachlichen Kompetenz umfasst alle sprachlichen Fähigkeiten, Fertigkeiten und Kenntnisse von realen Sprechern/Hörern in heterogenen Sprachgemeinschaften. Sprachliche Kompetenz meint nicht nur die implizite Kenntnis formaler sprachlicher Strukturen, sondern wird als generelle Befähigung zu sprachlichem Handeln umschrieben und durch sprachliche Sozialisation konstituiert verstanden. Während sprachliche Fähigkeiten theoretische Konstruktionen zur Erklärung beobachtbarer innerer und äußerer sprachlicher Vorgänge darstellen, sind sprachliche Fertigkeiten und Kenntnisse umschriebene beobachtbare sprachliche Leistungen und Wissensbestände. Unter sprachlichen Fähigkeiten versteht man alle jene Voraussetzungen, die nötig sind, um eine Gruppe von ähnlichen sprachlichen Teilleistungen vollbringen zu können, z. B. syntaktische Fähigkeiten als die Voraussetzungen, die Regeln, nach denen Ausdrücke, Äußerungen und Texte erzeugt werden, erkennen und anwenden zu können. Sprachliche Fertigkeiten meinen demgegenüber die Beherrschung spezifischer sprachlicher Akte, z. B. phonetischer, phatischer oder pragmatischer Akte. Sprachliche Kenntnisse bestehen im Wissen spezifischer sprachlicher Inhalte, z. B. bestimmter Wörter und Regeln.

Die *didaktische Sprachbeschreibung* hat nicht nur die relationale Mehrschichtigkeit, sondern auch die simultane Vollzugsstruktur der sprachlichen Vorgänge zu berücksichtigen. Jede sprachliche Äußerung ist vielschichtig und beinhaltet zugleich mehrere Teilakte. Gesprochen wird immer in satzübergreifenden Einheiten.

Unter Zugrundelegung *sprechakttheoretischer Analysekategorien* kann für die Praxis des sprachtherapeutischen Unterrichts ein vereinfachtes didaktisches Sprachhandlungsmodell umrissen werden (Abb. 4).

sprechakttheoretische Analysekategorien

semantisch-lexikalische Komponente
— propositionaler Akt
— lexikalische Kodierung
— semantische Information,
— Bedeutung, Inhalt (z.B. Paul schlau sein)

kommunikativ-pragmatische Komponente
— illokutiver Akt
— kommunikative Intention
— sprachlicher Handlungsentwurf (z.B. Aussage, Frage, Aufforderung...)

phonologisch-phonetische Komponente
— phonetischer Akt
— phonologische Kodierung
— Aussprache
— akusto-motorische Klanggestalt (z.B. [paol] [ist] [S lao].
[ist] [paol] [S lao]?
[paol] [sei] [S lao]!)

syntaktisch-morphologische Komponente
— phatischer Akt
— syntaktisch-morphologische Kodierung
— grammatische Form (z.B. Paul ist schlau. Ist Paul schlau? Paul sei schlau!)

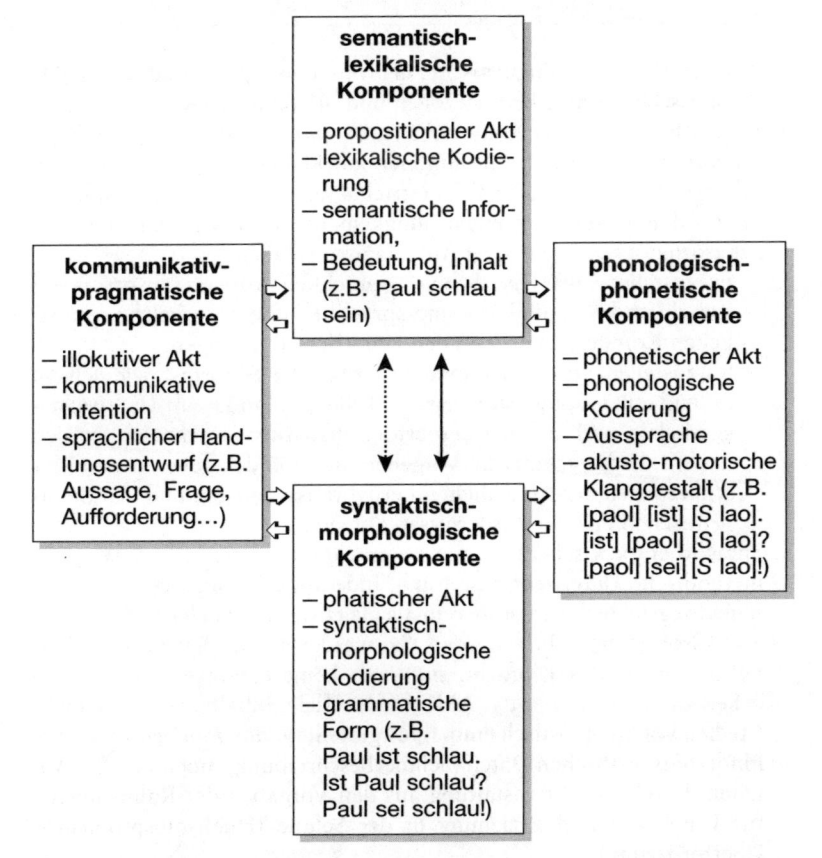

Abb. 4: Umriss eines didaktischen Sprachmodells für den sprachtherapeutischen Unterricht

Neben der Aufgliederung der komplexen Sprachhandlung in Handlungskomponenten (Handlungsentwurf, Bedeutung, Form, Realisation) werden die verschiedenen Sprachebenen (kommunikativ-pragmatische, semantisch-lexikalische, syntaktisch-morphologische und phonologisch-phonetische Ebene) und die entsprechenden Kodierungskomponenten (pragmatische, lexikalische, syntaktisch-morphologische und phonologische Kodierung) verdeutlicht. Die Richtung der Pfeile soll die Strukturierung des Enkodierungsvorganges (des Formulierungsprozesses) anzeigen. Der Dekodierungsvorgang (Verstehensprozess) kann in umgekehrter Richtung vorgestellt werden. Die Modellbildung ist demnach einseitig sprecherorientiert.

Sprecherorientierung

> Im Übrigen ist der sprachtherapeutische Unterricht angesichts der Heterogenität der Zusammensetzung und der Lernsituation von Klassen mit sprachbehinderten Schülern in seiner sprachdidaktisch-methodischen Gestaltung offen. Die Auswahl der unterrichtlichen und sprachtherapeutischen Ansätze muss jeweils vor Ort getroffen werden.

Bislang sind psycholinguistische, neuropsychologische und sprechakttheoretische Ansätze herangezogen und didaktisiert worden.

4. Sprachtherapeutischer Unterricht ist *diagnosegeleitet* und *sprachtherapeutisch* ausgerichtet. Im Hinblick auf Planung und Durchführung des sprachtherapeutischen Unterrichts erfolgt die Diagnostik als Prozessdiagnostik, zum einen fähigkeitsorientiert, zum anderen störungsorientiert. Sie hat zwei Aufgaben zu erfüllen:

Prozessdiagnostik

– festzustellen, was die Schüler sprachlich können, insbesondere sprachlich-kommunikativ und sprachlich-kognitiv, welche sprachlichen Kompetenzen sie in den Unterricht mitbringen;
– festzustellen, was an der Sprache der Schüler gestört ist, wie sich die individuellen Sprachstörungen auf die Teilnahme am Unterrichtsgeschehen und auf den Lernerfolg auswirken. Daraus ergibt sich das sprachtherapeutische Vorgehen, das von den gewonnenen Einschätzungen der sprachlichen Lernvoraussetzungen und den therapeutischen Fördererfordernissen abhängt.

5. Sprachtherapeutischer Unterricht vermeidet eine *reduktive* didaktisch-methodische Unterrichtsgestaltung, indem die Bedingungs- und Entscheidungsfelder von vornherein als gleichwertige Felder und als variable Größen betrachtet werden. Sie werden in ein dialektisches Verhältnis zueinander gebracht, sodass es keine einlinigen Ableitungen geben kann: weder nur das Ableiten der Ziele, Inhalte, Methoden und Medien von diagnostisch einmal festgestellten individuellen sprachbehindertenspezifischen Daten (Schülerbeschreibung), noch nur das Ableiten der Unterrichtsgestaltung aus den Vorgaben der Rahmenpläne für Unterricht und Erziehung in der Schule (Dualismusproblem – Überforderung).

dialektisches Verhältnis von Bedingungs- und Entscheidungsfeldern

4.3 Das Planungsmodell des sprachtherapeutischen Unterrichts

Ausgangspunkt für die Entwicklung einer didaktischen Konzeption des sprachtherapeutischen Unterrichts ist die Erkenntnis, dass eine didaktische Planungstheorie notwendigerweise eine didaktische Analysetheorie voraussetzt, dass die Rationalität didaktischer Entscheidungen von der Qualität der didaktischen Bedingungsanalyse abhängt (Prinzip der Interdependenz).

Der Sprachbehindertenlehrer muss sich beide Bereiche so intensiv wie möglich erarbeiten, um jenes Spannungsverhältnis zwischen sprachlichen Anforderungen des Unterrichtsgegenstandes und sprachlichen Lernvoraussetzungen der Schüler zu treffen, das allen Schülern die Möglichkeit bietet, ihre sprachlichen Fähigkeiten zu verbessern. Je mehr der Lehrer über die sprachlichen Fähigkeiten, die kommunikativen Individualkompetenzen seiner Schüler weiß und je gründlicher er die Unterrichtsgegenstände auf ihre sprachlichen Anforderungen und Fördermöglichkeiten hin analysieren kann, umso sicherer kann er sprachtherapeutischen Unterricht planen.

sprachliche Anforderungen und Lernvoraussetzungen der Schüler

> Wenn das entscheidende Kriterium bei der Planung von sprachtherapeutischem Unterricht das antizipierte Spannungsverhältnis zwischen der sprachlichen Anforderungsstruktur des Unterrichtsgegenstandes und den dafür erforderlichen sprachlichen Lernvoraussetzungen der Schüler ist, bedeutet dies, dass der Lehrer die Möglichkeit haben muss, auf Seiten der Bildungsinhalte zu dynamisieren (Prinzip der Dynamisierung).

Prinzip der Dynamisierung

Er muss Bildungs- und Stoffpläne so flexibel handhaben und verändern können, dass das lernmotivierende Spannungsverhältnis zwischen Lernanforderungen und den dafür erforderlichen Lernvoraussetzungen antizipiert und umgesetzt werden kann. Das bedeutet auch, dass die Daten zu den Sprachstörungen der einzelnen Schüler keine feststehenden Größen sind, sondern ständig neu, nämlich aufgaben- und inhaltsbezogen überprüft und berücksichtigt werden müssen (Abb. 5).

Der logische Prozess der Planung des sprachtherapeutischen Unterrichts beginnt mit der Sach- und Sprachanalyse des Unterrichtsgegenstandes, z.B. eines Lesestückes. Aus der Sachanalyse ergibt sich Aufschluss über die Sachstruktur und die Bestimmung des Lerninhaltes. Die Sprachanalyse ermittelt die sprachlichen Anforderungen und die sprachlichen Fördermöglichkeiten des Unterrichtsgegenstandes, z.B. des Lesestückes, unter Zuhilfenahme des gewählten didaktischen Sprachmodells. Danach wird die unterrichtsbezogene Schülerbeschreibung gemacht, die auf einer gründlichen Analyse der fachlichen und sprachlichen Lernvoraussetzungen in Bezug auf das Lesestück basiert. Die diagnostische Ermittlung des sprachlichen Wissens und Entwicklungsstandes der sprachlichen Fähigkeiten und Fertigkeiten der Schüler orientiert sich ebenfalls am ausgewählten didaktischen Sprachmodell. Nach Antizipation eines optimalen Spannungsverhältnisses zwischen Anforderungsstruktur des Unterrichtsgegenstandes, z.B. des Lesestückes, und der Lernvoraussetzungen der Schüler für das Lesestück erfolgt die Festlegung der fachlichen, allgemeinen sprachlichen und spezifischen sprachtherapeutischen Ziele. Entsprechend bezieht sich die Methoden- und Medienwahl zum einen auf den Einsatz der für wirksam erachteten allgemeinen Lehr-Lernmethoden und Lehr-Lernmedien, zum anderen auf den gezielten Einsatz spezifischer sprachtherapeutischer Verfahren und Medien.

Zielbestimmungen

```
                    ┌─→ Didaktische Bedingungsanalyse
                    │
        ┌───────────┴──────────┐      ┌──────────────────────┐
        │     Sachanalyse      │      │   Schülerbeschreibung │
        │ Sprachliche Anforde- │      │ Sprachliche Lernvor-  │
        │ rungen des Unter-    │←────→│ aussetzungen für den  │
        │ richtsgegenstandes   │      │ Unterrichtsgegenstand │
        │ Sprachliche Förder-  │      │ (Fähigkeiten, Fertig- │
        │ möglichkeiten ...    │      │ keiten, Wissen) ...   │
        └──────────────────────┘      └──────────────────────┘
```

Sachanalyse
Sprachliche Anforderungen des Unterrichtsgegenstandes
Sprachliche Fördermöglichkeiten des Unterrichtsgegenstandes

Schülerbeschreibung
Sprachliche Lernvoraussetzungen für den Unterrichtsgegenstand (Fähigkeiten, Fertigkeiten, Wissen)
Sprachliche Individualkompetenzen
Individuelle Sprachstörungen

Ziele
allgemein: Entwicklung der sprachlichen Kompetenz
sprachtherapeutisch: Beseitigung bzw. Korrektur der individuellen Sprachstörungen

Methoden
allgemeine Lehr-Lernmethoden (Konzepte, Arrangements, Verfahren) sprachtherapeutische Verfahren

Medien
allgemeine Lehr-Lernmedien
sprachtherapeutische Medien

→ Didaktische Entscheidungsfindung

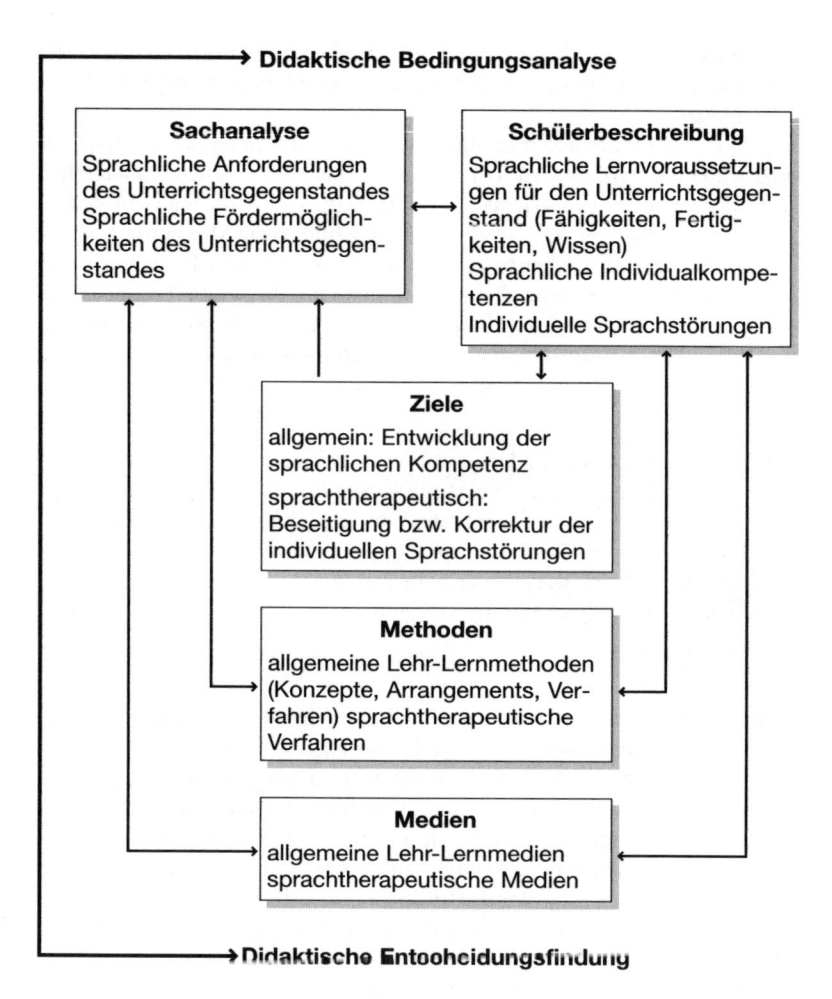

Abb. 5: Planungsmodell des sprachtherapeutischen Unterrichts

4.4 Sprachdidaktisch-methodische Ableitungen

Zur kommunikativ-pragmatischen Komponente
Der sprachtherapeutische Unterricht geht vom Erleben und von den Erfahrungen der sprachbehinderten Schüler aus und knüpft an konkrete Kommunikationssituationen in Familie, Schule, Freizeit an. Die sprachtherapeutische Didaktik hat die Aufgabe, einen Katalog von Intentionen (Fragen, Bitten u.a.m.) und von repräsentativen elementaren kommunikativen Situationen zu erstellen. Zunächst ist ein Kernbereich an kommunikationsrelevanten Situationen zu erarbeiten, z. B. Frühstück, Einkaufen, Telefonieren. Die sprachbehinderten Schüler sind zuallererst für kommunikative Situationen und Handlungen zu motivieren. Es werden solche Kommunikationssituationen arrangiert, die für die Schüler überschaubar und zu bewältigen sind, weitgehend unabhängig von Voraussetzungen in den anderen sprachlichen Kompetenzkomponenten. Eine

Arrangement von Kommunikationssituationen

wesentliche Hilfe bietet dabei der Rückgriff auf nonverbale kommunikative Verhaltensweisen und operative Verhaltensmöglichkeiten. Jeder sprachbehinderte Schüler soll sich so äußern, wie es ihm eben möglich ist. Korrigierte oder neue Äußerungsmuster werden so gefasst, dass sie vom Schüler mit Erfolgserwartung realisiert werden können. Sprachkorrekturhilfen werden in individualisierender Weise angebracht, wobei die problematischen Punkte aus der Realsituation herausgelöst, bearbeitet und in die rekonstruierten Situationen wieder eingefügt werden. Im Vordergrund der sprachtherapeutisch-unterrichtlichen Arbeit steht die Lautsprache, die Entwicklung des mündlichen Sprachgebrauchs. Der Einsatz der Schriftsprache hat vertiefende und unterstützende Funktion. Auf Rechtschreibung wird immer dann besonders abgehoben, wenn der Situationsbezug die entsprechende Motivation anzuregen vermag.

Sprachkorrekturhilfen

Zur semantisch-lexikalischen Komponente
Die sprachlichen Äußerungen werden immer als sinnvolle Einheiten behandelt, eingeprägt und wiederholt verwendet. Das Sprechen wird stets in semantischen Einheiten analysiert und gefördert. Nach der korrigierenden und differenzierenden Arbeit an herausgelösten lexikalischen Elementen (Lexeme, Wörter, komplexe Wörter, Wortgruppen und formelhafte idiomatische Wendungen) und lexikalischen Strukturen (Synonymie, Polysemie, Inklusion, Überschneidung, Hierarchie, Kontradiktion) wird unmittelbar wieder zum propositionalen Kontext verwiesen.

Zur syntaktisch-morphologischen Komponente
Für den Aufbau der syntaktisch-morphologischen Komponente bieten sich verschiedene Grammatikmodelle an. Eine Durchsicht der Sprachbücher für den Deutschunterricht in der Grund- und weiterführenden Schule zeigt, dass im Wesentlichen drei didaktisierte linguistische Grammatikmodelle zugrunde gelegt und Mischtypen erarbeitet werden. Diese bestehen meist aus Anteilen der operationalen, dependenziellen und transformationalen Grammatik. Zur Frage, welches didaktisierte Grammatikmodell für den sprachtherapeutischen Unterricht am ehesten geeignet erscheint, fehlen empirische Anhaltspunkte. Nach Einzelaussagen scheint der Ansatz der operationalen Grammatik am besten geeignet, da das grammatische Lernen als aktives Sprachhandeln vollzogen werden kann.

Grammatikmodelle

Zur phonologisch-phonetischen Komponente
Schwierigkeiten, Störungen und Ausfälle in der phonologisch-phonetischen Komponente der sprachlichen Kompetenz der Schüler werden immer auf dem Hintergrund der illokutiven (= kommunikativen) und propositionalen (= referenziellen) Bedeutungen der Ausdrücke, Äußerungen und Texte gesehen, d. h. analysiert und korrigiert. Der Lehrer differenziert zum einen nach phonologisch/phonetisch, zum anderen nach segmental/suprasegmental; d. h. er unterscheidet phonologische und phonetische Probleme und setzt dementsprechend seine Korrekturhilfen und Fördermaßnahmen an; er differenziert weiterhin Lautwahrnehmung und -produktion sowie phonologische De- und Enkodierung auf der segmentalen und suprasegmentalen Ebene. Der Zusammenhang der su-

Sachzusammenhänge — prasegmentalen Strukturierung mit den überlagerten Sinn- und Formstrukturen der sprachlichen Ausdrücke, Äußerungen und Texte zwingt dabei zu Übungsformen, die jeweils von Kommunikations- oder Sachzusammenhängen ausgehen und dann wieder zu ihnen zurückkehren.

In entsprechender linguistisch orientierter Strukturierung stellt FÜSSENICH (2003) erweiternde und vertiefende Fördermöglichkeiten am Beispiel von Beeinträchtigungen der sprachlichen Kommunikation im Rahmen des Spracherwerbs dar.

4.5 Zur praktischen Umsetzung des sprachtherapeutischen Unterrichts

> Grundsätzlich ist sprachtherapeutischer Unterricht nicht an die Schule für Sprachbehinderte gebunden, er kann auch in anderen sprachheilpädagogischen Organisationsformen praktiziert werden. Das Konzept ist institutions- bzw. lernortunabhängig.

Lernformen — Das *Lehr- und Lernkonzept* des sprachtherapeutischen Unterrichts orientiert sich im Wesentlichen an den Lernformen des Imitations- bzw. Modelllernens, des instrumentellen bzw. operanten Lernens und des einsichtigen bzw. strukturalen Lernens, wobei die Schwerpunktsetzung vom Wissen um die jeweiligen Anteile des Lernens an der Sprachentwicklung des Kindes insgesamt abhängt. Insofern ist der sprachtherapeutische Unterricht nicht nur psycholinguistisch, sondern auch entwicklungspsycholinguistisch orientierter Unterricht.

Grenzen der Planbarkeit — Was die pädagogische, didaktische und therapeutische Kompetenz des Lehrers angeht, bleibt immer auch die Erkenntnis einzukalkulieren, dass echte kommunikativ-pragmatische Situationen und Intentionen letztlich nicht planbar sind, sondern lediglich initiiert werden können, indem eben die entsprechenden Bedingungen bereitgestellt werden. Unmittelbar spontane kommunikativ-pragmatische Situationen, die unterrichtlich-therapeutisch aufgegriffen und weitergeführt werden können, in denen alle sprachlichen Ebenen sich zugleich realisieren lassen, gehören wohl zu den selteneren pädagogisch-therapeutischen Anlässen.

Verbindung mit Individualtherapie — Die praktische Unmöglichkeit, alle Aspekte des sprachtherapeutischen Unterrichts zugleich berücksichtigen zu können, macht über den üblichen schulorganisatorischen Rahmen hinausgehende Maßnahmen erforderlich, die vor allem in zusätzlichen Therapie- und Förderstunden zu sehen sind. Ein erfolgreicher sprachtherapeutischer Unterricht verlangt zusätzliche differenzierte *individualtherapeutische* Behandlungsmöglichkeiten und spezielle Förderangebote in den lernrelevanten Verhaltensbereichen, die im Kontext der Sprachstörungen mitbetroffen sind.

5 Zukunft Sprachheilpädagogik – Perspektiven der weiteren Entwicklung

Sprachheilpädagogik verfügt, wie jede Wissenschaft, über verschiedene *methodologische Vorgehensweisen*; sie verfährt

methodologisches Vorgehen

- *deskriptiv*: sie beschreibt die pädagogisch-therapeutische Wirklichkeit, indem sie empirische Daten zusammenträgt und wahrscheinliche Zusammenhänge aufzeigt. Sie macht operationalisierte Aussagen, aus denen sich Handlungsvorschläge und Handlungsanweisungen ableiten lassen;
- *explikativ*: sie analysiert die ermittelten Daten und versucht, die Tatsachenaussagen konditional oder kausal zu erklären bzw. zu begründen;
- *präskriptiv*: sie zeigt Ziele und Aufgaben des sprachheilpädagogischen Handelns auf und gibt logisch und ethisch nachvollziehbare Begründungen, indem sie sich an Menschenbildern und an Wertvorstellungen orientiert. Sie fragt nach dem Sinn des sprachheilpädagogischen Handelns;
- *reflexiv*: sie fragt nach den gesellschaftlichen Bedingungen und Determinanten der sprachheilpädagogischen Theoriebildung, Institutionalisierung und Praxisgestaltung. Sie fragt nach den Leitprinzipien des sprachheilpädagogischen Denkens und nach den Motiven des praktischen Handelns.

Argumentation und Legitimation der künftigen Sprachheilpädagogik müssen von der Frage nach den Determinanten des gesellschaftlichen, ökonomischen und kulturellen Wandels und seinen Auswirkungen auf den Lebenslauf und die Lebensgestaltung des Einzelnen ausgehen, um die Aufgaben und Ziele der Fachdisziplin in Theorie und Praxis zu erkennen, um die Entwicklungsmöglichkeiten der Kinder und Jugendlichen mit sonderpädagogischem Förderbedarf in Zukunft zu sehen und zu realisieren.

Bedeutung gesellschaftlicher Rahmenbedingungen

Veränderungen der gesellschaftlichen Rahmenbedingungen werden mit den Schlagworten Globalisierung und Europäisierung des Arbeitsmarktes und ihre Folgen für das Bildungswesen, wirtschaftlicher Strukturwandel mit dem Übergang in eine wissensbasierte Dienstleistungsgesellschaft und Anstieg der Qualifikationsniveaus, neue Technologien, lebensweltlicher Strukturwandel mit Veränderungen der herkömmlichen Familien- und Beziehungsstrukturen und schließlich biografischer Strukturwandel mit Auswirkungen auf die individuelle Lebensplanung beschrieben. Welche Konsequenzen ergeben sich für Bildung und Erziehung, für die sonderpädagogische Förderung von Kindern und Jugendlichen mit sonderpädagogischem Förderbedarf Sprache?

> In der Allgemeinen Erziehungswissenschaft wird mit Blick auf die Kinder und Jugendlichen vor allem auf zwei Konsequenzbereiche hingewiesen: auf den Erwerb von *Schlüsselqualifikationen* und eine *neue Lernkultur.*

Schlüsselqualifikationen

neue Lernkultur

Zu den Schlüsselqualifikationen gehören – sprachheilpädagogisch besonders bedeutsam – neben den allgemeinen Kulturtechniken und Fremdsprachenkenntnissen Ausdrucks- und Kommunikationsfähigkeit, Handlungs- und Kooperationsfähigkeit, interkulturelle Kompetenz und Kreativitätstechniken. Neue Lernkultur meint optimale Konstellationen für Lernen als Grundvorgang der Persönlichkeitsentwicklung. Lehrer haben eine Lernumwelt, sowohl direktiv als auch situiert, zu gestalten, dass Lernen aktiv und konstruktiv geschehen kann. Dass die Sprachheilpädagogik die aktuellen Herausforderungen erkennt und annimmt, zeigen z.B. die neuen wissenschaftstheoretischen Denkansätze zur Sprachheilpädagogik als „relationale Wissenschaft" (LÜDTKE 2003) mit ihren konstruktivistischen Perspektiven, die in ihren Varianten zu ersten systemisch-konstruktivistischen Konzeptentwürfen zum Sprachbegriff (STEINER 1996), zur Sprachförderung (SASSENROTH 2002) und zur konstruktivistischen Didaktik (BAHR 2003) führen.

Pädagogisierung als Beitrag zur fachlichen Identität der Sprachheilpädagogik

Stephan Baumgartner

1 Einleitung: Ausgezehrtes Identitätsbewusstsein

Das traditionelle Identitätsbewusstsein der Sprachheilpädagogik ist ausgezehrt. Verbindende Traditionen und Erfahrungen, fachliche Standards, althergebrachte Konstruktionen, in denen die Sprachheilpädagogik als fachliche Einheit wahrgenommen wurde, bröckeln. Die Sprachheilpädagogik sieht sich mit deutlichen Ansprüchen an ihre Wissenschaftlichkeit und die Qualität ihres Handelns konfrontiert, neuen Schwerpunkten in einer fachübergreifenden Ausbildung, einer rasanten Ausdifferenzierung und Qualifizierung der außerschulischen sprachtherapeutischen Tätigkeit sowie der Neupositionierung zu anderen sprachtherapeutisch tätigen Berufsgruppen. Die in Schulen unterrichtenden Sprachheilpädagogen gehen als „Sprachförderer" einer fachlich massiv abgespeckten Zukunft entgegen (BAUMGARTNER 1998a; BRAUN 2002; GROHNFELDT 2004; HOMBURG, IVEN & MAIHACK 2000; MAIHACK 2002). Was der personalen Identität des Menschen in der postmodernen Welt droht, die Fragmentierung, begegnet Sprachheilpädagogen in der Zersplitterung und den konfligierenden Ansprüchen eines expandierenden Faches (BAUMGARTNER 2000; vgl. STORCH 1999). Soviel inhaltliche Komplexität, soviel strukturelle und institutionelle Neuerungen erwecken kognitive Dissonanzen, Gefühle der Verwirrung, Unsicherheit und Unzufriedenheit. Wie viel Multiplizität und Flexibilität vertragen Sprachheilpädagogen in ihrer beruflichen Identität? Wo ist die gültige und verbindliche fachliche Spezifität der Sprachheilpädagogik? Was ist das Unverwechselbare, das Besondere, durch das die Sprachheilpädagogik als fachliche Einheit von innen und außen wahrgenommen werden kann? Es geht wohl um die Erörterung von Schicksalsfragen, deren Beantwortung nicht dem Haupt der Minerva entspringt. Es sind Sprachheilpädagoginnen und Sprachheilpädagogen, die sie zu formulieren haben.

Aus Zwiespalt und Vielfalt, aus Antagonismen könnte Triebkraft für die Erneuerung des Profils von Theorie und Praxis der Sprachheilpädagogik erwachsen, und Sprachheilpädagogen der arkadischen Idylle entkommen, die sie sich über die Jahre in der fachisolierenden Zuflucht zu einem trotzigen und genügsamen: „Wir sind Sprachheillehrer und somit Pädagogen", oder „Die Sprachheilschule ist unser ‚home and castle'", oder „Was wir machen, ist *pädagogische* Sprachtherapie", errichteten.

2 Die Pädagogisierung der Sprachheilpädagogik

> Ohne dogmatische Gewissheit soll hier eine alte These aufgefrischt werden, nach der die Sprachheilpädagogik einer „Pädagogisierung" (ORTHMANN 1971, 35) bedarf:

Wer sich keinen pädagogischen Horizont erarbeitet, kommt auch zu keinem heilpädagogischen Kriterium, sondern muss sich ins Schlepptau irgendeiner Nachbarwissenschaft begeben (MÖCKEL 1996, 94). Die Sprachheilpädagogik ist im notwendigen, ständigen Rückgriff auf die Erkenntnisse ihrer Bezugsdisziplinen wie Linguistik und Medizin in einer polyintegrativen Gestalt strukturell modern geworden, droht letztendlich aber gerade deswegen sich zu einem fachlichen Neutrum ohne besonderes Gesicht zu entwickeln. Die Sprachheilpädagogik benötigt ein vielfältiges Grundlagen- und Anwendungswissen, das *auch* interdisziplinär erworben werden kann. Dieses Wissen erschwert die eindeutige Profilschärfe, ist aber Kennzeichen moderner, differentieller Wissenschaft, das die Sprachheilpädagogik mit Großwissenschaften wie die Erziehungswissenschaft, Psychologie oder Linguistik teilt.

> Klären Sprachheilpädagogen die Bedeutung der einzelnen Bezugswissenschaften für die Theorie und Praxis ihrer Fachdisziplin nicht kontinuierlich kritisch, dürfen sie sich nicht verwundert die Augen reiben, wenn die Beziehung zur Linguistik oder zur Medizin identitätsmindernd stärker als zur Allgemeinen und Speziellen Heilpädagogik sowie zur Erziehungswissenschaft ist.

Durch die Geschichte der Sprachheilpädagogik lässt sich zwar der Einfluss pädagogischen Denkens auf die Entstehung sprachheilpädagogischer Konzepte und Organisationsformen nachhaltig verfolgen, trotzdem blieb die Pädagogisierung ein lediglich unbefriedigender Versuch (BRAUN 1997; BRAUN & MACHA-KRAU 2000; GROHNFELDT 2002). Schon 1929 beklagt Thoms den Mangel einer „erziehungstheoretisch unterbauten Lehre von den Bildungsformen für Sprachgestörte" (40). Nur wenige Veröffentlichungen deuten nach Orthmanns „Bemerkungen zur erziehungswissenschaftlichen Grundlage der Sprachbehindertenpädagogik" von 1977 und Homburgs grundlegender „Pädagogik der Sprachbehinderten" von 1978 auf ein wachsendes Interesse an der Reflexion sprachheilpädagogischen Handelns im Kontext pädagogischer Theoriebildung (z.B. BAHR & LÜTDKE 2000; KRACHT 2000; VON KNEBEL 2000; SASSENROTH 2002).

Die Beiträge der letzten Jahre in der Fachzeitschrift „Die Sprachheilarbeit" oder in den Sammelbänden „Handbuch der Sprachtherapie" sowie „Lehrbuch der Sprachheilpädagogik und Logopädie" zeugen von erheblichen Bekenntnislücken sowie von Wissensdefiziten bezüglich eines Denkens von der Pädagogik aus. Offensichtlich ist dies ein Spiegel des Selbstverständnisses der Sprachpädagogik. Selbst der letzte Kongress der Deutschen Gesellschaft für Sprachheilpädagogik in Halle 2002 hat zu diesem historischen Zeitpunkt (75 Jahre dgs) mit seinem gewohnt bunten thematischen Allerlei die offensive und diskursive Auseinandersetzung um die pädagogische Identität der Sprachheilpädagogik nicht entfachen können oder wollen. Es fehlte eindeutig die Selbstthematisierung und der Mut, auch selbstkritisch fachliche Stärken und Schwächen zu dokumentieren und damit als eine Art der Selbstevaluation, zur wissenschaftlichen Standortbestimmung beizutragen.

Bekenntnislücken und Wissensdefizite

Die Sprachheilpädagogik hat sich also in der jüngsten Vergangenheit ihrem Selbstverständnis, Pädagogik zu sein, weitgehend verschlossen. Damit fehlt der tragende Baustein, der für eine überwölbende Identitätsstiftung herangezogen werden muss.

> Eine in der Begrifflichkeit von (Patho)Linguistik, Medizin und Psychologie konzipierte Sprachtherapie wird durch assortierte Zitate aus den Klassikern der Pädagogik nicht zur *pädagogischen* Sprachtherapie. Die üblichen Randverweise auf die Pädagogik dominieren den forschungsgestützten Nachweis bisher erbrachter *pädagogischer* Leistungen mit profilierbarer Spezifik: „Es hilft nicht weiter, einfach vor das Nomen ‚Sprachtherapie' das Adjektiv ‚pädagogisch' zu setzen" (WELLING & KRACHT 2002, 128).

Wenn pädagogische Grundlagen „sprachpädagogischer Interventionsstrategien" (GROHNFELDT 1993) nicht expliziert werden, ist zu fragen, „worin das Gemeinsame respektive der Unterschied von sprachpädagogischen Verfahren in der allgemeinen pädagogischen Praxis und der sprachbehindertenpädagogischen Praxis liegt" (KRACHT 2000, 38).

Die sprachheilpädagogische Praxis ist unter dem Aspekt der überzeugenden Darstellung pädagogischer Konzeptbildung von diffuser Gestalt, die präzise Beschreibung ihrer Merkmale steht aus. Es fehlen vorbildhafte Einrichtungen, die pädagogische Akzente setzen und zu denen man, wie zu den stationären Einrichtungen der Sprachheilpädagogik in den 1970-er Jahren, staunend reiste.

> Es ist die *Sprachtherapie*, die offensichtlich das Kernland der Sprachheilpädagogik geworden ist. Mit Blick auf den weltweiten Anglozentrismus der internationalen Sprech- und Sprachpathologie (vgl. ROMONATH 2001) muss Sprachtherapie *nicht* vom Pädagogischen her bedacht werden.

Sprachtherapeutisches Wissen können auch andere Wissenschaften generieren, und Sprachtherapie kann bekanntlich auch von anderen Professionen realisiert werden. Es gilt zu betonen, dass die Leistung von Erziehung und Sprachpädagogik für die positive Veränderung gestörter Sprache empirisch nicht gesichert ist und sie international auch nicht als Frage und Problem beantwortet und diskutiert wird. Im Zuge der Global-

Globalisierung der Sprachtherapie

isierung von Sprachtherapie, von Angleichungsdruck und nationenübergreifenden Standardisierungserwartungen wäre also für den Gegenstand „Pädagogik" mit seinem zentralen Handlungsfeld „Erziehung" an Verzicht zu denken.

> Angleichungsdruck könnte allerdings auch in eine andere Richtung wirken: Sprachheilpädagogen sind auf eine positive Weise gezwungen, konkurrierend ihre fachliche Identität und pädagogische Eigenheit auf dem Prüfstand der Leistungsfähigkeit im internationalen Wettbewerb darzustellen.

Noch ist „Sprachtherapie" bei uns keine wissenschaftliche Teildisziplin, d.h., sie könnte inhaltlich durchaus „pädagogisch" belegt werden. Vielleicht schafft die Pädagogisierung im Kontext einer sich wandelnden Erziehungswissenschaft und Heilpädagogik ein sinnstiftendes Mindest-

fachliche Kohärenz

maß an Einheitlichkeit im Sinne von fachlicher Kohärenz. Einheit ist in der Gleichzeitigkeit von integrativen und differenzierenden Momenten des Faches ein Prozessgeschehen, das unter Verarbeitung von Widersprüchlichkeiten und neuem Wissen und neuen Erfahrungen der ständigen Veränderung ausgesetzt ist. Warum sollte die pädagogische Profilie-

Entwicklungsimpulse durch pädagogische Profilierung

rung sprachheilpädagogischen Handelns, unter Beibehaltung eines qualitativ hochwertigen Methodenstandards, nicht fachliche Entwicklungsimpulse für strukturelle Reformen auslösen? Könnten sich Sprachheilpädagogen gerade in der Betonung ihres heilpädagogischen Selbstverständnisses, ihres gemeinsamen Gefühls einer „historischen Identität" (DATLER & STRACHOTA 1999, 110) sowie ihrer, die Sprachtherapie einschließenden, heilpädagogischen Kompetenzen in einem hochdifferenzierten internationalen Netzwerk sprachpathologischer Wissenschaften nicht einen attraktiven Platz sichern (BAUMGARTNER 1995)?

3 Sprachheilpädagogen wollen Pädagogen sein, wenn....

Sprachheilpädagogik sollte in Theorie und Praxis von Heilpädagogen mit einem pädagogischen Selbstverständnis realisiert werden.

> Sprachheilpädagogen, das betrifft gerade auch außerschulisch sprachtherapeutisch tätige Sprachheilpädagogen, müssen eine fachlich zufrieden stellende Zugehörigkeit zur Pädagogik erfahren, um von daher eine *innere* Bereitschaft, Pädagoge sein zu wollen, entwickeln zu können.

Sprachheilpädagogen, das soll behauptet werden, wollen eine „ausgewiesenermaßen pädagogische Beziehung" zu Menschen mit Sprachstörungen aufbauen und reflektieren (WELLING & KRACHT 2002, 154). Weiter darf man davon ausgehen, dass eine Allgemeine Pädagogik als altmodische Idealpädagogik mit ihrer humanitären Utopie, die seit Jahren auf der Suche nach ihren verlorenen Gegenständen ist, die eine „begrenzte Bedeutung für andere pädagogische Disziplinen, die pädagogischen Berufe und die Öffentlichkeit" konstatiert (FUHR 1999, 59), „ein ungeklärtes Selbstverständnis" (ebd. 61) und den „Exodus des Lernens" beklagt (REICH 2003, 35), nicht zur Identitätsbildung für Sprachheilpädagogen beiträgt. Sprachheilpädagogen müssen einem Expertenwissen begegnen, das sich klar von Erziehung, bei der „jeder meint, mitreden zu können", unterscheidet und das „dem Absacken des pädagogischen Wissens in den Alltag" entgegenwirkt (KRÜGER 1996, 244). Philosophische Großbegriffe wie „Menschenbild", „pädagogischer Bezug" „pädagogische Atmosphäre" oder des Menschen „Werden" und „Sein" in seiner „Sprachlichkeit" dienen vielleicht einer sinnstiftenden Orientierung. Ohne empirischen Sachverhalt entbehren sie einer praktischen Handlungsrelevanz.

Allgemeine Pädagogik als altmodische Idealpädagogik

> Sprachheilpädagogen benötigen eine sich *wandelnde* Erziehungswissenschaft und eine sich *wandelnde* wissenschaftliche Heilpädagogik, die eine eindeutige pädagogische Begrifflichkeit, evaluierbare Konzepte und Methoden garantieren und möglichst bald eine *klinische* Ausrichtung.

Deutlicher als bisher müssen sich Erziehungswissenschaft und Heilpädagogik in Theorie und Praxis zu einer verhaltenswissenschaftlichen Kognitions- und Instruktionswissenschaft transformieren, mit Kognitions- und Lernpsychologie als Grundwissenschaften für das Gebiet des Wissenserwerbs und der Wissensvermittlung. „Unter dem Zeichen der Interdisziplinarität gewinnen disziplinübergreifende Leitbegriffe an Bedeutung" (TENORTH 2001, 48), man denke z.B. an „Lernen", „Entwicklung", „Beziehung", „Kommunikation", „Kooperation", „System" oder „Konstruktion". Ohne die Erziehungswissenschaft an der Seite, sind Modelle der Integration zum Scheitern verurteilt. Über das fachliche Segment der Pädagogik gewinnen Sprachheilpädagogen ein spezialisiertes Fachwissen, das anderen Sprache therapierenden Professionen fehlt. Die Sprachheilpädagogik muss sich stärker als bisher mit Erziehung, speziellen Erziehungserfordernissen und Bildung auseinander setzen (vgl. SPECK 2003).

Erziehungswissenschaft als Kognitions- und Instruktionswissenschaft

> Erziehung muss im Kontext gestörter Sprache und Kommunikation definiert und ihre Leistung *auch* empirisch geprüft werden. Es wird nachzuweisen sein, dass pädagogisches Wissen und pädagogische Erfahrung zur Veränderung von auffälligem Sprach- und Kommunikationsverhalten z.B. in einer „pädagogischen Sprachtherapie" beitragen können (vgl. BRAUN 1997; GROHNFELDT 1989; STEINER 1993).

Sprachpädagogik

Weiterführende Überlegungen liegen z.B. in der Konzipierung des Begriffs „Sprachpädagogik" vor, der im Kontext der Kooperativen Pädagogik „das Anliegen eines pädagogischen Einwirkens auf den kulturgebundenen Sprachgebrauch des heranwachsenden Kindes und Jugendlichen bezeichnet" (WELLING & KRACHT 2002, 133). Für VON KNEBEL (2000, 312f.) ist die Arbeit mit Kindern mit Aussprachestörungen als pädagogisches Aufgabenfeld charakterisiert, wenn die Hypothesen der Erziehungsbedürftigkeit, der Ganzheitlichkeit, der Aktivität, der Therapierelevanz und der sprachbezogenen Konstruktion Gültigkeit beanspruchen können.

4 Sprachheilpädagogik und Erziehungswissenschaft müssen ihren Wissenstransfer intensivieren

klinische (Heil)Pädagogik
Erwartungen an die

Das Bekenntnis von Sprachheilpädagogen zur Pädagogik trägt zur fachlichen Annäherung an die Erziehungswissenschaft bei. In dem Maße, wie sich die Erziehungswissenschaft zukünftig reformiert, könnte dort die Sprachheilpädagogik als spezialisierte, klinische (Heil-)Pädagogik ihren Platz finden (vgl. REISER 1998). Die Erziehungswissenschaft",4>ErziehungswissenschaftErziehungswissenschaft selbst ist gegenwärtig massiv mit Erwartungen an Wettbewerb, Qualitätssicherung und Evaluation konfrontiert (HORNBOSTEL & KEINER 2002, 636). Wie die Sprachheilpädagogik, kennzeichnet die Erziehungswissenschaft pluridisziplinäre Offenheit zum Gegenstand der Beziehung, intradisziplinäre Schließung und eine sinnstiftende geisteswissenschaftliche Reflexion. Beide lassen sich mit ihren relativ heterogenen, segmentierten Fach- und Ausbildungsstrukturen nur schwer zu homogen profilierten Leistungs- und Output-Erwartungen in Beziehung setzen. Beide sind nicht als geschlossene Theorie- und Praxissysteme konzipiert, passend scheint die Metapher einer „Diskurslandschaft" zu sein (KRACHT 2000, 29).
Was leistet Erziehungswissenschaft?

> Moderne Erziehungswissenschaft liefert Trägerwissen für Wissenschaftstheorie, für schulisches und außerschulisches Erziehungs- und Unterrichtswissen (z.B. BÖHM & WENGER-HADWIG 1998; LENZEN 1999; ROTH 2001). Erziehungswissenschaft erzeugt Orientierungswissen, das dazu angetan ist, die Effekte einer komplexer werdenden Sprachheilpädagogik zu kompensieren.

Reflexionswissen

Sie schafft Reflexionswissen, das z.B. Erkenntnisse von der Vielfalt der Ausdrucksformen menschlichen Verhaltens und Erlebens in Erziehungsprozessen, vom fremden, dem eigenen und dem gemeinsamen kommunikativen Handeln unter spezifischen biografischen, situationalen und institutionellen Bedingungen umfasst. Erziehungswissenschaft erschließt „Lernen", „Entwicklung" sowie „Beziehung" systemisch in der Situations- und Beziehungsgestaltung.

Pädagogen lernen für den Unterricht, diesen zu arrangieren, zu organisieren und zu moderieren, und für das Lernen generell, dieses zu animieren, zu modellieren und zu optimieren. In Kooperation mit der Erziehungswissenschaft wird die Sprachheilpädagogik einen ihrer wesentlichen Gegenstände, Wissensvermittlung in Gruppen, intensiver erforschen können.

Lehren und Lernen in Gruppen

> Lehren und Lernen in Gruppen (z.B. im Unterricht) muss im Kontext gestörter Sprache und Kommunikation definiert und deren Leistung empirisch überprüft werden (BAUMGARTNER 1997; 1998; DANNENBAUER 1998).

Unabdingbar sind für Experten, die pädagogisch sehen und denken lernen, erziehungswissenschaftliche Gegenstände wie z.B. Anthropologie, Bildungstheorien, Jugendkunde, Familie, Peer-Group-Sozialisation, Jugendkultur, Ethnizität und Problemlagen im Kindes- und Jugendalter (z.B. ROTH 2001).

Erziehungswissenschaft nimmt als „reflexive Beobachtungswissenschaft, die sich rückbezüglich mit der Beobachtung und Analyse stattgehabter Erziehung und den ihr korrespondierenden Wissenschaftselementen befasst" (KRÜGER 1996, 244), gegenüber einer optimistischen, weltverbessernden Pädagogik eine eher skeptische Grundhaltung an. Ex post kann jetzt über zukünftige Entwicklungsschritte und Folgeprobleme nachgedacht und so z.B. Technikfolgen und Risiken von Erziehung eher vermieden werden (vgl. OPP 1998).

reflexive Beobachtungswissenschaft

Erziehungswissenschaft unterstützt sprachheilpädagogische Erkenntnisse mit erziehungswissenschaftlichen Konzeptionen, die in einem gewaltigen Bogen von der Geisteswissenschaftlichen Pädagogik über die Empirische, Kritische, Strukturalistische bis zur Systemischen und Konstruktivistischen Erziehungswissenschaft reichen (z.B. KRÜGER 1997; SIEBERT 1999). Gerade letztere ergänzt Grundlagen sprachlichen Lernens vor dem Hintergrund einer gemäßigt konstruktivistischen Lehr-Lernphilosophie als aktiver, konstruktiver, selbstgesteuerter und interaktiver Erwerbsprozess (BAUMGARTNER 1997; MANDEL & KRAUSE 2001).

erziehungswissenschaftliche Konzeptionen

> Erziehungswissenschaft stattet Pädagogen mit umfangreichen Kompetenzen, definiert als Fähigkeiten zum erfolgreichen Verhalten, aus, z.B. allgemeine soziale und kommunikative Kompetenz, Medienkompetenz, systematische Einflusskontrolle auf Interaktionen, Reflexion von erzieherischen Nebenwirkungen, Selbstreflexion, moralische Kompetenz, Wissensmanagement und Kooperationskompetenz.

5 Sprachheilpädagogik gewinnt disziplinäre Identität über eine erklärte Zugehörigkeit zur Heilpädagogik

Mangelnde Transdisziplinarität mit der Heilpädagogik

Fachtagungen (z.B. des Verbandes Deutscher Sonderschulen), Fachzeitschriften (z.B. die Zeitschrift für Heilpädagogik) wie auch dieses Lehrbuch unterstreichen den Eindruck mangelhafter Transdisziplinarität zwischen der Sprachheilpädagogik einerseits sowie der Allgemeinen und Speziellen Heilpädagogik andererseits. So wird man die Sprachheilpädagogik von außen kaum als Heilpädagogik wahrnehmen. Des weiteren hilft der Zustand Sprachheilpädagogen wenig bei der Entwicklung eines solidarischen „Wir-Gefühls" in der Heilpädagogik.

Heilpädagogik hat als Wissenschaft in Theorie und Praxis Beratung, Unterricht, Erziehung und Therapie unter erschwerten Bedingungen gegenüber Menschen mit speziellem Beratungs-, Unterrichts-, Erziehungs- und Therapiebedarf im Rahmen eines umfassenden und besonderen Bildungsauftrags zu klären und zu realisieren (SPECK 2003).

> Zur Profilierung der heilpädagogischen Fachspezifität muss die Sprachheilpädagogik den Wissenstransfer mit anderen heilpädagogischen Fachdisziplinen, deren „Theorien und Konzepte (........) zu Recht ein höheres Maß an pädagogischer Qualität beanspruchen können", verdichten (VON KNEBEL 2002, 263).

Konzept „Heilpädagogik"

Die Sprachheilpädagogik profitiert von einer Allgemeinen Heilpädagogik als systematischen Ort, an dem „zumindest die Fragen nach dem Selbstverständnis von Heilpädagogik in ihren verschiedensten Dimensionen wach zu halten und differenziert weiterzuverfolgen sind" (DATLER & STRACHOTA 1999, 113) und an dem methodische Standards und ein definiertes, für alle Heilpädagogen gemeinsames Wissen festgelegt werden. Die Entscheidung für den Begriff „Heilpädagogik" ist begründet. Er ist das geschichtlich gewachsene, traditionsbewusste Signum unserer Fachwissenschaft (BAUMGARTNER 1997). Der Begriff „Heilpädagogik" ersetzt den der Sonder-/Behindertenpädagogik. Das Konzept „Heilpädagogik" (SPECK 2003) wird gegenüber Sonder-/Behindertenpädagogik als das innovativere beurteilt (vgl. BLEIDICK 1988). Es ist „offen", „integrativ", eine „konstruktive Weiterentwicklung des Faches" und macht eine „gewandelte Wirklichkeit" zu ihrem Gegenstand (ebd., 16, 17, 21). Heilpädagogische Reflexion bezieht sich explizit auf Erziehung im Kontext empirischer Fakten, hermeneutischer und phänomenologischer Vorgehensweisen. Das Konzept regt zu neuen Denkmodellen an, überwindet Fehlentwicklungen der Sonder- und Behindertenpädagogik und hebt starre sonder- und behindertenpädagogische Einheitsordnungen und Selbstverständnis auf. Als Wissenschaft trägt die Heilpädagogik „zur differenzierenden und verstehenden Klärung" konstruktiven Lernens autonomer Subjekte in individuellen und sozialen Lebenslagen bei (ebd, 23).

Auch wenn das Ergebnis dieses Konzepts in seiner „ökologisch reflexiven Grundlegung" keine „Eindeutigkeit" aufweist, wie sie Kritiker wünschen, hebt es sich doch in seiner Aufgeschlossenheit für die außerschulische Tätigkeit, die Befürwortung von Integration und Kooperation wohltuend innovativ und zukunftsweisend von anderen Entwürfen ab.

Aus dem Blickwinkel der Transdisziplinarität mit der Medizin darf als Vorteil gelten, dass im Begriff des Heilpädagogischen neben der „besonderen Erziehungsbedürftigkeit" das für die Medizin so wichtige „Heilen" selbst zum Ausdruck kommt. Die historische Grenzziehung zwischen (Heil)Pädagogik und Medizin wird dahingehend diffuser, als man, auch aus den eigenen Reihen heraus, von der Medizin selbst eine stärkere Pädagogisierung im Sinne eines ganzheitlicheren Vorgehens, der Einbeziehung subjektiven Heilungswissens oder einer edukativeren Haltung gegenüber Gesundheit erwartet (BAUMGARTNER 2002). Übrigens eine alte Forderung, wenn man bei ROTHE (1923, 13) nachliest : „Der Spracharzt ist Pädagoge (.....). Die Behebung funktioneller Störungen ist eine belehrende und erziehende", oder bei STEIN (1937, 20): „Es ist Aufgabe des Arztes, sich mit der Gesamtpersönlichkeit zu befassen."

Heilen und die Medizin

6 Sprachtherapie als pädagogisches Projekt

> Sprachtherapie ist mit ihrer speziellen Zielsetzung und Methodik stärker als bisher *auch* unter erziehungswissenschaftlichen und heilpädagogischen Aspekten zu konzipieren, zu reflektieren und die besondere Leistungsfähigkeit einer Sprachtherapie mit den Merkmalen pädagogischen Handelns empirisch zu prüfen.

Alleine kann die Sprachheilpädagogik dieses Projekt nicht schultern. Schubkraft gewinnt es erst, wenn beide, Erziehungswissenschaft wie Heilpädagogik ihre traditionell vorsichtige Haltung gegenüber „Therapie" aufgeben und schon allein deswegen aufgeben werden, weil für den außerschulischen Bereich ausgebildete und außerschulisch arbeitende Pädagogen und Heilpädagogen in therapeutische Arbeitsfelder drängen (ANTOR & BLEIDICK 2001; BLEIDICK 1985; BORCHERT 2000; BUNDSCHUH 2002; BUNDSCHUH u.a. 2002; ROTH 1999).

> Erziehungswissenschaft muss mit Blick auf die Heilpädagogik sowie auf „Therapie" das für sie maßgebliche „Normale" überdenken.

„Psychotherapeutische Prozesse des Heilens (sind) als Spezialfälle von pädagogischen Prozessen zu begreifen und der Begriff des Heilens keineswegs aus dem Gegenstandsbereich der Pädagogik zu eschamotieren" (DATLER & STRACHOTA 1999,112). Nach OEVERMANN (1996) impliziert

pädagogisches Handeln und Therapie

jedes pädagogische Handeln die Nähe zur Therapie. Professionelles pädagogisches Handeln stellt zwischen Lehrer und Schüler ein ähnliches Arbeitsbündnis her wie zwischen Therapeut und Klient in der therapeutischen Praxis. Obwohl Gegenstand der Pädagogik, hat nach OEVERMANN die „Normalpädagogik" zu ihrer eigenen Entlastung diese therapeutische Dimension ausgeblendet und in die Zuständigkeit des sonderpädagogischen Handelns übergeben (ebd. 151). Vorschnell hat sich die Pädagogik von allem „Störenden", „Problematischen", „Anderen", von einem individuellen „Fallverstehen" und therapeutischem Handeln befreit. Sie delegiert zu eilig an die Sonderpädagogik, ohne ihre Probleme aus eigenen Ressourcen lösen zu wollen. Je mehr nun Heilpädagogen Therapie konzipieren und realisieren, umso deutlicher fällt die Differenz zur Normalpädagogik aus (REISER 1998, 47).

OEVERMANN (1996) sieht die therapeutische Dimension dadurch als konstitutiv für pädagogisches Handeln an, „dass die durch die Wissens- und Normvermittlung nötig werdende Interaktionspraxis zwischen Schülern und Lehrern das zu erziehende Kind in seiner Totalität als ganze Person erfasst und von daher folgenreich für die Konstitution der psychosozialen Gesundheit der Schüler wird" (149; vgl. DLUGOSCH 2002, 249). In einem entwicklungsbezogenen Sinn baut Therapie Autonomie in gesicherten Beziehungen aus.

> Pädagogisches Handeln kann auf der Basis therapeutischer Kenntnisse fachlich bewusster vollzogen werden.

Pädagogen setzen Standardverfahren der Verhaltenstherapie wie Verstärkung, Shaping, Modellieren seit langem routiniert ein. Gleiches gilt für Elemente der Gesprächspsychotherapie oder erlebnisaktivierender Techniken aus der Gestalttherapie. Therapiekenntnisse und -erfahrungen fördern die persönliche Selbsterziehung und Selbstfindung, das Denken in hierarchiefreien und integrativen Zusammenhängen, optimieren die Selbststeuerung sowie das Selbstwertgefühl (vgl. BORCHERT 2000; BUNDSCHUH 2002, 240f.).

ähnliche Merkmale von Erziehung und Therapie

Professionelle Erziehung und Therapie haben ähnliche Merkmale und Ziele: Persönliche Zugewandtheit, Verantwortung, Achtsamkeit, Verstehen, Verlässlichkeit, Halt und Vertrauen (vgl. KRAWITZ 1997; KATZ-BERNSTEIN 2003). Beide bewältigen Entwicklungsaufgaben: Sichere Bindungsmuster, Ausbau des Selbstsystems, Erwerb von Beziehungskompetenz und Problemlösungsfertigkeiten. Beide unterstützen, was nach PISA so offensichtlich defizitär ist: Selbstinitiiertes und selbstbewertetes Lernen im Rahmen sinngebender (Sprach-) Lernerfahrungen. In Erziehung wie Therapie benötigen Kinder Bindung, „ein lang andauerndes affektives Band an nicht auswechselbare Bezugspersonen" (BORG-LAUFS 2002, 584). Pädagogen, die professionell erziehen bzw. therapieren, regeln Nähe mit Distanz, nehmen feinfühlig die Signale der zu erziehenden oder zu therapierenden Person wahr und reagieren mit einer prompten und angemessenen Reaktion darauf. Sie sind fähig zur Affektkontrolle in komplexen Problemsituationen und kompetent, „Helfen nicht als altru-

istische Tat, sondern als professionalisierte Tätigkeit gegen Entgelt anzusehen" (LENZEN 1999, 37; vgl. SPECK 2003, 283).
Fragen der Ethik in Erziehung und Therapie gelten z.B. der „guten" Beziehung, dem „richtigen" Handeln, der „Freiheit des Individuums", dem Konzept der „informierten Zustimmung", d.h. dem „ Einverständnis des Patienten zur Durchführung der Therapie, nachdem er über die therapeutischen Vorgangsweisen, ihren Nutzen, ihr Risiko und über mögliche Alternativen informiert wurde" (LEIXNERING & BOGYI 1997, 22; SPECK 2003).
Erziehung ist der Therapie vorgeschaltet, begleitet sie und folgt ihr. Was in der Therapie planvoll und gezielt geändert wird, setzt sich als (Selbst-)Erziehung in Situationen der alltäglichen dialogischen Kommunikation fort. Gerade bezugsfeldorientierte Kindertherapie setzt über spezielle Interaktionen eine breite Entwicklungsförderung in Gang, gibt Orientierung für Beziehungsverhalten generell und beinhaltet mit der Intention der Änderung von Zielverhalten für Eltern und Kind auch eine Entwicklungspädagogik (vgl. SCHMIDTCHEN 2001).
Therapie und Unterricht stoßen oft genug an Grenzen. Nicht wenige Schüler sind überförderte und übertherapierte Kinder, die jetzt mit der Störung leben wollen und müssen und von geleiteter Selbsterziehung Gebrauch machen. Viele sprachlich beeinträchtigte Kinder und Jugendliche, die dem sprachkognitven Lernen im Unterricht nicht folgen können, benötigen neben und nach der Therapie ein intensives Sprach- und Kommunikationsangebot, das die definierte Leistung von Therapie und Unterricht sprengt. Hier wäre an eine sprach*erzieherische* Ergänzung zu denken.

übertherapierte Kinder

> Erziehung als absichtsvolle Kommunikation zum Zweck der Personalisation, Sozialisation und Enkulturation nähert sich heute – auch im Kontext der Laientätigkeit – in Zielsetzung und Methodik vielfach therapeutischer Praxis und therapeutischem Wissen an.

Neuere pädagogische Handlungsfelder im Beratungswesen, der psychosozialen Versorgung, der edukativen Prävention oder Rehabilitation, dem Gesundheitsmanagement oder der Erwachsenenbildung sind geradezu „Türöffner" für therapeutisches Denken und Handeln (vgl. SCHAEFFER 1992). (Psycho)Edukative Intervention und Patientenschulung finden zur Unterstützung der Krankheits- bzw. Störungsbewältigung stärker Beachtung. Betroffene und Angehörige werden über strukturierte und zielorientierte Aufklärung und Vermittlung störungsbezogener Information zu Experten in dem jeweiligen Störungsbild und zu Partnern in der Behandlung. Edukative Gruppen dienen dem persönlichen Erfahrungsaustausch im Zusammenhang mit Krankheit/Störung, der Verbesserung der Coping-Fähigkeiten der Betroffenen und deren Angehörigen. Da immer mehr Menschen immer länger mit Behinderungen/Krankheiten leben müssen, verhilft ihnen der selbstaktive, übende Erwerb von Wissen Fertigkeiten und Kompetenzen zu mehr Selbstbestimmung.
Therapie übernahm und übernimmt vorschnell Aufgaben, die eine gute Erziehung immer schon geleistet hat. „Somit ist schlicht zu sagen, dass

Pädagogische Handlungsfelder als „Türöffner" für therapeutisches Denken

Ersetzt Therapie vorschnell Erziehung?

der Begriff ‚Sprachtherapie' ohne aufwändige Manipulierungen auch in der Pädagogik verwendbar ist (.....). Was als lerntheoretisch fundierte Arbeit zwecks Schulung sprachlicher Teilfunktionen erkannt und traditionell oft ‚Therapie' oder ‚Behandlung' genannt wird, kann ohne weiteres auch Sprachheilunterricht, sprachkorrektiver Unterricht, Sprachübung, Sprachtraining o.ä. pädagogischer bezeichnet werden" (ORTHMANN 1977, 45f).

Vieles, was der Therapie in Medizin und Psychologie im Laufe der Jahrzehnte zugeordnet wurde, ist „pädagogischer Natur" und wäre folglich auch bildungstheoretisch zu bearbeiten.

> Die Frage ist, ob alles, was der Markt unter „Therapie" anbietet, mit einem Anspruch antritt, der „Erziehung auf die Rangebene von Normalverfahren verweist" (SPECK 2003, 320).

Könnte nicht manches, z.B. Trainings- und Übungsverfahren aus der Therapie in die Erziehung übergeführt werden (KRAWITZ 1997)? Wären nicht Medizin und Psychologie beweispflichtig und müssten sie sich rechtfertigen, dass das, was sie über die „Therapeutisierung des Alltags" mit alltagstauglichen Problemlösungen verfolgen, noch Therapie ist (BÜSCHGES-ABEL 2000, 14)?

> Noch stärker als von der Erziehungswissenschaft wäre von der Heilpädagogik die Öffnung für den Gegenstand „Therapie" in Theorie und Praxis zu erwarten.

Heilpädagogik braucht Therapie

In der Folge trüge die Heilpädagogik ihren Teil zu Minimierung der Ausgrenzung einer stark (sprach)therapeutisch ausgerichteten Sprachheilpädagogik bei. Heilpädagogik hat einen umfassenden speziellen Bildungsauftrag, unter dem sie auf Methodenspezialisierung und vor allem Therapie als spezielle Interaktionssequenz nicht verzichten darf. Heilpädagogen müssen auch Menschen mit umfassenden und/oder spezifischen Lernstörungen wirkungsvoll therapeutisch helfen können. Allein das Klientel der Förderschulen zeigt, dass dringend (Sprach-)Lerntherapiebedarf anzumahnen ist. Was wäre, analog zur Praxis einer klinischen Pädagogik (z.B. JOHNSON & MYKLEBUST 1980), gegen einen klinischen

klinische Heilpädagogik

Ast der Heilpädagogik einzuwenden, wenn „klinisch" eine „besondere Leistung im pädagogischen Arbeitsfeld" bedeutet (BÜSCHGES-ABEL 2000, 17)? „100 Jahre Sonderpädagogik heißen auch 100 Jahre Selbstmissverständnisse der Sonderpädagogik" (REISER 1998, 48). Eines dieser Missverständnisse ist das Ausblenden von Therapie.

> Das Einigeln in eine verengte (schulische) Fachnische hat der Heilpädagogik Schaden zugefügt und nachhaltig die Rezeption heilpädagogischer Erkenntnisse durch andere Wissenschaften verhindert (SPECK 2003). Nicht nur Wocken (1997, 9) ist davon überzeugt, dass der „neue Sonderpädagoge (....) der Therapeuten-Rolle näher stehe als der Klassenlehrer-Rolle".

BUNDSCHUH (2002, 298) äußert sich vorsichtig für eine Befürwortung von Therapie im Rahmen sonder- und heilpädagogischer Aufgabenfelder. Therapie bedeutet für ihn „Unterstützung und damit Hilfe zu einer möglichst unabhängigen Lebensbewältigung, Vermittlung von Erlebnis-, Interaktions- und Handlungsfähigkeit" (ebd.). Jeder Sonderpädagoge solle sich mit „mindestens einer Therapieform beschäftigen und sie nach Möglichkeit auch zu mindestens ansatzweise flexibel anwenden. Therapeutische Prozesse sollten eine öffnende, befreiende und integrierende Wirkung haben" (ebd., 300).

7 Die Identität der Sprachheilpädagogik als Wissenschaft

Sprachheilpädagogen erwerben ihr fachliches Wissen in systematisierter Form im Kontext der wissenschaftlichen Sprachheilpädagogik.

> Die Sprachheilpädagogik ist meinungsstark, aber faktenschwach (BAUMGARTNER 1998; STEINER 2002).

„Die akademische Sprachheilpädagogik (....) hat es bislang weitgehend versäumt, in Zusammenarbeit mit der Praxis theoriegeleitete Interventionsforschung zu betreiben, wissend, dass Interventionsforschung ein anspruchsvolles und aufwändiges Unterfangen ist, mit dem man sich ‚in einem ethisch sensiblen Feld' (WEMBER 1994,102) wie der Heilpädagogik im schlechtesten Fall der Gefahr aussetzt, als *Homo Faber* (WEMBER 1997) eingeordnet zu werden" (HARTMANN 2002, 255). Will man sich in der Heilpädagogik „dem Vorwurf aussetzen, das pädagogische Prinzip der Effizienzkontrolle zu vernachlässigen" (ebd.)?

Sprachpädagogik als Verhaltenswissenschaft

> Auch mit Blick auf einen internationalen Diskurs und einen allgegenwärtigen Ökonomisierungsdruck muss die Sprachheilpädagogik stärker Verhaltenswissenschaft werden, sich zunehmend wohlfühlen im Hause des naturwissenschaftlichen Denkens, methodisch kontrolliert, experimentell forschen.

Das macht die Sprachheilpädagogik auch für ihre Bezugswissenschaften noch attraktiver (BAUMGARTNER 2002; ROMONATH 2001; STEINER 2002). Die Frage nach der Qualität von Vorgehensweisen ist immer die Frage nach einer Quantität, nach einem Merkmal und seiner Ausprägung. Qualitätssicherung hat das Ziel, einen angestrebten Soll-Zustand in einen Ist-Zustand zu überführen. Dafür muss der Soll-Zustand definiert werden und einen messbaren Ausdruck finden.
Mit dem Plädoyer für ihre Objektwissenschaftlichkeit verbleibt für die Sprachheilpädagogik genügend Entwicklungsraum für eine ergänzende

Objektwissenschaftlichkeit

Wissenschaft, die zweifelt und in Frage stellt, die nicht nach Effizienzkriterien arbeitet und die ihr Erkenntnisziel nicht an der Verkäuflichkeit des Produkts „Erziehung" oder „Sprachtherapie" orientiert (BAUMGARTNER & GIEL 2000; BRAUN 2002, 15; HOMBURG u.a. 2000). „Es sind Menschen, die alles erklären und nichts verstehen", schrieb Hermann Hesse einst pessimistisch in sein Tagebuch. Die manchmal minimale Erkenntnistiefe der empirischen Objektwissenschaft ist Sprachheilpädagogen, die Antworten auf *ihre alltäglichen* Praxisproblemlagen erwarten, durchaus bekannt.

quantitative und qualitative Methoden

Gleichberechtigt stehen die quantitativen neben den qualitativen Methoden. „Forschungshandeln ist als Kontinuum anzusehen, an dessen Ende die jeweils stärksten Versionen angesiedelt sind" (PREIS & ERZBERGER 2000, 346, zit. STEINER 2002, 245).

> Ergebnisse der Tatsachenforschung sind für die Sprachheilpädagogik nicht allein aus der Enge hochspezialisierter Erkenntnisse und Handlungen ableitbar und begründbar. Sie sind kritisch zu hinterfragen. Sie bedürfen der komplementären Ergänzung durch wertende Interpretation und Gültigkeitsprüfung z.B. in den Aspekten „Person", „Beziehung", „Komplexität", „Situation" sowie „übergreifende Sinnzusammenhänge" (BAUMGARTNER und GIEL 2000; KRAIMER 2002, 213).

Die Sprachheilpädagogik darf nicht nur mit komplizierten Klassifikationssystemen operieren, die sprachliche Problemlagen partialisieren und zu Diagnosen führen, die mit dem Rest der Lebenswelt der betroffenen Person scheinbar nichts mehr zu tun haben. Zugegeben, die lebensweltliche Situation eines Menschen mit Sprachstörung zu berücksichtigen ist kompliziert, vielfältig. Sie will oftmals nicht in ein nomothetisches Weltbild, dem Wirksamkeitsnachweise und Effizienzbelege so wichtig sind, hineinpassen. Sprachheilpädagogik ist bei aller wissenschaftlichen Rationalität selbstverständlich auch wertgeleitete Wissenschaft und wird es zunehmend dort, wo Sprachheilpädagogen z.B. in der Tätigkeit mit schwerstbehinderten, mehrfachbehinderten oder mehrsprachigen Menschen Sinnfragen zu stellen haben. Tatsachen- und Werturteile sind ineinander verstrickt, Tatsachenurteile setzen Werturteile voraus. Das beginnt schon bei der Wahl von Hypothesen (PUTNAM 2002).

wertgeleitete Wissenschaft

Sprachheilpädagogen kommen nicht umhin, sich der psychosozialen, interaktionalen und kommunikativen Bedingtheit sprachlichen Lehrens und Lernens zuzuwenden. Sie nehmen das Individuum in seiner Äußerlichkeit (z.B. Verhalten) und in seiner Innerlichkeit (z.B. Kognitionen, Bedürfnisse) wahr. Dieses Merkmal teilen sie mit anderen Pädagogen. Die Pluralität sprachheilpädagogischen Handelns ist zu verteidigen und darin zu prüfen, ob durch Intervention die Aktivierung persönlicher Ressourcen erreicht wurde.

> Sprachheilpädagogen werden in Kooperation mit Erziehungswissenschaft und Heilpädagogik zukünftig stärker wissenschaftlich evaluierbare Theorien und Techniken entwickeln als bisher. Sie werden

> Behandlungsstandards und Behandlungsziele ausdifferenzieren und Daten in solchen Lernsituationen gewinnen, die Personen als Maß aller Dinge mitgestalten und mitstrukturieren.

Sie werden z.B. in situierten Forschungsansätzen, die den Einsatz quantitativer und qualitativer Methoden gleichwertig befürworten, den Lernzuwachs im interaktiven Lernsystem messen und das für Pädagogen so bedeutende „Wie" des Lernzuwachses beschreiben (BAUMGARTNER 2002).

situierte Forschung

Die Sprachheilpädagogik unterscheidet sich identitätsfördernd durch ihren erkenntnistheoretischen Holismus gegenüber einem erkenntnistheoretischen Individualismus von z.B. Medizin und Linguistik. Allerdings benötigen verschwommene Verstehensansätze mehr rationale und definitive Klarheit, um die Sprachheilpädagogik über den Nebel einer „Gefühlspädagogik" zu heben (MAIHACK 2002). Gilt für alle Personen mit Sprachstörung das Postulat der Anleitung zur Selbsttätigkeit und Selbstständigkeit in einem *umfassenden* Sinn und setzt es „Verstehen" voraus, besteht die Gefahr, dass „viel geredet" und „wenig passieren" wird. Das Ergebnis ist Überforderung und die Einschränkung der Selbstbestimmung (KLEINE SCHAARS & PETEREIT 2002, 25; vgl. BAUMGARTNER 2000; KOTTEN & DANNENBAUER 1996). Wer für eine Renaissance der Geisteswissenschaftlichen Pädagogik eintritt (z.B. BAHR & LÜDTKE 2000), sollte sich daran erinnern, dass ihr vorläufiges Ende in den 60-er Jahren des vergangenen Jahrhunderts eingeläutet wurde, weil sie weniger als Wissenschaft, denn „Façon de parler", als eine Konvention „über pädagogische Probleme zu reden", galt (LENZEN 1999,129).

verschwommene Verstehensansätze

8 Abschließende Bemerkungen: Pädagogisierung als bemühte Selbstbestimmung?

Fachliche Identität, die eine innere Sicherheit generiert, müssen Sprachheilpädagogen erarbeiten. Sie fällt nicht auf Grund von außerfachlichen Bewegungen anderer Disziplinen in ihren Schoß. Ihre pädagogische Vergangenheit muss folgerichtig in die Gegenwart führen und aus der Gegenwart müssen Sprachheilpädagogen sinnvolle Entwicklungen für die Zukunft planen können.

> Die Sprachheilpädagogik kann sich nur in den größeren Systemen der Erziehungswissenschaft sowie der Allgemeinen und Speziellen Heilpädagogik verändern. Über die Pädagogik sollte sich ein reflektiertes Selbstverständnis entwickeln und eine stringente, identitätsstiftende Konzeptualisierung des Faches aufbauen lassen.

Der Weg zu dem Ziel mag weit, ja das Ziel mag in seiner Fülle unerreichbar sein, aber es leitet das, was Sprachheilpädagogen tun und was sie nicht tun.

Vielleicht ist die Pädagogisierung lediglich eine recht bemühte Selbstbestimmung dieser Wissenschaft, die letztendlich deren unbedeutenden Status auf dem Parkett der internationalen Sprech- und Sprachpathologie zementiert. Vielleicht befällt einen der naive Glaube an die Dienstmädchenrolle der Pädagogik. Vielleicht beschleunigt die Pädagogisierung nur den Weg in das, was GROHNFELDT (2004) befürchtet, nämlich, weil ihr eine gesicherte Kernidentität abgeht, bald von „Sprachheilpädagogik als Geschichte" sprechen zu müssen.

Sprachheilpädagogik als Geschichte

Ich will abschließend optimistisch bleiben: Die Sprachheilpädagogik ist unvollkommen und konfliktreich, aber vor allem, und das macht sie stark, entwicklungsoffen. Wie die Pädagogik generell, ist sie in dem Zustand, in dem wir ihr begegnen, positiver Ausdruck eines zähen, kleinteiligen Europas voller Besonderheiten. Sprachheilpädagogik, die ihre Identität über ein polyintegratives Wissen, das von pädagogisch gebildeten und mit Theorien, Modellen und Konzepten der Pädagogik vertrauten Personen professionell reflektiert wird, gewinnt, charakterisiert sich als eine avantgardistische Wissenschaft.

Sprachheilpädagogik wird fähig sein, aus ihrem pädagogischen Selbstverständnis heraus, kooperativ mit anderen Wissenschaften, Grundlagen- und Anwendungswissen in einer weltweit einzigartigen Gesamtleistung zu entwickeln. Pädagogik vermittelt normative Kraft, die mit dazu beiträgt, Sprachheilpädagogen zu einer zusammen denkenden und handelnden Gemeinschaft Lernender zu machen.

Pädagogik vermittelt normative Kraft

> Sprachheilpädagogen haben eine umfangreiche, einzigartige Kompetenz in sprachlicher Wissensvermittlung sowie eine besondere Kompetenz im Umgang mit schwierigen sprachlichen und kommunikativen Problemlagen.

Sprachheilpädagogen wissen z.B. auf Grund ihrer differenzierten Ausbildung, ihrer Fähigkeit, Wissen zu verknüpfen, ihres Reflektierens sinnvoller Handlungen, ihrer Bereitschaft, *Personen* wahrzunehmen und Komplexität (z.B. zusätzliche Problembereiche) anzuerkennen, mehr als andere Professionen. Sprachheilpädagogen wollen Details und differenzierte Fragestellungen in größere Zusammenhänge, denen sie in Forschung, Lehre und Intervention begegnen, einordnen. Sprachheilpädagogen sind als spezialisierte „Generalisten" keine „Dilettantisten", sondern polypotente Fachleute, die durch ein Mehr an Wissen und ein Mehr an Können anderen Professionen überlegen sind, dieses aber auch selbstbewusst und offensiv nach außen zu tragen haben.

Sprachheilpädagogik als Wissenschaft pädagogischer Praxis

Ulrich von Knebel

1 Zielsetzung und Aufbau des Beitrags

Als die Deutsche Gesellschaft für Sprachheilpädagogik ihre Arbeitstagung 1968 in München durchführte, befand sie sich auf einer intensiven Suche nach ihrer eigenen Legitimation, es galt die „Eigenständigkeit der Sprachheilpädagogik" zu begründen (DEUTSCHE GESELLSCHAFT FÜR SPRACHHEILPÄDAGOGIK 1969). Obgleich diese Diskussion – teils unter dem Gesichtspunkt einer Eigenständigkeit der Fachdisziplin, teils unter dem Gesichtspunkt einer Eigenständigkeit der Sprachheilschule – in den folgenden Jahrzehnten immer wieder aufgenommen wurde, hat sie an Aktualität offensichtlich nicht eingebüßt. So stellt die Ständige Konferenz der Dozentinnen und Dozenten für Sprachbehindertenpädagogik ihre 40. Arbeitstagung im Herbst 2003 unter das Thema „Konzeptualisierung des Faches", um abermals den Fragen nachzugehen, was das Besondere der Sprachbehindertenpädagogik (im Folgenden synonym verwendet mit Sprachheilpädagogik) sei, worin ihre Daseinsberechtigung gründe und ob sie der Pädagogik bedürfe.

Wie eine geschichtliche Betrachtung zeigt, wird die Frage nach dem Wesensgemäßen der Sprachheilpädagogik unter dem Einfluss jeweiliger gesellschaftlicher Bedingungen, bildungspolitischer Vorgaben, wissenschaftlicher Strömungen und institutioneller Rahmenbedingungen von schulischen und therapeutischen Einrichtungen nicht immer in vergleichbarer Weise beantwortet (vgl. unter anderem ORTHMANN 1982; DUPUIS 1983; VON KNEBEL 2000). Zu den herausragenden Wesensmerkmalen der Sprachheilpädagogik werden regelmäßig die beiden folgenden, recht allgemein gehaltenen gezählt: Erstens die *pädagogische Qualität* der Sprachheilpädagogik, die ORTHMANN (1969a) im Rahmen der erwähnten Eigenständigkeitsdebatte in den Mittelpunkt rückt und die er – wohl wegen ihrer Anbindung an die Institution Schule – sogar bis in die Wurzeln der Fachdisziplin im 19. Jahrhundert zurückverfolgen zu können glaubt. Zweitens der *Wissenschaftsanspruch* der Sprachheilpädagogik, der insbesondere seit der Verlagerung berufsqualifizierender Bildungsgänge von Pädagogischen Hochschulen und Lehrerbildungsinstituten an die Universität in den 70-er Jahren des 20. Jahrhunderts, also der Phase der so genannten „Akademisierung der Sprachheilpädagogik", (BAUMGARTNER 1994, 144) in den Vordergrund gerückt ist.

Wesensmerkmale der Sprachheilpädagogik

Wissenschaftlichkeit und pädagogische Qualität – das sind nicht nur zwei vielfach beanspruchte und zugleich anspruchsvolle Kennzeichen der Fachdisziplin Sprachheilpädagogik, es sind auch zwei Schlüsselbegriffe dieses Beitrags, in dem eine Bestimmung vorgeschlagen wird, worin das

Pädagogische der Praxis und worin das Wissenschaftliche der Sprachheilpädagogik gesehen werden kann. Das mag auf den ersten Blick gesehen banal erscheinen, jedenfalls wenn man sich von der unhaltbaren und unbegründeten Idee leiten lässt, dass jede von Menschen mit pädagogischer Bildung gestaltete Praxis sozusagen schon von Berufs wegen immer pädagogisch sein müsste und alle Theorien, Konzepte und Methoden, die aus der Sprachheilpädagogik hervorgebracht wurden, wegen ihrer Herkunft zwangsläufig wissenschaftlich wären.

Grobstruktur dieses Beitrags

Im folgenden Abschnitt wird in einem knappen Abriss aufgezeigt, wie das Pädagogische der Sprachheilpädagogik in ausgewählten Veröffentlichungen gefasst wird, um diese Verständnisse sodann zu einem allgemeinerziehungswissenschaftlichen Blickwinkel in Beziehung zu setzen. Zielsetzung dieses Teils ist die Darlegung eines klar umrissenen Verständnisses von „pädagogischer Praxis" (Abschnitt 2). Die „Sprachheilpädagogik als Wissenschaft" wird im darauf folgenden Abschnitt thematisiert, indem wissenschaftstheoretische Problemfelder und ausgewählte Grundpositionen skizziert werden, die einen Einfluss auf die sprachheilpädagogische Theoriebildung gewonnen haben oder einen Beitrag dazu leisten können (Abschnitt 3).

Dem Charakter eines „Lehrbuches der Sprachheilpädagogik und Logopädie" gemäß richten sich die folgenden Ausführungen einerseits an Studierende und Lernende, die sich vor oder in der Phase der Berufsausübung befinden. Ihnen soll verdeutlicht werden, dass Wissenschaftlichkeit und pädagogische Qualität weder im Wortsinne selbstverständliche Attribute der Sprachheilpädagogik noch unbestimmbare Kennzeichen sind. Der Weg ihrer Bestimmung mag Anstrengungen erfordern, die mindestens in zweifacher Hinsicht lohnen können: Sie können erstens dazu beitragen, die Fachliteratur unter diesen Gesichtspunkten differenzierter zu beurteilen, das heißt den pädagogischen Gehalt und die Wissenschaftlichkeit einer Theorie oder einer Praxisanleitung (Konzept) besser einzuschätzen. Zweitens können sie Anlässe schaffen für theoriegeleitete Reflexionen (und für eine daraus resultierende Gestaltung) der sprachheilpädagogischen Praxis. Andererseits ist dieser Beitrag aber auch unter der Intention verfasst, einen kritisch-konstruktiven Diskurs unter den Lehrenden der Sprachheilpädagogik anzuregen, um auf diesem Wege zu einer „Konzeptualisierung des Faches" im oben erwähnten Sinne beizutragen.

2 „Sprachheilarbeit" als pädagogische Praxis

Der Terminus „Sprachheilarbeit" wird hier im Sinne eines Oberbegriffs für verschiedene sprachheilpädagogische Praxisfelder verwendet (vgl. Einleitung zu Abschnitt 3). Dass diese unter recht unterschiedliche Ansprüche an eine pädagogische Qualität gestellt sein können, das wird zunächst ausgehend von drei Praxisanleitungen aus der Fachliteratur illustriert (2.1). Das Pädagogische der Praxis zu bestimmen, setzt Bestimmungskriterien voraus. Im folgenden Abschnitt (2.2) werden drei allgemeine Kriterien genannt, die in der allgemein-erziehungswissenschaftlichen Diskussion zur Beschreibung von hauptsächlichen Ebenen und Fragestellungen genutzt werden, und die m.E. auch für eine Bestimmung des Pädagogischen in der Sprachheilpädagogik genutzt werden können, wie im anschließenden Abschnitt (2.3) aufgezeigt wird. Dabei ist die Sprachheilpädagogik zugleich immer auch auf ihren besonderen Gegenstand – die Sprache, ihren Gebrauch, die Bedingungen ihres Gebrauchs – verwiesen und hat sich von daher mit sprachbezogenen Lehr- und Lernprozessen zu befassen. Insofern ist die sprachheilpädagogische Praxis nicht nur als eine pädagogische, sondern auch – spezieller – als eine didaktische Herausforderung zu begreifen (vgl. 2.4).

2.1 Pädagogischer Anspruch – zentrales Bestimmungsmerkmal oder schmückendes Beiwerk?

Unter Praktikerinnen und Praktikern ist die Auffassung weit verbreitet, dass die Sprachförderung in verschiedenen Praxisfeldern vor allem mit Kindern und Jugendlichen eine pädagogische zu sein habe. Worin dieses Pädagogische aber zum Ausdruck kommt, wie es begründet und welcher Stellenwert ihm eingeräumt wird, darin unterscheiden sich die einzelnen Vorstellungen mitunter erheblich. Anstelle von authentischen Praxisdokumentationen sollen hier zur Illustration drei verschiedene Praxisanleitungen aus der Fachliteratur angeführt werden (weitere einschlägige Textbeispiele finden sich bei VON KNEBEL & WELLING 2002):

(1) „Man plaudere vielmehr mit der Mutter und streichele nur ab und zu das Kind, ohne es anzublicken. Bei einer derartigen Liebkosung bleibe man mit seiner Hand in der des Kindes und ziehe es dann vorsichtig, etappenweise, den Widerstand berücksichtigend und nur allmählich überwindend an sich." (FRÖSCHELS 1913, 77f.)

(2) „Solche Übungen sind getreu dem bisher vertretenen Prinzip nicht als formale Sprechübungen zu betreiben, sondern aus lebensnahen Situationen oder erschlossenen Unterrichtsstoffen zu entwickeln. Beispiele: (...) Oder die Klasse wird beim Lehrspaziergang von einem urplötzlich aufziehenden Gewitter überrascht; ein Windstoß fegt den Staub durch die Straßen; er reißt die Blätter von den Bäumen und wirbelt sie durch die Luft, er entführt die Mützen der Jungen und zerzaust das Haar der Mädchen. Sie rufen: ‚Hui, wie rast der Sturm!' ‚Hui, wie jagt er mir Staub in die Augen!' Wie lustig lässt sich das spielen! Wie fein lässt es sich rhythmisch gestalten!" (RÖSLER & GEISSLER 1964, 36)

(3) „Als Einstieg geeignet erscheint ein Minimalpaarspiel, das auf Erteilen von Befehlen beruht. Es wird abwechselnd der Befehl erteilt: ‚Lauf zur Kanne', ‚lauf zur Tanne'. Hinter Kanne und Tanne sind Dinge versteckt, die genommen werden dürfen, wenn der Befehl richtig ausgeführt wurde." (JÄCKLEIN 1999, 180)

pädagogische Gestaltungsmomente

Diese Textbeispiele, die drei fachgeschichtlich zu unterscheidenden „Denkepochen" (VON KNEBEL & WELLING 1997) entstammen, lassen pädagogisch relevante Gestaltungsmomente erkennen, auch wenn sie nicht ausdrücklich pädagogisch verankert werden und ihre pädagogische Qualität diskussionswürdig ist. Das erste Beispiel ist einer Anleitung des medizinisch orientierten Sprachheilkundlers FRÖSCHELS entnommen, wie „das Herz des Kindes zu erobern" sei. Thematisiert wird hier vor allem die *Beziehungsgestaltung* zwischen Erwachsenem und Kind als (problematische) minimale Voraussetzung für eine Mitarbeit des Kindes. Auch wenn diese Anleitung aus medizinischer Feder stammt, betrifft sie eine pädagogische Kernfrage, nämlich die nach dem pädagogischen Bezug (s. 2.2). In dieser Form werden wohl heutzutage kaum noch pädagogische Ratschläge erteilt. Was sich in moderneren Sichtweisen aber durchaus wieder findet, ist jener Zweckrationalismus, durch den das Pädagogische funktionalisiert und vor allem in den Dienst einer bereitwilligen Mitarbeit des Kindes gestellt wird. Die beiden folgenden Beispiele heben vor allem auf die *Situationsgestaltung* ab. Das zweite, heilpädagogisch motivierte Beispiel steht im Kontext der übergeordneten Prinzipien der „Ganzheitlichkeit" und „Kindgemäßheit", auf die zur Begründung verwiesen wird. Hier geht es nicht allein darum, das Kind zur Mitarbeit zu motivieren, sondern seine Mitarbeit selbst soll auch lustbetont sein und die Persönlichkeit des Kindes insgesamt ansprechen, wobei nicht die Individualität des einzelnen Kindes und die Besonderheiten seiner Lebenswelt im Blickpunkt stehen, sondern allgemeine Leitbilder vom Wesen des Kindes. Die Begründung des situativen Rahmens im dritten Beispiel ergibt sich dagegen weniger aus übergeordneten Prinzipien als vielmehr aus dem anvisierten sprachlichen Lerngegenstand, hier der bedeutungsunterscheidenden Funktion der Phoneme /k/ und /t/, die durch die Situationsgestaltung erkannt und angewendet werden sollen. Unhinterfragt bleibt dabei, inwiefern ein derartiger Spielverlauf dem Gestaltungsbedürfnis des Kindes und der angezielten Beziehungsgestaltung zuträglich werden kann.

> Wie die ausgewählten Textbeispiele zeigen, kann sich der pädagogische Anspruch auf verschiedene inhaltliche Ebenen (außer den genannten beispielsweise auch auf die Ebene der *Bildungsziele*) beziehen und in verschiedene Begründungszusammenhänge eingebunden sein. Dabei zeigt sich zumeist eine deutliche Abhängigkeit von den jeweils bemühten theoretischen Bezugssystemen (vgl. 3.2), das heißt von den bezugswissenschaftlichen Hintergründen und den einbezogenen Theorien. So erscheint ein pädagogischer Anspruch sprachheilpädagogischer Förderkonzepte, die sich auf allgemeinpädagogische und heilpädagogische Ansätze beziehen, fraglos eher als ein zentrales Bestimmungsmerkmal (s. Textbeispiel 2), während er in vorwiegend medizinisch orientierten Ansätzen eher als schmückendes Beiwerk fungiert (s. Textbeispiel 1), was auch für einige jüngere, hauptsächlich sprachwissenschaftlich begründete, Ansätze festgestellt werden kann (VON KNEBEL 2000).

pädagogischer Anspruch – wünschenswert oder notwendig?

Ein pädagogischer Anspruch sprachheilpädagogischer Förderung ist zwar, wie ROMONATH (2001) in einem internationalen Vergleich aufzeigt, keineswegs zwingend und der angloamerikanischen Sprachpathologie fremd. Im deutschsprachigen Raum und in der Sprachheilpädagogik der Gegenwart wird er aber meistenteils für notwendig und grundlegend gehalten (vgl. z.B. AHRBECK, SCHUCK & WELLING 1990; 1992; BAHR & LÜDTKE 1999; BRAUN 1998; GROHNFELDT 1996a; WELLING 1990; 1996; 1999), auch wenn eine pädagogische Fundierung durchaus nicht von allen Fachvertretern zu einem zwingenden Kennzeichen erhoben wird, da sie nicht notwendige Voraussetzung sprachtherapeutischer Effektivität ist (vgl. DANNENBAUER 2001). Was aber sind typische Kennzeichen des Pädagogischen, die den sprachheilpädagogischen Konzepten – möglicherweise im Kontrast zu anderen, beispielsweise medizinischen oder psychologischen Konzepten – ihr charakteristisches Profil verleihen (können)? Bemerkenswerterweise ist diese Frage innerhalb der Sprachheilpädagogik noch offen und sogar nur wenig diskutiert worden. Im folgenden Abschnitt wird darum kurz skizziert, wie solche Kennzeichen des Pädagogischen aus einer allgemein-erziehungswissenschaftlichen Sicht gefasst werden können.

2.2 Kennzeichen des Pädagogischen aus allgemein-erziehungswissenschaftlicher Sicht

Seit der Einrichtung des ersten Lehrstuhls für Pädagogik 1779 in Halle haben sich vielfältige pädagogische Ansätze etabliert, die in der Fachliteratur keineswegs einheitlich systematisiert und klassifiziert werden. So unterscheidet beispielsweise LASSAHN (1995), orientiert an wissenschaftstheoretischen Hauptpositionen, fünf pädagogische Denkrichtungen, während KRON (2001) 24 „Gegenstands- und Forschungsbereiche bzw. Teildisziplinen" auflistet und KRÜGER (1997) mit Blick sowohl auf wissenschaftstheoretische Positionen als auch auf zentrale Forschungsgegenstände 13 Pädagogiken bzw. Erziehungswissenschaften differenziert. PASCHEN (1979) unterscheidet nicht weniger als 45 Pädagogiken, die er in neun Kategorien gruppiert. Nicht zuletzt die Kritik des Erziehungswissenschaftlers HOFFMANN (1994) am „Beitrag der Erziehungswissenschaft zur Unübersichtlichkeit der Erziehung" lässt schnell jeden Optimismus versiegen, das Wesensgemäße des Pädagogischen aller divergierenden Ansätze konsensfähig bestimmen zu können. Einerseits. Andererseits weist die erziehungswissenschaftliche Tradition einige Konstanten auf, zu denen KRON (2001) unter anderem die Beschäftigung mit dem Heranwachsenden als einem sozialen Wesen und den Einflussmöglichkeiten der Erwachsenen auf dessen Entwicklung, Erziehung und Bildung zählt. BENNER (2001) verweist in diesem Zusammenhang auf drei übergeordnete Ebenen und damit verbundene Hauptfragestellungen, die im Folgenden aufgegriffen werden sollen, weil sie hilfreich erscheinen für eine Bestimmung des Pädagogischen (vgl. VON KNEBEL 2002):

Klassifikation pädagogischer Ansätze

1. **Theorien der Bildung** befassen sich mit der Klärung von Aufgaben erzieherischer Einflussnahme, also mit der Bestimmung des Zwecks und Ziels von Erziehung. Dabei werden Bildungsziele in der Allgemeinen Erziehungswissenschaft sehr allgemein gefasst, sie bestehen

Bildungsziele und ihre Begründung

zum Beispiel in der *Handlungsfähigkeit, Geschäftsfähigkeit, Emanzipation, Freiheit* und *Selbstbestimmung* des Subjekts. In der Arbeit mit sprachbehinderten Kindern beispielsweise wäre auf dieser Theorieebene zu klären, worin denn eigentlich das Ziel sprachlicher Förderung besteht. Ist es das „richtig sprechende Kind", der „Erhalt der Sprachkultur", die „berufliche oder soziale Eingliederungschance", die „sprachliche Handlungsfähigkeit" des Kindes?

Erziehungswege und ihre Begründung

2. **Theorien der Erziehung** fragen nach „der richtigen Art und Weise des Umgangs mit Heranwachsenden" (BENNER 2001, 14). Sie befassen sich also weniger mit Inhalten und Zielen als vielmehr mit den Wegen, die zu beschreiben sind, damit sich die zu Erziehenden in Richtung pädagogischer Zielsetzung verändern können und auch verändern wollen. Theorien der Erziehung zielen auf eine „Anleitung zur Gestaltung erzieherischer Situationen" (BENNER 2001, 14). Im sprachheilpädagogischen Kontext wären dieser Ebene demnach alle Fragen zuzurechnen, die sich auf die Gestaltung der Beziehung zwischen Kind und pädagogischer Fachkraft, den konkreten Einsatz ausgewählter Methoden wie auch den Einsatz bestimmter Materialien beziehen, und zwar unter Berücksichtigung der übergeordneten Frage, welcher Beitrag damit zur Verwirklichung der anvisierten Bildungsziele geleistet werden kann. Im dritten Textbeispiel (s. 2.1) wäre beispielsweise bezogen auf die Methode des „Befehlsspiels" die häufige Nutzung des Minimalpaares Kanne/Tanne noch nicht erziehungstheoretisch begründet, solange nicht offen gelegt wird, inwiefern solches Vorgehen nicht nur als phonologisch relevant, sondern auch als bildungszieladäquat betrachtet werden kann.

pädagogische Institutionen und ihre Begründung

3. **Theorien pädagogischer Institutionen** schließlich befassen sich mit Kriterien, die Institutionen erfüllen müssen, damit sie „geeignete Orte für pädagogisches Handeln" (BENNER 2001, 9 f.) sein können. Sprachheilpädagogische Einrichtungen (wie Ambulanzen, freie Praxen, Sprachheilklassen und -schulen) stellen vor diesem Hintergrund sowohl typische organisatorische Rahmenbedingungen im allgemeinen Sinne (z.B. Verknüpfung von Therapie und Unterricht in der Sprachheilklasse, Zweierbeziehung in der Einzeltherapie) als auch einrichtungs- und personenspezifische Bedingungen (z.B. spezielles Fachwissen der Pädagogin) bereit, deren Eignung nicht nur abstrakt für eine Zielgruppe wie für „das" sprachentwicklungsauffällige Kind, sondern auch konkret für die besondere Problemlage eines bestimmten Kindes zu klären ist.

Die genannten drei erziehungswissenschaftlich begründeten Bestimmungsmerkmale qualifizieren zentrale pädagogische Gegenstandsbereiche und können somit dazu beitragen, das Pädagogische sonderpädagogischer oder speziell sprachheilpädagogischer Konzepte zu identifizieren. Wenn BLEIDICK (1998) beispielsweise einen „pädagogischen Begriff von Behinderung" dadurch definiert, dass „sich der Educandus aufgrund seiner Behinderung nicht mit den ‚üblichen' Mitteln erziehen und unterrichten lässt und spezieller, ‚besonderer' pädagogischer Verfahrensweisen bedarf" (1998, 28), dann lässt sich dieser Zugriff eindeutig der zweiten Ebene zuordnen, so dass das Pädagogische dieses Behinderungsbegriffs als erziehungstheoretisches Moment gefasst werden kann und als solches auch erziehungstheoretisch zu begründen und zu reflektieren wäre. In vergleichbarer Weise können sprachheilpädagogische Konzepte auf ihren pädagogischen Gehalt geprüft werden, wie dies für den Gegenstandsbereich kindlicher Aussprachestörungen vorgestellt worden ist (VON KNEBEL 2000).

2.3 Sprachförderung als pädagogisches Aufgabenfeld

Fasst man das Pädagogische in der skizzierten Weise, dann ergibt sich daraus für das Verständnis einer pädagogischen Sprachförderung, dass sie sich nicht auf eine „Fehlerkorrektur", das heißt auf eine Minderung oder Beseitigung von Diskrepanzen eines individuellen Sprachgebrauchs einerseits und einer wie auch immer begründeten sprachbezogenen Norm andererseits beschränken darf. Denn pädagogisch wird die sprachliche Förderung erst durch eine Orientierung an erziehungswissenschaftlich zu begründenden Bildungszielen und durch eine ebenso zu begründende Situationsgestaltung, die bestenfalls in einer bewusst gewählten und gestalteten Organisationsform als pädagogischer Institution realisiert wird. Diese Konsequenz steht im Einklang mit der schon in der Sprachheilkunde unter anderem von GUTZMANN (1912), vor allem aber in den 60-er und 70-er Jahren zum Beispiel von WESTRICH (1974; 1978; 1989) bis heute immer wieder vorgetragenen Auffassung, dass eine sprachliche Beeinträchtigung nicht auf der Symptomebene hinreichend und angemessen beschrieben werden kann, da sie den Menschen als Ganzes und seine Handlungsfähigkeit im Alltag betrifft (vgl. unter anderem ORTHMANN 1969b; KNURA 1982; GROHNFELDT 1996a).

Anforderungen an eine pädagogische Sprachförderung

Konsequenterweise schlägt sich diese Sichtweise auch terminologisch nieder. Im Anschluss an grundlegende Diskussionen des Behinderungsbegriffs (vgl. unter anderem BACH 1976; BLEIDICK 1971; 1976) scheint sich in der Sprachheilpädagogik die maßgeblich von KNURA (1982) angeregte Unterscheidung durchzusetzen, der zufolge der Terminus „Sprachstörung" im Kern eine sprachspezifische Normabweichung thematisiert, während der Begriff „Sprachbehinderung" vor allem auf die personalen und sozialen Folgen für die Betroffenen verweist (ebd., 3; vgl. BRAUN 2002). WELLING (1999) unterscheidet in einer Einführung in die Sprachbehindertenpädagogik deshalb auch strikt zwischen einer sprachpathologischen Betrachtung von „Störungen" und einer sprachbehindertenpädagogischen Betrachtung, die weniger eine Sprachstörung als vielmehr ein „Kind mit Sprachbehinderung" (1999, 122) einschließlich der Umfeldbedingungen in den Blick zu nehmen und pädagogisch zu handhaben habe. Daraus folgt zwar nicht, dass sich die Sprachheilpädagogik ausschließlich pädagogisch orientieren müsste, wohl aber die Notwendigkeit, die sprachliche Förderung pädagogisch zu gestalten.

Sprachstörung versus Sprachbehinderung

Dass die fachdisziplinären theoretischen Grundlagen für eine solche pädagogische Gestaltung noch sehr wenig entwickelt sind, spiegelt sich in einer gewissen Pädagogikferne der sprachheilpädagogischen Fachliteratur wider. So wird eine ausdrückliche Bezugnahme auf erziehungswissen-

Pädagogikferne der Fachliteratur

schaftliche Ansätze zwar von einigen Autoren wie ORTHMANN (1971), JUSSEN (Deutsche Gesellschaft für Sprachheilpädagogik 1969) und BAUMGARTNER (1994) nachdrücklich eingefordert, sie ist bis heute aber kaum und bestenfalls in Ausnahmefällen fragmentarisch eingelöst worden. Pädagogisch orientierte und teilweise auch fundierte Aussagen in der sprachheilpädagogischen Literatur können grob betrachtet drei Ebenen zugeordnet werden:

heilpädagogische Prinzipien

(1) Sie beinhalten erstens *heilpädagogische Prinzipien* entweder sehr allgemeiner Art, wie zum Beispiel die Prinzipien des ‚langsamen Tempos', der ‚kleinen Schritte', der ‚Anschaulichkeit', der ‚Lebensnähe', des ‚Individualisierens', oder sprachspezifischer Art, wie zum Beispiel des ‚hohen Sprachumsatzes', des ‚deutlichen Sprachvorbildes' und der ‚Übung und Gewöhnung' (FÜHRING et al. 1981; GRZESKOWIAK & KLEUKER 1981; HEESE 1978; HUGENSCHMIDT & LEPPERT 1993; WEINERT 1982; WESTRICH 1974). Solche Prinzipien werden gewöhnlich nicht ausdrücklich, jedenfalls nicht erziehungswissenschaftlich begründet, allenfalls durch ihre heilpädagogische Herkunft scheinen sie eine pädagogische Qualität zu besitzen.

pädagogische Zielsetzungen

(2) Sie betreffen zweitens pädagogisch begründete oder begründbare *Zielsetzungen*. So kommt GROHNFELDT (1996a) auf der Suche nach „Merkmalen der pädagogischen Sprachtherapie" zu dem Schluss, dass es innerhalb der Sprachheilpädagogik eine einheitliche pädagogische Sichtweise nicht gebe, wohl aber individuelle pädagogische Akzentuierungen, deren gemeinsame Zielperspektive in einer „Erweiterung der individuellen Handlungs- und Kommunikationsfähigkeit" gesehen werden könne (1996a, 17). Auf anthropologischer Grundlage differenzieren BAHR & LÜDTKE (2000) fünf „Bildungs- und Erziehungsziele", die sich auf die Teilhabe und Freiheit des Betroffenen beziehen, seine Möglichkeiten der Verständigung mit sprachlichen und nichtsprachlichen Mitteln, seine Identitätsentwicklung, die Abstimmung persönlicher Bedürfnisse und gesellschaftlicher Anforderungen und die Abstimmung individueller Erziehungsziele und -wege.

pädagogische Konzepte

(3) Sie beinhalten drittens pädagogisch-konzeptionelle Überlegungen, die meistenteils auf konkrete pädagogische Ansätze (wie z.B. bei BAHR 1994) oder Handlungsmodelle (wie z.B. bei HOMBURG 1978) bezogen sind. Den bislang gründlichsten Entwurf einer handlungstheoretischen Fundierung und pädagogischen Konzeptualisierung hat WELLING (1990) vorgelegt und mit verschiedenen Mitarbeitern in nachfolgenden Veröffentlichungen konkretisiert (vgl. unter anderem WELLING & KRACHT 2002; VON KNEBEL & WELLING 2002). Als Ziel einer pädagogischen Sprachförderung sieht WELLING die sprachliche Handlungsfähigkeit, die es dem Menschen erlaubt, seine Lebenswirklichkeit mit einem Höchstmaß an Mitverantwortung gemeinsam mit seinen Mitmenschen zu gestalten (WELLING 1990, 489 f.). Diese Zielperspektive ist explizit eingebunden in das Konzept einer „Kooperativen Pädagogik" (unter anderem JETTER, SCHÖNBERGER & PRASCHAK 1987) und stellt eine sprachbezogene Spezifizierung dar, wie auch der Begriff des sprachlichen Handelns als Spezifi-

zierung des allgemeineren Handlungsbegriffs in der Kooperativen Pädagogik entwickelt ist. Neben dieser konzeptionell verankerten Bildungszielorientierung greift WELLING den erziehungstheoretischen Hintergrund der Kooperativen Pädagogik auf, indem er das gemeinsame Handeln (Kooperation) als Wesensmerkmal einer pädagogischen Sprachförderung qualifiziert.

2.4 Sprachförderung als didaktische Herausforderung

Insoweit eine pädagogische Sprachförderung besonderen sprachlichen Problemlagen gerecht werden muss und darum sprachbezogenes Lernen zu unterstützen hat, ist sie auf Konzepte der Organisation von Lernprozessen angewiesen. Solche Konzepte sind Gegenstand der Didaktik, die ihrerseits erziehungswissenschaftlich verankert ist.

Sprache und Sprachgebrauch als Gegenstand des Erkennens

Ohne hier auf didaktische Konzepte im Allgemeinen und im Besonderen der Sprachheilpädagogik eingehen zu können – verwiesen sei auf den Beitrag von WERNER in diesem Band –, möchte ich zwei Gesichtspunkte nennen, unter denen die Sprachförderung als eine didaktische Herausforderung betrachtet werden kann. Sie ist erstens eine Herausforderung an die Praxis, denn die komplexe Aufgabe, sprachbezogene Lernprozesse zu planen und zu gestalten, setzt Entscheidungen hinsichtlich des jeweils individuell zu bestimmenden konkreten sprachlichen Lerngegenstandes, hinsichtlich des Themas und Kontextes, in dem an diesem Lerngegenstand gearbeitet werden soll, hinsichtlich geeigneter Methoden und hinsichtlich zweckdienlicher Medien voraus. Solche Entscheidungen einschließlich ihrer Begründungen stehen im Zentrum didaktischer Konzepte, die darum hilfreich werden können für eine Bewältigung dieser Art von Praxisanforderung.

praktische Herausforderung

Zweitens stellt die Sprachförderung zugleich eine Herausforderung an die sprachheilpädagogische Theoriebildung dar. Denn innerhalb der sprachheilpädagogischen Fachliteratur werden didaktische Grundfragen ebenso wie pädagogische eher randständig aufgegriffen, sodass die Feststellung Brauns aus dem Jahr 1980, es mangele an spezifischen sprachbehindertendidaktischen Ansätzen (BRAUN 1980, 135 f.), nach wie vor Gültigkeit beanspruchen kann (vgl. KNURA 1982a, WELLING 1995; BAHR 2000). Als einen zentralen didaktischen Anknüpfungspunkt sieht BRAUN (1980) die lehrtheoretisch begründete „Berliner" Didaktik nach HEIMANN, OTTO & SCHULZ (1977). Da dieses Konzept (wie auch andere traditionelle Didaktiken) maßgeblich weiterentwickelt worden ist, wie unter anderem SCHITTKO (1987) und BÖNSCH (1996) aufzeigen, stellt sich die Frage, welche didaktischen Konzepte die Sprachheilpädagogik in Theorie und Praxis heute inspirieren und welchen Beitrag sie für eine spezifische Didaktik der Sprachheilpädagogik leisten können. Einen konkreten Lösungsvorschlag im Hinblick auf beide Herausforderungen bietet WELLING (in diesem Band) an, indem er das Konzept einer Kooperativen Didaktik in der Sprachheilpädagogik vorstellt (vgl. WELLING 1998;

theoretische Herausforderung

von Knebel 1996), durch das praktische Entscheidungen theoriegeleitet begründet und die theoretische Verankerung ihrerseits offen gelegt wird.

3 Sprachheilpädagogik als Wissenschaft

Wenn im vorigen Abschnitt der Terminus „Sprachheilarbeit" verwendet wurde, dann ist dies Ausdruck einer terminologischen Flucht, die es erlaubt, nicht genauer zwischen Spracherziehung, -förderung, -therapie, -unterricht, -rehabilitation und Beratung unterscheiden zu müssen, sondern verallgemeinernd das Feld der sprachheilpädagogischen Praxis anzusprechen. Auch der Ausdruck „Sprachheilpädagogik" wird hier in einem solchen verallgemeinerndem Sinne als Oberbegriff gebraucht, obwohl eine feinere Differenzierung von Bedeutungsvarianten, die beispielsweise mit den Bezeichnungen Sprachheilpädagogik, Sprachbehinderten-, Sprachsonder-, Sprachrehabilitations- und Sprachpädagogik verbunden werden können, durchaus geboten wäre (vgl. BRAUN in diesem Band; ORTHMANN 1969a; SASSENROTH 2002; WELLING & KRACHT 2002). Nur an einem Beispiel soll exemplarisch aufgezeigt werden, warum eine genauere Betrachtung lohnend wäre: Die Verwendung des Ausdrucks „Sprachheilpädagogik" wirft zunächst die Frage auf, ob eine zum Beispiel historisch oder alltagstheoretisch begründete Bedeutung gemeint ist, oder ob durch den Ausdruck auf eine Anbindung an eine Allgemeine Heilpädagogik hingewiesen wird. Ist Letzteres der Fall, dann stellt sich die unter anderem von BLEIDICK (1958; 1958a; 1971), MÖCKEL (1984; 1995), HAEBERLIN 1985; 1990) und KOBI (1979) diskutierte Frage, ob es überhaupt eine fachrichtungsübergreifende allgemeine Heilpädagogik gibt und wie diese gegebenenfalls von einer allgemeinen Sonderpädagogik oder einer allgemeinen Behindertenpädagogik abzugrenzen wäre. Dabei wäre dann auch zu bestimmen, ob der Terminus Sprachheilpädagogik eher im Sinne einer „Heilung mit pädagogischen Mitteln" oder einer „Pädagogik der Unheilbaren" zu verstehen wäre (KOBI 1979).
In den folgenden Unterabschnitten wird zunächst dargelegt, weshalb der Wissenschaftsanspruch der Sprachheilpädagogik nicht unproblematisch erscheint (3.1). Sodann werden Bezugspunkte skizziert, die in der allgemeinen Wissenschaftstheorie zu verorten sind und die deren Einfluss auf die Allgemeine Erziehungswissenschaft und die Sprachheilpädagogik betreffen (3.2), bevor vor diesem Hintergrund einige Gütekriterien einer wissenschaftlichen Sprachheilpädagogik vorgeschlagen werden, die meines Erachtens eine breite Akzeptanz finden dürften (3.3).

3.1 Zur Problematik eines Wissenschaftsanspruchs

In der Fachliteratur wird die Sprachheilpädagogik unter anderem als „Handlungswissenschaft" (GROHNFELDT 1996b; ROTHWEILER 1996;

ROMONATH 2001), als „Anwendungswissenschaft" (HANSEN 1996b), als „Integrations-" oder „interdisziplinäre Wissenschaft" (GROHNFELDT 1996a; MOTSCH 1996) bezeichnet. Dadurch wird einerseits insofern eine Spezifizierung vorgenommen, als bestimmte Qualitäten von Wissenschaft in den Hintergrund gerückt werden, etwa solche, die noch weitgehend ohne Anwendungsinteresse grundlegendes Wissen erzeugen (so genannte Grundlagenwissenschaften). Andererseits wird so der Anspruch unterstrichen, dass die Sprachheilpädagogik eine Wissenschaft zu sein hat. Was aber heißt hier Wissenschaftlichkeit?

Sowohl Diskussionen unter Wissenschaftstheoretikern (zum Beispiel über die Frage, ob es sich im Einzelfall um eine Wissenschaft oder nur um eine Pseudowissenschaft handelt; vgl. VOLLMER 1993) als auch unter Erziehungswissenschaftlern (zum Beispiel über die Frage, unter welchen Bedingungen die Pädagogik Wissenschaftsansprüchen genügt; vgl. BREZINKA 1968; DIEDERICH 1994; HEID 1994) lassen unschwer erkennen, dass es unmöglich ist, einheitliche Kriterien von Wissenschaftlichkeit zu bestimmen. Infolge dessen besteht auch innerhalb der Sprachheilpädagogik – und nicht nur hier, sondern auch in der allgemeinen Heilpädagogik, wie unter anderem MÜLLER (1991), BLEIDICK & HAGEMEISTER (1998), HOYNINGEN-SÜESS (1995) herausarbeiten – eine relative Unsicherheit, welche Anforderungen an ihre Wissenschaftlichkeit erstrebenswert sind und welche erfüllt werden können oder bereits erfüllt werden. Unter vier Gesichtspunkten soll dieses Ausgangsproblem verdeutlicht werden.

Wissenschaft als vieldeutiger Begriff

(1) Fragt man praktizierende Sprachheilpädagog(inn)en nach Begründungen einer konkreten Praxisgestaltung, dann wird nicht selten auf Empfehlungen der Fachliteratur verwiesen. Dahinter steht die allzu wohlwollende Einschätzung, dass eine bestimmte Methode, ein Erklärungsansatz oder eine Begriffssystematik schon deshalb wissenschaftlich sei, weil sie von einem Wissenschaftler stammt oder weil sie in der Fachliteratur veröffentlicht wurde. Tatsächlich aber zeigt die Geschichte, dass sich in Theorie und Praxis immer wieder handlungsleitende Begriffe und Auffassungen festsetzen, die jedweder wissenschaftlicher Grundlage entbehren. Beispielhaft sei in diesem Zusammenhang der unter anderem von JETTER (1994) reflektierte Begriff der „Wahrnehmungsstörung" genannt, der in Diagnosen und Therapieplänen häufige Erwähnung findet, obwohl er, wie NUSSBECK (2003) jüngst kritisch resümiert, weder theoretisch ausreichend fundiert sei noch begründete Handlungsanweisungen für die Praxis rechtfertige.

Wissenschaftlichkeit – Sein oder Schein?

(2) Es sind aber nicht nur vereinzelte Hervorbringungen, deren wissenschaftliche Güte von Einzelnen in Frage gestellt wird. Grundlegender sind Einwände, die die Qualität der Theoriebildung innerhalb der Sprachheilpädagogik insgesamt betreffen. So beklagen ROTHWEILER (1996) und HANSEN (1996a) den Mangel einer eigenständigen Grundlagenforschung, der, wie HANSEN (1996a; 1996b) eindrücklich darlegt, umso schwerer wiegt, als außerhalb der Sprachheilpädagogik gewonnene Erkenntnisse anderer Fachdisziplinen unzureichend in die sprachheilpädagogische Theoriebildung einbezogen werden. Solche Einwände werfen in Verbindung mit weiteren Problemfeldern der Theoriebildung (vgl. VON KNEBEL 2003) die Frage nach dem

Generalkritik an der Wissenschaftlichkeit der Sprachheilpädagogik

wissenschaftlichen Selbstverständnis der Fachdisziplin und nach der wissenschaftlichen Qualität ihrer Theorien und Praxiskonzepte auf.

Theorie-Praxis-Differenz

(3) Ein dritter Aspekt berührt die Frage, in welcher Beziehung die Theorien zur sprachheilpädagogischen Praxis stehen. Denn für eine Anwendungswissenschaft ist der Anspruch nicht von der Hand zu weisen, dass die Theorien hilfreich werden müssen für eine nachvollziehbar begründete Praxisgestaltung – in dieser Hinsicht müssen sie Antworten bereit halten auf Fragen, die sich in der Praxis überhaupt stellen. Zum anderen müssen sich Theorien auch in der Praxis bewähren, das heißt, sie müssen zu einer feststellbaren Veränderung der Praxis führen. In beiderlei Hinsicht steht die Sprachheilpädagogik derzeit im Kreuzfeuer der Kritik. Grob betrachtet können zwei Hauptgründe für derartige Theorie-Praxis-Diskrepanzen verantwortlich gemacht werden: Einerseits entziehen sich Theorien dem praxisbezogenen Anforderungsdruck, indem sie, wie BAUMGARTNER (1998) ausführt, nach allgemeingültigen Aussagen streben und so den Blick von den Besonderheiten der vielfältigen Praxis wenden oder sich mit herausgelösten Teilaspekten befassen, deren Einbindung in ein übergeordnetes Ganzes unterbleibt. Andererseits werden entwickelte Theorien zu wenig von der Praxis aufgegriffen, bestimmend ist oft vielmehr eine „persönliche Alltagstheorie" (BAUMGARTNER & GIEL 2000, 285).

Vielfalt wissenschaftstheoretischer Ansätze

(4) Ein viertes Problemfeld, das bei dem Versuch einer Bestimmung der Wissenschaftlichkeit der Sprachheilpädagogik Schwierigkeiten aufwirft, gründet in der Heterogenität von Theorien über Wissenschaft, die sich folgerichtig in unterschiedlichen Auffassungen niederschlägt, was eine wissenschaftliche Sprachheilpädagogik ausmacht. Auf diesen Aspekt soll im folgenden Abschnitt ausführlicher eingegangen werden, indem ausgewählte wissenschaftstheoretische Bezugspunkte benannt und deren Bedeutsamkeit für die Sprachheilpädagogik umrissen werden.

3.2 Wissenschaftstheoretische Bezugspunkte

Die relative Enthaltsamkeit hinsichtlich wissenschaftstheoretischer Reflexionen in der sprachheilpädagogischen Theoriebildung lässt eine ausführlichere Befassung, als sie in diesem Beitrag geleistet werden kann, sicherlich wünschenswert erscheinen. Auch wenn sich einzelne sprachheilpädagogische Ansätze nicht geradlinig und direkt verallgemeinerten wissenschaftstheoretischen Positionen zuordnen lassen (vgl. die Einordnung konkreter sprachheilpädagogischer Ansätze von BRAUN in diesem Band), soll die nachfolgende, nur ausschnitthafte und vereinfachende Darstellung verdeutlichen, dass ein Wissenschaftsanspruch der Sprachheilpädagogik vor wissenschaftstheoretischem Hintergrund recht unterschiedlich gefasst werden kann. Zu diesem Zweck werden drei sehr unterschiedliche wissenschaftstheoretische Grundpositionen aufgegriffen, die aus Platzgründen nicht genauer dargestellt werden können (zur Einführung sei verwiesen auf TSCHAMLER 1996; ALISCH 1995; BAUMERT et al. 1992; KÖNIG & ZEDLER 2002).

> (1) *Phänomenologisch-hermeneutische* Ansätze zielen auf eine Beschreibung und Erklärung von Forschungsgegenständen unter Berücksichtigung ihrer Historizität und der Beziehungen zwischen Teil und Ganzem.

Beschreiben, Erklären, Verstehen...

...auch des nicht unmittelbar Beobachtbaren...

Im Unterschied zu den klassischen Naturwissenschaften erheben Geisteswissenschaften dieser Ausrichtung nicht nur das unmittelbar Beobachtbare zu ihrem Forschungsgegenstand, sondern auch das Verborgene (wie zum Beispiel das subjektive Erleben), das sie nach festgelegten Regeln (z.B. nach den von DANNER (1998) formulierten hermeneutischen Regeln) zu verstehen suchen. Dabei gilt nicht wie in vielen anderen Positionen der Anspruch einer von räumlichen und zeitlichen Bedingungen unabhängigen Allgemeingültigkeit, da ja der jeweils konkrete Bedingungshintergrund für das Verstehen des Besonderen genutzt werden soll. In der allgemeinen Erziehungswissenschaft findet diese Position vor allem Eingang in Ansätze einer Geisteswissenschaftlichen Pädagogik, deren Hauptinteresse auf ein Verstehen und Gestalten der Lebens- und Erziehungswirklichkeit gerichtet ist. Solches Verstehen und Gestalten weist der Theorie eine doppelte Aufgabe im Hinblick auf die Praxis zu: Einerseits hat sie die Erziehungswirklichkeit und deren Theoriegehalt zu analysieren (insofern ist sie eine Wissenschaft *von* der Praxis), andererseits hat sie Anregungen für eine veränderte Praxis zu liefern (insofern ist sie eine Wissenschaft *für* die Praxis (BENNER 2001; KRON 1996)). Für den Dilthey-Schüler HERMANN NOHL steht dabei die Beziehung zwischen Erzieher und Zögling, der „pädagogische Bezug", im Zentrum der Aufmerksamkeit (NOHL 1949).

...und des Besonderen

Theorie-Praxis-Verhältnis in der Geisteswissenschaftlichen Pädagogik

Innerhalb der Sprachheilpädagogik sind phänomenologisch-hermeneutische Ansätze kaum zur ausdrücklichen wissenschaftstheoretischen Absicherung der Theoriebildung genutzt worden. Zwar stellt GÜNTHER (1996) fest, die Hermeneutik sei „die erkenntnistheoretische Methode der Sprachheilpädagogik" in den 50-er und 60-er Jahren des 20. Jahrhunderts gewesen (darauf verweist auch SASSENROTH 2002, 196). In den Fachpublikationen dieser Zeit wird aber kaum eine hermeneutische Fundierung vorgenommen. Bestenfalls lässt sich eine Wesensverwandtschaft der Intentionen insofern entdecken, als die Sprachheilpädagogik jener Jahre mit den Prinzipien der „Kindgemäßheit" und „Ganzheitlichkeit" eine Abkehr von der Zentrierung sprachlicher Symptomatiken zugunsten einer Hinwendung zur Persönlichkeit und mitunter der Lebenswelt der betroffenen Menschen vollzogen hat. Eine phänomenologisch-hermeneutische Fundierung würde aber unter anderem voraussetzen, dass eine so begründete Theorie den Möglichkeitsraum bietet, eine sprachliche Beeinträchtigung nicht als Klassenbegriff (zum Beispiel als „das Stottern", „die Stimmstörung"), sondern als besondere, unter konkreten problematischen Bedingungen entstandene Erscheinung zu betrachten, um eine derart theoriegeleitet verstandene Praxis gezielt verändern zu können. Und wäre eine solche Veränderung pädagogisch motiviert, dann hätte sie zudem die Erziehungswirklichkeit verstehend in den Blick zu nehmen und unter Berücksichtigung von begründeten Möglichkeiten der Beziehungsgestaltung zwischen sprachheilpädagogischer Fachkraft und dem Heranwachsenden zu gestalten.

Sprachheilpädagogik als phänomenologisch-hermeneutische Wissenschaft?

(2) Der Einwand, dass phänomenologisch-hermeneutisch begründete Ansätze zwar die Besonderheit des Einzelnen gut verstehen mögen, aber nicht zu allgemeingültigen Gesetzesaussagen mit Beweiskraft führen können, war sowohl der Anlass, einer geisteswissenschaftlichen Pädagogik die Wissenschaftlichkeit abzusprechen (WULF 1978; BRAUN 1992), als auch ein Beweggrund, ein Wissenschaftsideal zu favorisieren, das stärker auf Verallgemeinerbarkeit ausgerichtet ist.

Untersuchen nur des unmittelbar Beobachtbaren ...

... zum Zweck der Verallgemeinerung

> *Empirisch-analytische* Ansätze zentrieren das unmittelbar Beobachtbare in der Erfahrung. Überwiegend gestützt auf die Methoden der Beobachtung und des Experiments zielen sie auf allgemeingültige und objektive Aussagen über die Wirklichkeit, die sich an dieser Wirklichkeit nachprüfen und bestätigen (verifizieren) oder widerlegen (falsifizieren) lassen.

Solche Aussagen werden auf den Wegen der Deduktion (allgemeine Theorien und Hypothesen werden auf besondere Anwendungsfälle bezogen und müssen sich dort erweisen) und der Induktion (Aussagen über das Besondere werden verallgemeinert und reichen so über das Einzelne hinaus) gewonnen, wobei die einzelnen Aussagen zu einem logischen Aussagesystem zu verknüpfen sind (der letztgenannte Aspekt steht im Zentrum kritisch-rationalistischer Ansätze, auf die hier nicht eingegangen wird; vgl. z.B. die Zusammenfassung in TSCHAMLER 1996, 58 ff.). Empirisch-analytische Ansätze sind deskriptiv angelegt, das heißt, sie wollen beschreiben und erklären, nicht vorschreiben und werten, wie dies präskriptive und normative Ansätze intendieren. Typische Gütekriterien sind Rationalität, Allgemeingültigkeit, Nachprüfbarkeit und Wertfreiheit.

deskriptiver Anspruch

Sprachheilpädagogik als empirische Wissenschaft?

Während empirisch-analytisches Denken die allgemeine Erziehungswissenschaft vor allem in der zweiten Hälfte des 20. Jahrhunderts maßgeblich prägte und eine „realistische Wendung" (ROTH 1963; vgl. BRAUN 1992, 185) oder einen „Strukturwandel des pädagogischen Denkens" (BENNER 2001, 130) hervorrief, finden sich in sprachheilpädagogischen Veröffentlichungen der jüngeren Zeit nur wenige Hinweise auf eine derartige Orientierung, wie unter anderem HANSEN (1994; 1996a) und STEINER (2002) feststellen. Für die 60-er Jahre des 20. Jahrhunderts resümieren BRAUN & MACHA-KRAU (2000, 64) empirische Untersuchungen, die zum einen auf Vergleiche zwischen Heranwachsenden mit und ohne Sprachbehinderung und zum anderen auf Subgruppierungen von Kindern und Jugendlichen mit Sprachbehinderungen angelegt sind. Standardisierte Testverfahren wie zum Beispiel der „Kindersprachtest für das Vorschulalter" (HÄUSER, KASIELKE & SCHEIDEREITER 1994) und Altersnormvergleiche (z.B. von GROHNFELDT 1979; 1980) lassen ebenfalls einen empirisch-analytischen Zugang erkennen. Evaluationsstudien, die in den vergangenen Jahren im Rahmen von Professionalisierungsdebatten vielfach angemahnt worden sind und durch die beispielsweise die Effektivität sprachtherapeutischer Zugriffe zu prüfen wäre, nehmen nach wie vor keinen breiten Raum in der sprachheilpädagogischen Forschung ein, wie unter anderem BAUMGARTNER (1998), HANSEN (1996a) und STEINER (2002) feststellen.

Ein Wissenschaftsanspruch der Sprachheilpädagogik unter empirisch-analytischer Perspektive würde gemäß den genannten Kriterien hohe Anforderungen insbesondere an die Nachprüfbarkeit und an die logische Struktur bedeuten, die wohl nur die wenigsten Praxisanleitungen erfüllen können. Andererseits wäre damit die Gefahr einer massiven Sichtfeldeinengung auf das unmittelbar Beobachtbare und empirisch Prüfbare verbunden, die auch der empirisch-analytischen Erziehungswissenschaft nachhaltige Kritik und Vorbehalte eingebracht hat (vgl. INGENKAMP 1992; OLECHOWSKI 1994; HERRMANN et al. 1983).

(3) Das Streben nach Wertfreiheit und Objektivität empirisch-analytischer Ansätze war nicht nur ein historischer Pendelausschlag im Angesicht subjektorientierter und normativer Ansätze. Es bot umgekehrt gerade durch die Vernachlässigung nicht empirisch prüfbarer Aspekte reichhaltigen Anlass zur Forderung nach Subjekt- und Lebensweltbezug sowie nach einer Wertorientierung von Erziehung, wodurch es seinerseits den Boden bereitete für Konzeptionen, die diesen Mangel auszugleichen suchten.

Ideologiekritik und wertorientierte Erziehung

> In *kritisch-theoretischen* Ansätzen wie zum Beispiel der Kritischen Theorie der Frankfurter Schule wird Theorie prinzipiell als wertorientiert und interessegeleitet verstanden, wobei das Hauptziel in der Veränderung von gesellschaftlicher Praxis und insbesondere in der Befreiung des Menschen von Herrschaft gesehen wird (FRIESENHAHN 1985; TÜRCKE & BOLTE 1994; TSCHAMLER 1996).

Dieses „emanzipatorische Erkenntnisinteresse" (HABERMAS 1969, 155) verpflichtet zu einer ideologiekritischen Reflexion, damit die wirkenden Bedingungen nicht nur erkannt, sondern auch im Interesse einer zunehmenden Freiheit des Subjekts verändert werden können.

Mit unterschiedlichen Akzentuierungen und Bezügen zu traditionellen Ansätzen haben diese kritisch-theoretischen Leitideen Eingang in Ansätze einer kritischen Erziehungswissenschaft gefunden (vgl. BENNER 2001; KRÜGER 1997), während die Sprachheilpädagogik hiervon weitgehend unberührt blieb. Zumindest existieren hier meines Wissens keine entfalteten Theorien und Konzepte, die ausdrücklich kritisch-theoretisch fundiert sind. Weniger ideologiekritische, eher emanzipatorische Grundzüge scheinen jedoch in solchen Ansätzen durch, in denen so allgemeine Bildungsziele wie „Freiheit", „Selbstbestimmung", „Handlungsfähigkeit" oder „Mitverantwortung" nicht nur proklamatorisch als konzeptionell nicht eingearbeitete Fernziele genannt werden, sondern Teil des Sprachförderkonzeptes sind. In der Verhaltenstherapie des Stotterns nach WENDLANDT (1980; 1986; 2002) beispielsweise erfolgt keine Reduktion auf eine Arbeit an Symptomen, die dann in unbestimmter Weise zu einer besseren Bewältigung von Alltagsanforderungen führen soll. Vielmehr werden die Bedingungen des Stotterns systematisch zum Therapiegegenstand erhoben, um über eine dosierte Hereinnahme des Alltags in die Sprachtherapie (z.B. durch Rollenspiele und in-vivo-Training) auf ein freieres und selbstbestimmteres Leben im Alltag hinzuwirken.

Sprachheilpädagogik als kritische Wissenschaft?

Wie am Beispiel der ausgewählten drei wissenschaftstheoretischen Denkrichtungen gezeigt werden sollte, kann ein Wissenschaftsanspruch der

Fazit

Sprachheilpädagogik recht unterschiedliche Formen annehmen und Inhalte betreffen, zumal es in der Wissenschaftspraxis durchaus üblich ist, Methoden der Erkenntnisgewinnung quer zu den traditionellen wissenschaftstheoretischen Positionen zu kombinieren, sofern dies nicht in Widerspruchslagen führt und soweit es dem Ziel und dem Gegenstand des wissenschaftlichen Vorhabens adäquat ist. Entscheidend ist aber für eine *Sprachheilpädagogik als Wissenschaft* zum einen, dass sie sich in der Wissenschaftsgemeinschaft verortet und die Hintergründe ihrer Theoriebildung auf einer Metaebene offenlegt. Im nachfolgenden abschließenden Abschnitt sollen dazu einige knappe Anregungen gegeben werden. Zum anderen hat die Sprachheilpädagogik in ihrer wissenschaftstheoretischen Orientierung ihren pädagogischen Anspruch zur Geltung zu bringen, indem sie reflektiert, wie ein erzeugtes Wissen fruchtbar werden kann für Erziehung und Bildung in der pädagogischen Praxis. Dadurch ließe sich so manches Problemfeld (s. 3.1) entschärfen, denn unter dieser Bedingung könnte sich beispielsweise das Wissenschaftsverständnis in der Praxis differenzieren, und vor allem könnte sich so die viel beklagte Differenz zwischen wissenschaftlicher Theorie und pädagogischer Praxis verringern. Zwei Anmerkungen erscheinen mir hier wichtig: *Erstens* wird durch diese Forderung keine bestimmte wissenschaftstheoretische Position favorisiert und andere (auch von den hier nicht angesprochenen) ausgeschlossen. Vielmehr gilt es zu klären, welche Problemstellung welche wissenschaftstheoretische Orientierung und in der Konsequenz welche Forschungsmethodologie zu begründen vermag. So können, um nur ein Beispiel zu geben, empirisch-analytische Ansätze wertvolle Anknüpfungspunkte für eine Effizienzprüfung bestimmter therapeutischer Methoden geben, während sie kaum dazu beitragen können, komplexe Alltagsbedingungen sprachlicher Problemlagen ebenso wie phänomenologisch-hermeneutische Ansätze aufzuschlüsseln und zu verstehen oder Zielrichtungen wünschenswerter Veränderungen wie kritisch-theoretische Ansätze zu begründen. Um Missverständnissen vorzubeugen, sei *zweitens* angemerkt, dass diese Forderung Grundlagenforschung (s. 3.1) keineswegs ausschließt, auch wenn deren Ergebnisse nicht unvermittelt praktisch wirksam werden können. Die Forderung zielt aber auf eine Verpflichtung, sprachheilpädagogische Forschung im Grundsatz pädagogisch zu verankern, d.h. mindestens auf pädagogische Praxisprobleme zu beziehen und einen möglichen pädagogischen Nutzen zu reflektieren.

Forderung 1: Wissenschaftstheoretische Verortung

Forderung 2: Pädagogische Verankerung

3.3 Gütekriterien einer wissenschaftlichen Sprachheilpädagogik

Angesichts der Unterschiedlichkeit von Erkenntnisinteressen und Methoden verschiedener wissenschaftstheoretischer Standpunkte scheint ein Versuch, einheitliche Gütekriterien zu formulieren, von vornherein zum Scheitern verurteilt. Gleichwohl kann sich ein solches Scheitern erst erweisen, wenn der Versuch (genau genommen: viele Versuche) unternommen ist. Da ein Diskurs über allgemeine Gütekriterien einer wissenschaftlichen Sprachheilpädagogik noch kaum geführt ist, zielen die abschließenden

Ausführungen in diese Richtung. Ohne den Anspruch auf Vollständigkeit und mit dem Wissen, dass eine feinere Differenzierung und zweckorientierte Modifikationen notwendig sind, können die folgenden Kriterien, die teilweise auf frühere Veröffentlichungen zurückgehen (vgl. von Knebel et al. 1996; von Knebel 2000; 2002; 2003), meines Erachtens tauglich sein, einen wissenschaftstheoretischen Diskurs innerhalb der Sprachheilpädagogik zumindest anzustoßen. Nur thesenhaft kommentiert und beispielartig auf diesen Beitrag bezogen (vgl. auch die kriteriengeleitete Reflexion im Beitrag von Welling in diesem Band) sollten sprachheilpädagogische Theorien und Praxiskonzepte unter dem Anspruch von Wissenschaftlichkeit durch die folgenden acht Merkmale ausgezeichnet sein:

- **Intersubjektive Nachvollziehbarkeit:** Prozess und Produkt müssen von Fachleuten rekonstruiert werden können; damit wird weder ein empirischer Objektivitätsanspruch noch ein (z.B. hermeneutischer oder konstruktivistischer) Subjektbezug zurückgewiesen. Das Maß der intersubjektiven Nachvollziehbarkeit steigt mit der Erfüllung der nachfolgend genannten Kriterien. *— Intersubjektive Nachvollziehbarkeit*

- **Offenlegung der Ausgangslage:** Auch für den Wissenschaftler selbst, vor allem aber für die Rezipienten seines Textes ist es im Dienste des erstgenannten Kriteriums notwendig, das zu bearbeitende theoretische oder praktische Ausgangsproblem, die Leitideen und Prämissen zu kennen. Dadurch können einerseits Gegenstand und Vorgehensweise an Transparenz gewinnen, andererseits wird eine Prüfung begünstigt, inwieweit die Ergebnisse zu einer Veränderung oder besseren Einschätzung der Ausgangslage beitragen können. – Im vorliegenden Beitrag wurden beispielsweise Vieldeutigkeit und relative Unbestimmtheit von Pädagogik- und Wissenschaftsverständnis als theoretisches Ausgangsproblem mit praktischen Folgen dargelegt. *— Offenlegung der Ausgangslage*

- **Darlegung des Erkenntnis- bzw. Veränderungsinteresses:** Wissenschaft will Wissen schaffen und – wenn sie eine Wissenschaft von der Praxis für die Praxis sein will (s. 3.2) – Praxis verstehen und gestalten. Das Ziel ergibt sich aber nicht unmittelbar aus der Ausgangslage, so dass es einer Bestimmung und Begründung bedarf. Im pädagogischen Kontext ergibt sich die Notwendigkeit einer erziehungswissenschaftlichen Verankerung (s. Kapitel 2). – Im vorliegenden Beitrag wurde das Ausgangsproblem zum Anlass genommen, ein Pädagogik- und Wissenschaftsverständnis theoriegeleitet so weit zu umreißen, dass es hilfreich werden kann bei der Rezeption von Fachliteratur und bei der Reflexion von sprachheilpädagogischer Praxis sowie von Sprachheilpädagogik als Wissenschaft. *— Darlegung des Erkenntnis- bzw. Veränderungsinteresses*

- **Darlegung des methodologischen Konzeptes:** Zur Vermittlung zwischen Ausgangslage und Zielstellung werden Methoden angewandt, deren Auswahl und deren Art der Gestaltung nicht beliebig ist, sondern vom forschungsmethodologischen Konzept abhängt, das wissenschaftstheoretisch begründet ist. Eine Darlegung des methodologischen Konzeptes ist deshalb nicht nur im Rahmen von Selbstreflexionen hilfreich für eine Einschätzung der Reichweite und der notwendigen Bedingungen des Einsatzes bestimmter Methoden, es trägt auch nach außen hin zur Begründung und damit zur intersubjektiven Nachvoll- *— Darlegung des methodologischen Konzeptes* ziehbarkeit bei. – Forschungsmethodologische Überlegungen wurden in diesem Beitrag im Rahmen wissenschaftstheoretischer Bezugspunkte (s. Abschnitt 3) konzeptoffen expliziert, während konzeptgebundene bezogen auf den Gegenstand dieses Beitrags aus Gründen der Komplexitätsreduktion metatheoretisch nur angedeutet wurden. Verwiesen sei beispielhaft auf die Rezeption sprachheilpädagogisch-geschichtlicher und erziehungswissenschaftlicher Aspekte, die hermeneutischen Grundsätzen folgte (ausführlich: VON KNEBEL 2000).

Interdisziplinarität unter pädagogischem Primat

- **Interdisziplinarität unter pädagogischem Primat:** Da die Sprachheilpädagogik auf eine Vielzahl von Erkenntnissen anderer Fachdisziplinen angewiesen ist, muss sie sich dieser Erkenntnisse bedienen, ohne sie einfach unverändert übernehmen zu können, da diese Erkenntnisse unter anderem als sprachheilpädagogische Prämissen und vor allem unter anderen Erkenntnisinteressen gewonnen wurden. Andere Disziplinen, Theorien und Konzepte werden so zu Bezugssystemen der Sprachheilpädagogik, wenn sie, wie WELLING (1996) fordert, von einem pädagogischen Standpunkt aus hinterfragt und eingearbeitet werden. – In diesem Beitrag waren es in erster Linie Erkenntnisse aus der Allgemeinen Erziehungswissenschaft und aus der Wissenschaftstheorie, die im Sinne des Ausgangsproblems und des Veränderungsinteresses auf sprachheilpädagogische Fragestellungen bezogen und für diese konkretisiert wurden.

Berücksichtigung fachdisziplinärer Erkenntnisse

- **Berücksichtigung fachdisziplinärer Erkenntnisse:** In aller Regel werden sprachheilpädagogische Problemfelder nicht erstmalig bearbeitet. Theorien und Handlungsanweisungen sollten darum sprachheilpädagogisch (und nachbardisziplinär) gewonnene Erkenntnisse einbeziehen und die Besonderheit des eigenen Zugriffs klar stellen, um eine Rezeption durch die Praxis und einen Diskurs in der Wissenschaft zu erleichtern. – In diesem Beitrag wurden fachdisziplinäre Erkenntnisse beispielsweise berücksichtigt in der Analyse pädagogischer Orientierungen, die drei Ebenen zugeordnet wurden (s. 2.3), wie auch bei der Darstellung wissenschaftstheoretischer Niederschläge in sprachheilpädagogischen Ansätzen (s. 3.2).

Praxisrelevanz

- **Praxisrelevanz:** Als Wissenschaft einer pädagogischen Praxis hat sich die Sprachheilpädagogik um die Praxis der Sprachdiagnostik und -therapie, des Unterrichts und der Beratung verdient zu machen. Das kann sie einerseits leisten, indem sie Praxisprobleme aufspürt und einer wissenschaftlichen Bearbeitung unterzieht. Andererseits hat sie dafür Sorge zu tragen, dass das gewonnene Wissen auch praktisch bedeutsam wird – soweit es sich um eine pädagogische Praxis handelt, schließt dies folgerichtig auch eine pädagogische Bedeutsamkeit im oben skizzierten Sinne (vgl. Kapitel 2) ein. – Die Praxisrelevanz dieses Beitrags könnte bestenfalls in einer erhöhten Sensibilität gegenüber pädagogischen Grundfragen und Intentionen sowie gegenüber einer wissenschaftlichen Legitimationsfunktion von Praxisanleitungen in der Fachliteratur bestehen (s. Abschnitt 1).

Theoretische Innovativität

- **Theoretische Innovativität:** Sprachheilpädagogische Forschung darf sich nicht damit begnügen, das „Rad der Sprachheilpädagogik" immer wieder neu zu erfinden oder individuelle Überzeugungen und Erfahrungen zu vermitteln. Vielmehr muss sie neues Wissen von der Praxis und für die Praxis erzeugen. – Ob dieser Beitrag Innovationspotenzial enthält, ist meines Erachtens skeptisch einzuschätzen. Innovativ könnte er werden, wenn beispielsweise die formulierten acht Gütekriterien den Anlass böten für einen kritischen Diskurs unter den Forschenden und Lehrenden der Sprachheilpädagogik, woraus neue Orientierungspunkte für den eigenen Wissenschaftsanspruch hervorgehen könnten.

Zusammenfassung

Pädagogische Qualität und Wissenschaftlichkeit wurden als zwei häufig genannte Attribute der Sprachheilpädagogik in diesem Beitrag thematisiert. Was das erste Attribut betrifft, wurde zunächst aufgezeigt, dass eine pädagogische Qualität aus erziehungswissenschaftlicher Sicht an den Merkmalen einer *Bildungszielorientierung*, einer *erziehungstheoretischen Verankerung* und einer *institutionstheoretischen Bestimmung* festgemacht werden kann, die auf den Gegenstandsbereich der Sprachheilpädagogik fruchtbar anzuwenden ist. In der sprachheilpädagogischen Fachliteratur erfolgt aber selten eine erziehungswissenschaftliche Fundierung, vielmehr lassen sich nur wenige pädagogische Orientierungen als *pädagogisch-konzeptionelle Überlegungen* qualifizieren, während sich andere eher durch eine mehr oder weniger begründete Darlegung *pädagogischer Zielsetzungen* oder durch eine Empfehlung *heilpädagogischer Prinzipien* auszeichnen.

Was das zweite Attribut betrifft, wurde der Wissenschaftsanspruch der Sprachheilpädagogik unter vier Gesichtspunkten problematisiert. Zur Verdeutlichung der Vielfältigkeit von Wissenschaftsverständnissen wurden drei wissenschaftstheoretische Grundpositionen exemplarisch angeführt, die zwangsläufig zu recht unterschiedlichen Auffassungen führen, was eine Wissenschaftlichkeit der Sprachheilpädagogik bedeuten könnte. Die hieraus gezogene Schlussfolgerung lautet, dass keine wissenschaftstheoretische Denkrichtung einen alleinigen Geltungsanspruch stellen kann, an dem verbindlich festzumachen wäre, was die Sprachheilpädagogik als Wissenschaft in einem allgemeingültigen Sinne auszeichnet. Wohl aber ist die Sprachheilpädagogik, wenn sie eine *Wissenschaft* sein will, verpflichtet, sich wissenschaftstheoretisch zu orientieren und ihre Theorien und Konzepte wissenschaftlich zu begründen. Will sie darüber hinaus eine *Wissenschaft pädagogischer Praxis* sein, dann hat sie solche Orientierungen und Begründungen zudem erziehungswissenschaftlich auszurichten. Gütekriterien einer wissenschaftlichen Sprachheilpädagogik hängen maßgeblich von dem jeweils gewählten wissenschaftstheoretischen Hintergrund ab. Ausgehend von der These, dass es dennoch verallgemeinerte Qualitätsmerkmale einer wissenschaftlichen Sprachheilpädagogik geben könnte, wurden solche abschließend thesenartig vorgeschlagen, umso einen Anlass für eine weiterführende Diskussion in der wissenschaftlichen Sprachheilpädagogik zu geben.

Didaktik und Sprachbehindertenpädagogik

Lothar Werner

Vielleicht vermisst der/die Leser/in des Beitrages im Folgenden eine noch umfassendere Einarbeitung unserer Fachliteratur. Diese habe ich jedoch bewusst begrenzt, um ausreichend Raum für die Darstellung der *pädagogischen* Basis (konkret hier: der *didaktischen*) zu haben als einer der wesentlicheren Grundlagen unseres erzieherischen, unterrichtlichen und (sprach-)therapeutischen Arbeitsfeldes.

Die Didaktik als Teildisziplin der Pädagogik (KRON 1993, 29) wird demnach von mir *nicht* als *Nachbar*disziplin der Sprachbehindertenpädagogik gesehen (wie etwa die Linguistik), sondern als eine ihrer wesentlichen *Fundamente*, die sich bei uns in einer *eigenständigen (spezifischen)* Weise konkretisiert (WERNER 1996², 161; weitere Ausführungen dazu unter Ziff. 6 unten). Dass hier „Didaktik" nur in einigen (für uns besonders wesentlichen) Aspekten/Strukturen angesprochen werden kann, ist sicher nachvollziehbar, da mehr den verfügbaren Rahmen sprengen würde.

Didaktik als Basis sprachbehindertenpädagogischen Handelns

Diesen Bezug auf eine zentrale Basis der Sprachbehindertenpädagogik im *Lehr*buch der Sprachheilpädagogik und Logopädie herauszustellen, scheint mir – besonders hier im Band 5, der sich mit Bildung, Erziehung und Unterricht (sowie der Therapie als einem bei uns ebenfalls *pädagogischen* Tätigkeitsfeld) befasst – angebracht. (Zu seiner möglichen weiteren erziehungswissenschaftlichen Einbettung s. VON KNEBEL in diesem Band).

1 Sprachbehindertenpädagogik und Logopädie – Partner (oder Konkurrenten?) in *pädagogischen* Handlungsfeldern

Im Juni 2003 fand in Karlsruhe der 32. Kongress des Deutschen Berufsverbandes für Logopädie (dbl) statt, an dem – so die Presseberichterstattung darüber – 1700 Logopäd(inn)en teilnahmen. In einem Interview mit der Tagespresse habe die Vorsitzende des dbl, unter Bezug auf die schlechten Ergebnisse der deutschen Schüler/innen in der Pisa-Studie, eine engere Zusammenarbeit zwischen den logopädischen Fachkräften und dem Bildungssystem gefordert, um die sprachtherapeutische Kompetenz der Logopäden so früh wie möglich in ein reformiertes Bildungssystem einzubinden. Nicht erwähnt wurde dabei leider (zumindest in der mir vorliegenden Presseberichterstattung darüber), dass es, mit den Anfängen in der Taubstummenpädagogik, bereits seit ca. 100 Jahren – und damit lange vor der Etablierung des *Logopäden*berufes in Deutschland – (dazu z.B.: GROHNFELDT 2002, 58 f und 81) diese Fachkräfte im öffentlichen Bildungswesen schon gibt. Das sind die *Sprachbehindertenpädagog(inn)en*, deren Qualifizierung sicher auch noch weiter verbessert und deren Zahl zweifelsfrei dringend erhöht werden muss, will man dem spezifischen sowie steigenden Förderbedarf (bei der Therapie von Spracherwerbs- und Kommunikationsbehinderungen) – besonders im Elementar- bzw. Primaralter – derzeit und künftig angemessen entsprechen. (Zu: „Aktuelle Herausforderungen an die sprachheilpädagogische Lehre" s. auch LÜDTKE U. 2003, 146–148).

Das heutige Selbstverständnis der Sprachbehindertenpädagogik bezüglich der von ihr kompetent wahrnehmbaren Aufgaben erstreckt sich „zweifelsfrei" auf schulische und außerschulische Gebiete mit Schwerpunktverlagerungen (GROHNFELDT 2002, 59/60).

schulische und außerschulische Sprachbehindertenpädagogik

Dieser Beitrag will daher genauer aufzeigen, wie jene Aufgabengebiete – als *pädagogische* Tätigkeiten – auch in didaktischen Wurzeln verortbar sind. Es soll damit kein „Graben" zur Logopädie hin aufgebaut werden. Anliegen ist vielmehr, Logopäd(inn)en (in der deutschen Ausbildungs- und Berufsstruktur) sowie Sprachbehindertenpädago(inn)en – beide auf *pädagogischer* Grundlage handelnd - als annähernd gleichermaßen kompetente (Nachbar-)Berufe auszuweisen, wobei der Schwerpunkt der Ausführungen *hier* auf die *Sprachbehindertenpädagogik* gerichtet ist. Sie eröffnet den vertieften pädagogisch-didaktischen Hintergrund unseres unterrichtlichen und therapeutischen Handelns, was hierfür besondere Qualitätsmerkmale erwarten lässt, die keinesfalls Kostenüberlegungen („Einspareffekten") untergeordnet werden dürfen (s. dazu auch: Brief des dbl an die Senatsverwaltung Berlin vom 11-2-02, S. 2 Punkt 3; zit. in: LÜDTKE 2003, 144).

Damit soll zugleich der Herausgeber-Intention im Vorwort des 1. Bandes entsprochen werden, ohne standespolitische Einengung *von der Sache* ausgehend, unser pädagogisches Handlungsfeld darzustellen und zu begründen (GROHNFELDT 2000, 5).

2 Begründungen sprachbehindertenpädagogischen Handelns in den *Lernvoraussetzungen* sowie dem *Förderbedarf* der Klientel

Es dürfte pädagogische „Binsenweisheit" sein, dass Schulen für Sprachbehinderte oder schulorganisatorisch integrativ organisierte Einrichtun-

Lernvoraussetzungen Sprachbehinderter: Ausgangspunkt jedweder Förderung

gen, wo (sprach-) behinderte Kinder und solche ohne Behinderung gemeinsam unterrichtet werden, ihre Klientel unter Beachtung der jeweiligen Lernvoraussetzungen „abholen", wenn sie ihren erzieherischen, unterrichtlichen und therapeutischen Förderauftrag wahrnehmen.

Das gilt selbstverständlich auch für alle anderen Altersbereiche Sprachbehinderter, wo *pädagogisch* gearbeitet wird. Mit Bezug auf das ehemalige „Berliner Modell" der lehr-/ lerntheoretischen Didaktik habe ich schon in den 1970-er Jahren auf die zwingend notwendige Beachtung des Bedingungsfeldes: „anthropogene Voraussetzungen" bei Therapie sowie Therapieintegration (-immanenz) hingewiesen (WERNER 1975, 79).

3 Unterricht und Therapie als *pädagogisches* Handeln

WERNER ORTHMANN formulierte bereits 1969: „Unterricht an der Sprachheilschule ist im Grunde bildungsmäßig Normalunterricht, methodisch in spezifischer Weise erkennbar und therapeutisch in ebenso spezifischer Weise komplementiert" (WERNER 1996², 177). Er ergänzte 1971 – mit Bezug auf SOLAROVÁ: „Erziehung, Unterricht und ...Therapieformen... sind wesensgleich" (ORTHMANN 1977, 46).

Wesensgleichheit von Unterricht und pädagogischer Sprachtherapie

Was von ihm hier zu den *Schulen für Sprachbehinderte* festgestellt wurde gilt – ohne Abstriche – auch für andere Einrichtungen (z.B. Integrationsschulen und Vorschulen für Sprachbehinderte), wo pädagogisch-therapeutische Prozesse initiiert, begleitet sowie evaluiert werden und wo Wissens-/Kompetenzerwerb (material und therapeutisch) angestrebt wird.

Zur notwendigen Ganzheitlichkeit dieses Aufgabenfeldes und den Konsequenzen für die „Bestimmung des Pädagogischen aus allgemein-erziehungswissenschaftlicher Sicht" sei auch auf den Beitrag VON KNEBEL in diesem Band verwiesen (dort unter 2.3).

Es scheint mir für unser sprachheilpädagogisches Selbstverständnis, die Verortung unserer Arbeit sowie zur Qualitätssicherung auch am Beginn des 21. Jahrhunderts notwendig und hilfreich, jene bereits im „Mittelalter" der deutschen Sprachbehindertenpädagogik, also Anfang der 1970-er Jahre, getroffenen Feststellungen/Verortungen wieder in Erinnerung zu rufen, um unseren sprachbehindertenpädagogischen Arbeitsauftrag zu reflektieren, für die Zukunft weiter zu strukturieren und zielgruppenorientiert zu optimieren (Zu: „Qualität und Sprachtherapie" – worauf in diesem Beitrag nicht weiter eingegangen werden kann – s. auch BAUMGARTNER und GIEL 2000, 274–308).

Dies kann dann auch Deprofessionalisierungstendenzen (LÜDTKE 2003, 144) entgegenwirken und – bezogen auf die Schulen für Sprachbehinderte – hilfreich sein, für die Vorlage „inhaltlich fundierter Konzepte..., um eine bildungspolitische Argumentation abzusichern und eine Positionierung im institutionellen Kontext zu begründen" (GROHNFELDT 2003, 112).

„Wesensgleichheit" bedeutet demnach, Unterricht *sowie* (Sprach-)Therapie sind bei uns in einer *erziehungstheoretisch* verankerten *Pädagogik* beheimatet (s. auch VON KNEBEL in diesem Band, dort unter 2.2; 2.3) und damit auch direkt miteinander verbindbar (vgl. „Pädotherapeutische Aspekte" ORTHMANN 1977, 47 und „Therapieimmanenz/Therapieintegration" WERNER 1996², 178 f).

Eine (berufspolitisch gewollte?) Trennung schulischer und außerschulischer Sprachheilpädagogik (dazu auch: LÜDTKE 2003, 144) ist demnach unter *diesen* fachlich-inhaltlichen Gesichtspunkten nicht haltbar!

4 Didaktik

Ehe dieser Gedankengang weiter verfolgt wird, sollen zunächst drei Definitionsvorschläge zu „Didaktik" angesprochen werden.

Definition

1. „Didaktische Modelle (an erziehungswissenschaftlichen Richtungen orientiert) zeigen ...grundsätzliche Strukturierungsmöglichkeiten und Wechselwirkungen innerhalb von Unterricht auf" (GONSCHOREK & SCHNEIDER 2002², 104).
2. „Ein Didaktisches Modell ist ein erziehungswissenschaftliches Theoriegebäude zur Analyse und Modellierung didaktischen Handelns in schulischen und *nichtschulischen* (Anm.: kursiv vom Verf.) Handlungszusammenhängen. Es stellt den Anspruch, theoretisch umfassend und praktisch folgenreich die Voraussetzungen, Möglichkeiten und Grenzen des Lehrens und Lernens aufzuklären" (JANK & MEYER 1991 in: GONSCHOREK & SCHNEIDER 2002², 104).
3. „Während die Pädagogik primär an Sozialisations- und Lernprozessen interessiert ist, hat die Didaktik eher Interesse am Lehr- und Lernprozess sowie an Momenten, die diesen Prozess bedingen: z.B. die Bildungsinhalte, die Medien, die Sozialformen des Unterrichts als Grundmedien der Vermittlung von Inhalten, aber auch die diese wieder bedingenden gesellschaftlichen, sozialen und individuellen Faktoren" (KRON 1993, 29).

Wenn nun also, wie oben aufgezeigt, *Wesengleichheit* für Unterricht und Therapie besteht, dann sind diese Modelle auch auf die von uns durchgeführte *pädagogische* Therapie beziehbar, bzw. jene (Sprach-)Therapie kann über sie strukturiert und verortet werden, eine Feststellung, die weitere therapeutische Tätigkeitsfelder anderer Berufsgruppen (z.B. Fachmedizin in einem Rehabilitationsteam) nicht mit einschließen will.

5 Aktuelle Didaktikmodelle

Mit Bezug auf MÄHLER/SCHRÖDER 1991 geben GONSCHOREK/SCHNEIDER (2002², 130) folgende Übersicht:

Didaktikmodelle

5.3 Didaktische Modelle im Überblick (Mähler/Schröder 1991, 22)

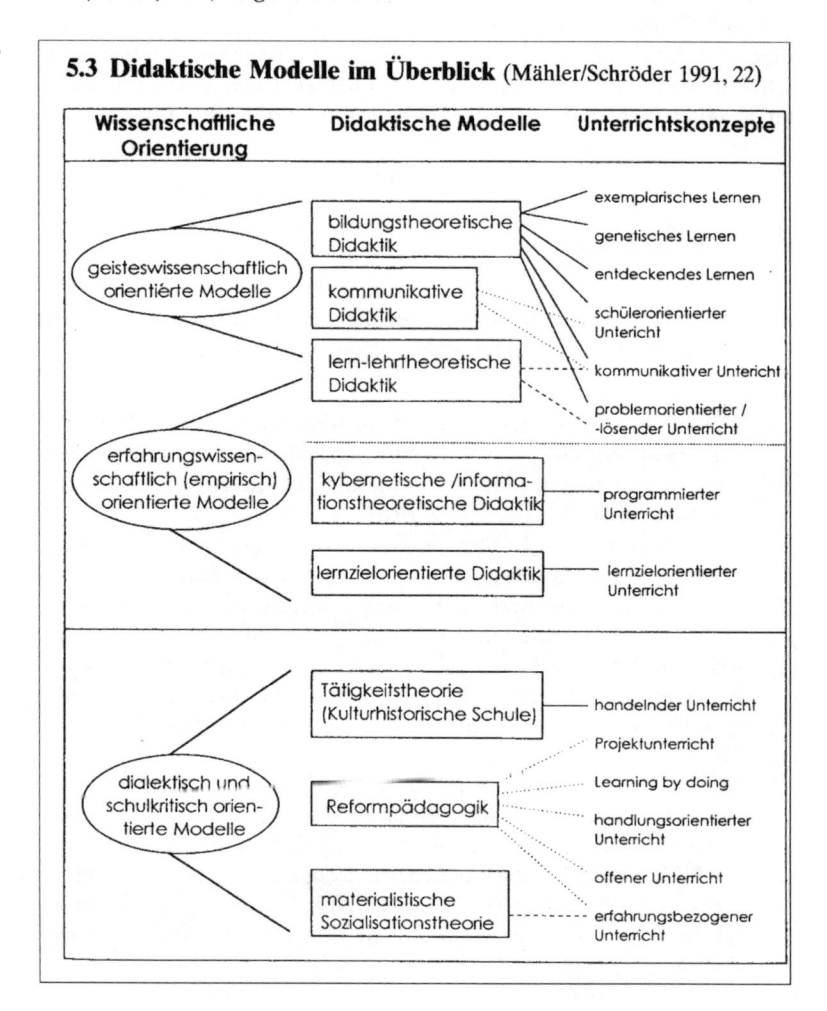

Wissenschaftliche Orientierung	Didaktische Modelle	Unterrichtskonzepte
geisteswissenschaftlich orientierte Modelle	bildungstheoretische Didaktik	exemplarisches Lernen / genetisches Lernen / entdeckendes Lernen
	kommunikative Didaktik	schülerorientierter Unterricht
	lern-lehrtheoretische Didaktik	kommunikativer Unterricht / problemorientierter / -lösender Unterricht
erfahrungswissenschaftlich (empirisch) orientierte Modelle	kybernetische /informationstheoretische Didaktik	programmierter Unterricht
	lernzielorientierte Didaktik	lernzielorientierter Unterricht
dialektisch und schulkritisch orientierte Modelle	Tätigkeitstheorie (Kulturhistorische Schule)	handelnder Unterricht
	Reformpädagogik	Projektunterricht / Learning by doing / handlungsorientierter Unterricht
	materialistische Sozialisationstheorie	offener Unterricht / erfahrungsbezogener Unterricht

Nach PETERSSEN (1994⁴, 67/68) sind die bekanntesten und bedeutendsten Ansätze:

- *Bildungstheoretische* Didaktik (früher: Didaktik im engeren Sinne, aktuell: kritisch-konstruktive Didaktik)
- *Lerntheoretische* Didaktik (früher: Berliner Modell, aktuell: Hamburger Modell)
- *Informationstheoretisch-kybernetische* Didaktik
- *Kritisch-kommunikative* Didaktik
- *Curriculare* Bewegung

„Darüber hinaus gibt es in der gegenwärtigen Allgemeinen Didaktik noch zahlreiche weitere vereinzelte Ansätze und Entwürfe, von denen aber keiner die große Bedeutung der fünf genannten erlangen konnte" (PETERSSEN 1994[4], 68).
Die folgenden Ausführungen zu den hier ausgewählten Modellen sind durch die einschlägige Didaktik-Literatur weiter zu ergänzen (z.B. PETERSSEN 1994[4]; KRON 1993; GUDJONS H., TESKE R. & WINKEL R. (Hrsg.) 1993[7], um einen umfassenden Überblick zu diesem Themenbereich zu erhalten. So gesehen mag mein Versuch vielleicht „kühn" sein, mit eben *dieser* Modell-Auswahl, Didaktik auf unsere sprachbehindertenpädagogische Arbeit zu beziehen. Ich wage es dennoch im Wissen um unabdingbare Verkürzungen.

Zur *kritisch-konstruktiven* Didaktik stellt PETERSSEN (1994[4], 115) fest: „Es ist der Versuch unternommen worden, bildungstheoretische Didaktik zum Integrationsmodell für unterscheidbare wissenschaftstheoretische Auffassungen zu machen und hierfür die plakative Bezeichnung *kritisch-konstruktive Theorie* zu prägen."

z.B. kritisch-konstruktive Didaktik

„Auf theoretischer Ebene erweist sich die Neukonzeption ebenfalls als Mischtheorie, und zwar als Zusammenfassung all jener Momente der seinerzeitigen Konkurrenzansätze, die sich offensichtlich bewährt, zumindest aber bei den Praktikern durchgesetzt haben. Stichwortartig gezeichnet:

- Aus der *lerntheoretischen Didaktik* sind die nunmehr explizite Bedingungsanalyse bei der Unterrichtsplanung, die weite Fassung des Gegenstandsfeldes der Didaktik, die ausdrückliche Erörterung der Prozessstruktur und nicht zuletzt ein unverkrampfter Umgang mit dem schlichten Lernbegriff übernommen worden.
- Aus der *kommunikativen Didaktik* sind das durchgehend gesellschaftspolitische Denken, die Vorstellung von Lehren und Lernen als Interaktion, die ideologiekritische Fragestellung und der Emanzipationsbegriff als Leitkategorie für didaktisches Handeln übernommen worden.
- Die *curriculare Bewegung* hat den Gedanken der Zielorientierung sowie die Lernkontrolle, Überprüfbarkeit bzw. Erweisbarkeit, beigesteuert".

Das ehemalige Berliner Modell (auf das sich auch meine ersten Veröffentlichungen zur Therapieimmanenz und -integration bezogen haben, s.o.) hat – so wieder PETERSSEN (1994[4], 131) – das besondere Verdienst, „dem didaktischen Handeln vor seinen Entscheidungen eine ausführliche Analyse der Bedingungen abzuverlangen".

Die Weiterentwicklung vom *Berliner* zum *Hamburger* Modell (SCHULZ) sieht sich als eine „emanzipatorisch relevante" Theorie für „professionelles pädagogisches Handeln" (PETERSSEN 1994[4],134) und beantwortet die Fragen, was unter Emanzipation zu verstehen sei und *welchen Beitrag* Unterricht dazu leisten könne bzw. *wie* er das tun müsse, mit einem Handlungsmodell. Die konstitutiven Momente eines solchen didaktisch orientierten Handelns zwischen Lehrern und Schülern sind dabei die

Hamburger Didaktikmodell

- *Unterrichtsziele,* d.h. Intentionen und Themen,
- *Vermittlungsvariablen,* d.h. Methoden, Medien, schulorganisatorische Hilfen,
- *Ausgangslage von Lehrenden und Lernenden,*
- *Erfolgkontrolle* (PETERSSEN 1994[4], 138).

Ein so emanzipatorisch relevanter Unterricht fördert die möglichst weitgehende Verfügung der Schüler über sich selbst, wozu die Steigerung ihrer Kompetenz, Autonomie und Solidarität wesentlich beiträgt. (Zu weiteren zusammenfassenden Aspekten und einer kritischen Einschätzung sei wieder verwiesen auf PETERSSEN 1994[4], 140 f).

kritisch-kommunikative Didaktik

Die *kritisch-kommunikative* Didaktik schließlich sieht eine ihrer wesentlichen Aufgaben darin, Schule und Unterricht „kommunikativer" zu gestalten, in dem sie Hindernisse und Störungen auf dem Weg zu schülerorientiertem und kooperativem Unterricht aufdeckt und abbauen will (PETERSSEN 1994[4], S. 168). Dabei verhält sie sich nicht nur gegenüber dem Innenbereich (Lehren und Lernen, Unterricht usw.) kritisch, sondern auch gegenüber dem Außenbereich, d.h. den institutionellen, gesellschaftlichen Rahmenbedingungen von Lehren und Lernen.

„Ihre Aufgabe sieht sie nicht bloß darin, im engeren Bereich optimale Voraussetzungen für Lehren und Lernen zu schaffen, sondern besonders auch darin, Unzulänglichkeiten, Widersprüche usw. im umgebenden äußeren Bereich aufzudecken, anzuprangern und Veränderungen zu veranlassen" (PETERSSEN 1994[4], 168).

6 Didaktik und Sprachbehindertenpädagogik

Ich habe oben von Didaktik als Teildisziplin der Pädagogik gesprochen, die sich bei uns in *eigenständiger (spezifischer)* Weise konkretisiert. Welche *Themen/Inhalte* z.B. als Kerncurriculum im Rahmen des Studiums der Sprachbehindertenpädagogik (1. Phase) Beachtung finden und welche *Kompetenzen* damit die (zukünftigen) Lehrer/innen erreichen sollen, zeigt die folgende Übersicht (Modul mit obligatorischen/fakultativen Teilen), die im Rahmen der Novellierung der Sonderpädagogischen Prüfungsordnung (SPO I) in Baden-Württemberg von den beiden Abteilungen Sprachbehindertenpädagogik der Pädagogischen Hochschulen Reutlingen und Heidelberg entwickelt wurde und nach dem (voraussichtlich) ab Herbst 2003 unter anderem der Didaktische Schwerpunkt in der 1. Fachrichtung (als Hauptfach) mit 8 SWS und in der 2. Fachrichtung (als Nebenfach) mit 6 SWS (ergänzt durch die Schwerpunkte: Sonderpädagogik, Psychologie und Diagnostik) studiert wird.

Modul: Didaktischer (Studien-)Schwerpunkt

Didaktischer Schwerpunkt

Thema / Inhalt	Kompetenzen
(P) Theorien und Modelle didaktischen Handelns bei sprachbehinderten Kindern und Jugendlichen	Anwendung didaktischer Modelle Förderbedarfsgerechte Didaktik
(P) Therapeutische Methoden zur schulischen, außerschulischen und nachschulischen Förderung sprachbehinderter Kinder, Jugendlicher und Erwachsener	Gestaltung angemessener Therapiemethodik (Grundlagen)
z.B. Planung, Durchführung und Analyse von therapieintegriertem Unterricht	Spezifische Unterrichtsgestaltung; Reflexion von Lehrversuchen
z.B. Therapeutische Methoden zur schulischen, außerschulischen und nachschulischen Förderung sprachbehinderter Kinder, Jugendlicher und Erwachsener	Gestaltung angemessener Therapiemethodik (Vertiefung)
z.B. Kooperation und integrative Förderung sprachbehinderter Kinder, Jugendlicher und Erwachsener in verschiedenen Schulen und Bildungseinrichtungen	Integrativ und interdisziplinär ausgerichtetes Handeln gemäß dem jeweiligen Förderbedarf und Förderort
z.B. Musik und Bewegung in sonderpädagogischen Arbeitsfeldern	Grundlagen der rhythmisch-musikalischen Erziehung
z.B. Werken/Technik/Gestalten in sonderpädagogischen Arbeitsfeldern	Fachspezifische Unterrichtsmethoden, situationsadäquater und gezielter Einsatz im Unterricht der Sonderschule

> Die Frage, die nun anschließen soll, lautet, welche/s Didaktik-Modell/e könnte/n sich zur Verortung dieser spezifischen Aufgaben in Therapie und Unterricht besonders empfehlen? Um es vorweg zu sagen: zur umfassenden Begründung des *gesamten* sprachbehindertenpädagogischen Handlungsfeldes wird kein Didaktikmodell *allein* eine ausreichende „Bandbreite" zur Verfügung stellen können. Je nach den Strukturen des konkreten Unterrichts sowie der Therapie (Inhalten, Zielen, Rahmenbedingungen usw.) wird einmal mehr das eine oder das andere Modell hierzu geeignete Grundlage sein.

Sprachbehindertenpädagogik und aktuelle Didaktik-Modelle

Unter dieser Prämisse sind auch die folgenden Ausführungen und ist die von mir getroffene exemplarische Auswahl zu sehen.
Dem *kritisch-konstruktiven* Didaktikmodell (Integrationsmodell, s.o.) dürfte bei unserer Arbeit besondere Bedeutung zukommen. Mit der *Bedingungsanalyse* als Element der Unterrichts- und Therapieplanung (s. *lerntheoretische* Didaktik) reflektiert, strukturiert und begründet es

den Handlungs-Rahmen (erzieherisch, unterrichtlich und therapeutisch), sowohl in organisatorischer Hinsicht als auch bezüglich der Ausgangslage der Lernvoraussetzungen unserer jeweiligen Zielgruppen.

Die Prozessstruktur, die Vorstellung von Lernen und Lehren als Interaktion (s. *kommunikative* Didaktik) und der Emanzipationsbegriff dürften sich ebenso als wichtige didaktische Bezugskoordinaten für unsere Arbeit erweisen, wie Zielorientierung, Lernkontrolle und Überprüfbarkeit (s. *Curriculare* Bewegung).

Als weiteres geeignetes Bezugs-Modell für eine eigenständige (spezifische) Didaktik in der Sprachbehindertenpädagogik sei das *Hamburger Modell* genannt, das zunächst ebenfalls eine ausführliche Bedingungs-Analyse fordert und im Rahmen seiner emanzipatorischen Intentionen (Verfügbarkeit über sich selbst) mit seinem Handlungsmodell sowie den konstitutiven Momenten (Unterrichtziele, Vermittlungsvariabeln, Beachtung der Ausgangslage der Lernenden und Lehrenden, Erfolgkontrolle) einen guten Rahmen für sprachbehindertenpädagogisches Handeln bereit stellt. Wenn schließlich die *kritisch-kommunikative* Didaktik, die sich zur Aufgabe setzt, Schule und Unterricht kommunikativer zu gestalten, Störungen hierfür aus dem Innen- und Außenbereich aufdecken und ändern will, dann dürfte auch sie, in (zumindest) diesen Punkten, für uns wertvolle Orientierung liefern. Die Effektivität und Ökonomie unserer Arbeit leidet ja nicht selten auch gerade unter Störungen im Innen- sowie solchen vom Außenbereich, und deren Beachtung/Beseitigung dürfte für eine effektive Sprachbehindertenpädagogik kaum unwesentlich sein.

Zu weiteren Überlegungen über „Sprachförderung als didaktische Herausforderung" sei auch auf von KNEBEL in diesem Band verwiesen (dort unter 2.4).

7 Unterrichtskonzeptionen

„Unterrichtskonzeptionen bemühen sich um die praxisnahe Umsetzung didaktischer Überlegungen, (sind) normativ (wertend) und präskriptiv (vorschreibend)"
(GONSCHOREK & SCHNEIDER 2002², 169)

Unterrichtskonzeptionen in der Sprachbehindertenpädagogik

Wenn auch kein Unterrichtskonzept im üblichen Sinne, sondern eher ein dynamischer und vernetzter Prozess der Entfaltung einer neuen Unterrichtskultur im Schulalltag (JANK & MEYER 1991, in GONSCHOREK & SCHNEIDER 2002², 172), so sei der *Offene Unterricht* doch hier zunächst genannt, da er mit seiner Schüler- und Handlungsorientierung sowie den besonderen Möglichkeiten der Erweiterung des Problemlöseverhaltens gerade für unsere sprachbehinderten Kinder vielfältige Möglichkeiten für Erziehung und Bildung (einschließlich Therapie) eröffnet. Voraussetzung für sein Gelingen ist allerdings die meist längere Einübung der Schüler(-innen) in diese fächerübergreifende Arbeitsform (zu möglichen Überforderungsproblemen Sprachbehinderter TROSSBACH-NEUNER E. 1997, 278/279).

Wenn auch nicht uneingeschränkt als „Offener Unterricht" zu bezeichnen, so sind doch an dieser Stelle beispielhaft die Stations-Vorschläge „Buchstabentag" von FRÜHWIRTH (1987, 56–62), HACKL-REISINGER (1987, 73–79) und SCHWETZ (1987, 63–72) zu nennen (Lernspiralen). Gleiches gilt für „Lesenlernen mit Hand und Fuß" (MARX & STEFFEN (1990, 1994). Alle jene (halb-)offenen Konzepte – für den Erstleseunterricht an Sprachheilschulen entwickelt – integrieren materiale sowie (sprach-)therapeutische Unterrichtsziele und zeigen dazu mehrdimensional Wege eines multisensoriellen förderbedarfsgerechten Vorgehens auf. An Unterrichtskonzeptionen im „engeren" Sinne sind dann z.B. zu nennen: *Projektunterricht, exemplarisches* Lernen, *entdeckendes* Lernen, der *handlungsorientierte* Unterricht (hier besonders auf AEBLIS und PIAGETS kognitive Handlungstheorie bezogen) mit dem Ziel der ausgewogenen Herstellung „von Kopf- und Handarbeit, welche die Trennung von Schule und Leben teilweise aufheben soll" (GONSCHOREK & SCHNEIDER 2002[2], 173).

Wie auch beim *kommunikativen, erfahrungsbezogenen* und *schüleraktiven* Unterricht steht hier ebenfalls der gemeinsame Planungsprozess von Lehrern und Schülern, ausgehend von der subjektiven Interessenslage der Kinder, im Mittelpunkt. Dem Lehrer/Therapeuten kommt dabei die Aufgabe zu, „den Schülern bei der Entwicklung eines Lernweges zu dem gemeinsam erstellten Ziel zu helfen" (GONSCHOREK & SCHNEIDER 2002[2], 173).

In der Sprachbehindertenpädagogik hat gerade auch dieser Aspekt sowohl für die unterrichtlichen als auch für therapeutische Prozesse Gültigkeit. Beide sind in ihrer Wesensgleichheit (s.o.) auch über solche Unterrichtskonzeptionen realisierbar. Als ein mögliches Beispiel aus dem (stotter-)therapeutischen Handlungsfeld sei hierzu der eklektizistische Ansatz nach BAUMGARTNER (1994, 204–289; 1997[3]) genannt, wo der Erwerb von Kommunikationsstärke des Kindes über das Verständnis von Therapie als eine *gemeinsame Sache* beider Partner avisiert wird.

8 Methoden

> „Die Bestimmung dessen, was Methoden des Unterrichts sein können, hängt zu allererst davon ab, wie Unterricht verstanden wird. Wird Unterricht als eine Veranstaltung verstanden, in der möglichst effektiv in begrenzter Zeit eine bestimmte Menge Wissen zu vermitteln ist, ergibt sich das Thema Methode anders, als wenn Unterricht in der Organisationsform etwa der allgemein bildenden Schule als Gelegenheit für Kinder und Jugendliche verstanden wird, Zugänge zur Welt der Menschen zu gewinnen, Aufschlüsselungen für die Objektivationen in ihrer vielfältigen Gestalt zu erhalten, sich die Lebenswelt in all ihren Aspekten anzueignen. Methoden des Unterrichts sind dann entweder Strategien der Vermittlung oder Schlüssel zur Welt" (BÖNSCH 1991 in: GONSCHOREK & SCHNEIDER 2002[2], 160).

Wenn wir demnach zunächst Methoden in Unterricht und Therapie als „Schlüssel zur Welt" verstehen, dann soll das nicht heißen, sie wären nicht auch als Strategien der effektiven Wissens-Vermittlung hin zu materialen und therapeutischen Zielen verwendbar. Im Gesamt unserer erzieherischen, unterrichtlichen und therapeutischen Arbeit werden beide Verständnis-Seiten Bedeutung erlangen. Ihre *Rolle* im Unterricht (und in der Therapie) zeigt sich dann in drei Dimensionen (MEYER 1988 in: GONSCHOREK & SCHNEIDER 2002[2], 160), die untereinander und in Bezug zu Zielen sowie Inhalten des Unterrichts (der Therapie) in Wechselwirkung stehen:

- Sozialformen (Frontalunterricht, Gruppenunterricht, Partnerarbeit, Einzelarbeit),
- Handlungsmuster (Lehrervortrag, Schülerreferat, Unterrichtsgespräch, Rollenspiel)
- Unterrichtsschritte (Einstieg/Hinführung, Erarbeitung/Aneignung, Übung/Anwendung, Kontrolle).

Methoden(aus)wahl in der Sprachbehindertenpädagogik

Alle drei Dimensionen sind bei uns wiederum für die Therapie *und* für unterrichtliche Prozesse gleichermaßen von Bedeutung bzw. werden dort Anwendung finden, wenn auch in unterschiedlicher Gewichtung. So wird die Wahl der Sozialform und ihr gut begründeter Wechsel (!) – etwa bei therapieintegrierter Unterrichtung – immer wieder besonders dann relevant sein, wenn es darum geht, effektiv und ökonomisch die geplanten materialen und therapeutischen Lernziele zu erreichen. Gleiches gilt für die Auswahl der Handlungsmuster. Im (therapieintegrierten) Unterricht und in der Individualtherapie sind die gewählten Unterrichtsschritte (sowie ihre vorgesehene Abfolge) wichtige Artikulationsschemata (Gliederungsabschnitte) für ein lernwirksames Prozessgeschehen.

Zu den Gesprächsformen im Unterricht stellen GONSCHOREK & SCHNEIDER (2002[2], 166) fest: „Das Gespräch ist die häufigste, aber auch die schwierigste Unterrichtsform. 58% des gesamten Unterrichts fallen auf Gesprächsmethoden, 49 % allein auf das Lehrgespräch".

Gesprächsformen im Unterricht bei Sprachbehinderten

Was hier zum Gespräch im Unterricht *allgemein* gesagt ist, gilt in – wie ich meine – noch höherem Maße für *unsere* Schulen (in allen Stufen und Organisationsformen s.o.). Daher hatte auch bereits vor mehr als 20 Jahren Carstens (1981) die Notwendigkeit einer umfassenden Forschung bezüglich des verbalen Interaktionsgeschehens an Schulen für Sprachbehinderte gefordert und eine erste phänomenologische Studie über die dortigen verbalen Interaktionsprozesse durchgeführt, ohne dass – soweit mir bekannt – dieser erste Ansatz in den folgenden Jahren Nachfolgeuntersuchungen zu diesem Thema ausgelöst hätte.

9 Aspekte zur Unterrichts- und Therapieplanung

Ohne „kochrezeptartiges Abhaken" der nachfolgend genannten Punkte sind die folgenden Planungs-Schritte doch als „stützendes Korsett" – besonders für Berufsanfänger – zu verstehen, und damit zu bewerten als „empfehlenswerte, oft bewährte Vorgehensweisen, die der Unterrichtsplanung eine Richtung geben und sie strukturieren" (GONSCHOREK & SCHNEIDER 2002², 189 f):

> a) *Was* soll erreicht werden? (Inhalts- und Zielbestimmung)
> Ministerium für Kultus und Sport, Baden-Württemberg (1995, 7): „Für die Schulen für Sprachbehinderte gelten die Bildungspläne der Grundschule, der Hauptschule sowie der Realschule und der in der Anlage beigefügte Bildungsplan." (Anm.: s. *Durchgangscharakter* der Schulen für Sprachbehinderte zum allgemeinen Schulwesen).
> b) Welche *Umstände* sind zu beachten? (Lernvoraussetzungen als „innere Bedingungen" auf der Schülerseite, aber auch äußere Bedingungen: z.B. Schulausstattung, Klassen-/Therapiezimmer, Zeit, Materialien...)
> c) *Wie* sind die Ziele zu erreichen? (Methode, Darstellung eines möglichen konkreten Verlaufs, aber auch: Planung evtl. Alternativen – s. Prinzip der Variabilität)
> d) Was *sage ich*, wenn? (z.B. Vermittlungshilfen bei auftretenden Lernproblemen, Art der Impulsgestaltung)

Planungsschritte für Unterricht und Therapie

ad a) material: altersgemäße Kenntnis der wesentlichen Sachanteile eines Themas (z.B. Sachunterrichts-Thema: „Tulpe" als exemplarische Vertreterin der Frühblüher (vorjährige Nährstoffspeicherung in der Zwiebel als Voraussetzung für das Frühblühen)

therapeutisch: z.B. Verwendung von Sprechhilfen bei der Sach-/Themenbearbeitung, etwa:
Anwendung einer Übungssprache (Therapie Sto.),
oder:
Stabilisierung eines in der Individualtherapie erarbeiteten Phonems (Therapie von Aussprachestörungen),
oder:
korrekter Kasusgebrauch (Kasusmarkierung bei Therapie morpho-syntaktischer Störungen)

Zu möglichen Verbindungen der Ebenen „material" und „therapeutisch" auf der Grundlage des (seit 1994 gültigen) Bildungsplanes der Grundschulen Baden-Württembergs (dessen Revision ist für 2004 vorgesehen) sei auch hingewiesen auf die insgesamt 208 Seiten: „Praxisvorschläge zur Therapieintegration PRAVO 2003" (WERNER, BERKHAHN 2003).

Internet: http://www.ph-heidelberg.de/org/sprachbe/WernerMitarbeiter/Therapieintegration-PRAVO.pdf

ad b) *innere Bedingungen* (s. auch unten 11.1, Ziff. 2) kognitive, konzentrative Möglichkeiten der Schüler/innen, reduzierter Wortschatz, Aussprachestörungen, syntaktisch-morphologische Störungen, Redeflussprobleme usw. *(äußere Bedingungen)* Zeit, verfügbare (Therapie-) Medien, Raumbedingungen usw.

ad c) themenbezogen: besonders bei Sprachbehinderten sollte die *handlungs-* und *produkt*orientierte Bearbeitung im Vordergrund stehen, adäquate Wahl der Artikulationsstufen des Unterrichtsablaufes (= Gliederung) usw., therapeutisch : Artikulationsstufen der *Individual-Therapie*, therapeutische Methoden (z.B. vorübergehend konstante Anwendung einer Übungssprache beim Redeflussproblem Stottern), die sich dann auch *integrativ (oder: immanent)* in den *Unterrichtsverlauf* einbeziehen lassen, usw.

ad d) gedanklich-planerische Vorbereitung auf Lernprobleme in Unterricht und Therapie durch Voraus-Planung von Alternativen (z.B. Therapieintegration: Bereitstellung von Vermittlungshilfen bei der Stabilisierung des in der Individualtherapie erreichten (Sprach-)Leistungsstandes aussprachegestörter Kinder durch Rückgriff – bei Fehlern – auf den Lernweg zur korrekten Lautbildung eben aus der Individualtherapie).

10 Lernziele

Auch ihre spezifische Festlegung und Beachtung im Lehr-Lernprozess ist sowohl für unterrichtliches als auch für therapeutisches Handeln unabdingbar.

Der gebräuchliche Lernzielbegriff lässt sich nach PETERSSEN 1982 (in GONSCHOREK & SCHNEIDER 2002², 208 f) über fünf Momente bestimmen:

- Lernziele bezeichnen von außen gesetzte Ziele
  (als Merkmale intentionalen Lernens)
- Lernziele beschreiben ein beobachtbares Verhalten
  (als Ergebnis von Lernprozessen)
- Lernziele bezeichnen Verhalten von Lernenden
  (Beschreibung beobachtbarer Verhaltensweisen)
- Lernziele bezeichnen erwünschte Verhaltensweisen von Schülern
  (in der Vorstellung des Planenden vorweggenommene/antizipierte Verhaltensweisen; Entwürfe von Verhalten, formuliert zu Beginn des Lernprozesses und bezogen auf erwartetes Verhalten am Ende desselben)
- Lernziele beschreiben das (erwünschte/erhoffte)
  Endverhalten möglichst eindeutig.

Alle fünf Momente sind – außer zur materialen Wissensvermittlung (Stoffinhalte) – gleichermaßen auf die *fähigkeitsspezifischen* Förderbereiche sowie auf die *syndromspezifische* Therapie beziehbar (BRAUN 2002², 264). Beispiele hierfür:

- *von außen gesetzte Ziele*
  Lautdiskrimination, korrekte Aussprache von Phonemen, Verwendung von Formen/Stufen einer Übungssprache (Sto.) usw.
- *Beschreibung beobachtbaren Verhaltens*
  möglichst regelmäßige (korrekte) Verwendung (im Unterricht) jener schon in der Individualtherapie erarbeiteten Laute (erforderlichenfalls: Angebot von Korrekturhilfen s.o.) usw.
- *Verhalten der Lernenden*
  selbstständiges „Umschalten" in leichtere Formen einer Übungssprache (vgl. WLASSOWA, 1957: Sprechleistungsstufen, in: WERNER 1992, 231) bei (noch) nicht korrektem Verwenden einer höheren/schwierigeren Stufe dieser Behandlungsschritte (Sto.), selbstständiges Korrigieren einer (erneut) fehlerhaften Lautbildung usw.
- *erwünschte (antizipierte) Verhaltensweisen der Schüler/innen*
  kommunikative (und schließlich linguistische) Kompetenz
- *erwünschtes Endverhalten*
  symptomfreies/symptomarmes Sprechen (syntaktisch-morphologische Störung), Kommunikationsbereitschaft trotz (noch) vorhandener Symptomatik (Sto.: Non avoidance-Therapie) usw.

Lernziele in der Förderung Sprachbehinderter

11 Entwürfe der Unterrichts- und Therapieplanung

11.1 Der schriftliche Unterrichtsentwurf *allgemeine Schule*

GONSCHOREK & SCHNEIDER (2002², 216/217) schlagen dafür die folgende Gliederung (ebenfalls bedeutsam für unten 11.2) vor:

Deckblatt: – Schule, Klasse, Fach, Datum, Zeit
– Thema der Stunde
– Name des Ausbildungslehrers oder Mentors und des Betreuers
– Name des Praktikanten.

1. Sachanalyse
Umfassende (fach-)wissenschaftliche Auseinandersetzung mit dem Stoff/ der Sache/dem Inhalt der vorzubereitenden Stunde:

- Elementare Probleme, Begriffe und Zusammenhänge?
  Bedeutung in der Fachwissenschaft?
- Welche Struktur, welche einzelnen Elemente?
  Verschiedene Sinn- oder Bedeutungsschichten?
- Beziehungen zu anderen Strukturen, zu größeren Zusammenhängen?
- Lehrplanbezug: Verbindung zu anderen Themen?
  Was ging voraus/was folgt?

Nicht nur Materialsammlung und Aneinanderreihen von Informationen, sondern fachliche Abhandlung (nach Art eines *Lexikonartikels*) zum Unterrichtsinhalt.

2. Analyse der Lernvoraussetzungen
Innerschulische und klasseninterne Situation, allgemeine/individuelle/soziale/motivationale/arbeitstechnische Voraussetzungen der Schüler.

3. Didaktische Analyse
Herausarbeitung des *Bildungsgehaltes* des (in der Sachanalyse fachwissenschaftlich analysierten) Inhalts im Hinblick auf die konkreten Kinder dieser Klasse.

3.1. *Gegenwartsbedeutung*: Vermutlich bereits vorhandene Kenntnisse, Interessen, Bedürfnisse, Abneigungen, Vorurteile? Bereits Kontakt zur Thematik in welchen schulischen oder außerschulischen Zusammenhängen? Anknüpfungspunkte?

3.2 *Zukunftsbedeutung*: Welche allgemeinen Einsichten könnten und sollten gewonnen werden? Welche Bedeutung hat die Sache/der Inhalt im späteren Leben dieser Kinder vermutlich und kann dies bereits vermittelt werden?

3.3 *Exemplarität*: Welchen größeren Sinnzusammenhang vertritt die Sache? Wofür ist sie exemplarisch, repräsentativ, typisch? Welche allgemeinen Prinzipien oder Gesetze sind exemplarisch an ihr zu erarbeiten?

3.4 *Struktur des Inhalts:* Welche Elemente, Strukturen und Beziehungen bilden logisch und zeitlich den „roten Faden" der Stunde? Welches Mindestwissen/-können ist unverzichtbar?

4. Lernziele
Ein Stundenziel und eindeutig formulierte Teilziele als beobachtbares Verhalten (zu den Verhaltensbereichen kognitiv, affektiv, psychomotorisch), das die Schüler nach bestimmten Lernsituationen können sollen.

5. Verlaufsplanung
Geplanter Verlauf der Stunde mit: Einstieg, zeitlicher Abfolge, Phasen/Artikulation, Lehrer-/Schüleraktivitäten, Methoden, Sozial- und Arbeitsformen, Differenzierungs-Vermittlungshilfen, Diskussion möglicher Alternativen und Begründung des Vorgehens.

6. Strukturskizze

Phase/ Zeit	Lernziele	Lehrer-Schüler-Interaktionen (geplantes Lehrerverhalten erwartetes Schülerverhalten)	Medien/Tafelbild didaktischer Kommentar

7. Reflexion/Nachbesinnung
Lief die Stunde wie geplant? Verbesserungsvorschläge, Ausblick/Fortsetzung.

8. Anhang
Tafelbild/Tafelaufteilung
Arbeitsblatt/Arbeitsblätter/Folien
Verwendete Literatur.

11.2 Der schriftliche Unterrichtsentwurf *Schule für Sprachbehinderte* (oder integrativ organisierte Einrichtungen mit sprachbehinderten Kindern)

Schule für Sprachbehinderte

Gliederung wie oben (allgemeine Schule; s. wieder z.B. MKS, B.-W., oben 9,a) mit folgenden Erweiterungen:

- *Analyse der Lernvoraussetzungen* ergänzt durch die *spezifischen* Möglichkeiten/Probleme/Erschwernisse des/der sprachbehinderten Kinder, früher „anthropogene Voraussetzungen" (s. auch 9, b oben: „innere Bedingungen");
- *ausführliche Beschreibung/Begründung der Therapieziele*, die z.B. unterrichtsintegriert (-immanent) zur Stabilisierung des Therapie-Standes aus der Individualtherapie vorgesehen sind.

Der *Strukturskizze* des geplanten Verlaufs vorangestellt: (kurze) Zusammenfassung der Lernziele

- *material* (auf den Unterrichts*stoff* bezogen; Abkürzung in Strukturskizze bei „Didaktischer Kommentar": LM_1, LM_2, ...);
- *therapeutisch* (Abkürzung bei „Sonderpädagogische Aspekte": LT_1, LT_2, ...).

Zu möglichen Beispielen einer Lernziel-Aufteilung im Rahmen des Frühen Fremdsprachenlernens (Allgemeine/Sonderpädagogische Lernziele): s. BERKHAHN in diesem Band (dort bei 3.1).

Phase Dauer	Schüler-Lehrerverhalten	Didaktischer Kommentar	Sonderpädagogische Aspekte	Medien

Reflexion/Nachbesinnung
Anhang (Arbeitsblätter, Literatur usw.).

Individual-/Gruppentherapie

11.3 Der schriftliche Entwurf für die Durchführung von *Individualtherapie/ Gruppentherapie*

- *Wissenschaftliche Auseinandersetzung* mit dem zu therapierenden Syndrom (Entstehungsbedingungen, diagnostisches Datenmaterial, Symptomatik, therapiedidaktische Aspekte usw.);
- *Analyse der Lernvoraussetzungen* des/der Sprachbehinderten z.B. Konzentration und Merkfähigkeit für akustische Gestalten/Prozesse; Hypothesenfeld zu den Ursachen kindlicher Wortfindungsstörungen (GLÜCK 1999, 13); Kognition, Emotion, Problemlösekompetenz usw.
- *Therapieziele*: fähigkeitsspezifische/syndromspezifische Therapie (s. 10 oben). Beispiele hierfür im Rahmen der Aussprachetherapie (Wahrnehmungsförderung, Motorik und Anbildungsvorschläge der Laute): z.B. VORAUS (WERNER, Fried, BERKHAHN 2001) mit folgenden Therapiebereichen in den Spiel- und Übungsvorschlägen:
  - Korrekte Lautbildung und ihre Anbildungswege
  - Übungen bei phonetischen Störungen
  - Übungen bei phonologischen Störungen
  - Übungen zur Förderung der Motorik
  - Übungen zur Förderung der Wahrnehmung.

(Dazu sei ein Hinweis auf die Rezension von CHR. W. GLÜCK, 2003, LMU München, in: Die Sprachheilarbeit 48, 2, 81, gestattet: „Was der Computer dem Menschen tatsächlich voraus hat, wird in VORAUS genutzt ...(es) lassen sich die im Einzelfall benötigten Therapiehinweise ausgesprochen rasch auffinden... Der Umgang mit der VORAUS-Software ist nicht schwierig... (Es ist ein) gut ausgestatteter Grundstock für die praktische Arbeit..."
Wir haben geplant, VORAUS 2001 im Jahre 2004 mit zusätzlichen Praxis-Beispielen zu erweitern.)

- *Verlaufsplanung* der Therapiesitzung mit ausführlicher Darstellung von: Einstieg, Artikulation/Phasen der dann folgenden Stufen, vorgesehenem zeitlichem Ablauf, Angabe der Therapie-Teilziele, vorgesehene Aktivitäten (vgl. Lehrer-Schüleraktivitäten) von Therapeut/in und Kind, Therapiemethode/n, Arbeitsformen, Medien/Vermittlungshilfen, Aufzeigen/Begründen evtl. notwendiger Alternativen des Vorgehens usw.
- *Strukturskizze*

Dauer/ Phase	Therapieziele (Teilziele) und therapiedidaktische Kommentierung	Therapeut/in- Kind-Interaktion	Vermittlungshilfen/ Medien

- *Reflexion/Nachbesinnung* und (mögliches) weiteres Vorgehen
- *Anhang* (Arbeitsblätter, Literatur usw.).

12 Zusammenfassung

Dieser Beitrag weist die Didaktik als eine zentrale Basis des erzieherischen, unterrichtlichen und therapeutischen Handelns in der Sprachbehindertenpädagogik aus. Sprachbehindertenpädagogik und Logopädie werden als Nachbarberufe in *pädagogischen* Arbeitsfeldern gesehen, die ihre Klientel bei den jeweiligen Lernvoraussetzungen „abholen" und – seitens der Sprachbehindertenpädagogik – zu den materialen sowie therapeutischen Zielen (in isolierten, additiven, integrierten und immanenten therapiedidaktischen Konzepten) führen. Mit Bezug auf ORTHMANN werden Erziehung, Unterricht und die bei uns praktizierte Therapie als *wesensgleiche pädagogische* Handlungsfelder gesehen, was ihre Verbindung – z.B. im Therapieintegrierten Unterricht – grundsätzlich möglich macht. Das so genannte „Dualismusproblem" erweist sich demnach als prinzipiell überwindbar. Zumindest in der Alltagspraxis in unseren Einrichtungen geschieht dies auch bereits! (WERNER 2001, 203–210; WERNER & BOLLINGER 2002, 134–146). Im Bericht über eine Interventionsstudie zur Therapie grammatischer Störungen haben MOTSCH und BERG die Wirksamkeit therapieintegrierter Unterrichtung für das Erreichen spezifischer Therapieziele nachgewiesen (MOTSCH & BERG, 2003, 156), wobei eine (zielgleiche) Verbindung der dort durchgeführten Kleingruppentherapie mit therapieintegriertem Unterricht im hier verwendeten Sinne die therapeutische Effektivität wohl noch weiter gesteigert hätte (s. auch den Beitrag von MOTSCH & ZIEGLER in diesem Band, wenn dort auch nicht ganz „Therapieintegration im Unterricht" der hier verwendeten Terminologie entspricht, sondern als Gruppentherapie einer 1. Klasse an der Schule für Sprachbehinderte durchgeführt wurde; s.o. 11.3).

Nach (drei) Definitionsvorschlägen zu „Didaktik" werden (ohne Festlegung auf nur diese Modelle) die kritisch-konstruktive Didaktik, das Hamburger Modell und die kritisch- kommunikative Didaktik bezüglich ihrer spezifischen Bedeutsamkeiten für die Sprachbehindertenpädagogik angesprochen. Hieran angeschlossen ist dann eine Erörterung von Unterrichtskonzeptionen, als praxisnahe Umsetzungen (therapie-)didaktischer Überlegungen, sowie die Methodenwahl (mit besonderer Beachtung von Gesprächsformen) für Unterricht und Therapie Sprachbehinderter. Planungsaspekte hierzu sowie Formulierungshilfen für allgemeine bzw. spezifische Lernziele werden danach aufgezeigt und abschließend Möglichkeiten zur schriftlichen Unterrichts-/Therapieplanung vorgestellt.

_{Dualismusproblematik}

Emotionen im Unterricht – Theorie und Praxis einer Relationalen Didaktik im Förderschwerpunkt Sprache

Ulrike Lüdtke

1 Die Komplexität von „gutem" Unterricht

Auf die Frage „Was ist guter Unterricht?" suchte die schulische Sprachheilpädagogik die Antwort mehrere Jahrzehnte lang nahezu ausschließlich in der Auseinandersetzung mit der Dualität von Therapie und Unterricht und vergaß beinah über dieses binnendidaktische Problem den Blick über die fachlichen Grenzen. Aufgerüttelt durch den PISA-Schock erreichen derzeit nun auch diejenigen bildungspolitischen Wellen die schulische Sprachförderung, welche die dringend notwendige unterrichtliche Qualitätsentwicklung über eine „empirische Wende" (HELMKE 2003) versprechen. Aber wie bereits Überlegungen zur sprachheilpädagogischen Therapietheorie gezeigt haben (HOMBURG & LÜDTKE 2003): Die didaktische Realität ist wesentlich komplexer, als es reduktionistische „Angebots-Nutzungs-Modelle" glaubhaft machen wollen, denn einer außenwirksamen, messbaren „Output"-Kontrolle (HELMKE 2003) steht im sprachtherapeutischen Alltag die vielschichtige Balancierung von Subjektzentrierung, Gegenstandsorientierung und Beziehungsgestaltung gegenüber. Diese Triangulation von didaktischen Wirkungsgrößen vervielfacht sich in der unterrichtlichen Sprachförderung sogar zu einem doppelten didaktischen Dreieck, denn in der Klassensituation stehen die Lehrerinnen und Lehrer jeden Moment neu vor der anspruchsvollen Aufgabe, nicht nur einem Patienten, sondern vielen unterschiedlichen Schülerinnen und Schülern, nicht nur einer Sprachstörung, sondern vielen verschiedenen sprachlichen Störungsbildern, und nicht nur einer therapeutischen Beziehung, sondern u.a. auch der Vermittlung von staatlichen Bildungszielen und Erziehungsaufträgen *gleichzeitig* gerecht zu werden. Wie aber ist das tagtäglich zu leisten?

Randnotizen: PISA-Schock; Verdoppelung des didaktischen Dreiecks

1.1 Emotionalität und Rationalität: Die zwei professionellen Seiten der Sprachförderung im Unterricht

Wer mit Lehrerinnen und Lehrern im Förderschwerpunkt Sprache spricht, erkennt, dass viele von ihnen diese komplexen Herausforderungen nur durch eines bewältigen: durch den nahezu uneingeschränkten Einsatz ihrer emotionalen Kräfte. Forscht man aber auf der offiziellen Seite der Didaktik nach dieser emotionalen Dimension der Sprachförderung, so sucht man dort vergebens. Unterrichtsentwürfe, Förderplanungen, fachwissenschaftliche Modelle – sie alle kommen auf sämtlichen didaktischen Ebenen ohne das Thema „Gefühle" aus. Das sich hier abzeichnende Verhältnis von didaktischer Theorie und Praxis ähnelt dabei dem Phänomen des Eisbergs: Ein Fünftel – die sachlogisch strukturierten Inhalte, Phasen, Sozialformen, Methoden und Medien der Planungsraster – wird in der didaktischen Öffentlichkeit analysiert, thematisiert, verschriftlicht und reflektiert; vier Fünftel hingegen – die so wichtige emotionale didaktische Arbeit – wirken namenlos und häufig unbewusst im Verborgenen. Die erste Konsequenz aus dieser wissenschaftlichen Nichtexistenz der Emotionalität ist eine Entwirklichung der didaktischen Theoriebildung. Sie wird von vielen Lehrenden als so gravierend empfunden, dass sie sich mangels Passungsfähigkeit zum schulischen Leben lieber von subjektiven Theorien, Prinzipienlehren oder ansprechenden Materialien leiten lassen. Die zweite Konsequenz besteht darin, dass die Rationalisierung der Didaktik eine doppelte Dichotomie der Lehrperson freisetzt. Zunächst wird mit dieser Ausgrenzung der Gefühle ihr gesamtes differenziertes Repertoire an emotionalen Fähigkeiten mittels Entöffentlichung wertlos gemacht. Die „guten" Emotionen existieren aber trotzdem – wenn auch in einem didaktischen Schattendasein – zur Unterstützung des sprachlichen Lernerfolgs weiter. Die „schlechten" Emotionen – wie Wut, Frustration, Ausweglosigkeit – müssen aber in solch einem rationalistischen Paradigma verdrängt werden, sodass sie unbewusst bleiben oder privatisiert bzw. im schlimmsten Fall somatisiert werden. Das klare Ziel, das sich hieraus ergibt, ist, die emotionale Dimension über bewusstseinsbildende Prozesse als professionellen Bestandteil einer sprachheilpädagogischen Didaktik zu etablieren, um die außerordentlichen Ressourcen der Emotionen einer Verbesserung der Unterrichtsqualität – und damit auch der Lebensqualität aller Beteiligten – zukommen zu lassen. Was aber ist dazu an theoretischen wie praktischen Impulsen nötig?

Theorie-Praxis-Verhältnis

Entwirklichung

Rationalisierung der Didaktik

Professionalität durch Emotionalität

1.2 Paradigmenwechsel in der sprachheilpädagogischen Didaktiktheorie: Von der „Pseudorationalität" zur Emotionsintegration

Die Emotionalität kann nur durch einen umfassenden Paradigmenwechsel in der sprachheilpädagogischen Didaktiktheorie zu einem anerkannten konstitutiven Moment der unterrichtlichen Sprachförderung werden, da ihre Verdrängung ganz grundsätzlich *alle* didaktischen Ebenen und Komponenten betrifft. Diese Verschiebung der didaktischen Perspektive von der „Pseudorationalität" (HOMBURG 2003) bzw. der „Steuerungsillusion" (STRYCK in HELMKE 2003) zur Emotionsintegration beinhaltet u.a.:

Theoretische Grundlagen

Auf der Ebene der *Soziologie*:
- den Wechsel von der Moderne zur Postmoderne (u.a. BAUMANN 1995, CHOMSKY 2003)

Auf der Ebene der *Erkenntnistheorie*:
- den Wechsel vom Positivismus zum Konstruktivismus (u.a. VON FOERSTER ⁵2000)

Auf der Ebene der *Ontologie*:
- den Wechsel vom Realismus und Substantialismus zur Relationalität (BOURDIEU ⁵2002 mit Bezug auf CASSIRER)

Auf der Ebene der *Wissenschaftstheorie*:
- den Wechsel von der Wertneutralität zur kritischen Reflexion von kulturellen, (bildungs-)ökonomischen und *gender*-spezifischen Werteinflüssen (u.a. KLINGER 1990; CHODOROW 2001, REICH 2002b)

Auf der Ebene der *Semiotik*:
- den Wechsel vom Mentalismus zu Theorien des *embodiment* (LAKOFF & JOHNSON 1999) und der Materialität des Zeichens (u.a. KRISTEVA 1986, 1998; RUTHROF 2000; FAUCONNIER & TURNER 2002)

Auf der Ebene der *Linguistik*:
- den Wechsel von kognitivistischen zu intersubjektiven, dialogischen Ansätzen (u.a. KRISTEVA 1986, 1998; BATTACCHI et al. ²1997; KONSTANTINIDOU 1997; BLOOM ²2002; WEIGAND 1998, 2002)

Auf der Ebene der *(Neuro-)psychologie* und *Neurowissenschaft*:
- den Wechsel vom Dualismus zum Monismus (u.a. PANKSEPP 1998; PERT 2001; SCHORE 2001; DAMASIO ⁴1999–2003; LANE & NADEL 2000; LEDOUX 1998, 2003)

Auf der Ebene der *Allgemeinen Didaktik*:
- den Wechsel von den Inhaltsdidaktiken zu den Beziehungsdidaktiken (u.a. SIEBERT 2001; REICH ⁴2002a, 2002b) oder der Neurodidaktik (ARNOLD 2002)

Definitorisch zusammengefasst ergibt sich daraus:

Definition

Unter *Relationaler Didaktik* verstehe ich ein didaktisches Modell für den Förderschwerpunkt Sprache, welches in konstruktivistischer Theoriebildung gründet und dabei den Schwerpunkt auf die sprachkonstruierende, intersubjektive Bedeutung der Emotionen sowie deren soziale, kulturelle, ökonomische und *gender*-spezifische Beziehungskontexte legt.

2 Die Integration der Emotionalität in die zentralen didaktischen Kategorien

Um diese theoretischen Impulse im engen Zusammenhang mit ihrer Praxisrelevanz zu sehen, werden im Folgenden sechs zentrale didaktische Kategorien der unterrichtlichen Sprachförderung hinsichtlich der Emotionsnegierung bzw. Emotionsintegration näher betrachtet (vgl. Abb. 7).

2.1 Sprachliches Lernen: Von der kognitiven Wissensbildung zur emotionalen Bedeutungskonstruktion

In der klassisch-rationalistischen Perspektive von Unterricht wird das Lernen von Sprache als rein kognitive Wissensbildung verstanden. Der Lerngegenstand ist für alle Schülerinnen und Schüler mit Förderbedarf im Bereich Sprache dasjenige allgemeingültige sprachliche Wissen, wie es z.B. in syntaktischen oder phonologischen Regeln verbindlich festgelegt ist. Die lerntheoretische Grundrichtung hat dadurch eine Außenorientierung, denn erkenntnistheoretisch betrachtet wird der Lernprozess als Abbildung der äußeren sprachlichen Wahrheit in der Kognition des Individuums aufgefasst. Als Lernmotiv für diesen Interiorisierungsvorgang wird beim Kind bzw. Jugendlichen der korrekte Erwerb der sprachlichen Werkzeugfunktion angenommen – also derjenigen Sprachfunktion, bei der der instrumentelle Gebrauch der Sprache innerhalb des sozialen Raumes im Vordergrund steht. Unterrichtliche Lernsettings, in denen z.B. das richtige Benennen von Gegenständen oder das Verbalisieren von Tätigkeiten geübt werden, sind hierfür häufig zu findende Beispiele. Die sprachwissenschaftliche Grundlage eines derartigen kognitivistischen Lernverständnisses ist die Annahme, dass sich der individuelle Aufbau sprachlicher Bedeutungen durch die neutrale Übernahme bestimmter direkt geförderter Komponenten des Sprachsystems vollzieht und sich die angestrebte störungsfreie Sprachkompetenz der einzelnen Schüler durch die gleiche linguistische Homogenität auszeichnet. Der mentale Aufbau der sprachlichen Repräsentationen, z.B. innerhalb des individuellen Lexikons, wird hierbei als unitäre Repräsentation gedacht, das heißt dargestellt in einem einzigen Modus, nämlich in Form abstraktsymbolischer Konzepte. Die andere Seite des Prozesses – die Materialisierung dieser repräsentierten Inhalte beim Sprechen oder Schreiben – ist dementsprechend als referentielle Darstellung mittels objektiv-arbiträrer Sprachsymbole konzipiert.

Diese klassische Auffassung kann jedoch durch ihre didaktische Nichtbeachtung der Emotionalität der Schülerinnen und Schüler zu einer Reihe von Lernproblemen führen. Natürlich erzeugen die gleichen vorgegebenen Lerninhalte für Alle häufig Interesselosigkeit. Wohl am folgenschwersten ist aber die grundsätzliche Negierung individueller sprachlicher Lernbedürfnisse, welche die Störungsanfälligkeit des gesamten

Außenorientierung

Werkzeugfunktion der Sprache

emotionsfreie Symbole

Lernprobleme

Lernprozesses erhöht. Die Fremdbestimmung des Lerngegenstandes führt z.B. zu Motivationsschwierigkeiten, da die subjektiv als bedeutungs- und sinnlos empfundenen Lernanordnungen Langeweile hervorrufen können. Speziell beim Aufbau der mentalen Repräsentationen kann es durch einen emotionsfreien didaktischen Zugang etliche Lernhindernisse geben: Zum einen verursacht die therapeutische Arbeit an einer einseitig abstrakten, neutralen Repräsentation erhebliche *Leistungseinbußen* im Bereich der eigentlich subjektiv und multimodal organisierten Informationsverarbeitung; zum anderen erzeugt die ausschließlich kognitive Darbietung sprachlicher Informationen, z.B. über Wort- oder Bildkarten, eine zunehmend passive Aufnahme bei den Lernenden. Alles in allem schränkt eine Sprachförderung, die sich nur auf der rein kognitiv-linguistischen Sprachebene bewegt, die didaktischen Ansatzmöglichkeiten erheblich ein.

Sprachliches Lernen kann jedoch auch anders aussehen, denn ein relationaler didaktischer Ansatz, der die Emotionalität der Schülerinnen und Schüler auf lerntheoretischer Ebene bewusst integriert, ist in der Lage, schnellere und größere *Lernfortschritte* zu eröffnen. Wenn sprachliches Lernen als emotional regulierte Bedeutungskonstruktion verstanden wird, stehen die vielfältigen und einzigartigen Konstruktionen der subjektiven sprachlichen Variation im Zentrum des Unterrichts. Dahinter steckt, dass hier als primäres Lernmotiv der Erwerb der sprachlichen *Ausdrucksfunktion* angenommen wird und damit die gefühlsgeladene Expressivität vor der sachlichen Referentialität zum „Motor" des Lernprozesses wird (BLOOM ²2002). Da so die lerntheoretische Grundrichtung von einer Außen- zu einer Innenorientierung wechselt, sorgen emotionale Lernbezüge bei jedem Einzelnen für eine sehr gute Passung, denn individualisierte Lerninhalte mit *Viabilitätspotenzial* wecken das Interesse. Zudem wird die Lernbegeisterung gefördert, da die Motivbildung durch diese Selbstbestimmung intentional ist (BLOOM ²2002). Dieser Intentionalität liegt erkenntnistheoretisch zugrunde, dass der Lernprozess nicht eine kognitive, neutrale und passive Abbildung linguistischer Wahrheit, sondern eine sprachliche Wirklichkeitskonstruktion im *embodied mind* (LAKOFF & JOHNSON 1999; RUTHROF 2000) darstellt. Sprachliches Lernen ist so stets eine subjektiv und dadurch emotional gefärbte Deutung der „Realität" in einem geistigen Raum, welcher sich über die untrennbaren Erfahrungen und Empfindungen des mit der Umwelt interagierenden Körperselbst konstruiert. Dementsprechend wird auch im Bereich des individuellen Bedeutungsaufbaus die Vorstellung einer neutralen, homogenen Übernahme des Sprachsystems durch die Annahme einer individuellen sprachlichen Einzigartigkeit ersetzt, welche sich *intersubjektiv* und damit von Gefühlen durchdrungen konstruiert.

Für die Praxis hat dieses Umdenken den Vorteil, dass didaktische Anordnungen, die auf emotional regulierter Informationskonstruktion basieren, bei den Lernenden rege Eigenaktivitäten auslösen, und zugleich diejenigen Lernkontexte, die zwischenmenschlich bedeutungs- und sinnvoll sind, sprachliche Neugier wecken. Darüber hinaus ist unter Einbezug der Emotionen der Aufbau der sprachlichen Repräsentation theoretisch als duale Repräsentation konzipiert, so dass z.B. auf lexikalischer Ebene neben den abstrakten symbolischen Konzepten auch von affektiv gefärbten ikonisch-analogen Karten und Metaphern ausgegangen wird (FAU-

CONNIER & TURNER 2002). Aber nicht nur die Repräsentationsmodi nehmen zu und ermöglichen eine Leistungssteigerung innerhalb der Sprachverarbeitung, sondern auch die Materialisierung dieser sprachlichen Inhalte erfolgt vielfältiger: Zum einen kann der Ausdruck wahlweise im leiblichen, ästhetischen und verbalen Sprachmedium erfolgen, zum anderen werden die materialisierten Zeichen nicht nur in Form emotionsfreier Symbole, sondern auch emotional markiert als bildhaftes Ikon oder Index wahrgenommen (LÜDTKE 2002). Insgesamt lässt diese Vielzahl an Zeichenkodes und -ebenen ein breiteres therapeutisches Ansatzspektrum im Unterricht zu.

Bildhaftigkeit

Paradigma	Didaktik der Sprachheilpädagogik – Professionell initiierte sprachliche Lernprozesse –			
	Rationalistisches Paradigma Emotionsnegierung		Relationales Paradigma Emotionsintegration	
Ebene	Didaktiktheorie	Probleme der Didaktischen Praxis	Didaktiktheorie	Gewinn für die Didaktische Praxis
Sprachliches Lernen als	Kognitive Wissensbildung	Lernprobleme	Emotional regulierte Bedeutungskonstruktion	Schnellere und größere Lernfortschritte
Lerntheoretische Grundrichtung	– Außenorientierung	▶ Störungsanfälligkeit	– Innenorientierung	▶ Individuelle Passung
Lerngegenstand	– Homogenes Wissen	▶ Interesselosigkeit	– Einzigartige Variation	▶ Viables Interesse
Lernmotiv	– Werkzeugfunktion	▶ Motivationsprobleme	– Ausdrucksfunktion	▶ Lernbegeisterung
Lernprozess	– Abbildung der Wahrheit	▶ Passivität	– Wirklichkeitskonstruktion	▶ Rege Eigenaktivität
Bedeutungsaufbau	– Systemübernahme	▶ Langeweile	– Intersubjektive Generierung	▶ Neugier
Aufbau der sprachlichen Repräsentation	– Unitäre Repräsentation	▶ Leistungseinbußen	– Duale Repräsentation	▶ Leistungssteigerung
Materialisierung sprachlicher Inhalte	– Emotionsfreie Symbole	▶ Kaum Ansatzstellen	– Emotional markierte Zeichen	▶ Viele Ansatzmöglichkeiten

Abb. 1: Integration der Emotionen in die Theorie und Praxis sprachlichen Lernens

2.2 Professionelles Lehren: Von der kognitiven Wissensvermittlung zur emotionalen Kontextunterstützung

Als Gegenstück zum Lernen als Wissensbildung wird in der klassischen Perspektive von Unterricht das Lehren von Sprache als kognitive Wissensvermittlung verstanden. Die Hauptaufgabe der Lehrenden besteht hier im rational geplanten Vermitteln von korrektem sprachlichem Informationsinput an die Schülerinnen und Schüler mit Förderbedarf im Bereich Sprache, so dass die lehrtheoretische Grundrichtung einer Subjekt-

Subjektorientierung

orientierung entspricht. Bei der Wahl des Lehrgegenstandes, z.B. beim Erwerb eines bestimmten Phonems, richten sich die Lehrerinnen und Lehrer nach der linguistisch definierten überindividuellen Norm, denn ihre vorrangige Lehrintention ist die Sozialisierung der sprachlichen Darstellungs- bzw. Werkzeugfunktion der Schüler gemäß den Erwartungen der idealisierten Sprachgemeinschaft. Da dementsprechend ihr Lehrprozess zu einem großen Teil auf dem einseitigen Aussenden, Korrigieren und Modellieren von Sprache beruht, sind die Lehrenden stets bemüht, bei den Schülern optimale Voraussetzungen im Sinne bestmöglicher kognitiver Inputbedingungen herzustellen. Neben einem angemessenen Niveau im Bereich der Intelligenz sind somit z.B. ungeteilte Aufmerksamkeit, Konzentration und Vigilanz die mentalen Grundlagen dafür, dass der Hauptansatzpunkt der Förderung, die Vermittlung von kognitiven sprachlichen Verarbeitungsstrategien, zum Lern- und Lehrerfolg führt. Insbesondere hinsichtlich des Erwerbs der sprachlichen Repräsentationen zeigt sich deutlich das subjektorientierte Vorgehen, denn innerhalb der unterschiedlichsten didaktischen Arrangements, z.B. zum Unterrichten der korrekten Pluralmarkierung, arbeiten die Lehrenden stets am linguistischen Aufbau der individuellen mentalen Repräsentationen, also an spezifischen Veränderungen innerhalb der Kognition eines einzelnen Kindes. Die primäre Lehrstrategie eines solchen Unterrichts ist somit, auf der mentalen Ebene verbalsprachlicher Symbole rational gesteuert zu intervenieren.

Diese emotionsfreie Sprachförderung kann durch das Ignorieren der emotionalen Nöte und Bedürfnisse der Lehrerinnen und Lehrer, aber auch der Nichtbeachtung ihrer emotionalen „Reichtümer", zu Problemen führen. Bei der heute „normalen" sprachlichen Heterogenität in einer Klasse fühlen sich gerade diejenigen durch den Maßstab der sprachlichen „Normalität" unter Leistungsdruck und Erfolgszwang gesetzt, die für die unterrichtliche Sprachförderung Verantwortung tragen. Als zweites kommt bei vielen hinzu, dass sie häufig daran zweifeln, den korrekten sprachlichen Standard, z.B. syntaktische Regeln, lehrplanentsprechend „eintrichtern" zu müssen – ein Versuch, der bei vielen Schülern, die dazu nicht die „nötigen" kognitiven, sozialen oder emotionalen Voraussetzungen mitbringen, auch mit immer größerer Anstrengung kaum noch gelingt. Ergänzt durch die in Schule und Gesellschaft übliche Vorenthaltung von emotionaler Anerkennung und beruflichem Erfolg, kann dies beim Einzelnen zu Sinnlosigkeit führen. Darüber hinaus lässt die grundsätzliche Kognitionslastigkeit eines rationalistisch organisierten Unterrichts die weitaus vielfältigeren sprachlichen Verarbeitungsressourcen der Kinder ungenutzt. Speziell beim Aufbau der individuellen Repräsentationen erschwert eine mentalistisch-isolierende Herangehensweise den Lehrenden die Bildung sprachlicher Konzepte, so dass die damit verbundene Reduzierung ihrer Therapiekanäle auf das Laut- und Schriftsprachliche zu einer recht gefühlsarmen „trockenen" Stoffvermittlung führen kann.

In einer relationalen Didaktik wird hingegen zur Verbesserung der Lehrqualität die Emotionalität der Lehrenden bewusst berücksichtigt, da der Lehr-Lern-Prozess prinzipiell als Emergenz (REICH 2002b) von Sprachkonstruktionen durch emotionale Kontextunterstützung (FISCHER & YAN 2002) verstanden wird. Die sprachlichen Lernfortschritte der Schülerinnen und Schüler sind somit in hohem Maße auch von der emotionalen Qualität ihres schulischen Lernkontextes abhängig – eine Qualität, die sie natürlich insbesondere in den Interaktionen und Beziehungen mit ihren Lehrerinnen und Lehrern erfahren. Dies bedeutet für die Lehrenden, Zutrauen in ein ergänzendes, indirektes didaktisches Vorgehen zu entwickeln, bei dem sie durch ihre ganze Person das Auftauchen individuell bedeutsamer sprachlicher Konstruktionen gefühlsmäßig unterstützen können. Da sich hier die Lehrenden bei der Wahl des Lehrgegenstandes an der individuellen sprachlichen Viabilität (SIEBERT 2001) und an der Förderung des intentionalen sprachlichen Ausdrucks orientieren, sorgt diese Ausrichtung am Potenzial des Einzelnen bei allen Beteiligten für den Wegfall des Leistungsdrucks und damit für Entspannung.

Diese Entlastung geht einher mit der Veränderung der lehrtheoretischen Grundrichtung von einer Subjekt- zu einer Dialogorientierung. Da statt einseitigem Input nun auch von der Emergenz der Sprachkonstruktionen als Kontexteffekte ausgegangen wird, lässt das gemeinsame Konstruieren von „Lehrenden" und „Lernenden" Leichtigkeit im Unterricht entstehen. Bindung im Sinne eines tragfähigen sozio-emotionalen *groundings* (SCHORE 2001) ist dabei die wichtigste Lehrvoraussetzung, da hier die pädagogischen Beziehungen (LÜDTKE 1998) allen Beteiligten einen lebendigen, sinnstiftenden Lehr-Lern-Kontext ermöglichen. Haupansatzpunkt ist dementsprechend die didaktische Berücksichtigung von *affect priming* (FORGAS 1999) bzw. *mood-congruent-priming* (ELLIS & MOORE 1999) auf die sprachlichen Verarbeitungsstrategien, da durch die gezielte emotionale Stimulation bislang brachliegende Ressourcen genutzt und so die Verarbeitungsleistungen, z.B. im Bereich des Sprachabrufs, erhöht werden können. Speziell beim didaktischen Aufbau der sprachlichen Repräsentationen zeigt sich die Dialogorientierung, da hier von *mutual representations* (BLOOM ²2002) im Sinne von interpersonal vernetzten Konzepten ausgegangen wird, die in einem gemeinsamen Dialograum wechselseitig konstruiert werden. Dieses intersubjektive Verständnis ist interessant, da gezielt relational aufgebaute didaktische Settings, z.B. das gemeinsame fröhliche Spiel in einem Bällchenbad, darauf basieren, dass der affektiv gefärbte Kontextbezug die Verankerung der Repräsentation, z.B. die Farbbezeichnungen „rot", „blau", „gelb" und „grün" etc., erleichtert. Da der Repräsentationsaufbau sich so zu einer intersemiotischen Konstruktion erweitert, welche die emotional markierten bildhaften Zeichenebenen einbezieht, wird die primäre Lehrstrategie durch das gesamte semiotische Repertoire der emotionalen Regulation im körpersprachlichen, ästhetischen und verbalen Sprachmedium und zwar auf allen Zeichenebenen erweitert (LÜDTKE 2002) – ein Ansatz, der auch die sprachliche Kreativität und Lebendigkeit der Lehrenden steigert.

Marginalien:
Dialogorientierung
Kontexteffekte
emotionale Stimulation
semiotisches Repertoire

Didaktik der Sprachheilpädagogik – Professionell initiierte sprachliche Lehrprozesse –				
Paradigma	Rationalistisches Paradigma Emotionsnegierung		Relationales Paradigma Emotionsintegration	
Ebene	Didaktiktheorie	Didaktisches Praxisproblem	Didaktiktheorie	Gewinn für Didaktische Praxis
Sprachliches Lehren als	Kognitive Wissensvermittlung	Lehr(er)-probleme	Emotionale Kontextunterstützung	Verbesserung der Lehrqualität
Lehrtheoretische Grundrichtung	– Subjektorientierung	▶ Ignorierung des Lehrers	– Dialogorientierung	▶ Beidseitige Wahrnehmung
Wahl des Lehrgegenstandes	– Normorientierung	▶ Leistungsdruck	– Viabilitätsorientierung	▶ Entspannung
Lehrintention	– Sozialisierung	▶ Erfolgszwang	– Intentionalität	▶ Entlastung
Lehrprozess	– Informationsinput	▶ Anstrengung	– Kontexteffekte	▶ Leichtigkeit
Lehrvoraussetzungen	– Bestmögliche Kognition	▶ Sinnlosigkeit	– Tragfähige Bindung	▶ Sinnstiftung
Hauptansatzpunkt der Lehre	– Kognitive Verarbeitung	▶ Ungenutzte Ressourcen	– Emotionale Stimulation	▶ Bessere Verarbeitung
Erwerb der sprachlichen Repräsentation	– Individueller Aufbau	▶ Schwere Konzeptbildung	– mutual representations	▶ Leichtere Verankerung
Primäre Lehrstrategie	– Linguistischer Ansatz	▶ Kognitionslastigkeit	– Semiotischer Ansatz	▶ Kreativität & Lebendigkeit

Abb. 2: Integration der Emotionen in die Theorie und Praxis sprachlichen Lehrens

2.3 Lernausgangslage: Vom Förderbedarf zur sprachlichen Differenz

Auch in der schulischen Sprachförderung steht die diagnostische Bestimmung der Lernausgangslage am Beginn jeder weiteren didaktischen Planung. Obwohl der aktuelle Zeitgeist stets fachliche Umetikettierungen und entsprechenden institutionellen Wandel verlangt, bleibt essentiell gleich, dass die „Sprachstörung" bzw. der „Förderbedarf im Bereich Sprache" theoretisch wie praktisch als sprachliches Defizit aufgefasst wird. Hinter dieser klassischen Sichtweise verbirgt sich im Kern das Paradigma des Solipsismus, welcher die förderbedürftige Sprache eines Kindes als intrinsisches, dem Individuum inhärentes Merkmal definiert. Der diagnostische Zugang orientiert sich dementsprechend an der Normadäquatheit, welche sich auf die abstrakte, neutrale Korrektheit des allgemeingültigen Sprachsystems bezieht. Als linguistische Fundierung dient hierbei das Normenmonopol der präskriptiven innerlinguistischen Sicht, deren normkonstituierendes Prinzip die Abweichung als Grundlage der sprachlichen Kompetenzbewertung ist. Wenn vor diesem theoretischen Hintergrund der individuelle sprachliche Förderbedarf eines Kindes als Abweichung von einer einheitlichen Norm festgestellt wird, hat dies stets für die Schülerinnen und Schüler zur Konsequenz, dass sich – ob gewollt oder nicht – durch die Zuschreibung „förderbedürftiger", „gestörter" bzw. letztlich „behinderter" Sprache immer auch ein Ausschluss

Solipsismus

Normenmonopol

vom „Normalsprachlichen" vollzieht. Denn trotz bester persönlicher Absichten der Lehrenden besteht ihre offizielle Aufgabe als schulische Funktionsträger in der Tradierung der sozialen Sprachnormen gemäß homogener Standardvarietät. Durch ihre Rolle als Staatsdiener wird von ihnen bewusst oder unbewusst eine gesamtgesellschaftliche Funktion übernommen, die soziologisch betrachtet der Normstabilisierung durch Reproduktion mittels Sanktionierung dient – Sanktionen, die viele Schüler mit sprachlichem Förderbedarf in Form von möglicherweise lebenswegbedeutsamen Schullaufbahnentscheidungen treffen.

Normstabilisierung

Auch im Bereich der Diagnostik kann die theoretische Nichtexistenz der Emotionalität zu großen didaktischen Problemen führen, da von der Feststellung des sprachlichen Förderbedarfs nicht abstrakte linguistische Gebilde, sondern sprechende und schreibende Schülerinnen und Schüler betroffen sind. Stets kritisch zu bedenken ist, dass die Einführung von „objektiven" sachangemessenen Wertmaßstäben – hier der sprachlichen Norm – immer emotionale Auswirkungen auf die Person hat, welche ja die subjektive Verkörperung des analysierten sprachlichen Sachverhaltes ist. Nüchtern betrachtet – also abzüglich des helfenden Charakters – ist Sprachstandsdiagnostik im schulischen Kontext immer Durchführung sozialer Selektion, denn die Vereinheitlichung dient als Instrument normierter Qualitätskontrolle des sprachlichen Lernerfolgs. Die nach PISA schnell entwickelten, bewertenden Sprachstatus-Vergleiche für den Vorschulbereich entwerten beispielsweise einen Teil der Sprecher, indem sie durch sprachliches *gate-keeping* den Zugang zu den Grundschulen verwehren. Die individualistische Zuschreibung eines „Förderbedarfs" hat so als außenorientierte Wertung eine stigmatisierende Wirkung, denn die an die Kinder angelegten dominanten Wertmaßstäbe werten Anders-Sprechende ab. Die Vorenthaltung „normaler" Bildungswege kann bei Schülern wie Eltern ganz unterschiedlich erlebte Facetten von Verletzung oder Ohnmacht erzeugen – letztendlich stellt aber der utilitaristische Grundgedanke der sozialen Verwertbarkeit von Sprache eine Missachtung des Individuums dar.

gate-keeping

In einem relational gedachten Ansatz kann die natürlich auch hier zwingend notwendige Bestimmung der Lernausgangslage deutlich anders aussehen, da die Emotionalität der Schülerinnen und Schüler ganz bewusst in den diagnostischen Prozess einbezogen wird. Wenn in einer emotionsintegrierenden Perspektive die spezifische Sprache eines Kindes nicht mehr wertend als sprachliches Defizit, sondern wertfrei als sprachliche „Differenz" (BOURDIEU [5]2002) wahrgenommen wird, dann wird die sozio-emotionale Integration von sprachlicher Heterogenität (LÜDTKE 2003) zum gemeinsamen Ausgangspunkt der Sprachförderung im Unterricht. Ermöglicht wird dies durch das Paradigma der Reziprozität (v. FOERSTER [5]2000), welche den Förderbedarf als relationales, d.h. kontext- und beobachterabhängiges Merkmal betrachtet. Nur durch dieses intersubjektive Verständnis können die sprachlichen Anerkennungsakte zwischen Lehrenden und Lernenden ermöglicht werden, die „Förderschüler" emotional so dringend brauchen. Sein theoretisches Fundament hat dieser diagnostische Zugang in der Kontextadäquatheit, welche sich statt am standardisierten Sprachsystem an der Variationsbreite des realen Sprachvollzugs orientiert (KRISTEVA 1998), und die im Sinne der Differenzwahrnehmung die innenorientierte Wertschätzung des Sprechers gewährleistet. Ihre linguistische

Reziprozität

	Ulrike Lüdtke

Normenpluralismus   Fundierung ist der Normenpluralismus der deskriptiven soziolinguistischen Sicht (u.a. DITTMAR 1997), aus dessen Wertfreiheit sich die Toleranz und Akzeptanz gegenüber jedem Sprecher begründet. Das hier vertretene normkonstituierende Prinzip ist nicht die Abweichung, sondern der Abstand (BOURDIEU ⁵2002), so dass die sprachliche Differenz als relationaler Abstand in einer heterogenen Matrix konzipiert ist. Die Sprachkompetenz bewertenden Sprachstatus-Vergleiche erübrigen sich in dieser gewandelten Sicht (UTECHT 2003), da kontextbezogene Sprachbeschreibungen als Grundlage der Differenzanerkennung per se akzeptierend sind.

Auch die Lehrerinnen und Lehrer als schulische Funktionsträger sind aufgefordert, ihr diagnostisches Selbstverständnis zu überdenken, denn ihre Aufgabe heißt hier: Normenreflexion hinsichtlich der sprachlichen Variabilität – womit sie erneut die erwähnte Eigengesetzlichkeit subjektiver Lernbedürfnisse unterstützen. Ihre gesellschaftliche Funktion

Normenkritik   gewinnt dabei die außerordentliche Verantwortung, Normenkritik durch Analyse der Gesetze des „sprachlichen Marktes" (BOURDIEU 1977, 1983, ⁵2002) zu üben, denn nur eine hierauf aufbauende Würdigung der jeweiligen sprachlichen Stile der Kinder als individuelle Diskursformen erzeugt für diese auch sprachliche Autonomie. Insgesamt hat ein die Emotionalität bewusst anerkennender Diagnostikansatz für das Individuum den Vorteil, durch das rekursive Verständnis behindernder Bedingungen in das sozio-emotionale Netz der Schule besser integriert werden zu können, da nur das Begreifen der sprachlich-sozialen Spur diese Gruppe von

Bildungszugang   Schülerinnen und Schülern für den Bildungszugang ermächtigt.

	Didaktik der Sprachheilpädagogik – Sprachstörungsbegriff als Lernausgangslage –			
Paradigma	Rationalistisches Paradigma Emotionsnegierung		Relationales Paradigma Emotionsintegration	
Ebene	Didaktiktheorie	Probleme der Didaktischen Praxis	Didaktiktheorie	Gewinn für die Didaktische Praxis
Sprachstörung als	Sprachliches Defizit	Durchführung sozialer Selektion	Sprachliche Differenz	Sozio-emotionale Integration von Heterogenität
Paradigmatische Sichtweise	– Solipsismus	▶ Stigmatisierung	– Reziprozität	▶ Differenzanerkennung
Diagnostischer Zugang	– Normadäquatheit	▶ Wertung	– Kontextadäquatheit	▶ Wertschätzung
Linguistische Fundierung	– Normenmonopol	▶ Bewertung	– Normenpluralismus	▶ Akzeptanz
Normkonstituierendes Prinzip	– Abweichung	▶ Entwertung	– Abstand	▶ Toleranz
Aufgabe der schulischen Funktionsträger	– Normentradierung	▶ Kontrolle	– Normenreflexion	▶ Unterstützung
Gesellschaftliche Funktion	– Normenstabilisierung	▶ Missachtung	– Normenkritik	▶ Autonomiestreben
Individuelle Konsequenz	– Ausschluss	▶ Ohnmacht	– Integration	▶ Ermächtigung

Abb. 3: Integration der Emotionen in die Theorie und Praxis der sprachlichen Lernausgangsbestimmung

2.4 Lernziel: Von der linguistischen Homogenität zur sprachlichen Identität

Die Bestimmung des sprachlichen Lernziels ist eine didaktische Fähigkeit, die speziell in schriftlichen Unterrichtsentwürfen detailliert geübt wird. In einer rationalistischen Didaktik besteht dieses Ziel bei allen Arten des festgestellten Förderbedarfs im Erwerb der linguistischen Homogenität – ein oberstes Ziel, welches die Schülerinnen und Schüler im Sinne der Außenanpassung durch kognitive Übernahme des sozialen sprachspezifischen Fremdbildes erreichen sollen. Wie man in den klassischen Planungen explizit sehen kann, erfolgt die Zielableitung der sprachlichen Funktionstüchtigkeit des Individuums in der Gesellschaft reduktionistisch: vom vorgegebenen allgemeingültigen Richtziel zum exakt beschriebenen individualisierten Förderziel. Durch diese oft mit viel Mühe formulierte „wertfreie" Zielgenauigkeit, z.B. im Bereich der Artikulation, kann der implizite linguistisch-normative Wertbezug – die Behebung der sprachlichen Defizite – leicht in Vergessenheit geraten. Mit dem hier ebenfalls zugrunde liegenden Zielkriterium verhält es sich jedoch gegenteilig: Lern-Output, Wirksamkeit der Sprachförderung, sowie Effektivitäts- und Effizienzsteigerung des Unterrichts sind im Rahmen der aktuellen Qualitätsdiskussion in aller Munde (HELMKE 2003) und repräsentieren ungebrochen den Fortschrittsglauben der Moderne. Unhinterfragt bleiben dabei zum einen der Modus der Zielentscheidung – fremdbestimmte *top-down*-Ziele sind selbstverständlich –, und zum anderen die notwendigen Strategien der Zielerreichung, denn die passive „Überstülpung" nach sonderpädagogischem Stellvertreter-Prinzip scheint nach wie vor Lehrkonsens zu sein. In diesem emotionsnegierenden paradigmatischen Kontext ist es deshalb nur konsequent, wenn diejenigen Schüler, die z.B. durch „Lernversagen" in eine Zieldiskrepanz geraten, mittels reaktiver Lösungswege – z.B. Stören, Verweigern, Verstummen – einen Lernausweg suchen, oder sie von ihren Lehrerinnen und Lehrern in die Zuständigkeiten anderer Fachbereiche übergeben werden.

Kritisch ist an dieser klassischen Lernzielbestimmung, dass das didaktische Ignorieren der Gefühle von denjenigen, für die diese Ziele gesteckt sind, einen personalen Entmachtungsprozess auslösen kann. Auch wenn es in den Unterrichtsplanungen ansprechend formuliert ist – die Ziele der Lehrer lernen zu „sollen", ist und bleibt eine Bevormundung. Diese paternalistische Grundhaltung ist zwar „gut gemeint", doch sie entmündigt die Schüler durch einen beschützenden, aber hierarchischen Habitus, und spricht ihnen damit ihren ganz eigenen Lernweg und Lernwillen ab. Das vorgegebene Lernziel und eine Leistungsorientierung, die keinerlei Raum für sprachliche „Schwächen" und „Fehler" lässt, können durch die Ignorierung der sprachlichen Individualität eine tiefe emotionale Verletzung oder gar Beschädigung der lernenden Person darstellen, denn z.B. als „Aussiedlerkind" oder als „Jugendlicher aus sozialem Brennpunkt" spürt diese täglich den Zwang, sich trotz eigener sprachlicher Identifikation, Herkunft und Geschichte dem gesellschaftlichen Primat unterordnen zu müssen. So wie der Terminus „Förderbedarf" die Abwertung zum „Bedürftigen" verschleiert, so verdrängt das System Schule kollektiv die

Marginalien: Außenanpassung · Moderne · Zieldiskrepanz · Paternalismus · Verschleierung

negativen emotionalen Einflüsse auf die sprachliche Identität – ein häufig unbewusster Vorgang, der bei Kindern schnell zur Maskierung ihres sprachlichen „Ichs" führen kann.

In einer relationalen Didaktik heißt deshalb die Zielbestimmung sprachliche Identität, denn nur über die Einführung des Identitätsbegriffes kann die Emotionalität der Schülerinnen und Schüler in die theoretische Zielperspektive integriert und in praxisrelevantes *Empowerment* überführt werden. In der sprachlichen Identität als oberstem Ziel, welche von mir als sozio-emotionale Identifizierung des Einzelnen mit seiner individuellen Sprache verstanden wird, drückt sich ein Paradigmenwechsel von einer Außen- zu einer Innenorientierung aus, denn dieses Ziel kann nur über solch hochkomplexe didaktische Prozesse erreicht werden, die sich über emotionale Triangulation um die sensible personale Integration von vermuteten und tatsächlichen sprachlichen Fremdbildaspekten mit dem sprachlichen Selbstbild bemühen (angelehnt an MARKOWETZ 2000). Natürlich strebt die Sprachförderung grundsätzlich weiter in Richtung der sozial wichtigen linguistischen Homogenität, doch diese ist dabei eingebettet in den Aufbau der sprachlichen Identität. Denn wie auch immer eine Sprachlichkeit sich äußert – z.B. bei einem stotternden Jugendlichen – und speziell da, wo die individuellen Entwicklungsmöglichkeiten vermeintlich an ihre „Grenzen" stoßen – wie z.B. bei einem Kind mit Down-Syndrom –, ist es wesentlich, sich als unterrichtliche Priorität beim Einzelnen um ein inneres Gefühl der sprachlichen Zufriedenheit zu bemühen.

Eine derartige Identitätsorientierung als Zielkriterium erscheint gerade in Anbetracht der Erfolgsverunsicherung der Postmoderne äußerst heilsam, da auch im Förderschwerpunkt Sprache der Anteil derjenigen Schüler von Tag zu Tag größer wird, die das Ziel sprachlicher Normalität aus den unterschiedlichsten Gründen nie erreichen können. Akzeptiert man dies, kann sich die sprachheilpädagogische Didaktik vom alten Postulat der sprachlichen Funktionstüchtigkeit verabschieden und sich über eine relationale Zielableitung auch bislang vernachlässigten Zielgruppen zuwenden. Wenn damit das Grundbedürfnis des Individuums nach sprachlich-sozialer Identifizierung vorrangig ist, verschiebt sich der Wertbezug zu einer pädagogisch-autonomen Perspektive, denn erst die Anerkennung einer *linguistic identity* ermöglicht letztlich ein humanitäres Bildungsideal. Zugleich kann über die innere Integration der individuellen sprachlichen Differenz jeder Schüler sich selbst der eigene Maßstab sein und dadurch auch nach außen neue Lernfreiräume gewinnen.

Mit dieser relationalen Sicht geht zudem einher, dass die Lernenden innerhalb von Diskussionen um Zielentscheidungen ihre unterrichtlichen Lernziele als *bottom-up*-Ziele selbst bestimmen. Eigene sprachliche Ziele erreichen zu „wollen", statt fremde erreichen zu „sollen", stärkt die Eigenständigkeit, sodass auch die Strategien der Zielerreichung aktiver werden können. Indem die Lehrenden in diesem veränderten Verständnis die Lernschritte ihrer Schüler als eigenmächtige Konstruktionsleistungen verstehen (BAHR & LÜDTKE 2000), zeigen sie ihnen Zutrauen in ihre Eigenverantwortlichkeit. Die so begründete Mündigkeit hilft den Schülern auch in den schwierigen Situationen der Zieldiskrepanz, denn ein emotionsintegrierender Unterricht ist stets bemüht, sich für identitätsrelevante Spracherfahrungen – z.B. als gescheitert empfundene Kommunikationssituationen – zu öffnen, um daraus aktive Lösungswege – z.B. eigene sprachliche Grenzen akzeptieren lernen – zur Integration des sprachlichen Selbsts zu entwickeln.

Didaktik der Sprachheilpädagogik – Lernzielbestimmung –				
Paradigma	Rationalistisches Paradigma Emotionsnegierung		Relationales Paradigma Emotionsintegration	
Ebene	Didaktiktheorie	Probleme der Didaktischen Praxis	Didaktiktheorie	Gewinn für die Didaktische Praxis
prachliches Lernziel als	Linguistische Homogenität	Personale Entmachtung	Sprachliche Identität	Empowerment
Oberstes Ziel	– Außenanpassung	▶ Ignorierung	– Innenanpassung	▶ Anerkennung
Zielkriterium	– Output, Ertrag, Wirkung	▶ Leistungsorientierung	– Selbstwirksamkeit	▶ Orientierung an Potential
Zielableitung	– Gesellschaft	▶ Unterordnung	– Grundbedürfnis	▶ Würdigung
Wertbezug	– Linguistisch-normativ	▶ Abwertung	– Pädagogisch-autonom	▶ Gleichwertigkeit
Zielentscheidung	– Fremdbestimmung	▶ Bevormundung	– Selbstbestimmung	▶ Eigenständigkeit
Strategien der Zielerreichung	– Passive "Überstüpung"	▶ Entmündigung	– eigenmächtige Leistung	▶ Mündigkeit
Strategien bei Zieldiskrepanz	– Reaktive Lösungswege	▶ Maskierung	– Aktive Lösungswege	▶ Integration

Abb. 4: Integration der Emotionen in die Theorie und Praxis der sprachlichen Lernzielbestimmung

2.5 Grundmodell des Unterrichts: Von der rationalen Steuerung zur Sprachspezifisch-Emotionalen Regulation

In der klassischen Perspektive wird die Didaktik des „sprachtherapeutischen Unterrichts" prinzipiell als rationale Planung und Steuerung durch den emotional unbeteiligten Fachexperten verstanden, der primär für eine entwicklungsadäquate methodisch-mediale Verknüpfung von Bildungs- und Förderzielen zu sorgen hat. Diese Rolle als „Steuermann", der die täglichen Klippen des Unterrichts mit seinem Wissensvorsprung gekonnt umschifft, impliziert ein traditionell hierarchisches und komplementäres Lehrer-Schüler-Verhältnis, das – wie jeder schriftliche Unterrichtsentwurf demonstriert – letztlich auf der didaktischen Beherrschbarkeit der Schülerinnen und Schüler sowie der Berechenbarkeit ihres anvisierten sprachlichen Endverhaltens basiert. Die Grundkonzeption des didaktischen Handelns besteht dementsprechend aus Zweckrationalität und Zielpräzision, welche auf linguistische Normen ausgerichtet ist und in möglichst effektive und effiziente Förderdiagnostik, Förderplanung

Wissensvorsprung

Zweckrationalität

und Unterrichtsevaluation als primäre didaktische Strategien umgesetzt wird. In einem derartigen Grundmodell von Unterricht im Förderschwerpunkt Sprache steckt als paradigmatische Kernaussage, dass aus positivistischer Sicht Didaktik als objektive, wertneutrale und damit vermeintlich unpolitische Wissenschaft aufgefasst wird. Dennoch ist auch ein solch wissenschaftliches Didaktikverständnis stets sowohl im Hinblick auf seinen gesellschaftlichen Bezug als auch hinsichtlich seines bildungspolitischen Korrelats zu betrachten, denn zum einen wird z.B. in den letzten Jahren mit Rückgriff auf eine rationalistische Didaktiktheorie der „alte" Bildungsbegriff durch einen „modernen" Qualifikationsbegriff ersetzt, und zum anderen erlangt gerade im Rahmen der nach PISA aufgekommenen Funktions- und Ertragsorientierung die Lernzielkontrolle – z.B. durch Sprachstandsmessungen und Lesekompetenzvergleiche – erneut Hochkonjunktur.

Lernzielkontrolle

An diesem rationalistischen Grundmodell von Unterricht muss stets kritisch reflektiert werden, wann und wie die sprachlichen Lehr-Lern-Prozesse durch Abspaltung der Emotionalität zu einer reinen Unterrichtstechnologie verkommen. Psychologisch betrachtet geschieht dies gerade in Krisensituationen leicht, da die technologische Beherrschung der Schülerinnen und Schüler mittels fachlicher „Überlegenheit" des Steuermanns dessen Ängste vor Kontrollverlust kompensiert und der Schuldentlastung hinsichtlich einer Mitverantwortung am „Sprachbehindert-Werden" dient (vgl. NIEDECKEN 1998). Riskant erscheint auch, dass die unterrichtliche Output-Orientierung behavioristische Züge mit entsprechender Manipulationsgefahr (REICH ⁵2002a) aufweist, unter denen verborgen sein kann, per erneuter lernökonomischer Tendenz eigene unbewusste Machbarkeitsfantasien zu befriedigen. Von diesen psychologischen Hinweisen abgesehen verstellt die atomistische Operationalisierbarkeit aber häufig auch den Blick auf das didaktische Ganze, sodass leicht übersehen wird, wie eine unkritische Übernahme unterrichtlicher Effizienzsteigerung verhältnisstabilisierend wirkt. Die soziologische Perspektive macht dabei jedoch deutlich, dass die herzustellende wissenschaftliche „Unterrichts-Transparenz" auch dazu dient, den sprachlichen Anpassungszwang zu verschleiern, und dass die derzeit propagierte „empirische Wende" der unterrichtlichen Qualitätsentwicklung zu mehr Wirksamkeit und Praxisrelevanz (HELMKE 2003) natürlich der gegenwärtigen ökonomischen Wende entspricht.

Unterrichtstechnologie

empirische und ökonomische Wende

Ein didaktisches Grundmodell im Förderschwerpunkt Sprache, das die Emotionalität aller Beteiligten integriert, betrachtet primär die sprachspezifisch-emotionale Regulation (LÜDTKE 2002a) als vernetzenden didaktischen Organisator aller Unterrichtsprozesse und eröffnet so für „Lehrende" wie „Lernende" rekursive Entwicklungs(frei)räume. Lehrerinnen und Lehrer verstehen sich hier als Beteiligte an den dialogischen Sprachkonstruktionsprozessen – und zwar kognitiv wie emotional. Sie akzeptieren deshalb didaktische Mitverantwortung für ihr eigenes emotionales Wohlergehen ebenso wie für das ihrer Schüler – eine Aufgabe, der sie sich durch ständige Reflexion ihres Unterrichtserlebens mit biografischem Rückbezug stellen (HOMBURG & LÜDTKE 2003). Das Verhältnis zwischen Lehrern und Schülern bemüht sich um echte Symmetrie, z.B als gemeinsam Lernende oder – wie REICH (2002b) es vorschlägt –

Emotionen als vernetzender Organisator

durch den „Schüler als Didaktiker". Hiermit geht einher, sich a priori mit der grundsätzlichen Unbeherrschbarkeit der Schüler und der Unberechenbarkeit sprachlichen Lernens zu konfrontieren – eine Prozessorientierung, die emotionsgetragenes koevolutives Wachstum ermöglicht. Die Grundkonzeption didaktischen Handelns, die sich bereits in diesen Prämissen ausdrückt, ist ein an Identitätsbildung orientiertes Verstehen von Sprachentwicklungspfaden (LÜDTKE & BAHR 2002), wobei das hierbei notwenige Einnehmen von mehreren Beobachterperspektiven den Vorteil mitbringt, sich von Machtfantasien zu entledigen.

<small>Unbeherrschbarkeit der Schüler</small>

<small>Beobachterperspektiven</small>

Eine Widerspiegelung erfährt diese Haltung in den primären didaktischen Strategien eines derartigen Unterrichts, die hauptsächlich im Vorbereiten, Einladen und Unterstützen sprachlicher Emergenz bestehen. Zugleich öffnet die Konzentration auf übergeordnete Konstruktionsbedingungen für die didaktische Sinnfrage – eine äußerst emotionale berufliche Frage, die zwar in der Öffentlichkeit einer rationalistischen Didaktik nicht existiert, die aber durchaus in der Privatheit einiger Lehrerinnen und Lehrer zu einer recht verzweifelten Suche nach beruflicher Erfüllung bzw. Zufriedenheit führen kann. Dadurch, dass sich die Lehrenden in einem konstruktivistischen Didaktikparadigma der subjektiven und gesellschaftlichen Werteinflüsse bewusst sind, zwingt sie die Beobachterabhängigkeit des Erkennens zur Reflexion der Unterrichtsbedingungen (REICH 2002b). In gesellschaftlicher Hinsicht widerstehen sie damit dem bildungsökonomischen Druck, indem sie primär an der sprachlichen Bildung ihrer Schüler arbeiten. Bildungspolitisch betrachtet werfen sie in die Waagschale, dass trotz derzeitiger Priorisierung der Zielebene eine Diskussion über Bildungs- und Förderplaninhalte dringend notwendig ist, denn statt uniformem Druck kann nur eine kritische Reflexion der Inhalts- und Zielebene dasjenige Innovationspotenzial erwecken, dass für eine solche Qualitätsentwicklung im Förderschwerpunkt Sprache gebraucht wird, die an der sozio-emotionalen Sprachlichkeit der Kinder und ihrer äußerst heterogenen Lebenswirklichkeit orientiert ist.

<small>Werteinflüsse</small>

<small>Qualitätsentwicklung</small>

Didaktik der Sprachheilpädagogik – Didaktisches Grundmodell –				
Paradigma	Rationalistisches Paradigma Emotionsnegierung		Relationales Paradigma Emotionsintegration	
Ebene	Didaktiktheorie	Probleme der Didaktischen Praxis	Didaktiktheorie	Gewinn für die Didaktische Praxis
Unterricht als	Rationale Steuerung	Technologische Beherrschung	Sprachspezifisch-Emotionale Regulation	Rekursive Entwicklungs-räume
Rolle des Lehrers	– Unbeteiligter Experte	▶ Schuldentlastung	– Emotional Beteiligter	▶ Verantwortung
Lehrer-Schüler-Verhältnis	– Beherrschbarkeit	▶ Manipulationsgefahr	– Herrschaftsfreiheit	▶ Koevolutives Wachstum
Gesellschaftlicher Bezug	– Qualifikation	▶ Ertragsorientierung	– Bildung	▶ Identitätsorientierung
Grundkonzeption didaktischen Handelns	– Planbarkeit	▶ Machbarkeitsphantasie	– Verstehen	▶ Machtentledigung
Primäre didaktische Strategien	– Effektive Steuerung	▶ Sinn-Ausblendung	– Einladen von Emergenz	▶ Öffnung für Sinnfrage
Paradigmatische Kernaussagen	– Objektive Wertneutralität	▶ Verschleierung	– Werteinfluss des Subjekts	▶ Reflexion
Bildungspolitisches Korrelat	– Lernzielkontrolle	▶ Verhältnisstabilisierung	– Inhaltsdiskussion	▶ Innovationspotential

Abb. 5: Integration der Emotionen in die Theorie und Praxis der sprachheilpädagogischen Unterrichtsgestaltung

2.6 Professionelles Selbstverständnis: Von der Gefühlsabwehr zur Koevolution

In der klassischen sprachheilpädagogischen Didaktiktheorie ist die letzte zu reflektierende Kategorie des professionellen Selbstverständnisses der Lehrerinnen und Lehrer explizit quasi nicht existent, da sie aufgrund der positivistischen Wurzeln als vorwissenschaftlich-privat angesehen wird. Implizit wird aber im Rahmen der beruflichen Sozialisation – Studium, Praktika, Referendariat, Junglehrer-Dasein in einem „gestandenen" Kollegium etc. – eine Berufsrolle übernommen, die sehr oft die Abwehr oder Negierung der eigenen Gefühlswelt beinhaltet, um nach dem „Praxisschock" die „Realität" erträglicher zu machen. Häufig ausgesprochen wird, dass man sich als Sonderschullehrerin zum Überleben „ein dickes Fell" zulegen muss, – unausgesprochen bleibt, dass diese Gefühlsabhärtung dazu dient, die Ängste und Fantasmen der Lehrenden – z.B. bei Disziplinschwierigkeiten oder Konfrontation mit besonders schweren Behinderungen oder Schülerschicksalen – zu regulieren (NIEDECKEN 1998). Eine derartige „Professionalisierung" geschieht primär auf der Basis einer Erhöhung und Idealisierung der Rationalität, und gerade in der zweiten Ausbildungsphase werden vielen verunsicherten Berufsanfängern zweckrationale Planungen und Methoden als „rettender Strohhalm" angeboten, um eine Klasse oder bestimmte „schwierige" Schüler

berufliche Sozialisation

Fantasmen

"in den Griff" zu kriegen. Arbeitsgrundlage einer derart gestalteten unterrichtlichen Sprachförderung ist eine mehr oder weniger weit reichende gefühlsmäßige Abschottung von den Schülerinnen und Schülern, sodass die unterrichtlichen Handlungsprinzipien dadurch leicht einen Hang zum Schematismus aufweisen können. Tiefergehend betrachtet kann das Professionsverständnis in einem rationalistischen Paradigma auf drei verschiedenen Achsen durch eine grundsätzliche Emotionsnegierung charakterisiert sein: Das Verhältnis der Lehrperson zu sich selbst kann bestimmt sein durch die Kontrolle, die die Vernunft über körperliche und geistige Funktionen ausübt, um den Arbeitsanforderungen gerecht zu werden; das Verhältnis zu den Lernenden kann vornehmlich durch den eigenen Machthabitus definiert sein; und das Verhältnis zur Welt kann primär über die Abwehr des Fremden gesichert sein. Die Gefahr, die den Lehrenden trotz oder gerade durch diese Gefühlsabsicherungen in ihrer Profession droht, besteht in der Möglichkeit, im grundsätzlichen Umgang mit den beruflichen Herausforderungen in eine Opferrolle zu verfallen und die Schuld für ein eventuelles berufliches Leiden – ohne etwas zu ändern – im Außen zu suchen. *Gefühlsabsicherung*

Viele Lehrerinnen und Lehrer im Förderschwerpunkt Sprache sehen diese „professionelle" Gefühlsunterdrückung aufgrund eigener Erfahrungen als äußerst zweifelhaft an, da sie zu einer als künstlich empfundenen oder künstlich aufrecht erhaltenen Berufsausübung verleiten und bis hin zu Burn-Out und beruflichen Deformationen führen kann. Denn ohne schwarz zu malen: Viele Sonderschullehrerinnen sind im Verlauf ihrer Berufsbiografie u.a. damit konfrontiert, Abgestorbenheit, schulische Ängste oder Isolation zu erleben, nur noch durch Selbstzwang zu funktionieren oder sich vor dem darunter liegenden Schmerz durch Veränderungsresistenz zu schützen. *berufliche Deformation*

Ein relationales didaktisches Paradigma möchte deshalb eine andere, emotionsintegrierende Perspektive von sprachheilpädagogischer Professionalisierung anbieten, die auf dem konstruktivistischen Grundprinzip der Koevolution basiert und die im Sinne von REICH (2002b) statt einem „künstlichen Leben" „Lebens-Kunst" (nicht nur) im Beruf anstrebt. Basis eines veränderten beruflichen Selbstverständnisses ist hier, stets auf seine eigene Stimmigkeit zu achten, sodass die existierenden Gefühle und Stimmungen im Sinne der Selbstorganisation auf Unstimmigkeiten in der Berufsausübung hinweisen und so die notwendigen Verhaltenskorrekturen einleiten können. Als Grundlage einer derartigen Arbeitsauffassung dient das Konzept der strukturellen Koppelung des Lehrenden mit den Lernenden, welche auf beiden Seiten eine emotionale Öffnung für Perturbationen bzw. Lernanstöße umfasst (SIEBERT 2001). Hieraus entspringt als leitendes Handlungsprinzip die Beobachtervielfalt, die der unterrichtlichen Sprachförderung – da frei von jeglicher Absolutierung eines Standpunktes – Lebendigkeit ermöglicht. Belohnt werden kann diese Aneignung konstruktivistischer Prinzipien durch zunehmendes Flow-Erleben, da sich in einem nicht-rationalistischen Paradigma das Selbst-Verhältnis der Lehrerinnen und Lehrer an der Anerkennung der Einheit des Lebendigen orientiert, oder anders ausgedrückt: Kognition und Emotion, Verstand und Gefühl im Unterricht nicht gegeneinander, sondern miteinander arbeiten (ARNOLD 2002). *Koevolution*

strukturelle Koppelung

Zugleich ist auch das Verhältnis zu den Schülerinnen und Schülern nicht mehr durch Hierarchie und asymmetrische Kommunikation, sondern von Reziprozität bestimmt, so dass in den sprachlichen Lehr-Lern-Prozessen immer häufiger Gemeinschaftserleben möglich wird. Nicht zuletzt – und das ist gerade für die sich verbreitenden interkulturellen Unterrichtskontexte äußerst relevant – verändert sich auch das Welt-Verhältnis: Durch die Emotionsintegration bedeutet sprachheilpädagogische Professionalisierung Zulassen von *Differenzerfahrungen*, um in der emotionalen Auseinandersetzung mit identitätsrelevanten Situationen sprachliche und personale Heterogenität schätzen zu lernen (vgl. LÜDTKE et al. 2003). Umfassende Aufgabe eines lebenslangen Professionalisierungsprozesses ist dabei, im Umgang mit den unterschiedlichen beruflichen Herausforderungen stets seine Selbstwirksamkeit zu achten, sie mit den individuell passenden Methoden zu stärken, und sie für das berufliche Wohlbefinden, die Gesundheit und eine immer wieder neu auszuhandelnde *Work-Life-Balance* einzusetzen. Damit geht die Forderung nach permanenter externer Supervision und kollegialer Fallberatung als feste Bestandteile des regulären Schulalltags einher sowie die Vision, nicht nur „*classroom-management*", sondern vor allem Berufs-Management, Zeit-Management etc. bereits in die universitäre Professionalisierungsphase *präventiv* aufzunehmen.

Didaktik der Sprachheilpädagogik – Sprachheilpädagogische Professionalität –				
Paradigma	Rationalistisches Paradigma Emotionsnegierung		Relationales Paradigma Emotionsintegration	
Ebene	Didaktiktheorie	Didaktisches Praxisproblem	Didaktiktheorie	Gewinn für Didaktische Praxis
LehrerInnen-Dasein als	Gefühlsabwehr	Künstliches Leben	Koevolution	Lebens-Kunst
Basis des professionellen Selbstverständnisses	– Rationalitätserhöhung	▶ Gefühlsunterdrückung	– Eigene Stimmigkeit	▶ Selbstorganisation
Arbeitsgrundlage	– Abschottung	▶ Veränderungsresistenz	– Strukturelle Koppelung	▶ Öffnung für Perturbationen
Handlungsprinzip	– Schematismus	▶ Abgestorbenheit	– Beobachtervielfalt	▶ Lebendigkeit
Verhältnis zu sich selbst	– Körper-Geist-Kontrolle	▶ Selbstzwang	– Einheit des Lebendigen	▶ Flow
Verhältnis zu SchülerInnen	– Machthabitus	▶ Isolation	– Reziprozität	▶ Gemeinschaftserleben
Verhältnis zur Welt	– Abwehr des Fremden	▶ Ängste, Projektionen	– Differenzerfahrungen	▶ Identitätsrelevanz
Umgang mit beruflichen Herausforderungen	– Opferrolle	▶ Berufliche Deformation	– Selbstwirksamkeit	▶ Work-Life-Balance

Abb. 6: Integration der Emotionen in die Theorie und Praxis sprachheilpädagogischer Professionalisierung

3 Perspektiven zur Verbesserung der Unterrichtsqualität

Nachfolgende Übersicht fasst zusammen, welche emotionsintegrierenden Impulse die Relationale Didaktiktheorie zur Verbesserung der Unterrichtsqualität im Förderschwerpunkt Sprache anbietet:

Relationale Didaktiktheorie

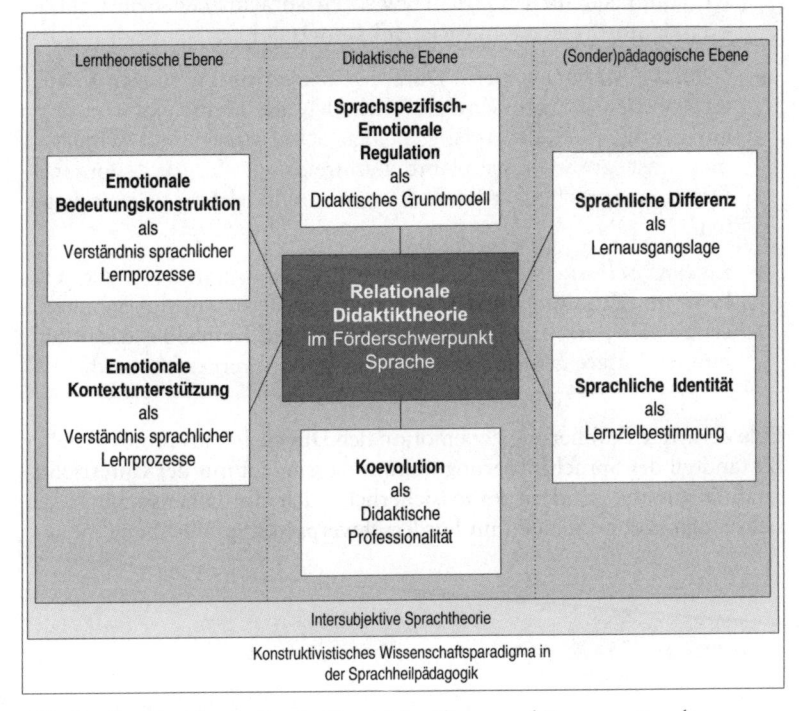

Abb. 7: Emotionsintegration im Unterricht: Ebenen und Komponenten der Relationalen Didaktiktheorie

Für eine Umsetzung dieser Anregungen in die schulische Praxis kann es in einem ersten Schritt hilfreich sein, sich die nachfolgenden didaktischen Leitfragen zur täglichen Einbindung der Emotionalität in die unterrichtliche Sprachförderung zu stellen:

▶ *Sprachliches Lernen*: Wie kann ich in einem bestimmten Unterrichtsfach die einzelnen Schülerinnen und Schüler darin unterstützen, genau diejenigen sprachlichen Elemente – z.B. Wortfelder – zu erlernen, die momentan für jeden Einzelnen emotional bedeutsam sind?

▶ *Professionelles Lehren*: Womit kann ich heute – z.B. bei einer neuen Schülerin – versuchen, die emotionale Verbindung zwischen uns herzustellen, die ihrem Spracherwerb den nötigen Beziehungskontext und den notwendigen Sinn verleiht?

Praxisrelevante Leitfragen

> ▶ *Bestimmung der Lernausgangslage*: Wie kann ich in diesem Schulhalbjahr beim Verschriftlichen meiner sprachdiagnostischen (Gutachten) und sprachbeurteilenden Tätigkeiten (Zeugnis) sowohl den Schülerinnen und Schülern als auch ihrem personalen Umfeld Respekt, Anerkennung und Würdigung entgegenbringen?
>
> ▶ *Lernzielbestimmung*: Welche selbstbestimmten identitätsrelevanten Lernbedürfnisse äußern die Schülerinnen und Schüler? Und wie kann ich im Unterricht zwischen sprachlichen Selbst- und Fremdanforderungen integrierend vermitteln?
>
> ▶ *Modell des Unterrichtens*: Durch welche innere Haltungen sowie mit welchen äußeren Settings, Methoden und Medien kann es mir am heutigen Schultag gelingen, den Schülerinnen und Schülern möglichst große, unverplante Lernfreiräume für die spontane Emergenz sprachlicher Entdeckungen und Einsichten zu verschaffen?
>
> ▶ *Eigenes Selbstverständnis*: Welche meiner Gefühlslagen, die ich heute im Zusammensein mit meinen Schülerinnen und Schülern erlebt habe, erfordern meine Beachtung und Reflexion, damit ab morgen unsere gemeinsame Lernatmosphäre verbessert wird?

Lebensqualität

Eine derartige Etablierung der emotionalen Dimension als professioneller Bestandteil der Sprachförderung kommt dabei nicht nur der Unterrichtsqualität zugute, sondern kann sicherlich auch die Lebensqualität der Lehrenden und Lernenden im Förderschwerpunkt Sprache bereichern.

Kooperative Sprachdidaktik als Konzept sprachbehindertenpädagogischer Praxis

Alfons Welling

Die folgende Darstellung versteht sich als Versuch, Grundfragen und vorläufige Antworten zum Konzept Kooperativer Sprachdidaktik zu entfalten. Es ist daher nicht beabsichtigt, etwa einer bestimmten theoretischen Position gegenüber anderen den Vorrang zu geben, sondern es geht darum, eine bestimmte Ebene der Argumentation zu verdeutlichen. Diese Art der Präsentation ist auch gewählt, um dem didaktischen Anspruch des vorliegenden Lehrbuches gerecht zu werden.

Das Konzept der hier vorgestellten Sprachdidaktik als Forschungsansatz mit dem Attribut „kooperativ" hat einen allgemeinen, speziellen und spezifischen Charakter. In allgemeiner Hinsicht ist Kooperative Sprachdidaktik definiert als professionsgebundenes Reflexionswissen einer Lehrperson darüber, welche Bedingungen des Gelingens und Misslingens von Lehren und Lernen im Rahmen von Sprachunterricht zu berücksichtigen, kontextbezogen abzuwägen und praktisch zu gestalten sind. Didaktisch ist dieser Unterricht den Voraussetzungen und Bedingungen unterworfen, die Lehr- und Lernprozessen allgemein eigen sind, der Einheit von Person- und Sachbezug. [*allgemeine Sprachdidaktik*]

In spezieller Hinsicht ist diese Didaktik auf Reflexion im Rahmen von Sprachunterricht ausgerichtet. In diesem Zusammenhang wird als Professionsleistung der Lehrperson eine Sensibilität für den Gebrauch von Sprache als ein Mittel der Kommunikation und als ein Gegenstand gemeinsamer Reflexion im Unterricht erwartet. So gesehen ist jeder Unterricht ein Sprachunterricht, denn der Sprachgebrauch der Beteiligten bedarf in jedem Fall einer besonderen Reflexion, etwa um einem emotionalen Erleben einen angemessenen Ausdruck zu geben oder auch um mathematische oder naturwissenschaftliche Sachverhalte und Erkenntnisse genau zu beschreiben. Jede Unterrichtsdidaktik hat ein spezielles sprachdidaktisches Anliegen, weil die im Rahmen der didaktischen Konstruktion verwendeten Analysekategorien das Feld des Sprachgebrauchs immer mit einschließen. [*spezielle Sprachdidaktik*]

Das Spezielle des sprachdidaktischen Konzepts ist aber noch weitergehend. Eine Praxis, deren Hauptaugenmerk Ansprüchen und Anforderungen im sonderpädagogischen „Förderschwerpunkt Sprache" (KMK 1998/2000) gilt, ist besonders dringlich auf eine erhöhte didaktische Sensibilität gegenüber der „Sprache" als Mittel und Gegenstand angewiesen. So gesehen ist Sprachdidaktik innerhalb des Aufgabenspektrums [*Förderschwerpunkt Sprache*] sprachbehindertenpädagogischer Praxis immer auch eine besondere Art Fachdidaktik, die sämtliche Praxisanforderungen in diesem Spektrum umgreift: Unterricht, integrative Sprachförderung, Beratung und Sprachtherapie, um die wichtigsten zu nennen. In Kontexten sprachbehindertenpädagogischer Praxis ist angesichts der personalen Voraussetzungen dieser Schüler(innen) ein besonderer Sprachunterricht vonnöten: Sie können in ihrem Sprachgebrauch gering oder stark beeinträchtigt sein, den normativen Anforderungen, die an sie gestellt sind, minder oder gar nicht genügen, wobei alle Anstrengungen bezüglich ihrer persönlichen Integration mit diesem Sprachunterricht eng verbunden sind. „Besonders" sind daher nicht die Schüler(innen) – diese unterscheiden sich in ihrem Lernen und ihren Bildungsansprüchen nicht von anderen; besonders müssen die sprachdidaktischen Anstrengungen sein in dem Sinne, dass die Schüler(innen) mit sprachlicher Beeinträchtigung eines besonders sorgfältig reflektierten Sprachunterrichts bedürfen, der ihren Förderbedürfnissen weitestgehend Rechnung trägt.

spezifische Sprachdidaktik

In spezifischer Hinsicht handelt es sich bei dem Konzept der Kooperativen Sprachdidaktik um einen Ansatz, der sprachdidaktische Fragen in einem engen Sinne als kooperativ gestaltbare Unterrichtspraxis begreift. Das zentrale Anliegen ist eine hohe Verantwortlichkeit der Lehrperson gegenüber den Belangen behinderter und von Behinderung bedrohter Kinder und Jugendlicher. Als sprachpädagogische Leitidee fungiert das Prinzip der Kooperation derjenigen, die in Unterricht und Förderung, Sprachtherapie und Beratung zusammenarbeiten. Hiermit wird in die Diskussion der Sprachbehindertenpädagogik eine *sprachdidaktische* Reflexionsgrundlage eingeführt, der ein handlungsorientiertes sonderpädagogisches Grundverständnis von Lehr- und Lernprozessen zugrunde liegt. Spezifisch ist diese Grundlage insofern, als das Anliegen deutlich wird, den Sprachgebrauch in Unterrichtsprozessen (Sprachproduktion und Sprachrezeption) unter *kooperativen* Prozessbedingungen didaktisch zu gestalten und als Mittel der Kommunikation sowie als Gegenstand sprachbezogener Reflexionen zugänglich zu machen.

> Diese Festlegung auf das charakteristische Attribut ist nicht zufällig gewählt. Sie gründet auf der Erkenntnis, dass der Mensch in seiner kulturellen und gesellschaftlichen Wirklichkeit grundsätzlich interagiert und sich auf diese Weise personal und lebensweltlich aktiv auseinander setzt. Der Mensch ist folglich mit Beginn seines Lebens auf den kooperativen Austausch mit anderen angewiesen und sucht diesen Austausch seinen Bedürfnissen entsprechend. Hieraus ergibt sich die allgemeine Schlussfolgerung für eine sprachdidaktische Konzeptualisierung: Die Kooperationspartner machen „gemeinsame Sache", sie verwenden eine „gemeinsame Sprache" als Mittel und Ziel ihrer Arbeit.

Mit anderen Worten: Kooperation gilt auf jeder Ebene der Haltung und Verantwortlichkeit für das Handeln im Miteinander. Kooperation als Zusammenwirken und Zusammenarbeiten wird definiert als Form der (sozialen) Interaktion und einer Spezifizierung von Kommunikation.

Merkmale von Kooperation geprägter Handlungsabläufe sind: die aktive Integration aller in einem gemeinsamen Handlungsbezug, das Aushandeln gemeinsamer Ziele, die Abstimmung individueller Vorstellungen und Vorhaben, Teilhabe an gemeinsamen Gütern, die Orientierung an den gemeinsam verbindlichen Zielvorgaben. Das solchermaßen kooperative Konzept impliziert in seinem Kern ein handlungstheoretisches Verständnis von menschlichem Sprachgebrauch, dem ein Begriff von sprachlichem Handeln zugrunde liegt, der die Gebrauchsinhalte, Gebrauchsfunktionen und Gebrauchsformen von Sprache als Anliegen gemeinsamer sprachlicher Bildung auszuloten erlaubt. Kooperative Sprachdidaktik ist dann eine mögliche sprach(behinderten)pädagogische Praxisperspektive, wenn die personalen und lebensweltlichen Bezüge thematisiert werden und eine inhaltliche Bearbeitung didaktischer Fragen ermöglicht wird, die integrationspädagogische Aufgaben von vornherein mit umfasst. Grundfragen dieses spezifischen didaktischen Verständnisses (das ja so gesehen immer auch allgemeine Fragen impliziert) werden in diesem Beitrag systematisch behandelt, hier auf Unterrichtsfragen beschränkt.

handlungstheoretisches Verständnis

Der Beitrag ist folgendermaßen aufgebaut: Bezogen auf den Handlungsbegriff und die verschiedenen Handlungsebenen ist das Verständnis Kooperativer Sprachdidaktik eng verbunden mit dem Konzept der Kooperativen Didaktik, wie es sich seit nunmehr fast vier Jahrzehnten herausgebildet hat. Deshalb wird im nächsten Kapitel die (Vor-)Geschichte dieses Konzepts resümiert (Kapitel 1). Die Lösung des Grundproblems der Sprachdidaktik steht und fällt mit der Lösung, für die man sich im Bereich der Handlungsorientierung entscheidet. Bezogen auf einen im didaktischen Kontext tragfähigen Begriff von Sprache werden im folgenden Schritt die zugrunde liegenden Begriffe des sprachlichen Handelns, der Sprachbehinderung sowie der sprachlichen Entwicklungsstörung erläutert (Kapitel 2). Das Konzept der Kooperativen Sprachdidaktik als Planungsinstrument von Unterricht im Kontext sprachbehindertenpädagogischer Praxis wird sodann dargestellt (Kapitel 3), ehe am Ende dieses Beitrags eine Zusammenfassung erfolgt und forschungsthematisch ein Resümee gezogen wird (Kapitel 4).

1 Zur Geschichte der Kooperativen Didaktik

Das Konzept der Kooperativen Didaktik ist strukturidentisch mit dem der Kooperativen Pädagogik. Beide teilen all jene Prinzipien, die das Wesen der interaktionalen Beziehung der am pädagogischen Prozess beteiligten Personen hervortreten lassen. In erster Linie sind hiervon das Kind und seine engsten Angehörigen, seine Eltern, seine Lehrerinnen und Lehrer, seine Therapeutinnen und Therapeuten betroffen, also alle diejenigen, die sich über die Entwicklung des Kindes Gedanken machen und in seiner Lebenswelt in pädagogischer bzw. in didaktischer Absicht

Pädagogik und Didaktik

zu dieser Entwicklung aktiv beitragen. Um das Konzept der Kooperativen Didaktik zu verstehen, ist es sinnvoll, die Grundaussagen der ihr zugeordneten Pädagogik zu kennen und zu wissen, wie sich beide ergänzen. Historischer Ausgangspunkt für das Entstehen der Kooperativen Pädagogik war die Lage körperbehinderter Kinder in den 1960-er Jahren (Übersicht bei JETTER 2002). FRANZ SCHÖNBERGER hatte sich, zunächst als empirisch arbeitender klinischer Psychologe, dann als Körperbehindertenpädagoge, unter anderem mit Fragen der Intelligenz von „zerebral gelähmten Kindern" befasst (z.B. 1963, 1966). Eine historisch und politisch wichtige Grundlage sollte die Längsschnittstudie zur Untersuchung von Kindern mit Thalidomid-Embryopathie werden (so genannte „Contergan-Kinder"; 1971).

1960-er Jahre

Als zentrales Dokument sonderpädagogischer Analysen ab Mitte der 1970-er Jahre fungierte das „Gutachten zur schulischen Situation körperbehinderter Kinder und Jugendlicher in der Bundesrepublik Deutschland" (1977a), das SCHÖNBERGER für die Fachkommission Sonderpädagogik des Deutschen Bildungsrates erstellte. Aus der Erfahrung mit den medizinisch, psychologisch, auch pädagogisch besonderen Lebenslagen körperbehinderter Kinder und Jugendlicher spielten die Kategorien der Handlung eine immer bedeutendere Rolle in der Konzeptionierung der von SCHÖNBERGER vertretenen Sonderpädagogik (z.B. 1978a, 1978b, 1979). Durch die Zusammenarbeit mit KARLHEINZ JETTER (1975) wurde die entwicklungspsychologische Fundierung des Handlungsbegriffs (unter anderem auf der Grundlage nach Piaget) zu einer zentralen Bezugsgröße für das Konzept der Kooperativen Pädagogik. Erstmals 1974 wurde in dem gemeinsam mit GOTTHILF GERHARD HILLER verfassten Band „Erziehung zur Geschäftsfähigkeit" die Idee des gemeinsamen menschlichen Handelns, die Zusammenarbeit, dezidiert von SCHÖNBERGER (1977b) zum Ausdruck gebracht (HILLER & SCHÖNBERGER 1977). Eine Engführung dieser Perspektive stellte 1978 die Konzipierung der Kooperativen Didaktik dar (SCHÖNBERGER zuerst 1982, 1987a).

1970-er Jahre

Bis Anfang der 1980-er Jahre war somit das Konzept der Kooperativen Didaktik eher eines mit zunächst körperbehindertenpädagogischem (SCHÖNBERGER 1983), zunehmend mit allgemeinpädagogischem Anspruch (JETTER 1985) initial entwickelt. Im Jahre 1981 wurde der interdisziplinär zusammengesetzte internationale Arbeitskreis Kooperative Pädagogik (AKoP) e.V. gegründet. Sein Ziel war es, eine Konzeption für eine kooperative Pädagogik zu entwickeln und praktisch umzusetzen. In den vergangenen Jahren wurden in diesem Rahmen zu verschiedenen Praxisfeldern Konzeptionsvorschläge erarbeitet. Hierzu gehören die „Handlungsorientierte Frühförderung" (JETTER 1988; PRASCHAK 1999), die „Sensumotorische Kooperation" im Rahmen der Pädagogik bei Schwerstbehinderten (PRASCHAK 1993, 2000, 2002), „Kooperative Bewegungstherapie" (SCHÖNBERGER 1987b, 1987c, 1987d, 1991, ²1999, 2002), die „Kooperative Physiotherapie" zur Krankengymnastik mit dem Säugling (RITTER ²1999). Auf denselben allgemeinen Grundlagen wie die genannten Konzepte fußen auch der Ansatz der „Kooperativen Sprachtherapie" bei phonologisch-phonetischer (WELLING 1998) und bei grammatischer Entwicklungsstörung (KRACHT & WELLING 2001; KRACHT, LEUOTH & WELLING 2004, in Vorb.) sowie der Ansatz der „Koopera-

1980-er Jahre

1990-er Jahre

tiven Sprachpädagogik" als eine allgemeine Grundlage für die professionsorientierte sprachbehindertenpädagogische Praxis (WELLING & KRACHT 2002).

Was die Frage der pädagogischen bzw. didaktischen Konzeptualisierung des „Förderschwerpunkts Sprache" betrifft, wurden die vorgängig erläuterten Leitprinzipien in den 1980-er Jahren um die Dimensionen des menschlichen Sprachgebrauchs erweitert. Insbesondere wurden zunächst die handlungstheoretischen Grundlagen des angezielten pädagogischen Sprachförderkonzepts entwickelt, entworfen, begründet und zumindest in Teilaspekten empirisch fundiert. Dies geschah grundlegend in einer Arbeit von WELLING (1990). Inhaltlich-konzeptionell zeigt sich hier eine große Nähe zur Entwicklungspsychologie und Erkenntnistheorie PIAGETS (dadurch dass die Realkategorie „Zeit" als Gegenstand und Anwendungsfall in die kognitionstheoretische Reflexion einbezogen wird); insofern verbleibt die Entwicklung dieses Ansatzes zwar in der Tradition der Anfangsarbeiten zur Kooperativen Pädagogik bzw. Kooperativen Didaktik von SCHÖNBERGER, JETTER und anderen, geht aber über diese hinaus, indem sie die sprachliche Dimension des Handlungsbegriffs integriert. So wird in Ergänzung zur Theorie PIAGETS eine psycholinguistische Grundlegung sowie das bisher eher nur am Rande mitgedachte Feld des sprachlichen Handelns behinderter und von Behinderung bedrohter Kinder und Jugendlicher in das pädagogische Rahmenkonzept einbezogen. Diese Grundlagen sind Thema des nächsten Kapitels, soweit sie für ein Verständnis des Konzepts der Kooperativen Sprachdidaktik von Bedeutung sind.

Förderschwerpunkt Sprache

2 Handlung in ihrer Bedeutung für die sprachliche Entwicklung der Persönlichkeit

Eine sprachdidaktische Diskussion im Kontext sprachbehindertenpädagogischer Praxis bedarf eines „Begriffs von Sprache", der folglich eine orientierende Funktion für die Reflexion auf diesem Gebiet hat. Im Konzept der Kooperativen Sprachdidaktik ist diese wichtige didaktische Bedingung durch die Kategorie des *sprachlichen Handelns* erfüllt. Mit dieser wird die folgende sprachdidaktische Diskussion eröffnet (Zusammenfassung nach WELLING 1990): Menschliche Sprache ist als sprachliches Handeln des Menschen zu verstehen, Interaktion als Kernpunkt dieses Handelns. Handeln ist die Art und Weise, wie Menschen in einem bestimmten kulturell-gesellschaftlichen Kontext ihr Leben ordnen, das heißt eine personale Beziehung zu sich und zu ihrer mitmenschlichen, ideellen und materialen Umwelt aufbauen und mitgestalten. In diesem Zusammenhang Sprachgebrauch als sprachliches Handeln zu bestimmen heißt, Sprachgebrauch einerseits als menschliches Gestaltungsmittel, andererseits als Beobachtungsgegenstand des handelnden Menschen zu

sprachliches Handeln

deuten. Jeder Altersstufe entsprechen entwicklungsspezifische Veränderungen des sprachlichen Handelns. Besonders augenfällig ist diese Dynamik im Kindesalter. Sie zeigt sich in einer außerordentlichen Variabilität der verwendeten sprachlichen Muster, Formen und kommunikativen Abläufe. Einschränkungen dieser Variabilität werden als Sprachstörung bezeichnet, die verändertes sprachliches Handeln impliziert. Essenzielle Aufgabe in sprachbehindertenpädagogischer Praxis ist es, mit ihren Mitteln, hauptsächlich mit den Mitteln von Sprachunterricht, Sprachtherapie und Beratung, dazu beizutragen, eine dynamische Variabilität (wieder) zu ermöglichen (alltagssprachlich formuliert, diese „Störung zu verringern" oder „Störungen aufzuheben"). Hierzu sind im Lichte der Kategorie des sprachlichen Handelns Bedingungen zu schaffen, unter denen sich das Kind eigenaktiv organisieren und seine Lebensgestaltung in Gegenwart und Zukunft nach Möglichkeit selbst in die Hand nehmen kann.

sprachdidaktische Ausgangsposition

Mit dieser definitorischen Festlegung ist eine sprachdidaktische Ausgangsposition formuliert, von der aus sich die sprachdidaktischen Planungs- und Reflexionskategorien entwickeln lassen. Ein sprachdidaktisches Erkenntnis- und Praxisinteresse macht es erforderlich zu entscheiden, unter welchen Bedingungen jemand unter der Prämisse der Handlung als sprachbehindert gilt, da es darauf ankommt, die für das sprachliche Handeln behindernden Bedingungen in der Unterrichtssituation und darüber hinaus zu verändern bzw. möglichst unwirksam werden zu lassen. Der folgende Vorschlag einer definitorischen Festlegung dessen, wann eine Person oder eine Personengruppe als sprachbehindert gilt, hat den oben dargelegten handlungstheoretischen Begriff von Sprachverwendung als Voraussetzung.

Definition

Sprachbehindert ist,
- wer infolge einer Spracherwerbsstörung oder einer Störung der erworbenen Sprache, einer organischen Schädigung und/oder sozialen Auffälligkeit in seinen Funktionen und sprachlichen Möglichkeiten so beeinträchtigt ist,
- dass er in seiner Lebenswelt, deren Werte und Normen für ihn und seine Bezugspersonen Geltung haben,
- nur unter außergewöhnlichen Bedingungen zu einem menschenwürdigen (d.h. durch kulturelle Teilhabe, personale Selbstbestimmung und soziale Mitbestimmung gekennzeichneten) Leben findet und
- daher die Ordnung sprachlicher Regelhaftigkeiten (wieder) erwerben und
- lernen muss, jene Werte und Normen der Sprachverwendung seiner Beeinträchtigung gemäß zu beurteilen und an der Veränderung ihrer Entstehungsbedingungen mitzuwirken.

Sprachbehinderung als Inhalt und Konstrukt

Dieser Begriff von Sprachbehinderung (vgl. SCHÖNBERGER 1987a; WELLING 1990; Beispiel in WELLING 2003) ist ein sozialwissenschaftlich gefasster Entwurf, der sich auf das Verhältnis des sprachgestörten Menschen zu seiner mitmenschlichen, soziokulturellen, ideellen und dinglichen Lebenswelt bezieht, das für ihn biografisch bedeutsam und persönlich wichtig, aber auch normativ geworden ist. Kategorial zeigt sich Sprachbehinderung hier als Konstrukt, als hypothetisches Wissen über angenommene Kontexte von Erscheinungen und Wirkungszusammenhängen. Konkret wird der mit diesem Begriff verstandene Anspruch in jedem Augenblick, in dem sich eine sprachdidaktische Aufgabe stellt, mit den Mitteln und Möglichkeiten von Sprachunterricht verantwortlich dazu beizutragen, dass „außergewöhnliche Bedingungen" in der sozialen Lebenswelt des Betreffenden hergestellt werden.

Die historische, sprachpathologisch motivierte Unterscheidung zwischen „primär" und „sekundär Sprachbehinderten" ist sprachpädagogisch und sprachdidaktisch obsolet. Das Konzept der Kooperativen Sprachdidaktik ist „offen" für jeden, der im Sinne des Begriffs von Sprachbehinderung sozial auffällig, in seinen sprachlichen Möglichkeiten beeinträchtigt, in seiner sprachlichen Identitätsentwicklung gefährdet ist, wodurch er außergewöhnlicher Bedingungen bedarf, um zu einem menschenwürdigen Leben zu finden. Hier kann es lediglich aus analytischen Gründen eine Rolle spielen, ob jemand „primär" oder „sekundär behindert" ist. Sprachbehindertenpädagogische Praxis schließt aufgrund ihres behindertenpädagogischen Grundverständnisses und ihres integrationspädagogischen Grundanliegens aus ihrem Verantwortungsbereich niemanden von vornherein aus (ebenso KMK 1994/2000; 1998/2000).

Auch der Begriff der sprachlichen Entwicklungsstörung ist in diesem handlungstheoretischen Kontext verankert. Alle forschungsrelevanten sprachentwicklungs-, sozialisations- und handlungstheoretischen Hypothesen seit Mitte des vergangenen Jahrhunderts legen Zeugnis davon ab, dass personale Möglichkeiten des Menschen (wie sprachliche Handlungsfähigkeit) weder angeboren sind noch ex abrupto entstehen. Sie bedürfen einer sprachlichen Umwelt und werden in einem Prozess der Hypothesenbildung des schöpferischen Kindes von diesem nach und nach selbst erarbeitet und entwickelt. Diese Hauptthese sprachlicher Entwicklung bildet den Ausgangspunkt für ein Verständnis von sprachlicher Entwicklungsstörung. Als Kategorie der Beobachtung, Beschreibung und Klassifikation beinhaltet dieser Begriff die drei aufeinander bezogenen Aspekte „Entwicklung", „Störung" und die Charakterisierung als „sprachlich". Entwicklung bedeutet nach handlungstheoretischer Interpretation Entwicklung der Person bzw. der Persönlichkeit der einzelnen Schüler(innen) in ihrer lebensweltlichen Situation. Sprachliche Leistungen (z.B. Wissen, Fähigkeiten und Fertigkeiten in den Schulfächern), soziale Kompetenz (z.B. prosoziale Handlungsmuster) oder bestimmte Ausprägungsformen von Persönlichkeitseigenschaften (z.B. Selbstkonzept, Fähigkeit zur Selbstregulation) sind lebensweltlich bedingte biografische Errungenschaften. Als solche finden sie in der Geschichte ihrer Sprachhandlungen einen jeweils besonderen inhaltlichen Niederschlag. So betrachtet, kann eine Störung keine Eigenschaft der jeweiligen Schüler(innen) sein, sondern ist eine Eigenschaft der normativen Gegebenheiten (in) ihrer Mitwelt. In sprachdidaktischer Hinsicht besteht ein wesentlicher Unterschied darin, ob man eine „Sprachstörung als Eigenschaft des Betroffenen" betrachtet (wie in der frühen und mittleren Geschichte der Sprachheilpädagogik praktiziert) oder als Eigenschaft seiner Lebenswelt.

> sprachliche Entwicklungsstörung

> lebensweltliche Situation

Gemessen an den hier gesetzten Maßstäben gilt eine Entwicklung als „gestört", wenn sie den sozialen und sprachlichen Ansprüchen bzw. Erwartungen nicht genügt. So steht der Aspekt des sprachlichen Charakters dieser Störung im Zusammenhang mit dem Hauptinstrument für das soziale Miteinander der einzelnen Schüler(innen) in ihrer Lebenswelt, also mit der Form ihres jeweiligen sprachlichen Handelns. Mit diesen Voraussetzungen sind wesentliche Vorbereitungen für die Konstituierung eines sprachdidaktischen Planungskonzepts getroffen und für die sprachbehinderten- und integrationspädagogische Praxis so angelegt, dass der alltägliche Sprachgebrauch für den einzelnen Kommunikationspartner im kooperativen Miteinander persönlich bedeutsam werden kann.

3 Das Planungskonzept der Kooperativen Sprachdidaktik

Sprachunterricht als Professionsaufgabe

Zur Professionsaufgabe der planenden Lehrperson gehört es, dass sie ihr Wissen über die Entwicklungsperspektiven der sprachlichen Handlungsfähigkeit der Betreffenden und über die individuelle Charakteristik einer sprachlichen Entwicklungsstörung in den Rahmen gemeinsam verantworteter Unterrichtspraxis stellt. Mittels didaktischer Organisation von Sprachunterricht bei Kindern und Jugendlichen mit sprachlicher Entwicklungsstörung übernimmt die Lehrperson folglich Mitverantwortung für die lebensweltliche Lage der Schüler(innen). In praxi „bürgt" sie gleichsam dafür, dass biografie- und persönlichkeitsrelevantes Sprachlernen in der Unterrichtssituation und darüber hinaus in ihrem Alltag zustande kommt. Wichtigste Bedingung hierfür ist eine wirksame personale Beziehung zwischen ihr und der Schülerin bzw. dem Schüler und zwischen den Lernenden und dem ausgewählten sprachlichen Gegenstandsfeld. Dieses Feld muss von der professionell arbeitenden Lehrperson didaktisch abgewogen und prozessual erarbeitet sein. Nachstehend wird das Konzept des Kooperativen Sprachunterrichts in Umrissen dargestellt und mit einigen Hinweisen auf die Hauptaspekte einer sprachdidaktischen Analyse versehen.

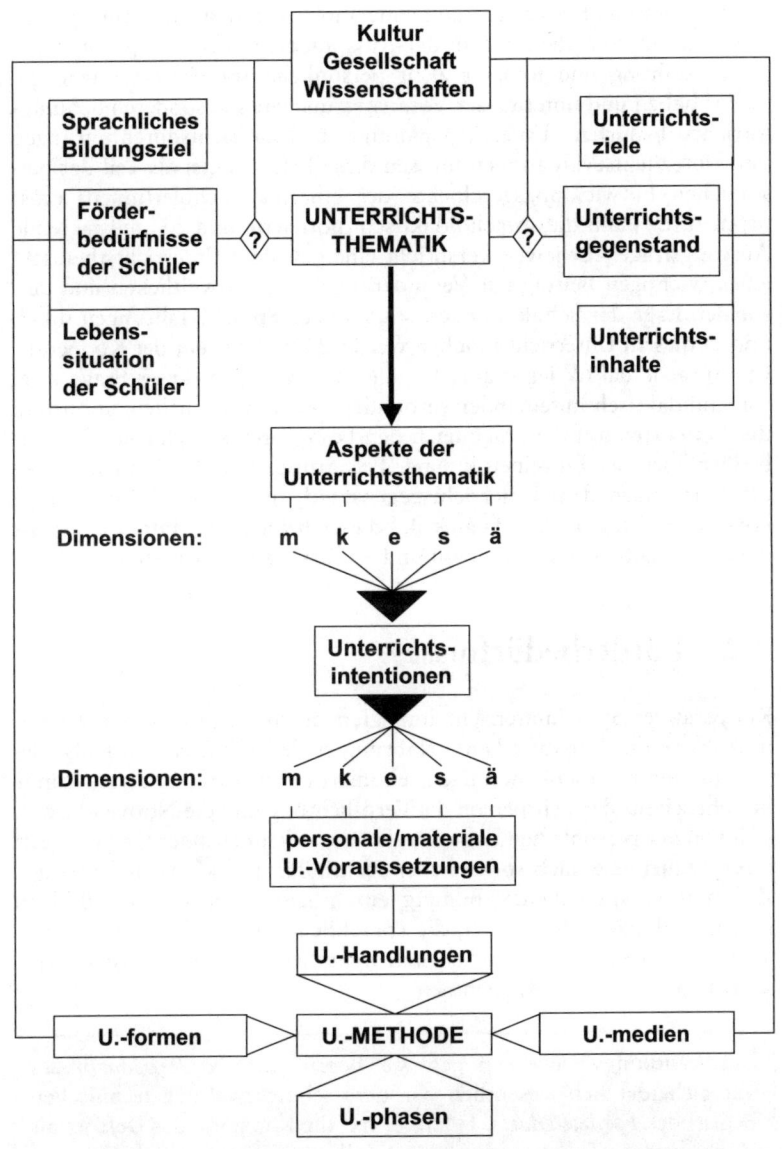

Abb.: Konzept des Kooperativen Sprachunterrichts (SCHÖNBERGER 1987a, 117; erweitert). Erläuterungen zur grafischen Übersicht: m = motorisch, k = kognitiv, e = emotional, s = sozial, ä = ästhetisch-kommunikativ

3.1 Unterrichtsthematik

Kinder und Jugendliche sind Persönlichkeiten mit je individuellen Lebenserfahrungen. Diese grundlegende Erkenntnis bildet eine sprachpädagogische Herausforderung ersten Ranges, ihre eigentliche Bedeutung zu erkennen und Schlussfolgerungen für ein sprachdidaktisches Konzept zu ziehen. Selbstverständlich gilt dies auch für Schüler(innen) mit sprach-

lebensweltliche und personale Orientierung

licher Beeinträchtigung, die aufgrund ihrer Auffälligkeiten im Sprachgebrauch, im Sprechen und in der Aussprache, in der Kompetenz ihrer Redegestaltung und Redefähigkeit persönliche Spracherfahrungen gemacht haben und unter dieser Voraussetzung eines besonderen Schulunterrichts bedürfen. Unterrichtsplanungen, Unterrichtsdurchführungen und Unterrichtsevaluationen müssen diese Erfahrungen als Teil der persönlichen Entwicklungsgeschichte der einzelnen Schüler(innen) ernst nehmen. Deshalb die sprachdidaktisch motivierte und zu analysierende Ausgangsfrage: Inwieweit verspricht eine gewählte Unterrichtsthematik einen wichtigen Beitrag zur Veränderung der lebensweltlichen und personalen Lage der Schüler(innen), sodass neue Spracherfahrungen durch und in diesem Unterricht möglich werden? Das Konzept der Kooperativen Sprachdidaktik legt nahe, für die Beantwortung dieser Frage zwei sprachdidaktisch miteinander verbundene Erkenntnisquellen zu nutzen: die Antworten auf die Frage nach den besonderen sprachlichen Förderbedürfnissen der Einzelnen in einer Lerngruppe und die Antworten auf die Frage nach dem Unterrichtsgegenstand, der für diese Lerngruppe vorgesehen ist. Aus der „Dialektik" dieser beiden Erkenntnisquellen ist die Unterrichtsthematik sinnvoll und schlüssig zu konstruieren.

3.2 Förderbedürfnisse

Handlung als Bedürfnis

Kooperativer Sprachunterricht impliziert einen diagnostischen Ansatz, nach dem die biografischen Erfahrungen der Schüler(innen) als Geschichte ihrer Sprachhandlungen rekonstruiert werden. In diesem Sinne besteht seitens der Lehrperson die Verpflichtung und die Notwendigkeit, sich von der persönlichen Lage der einzelnen Schüler(innen), von der Art ihrer Bedürfnisse nach sprachlicher Identitätsentwicklung und von den Zielen ihrer sprachlichen Bildung ein möglichst detailliertes Bild zu machen. Hierzu gehört auch, die sprachlichen Entwicklungspotenziale jedes Einzelnen zu untersuchen und hypothetisch seine nächsten Lernschritte reflexiv vorwegzunehmen.

> Der handlungstheoretisch gefasste Begriff des *Förderbedürfnisses* unterscheidet sich wesentlich von dem schulverwaltungstechnischen Begriff des *Förderbedarfs*. Letzterer hat die Kategorie des Defizits als Voraussetzung, ersterer den der Handlungsorientierung der Person. Förderbedarf wird jemandem zugesprochen, der diesen in einem bestimmten Bereich „hat", in welchem seine Lernleistungen das Merkmal „minderer Güte" oder „nicht ausreichend" aufweisen. In dieser für die Aufrechterhaltung technischer Abläufe einer Schuladministration motivierten Beschreibung wird von außen gleichsam ein Maßstab zum Förderbedarf an die Betroffenen angelegt und mithilfe von formalen Angaben zum Förderunterricht operationalisiert, etwa mit Angaben zur Anzahl von Förderstunden oder Lernbereichen. Dagegen wird mit dem handlungstheoretischen Begriff des Förderbedürfnisses ein vom Ansatz her völlig anderer Standpunkt eingenommen. Kerngedanke dieser Perspektive ist das System der Handlungen des Sub-

> jekts. Man geht von seinem Bedürfnis aus sprachlich zu handeln, dass es sich also eigenaktiv bemüht, mit den Mitteln und Gegenständen der Sprache seine mitmenschliche Lebenswelt zu ordnen. In dieser Bedeutung liegt der Begriff des sprachlichen Förderbedürfnisses dem Konzept der Kooperativen Sprachdidaktik zugrunde.

Die diagnostisch gewonnenen Ergebnisse stellen die eigentliche Ressource für die Lehrperson dar, um unterrichtsbezogen gleichsam „an Kindes statt" die sprachlichen Förderbedürfnisse der Schüler(innen) zu rekonstruieren. So gesehen entwickelt der Schüler bzw. die Schülerin das Bedürfnis, gefördert zu werden, das heißt eben, diejenigen Bedingungen vorzufinden und mit zu gestalten, die eine möglichst produktive und bereichernde Auseinandersetzung mit seinem sprachlichen Umfeld versprechen. Im Sinne der didaktischen Planung werden Förderbedürfnisse methodisch von zwei Seiten her erschlossen: vom Standpunkt der Rekonstruktion der Lebenssituation dieser Schüler(innen) und vom Standpunkt der Interpretation ihrer Lebenssituation gemäß den Zielen sprachlicher Bildung. Der Bildungsgedanke dient als eine Art Qualitätsmaßstab für die Einschätzung ihrer gegenwärtigen Lebenssituation.

Lebenssituation von Schüler(innen) mit sprachlicher Beeinträchtigung
Auf der Grundlage ihres notwendigerweise breit gefächerten Wissens kann sich die Lehrperson an etwa folgenden Fragen orientieren, um Antworten auf Fragen nach der Qualität der Lebenssituation der Schüler(innen) mit sprachlicher Beeinträchtigung zu erhalten und als Hintergrund für die Konstruktion einer Unterrichtsthematik zu verwenden: Anhand welcher Merkmale lassen sich problematische Lebens- und Entwicklungsbedingungen der einzelnen Schülerin bzw. des einzelnen Schülers identifizieren und biografisch rekonstruieren? Von welcher Qualität sind die persönlichen Lebenslagen der Einzelnen, vor allem in Anbetracht der Entwicklungsperspektive ihrer sprachlichen Handlungsfähigkeit? Welche Problemsituationen oder Krisen im alltäglichen Miteinander sind analysierbar oder zu erwarten und sprachdidaktisch zu berücksichtigen? Wie haben sich diese möglicherweise auf die bisherige Sprachentwicklung und Sprachverwendung ausgewirkt? Wie werden sie sich mutmaßlich auf ihre weitere sprachliche Biografie auswirken? Aus den Anforderungen dieser Fragestellungen ergibt sich eine zentrale Professionsleistung seitens der Lehrperson: Sie muss potenziell in der Lage sein und versuchen, die jeweilige Lebenssituation der Schüler(innen) rekonstruktiv nachzuvollziehen. Dabei stellt sich die Aufgabe, die mögliche Vielfalt der sprachlichen Erscheinungen sicher zu beschreiben (etwa mithilfe einschlägiger Prüfverfahren), diese sprachpathologisch zu deuten (im Sinne einer Bewertung der Einschränkung von Variabilität) und die lebensweltliche Bedeutsamkeit der gewonnenen Ergebnisse unter der Bedingung einer sprachlichen Beeinträchtigung zu interpretieren. Sie muss überdies methodisch Folgerungen ableiten (z.B. mithilfe der Methode der biografischen Analyse, der sprachlichen Handlungsanalyse, der sprachlichen Mikroanalyse; AHRBECK, SCHUCK & WELLING 1992; KRACHT et al. 2004, in Vorb.), wie die besonderen Förderbedürfnisse

Marginalien: Biografie und Personalität; sprachliche Diagnostik der einzelnen Schüler(innen) zu qualifizieren und als Konstruktionssegmente für die Festlegung der Unterrichtsthematik und Unterrichtsmethoden zu nutzen sind.

Ziele sprachlicher Bildung

sprachliche Bildung und Identität

Mit der Reflexion der Ziele sprachlicher Bildung erhält die Lehrperson für die Praxis der sprachdidaktischen Analyse eine allgemeine Richtlinie, die als Orientierungsgrundlage für den Sprachunterricht dient. Hierbei handelt es sich nicht um konkrete Lernziele für die einzelne Unterrichtsstunde, allenfalls um eine Richtschnur für deren Beurteilung (wie im Sprachbehinderungsbegriff bereits vorweggenommen). Als Richtschnur dienen folgende Ziele sprachlicher Bildung: Die Schüler(innen) sollen in ihrer Lebenswelt, deren Werte und Normen für sie und für ihre Bezugspersonen Geltung haben, zu ihrer sprachlichen Identität finden und somit sprachlich handlungsfähig werden. Hierzu gehören kulturelle Teilhabe, personale Selbstbestimmung und soziale Mitbestimmung. Im Sinne dieses Hauptziels sprachlicher Bildung sind die sprachdidaktischen Bedingungen im Unterricht so zu organisieren, dass die Schüler(innen) zunehmend die Fähigkeit entwickeln, ihren Sprachgebrauch zielgerichtet, begrifflich organisiert und wertorientiert zu gebrauchen. In diesem Bildungskontext

sprachliches Lernen

bezieht sich das sprachliche Lernen der Schüler(innen) auf den Erwerb der Ordnung sprachlicher Regelhaftigkeiten sowie darauf, dass sie die Werte und Normen der Sprachverwendung ihrer Beeinträchtigung gemäß beurteilen und an der Veränderung von deren Entstehungsbedingungen selbst mitwirken können. In diesem Zusammenhang lernen sie, vorgegebene Normen sprachlichen Handelns einer Kommunikationssituation entsprechend zu interpretieren und sich an Veränderungsprozessen selbst zu beteiligen, trotz ihrer sprachlichen Beeinträchtigung zu eigenständigem Handeln in kommunikativen Bezügen zu finden, ihre sprachlichen (und außersprachlichen) Handlungsfelder zu erkennen, zu erweitern und zu gestalten, und Begrenzungen ihres sprachlichen Handelns zu überwinden oder anzuerkennen (vgl. SCHÖNBERGER 1987a, 121).

3.3 Unterrichtsgegenstand

In den bisherigen Ausführungen sind diejenigen sprachdidaktischen Reflexionsbedingungen benannt, die für die Konstruktion eines konkreten Sprachunterrichts eine Art Orientierungsmatrix darstellen, soweit sie von einem Bild sprachlicher Förderbedürfnisse der Schüler(innen) ihren Ausgang nehmen. Um noch einmal zusammenzufassen: Sprachliche Förderbedürfnisse werden in der „Dialektik" der beiden bisher genannten Kategorien definiert. Durch die Beschreibung, Reflexion und Interpretation der Lebenssituation des einzelnen Schülers/der einzelnen Schülerin mit einer sprachlichen Beeinträchtigung wird rekonstruierbar, wie sich deren Ausgangslage darstellt (als Wirklichkeitsbedingung), und durch die Konkretion der Ziele sprachlicher Bildung, an welchen inhaltlichen und moralischen Maximen eine sprachdidaktische Planung orientiert sein sollte (als Möglichkeitsbedingung). Die Analyse der sprachlichen Wirklichkeits- und Möglichkeitsbedingungen der Lebenssituation der einzelnen Schüler(innen) bildet die eine der beiden Grundlagen, aus denen sich eine Unterrichtsthematik speist. Ihr „gegenüberstehend" befindet sich ein weiterer Begriff des Konzepts Kooperativer Sprachdidaktik, der Unterrichtsgegenstand. Die Ausgangsfrage hier lautet: Inwieweit ist der aus der Unterrichtsthematik entwickelte Unterrichtsgegenstand bildungsplanmäßig abgesichert? Und inwieweit ist dieser Gegenstand in sprachlicher Hinsicht genügend spezifiziert und spezifizierbar?

Unterrichtsgegenstände sind in der Regel in den Bildungs-, Rahmen-, Lehrplänen bzw. Richtlinien vorgegeben (die Terminologie ist je nach Bundesland verschieden; im Folgenden wird der Begriff „Bildungsplan" verwendet). Im Rahmen einer didaktischen Planung des sprachunterrichtlichen Prozesses ist zu gewährleisten, dass die Bildungsplanvorgaben eingehalten werden. Diese sind nicht direkt für den Unterricht ableitbar, können also nicht linear in Unterrichtspraxis übersetzt werden, weil sie zum Spektrum der Handlungsmöglichkeiten der Schüler(innen) naturgemäß keinen Bezug haben; dieser muss erst hergestellt werden, und zwar, wie hier vorgeschlagen wird, im Rahmen der Unterrichtsthematik, die Bildungsplanvorgaben auf diese Weise berücksichtigt. *Bildungsplanorientierung*

Bildungsplanaspekte sollten immer mit Blick auf die Besonderheiten der Klasse bzw. der Lerngruppe konkretisiert werden. Hierbei muss die Lehrperson abklären, ob und inwieweit dieser bestimmte im Bildungsplan vorgegebene Unterrichtsgegenstand zu den Besonderheiten der individuellen Sprachgebrauchsmöglichkeiten jener „passt", das heißt in eine reflektierte Beziehung gebracht werden kann (siehe Förderbedürfnisse). Erst so kann sichergestellt werden, dass die Behandlung des Unterrichtsgegenstandes Teil der Weiterentwicklung der Gebrauchssprache der Schüler(innen) ist bzw. werden kann. Theoretisch könnte natürlich jeder Unterrichtsgegenstand zu einem Gegenstand für das Sprachlernen des Kindes im Unterricht werden. Praktisch gilt dies mit der wichtigen Einschränkung, dass dieser innerhalb der Erwartung des Rahmens realistischer Sprachgebrauchsformen liegen sollte, die den Schüler(innen) zuzumuten ist, also innerhalb der Hypothese ihrer Entwicklungsmöglichkeiten. Dies wirft das Problem der Festlegungen der Zielsetzungen im Unterricht auf, wobei die Bildungsplanvorgaben mit ihren Eingrenzungen berücksichtigt werden können. *Sprachspezifizierung*

Unterrichtsziele

Unterrichtsziele sind von dem auf der Grundlage des Bildungsplans vorgegebenen Unterrichtsgegenstand abgeleitet, müssen aber mit den Schüler(innen) selbst „etwas zu tun haben". Deshalb berührt das Problem der Festlegung von Unterrichtszielen auch die Frage nach den Potenzialen der Schüler(innen) gemäß ihren entwicklungsbedingten sprachlichen Voraussetzungen. Die Lehrperson muss sich die Frage beantworten, inwieweit die vom Bildungsplan vorgegebenen Unterrichtsziele den einzelnen Schüler(innen) angemessen sind, das heißt auch sprach- bzw. sprachgebrauchsspezifisch genügend differenziert und differenzierbar sind. Die Antwort auf diese Frage ist sprachdidaktisch zu betrachten. Konkret gilt, zwei Ebenen der Zielsetzungen zu unterscheiden: Zielsetzungen, die den Unterrichtsgegenstand in seiner Bedeutung für die Erweiterung des Wis- *Lernstoffbezug*

Sprachverwendungsbezug

sens und Könnens der Schüler(innen) im Blick haben (etwa: Unterrichtsstoff), und Zielsetzungen, die hierbei eine Erweiterung der Sprachgebrauchsformen dieser Schüler(innen) im Blick haben (spezifische sprachliche Anforderungsstruktur des Stoffes an die Schüler(innen).

Unterrichtsinhalte

Inhaltsbezug
Im Bildungsplan für die einzelnen Schulformen sind den Unterrichtszielen in der Regel Einzelthemen zugeordnet. Hierbei handelt es sich um inhaltliche Anregungen für die didaktische Planung der Lehrkräfte, in diesem Sinne also um Beispiele, wie ein Unterrichtsgegenstand konkret ausgearbeitet sein kann. Fraglos erleichtern inhaltliche Anregungen dieser Art die Unterrichtsplanungen seitens der Lehrpersonen, können aber lediglich eine grobe Orientierungshilfe darstellen, wie ja auch die Unterrichtsziele eine vom Unterrichtsgegenstand abgeleitete Zielsetzung implizieren (es handelt sich ja der Form nach um allgemeine Bildungspläne). Auch in diesem Fall darf sich die Lehrperson also nicht damit begnügen, den Unterricht bildungsplanmäßig „abzuwickeln". Sie muss in die didaktische Planung auch die Frage einbeziehen, wie sie bei dieser bestimmten Auswahl von Unterrichtsgegenständen die notwendigen Bedingungen schaffen kann, dass der „Unterrichtsstoff" den Horizont der Schüler (innen) inhaltlich auch tatsächlich erreicht und diese sich zudem hinsichtlich deren individueller Sprachgebrauchsformen weiter entwickeln können.

Komplexitätsanpassung
Dieser Gedanke ist gleichbedeutend mit der sprachunterrichtsdidaktisch relevanten Fragestellung: Anhand welcher Inhalte lässt sich der gewünschte Bezug zum Gegenstand des unterrichtlichen Lernens herstellen, und umgekehrt, wie lässt sich der Unterrichtsgegenstand in der Wahrnehmungsperspektive der Schüler(innen) konkretisieren? Woran, an welchen Hinweisen, an welchem Material, mithilfe welcher Erinnerungen und Repräsentationen usw. lassen sich beispielsweise Gesprächsanlässe evozieren, sodass das Typische des Unterrichtsgegenstandes im Rahmen eines Sprachunterrichts sichtbar wird?

3.4 Aspekte der Unterrichtsthematik

Mit den bisherigen Hinweisen zur didaktischen Analyse der Unterrichtsthematik ist der Rahmen der zu gestaltenden Gesamtsituation des Unterrichts dargelegt. Auf diese Weise gewinnt die sprachdidaktische Konstruktion eine Struktur für die Orientierung unterrichtlicher Handlungen auch im engeren Sinne des Sprachunterrichts mit sprachbehinderten Kindern und Jugendlichen. Im Weiteren bedarf es insbesondere noch der analytischen Betrachtung der Unterrichtsmethode als eine Art Transmissionsriemen für die Übersetzung in die Praxis. Zuvor sollen in einem Zwischenschritt noch ergänzende Hinweise auf die Unterrichtsthematik gegeben werden, der den methodischen Bereich der Reflexion von intendiertem Sprachunterricht vorbereiten hilft.

Kontrolle sprachlicher Bildungsrelevanz
Kooperativer Sprachunterricht steht im Dienste der zu erweiternden Handlungsperspektive der einzelnen Schüler(innen). Wie oben ausgeführt, impliziert der Begriff der Unterrichtsthematik ein breites Spektrum

möglicher Szenen, das didaktisch zu analysieren ist. Bei den verschiedenen Realisationen möglicher Thematiken dürfte es sich gewissermaßen um verschiedene Inszenierungen handeln, die eine oder mehrere bestimmte Dimensionen besonders betonen können: Mal werden die Schüler(innen) stärker zum Bewegungshandeln herausgefordert (motorische Dimension), dann stärker hinsichtlich ihrer Denkfähigkeit (kognitiv), mal mehr gefühlsmäßig angesprochen (emotional), dann eher in der Gemeinsamkeit als Lerngruppe (sozial) oder aufgrund besonderer Wahrnehmungsereignisse (ästhetisch-kommunikativ). Genau genommen handelt es sich nicht um Dimensionen einer Unterrichtsthematik, sondern um die Frage nach der sprachlichen Bildungsrelevanz einer Thematik, die sich in verschiedenen Dimensionen des Handelns ausdrücken kann. Zu fragen ist also: Welche Bildungsrelevanz besitzen die verschieden möglichen Dimensionen der Unterrichtsthematik für die Schüler(innen)?

Die Dimension Motorik/Sprachgebrauch in einer Situationsgestaltung (etwa in Form von Bewegungsspielen oder allgemein Bewegungsanforderungen) kann sprachdidaktische Anlässe für die Sprachförderung darstellen. Bewegungserfahrungen bilden dann thematische Anlässe und inhaltliche Hintergründe, um diese mithilfe sprachlicher Mittel etwa im Dialog aufzuarbeiten. *Dimensionen: Motorik*

Was die Dimension Kognition/Sprachgebrauch betrifft, gilt es zu berücksichtigen, dass sich die Schüler(innen) mit den Problemstellungen einer Situation auseinander setzen, indem sie ihre kognitiven Strukturen auf die Anforderungen dieser Situation anwenden und so zu sprachlichen Differenzierungen kommen (etwa im Rahmen der Unterscheidungen zwischen Begriff, Wort und Wortbedeutung). *Kognition*

In der Dimension Emotion/Sprachgebrauch ist zu berücksichtigen, dass Emotion in neuerer Zeit in einheitlicher Perspektive mit dem Begriff der Kognition erörtert wird: Kognitive Prozesse werden durch Emotionen beeinflusst; Kognitionen bestimmen die Entstehung von Emotionen mit, sie beeinflussen sich wechselseitig. *Emotion*

Die Betrachtung der Bildungsrelevanz der Unterrichtsthematik unter dem Aspekt der Dimension Sozialität/Sprachgebrauch stellt sich als Reflexion darüber dar, wie die Beteiligten ihr sprachliches Handeln im sozialen Kontext gebrauchen und sich herausgefordert zeigen, miteinander zu koordinieren, wie also verschiedene soziale Umgebungen in unterschiedlicher Weise dazu beitragen, dass dies Konsequenzen für das sprachliche Handeln der Schüler(innen) hat (Huber 1993). *Sozialität*

Auch die ästhetisch-kommunikative Dimension einer Unterrichtsthematik kann eine sprachliche Bildungsrelevanz besitzen. Die Dimension Ästhetik/Sprachgebrauch steht in einem Zusammenhang mit der visuellen Wahrnehmung und Präferenz von wahrnehmbaren Gegebenheiten. Dabei ist davon auszugehen, dass sich die ästhetischen Bedürfnisse der Beteiligten in bestimmten Aktivitäten äußern, ästhetische Empfindungen (Erlebnisse) oder emotionale Reaktionen herbeiführen und sich in ästhetischen Urteilen äußern. Ästhetische Fragestellungen haben naturgemäß in sprachdidaktischen Aufgabengebieten wie der Rezeptionsästhetik oder Literaturwissenschaft einen hohen Stellenwert. *Ästhetik/Kommunikation*

Soweit hier der Hinweis darauf, dass verschiedene mögliche Dimensionen (motorisch, kognitiv, emotional, sozial, ästhetisch-kommunikativ) *Gegenstandsspezifität* auch eine sprachliche Bildungsrelevanz besitzen. Teilweise kann dieser Zusammenhang als relativ gesichert gelten, teilweise befindet man sich hier im Hypothetischen, teilweise im Spekulativen. Dabei ist die Frage gerade sprachdidaktisch sehr relevant, was und wie es den Schüler(innen) in der Perspektive ihrer sprachlichen Bildung nutzt, wenn im Unterricht der eine oder andere nichtsprachliche Schwerpunkt (motorisch, kognitiv usw.) gesetzt wird. Wie wird es dann in diesen Arbeitszusammenhängen didaktisch möglich, zwei eng miteinander verknüpfte Hauptintentionen zu reflektieren und zu realisieren, die mit der personalen Lage des Schülers bzw. der Schülerin (Förderbedürfnisse) *und* mit den gegenstandsspezifischen Besonderheiten des Sprachgebrauchs dieser Schüler(innen) im Sinne des vorliegenden Begriffs von Sprachstörung gegeben sind? Zur Vertiefung der Reflexion über die entwickelte Unterrichtsthematik gehört ein Ausloten der verschiedenen Dimensionen, die allgemein eine Unterrichtsthematik bestimmen, bzw. der Frage, ob diese sie mehr oder weniger bestimmen können.

Unterrichtsintentionen
Wenn die sprachdidaktische Analyse der Unterrichtsthematik auf alle Dimensionen des unterrichtlichen Handelns hin erfolgt ist, lassen sich die Grobziele des Unterrichts mit den beteiligten Schüler(innen) festlegen. Je nach Intention ist denkbar, dass ein bestimmter thematischer Aspekt akzentuiert wird. In dem einen Fall dürfte dann vielleicht die motorische Dimension besonders betont werden (vgl. „psychomotorisch orientierte Sprachförderung"), in dem anderen Fall die ästhetisch-kommunikative usw., je nachdem, welche Perspektive durch eine Unterrichtsthematik mehr oder weniger nahe liegend ist und wie die sprachliche Bildungsrelevanz der einen oder anderen Perspektive unter Berücksichtigung der Förderbedürfnisse der einzelnen Schüler(innen) definiert ist.

Während, wie weiter oben beschrieben, die Rekonstruktion von Förderbedürfnissen der einzelnen Schüler(innen) die sprachdiagnostische Ausgangsbasis für die unterrichtliche Konstruktion der Unterrichtsthematik geschaffen hat, findet zu diesem Zeitpunkt der Analyse die sprachdidaktische Festlegung statt, in welcher Hinsicht sich die unterrichtliche Organisation zusammen mit den Schüler(inne)n schließlich Gestalt annehmen und sich konkret ereignen soll. Welche Unterrichtsintentionen lassen sich aus der Analyse der Unterrichtsthematik gewinnen und im Prozess kooperativer Zielfindungen mit den Schüler(inne)n vereinbaren? Inwieweit sind die diesbezüglichen Unterrichtsvoraussetzungen in personaler und materialer Hinsicht (bereits) gegeben, welche themenspezifischen und sprachspezifischen Informationen sind noch aus eigenen (auch sprachdiagnostischen) Erfahrungen mit den Schüler(inne)n oder durch mündliche Berichte über sie zu gewinnen und welche noch nicht? Welche Sprachhandlungskompetenzen besitzen die einzelnen Schüler(innen), an welche lässt sich anknüpfen? Welche äußeren Rahmenbedingungen für die Verwirklichung der Unterrichtsintentionen liegen vor, welche sind kurz- oder langfristig bereitzustellen bzw. zu verändern? Was diese materialen Voraussetzungen betrifft, so wird es auch im Sprachunterricht auf den Einsatz von Materialien, Medien oder Anschauungsmitteln i.w.S. ankommen. Bestimmte materiale Hilfsmittel eignen sich für diesen Zweck weniger als andere.

3.5 Unterrichtsmethoden

Im Rahmen der Organisation und der konkreten Durchführung eines Sprachunterrichts gehört die Frage nach den „geeigneten" Unterrichtsmethoden mit zu den aufschlussreichsten. So müssen die methodischen Schritte, die die Lehrperson wählt und zum Einsatz kommen lässt, geeignet sein, die Unterrichtsthematik unter der Berücksichtigung personaler und materialer Voraussetzungen der Beteiligten kooperativ ihren Intentionen gemäß zu erschließen, spezifische Formen und Medien in den Unterrichtsverlauf zu integrieren und die Hauptaufgabe, die spezifischen sprachlichen Gegenstandsbereiche zielgeleitet und mit den Schüler(innen) produktiv und verständlich zu realisieren. Für den methodischen Aufgabenbereich sind vier wichtige Aspekte zu differenzieren: Unterrichtshandlungen, Unterrichtsphasen, Unterrichtsformen und Unterrichtsmedien (vgl. SCHÖNBERGER 1987a, 126 ff.).

Unterrichtshandlungen sind Handlungen der Lehrperson, in denen innerhalb eines zeitlich umgrenzten Unterrichtsabschnitts die sprachunterrichtlichen Intentionen verwirklicht werden. Die Aufgabe, die zeitliche Abfolge festzulegen, ist vornehmlich deshalb eine der Lehrperson, weil die Erfüllung dieser Aufgabe ein Wissen über die Struktur des Unterrichtsgegenstands, Kenntnisse über die sprachlichen Förderbedürfnisse der einzelnen Schüler(innen) und schließlich Erfahrungen im Umgang mit diesen voraussetzen. Aber auch die Schüler(innen) haben die Verpflichtung zur Mitverantwortung, beispielsweise im Rahmen einer Projektdurchführung. Diese können sie nur wahrnehmen, wenn sie in ausreichendem Maße an der gemeinsamen Zielfindung beteiligt sind. Die zeitliche Abfolge der Unterrichtshandlungen bestimmt ganz wesentlich den Unterrichtsverlauf mit. Die Lehrperson muss ihre Handlungen planen, je nach ihrer beruflichen Erfahrung mit mehr oder minder großem Aufwand, soweit ihr dies aus der Analyse der Unterrichtsthematik notwendig und möglich erscheint. Dabei versucht die Lehrperson vorwegzunehmen, an welchen Stellen des Unterrichtsverlaufs und in welchen thematischen Zusammenhängen Schwerpunktsetzungen eingebracht oder Verlaufsänderungen vorzusehen sind, sodass die gewünschte Intention realisiert werden kann.

Unterrichtshandlungen

Was die Intentionen der Lehrperson im Weiteren betrifft, ist zu berücksichtigen, in welchem zeitlich begrenzbaren Unterrichtsabschnitt und in welcher zeitlichen Abfolge ihre Intentionen, die der beteiligten Schüler (innen) und von allen gemeinsam verwirklicht werden sollen. So wird in der Anfangsphase einer unterrichtlichen Projektarbeit stärker darauf zu achten sein, dass sich gewünschte Beziehungsroutinen entwickeln, die sich auch für die sprachspezifische Zusammenarbeit im weiteren Verlauf als günstig erweisen dürften (z.B. bestimmte Dialog-, Planungs- oder Auswertungsroutinen). Spätere Phasen werden sich dann vielleicht dadurch auszeichnen, dass beide Seiten über ein viel höheres Maß an Situationskontrolle verfügen, wenn die Grundlagen der Zusammenarbeit kultiviert und das nötige Vertrauen zueinander aufgebaut werden konnte. Mit den einzelnen Unterrichtsphasen werden oft unterschiedliche Absichten intendiert (Phase der Zielfindung, der Konzeptprüfung, der Kon-

Unterrichtsphasen

zeptanpassung, der Zielverwirklichung; siehe SCHÖNBERGER 1987a, 130f.), die unterschiedliche Unterrichtshandlungen anzeigen, letztlich um den Förderbedürfnissen der einzelnen Schüler(innen) besser gerecht werden und die sprachliche Bildungsrelevanz zur Geltung kommen lassen zu können.

Unterrichtsformen

Die Unterrichtsformen sind soziale und arbeitsorganisatorische Strukturtypen, in denen die Unterrichtshandlungen verwirklicht werden sollen. Vielleicht ist sprachdidaktisch entscheidungsrelevant, dass eine vorübergehende Einzelsituation für den Schüler bzw. die Schülerin eine günstigere Lernbedingung darstellt als eine Kleingruppensituation. Gegebenenfalls ist die Organisation als Einzelsituation vorübergehend günstiger, um dann in eine Kleingruppensituation überzuwechseln (und umgekehrt)? Auch hierfür gibt es keine unterrichtsmethodischen Patentrezepte. Die Entscheidung, die letzten Endes gefunden und begründet werden muss, hängt ab von der Persönlichkeit des Kindes, von der Art der Unterrichtsthematik, vom Gegenstand des Unterrichts (seinem Inhalt und seinen Zielsetzungen), auch von der Art der interdisziplinären und interprofessionellen Absprachen, die gegebenenfalls mit den anderen Fachkräften getroffen werden (müssen).

Unterrichtsmedien

Was in diesem methodischen Zusammenhang die Frage der Unterrichtsmedien betrifft, ist anzumerken, dass diese Mittel niemals Selbstzweck sind. Jedes Unterrichtsmedium erfährt seine Begründung erst im Rahmen des sprachdidaktischen Konzepts, das vertreten wird. Sprachpädagogisch gesehen implizieren die Medien Gebrauchswerteigenschaften, über die die kooperative Zusammenarbeit der Beteiligten gefördert werden kann (Ebene der sprachlichen Handlung); sie müssen, sprachdidaktisch gesehen, der Lehrperson ermöglichen, Transformationen des in Frage stehenden Unterrichtsgegenstands, der Unterrichtsziele und Inhalte zu erzeugen.

4 Kooperative Sprachdidaktik und sprachbehindertenpädagogische Praxis – ein Forschungsthema

In der vorgängigen Darstellung wurde ein sprachdidaktisches Planungs-, Reflexions- und Evaluationsinstrumentarium verdeutlicht, das im Kontext des sonderpädagogischen „Förderschwerpunkts Sprache" einen wichtigen Zweck erfüllen kann. Von seiner Vorgeschichte her gesehen (Kooperative Didaktik) bereits auf den handlungstheoretischen Grundlagen der Kooperativen Pädagogik fußend, dient der Begriff des sprachlichen Handelns in Verbindung mit der pädagogischen Leitidee der Kooperationsperspektive als Grundlage, sprachliche Produktions- und Rezeptionsergebnisse im engeren und im weiteren Sinne zu beurteilen und Folgerungen für die Handhabung dieses didaktischen Instrumentariums

begriffliche Einheit

zu entwickeln: von den mikroanalytisch reflektierten Strukturmomenten des individuellen Sprachgebrauchs bis zu den makroanalytischen Betrachtungen im kulturgebundenen und gesellschaftsbezogenen Kontext. Dieses weite Blickfeld sprachdidaktisch zu gewinnen, erfordert die Professionsleistung des verantwortlichen unterrichtlichen Handelns. Hierbei ist es von großem konzeptionellem Vorteil, wenn man die Vorzüge der *Einheitlichkeit* der verwendeten begrifflichen Segmente zu schätzen weiß, die das Wesen eines strukturierten Konzepts bedingt. So erlauben Sprachbehinderung, Sprachentwicklung und Sprachstörung als sprachdidaktisch einheitlich entfaltete Begriffe jene Perspektive, die für das vorliegende unterrichtliche (und im Weiteren auch sprachtherapeutische) Praxisfeld im „Förderschwerpunkt Sprache" als Reflexionshintergrund taugt. Die häufig anzutreffende individuumzentrierte, „sprachpathologisierende" ebenso wie die „linguistisierende" Sicht greift im Kontext der Sprachdidaktik zu kurz: aus Gründen der Analyse unbedingt notwendig, sprachdidaktisch aber keinesfalls hinreichend!

Letztlich hat Kooperative Sprachdidaktik den Anspruch und die Aufgabe, Wirklichkeitsbedingungen der sich entwickelnden Persönlichkeiten abzuwägen, ihre Möglichkeitsbedingungen zu reflektieren und unter der Zielperspektive von erwünschten Formen des Zusammenlebens und Zusammenarbeitens mit zu verändern. Für den Bereich des sprachunterrichtlichen Komplexes müssen hierfür die sprachdidaktischen Ordnungskategorien ausgearbeitet sein: im Planungszentrum die Unterrichtsthematik, die ihre Strukturbezüge ebenso zu den Förderbedürfnissen der Beteiligten (Lebenssituation, sprachliche Bildungsziele) unterhält wie zu dem im Bildungsplan vorgegebenen Unterrichtsgegenstand (Unterrichtsziele, Unterrichtsinhalte). Im Ordnungsrahmen der Kooperativen Sprachdidaktik als Konzept sprachbehindertenpädagogischer Praxis gilt es sodann, die sprachliche Bildungsrelevanz der unterrichtlichen Dimensionen in ihrer Vielgestaltigkeit zu beurteilen und hieraus die didaktischen Folgerungen zu ziehen und damit den Zugang zur Unterrichtsthematik mit sprachdidaktischer Bewusstheit zu wählen. Dass die beiden Hauptcharakteristika dieses Konzepts – dem Wert der Kooperation verpflichtet, dem Gegenstandsfeld der Sprache zugetan – den sprachunterrichtlichen Ansatz bis hin zu den Methodenfragen durchdringen müssen (Unterrichtshandlungen, -phasen, -formen, -medien), liegt in dessen logischer Ordnung begründet: Die Wahl kooperativer Methoden ist dem Konzept der Kooperativen Sprachdidaktik logisch nachgeordnet.

Wirklichkeitsbedingungen

Innerhalb der Sprachbehindertenpädagogik hat sich in den vergangenen etwa zwei Jahrzehnten eine bemerkenswerte Wende vollzogen (z.B. VON KNEBEL & WELLING 2002), in die sich das Konzept der Kooperativen Sprachdidaktik leicht wird integrieren können. Zum ersten Mal in ihrer Geschichte, etwa seit den 1980-er Jahren, hat sie begonnen, das Gewicht ihrer Reflexion stärker auf ihren eigentlichen Gegenstandsbereich zu lenken, der im ersten Teil des Kompositums Sprach- angezeigt ist: auf das Gegenstandsfeld „Sprache" und damit auf die sprachlichen Fähigkeiten und Möglichkeiten der Kinder, Jugendlichen und Erwachsenen, um die es dieser Pädagogik geht. Dass eine vor gut zwei Jahrzehnten noch nicht vorhersehbare Sprachreflexion in so breitem Maße eingesetzt hat, ist auch vom sprachdidaktischen Standpunkt her zu begrüßen. Allerdings lässt die Qualität dieser epochaltypischen Diskussion noch zu wünschen

Fachperspektive

übrig. Zu viel scheint noch unklar zu sein. Von Knebel hat in seinem Beitrag (in diesem Band) auf einige wichtige Momente als Merkmale einer weiter entwickelten Diskussion verwiesen, die man vorbehaltlich einer Prüfung im Detail auch als „Handanweisungen für wissenschaftliches Arbeiten" verstehen kann: die Begriffe definieren; die Ausgangslage offenlegen; das Erkenntnisinteresse transparent machen; gegenstandsangemessen den methodischen Begründungszusammenhang entwickeln; den pädagogischen Primat ausweisen; die Fachdisziplin voranbringen; die Praxisrelevanz verdeutlichen; das Innovationspotenzial aufzeigen.

Forschungsperspektive

Dies wurde in der vorliegenden Darstellung des Konzeptgedankens der Kooperativen Sprachdidaktik grundsätzlich zu realisieren versucht. Unter dem Anspruch der Konzeptionalisierung einer besonderen Unterrichtsdidaktik im Kontext sprachbehindertenpädagogischer Praxis wurde auf folgende Argumentationsstruktur aufmerksam gemacht: Der Hintergrund des kooperativ-sprachdidaktischen Forschungsvorhabens ist ein erziehungswissenschaftliches Anliegen, das Konzept der sprachlichen Handlung ihr Gegenstand. Mit dem handlungstheoretischen Grundgedanken menschlicher Entwicklung ist eine sprachdidaktische Ausgangsposition geschaffen, die es ermöglicht, bezogen auf das Verhältnis von sprachlichem Lernen und sprachlicher Bildung, konsequent eine genetische Perspektive einzunehmen; „genetisch" in der Bedeutung, dass ein „Produkt" wie sprachliche Handlungsfähigkeit von seinem Werden und von den Bedingungen seines Werdens her zu begreifen ist. Als Basistheorem kristallisiert sich in diesem Zusammenhang die Emergenz des Neuen heraus, also die Beantwortung der Frage, wie sich das sich entwickelnde und (im Sinne Piagets) erkennende Subjekt durch seine Konstruktionsleistungen mit logischer Notwendigkeit entfaltet (und wie dieser Prozess als Konstruktion dennoch in die Zukunft offen bleibt; Oevermann 1991). Methoden der Untersuchung von sprachlichen Handlungen in diesem Zusammenhang sind im weitesten Sinne Mikroanalysen. Sie umfassen die Rekonstruktion empirischer Phänomene, experimentelle Designs und objektiv-hermeneutische Verfahren (Kraimer 2000; Oevermann 2000). Unter dieser Voraussetzung lautet der Anspruch der Kooperativen Sprachdidaktik, sich dem didaktisch Allgemeinen, dem didaktisch Speziellen und dem didaktisch Spezifischen so anzunähern, dass keine Gruppe von Lernenden aus der Theoriebildung ausgeschlossen wird, unabhängig von Alter, Behinderung, Ethnie und Geschlecht.*

---

* Ich danke den Mitgliedern des Arbeitskreises „Kognitionstheorie und Didaktik", Fachbereich Bildungswissenschaft der Universität Hamburg, für wertvolle Anregungen zu dieser Konzeptionalisierung.

Personengeleitete Sachdialoge als Urformen sprachtherapeutischen Handelns im Grundschulunterricht

Giselher Gollwitz

1 Pädagogische Grundlegung

Immer dann, wenn gesellschaftliche Problemfelder *zur Sprache kommen*, steht in herausragender Weise auch die Schule im Blickfeld öffentlicher Interessen. Insbesondere bei den fast schon üblichen wirtschafts- und sozialpolitischen Turbulenzen werden schnell die entsprechenden Verbände und Organisationen stark und hinterfragen die Leistungsfähigkeit unserer Schulen, wobei das Fach „Deutsch" zu Recht ins Kreuzfeuer der Kritik gerät.

Angesichts globaler Vernetzungen stellt sich unverkennbar in Schule und Politik oft *Sprachlosigkeit* ein. Massive Kritik an Schule und Bildung wird zum Dauerbrenner der Medien, wobei die sprachlichen Defizite von Kindern und Jugendlichen stets besonders beklagt werden.

Während im Jahr 1957 der Sputnik-Schock noch wie ein „einmaliges Ereignis" die westliche Welt erschütterte und vor allem der technologische Fortschritt der Sowjets als kulturelle Bedrohung empfunden wurde, scheint es heute nicht einmal mehr „Halbwertzeiten" für *„kulturelle Entwicklungen"* zu geben, was Kultur hier im Einzelnen auch bedeuten mag. Rasch entwickelt man Tests und verfasst Studien, in denen die Leistungen der Länder miteinander verglichen und in bewertende Rangskalen gebracht werden. Es verwundert nicht, dass etwa auch in der TIMS-Studie oder bei PISA die Sprache eine gewichtige Rolle spielt. So erkennt WEINERT im Zusammenhang mit der TIMS-Studie, dass der Unterricht an deutschen Schulen viel zu sehr inhaltsbezogen und zu wenig verständnisintensiv ist (WEINERT 1998). Auch bei PISA wird das Verständnis deutscher Schüler für Lesetexte beklagt. Es geht z.B. darum, ob ein bestimmter Prüftext Schuldgefühle, Belustigung, Angst oder Zufriedenheit auslösen möchte (BAUMERT 2002).

> Gerade das oben erwähnte *Hinhören und Verstehen* ist uns wichtig, da wir Sprachheilpädagogen der *Sprachlosigkeit* etwas entgegenzusetzen haben. Sprachtherapeutischer Unterricht ist ein dialogisches Geschehen, bei dem sich Sprache im *Rollenhandeln* abspielt. Alle Beteiligten sollen hierbei in kommunikativen Feldern *zur Sprache kommen*.

Margin notes:
- die Schule im Blickfeld öffentlicher Interessen
- verständnisintensiver Unterricht

Wenn in diesem Beitrag eine sehr komplexe Problematik angesprochen wird, so soll dies hier aus der Sicht eines sprachtherapeutischen Unterrichts geschehen.

Begründungszusammenhänge sind zunächst in der allgemeinen Pädagogik zu finden. Neil POSTMAN beklagt den *Mangel an Orientierung als Merkmal unserer globalen Weltgesellschaft* (POSTMAN 1999). Die Flut an zusammenhangslosen Informationen, die in Sekundenschnelle um den Globus laufen und stets als wissenswerte Neuigkeiten verkauft werden, ist wohl nicht nur das Problem der Schule. Zu wenig wird nach dem „Sinn des Machbaren" gefragt.

- Wir leben in einer Informationsgesellschaft, weil schnellste Informationen machbar sind.
- Wir leben in einer mobilen Welt, weil Mobilität machbar ist.
- Wir leben mit Zeiteinteilungen, weil es feste Weltzeiten gibt.

Vordergründig ist Hightech faszinierend, weil auch der Schule neue Möglichkeiten eröffnet werden: *mehr Informationen, weltweite Verbindungen, schnelle Abläufe*. Dies schafft beim Lehrer zunächst einmal fast Omnipotenzgefühle. Er kann gewissermaßen die ganze Welt über das Internet jederzeit ins Klassenzimmer holen.

Sinnfrage Es muss aber die Sinnfrage gestellt werden, wenn es um Bildung und kindliche Entwicklung geht.

> Ist die Information für meine Schüler und mich vom Bedeutungsgehalt her wichtig?
> Ist die Nachricht überhaupt adäquat hinsichtlich des sprachlich-kognitiven Verständnisses der Kinder?
> Kann und will ich/ meine Klasse die Inhalte eigentlich lernen und verwerten?

Ein Pädagoge tut gut daran, die Entwicklungsprozesse in seiner Klasse zu kennen und den Unterricht in kommunikativen Bezügen zu gestalten.
- Er wird wohl nicht zum Technokraten und Organisator von reinen Stofflichkeiten werden wollen, sondern *seine Persönlichkeit dialogisch* ins Geschehen einbringen, ohne sich freilich aufzudrängen.
- Er wird aufgrund seiner Persönlichkeit in seiner Klasse auch vor allem *Freude* am *Dialogisieren* entfalten.
- Er wird erkennen, dass mit zu großer Stofffülle und belanglosen Inhalten allerhöchstens eine „Kreuzworträtsel-Intelligenz" ohne nachhaltige Wirkung auf die kindliche Persönlichkeit entsteht.

Wer die Inhalte des Unterrichts nicht im Dialog *weckt und entfaltet*, der übersieht leicht die Bedeutung der kindlichen (Sprach-) Entwicklung für die reife Persönlichkeit. Das „Verschwinden der Kindheit" (POSTMAN 1983) ist eine ernste Gefahr für die Evolution auch der Sprache.

Die Gefahren einer allzu großen Sach- und Technikbezogenheit bei gleichzeitig eingeschränkter menschlicher Interaktion hat auch die Soziologie erkannt. Schon 1922 sprach OGBURN erstmals vom Phänomen des „cultural lag", wenn die technisch-ökonomischen Standards der Informations- und Kommunikationsmedien den sozialen und kulturellen Ent-

wicklungen so vorauseilen, dass diese sich nur mehr „autistisch" selbst verstärken, *aber keinen Bezug zum Menschen mehr haben* (OGBURN 1969).
Vor diesem Hintergrund stellt sich der Schule die Frage nach einer tragfähigen dialogischen Orientierung.   dialogische Orientierung
Wir wollen uns hier mit einer persönlichkeitsgeleiteten Sprachbildung im Elementar- und Primarbereich der Schulen befassen.

2 Funktionale Erzieherhaltung versus intentionaler Stoffdruck

Wenngleich der Fächer- und Stoffkanon der Lehrpläne in allen Bundesländern turnusmäßig den gesellschaftlichen Wandlungen und Bedürfnissen angepasst und aktualisiert wird, so müssen die Qualitäten stets an der Wirksamkeit in der Praxis gemessen werden. Das Problematische an diesen „Festschreibungen" ist, dass fast immer nur die sachliche Seite des Unterrichts in den Vordergrund gerückt wird; die Seite nämlich, die sich einer intentionalen Unterrichtsplanung öffnet.
In der aktuellen Schulsituation sollte es hingegen mit Sicherheit *weniger um die intentionalen Aspekte einer reinen Informationsvermittlung und Wissenserzeugung* gehen. In diesen Bereichen sind nicht selten Computerprogramme der „dozierenden Vermittlung" durch den Lehrer überlegen! Allerdings erscheint der Stoffdruck der nach wie vor sehr steil angesetzten Lehrpläne noch so groß, dass wir Lehrer geneigt sind, komplexe Sachzusammenhänge lieber schnell zu präsentieren, anstatt diese im Dialog verständig und geduldig *wachsen zu lassen*. Oft fühlen wir uns von der doppelten Aufgabenstellung von Unterricht und Erziehung überfordert und verstecken uns hinter den Stofflichkeiten, Arbeitsblättern und Computermedien.
Das Paradoxe ist: Wir alle wissen eigentlich, dass es unsere funktionale Haltung einer menschlich-kommunikativen Beziehungspflege ist, die geistige und seelische Inhalte in der Schule erst zur Wirkung bringt. Die Kinder unserer manchmal sehr heterogenen Klassen zeigen außerdem die unterschiedlichsten Persönlichkeitsmerkmale und Spracherfahrungen, sodass wir heute nicht einfach im Unisono bestimmte „Stoffe überstülpen" können.   funktionale Haltung einer menschlich-kommunikativen Beziehungspflege
Wir werden infolgedessen unseren Unterricht nur begrenzt zu Hause (intentional) planen können. Die funktionalen Beziehungsaspekte eines Unterrichts haben Priorität, weil erst in kommunikativer Atmosphäre das Inhaltliche an Bedeutung gewinnt.
Es sind keineswegs Inhalte „als solche", wie etwa „Die Haltung von Haustieren", „Im Verkehr" oder „Uhr und Uhrzeit", die Bildungswert besitzen. Diese Inhalte treiben die Persönlichkeits- und Sprachbildung nicht automatisch an.

Es ist vielmehr die Kommunikation in der Klasse und der Dialog mit jedem einzelnen Schüler, wenn inhaltliche Themenstellungen interessant werden sollen („inter esse" bedeutet „dabei sein").

Das Sprechen über ein Thema, nur weil der Lehrer es so geplant hat, ist keinesfalls sprachfördernd.

häufiges Problem von Lehrern

Nicht selten hört man im Unterricht den Lehrer sagen: „Heute wollen wir..!" – und man erkennt gleichzeitig, dass kaum ein Schüler wirklich „will". Dementsprechend mager ist dann die Beteiligung der Schüler. Der Unterricht läuft in solchen Fällen reproduktiv über den *Monolog des Lehrers*. Nur der Dialog generiert jedoch in produktiver Form Sprachlichkeit und Denken.

3 Der Lehrer und die traditionelle Rolle eines Wissenvermittlers

Die Beharrlichkeit der althergebrachten Lehrerrolle scheint groß zu sein, auch wenn „heimliche Lehrpläne" unter den Schülertischen entstehen und sich im Unterricht selbst oftmals Sprachlosigkeit einstellt.

Wir Pädagogen erkennen das Dilemma zwischen unserem erzieherischen Anspruch und den Sachzwängen der Lehrpläne besonders deutlich, wenn wir mit Kindern arbeiten, die auffälligere Störungsbilder aufweisen:

Ein Unterricht, in dem wir gezwungenermaßen nur versuchen, Wissen zu vermitteln, verkommt nicht selten zur Farce. Die Schüler wollen nicht lernen, der Lehrer erreicht auch mit Strenge keine Leistungen und verzweifelt fast. Der Lehrer betrachtet daraufhin seinen „Stoff" und kann keine Fehler erkennen. Es entsteht ein „Teufelskreis" und Hilflosigkeit.

Sprache in ihrer kommunikativen Funktion

Ein Weg, bei dem die Verständigung wieder gewonnen werden soll, ruft nach der Sprache in ihrer zentralen Bestimmung, nämlich in ihrer kommunikativen Funktion. Gemeint ist hier nicht wieder das Wissen, was z.B. ein „Tätigkeitswort" ist oder wie der Plural von „Knödel" lautet, sondern erst einmal die schüler- und bedürfnisgerechte Einbettung des Unterrichtsgeschehens.

Als Leiter von Studienseminaren der Fachrichtung Sprachbehindertenpädagogik erkenne ich, dass eine gesprächs- und verständnisorientierte Erziehungsarbeit z.B. für Studienreferendare keine Selbstverständlichkeit ist, haben sie doch selbst zumeist Schule und Studium als sehr gymnasiale Unterweisung erlebt.

Wiederholt findet man bei so manchem Kollegen noch das „Sprachspiel" der Lehrer, welches BELLACK schon 1974 als *eine Handlung in vier Spielzügen* beschrieben hat (BELLACK 1974):

„Strukturieren – Auffordern – Reagieren – Fortführen."

Beispielhaft sei dies auf einen leider ganz und gar nicht untypischen Grundschulunterricht bezogen:

1. Lehrer strukturiert: *„In der letzten Stunde haben wir... Heute wollen wir uns einmal die Spinne genauer anschauen!..*

2. Lehrer fordert auf: *„Wie viele Beine hat denn die Spinne auf unserem Poster?"*
3. Schüler reagieren: *„Acht Beine hat sie und die sind ja furchtbar haarig!?"*
4. Lehrer führt fort: *„Moment, Max! Acht Beine war richtig! Mehr habe ich nicht gefragt. Jetzt pass auf; es geht weiter!"*

Wir sollten beachten, dass Lerninhalte und Wissensnetze nicht wie Waren einfach transportiert werden können, sondern dass sie „konstruktivistische Leistungen" sind (LÜDTKE 2003), die es gilt, mit den Mitteln individueller Dialogführung zu fördern.

individuelle Dialogführung

4 Auf dem Weg von der sachlichen Funktionalität hin zur dialogischen Funktionalität

Das „Sprachspiel"-Modell von Bellak legt die Schülerrolle fest: Der Schüler soll der Planung seines Lehrers entsprechend reagieren. Leitfunktion für Sprache und Denken hat die Sache selbst, deren Struktur angeblich als objektives Faktum vorliegt. Unabhängig davon, ob ein Schüler an der Sache interessiert ist oder nicht: Er soll die Sache „an sich" begreifen lernen. Der Schüler wird also nicht gefragt, ob der vermittelte Stoff für ihn eine Bedeutung hat. Der Lehrer fühlt sich mehr oder weniger als der Garant des (späteren) Nutzens und sieht in diesem Modell womöglich die Rechtfertigung seiner Autorität.

Diese stofforientierte Haltung hat viele Jahre auch den Grammatikunterricht unserer Schulen bestimmt. Aus diesem Grunde wurde auch im Fach Deutsch stets über das „Was" gesprochen und die kommunikativen Elemente (das „Wie") vernachlässigt. Ein neues Selbstverständnis von sprachlicher Entwicklung, wie es sich in der Sprachheilpädagogik mit dem Therapiebegriff",4>TherapiebegriffTherapiebegriff (GROHNFELDT 1989) schon seit langem manifestiert, wird nur schwer und zögerlich eingelöst. Dies erscheint merkwürdig, weil die meisten Kollegen von der großen Bedeutung einer Kindorientierung sprechen.

Allerdings zeigen auch heute die Lehrpläne noch eine *sachliche Funktionalität*, indem sie der metasprachlichen Auseinandersetzung mit den Leistungen unserer deutschen Sprache einen zu großen Stellenwert einräumen (z.B. Lehrplan für die Grundschule in Bayern 2000). Man denkt bei der Lektüre vieler Lehrpläne sofort wieder an die inhaltsbezogene Grammatik von Weißgerber und an die Sprachproben von GLINZ, wenn z.B. über Leistungen der Wort- und Satzbildung, über bedeutungsgebende Funktionen von Vor- und Nachsilben, über Wortstämme nachgedacht wird (WEISGERBER 1950; GLINZ 1952). Zwar tritt die reine *Formseite* der Sprache heute mehr in den Hintergrund. Dennoch wird unter Bezugnahme auf den linguistischen Strukturalismus mit Ersatz-, Umstell- und Weglassproben die Aufmerksamkeit deutlich auf die sachliche Funktionalität der Sprache gelenkt.

sprachtherapeutischer Unterricht

Welche schulpraktischen Perspektiven gibt nun ein sprachtherapeutischer Unterricht? Halten wir fest: Voraussetzung für eine explizite Grammatikarbeit ist zunächst der sehr natürliche Gebrauch von Sprache in sinnvollen, d.h. dem Kind bedeutungshaltigen Situationen. Hier ist es vor allem der interaktive Ursprung und der Dialog, in dem das Kind erfährt, dass es sich einbringen und *mit seiner Sprache etwas bewirken kann.*

> Die Urform des sprachlichen Handelns ist der nonverbale und der verbale Ausdruck (expressive Seite der Sprache), der vom Kinde ausgeht. Die Sprachinhalte (referenzielle Seite der Sprache) müssen im Kontext mit dem „inner"-subjektiven Fühlen und Denken gesehen werden. Ein Sprachaufbau kommt also von innen. Ohne ein „Innern" gibt es auch kein „Äußern". Beim „Innern" nutzt das Kind seine noch eingeschränkten Möglichkeiten der „inneren Sprache" (WYGOTSKI), die Denk- und Fühlkonzepte beinhalten.

Sprachtherapeutischer Unterricht hat somit nichts zu tun mit einem passiven Erfassen linguistisch gültiger Sprachmuster. Sprachlichkeit stellt sich konstruktiv erst dann ein, wenn ein Kind in adäquaten Sachzusammenhängen Sprache möglichst zwingend verwenden kann.

Erste Ansätze dieser Haltungen finden wir auch außerhalb der klassischen sprachheilpädagogischen Literatur schon seit längerer Zeit (BOETTCHER & SITTA 1980). In Abhebung vom üblichen Deutschunterricht wird hier versucht, in einem *gelegenheitsorientierten Grammatikunterricht* situativ die Wirkung von Dialogführungen in Klassen zu erproben. Es wird verdeutlicht, dass Grammatik kein autonomer Gegenstandsbereich ist, der einfach vermittelt werden kann. Daher darf hier auch auf das „Pauken von Regeln" verzichtet werden zugunsten von motivationsstarken sachlichen und pragmatischen Auseinandersetzungen mit Sachinhalten.

Grammatik ist kein autonomer Gegenstandsbereich

Dieser Anstoß ist in Hinblick auf unseren *sprachtherapeutischen Unterricht* bemerkenswert, weil er die sprachliche Leistung mit dem Nutzen für den Schüler verbindet. Als Ausgangspunkt eines dialogisch funktionalen Gebrauchs von Sprache findet er bei uns große Beachtung und kann auch als die Basis unserer Sprachaufbauarbeit verstanden werden.

Ein Problem der Schule ist allerdings noch die oben angesprochene „Gelegenheitsorientierung". Auch wir teilen zwar unzweifelhaft die Meinung, dass sprachtherapeutischer Unterricht nicht grundsätzlich planbar (intentional) ist und dass die Erfahrung und Haltung (funktional) des Lehrers stets auch situativ wirkt. Trotzdem denken wir bei unseren *personengeleiteten Sachdialogen* an eine planbare Gesamtstruktur und wollen mit den Maßnahmen einer Planung der „Zufälligkeit" Grenzen setzen.

In neueren Diskussionen wird die Ideenwelt des an sich viel versprechenden gelegenheitsorientierten Grammatikunterrichts übrigens immer wieder aufgegriffen. Einige Didaktiker haben z.B. die eher willkürlich und sporadisch erscheinenden Realsituationen im Deutschunterricht mit fiktiven oder realitätsnahen Situationen angereichert, um auf diese Weise

Planbarkeit zu erreichen. Dieser Deutschunterricht mit Szenen- und Planspielen hat in den 80-er Jahren vor allem im Sekundarbereich gewirkt, konnte sich aber nicht nachhaltig gegen einen funktionalisierten Grammatikunterricht durchsetzen.

Interessant sind für uns aktuellere Bestrebungen (EICHLER 1995, IVO und NEULAND 1991, die heute dem situations- und schülerbezogenen Grammatikunterricht neue Chancen vor allem hinsichtlich der soziokulturellen Identität der Schülerschaft geben. *(situations- und schülerbezogener Grammatikunterricht)*

Im Bereich der Eingangsstufe der Grundschule, vor allem bei unserer therapeutischen Arbeit mit sprachauffälligen Kindern können wir – wie wir meinen – die Thesen von BOETTCHER & SITTA (s.o.) effektiver nutzen als auf der Hauptschulstufe:

- Wir können zahlreiche einfache Alltagssituationen (die auch die Lehrpläne vorsehen) nutzen und in sprachlich elementare Muster umsetzen.
- Es gibt eine Fülle fiktiver bzw. realitätsnaher Spielformen, die Schulanfänger im Gegensatz zu Jugendlichen gerne annehmen.
- Die Sprache der Schüler in Eingangsklassen ist meist unmittelbarer pädagogisch zu entfalten als die bereits z.T. fehlhaft verfestigte Sprache vieler Hauptschüler. Habilitation ist leichter als Rehabilitation!

Wir erkennen in der Praxis deutlich, wie die Lethargie der passiven Informationsaufnahme aufgebrochen wird, wenn man einer Klasse Szenen und Dialogrollen anbietet.

5 Der kindgerechte „Sachdialog" und die Beziehungsebene

Unsere Fachlehrpläne an Grundschulen sind voller Inhalte, die propädeutisch konzipiert sind und von ihrer Charakteristik her zumeist in kindgerechter Weise aufbereitet werden können. Oft enthalten diese Curricula auch methodische Hinweise, die eine zielorientierte und pädagogische Unterrichtsplanung ermöglichen sollen. Explizit wird aber fast immer nur der *Inhaltsaspekt* angesprochen. Vernachlässigt wird hingegen der *Beziehungsaspekt*, dem WATZLAWICK noch vor dem Inhaltsaspekt die Priorität einräumt (WATZLAWICK 1996). Dieser Gedankengang passt in unsere Thesenführung, wenn wir vom personengeleiteten Sachdialog reden: *Die inhaltliche Welt erschließt sich effizient über dialogische Beziehungen!* *(der Inhaltsaspekt und der Beziehungsaspekt)*

6   Urformen sprachtherapeutischen Handelns im Grundschulunterricht

Die Sprachbehindertendidaktik setzt aufgrund ihrer Aufgabenstellung andere Schwerpunkte als die Sprachdidaktik und -methodik der Volksschulen. Obwohl wir „Sonderpädagogik" nicht grundsätzlich von „Pädagogik" unterscheiden wollen, akzentuieren wir im Unterricht weniger das Regelsystem der Sprache (langue). Der Kerngedanke bei der Förderung sprachauffälliger Kinder ist der Sprachgebrauch (parole).

Die meisten Lehrpläne akzentuieren zumindest anteilig den mündlichen Sprachgebrauch, der dann auch fächerübergreifend seine Wirkung zeigen soll. So sehen wir etwa im bayerischen Deutschcurriculum in dem Bereich „Sprechen und Gespräche führen" (Lehrplan 2000) noch die größten Berührungspunkte des Grundschulunterrichts mit dem, was wir sprachtherapeutischen Unterricht nennen wollen. Dieser Plan klärt aber nur das „Was" (Didaktik/Sache) und gibt keine Auskunft über das „Wie" (sprachtherapeutische Methode).

Im Allgemeinen kann man sagen, dass der mündliche Sprachgebrauch an Grundschulen einen ziemlich untergeordneten Stellenwert besitzt. In den gängigen Magazinen für die Grundschule findet man nur wenige Beiträge zu diesem Thema. Dementsprechend rar sind auch Unterrichtsstunden in diesem Fachbereich.

sprachtherapeutisches Handeln in allen Fächern

Wenn wir von *sprachtherapeutischem Handeln* sprechen, dann meinen wir die Schaffung einer Sprachkultur in allen Fächern. Wir beschränken uns also nicht auf das Fach Deutsch und sehen den mündlichen Sprachgebrauch nicht nur als motivierende und notwendige Hilfsmaßnahme für das Schreiben und Lesen.

Sprachtherapeutischer Unterricht setzt qualitative Akzente in einem kommunikativ bestimmten Unterricht:

> - Er verstärkt elementare Spürhaltungen, um phonologische Bewusstheit zu erreichen und um Ausdruckshaltungen zu steigern *(s. Abschnitt 8)*.
> - Er fördert Urformen alltäglicher Dialoge, weil die Schüler daran entwicklungsgerecht wachsen können *(s. Abschnitt 9)*.
> - Er nutzt alle Fächer und fördert alle Sprachebenen auf nachhaltige Weise *(s. Abschnitt 10)*.
> - Er fördert verstärkt den freien sprachlichen Ausdruck und löst Blockaden über Techniken des Modellierens auf *(s. Abschnitt 7)*.

In diesem Sinne können wir vielleicht die „kommunikative Wende", wie sie bereits in den späten 60-er Jahren angedacht war und von EICHLER, IVO und NEULAND aktualisiert wurde (s.o.), im bescheideneren Rahmen eines sprachtherapeutischen Unterrichts verwirklichen. Unser Ziel ist wohl nicht die „Emanzipation der Gesellschaft", nicht der „kritische Sprachgebrauch" und nicht die „Manipulation mit Sprache".

Unser Anliegen ist sehr viel einfacher, es hat aber auch etwas mit Befreiung, Gleichberechtigung und Mündigkeit zu tun:

Wir freuen uns, wenn unsere Kinder „sprachlich" werden und zum Ausdruck finden, damit sie körperlich, seelisch und geistig frei werden und normale schulische Entwicklungen möglich werden.

7 Die Klasse modellierend begleiten

Eine sehr elementare Form der Förderung sprachauffälliger Kinder auch im Unterricht ist das Modellieren. Diese Form von Sprachförderung ist in der Literatur ausgiebig beschrieben (DANNENBAUER 1992), wird aber bisher nur in den Zusammenhang mit sprachlicher Einzelförderung gebracht. Wir wollen hier zeigen, wie das Modellieren wirkungsvoll auch im Unterricht erfolgen kann, wie der Lehrer oder einzelne Schüler mit sprachlich geeigneten Interventionen beim Problemschüler sowohl der Sache als auch der Sprache dienen können. Die Modelliertechniken selbst werden hier als bekannt vorausgesetzt.

Beispiel: 1. Jahrgangsstufe: Mathematik – pränumerischer Bereich –
Größen vergleichen:
Matroschka-Puppen (russische Holzpuppen mit ineinander gesetzten kleineren Puppen) oder unterschiedlich große Schachteln sollen ineinander geschoben werden; Autos oder Tiere sollen der Größe nach Garagen bzw. Ställen zugeordnet werden.

- Wir freuen uns, wenn Kinder im Unterricht vor der ganzen Klasse oder in einer Arbeitsgruppe frei sprechen – und dies zunächst einmal unabhängig von ihrem sprachlichen Leistungsstand. Sollten sprachliche Fehler auftauchen, so werden wir zwanglos und in natürlicher Form modellierend intervenieren.
  Hier gilt folgendes Prinzip:
  Der sachliche Gedankengang des Kindes darf beim Modellieren nicht gebremst, sondern soll im Gegenteil sogar gefördert werden. Unsere „Einmischung in die sprachlichen Prozesse" zeigt dem Kind, dass wir an dem, **was** es sagt, interessiert sind. *Die Sprache ordnet sich hierbei gewissermaßen von selbst im Sinne der sachlichen Auseinandersetzung; das Sprechen könnte man als „gemeinsames dialogisches Denken" bezeichnen.*
  - Das Kind sagt: „Sachtel da reinpassen un net da!" Der Lehrer erwidert bestätigend: „Ja, die Schachtel passt da rein!" (Expansion)
  – „Aber wo passt dann die andere Schachtel hinein? Probier es doch einmal aus!" (Extension)
  – Der Lehrer könnte auch fragen: „Passt die grüne Schachtel in die blaue Schachtel oder in die rote Schachtel?" – Das Kind antwortet: „in die rote!" (Strukturzentrierte Frage mit elliptischer Antwort).
  Bei deutlichen Aussprachefehlern und bei grammatikalisch massiven Auffälligkeiten intervenieren wir in natürlicher Form modellhaft im Dienste der Sache und der Beziehung zugleich.
  Das Verständnis der manchmal detaillierten Ausführungen ist natürlich der ganzen Klasse wichtig, da auch die anderen Schüler in die

Dialog bedeutet „Interesse zeigen"

Modelliertechniken im natürlichen Dialog

Sprecherrolle kommen wollen und schon einmal als Hörer etwa darüber nachdenken, ob sie „die Matroschkas, die weit voneinander entfernt in einem Wald stehen", bereits mit dem Auge richtig der Größe nach ordnen können.

- Sollte sich das eine oder andere Kind in der Klasse überhaupt noch nicht sprachlich äußern wollen oder können, so ist es vielleicht ein guter Zuhörer (Voraussetzung ist immer, dass das Thema der Stunde auch interessant ist). Es verfolgt das sprachliche Geschehen in der Klasse aufgrund der Sachproblematik u.U. sehr interessiert. Wir beziehen dieses Kind über Blick- oder Körperkontakte in den Dialog mit ein und freuen uns über seine innere Beteiligung, die wir durchaus spüren können. So manch ein Kind hört sehr effizient zu, wenn jemand in der Klasse adäquat zu einer Handlung spricht. Diese „Präsentation" von Sprache ist ebenfalls eine Modelliertechnik:
Ein Schüler bzw. der Lehrer ordnet die Autos unterschiedlich großen Garagen zu und sagt: „Das blaue Auto gehört in die Garage! Das rote Auto gehört in ..!" – Unterschwellig redet das wissbegierige Kind sicherlich mit, was Liberman in seiner Motor-Theorie als „submanifesten artikulatorischen Response" bezeichnet hat (HÖRMANN 1970). Auf diese Weise kann sich Sprache auch beim (aktiven) Zuhören aufbauen und stabilisieren. Diese Tatsache darf nicht unterschätzt werden.

Modelliertechniken in der Unterrichtsplanung

- Übrigens können einige Modelliertechniken bereits in die Unterrichtsplanung eingearbeitet werden. DANNENBAUER beschreibt Modelliertechniken, die als *Hörmodelle der kindlichen Äußerung vorausgehen*. Warum sollten wir im Unterricht auch grammatikalische Fehler bei Kindern erst abwarten!
Weil wir keine defektologische Fixierung von Sprachfehlern wollen, planen wir daher gerne unseren Unterricht so, dass wir möglichst immer wieder prägnante Hörmuster anbieten.
Ein Schüler handelt, während der Lehrer oder einzelne Mitschüler sprechen: „ Aha, du willst wohl *das grüne Auto* in die Garage fahren. Oh nein, du nimmst *das gelbe Auto*! Jetzt ist aber *das rote Auto* dran!?.." – Beim *Parallelsprechen* werden von einem Zuschauer die Intentionen des Handelnden in zielstrukturierter Form versprachlicht. Im gegebenen Fall soll das Kind die Kongruenzstruktur der Akkusativergänzung erlernen. Da – von der Sache her – farbige Autos fokussiert werden, wird auch der nicht eingeweihte Sprecher wohl diese Zielstruktur verwenden.
Modelliertechniken, die *Hörmodelle* sind, sollten also in die häusliche Planung mit einfließen (Präsentation, Parallelsprechen, Linguistische Markierung, strukturzentrierte Fragen, Reziprozität der Rollen, Alligator-Testprinzip).
Da – auf der anderen Seite – *Sprachmodelle* erst dann zum Tragen kommen, wenn grammatikalische Fehler schon entstanden sind, werden wir hier situativ handeln müssen. Wir werden erkennen, dass ein moderates Korrigieren sprachlicher Fehlformen im Unterricht die kindliche Persönlichkeit keinesfalls negativ beeinflusst. Wichtig ist nur, dass wir die Kinder als Person und in der Sache ernst nehmen.

Ein remediales Analysieren von Fehlern ist nicht die Aufgabe der Schule. Die geduldige Akzeptanz des „So-seins" eines Kindes mit all seinen Möglichkeiten der Entwicklung ist erst einmal die Basis für den gelingenden Dialog.

> Es gibt somit Modelliertechniken, die wir schon bei der Planung des Unterrichts vorsehen können. Diese *Hörmodelle* sind geeignet, die geistige und sprachliche Motiviertheit anzuregen, zu erhalten und auszubauen.
> Die *Sprachmodelle* folgen hingegen den sprachlichen Fehlern und können aus diesem Grunde nicht in häuslicher Planung geschehen. Unsere pädagogische Erfahrung wird uns aber leiten, situationsgerecht und maßvoll zu intervenieren.
> Wir verwenden somit die Hörmodelle *intentional* und die Sprachmodelle *funktional*.

8 Die Klasse im gemeinsamen Spiel beim Schriftspracherwerb zur phonetisch-phonologischen Bewusstheit führen

Eine besonders fundamentale Bedeutung kommt in den Eingangsklassen der Grundschulen dem Schriftspracherwerb zu. Hierbei geht es keineswegs allein um die Gewinnung der Grapheme (Buchstaben), wenngleich die Erfahrung uns leider lehrt, dass viele Kollegen schon gleich in der Initialphase einer Stunde zum Schriftspracherwerb das Graphem an die Tafel schreiben und letztlich oft nur über den visuell-motorischen Wahrnehmungskanal den neuen Buchstaben erarbeiten und absichern.

Sehr fundamental ist allerdings der Aufbau einer sensiblen Wahrnehmung der Lautbildung im Mundraum. Nicht nur das aussprachegestörte Kind benötigt eine Vernetzung der visuellen Darstellung mit der auditiv-kinästhetischen Spürhaltung. Das Gehörte und simultan Gespürte bei der Lautbildung ist sogar die Voraussetzung für eine gelingende Symbolisierung in Form von Schriftzeichen. Im Übrigen findet sich in den neuen Grundschullehrplänen häufiger der Begriff „phonologische Bewusstheit".

phonologische Bewusstheit

Durch eine nachdrückliche Identifikation mit einem Tier oder mit einem Gegenstand gelingt es im Unterricht auf interessante und reizvolle Weise, die Aufmerksamkeit der Schüler auf die Lautbildung zu lenken. Zur Arbeit an den Phonemen benötigen wir hierbei einen kommunikativen Klassenrahmen, in dem sich die Schüler in typischen Rollen lautlich darstellen können:

Medien wie Bilder und ausgeschnittene Buchstaben reichen bei sprachschwachen Kindern nicht aus, um die Aufmerksamkeit auf die Ganzheit *der Sprache zu richten. Es sind die dialogischen und personengeleiteten Sachauseinandersetzungen, wobei wir in den Anfängen des Schriftspracherwerbs eine Phonem-Graphem-Korrespondenz im Auge haben. Die „Sache" hier ist niemals das optische Zeichen „als solches" allein, sondern auch möglichst dessen deutlicher Bezug zum Laut!*

Praxisnah soll gezeigt werden, wie dies bei einigen Laut-Buchstaben gelingen kann.

Graphem-Phonem-Korrespondenz

Wir zentrieren nur ein paar Beispiele, die allerdings prägnant genug sein sollten, um das Prinzip der phonetisch-graphemischen Vernetzung beim Kind aufzuzeigen. Manche Buchstabenform wie das „G", das „J", das „Sch" eignet sich weniger und sollte nicht künstlich mit Sinnmerkmalen versehen werden. Aus pädagogischen und methodischen Gründen legen wir aber in unsere konventionalisierte Schriftsymbolik gerne semiotische Merkmale hinein. So kann man schon mit relativ wenigen Laut-/ Buchstabenzeichen eine Verbindung zwischen identitätsanregenden auditiv-kinästhetischen Spürhaltungen und kindgerechten semiotischen Graphemsymboliken herstellen, was nicht nur aus sprachheilpädagogischen Gründen wichtig ist.

Beispielhafte Darstellung im Vorfeld der Tabelle:

Die Sache:	Der Erwerb des Phonems/Graphems /A/, „A"
Identifikation:	„(Apfel-)Affenkönig"
Der Dialog:	Der Affenkönig „Ada" wird von der Klasse mit einem staunenden /A/ geachtet.
	Der Affenkönig prüft mit Äpfeln nach, ob jeder beim Staunen auch seinen Mund weit genug aufreißt.
Das Phonem:	Beim /A/ liegt die Zunge flach und breit im Unterkiefer. Der Laut ist hier lang gedehnt, der Mund ist weit geöffnet und rund.
	„So passt der Apfel gut in den Mund!"
Das Graphem:	Das große Druckschrift-„A" kann mit Brettern oder mit einem Stuhl vor einem großen „A" an der Tafel nachgebaut werden.
	Es ist der Thron des Affenkönigs, der auf dem Querbrett sitzt.
	Die Kinder der Klasse verneigen sich beim Staunen vor ihm mit weit geöffnetem A-Mund und spuren gleichzeitig mit großem Schwung das Zeichen „∧" mit beiden Armen von oben nach unten in die Luft („∧" bedeutet somit auch grobmotorisch ein Sich-Öffnen).

Phonem	Identifikation mit e. Person/Sache	Kinästhetik Spüren + Unterscheiden	Graphem passende Assoziation
/A/	Ich bin der (Apfel-) Affenkönig „Ada"! Ich möchte geachtet werden!	- Mund weit offen - Der König prüft den Öffnungsgrad des Mundes mit Äpfeln nach.	- Stuhlform des Affenkönigs - A
/B/	Ich spiele eine Seifenblase! Hörst du, wie/wo ich platze?	- Backen locker anblasen - Man kann die Backen immer wieder locker platzen lassen.	- zwei Seifenblasen- Sie lassen sich in das Graphem einmalen. B ← o o
/D/	Ich bin der kleine Dinosaurier „Didi"! Ich suche meine Freunde!	- Zunge stößt locker an die Alveolen - Gleichzeitig geht man mit weichen Sohlen dahin. „**D**a ist **D**odo, **d**ein ..!" (digitale Zeigegeste)	- die Beine des Dinosaurier – d d
/F/	Ich blase eine Feder in die Luft! Mein Partner bläst sie wieder zurück.	- sich gegenseitig (labiodental) pantomimisch Federn zublasen - (Eine echte Feder müsste bilabial angeblasen werden.)	- die Federform - f
/K/	Ich bin das gefräßige Krokodil „Krk"! Gib mir Futter! Aber komm mir nicht zu nah!	- aufgerissenes Maul - gleichzeitig stoßartiges Würgen (Der Name „Krk" ist nur tauglich, wenn das /R/ velarpostdorsal gesprochen wird.)	- Krokodilsmaul - K
/M/	Ich bin die Maus „Mimi"! Ich mag Mus, Marmelade, Mehl und Milch!	Der Mund bleibt geschlossen, damit „nichts verloren geht". „**Mmm,** ist das **M**us gut! **Mmm,** und erst die **M**armelade!.."	- Mausöhrchen -
/O/	Ich bin die Elfe „Oho"! Ich möchte bewundert werden!	Der Mund ist „schön" gerundet. Die Elfe schwingt ihre runden Flügel aus Karton in großen runden Bewegungen.	- Abbildung der runden Flügel an der Tafel - beidarmiges symmetrische Schwingen O O
/T/	Ich spiele Wassertropfen! Hörst du, wo ich gerade hintropfe!	Die Zungenspitze klopft gegen die Alveolen. Gleichzeitig schlagen die Fingerkuppen gegen eine Trommel.	- die Tischtrommel - T
/U/	Ich bin der Uhu! Ich bin im dunklen Wald!	Der Mund ist „furchterregend" gerundet. Die Körperform der Eule sei einem „U" angenähert!	- Die Eulenform - U

/KS/	Ich bin die Hexe „Ixi"! Ich verhexe euch alle mit „hix-hex".	Der Mund ist breit gespannt. Gleichzeitig erfolgt ein velarer Verschluss. Der Blick der Hexe ist „fies" und angespannt.	- Hexenzeichen, mit dem alles verhext wird - „hix-hex" **X**
/TS/	Ich bin der Zauberer „Zizu"! Ich verzaubere euch mit „zi – zu – zi".	Der Mund ist breit gespannt. Gleichzeitig stößt die Zunge an die Alveolen. Der Blick des Zauberers ist wie bei der Hexe „fies" und gespannt. Er zeigt mit seinem Stock nach vorne und stößt gleichzeitig mit der Zunge „vorne" an.	- Zauberzeichen, das bei der z-artigen Bewegung entsteht - „zi – zu – zi" (zur Seite mit breit gespanntem Mund – nach unten mit gerundetem Mund – wieder zur Seite mit breit gespanntem Mund) **Z** (mit Zauberstab)

Das gemeinsame Spiel lässt Freude aufkommen. Die Kinder erfassen in sinnerfüllten szenischen Dialogen das Prinzip der Phonem-Graphem-Korrespondenz.

In der Folge sollten weitere Laute, die nicht mehr so organisch an die Buchstaben angebunden werden können, ebenfalls im Klassenrahmen über Identifikationsspiele phonologisch bewusst gemacht werden: Das /ʃ//ʒ/ etwa mit dem Schweinchen „Schuschu" und seiner Schnutensprache, das /ç//x/ mit dem Fauchen kleiner oder großer Löwen, das /ŋ/ mit dem Gong oder mit Glocken. Eine graphemische Veranschaulichung des Identifikationsobjekts ist hier nicht mehr möglich und nötig.

9 Die Klasse in Alltagshandlungen sprachlich und fachlich fördern

Der Auftrag der Grundschule ist es, Begabungen und Fähigkeiten von Kindern fachlich und überfachlich zu fördern. Lernfreude, Neugier und Leistungsbereitschaft werden hierbei erreicht, indem man Themen des kindlichen Alltags aufgreift und in allen Fächern lebensnah und kindgerecht entwickelt.

Handlungsorientierung Aufbauende Konzepte sind in der Grundschulstufe bevorzugt handlungsorientiert, weil die Konkretion stets die Basis für geistiges und sprachliches Wachstum ist.

In bester Weise bewährt haben sich Formen der Tätigkeit, die zwingend bestimmte sprachliche Strukturierungen erfordern. So sind *Texte zu Bastelarbeiten, zu häuslichen und schulischen Tätigkeiten hoch effizient, wenn sie in dialogischer Form über Anweisungen geschehen* (GOLLWITZ 2003). Zu empfehlen ist im Zusammenhang auch das HOT-Konzept (WEIGL & REDDEMANN-TSCHAIKNER 2002).

Die Lehrpläne ermöglichen es uns, in vielfältigen fachlichen Zusammenhängen geeignete Inhalte aufzugreifen und mit den Kindern „*personengeleitete Sachdialoge*" zu führen. Auch eine schriftsprachliche Verwertung ist möglich.

Ob wir bei der Körperpflege, beim Putzen der Zähne oder beim Herstellen von Müsli an „Gesundheitserziehung" denken; ob wir die Tierpflege oder die Pflanzenzucht der „Naturkunde" zuordnen oder aber ob wir wichtige Themen, für die sich Kinder einfach interessieren, dem Fach Deutsch/ Förderunterricht zuweisen – immer kann es uns gelingen, Unterricht so zu gestalten, dass Kinder in effizienter Weise auch adäquate sprachliche Konzepte aufgreifen, weil sie aktiv und sinnvoll (aus der Sicht der Kinder!) tätig werden wollen.

Das besondere Merkmal bei der sprachlichen Umsetzung elementarer Alltagshandlungen ist die Möglichkeit der detaillierten Ansprache aller Teilvorgänge.

Beispiel: 2. Jahrgangsstufe: Heimat- und Sachunterricht (2.2.3) – Ernährung – Zubereitung von Gerichten – „Herstellen von Müsli"

Der *Motivation* könnte ein bereits fertiges, köstlich schmeckendes Müsli oder aber ein einfach gestaltetes leckeres Rezept (Bilderfolge) dienen.

Sobald wir im Rahmen der *Erarbeitung* uns die möglichen *Zutaten* ausgedacht haben, die die Kinder vielleicht sogar von zu Hause mitbringen, geht es um strukturierte Handlungs- und Sprechtätigkeiten im Klassenrahmen, später in der Gruppe.

Unser Ziel ist die Verbesserung der sprachstrukturellen grammatikalischen Fähigkeiten, wobei wir allerdings die Lernvoraussetzungen der Schüler in der Klasse kennen sollten. Insgesamt sollen die durch die Handlungen evozierten Sprachmuster jedoch einfach genug sein, um eine vernetzte Aktion von Sprechen und Handeln zu gewährleisten. Auch an unterschiedliche Sprachformen kann gedacht werden, vor allem im Rahmen der Gruppen- und Partnerarbeit.

Methodisch verarbeitet werden hier Satzarten, die Handlungen zwingend erforderlich machen und die zugleich sprachstrukturellen Aufbaucharakter besitzen.

sprachstruktureller Aufbau

Um den Rahmen dieses Beitrags nicht zu sprengen, sollen hier nur zwei mögliche Sprachformen angesprochen werden, die deutlichen Aufforderungscharakter zum Handeln besitzen.
- Der *Fragesatz mit Modalverb*: „Willst du (bitte) die Milch dazuschütten?"
- Der *Aufforderungssatz mit Imperativverb*: „Schütte (bitte) die Milch dazu!"

Die *Fragsatzform* hat den Vorteil, dass das Verb in Endstellung stehen darf, was für sprachentwicklungsverzögerte Kinder eine erhebliche Entlastung darstellt. Außerdem kann „nein" gesagt werden, verbunden mit einem Sprecher-Hörer-Wechsel. „Turns" dieser Art schaffen eine Rollenflexibilität.

Der *Aufforderungssatz* hingegen ist die klassische Form, bei der ein „Meister" seinen „Lehrling" anweist. Bei dieser Satzform wird eine

Handlung (das Verb) in den Vordergrund gerückt (nach PINKER 1998 ein *Kopf-zuerst-Muster*). Dieses sprachliche Aufbauprinzip ist besonders wichtig, weil es den Aussagesatz (Verbzweitstellung) vorbereitet.

Wir wollen im Folgenden anhand des gewählten Beispiels die konkret zu realisierende Handlung in ein Ablaufschema bringen, wie sie sich im Unterricht letztlich auch in einem „Rezeptbüchlein" niederschlagen könnte. Man denke an eine schematische Skizzen- oder Bilderfolge, welche die unten aufgelisteten Sätze evoziert.

Die beiden Sprachformen und die Ablaufcharakteristiken sind dem oben bereits erwähnten Buch (GOLLWITZ 2003) entnommen.

Sprachform „Fragesatz" mit Modalverb	Sprachform „Aufforderungssatz" mit Imperativverb
Willst du die Milch **aus dem (Kühl-) Schrank** holen?	Hol die Milch aus dem Kühlschrank!
Willst du die Haferflocken **aus dem Schrank** holen?	Hol die Haferflocken aus dem Schrank!
Willst du die Beeren **aus dem Korb** holen?	Hol die Beeren aus dem Korb!
Willst du die Schüssel **aus dem Schrank** holen?	Hol die Schüssel aus dem Schrank!
Willst du den Löffel **aus der Schublade** holen?	Hol den Löffel aus der Schublade!
weitere Lebensmittel und Geräte...	weitere Lebensmittel und Geräte...
Willst du die Haferflocken **in die Schüssel** (hinein-) schütten?	Schütte die Haferflocken in die Schüssel (hinein)!
Willst du die Milch **in die Haferflocken** (hinein-) gießen?	Gieß die Milch in die Haferflocken!
Willst du den Joghurt **in die Haferflocken** (hinein-) schütten?	Schütte den Joghurt in die Haferflocken!
weitere Lebensmittel..	weitere Lebensmittel..
Willst du das Müsli **mit dem Rührlöffel** umrühren?	Rühr das Müsli mit dem Rührlöffel um!
Willst du den Teller **mit dem Müsli** auffüllen?	Füll den Teller mit dem Müsli auf!
Willst du einen Löffel **aus der Schublade** holen?	Hol einen Löffel aus der Schublade!
Willst du das Müsli **mit dem Löffel** essen?	Iss das Müsli mit dem Löffel!
Willst du den Teller **in die Spüle** tragen?	Trag den Teller in die Spüle!

Der „Chefkoch" gibt also seinem „Lehrling" die Anweisungen, die später möglichst auch einem elementaren Rezeptbuch zu entnehmen sind. Wir werden wohl mehrere Stundeneinheiten veranschlagen und unser Anliegen projekthaft ausweiten und absichern („Torten" oder „Pizzas" herstellen).

Das Modalverb beim Fragesatz kann auch modifiziert werden („Kannst du..? – „Magst du..?"). Zur Vereinfachung können die Ergänzungen (Fettdruck) weggelassen werden. Man beachte allerdings, dass dann gelegentlich Präfixformen erforderlich werden (hier in Klammern notiert).

10 Die Klasse mit fachlichen Lehrplaninhalten sprachlich fördern

Zugrunde gelegt wird der Lehrplan für die Grundschulen in Bayern, wobei wir anhand von drei Beispielen aus den Jahrgangsstufen 2, 3 und 4 zeigen wollen, wie im Rahmen der fachlichen Lehrpläne das sprachtherapeutische Förderanliegen verwirklicht werden kann.

Mit Nachdruck wollen wir darauf hinweisen, dass ein *sprachtherapeutischer Unterricht* nicht nur einseitig darauf ausgerichtet ist, die sprachlichen Fähigkeiten der Kinder zu verbessern. Man beachte:

Eine ausgeprägte sprachtherapeutische Arbeit wird das fachliche Verständnis entscheidend mit verbessern. Da der fachliche Ansatz immer auch die Art der Sprachförderung kennzeichnet, müssen wir natürlich stets darüber nachdenken, ob das fachliche Konzept mit aktuellen Sprachförderkonzepten verbunden werden kann.

Hinweis:

Wir wählen hier ausschließlich Fachinhalte aus dem Bereich der Primarstufe. Wir sind uns aber sicher, dass auch Schüler der Hauptschulstufe fachlichen Lernstoff nur in einer interaktiven und kommunikativen Klassenatmosphäre verlässlich erwerben können.

Unsere sonderpädagogische Programmatik einer personengeleiteten und dialogischen Arbeit mit sprachauffälligen Kindern ist eigentlich eine ganz generelle pädagogische Aufgabe. Die Effizienz sprachfördernder Sachinhalte ist groß, wenn der Schüler mit seiner individuellen fachlichen Bedürfnis- und Interessenlage im Mittelpunkt steht.

Fachlich gebundene Themen und Zielbeschreibungen der Lehrpläne reichen allerdings allein für eine Verbesserung der Verbalität schwächerer Schüler noch nicht aus!

Die drei Beispiele in der Tabelle unten sind ganz bewusst nicht aus dem Fach „Deutsch". Wir wollen zeigen, dass Sprache auch überfachlich gesehen werden muss und alle Bereiche des Lebens erfasst.

Hinsichtlich der gewählten Beispiele kann diesbezüglich gesagt werden:

sprachtherapeutischer Unterricht in allen Fächern

- Die Mathematik braucht (sprachliche) Rhythmisierung – und der Rhythmus erleichtert die Erfassung von gebündelten Mengen (Superstrukturen).
- „Kreative visuelle Verwandlungen" in der Kunsterziehung können mit entsprechenden Hörbildern synchronisiert werden. Diese sprachheilpädagogisch sinnvolle Parallelisierung hilft auch, das kunsterzieherische Anliegen besser verstehen zu können.
- Sozialkundliche Themenstellungen (Heimat-und Sachunterricht) sind auf dialogsprachliche Auseinandersetzung angewiesen. Bestimmte Satzformen (Konditionalsätze, Kausalsätze) klären die fachlichen Inhalte in positiver Weise.

Es wird noch auf die Untergliederung der rechten Tabellenspalte hingewiesen:

- „*mein Thema*" soll auf die Bedürfnislage des Kindes hinweisen, sich mit einem bestimmten Thema überhaupt befassen zu wollen;

- *„die Sache"* zentriert die fachliche Angelegenheit unter Einbeziehung der subjektiven Sicht des Kindes;
- *„sprachtherapeutisches Anliegen"* meint die speziellen sprachfördernden Implikationen, die in der Natur der „Sache" sind;
- *„der Dialog"* weist auf die interaktive Einbindung des Geschehens hin

Lehrplan für die Grundschulen (Bayern)	Sprachtherapeutisches Förderanliegen
Mathematik – 2.Jgst. – Zahlen – Multiplikation und Division verstehen 2.3.3 *Multiplikation und Division verschieden darstellen:* *– durch Handlungen* *– zeichnerisch* *– symbolisch*	*mein Thema:* „Meine Bären brauchen 4 weiche Pfoten! – In der Bärenfabrik." *die Sache:* Einmaleinssätze mit der Zahl „4". Bis zu 10 Bären (aus Karton) „weinen, weil sie noch keine Pfoten (große Markierungspunkte) haben". *sprachtherapeutisches Anliegen:* Im Viererrhythmus werden (pantomimisch) „von der Maschine den Bären jeweils 4 Pfoten aufgepresst": „Pf-pf-pf-pf – pf-pf-pf-pf" / „Bä-ren-pfo-ten" usw.. *Es geht um die phonetische oder morphologische Einschleifung der Viererrhythmen. Beim schnellen und konturierten Aufpressen entstehen Superstrukturen (Einheiten mit 4 Teilen), die wie folgt gezählt werden:* 0 0 0 0 = ein Bär. *der Dialog:* „Ich bin die Maschine. Hör genau zu und sag mir, wie viele Bären schon Pfoten bekommen haben!"
Kunsterziehung – 3. Jgst. – Natur als Künstlerin – Veränderung und Umgestaltung (3.1) *Fundstücke aus der Natur im Sinne einer selbst vorgenommenen Verwandlung kreativ umgestalten*	*mein Thema:* „Mein Fantasietier" *die Sache:* Fotos oder Bilder von Tieren werden in zwei Teile zerschnitten und mehrmals neu zusammengefügt. In Sprechblasen werden passende Tierlaute geschrieben. *sprachtherapeutisches Anliegen:* Aus dem Vorderteil eines **Ele**fanten und dem Rückteil eines Kroko**dils** wird ein „Ele-dil". In die Sprechblase schreiben wir etwa „Uuu-chch". Weitere Tiere: Zeb-ra; Lö-we; Af-fe; Ha-se; En-te; Papagei.. *Veränderung von Morphologien im Sinne neuer semantischer Qualitäten – Veränderung typischer Tierlaute (phonetische Akzentuierung) – spielerisch vielfältiger Umgang durch häufigen Wechsel der visuellen Gestalten der Dialog:* „Unser Fantasiezoo" Der Zoodirektor ruft immer zwei Tiere auf. Diese Tiere im Fantasiezoo dürfen dann miteinander sprechen. *alternativ:* Herr Gnu und Frau Kakadu geben ihrem Kind einen Namen: *Kagadugnu, Kadukagnu, Gukakadnu, Knugagadu,...* Frau Papagei und Herr Elefant haben ebenfalls ein Kind: *Papaelegeifant, Geifantpapaele, Pafantelepagei...*

Heimat- und Sachunterricht – 4. Jgst. – Ich und meine Erfahrungen – Die Entwicklung des Menschen (4.2) *Gefühle in Worten, Gesten und Mimik mitteilen*	*mein Thema:* „Wenn ich.., dann..." *die Sache:* Es sollen die ganz individuellen Probleme und Freuden (Freundschaften, Stottern, schulische Leistung..) mit nonverbalen und verbalen Mitteln eingebracht werden. *sprachtherapeutisches Anliegen:* Zunächst werden die Gefühle gestisch-mimisch dargestellt (analog) und sollen von den Mitschülern erraten werden. Die verbalsprachliche Einbringung klärt dann die Inhaltlichkeit (digital). *Nach anfänglich freier verbalen Ausdrucksweise sollen die Schüler in konditionalen oder auch kausalen Strukturen sprechen. Diese stützen die sozialkundliche Botschaft. Beispiel: „Wenn ich fremde Menschen anspreche, dann stottere ich."* *der Dialog:* „Wie geht es dir?" Durch interessierte Beteiligung an der Gefühlswelt des Mitschülers erfahren sich die Kinder in einer Partnerrolle und stützen die Sprachlichkeit des Sprechers. Rollentausch ist wichtig.

11 Ausblick

Sprachtherapeutisches Handeln im Grundschulunterricht kann generell nur als *dialogisches Handeln* verstanden werden. Dieses Handeln darf jedoch nicht unter einem Zwang zur Verwendung sprachlicher Muster erfolgen. Insbesondere der sprachschwache Schüler benötigt verbale Anreize, die in ganz natürlicher Form in allen Fächern schon enthalten sind. Unsere Aufgabe als Lehrer ist es hierbei nur, motivationsstarke und sprachanregende Inhalte aus den Fächern organisch herauszuarbeiten und hervorzuheben, wie dies in Abschnitt 10 dargestellt wurde.
Häufig werden im Primarbereich der Schulen propädeutische Methoden wirksam, die im Rahmen des Schriftspracherwerbs und der ganz normalen Alltagsbewältigung eine wichtige Rolle spielen. Es kann nur betont werden, dass Tätigkeiten dieser Art durchaus lehrplangerecht sind und zugleich das Kind zu sprachlichen Leistungen herausfordern können.
Wir Lehrer begleiten mit großer Aufmerksamkeit das kindlich elementare Denken und freuen uns über das konstruktivistische Potenzial, das in ihm steckt. Wir wollen keine „kleinen Erwachsenen", sondern wir versetzen uns gerne in die oftmals erfrischend einfache Welt unserer Kinder. So entstehen Dialoge mit fast automatischen Modellierformen, die häufig wie selbstverständlich auch von den Kindern in der Klasse übernommen werden. Wir fördern mit Interesse diese Entwicklungsgänge und schaffen hiermit eine echte *„Sprachkultur"*.
So wird uns klar: *Sprache ist kein Selbstzweck.* Bei der sachinhaltlichen Kommunikation spürt jeder Schüler die organische Einbettung seiner Person in ein sinngebendes Klassengefüge. Der Lehrer fühlt sich also nicht als „Stoffvermittler", sondern weckt die sprachlichen Grundkräfte seiner Kinder über Angebote, von denen er weiß, dass sie eine signifikante

„sprachliche Seite" haben. Als Begleiter wird er stets seine Klasse zum Ausdruck ermuntern, wobei er die vielen unterschiedlichen Individualitäten berücksichtigt.

Aus dieser Sicht werden Konzepte der Sprachdidaktik, wie sie bereits in den 60-er Jahren angedacht waren, in ein neues Licht gerückt. Zögern wir nicht, der häufigen „Sprachlosigkeit in der Schule" mit einer „kommunikativen Wende" zu begegnen. So entsteht Selbstbewusstsein, weil jedes Kind mit seinen ureigenen *sprachlichen Fähigkeiten* gesehen wird.

Nicht nur der sprachauffällige Schüler benötigt in der Schule die volle Anerkennung seiner individuell kindlichen Sprache und damit seiner Persönlichkeit. *Im Dialog fühlt sich das Kind niemals allein gelassen.* Natürliche Formen von Interaktion und Kommunikation werden Minderwertigkeitsgefühle und Fehlerdenken in der Schule deutlich abbauen. Auf dieser Basis kann sich sodann gesunde Sprachlichkeit entfalten.

Sprach- und Kommunikationsverhalten der Lehrkraft als Mittel unterrichtsimmanenter Sprach- und Kommunikationsförderung

Katrin Schmitt & Petra Weiß

1 Grundlagen

1.1 Kommunikation und Sprache

Kommunikation und Sprache sind von zentraler Bedeutung für den Menschen, da das menschliche Zusammenleben mit ihrer Hilfe geregelt wird. Menschen haben das Bedürfnis nach Austausch. Ohne diesen ist ein Leben nicht vorstellbar.

Der Begriff Kommunikation ist mit Informationsaustausch gleich zu setzen. In der Pädagogik bezeichnet Kommunikation den zwischenmenschlichen Informationsaustausch, wenngleich heute auch zwischen Mensch und Maschine sowie zwischen Maschinen Informationen übertragen werden können. Voraussetzung für einen gelingenden Informationsaustausch ist die Etablierung eines gemeinsamen Kodes. Dieser kann sowohl nonverbaler als auch verbaler Natur sein. Der verbalen Kommunikation wird neben der Lautsprache auch die Schriftsprache zugeordnet, da diese erstere kodiert. Nonverbale Signale begleiten die Lautsprache oder gehen ihr voraus. Besonders wichtig für die Kommunikation sind Informationen, die mittels Mimik, Gestik, Blickkontakt, Körperbewegung und Körperhaltung übermittelt werden. Gerade emotionale Befindlichkeiten werden überwiegend nonverbal kommuniziert. Daher kommt diesen Kommunikationsformen eine zentrale Stellung in Beziehungen zu. Man versichert sich beispielsweise die gegenseitige Aufmerksamkeit durch Blickkontakt, Körperhaltung und Abstand zum Gesprächspartner. Auch der Sprecherwechsel vollzieht sich mit Hilfe nonverbaler Signale.

Kommunikation

Kommunikation wird durch Lautsprache zur spezifisch menschlichen Kommunikation (HOMBURG 1994). Mit ihrer Hilfe können Menschen auch komplexe Sachverhalte schnell und effizient ausdrücken. Wie die Kommunikation ist die Lautsprache ein komplexes System, bestehend aus sprachlichen Zeichen, Wörtern und grammatischen Regeln, die sich das Kind im Verlauf seiner Entwicklung aneignet. Die Kreativität der Sprache zeigt sich darin, dass der Mensch die in der jeweiligen Sprache verwendeten Laute zu einer beliebigen Zahl von Aussagen kombinieren dann. Neue Wörter und unendlich viele Sätze können gebildet werden. Bei der Neuschöpfung von Wörtern und Sätzen werden aber trotzdem

Lautsprache

bestimmte Regeln eingehalten, die sich der Sprecher beim Spracherwerb aneignet. Sprachliches Wissen wird äußerlich durch das Sprechen aktualisiert, wiederum ein komplexer Vorgang, da Atmung, Stimmgebung und Artikulation eng zusammenwirken müssen.

kommunikative Kompetenz

Die sprachliche Kompetenz eines Menschen ist nur ein Teilbereich seiner kommunikativen Fähigkeiten. Die kommunikative Kompetenz bezeichnet die Fähigkeit des Menschen, verbale *und* nonverbale Mitteilungen kontextangemessen zu verstehen und zu produzieren (MOTSCH 1996).

Bedeutung der Kommunikation

Die Fähigkeit zur Kommunikation ermöglicht es dem Menschen, sich auszudrücken, seine Gedanken, Gefühle und seinen psychischen Zustand mitzuteilen. Für die Persönlichkeitsentwicklung sowie für ein gesundes Selbstbewusstsein braucht der Mensch die Erfahrung des erfolgreichen Kommunizierens. Durch den kommunikativen Kontakt zu anderen Menschen fühlen wir uns geliebt und angenommen, oder auch abgelehnt. Mittels Kommunikation können Menschen beeinflusst, Ziele erreicht und Bedürfnisse befriedigt werden.

Im Unterricht sind Schüler und Lehrkräfte ständig damit beschäftigt, alle über die unterschiedlichen Kanäle aufgenommenen Informationen zu interpretieren. Lehrkräften sollte deshalb bewusst sein, dass sie nicht nur verbal, sondern vor allem nonverbal unentwegt Signale aussenden und diese von den Schülern wahrgenommen und gedeutet werden.

1.2 Zur Bedeutung des Sprach- und Kommunikationsverhaltens der Lehrkraft

Der Schulvormittag ist in weiten Bereichen vom Sprechen bestimmt: Lehrkräfte und Schüler sprechen miteinander, stellen Fragen, erklären Sachverhalte, erteilen Arbeitsanweisungen, geben Rückmeldungen und kommunizieren auch zwischen den Unterrichtseinheiten in unterschiedlichster Art und Weise miteinander. Aber auch Lernatmosphäre und Lernfortschritt stehen in engem Zusammenhang mit dem Sprach- und Kommunikationsverhalten der Lehrkräfte: Interesse oder Desinteresse, Leistungsbereitschaft oder Verweigerung, Zuversicht oder Entmutigung, Verstehen oder Unverständnis können ausgelöst werden.

Der hohe Sprachumsatz im Laufe eines Unterrichtsvormittages überfordert Kinder mit sprachlichen Schwierigkeiten oftmals (DANNENBAUER 2001). Damit diese Schüler Unterrichtsinhalte aufnehmen und in ihrem aktiven und passiven Sprachgebrauch Fortschritte erzielen können, müssen Lehrkräfte ihre Sprache auf die sprachlichen Fähigkeiten der Schüler abstimmen. Das Bewusstsein, dass die eigene Sprache sowie das eigene Kommunikationsverhalten in den unterschiedlichsten Situationen immer auch therapeutisches Mittel und Modell ist, ist eine wichtige Grundbedingung für das erfolgreiche Unterrichten dieser Kinder. „Wohl die wichtigste jederzeit verfügbare und individuell anzupassende Maßnahme zur Sprachförderung sind das Sprachverhalten und der Sprachgebrauch der Lehrkräfte" (TROSSBACH-NEUNER 1997, 186). Dabei wechseln sich Phasen des sehr bewussten, reflektierten und zielgerichteten Sprachangebots gemäß der erstellten Eingangs- und Prozessdiagnostik mit natürli-

eigene Sprache als therapeutisches Mittel

chen, umgangssprachlichen Situationen ab. Die Herausforderung für Lehrkräfte ist es, die eigene Sprache unauffällig und beiläufig, für die Schüler weitgehend unbemerkt, kommunikationsfördernd einzusetzen.

1.3 Sprach- und Kommunikationsförderung im Unterricht

Ein sprach- und kommunikationsfördernder Unterricht stellt eine wichtige und notwendige Ergänzung zur Sprachtherapie dar. „Sprachbehinderte Kinder benötigen nicht ein- bis zweimal pro Woche für fünfzehn Minuten Sprachtherapie, in der sie den Therapeuten ganz für sich haben, sondern im Rahmen der sprachtherapeutischen Erziehung und des sprachtherapeutischen Unterrichts lang dauernde Unterstützung, gezielte Herausforderung und wiederkehrende Bewährung" (GROHNFELDT, HOMBURG & TEUMER 1993, 180).

Ergänzung zur Sprachtherapie

Sprache als komplexes System kann auf verschiedenen Ebenen beeinträchtigt sein. Kinder mit Artikulationsstörungen, Störungen beim Erwerb von Bedeutungen, Schwierigkeiten bei der Wortfindung, grammatischen Entwicklungsstörungen oder Unflüssigkeiten wurden in Band 2 des Lehrbuchs der Sprachheilpädagogik und Logopädie (GROHNFELDT 2001) bereits ausführlich beschrieben. Aufgrund des untrennbaren Zusammenhangs von Sprache und Kommunikation ziehen Sprachstörungen immer auch Einschränkungen der gesamten Kommunikationsfähigkeit nach sich. Diese Defizite erschweren es den Kindern, in der Schule erfolgreich zu sein, da das Lernen wesentlich von Kommunikation bestimmt wird.

Auch für normalentwickelte Kinder stellt die Weiterentwicklung der Sprach- und Kommunikationsfähigkeit ein wesentliches Lernziel dar (LEHRPLAN FÜR DIE BAYERISCHE GRUNDSCHULE 2000). In der Erziehung und im Unterricht von Kindern mit Förderbedarf im Bereich Sprache sollte dieses Ziel im Vordergrund stehen. Die Erweiterung der Kommunikations- und Handlungsfähigkeit ist wichtige Voraussetzung für erfolgreiche Sprachförderung. Das Einbeziehen nonverbaler Kommunikationsanteile ist hierbei unerlässlich, weil die Kinder bei Erfolg auf nonverbaler Ebene, beispielsweise durch positiv erlebten Blickkontakt, auch zur lautsprachlichen Kommunikation ermutigt werden. Zentral bleibt die spezifische an der sprachlichen Entwicklung der Kinder orientierte Förderung der Artikulation, des Wortschatzes, der Sprechflüssigkeit, des Sprachverständnisses, der Morphologie und Syntax sowie der pragmatischen Fähigkeiten.

Förderung auf den Sprachebenen

2 Beispiele praktischer Umsetzung

2.1 Kommunikationsbedingungen

Voraussetzung und Grundlage für eine erfolgreiche Sprachförderung ist es, geeignete Kommunikationsbedingungen herzustellen. Die Kinder sollen zum Sprechen motiviert werden und im Laufe ihrer Schulzeit zunehmend Sprechfreude entwickeln können. Im Folgenden werden die grundlegenden Aspekte beschrieben.

Angstfreie, von Wohlwollen geprägte Atmosphäre

Ein wesentliches Fördermoment bei Kindern mit Förderbedarf im sprachlichen Bereich ist es, Sprechhemmungen und -ängste in den unterschiedlichsten Situationen wahrzunehmen und im Gespräch aufzugreifen. Beispielsweise haben Kinder mit ausgeprägten Artikulationsstörungen oder mit gravierenden Sprechunflüssigkeiten häufig besondere Schwierigkeiten, von sich aus frei zu sprechen, wenn sie abwertende Bemerkungen der Mitschüler befürchten müssen. Solche Reaktionen lassen sich abbauen, wenn in einer Atmosphäre von gegenseitigem Respekt und Verständnis über die sprachlichen Auffälligkeiten gesprochen wird. Das betroffene Kind berichtet über seine Schwierigkeiten und die Mitschüler erzählen, wie sie sich fühlen, wenn dieses Kind spricht. Wichtig ist es, das Augenmerk der Kinder darauf zu lenken, dass kein Mensch perfekt ist, ein jedes Kind Schwächen hat, ja sogar ein Recht darauf, diese zu haben. Diesen Gesprächsrunden sollte viel Raum gegeben werden und jedes Kind sollte ausreichend Zeit haben, über sich zu erzählen und von den anderen etwas über sich zu erfahren. Auch die Lehrkraft darf sich nicht ausnehmen. Das erklärte Ziel dieser Gespräche – darüber muss immer wieder ein Konsens hergestellt werden – ist es, gegenseitige Abwertungen wahrzunehmen und in der Klassengemeinschaft nicht zu dulden. Kinder können ein sehr feines Gespür für den anderen entwickeln und genau auf die Einhaltung einer solchen Vereinbarung achten – gibt es ihnen doch selbst das nötige Maß an Sicherheit in ihrer Sozialgemeinschaft.

Aufmerksamkeit

Beispiel: Ein Kind berichtet vom Wochenende und hält dabei ausschließlich Blickkontakt zur Lehrkraft. Währenddessen tauschen zwei Kinder flüsternd die neuesten Nachrichten aus, zwei weitere treten sich gegenseitig auf die Füße... Und dabei heißt die Klassenregel: Keiner spricht, bevor er nicht die volle Aufmerksamkeit genießt! Infolgedessen muss das erzählende Kind seine Ausführungen unterbrechen und warten. Eine schwere Übung, die nur gelingt, wenn mit der Gruppe schrittweise erarbeitet wird:

- Ob in Gesprächskreisen oder im Frontalunterricht – das Gesagte richtet sich immer an alle.
- Zweiergespräche sind absolut tabu!
- Das Kind, das spricht, blickt dabei nicht nur die Lehrkraft, sondern auch die Kinder an.
- Es hat sich gut überlegt, das zu erzählen, was für alle Kinder von Interesse ist (und was den engeren Freunden, z.B. in der Pause vorbehalten bleiben soll).
- Jedes Kind erzählt z.B. nur *ein* Ereignis vom Wochenende.
- Das Kind bemüht sich, seinen Bericht mit klaren Worten, kurz und anschaulich zu vermitteln.

Von besonderer Bedeutung ist hier natürlich das Verhalten der Lehrkraft. Spricht ein Kind, muss es die volle Aufmerksamkeit und Hinwendung

Marginalien (linke Spalte):
- Wahrnehmung von Sprechängsten
- Metareflexion
- Gesprächsübung
- Kommunikationsvorbild der Lehrkraft

sowie ausreichend Zeit erhalten. Eine Lehrkraft, die ihr Pult aufräumt, die Tafel wischt oder auch nur das Fenster öffnet, solange ein Kind erzählt, vermittelt Desinteresse und widerlegt damit sämtliche erarbeiteten Kommunikationsprinzipien.

Was für die Schüler gilt, gilt natürlich auch für die Lehrkraft: Nur wenn die Aufmerksamkeit aller Kinder gesichert ist, wird gesprochen. Dies vermittelt nicht nur Wichtigkeit für das Gesagte, es erleichtert auch Kindern mit auditiven Verarbeitungsschwächen, Inhalte aufzunehmen, da diese unter Einwirkung von Störschall häufig auffällig schlecht hören (Coninx 2001).

Vielen Kindern fällt es sehr schwer, sich auf *ein* Thema zu beschränken, noch schwerer ist es, bei der Auswahl die Interessenlage der Mitschüler richtig einzuschätzen. Das muss in vielen Gesprächsrunden gelernt werden. Ist Vertrauen und Sicherheit in der Klasse vorhanden, kann die Bedeutung von Blickkontakt, Körperhaltung und Prosodie (siehe 2.2) reflektiert werden. Hier empfiehlt sich unbedingt der Einsatz von Rollenspielen, damit die Kinder die Wirkung der nonverbalen Signale außerhalb der eigenen Person erfahren können. Das ist zu Beginn ein äußerst mühsames Unterfangen, wirkt sich jedoch langfristig positiv aus.

Antizipation des Gegenübers

Rückmeldung
Um die Bedeutung des Sprechens zu unterstreichen, muss auf alles Gesagte in angemessener Form reagiert werden. Ein freundliches Kopfnicken reicht manchmal aus, um zu signalisieren, dass man zugehört hat und einverstanden ist. Hat das Kind den falschen Zeitpunkt gewählt und kann ihm die nötige Aufmerksamkeit nicht gegeben werden, sollte dies kurz begründet und ein konkreter Zeitpunkt (z.B. die letzten 10 Minuten vor der Pause mit allen im Kreis, oder – wenn ein Gespräch unter vier Augen geführt werden soll – in der Pause, nach dem Unterricht) vereinbart werden.

Ermunterung zum Sprechen
Kinder mit Förderbedarf im sprachlichen Bereich neigen dazu, die für sie unangenehme Sprechsituation möglichst rasch zu beenden. Sie sprechen in Ein-Wort-Sätzen und verzichten auf detaillierte Äußerungen. Um diese Kinder zum Sprechen zu ermuntern, empfiehlt es sich:

- ein Signal mit der Bedeutung „Sprich in einem ganzen Satz" einzuführen. Der Zeigefinger, der eine Kreisbewegung (für das Ganze) ausführt, ist ein sehr diskretes Signal; deutlicher wird ein Kreis mit den Armen vor dem Körper gebildet oder das Zeigen einer entsprechenden Signalkarte;   *Signale geben*
- mit zu knappen Äußerungen nicht zufrieden zu sein, wenn mehr erzählt werden könnte. Neben dem konkreten Nachfragen ermuntern Aufforderungen wie: „Jetzt bin ich aber neugierig, wie das weitergeht!" „Das war doch bestimmt noch nicht alles!" „Ich bin mir ganz sicher, dass du darüber noch viel mehr erzählen kannst!" oder ein fragendes „Und jetzt?" „Und nun?" die Kinder, ausführlicher zu erzählen. Zusätzlich vermitteln freundlich-auffordernde nonverbale Signale eine wohlwollende Grundhaltung. Auf diese Weise werden po-   *Nachfragen*   *Sprechaufforderungen*

sitive Redeerfahrungen ermöglicht, die helfen, Sprechängste abzubauen (KRIEBEL 2001).

Natürliche Sprechanlässe
Die Sinnhaftigkeit des Sprechens ist natürlichen Sprechanlässen inhärent. Täglich gibt es dazu Anlässe:

alltägliche Situationen

- Muss ein Kind in eine andere Klasse, zur Schulsekretärin oder zur Rektorin gehen, um etwas zu fragen oder auszurichten, übernimmt es eine wichtige, sinnvolle Aufgabe.
- Im Rahmen des Unterrichts kann einem krank gewesenen Kind berichtet werden, was in der Zwischenzeit geschehen ist.
- Durchgeführte Befragungen im Umfeld des Kindes werden geschildert und ausgewertet, betrachtete Fernsehsendungen im richtigen Handlungszusammenhang wiedergegeben.
- Bei Ausflügen wird der Busfahrer nach der Verbindung gefragt, an der Tierpark- oder Schwimmbadkasse für alle bezahlt.
- Bei der Museumsinformation werden vorher besprochene Fragen gestellt.

Wichtig ist, dass alle Kinder ihren Fähigkeiten gemäß gefordert werden, dass dies eine Form der „Klassenkultur" – selbstverständlich und daher immer weniger angstbesetzt – wird. Die Lehrkraft sollte sich überall dort, wo die Kinder in der Lage sind, eigenständig oder mit Unterstützung aktiv zu werden, bewusst zurücknehmen. Sämtliche Realsituationen können vorher im Rahmen von Übungsdialogen und Rollenspielen inszeniert werden, um Sicherheit zu vermitteln und Ängste abzubauen.

2.2 Nonverbales Kommunikationsverhalten

außersprachliche Sinnstützen

parasprachliche Gestaltungsmittel

Die Einbeziehung außersprachlicher Sinnstützen (Einsatz von Gestik, Mimik, Körpersprache) sowie der Einsatz parasprachlicher Gestaltungsmittel (situationsangepasstes Variieren von Sprechtempo, -melodie, Akzentuierungen, Tonhöhe, der bewusste Einsatz von Sprechpausen) hilft besonders Kindern mit sprachlichem Förderbedarf, das Gesagte schneller und besser zu verstehen. Außersprachliche Sinnstützen und parasprachliche Gestaltungsmittel stellen auch hervorragende Impulse dar und vermitteln den Kindern ganz nebenbei die Variationsbreite unserer kommunikativen Möglichkeiten. Die zentrale Erkenntnis der Kommunikationstheorie nach WATZLAWICK: „Man kann nicht nicht kommunizieren" (WATZLAWICK 1996, 53) rückte die Körpersprache ins Bewusstsein. Besonders Lehrkräfte müssen Sensibilität für ihre Körpersprache entwickeln, da sie den gesamten Unterrichtsvormittag mit den Schülern eben auch nonverbal kommunizieren. Die kritische Beobachtung und möglichst positive Gestaltung der eigenen Körpersprache konzentriert sich nach HEIDEMANN (2003) auf:

Blickkontakt

- den Blickkontakt zu den Schülern: Er stellt eine wichtige Möglichkeit zur Förderung der Kommunikation innerhalb der Klasse dar. Blicke geben zusammen mit Sprache und Gesichtsausdruck Auskunft über die Grundstimmung des Gegenübers. Lehrkräfte müssen ihre Schüler anschauen, um deren Befindlichkeit wahrzunehmen. Die Schüler richtig anzublicken, ist oftmals aufgrund der vielfältigen unterrichtlichen Gedanken und Tätigkeiten nicht einfach. Gelingt es der Lehrkraft jedoch, über Blickkontakt eine Verbindung zu den Schülern herzustellen, führt dies zu einer höheren Aufnahmebereitschaft. Besonders beim Einsatz der Modellierungstechniken (siehe 2.3) muss die Aufmerksamkeit der Schüler gesichert sein, da sonst die sprachlichen Anregungen keine Beachtung finden. HEIDEMANN empfiehlt, die Blicke der Schüler vor jedem Sprechen insbesondere zu Stundenanfang regelrecht aufzusammeln.

- die Körperstellung und -haltung: Damit die eigene Körpersprache wirkungsvoll eingesetzt werden kann, ist es wichtig, von den Schülern gut gesehen zu werden. Der Abstand sollte so gewählt werden, dass mit allen Schülern Blickkontakt aufgenommen werden kann. Die Lehrkraft sollte zudem möglichst ruhig vor der Klasse stehen, da dies Aktivierungsbereitschaft und Entspannung signalisiert. Dagegen übertragen beispielsweise unbewusste rhythmische Bewegungen mit Füßen oder Beinen Unsicherheit und lenken die Schüler ab. — Körperstellung und -haltung
- die Gestik: Nur bei freiem, ruhigen Stehen kann die Lehrkraft ihre Gestik optimal einsetzen. Hände unterhalb der Körpermitte wirken auf die Schüler wenig motivierend, Hände auf Brusthöhe aktivierend. Um die kontinuierliche Aufmerksamkeit der Schüler zu sichern, sollte die Lehrkraft ihre Arme während des Unterrichtens von der Körpermitte aus immer wieder in Brusthöhe und Richtung Schüler bewegen. — Gestik
- die Mimik: Der bewusste Einsatz der eigenen Mimik ist von großer Bedeutung, da diese von Schülern mit Förderbedarf im sprachlichen Bereich häufig besonders intensiv wahrgenommen wird und eine wichtige Hilfe zur Interpretation sprachlicher Äußerungen darstellt. Deshalb sollten Lehrkräfte darauf achten, dass ihr Gesichtsausdruck Gesagtes unterstreicht. Dies vermittelt den Schülern Sicherheit. — Mimik

Viele weitere hilfreiche Hinweise finden sich in einem Training für Lehrkräfte von HEIDEMANN (2003).

2.3 Sprachverhalten

Das Sprachverhalten der Lehrkraft soll dem Kind Vorbild sein sowie eine sichere Orientierung vermitteln. Auf Dialekt sollte deshalb bei Kindern mit Förderbedarf im Bereich Sprache, auch wenn diese Dialekt sprechen, zugunsten einer an der Standardsprache orientierten klaren, lautreinen Artikulation verzichtet werden. Unerlässlich sind: — Vorbild / kein Dialekt / korrekte Sprache

- eine langsame, deutliche Sprechweise
- das Sprechen in korrekten Sätzen
- eine bewusste Wortwahl
- eine reduzierte Komplexität. Dazu gehört auch das Vermeiden von Aufforderungsketten, da Kinder mit einer spezifischen Sprachentwicklungsstörung häufig über eine stark eingeschränkte auditive Hörmerkspanne verfügen (DANNENBAUER 2001). — Reduktion der Komplexität

Sprachlich konstante Muster
Orientierung und Sicherheit vermittelt die Verwendung sprachlich konstanter Muster. Dies bietet sich vor allem in sich wiederholenden, ritualisierten Unterrichtsabschnitten (Begrüßung, Gruppenbildung, Materialverteilung etc.) an, z. B. „Bildet Arbeitsgruppen. In jeder Arbeitsgruppe sollen ... Kinder sein".

Ritualisierungen

Versprachlichung emotionaler Inhalte
Die Fähigkeit, Gefühle sprachlich zu vermitteln, ist bei Kindern mit Förderbedarf im sprachlichen Bereich häufig besonders unterentwickelt. Um der Gefahr der „Sprachlosigkeit" mit ihren möglichen Auswirkungen wie Rückzug, Isolation oder Anwendung körperlicher Gewalt frühzeitig entgegenzuwirken, stellen das Nachfragen und In-Beziehung-Setzen zur eigenen Person ein wichtiges Unterrichtsprinzip dar (z.B. „Wie ging es dir dabei?", „Wie war das denn für dich?", „Wie hat sich das angefühlt?"). Auch die Lehrkraft sollte sich keinesfalls ausschließen und über ihre Gefühle sprechen. Zum Beispiel

Nachfragen

Gefühle versprachlichen

– über ihre Angst, die dazu führte, dass sie ein weggelaufenes Kind geschimpft hatte,
– über ihre Zweifel, wenn sie etwas erlauben soll, dessen sie sich nicht sicher ist,
– über ihren Unmut, wenn zwei Kinder immer wieder durch lautes Sprechen den Unterricht stören.

Kinder lernen auf diese Weise leichter, die Sichtweise anderer besser zu verstehen.

Modellierungstechniken
Die Technik des gezielten Modellierens hat ihren Ursprung in der Sprachtherapie und wird dort erfolgreich angewandt. In Anlehnung an den natürlichen Spracherwerb wird die Sprache subtil, aber nachhaltig in Richtung Normalsprache geformt, *modelliert*. Im Rahmen des Unterrichts gibt das *Modelling* der Lehrkraft die Möglichkeit, neben dem bewussten Einsatz der eigenen Sprache auf einzelne Kinder bezogene Sprachmuster, so genannte „Zielstrukturen", zu verwenden. Dies geschieht in wohlgeplanten Gesprächssituationen, in die Zielstrukturen ganz beiläufig eingebaut und im Dialog mit dem Kind mehrmals verwendet und gesichert werden können (DANNENBAUER 1999; HAFFNER 1995).
Folgende Modellierungstechniken werden unterschieden:

Ursprung in der Sprachtherapie

vorausgehende Sprachmodelle

– Sprachmodelle, die den kindlichen Äußerungen vorausgehen. Nach DANNENBAUER sind dies *Präsentation, Parallelsprechen, Linguistische Markierung* und *Alternativfragen* (DANNENBAUER 1999). Sie sind durch die gezielte Vorgabe sprachlicher Strukturen und auf Grund der gezielten Vorausplanung besonders gut in den Unterricht integrierbar. Z. B. in der Unterrichtsvorbereitung als geplante Lehreräußerung oder Tafelanschrift.

nachfolgende Sprachmodelle

– Sprachmodelle, die sich auf kindliche Äußerungen beziehen. Nach DANNENBAUER sind dies *Korrektives Feedback, Expansion, Extension, Umformung* und *Modellierte Selbstkorrektur* (DANNENBAUER 1999).

- Sprachmodelle, die sich auf kindliche Äußerungen beziehen, greifen grundsätzlich die vorangegangene kindliche Äußerung auf, um die geforderten Zielstrukturen zu evozieren. Hierbei handelt es sich nicht um technische, „aufgesetzte" Interventionen, sondern um ein geplantes, aber natürliches Sprechen mit dem Kind. Deshalb ist es notwendig, sich der unterschiedlichen Formen der – im Prinzip ständig zur Verfügung stehenden – Korrekturmöglichkeiten und deren Wirksamkeit (MOTSCH 2003) bewusst zu werden. Mit wachsender Sensibilität und fortgeschrittener Routine in der Anwendung erfolgt die Auswahl dieser respondierenden Modellierungsmaßnahmen (nicht der präformierenden!) zunehmend unbewusst. Diese Modellierungstechnik finden wir in der Form des *motherese* in der Kommunikation zwischen Müttern und ihren Kleinkindern wieder. Völlig automatisch und unbewusst – ähnlich einem angeborenen Reflex – modellieren Mütter im Dialog mit ihrem Kind dessen Sprache entwicklungsbezogen in Richtung Normalsprache (Szagun 2000; GRIMM 1999).

Grundlage bildet auch im Unterricht, wie für jegliches sprachheilpädagogisches Handeln, „die differenzierte Kenntnis des aktuellen Sprachentwicklungsstandes der Kinder mit den daraus abgeleiteten Förderzielen" (TROSSBACH-NEUNER 1999, 17). Besitzen Lehrkräfte keine genauen Informationen über die sprachlichen und kommunikativen Fähigkeiten ihrer Schüler, können sie ihnen weder die nötigen Hilfen bereitstellen noch ihre sprachliche Entwicklung voranbringen. Da das Üben und Festigen korrekter sprachlicher Strukturen grundsätzlich allen Kindern zugute kommt und das betroffene Kind aus dem Dialog der Lehrkraft mit anderen Kindern immer auch einen eigenen Lerneffekt erzielen kann, bietet das Modelling eine sehr effiziente Möglichkeit unterrichtsimmanenter Sprachförderung:

Diagnostik

Einsatzmöglichkeiten im Unterricht

- Im gebundenen Unterricht können Kinder mit Förderbedarf im Bereich Sprache bei der Verwendung der passenden Zielstruktur etwas häufiger als die anderen aufgerufen werden,
- in freien Situationen (Freiarbeit, Arbeit mit dem Wochenplan) kann mit einzelnen Kindern – bei geeigneter Tätigkeit – ein entsprechender Dialog unter Einbau der Zielstruktur inszeniert werden.

Dies bedarf der Übung und Erfahrung, da solche Situationen nicht grundsätzlich wie in der Therapiesituation geplant werden können. Eine Hilfe bieten

- kleine Karteikärtchen für jedes Kind mit Notizen der erwünschten Zielstrukturen im Bereich der „Zone der nächsten Entwicklung" (WYGOTSKI). Ergibt sich eine spontane Einzelfördermöglichkeit, dient ein Blick auf das Kärtchen als Gedächtnisstütze. Diese Karteikärtchen müssen natürlich im Verlauf des Schuljahres immer wieder aktualisiert werden;
- das Festhalten einer bestimmten Struktur auf dem Wochenplan.

2.4 Beispiel Bildergeschichte

Bildergeschichten sind gut dafür geeignet, die sprachlichen und kommunikativen Fähigkeiten zu fördern, da sie einen gemeinsamen Hintergrund schaffen und die Schüler zum Sprechen motivieren. Wie vom Lehrplan gefordert, kann der Einsatz von Bildergeschichten im mündlichen Sprachgebrauch die Ausdrucksfähigkeit der Kinder bereichern und differenzieren. Bildergeschichten stellen jedoch hohe Anforderungen, da die Bilder in Sprache umgesetzt werden müssen. Ohne entsprechende Hilfen wären viele Kinder mit Förderbedarf im Bereich Sprache nicht in der Lage, Bildergeschichten folgerichtig zu erzählen.

Der bewusste Einsatz des eigenen Sprach- und Kommunikationsverhaltens spielt bei einer an der sprachlichen Entwicklung der Schüler orientierten Erarbeitung einer Bildergeschichte eine große Rolle. Er unterstützt die Schüler beim Erzählen und gibt ihnen Orientierung. Die Beachtung nachfolgender Grundsätze kann dabei hilfreich sein.

Schrittweises Erschließen
Wird der Inhalt der Geschichte nach und nach erschlossen, weckt dies die Neugierde der Kinder und vermeidet eine Informationsflut und Überforderung. Um das Erfassen der Bilder zu unterstützen, die Aufmerksamkeit der Kinder zu lenken sowie diese zur vielfältigen Versprachlichung anzuregen, werden die Bilder schrittweise aufgedeckt und eventuell nachträglich verändert, indem beispielsweise Bildteile überklebt werden. Unterstützend wirkt hierbei, dass die Schüler vor jeder Veränderung die Augen schließen.

> Bildmontage

Aufmerksamkeit fokussieren
Die Lehrkraft hat zudem die Möglichkeit, eine große Lupe aus Pappe als nonverbalen Impuls einzusetzen, um die Aufmerksamkeit der Kinder nach dem Aufdecken des jeweiligen Bildes auf bestimmte Besonderheiten zu lenken. Zur Förderung der nonverbalen Fähigkeiten können mit Hilfe der Lupe Gesichtsausdrücke gedeutet und nachgeahmt werden. Die Lehrkraft kann hier ihre eigenen kommunikativen Fähigkeiten unter Beweis stellen und mit ihrer Mimik und Gestik als Vorbild dienen. Die Kinder haben so genügend Zeit, den Gesichtsausdruck zu betrachten und zu deuten. Gelingt es der Lehrkraft beispielsweise, einen wütenden Gesichtsausdruck treffend nachzuahmen, werden auch die Schüler zum Einsatz der eigenen Mimik motiviert. Dadurch wird ein persönlicher Bezug hergestellt, der es den Schülern erleichtert, das zum jeweiligen Gesichtsausdruck passende Adjektiv dauerhaft zu speichern.

> Lupe

> nonverbale Signale

Vorgabe von Formulierungshilfen
Durch die Vorgabe von Formulierungshilfen kann die Lehrkraft die Schüler beim Erzählen unterstützen. Damit sich die Schüler intensiv mit der jeweiligen Geschichte auseinander setzen, sollen sie immer wieder Vermutungen über den Fortgang der Geschichte äußern. Stellt die Lehrkraft Formulierungen wie „Ich vermute, dass..." zur Verfügung, wird den Schülern das Umsetzen ihrer Vermutungen in Sprache erleichtert. So wird

> mündliche Vorgaben

ihre sprachliche Ausdrucksfähigkeit erweitert, das Äußern kreativer Ideen gefördert und das schlussfolgernde Denken angeregt.

Auch beim Erzählen zu den Bildern werden den Schülern Strukturen angeboten. Diese können besonders effizient eingesetzt werden, da sie größtenteils auch schriftlich unterhalb des jeweiligen Bildes an der Tafel fixiert und durch wiederholtes Erzählen vielfach verwendet werden können. Die Vorgaben sollen allen Schülern Hilfen zur Formulierung und zur Strukturierung des Geschehens geben und darüber hinaus auf den individuellen Förderbedarf einzelner Schüler eingehen. Für die Hilfen können je nach sprachlichem Entwicklungsstand der Schüler verschiedene morpho-syntaktische Strukturen ausgewählt werden. Wichtig ist, dass den Kindern genügend Freiraum zur Entwicklung eigener Formulierungen bleibt. Aus diesem Grund muss nicht jede Vorgabe die Präsentation einer bestimmten morpho-syntaktischen Struktur beinhalten. Außerdem müssen die Schüler die Vorgaben nicht zwangsläufig verwenden, sondern können jederzeit eigene Formulierungen wählen. So kann beispielsweise durch das Angebot des Kausalsatzes „Lila ist..., weil..." die Formulierung von Nebensätzen mit Verbendstellung gefördert werden. Auf die Äußerungen der Schüler gibt die Lehrkraft mithilfe der Modellierungstechniken individuelles Feedback.

schriftliche Vorgaben

Auch die Schüler können sich gegenseitig als Vorbild dienen. So sollen immer mehrere Schüler zu einem Bild erzählen. Dies trägt zur Zufriedenheit der Schüler bei, erhöht den Sprachumsatz und gibt der Lehrkraft vielfältige Möglichkeiten, Modellierungstechniken anzuwenden.

Impulstechnik

Durch Impulse werden die Schüler zur Sprachproduktion und zum Versprachlichen ihrer Gedanken angeregt. Bei der Erarbeitung einer Bildergeschichte kann die Impulstechnik vielfältig eingesetzt werden:

- Bilder und Bildausschnitte stellen selbst Impulse dar.
- Beim Aufdecken eines Bildes kann die Lehrkraft Formulierungshilfen wie „Vielleicht..." oder „Plötzlich..." vorgeben, anstatt eine lange Arbeitsanweisung zu erteilen.
- Hörbilder können eingesetzt werden und trainieren zudem die auditive Wahrnehmung und Merkfähigkeit.
- Durch Pantomime können Einzelheiten hervorgehoben und der Fortgang der Geschichte nonverbal dargestellt werden. Dies regt die Schüler nicht nur dazu an, die Geschehnisse in Sprache umzusetzen, sondern schult auch ihre Beobachtungsgabe und erweitert ihre nonverbalen Fähigkeiten. So lernen die Schüler Gesichtsausdrücke und Körperhaltungen zu deuten. Besonders Schüler mit Sprachverständnisproblemen sind auf die Interpretation nonverbaler Kommunikationsanteile angewiesen. Zudem erhalten die Schüler durch die Lehrkraft ein Vorbild, wie sie selbst die handelnden Personen beim Rollenspiel mit aussagekräftiger Mimik und Gestik darstellen können.
- Auf Provokationen in Form von Aussagen, die dem Sachverhalt eindeutig widersprechen, reagieren die Kinder in der Regel mit freudigem Protest. Oft verwenden sie dabei unbewusst Kausalsätze wie beispielsweise „Lila ist gar nicht sauer, weil...".

Bilder
Formulierungshilfen

Hörbilder

Pantomime

Provokationen

offene Fragen	– Offene Fragen und Alternativfragen regen die Schüler zu längeren Äußerungen an und vermeiden „Ja"-/„Nein"- Antworten.

Dialogfähigkeit fördern

Denk- oder Sprechblasen	Bei der Erarbeitung eines jeden Bildes werden immer auch Denk- oder Sprechblasen mit Inhalt gefüllt, wodurch die Kreativität der Kinder angeregt sowie Gefühlsbildung und Empathie gefördert werden.
Arbeitsblätter	Teile der Bildergeschichte, etwa der Dialog der jeweils handelnden Personen oder Tiere werden schriftlich von den Schülern erarbeitet. Dies ermöglicht eine Ruhephase für die Schüler, sie werden lautsprachlich entlastet und setzen sich dennoch mit dem jeweiligen Dialog auseinander. Durch eine Differenzierung von Arbeitsblättern können unterschiedliche Vorgaben gemacht werden, so dass schwächere Schüler aus mehreren vorgegebenen Möglichkeiten auswählen, während stärkere Schüler die Formulierungen selbst finden.
Rollenspiel	Im Anschluss wird der von den Schülern erarbeitete Dialog in einem Rollenspiel erprobt. Hier kann die Kommunikations- und Dialogfähigkeit der Schüler bereichert werden, da Äußerungsteile aus dem Rollenspiel auf andere Kommunikationssituationen übertragen werden können. Die szenische Darstellung macht den Schülern in der Regel großen Spaß und motiviert sie zum Sprechen und zur nonverbalen Ausgestaltung. Damit sich die Schüler mit den handelnden Personen oder Tieren besser
Utensilien	identifizieren können, sollten ihnen verschiedene Utensilien wie Perücken, Masken und in der Geschichte vorkommende Gegenstände zur Verfügung gestellt werden. Besonders Kindern mit Sprechunflüssigkeiten wird das flüssige Sprechen erleichtert, indem sie sich in eine andere Person hineinversetzen.

Sicherung und Weiterführung

Nach Erarbeitung der Geschichte kann die Lehrkraft die Schüler immer wieder zu erneutem Erzählen motivieren, um die grammatischen Strukturen und den neuen Wortschatz zu sichern. Unterstützt werden kann dies z.B. durch:

Formulierungshilfen an der Tafel	– an der Tafel fixierte Formulierungshilfen. Diese erleichtern das spätere Aufschreiben der Geschichte;
	– das Schließen der Tafel. Dadurch wird die Übernahme der Strukturen in die Spontansprache unterstützt und gleichzeitig die Merkfähigkeit geschult;
Kassettenaufnahmen	– das Besprechen einer Kassette durch die Schüler. Da die Aufnahme für Hörer bestimmt ist, ist eine besonders sorgfältige Aussprache geboten. Das anschließende Anhören bewirkt eine kritische Auseinandersetzung mit der eigenen Sprache;
Theaterstück	– die Ausweitung der Bildergeschichte zu einem Theaterstück, das vor anderen Klassen aufgeführt werden kann. Hierbei werden sowohl die verbalen als auch die nonverbalen Fähigkeiten der Schüler gefordert und gefördert.

3 Schlussbemerkung

Bildergeschichten bewirken einen hohen Sprachumsatz und sind durch die Bildvorgaben in Bezug auf erwünschte Sprachstrukturen sehr gut planbar. Deshalb sind sie in besonderer Weise dazu geeignet, mit den Möglichkeiten des Modellierens vertraut zu werden.
Natürlich bieten sich in sämtlichen Bereichen und Formen des Unterrichts vielfältige Möglichkeiten der Sprachförderung. Unterrichtende sind deshalb immer wieder neu gefordert, ihr eigenes Sprach- und Kommunikationsverhalten zu überprüfen sowie die Möglichkeiten unterrichtsimmanenter Sprach- und Kommunikationsförderung zu reflektieren und sie ihren Fähigkeiten und Vorlieben entsprechend auszuschöpfen.

Kontextoptimierte Förderung grammatischer Fähigkeiten im basistherapeutisch orientierten Anfangsunterricht

Hans-Joachim Motsch & Daniela Ziegler

1 Kontextoptimierung im Unterricht

Spracherwerbsgestörte Schüler haben häufig noch nicht die grammatischen Fähigkeiten 2–4-jähriger Kinder erworben. Da die Effektivität existierender Therapiekonzepte für grammatische Ziele bisher nicht überzeugte (MOTSCH 2002, 89) und deren Integration in den Regelunterricht der Schule fraglich blieb (MAYER 2003, 11), entwickelten wir im Forschungsprojekt „Förderung grammatischer Fähigkeiten spracherwerbsgestörter Kinder" (1999–2003) bei ständiger Anwendung und Überprüfung im unterrichtlichen und therapeutischen Alltag das therapiedidaktische Konzept *Kontextoptimierung* (MOTSCH 2004). Wichtige Ausgangsfragen bei der Entwicklung der neuen Methodik waren:

methodische Ausgangsfragen

- Wie können ganz allgemein die unterrichtlichen und therapeutischen Kontexte besser für individuelles grammatisches Lernen genutzt werden?
- Wie können die sprachproduktiven Erfahrungen der Kinder mit differenzierteren und komplexeren Ausdrucksformen spielerisch und lustbetont erweitert werden?
- Wie können die Auswirkungen vorhandener Einschränkungen der Wahrnehmungs- und Verarbeitungsfähigkeit der Kinder durch das Vorgehen reduziert werden?
- Wie können fehlende metasprachliche Fähigkeiten aufgebaut und vorhandene metasprachliche Fähigkeiten zur Unterstützung grammatischen Lernens genutzt werden?
- Wie können bei Schülern vorhandene schriftsprachliche Fähigkeiten für grammatisches Lernen genutzt werden?

Kontext

Was heißt Kontext? Kontext bedeutet für uns die konkrete Lernsituation der Unterrichtsstunde oder der Therapieeinheit.

Planbare und veränderbare Elemente des Kontextes sind u.a.
- das von uns ausgewählte *Sprachmaterial*, das dem Kind die Entdeckung grammatischer Regeln ermöglichen soll,
- die geplante *Situation* des Spiel-, Handlungs- oder Unterrichtsrahmens, in der das spezifizierte Sprachmaterial funktional erlebt werden soll (Form-Funktions-Erfahrung),

> - die besondere *Sprechweise* des Therapeuten, der durch prosodische Veränderungen die Aufmerksamkeit des Kindes auf die spezifischen Merkmale des Sprachmaterials lenkt,
> - *Hilfen* (u.a. visuelle, auditive, gestische, schriftsprachliche) zum Entdecken, Übernehmen und Anwenden der grammatischen Zielstruktur.

Die Bezeichnung *Kontextoptimierung* ist so zu verstehen, dass durch die Optimierung der veränderbaren Komponenten des Kontextes beim grammatisch gestörten Kind eine optimale Fokussierung der Zielstruktur erreicht wird. Die Wahrnehmung und Verarbeitungsmöglichkeit der grammatischen Zielstruktur und der damit verbundenen Regel wird dadurch erleichtert und die Verarbeitungswahrscheinlichkeit erhöht sich. Kontextoptimierung versucht im Gegensatz zur Alltagssprache die für das Kind bisher bedeutungslosen formalen Aspekte des Sprachmaterials, die kritischen Merkmale der Zielstrukturen, in den Fokus der kindlichen Wahrnehmung zu rücken. Aufmerksamkeit für Sprache stellt eine fundamentale Voraussetzung für Sprachlernen und Spracherwerb dar (RITTERFELD 2003). Die zum Entdecken der grammatischen Regeln geeigneten Merkmale sollen geradezu in die Aufmerksamkeit des Kindes „gezoomt" werden. Dadurch werden Blockaden im grammatischen Lernen beseitigt und der danach erfolgende grammatische Lernprozess intensiviert sich.

Kontextoptimierung

> Die drei wesentlichen Prinzipien der Kontextoptimierung sind
> - der *Modalitätenwechsel* (zeitnaher Wechsel rezeptiver, produktiver und reflexiver Phasen),
> - die *Ursachenorientierung* (Reduktion von Ablenkern und Verwirrern im Input-Material, kürzestmögliche Zielstrukturen, Sicherung auditiver Aufmerksamkeit),
> - die *Ressourcenorientierung* (Nutzen vorhandener metasprachlicher und schriftsprachlicher Fähigkeiten, Nutzen anderer Wahrnehmungskanäle).

Prinzipien der Kontextoptimierung

Die Effektivität dieser neuen Therapiedidaktik für unterrichtliche und einzel- oder gruppentherapeutische Settings wurde im Zeitraum des Forschungsprojekts in therapeutischen Einzelfallstudien und in unterrichtlichen Interventionsstudien für die Therapieziele Verbzweitstellung im Hauptsatz, Subjekt-Verb-Kongruenz, Kasusmarkierung und Verbendstellung in subordinierten Nebensätzen überprüft (MOTSCH & BERG 2003, MOTSCH 2004). Das nachfolgend dargestellte Beispiel einer Fördereinheit ist eine der unterrichtlichen Kurzzeit-Interventionsstudien zum Therapieziel Kasusmarkierung. In der Unterrichtseinheit werden einige Prinzipien der Kontextoptimierung anschaulich konkretisiert.

Effektivität

2 Ziele der Unterrichtseinheit

2.1 Basistherapeutische Förderziele

Kontextoptimierte Förderung grammatischer Fähigkeiten ist grundsätzlich in jedem Unterrichtsfach durchführbar. Als besonders erfolgreich hat es sich erwiesen, wenn für eine überschaubare Zeitspanne ein einzelnes Therapieziel, hier die Kasusmarkierung in Akkusativkontexten, verfolgt wird. Vergleichbare Erfolge sind bei einem zufälligen und gelegentlichen Aufgreifen einer grammatischen Problematik eher unwahrscheinlich. Da der Erwerb sprachlicher Strukturen interdependent mit anderen Entwicklungsbereichen zusammenhängt, wurden neben dem grammatischen Ziel im Rahmen der Basistherapie auch folgende Schwerpunkte gesetzt:

Entwicklungsbereiche

- Einüben von sozialen Regeln
- Stärkung der Persönlichkeit
- Förderung des Körperbewusstseins und der Koordination
- Förderung der auditiven, visuellen und taktilen Wahrnehmung.

2.2 Grammatisches Ziel

Artikeleinsetzungsregel

Kinder entdecken mit etwa 2 Jahren, dass bestimmte Nomen in definierten Kontexten nicht isoliert, sondern mit einem „Begleiter" auftreten. Dieser Begleiter kann ein bestimmter oder unbestimmter Artikel, ein Demonstrativ- oder ein Possessivpronomen sein. Das Kind muss also die Artikeleinsetzungsregel entdecken (PENNER, KOELLIKER FUNK 1998, 159).

Begleiter und Nomen bilden die Nominalphrase. Zu Beginn des dritten Lebensjahres haben normal spracherwerbende Kinder bei etwa 50% der Nomen das Genus sicher abgespeichert und die Artikeleinsetzungsregel in Nominativ-Kontexten (z. B. „Das Auto fährt") erworben. Im dritten und zu Beginn des vierten Lebensjahres erfolgt dann schrittweise die Füllung der Nominalphrase in Akkusativ- und Dativkontexten bis zu einem Fähigkeitenstand von über 90%.

Im Prätest vor der Intervention hatten 8 der 10 Schüler der 1. Klasse bezüglich der Kasusmarkierung im Akkusativ einen Fähigkeitenstand von unter 60% gezeigt. Drei der Schüler ließen die Kasuskontexte durch Artikelauslassungen sogar fast immer unmarkiert.

Kasusmarkierung

Die Fördereinheit beschränkt sich auf das morphologische Ziel der Kasusmarkierung, wobei die Ziele *Überwindung der Artikelauslassung* und die *Markierung des Akkusativs am Artikel* angestrebt werden. Ziel ist es, dass den Schülern *bewusst* wird, dass

- jedes Ding einen „Vornamen" hat (Artikelverwendung)
- dieser „Vorname" auf die Frage We*n*? oder Wohi*n*? niemals „der" heißen kann, sondern zu /de*n*/ wird.

3 „Wir gehen auf eine Reise" (Kurzzeitintervention)

Die Fördereinheit mit Schülern einer 1. Klasse der Schule für Sprachbehinderte umfasste 8 Stunden innerhalb von 2 Wochen. Durch einen immer gleich bleibenden Ablauf und wiederkehrende Handlungsstrukturen wurde ein Rahmen geschaffen, der den Schülern Sicherheit und Motivation geben sollte („Wohin reisen wir heute?"). Der Fokus der Stunden lag immer auf der bewussten Wahrnehmung und Produktion sprachlicher Strukturen in Akkusativkontexten. Der hochfrequente Kontakt mit den prägnant dargebotenen Zielstrukturen sollte den stagnierenden Erwerb der Kasusmarkierungsregel deblockieren.

Der Ablauf. Jede Reise hatte einen festgelegten Ablauf: das Erraten des Reiseziels anhand eines Bildausschnitts, die Fahrt mit dem Schwungtuch in das Zielland sowie die Rückfahrt mit dem Inter-City-Express. Damit enthielt jede Stunde wiederkehrende Handlungselemente, welche die Schüler immer selbstständiger ausführen konnten. Dies vermittelte den Schülern Sicherheit, stärkte das Selbstbewusstsein und schaffte gleichzeitig einen Rahmen, in dem vereinbarte Ordnungsregeln einzuhalten waren. — Ablauf

Wiederkehrende Handlungsstrukturen. Um den Fokus auf das kritische Merkmal der Zielstruktur /den/ zu lenken, ist es sinnvoll, gleich bleibende Handlungsstrukturen zu verwenden, die lediglich mit neuen Inhalten (Geschichten) gefüllt werden. Die Schüler können sich so auf die Sprache konzentrieren und werden nicht durch situative Faktoren abgelenkt. Jede Reise enthält daher eine der folgenden Handlungsstrukturen: — Wiederkehrende Handlungsstrukturen

- Das Rate-Fang-Spiel: Es musste erraten werden, WOHIN etwas gelegt wurde oder WOHIN jemand geflohen war.
- Das Wege-Erkenn-Spiel: Es musste erkannt werden, WORÜBER jemand gelaufen war.

Zusätzlich war meistens eine stets variierende Übung zur Markierung des Akkusativs auf die Frage „Wen?" eingebaut (z. B. Tierstimmen erkennen: „Wen hörst du?").

Reduktion der Äußerungslänge (Ursachenorientierung). Die Zielstrukturen wurden in Ellipsen (Nominal- und Präpositionalphrase) evoziert, sodass die Schüler nur das für die Zielstruktur notwendige Minimum versprachlichen mussten. — Ursachenorientierung

Wechsel von Rezeption, Produktion und Reflexion (Modalitätenwechsel). Da die Schüler im Klassenverband gefördert wurden, ergab sich ein Wechsel von rezeptiven und produktiven Phasen, weil immer nur ein Schüler auf einmal die sprachliche Zielstruktur realisieren kann. Für die anderen Schüler stellt dies gleichzeitig rezeptives Lernen dar. Strukturierungshilfen, Symbolkarten sowie Laut-Handzeichen sollten die Schülern als reflexive Elemente beim Erwerb der Akkusativmarkierung unterstützen. — Modalitätenwechsel

Form-Funktions-Erfahrungen im handlungsorientierten, spielerischen Lernen. Jeder Stunde lag eine Geschichte zu Grunde, in der die Schüler handelnd Sprache lernen. Das Erlernen der grammatischen Regeln wurde dadurch in einen Sinnzusammenhang gesetzt. Es wurden sprachliche Kontexte geschaffen, in denen die Realisierung der Zielstruktur funktional und motivierend war.

Thema der Reise	Reiseerlebnisse	Produzierte oder evozierte Zielstrukturen
1. *Reise in den Urwald* Wir kommen im Dunkeln im Urwald an und erforschen diesen.	Ertasten des Urwalds – die S. entdecken den Sand, Fluss, Stein, Moosteppich, Baumstamm	L. modelliert: „Jetzt haben wir schon, /den/ Stein, /den/ Sand..." (rezeptiv)
	Zuordnen der „Urwaldmaterialien" zu Geräten	L.: „Wer zeigt mir /den/ Stein?" (rezeptiv)
	Gegenseitiges Führen über bestimmte Geräte mit verbundenen Augen (Vertrauen)	„Worüber bist du gelaufen?" → über /den/ Moosteppich
	Tiere anhand semantischer Hinweise erraten	„Wen meine ich: Er hat eine eigene Dusche?" → /den/ Elefant
	Tiere anhand ihrer Laute erkennen	„Wen hörst du?" → /den/ Papagei
2. *Reise auf die Pirateninsel* Wir raten, wohin der Pirat seinen Schatz gebracht hat; wird das Versteck erraten, versuchen wir ihm den Schlüssel für die Schatztruhe abzunehmen.	Zuordnen von Stein, Wagen und Turm zu Geräten	L.: „Wer zeigt mir /den/ Turm?" (rezeptiv)
	Festlegen von Verstecken auf der Insel (auf/unter/hinter/neben den Stein/Wagen/Turm)	„Wohin kann der Pirat den Schatz legen?" → unter /den/ Wagen
	Rate-Frag-Spiel (Sozialverhalten)	„Wohin hat der Pirat den Schatz gelegt?" → auf *den* Turm
	Merkspiel (visuell): Was wurde aus der Schatztruhe genommen?	„Was habe ich aus der Schatztruhe genommen?" → *den* Ring und *den* Schlüssel
3. *Reise in das Schwarze-Katzen-Land*	siehe Kapitel 4	
4. *Reise in das Land der Detektive* Die Detektive überlegen, wohin der Dieb seine Beute gebracht hat;	Detektivtest: über einen Parcours schleichen → jeder Detektiv erhält einen Ausweis mit einer Nummer	L.: „Beim Detektivtest muss man über /den/ Stein, über /den/ Baumstamm, durch /den/ Kegelwald und über /den/ Zaun." (rezeptiv)
	Festlegen von Verstecken im Keller des Diebes (auf/unter/hinter/vor/neben/in den Koffer/Sack/Eimer)	„Wohin kann der Dieb die Beute legen?" → in /den/ Koffer

Thema der Reise	Reiseerlebnisse	Produzierte oder evozierte Zielstrukturen
wird das Versteck erraten, versuchen wir ihm den Schlüssel für den Keller abzunehmen.	Rate-Fang-Spiel	„Wohin hat der Dieb die Beute gelegt?" → unter /den/ Sack
	Detektivübung: Wir hören, worüber die Diebe laufen (über den Fluss = Mülltüte, über den Berg = Treppen oder durch den Tunnel)	„Worüber sind die Diebe gelaufen?" → über /den/ Fluss
	mit Holzstäben eine Zahl klopfen und Detektive anhand ihrer Ausweisnummer aufrufen	
5. Reise in das Land der Indianer Die Schüler versammeln sich im Schneidersitz beim Häuptling. Nach einer Schweigeminute beginnt die Indianerschule: die Kinder lernen zu trommeln und sich geschickt zu bewegen.	Indianerschule: * Rhythmus trommeln * Tiere mit Klopfzeichen rufen (Tierbilder mit Punkten entsprechend der Silbenanzahl des Wortes)	„Wen rufst du?" →/den/ Schmetterling
	zu zweit Lasten (einen Luftballon) tragen: erst experimentieren, dann über verschiedene Hindernisse, die anhand von Symbolkarten erkannt werden müssen (über den Berg, die Brücke, den Wald)	„Worüber sollt ihr laufen?" → über /den/ Berg bzw. die Brücke (Kontrastierung unterschiedlicher Genera)
6. Wir packen den Reisekoffer aus Wir schauen unsere Reisesouvenirs an und räumen diese auf.	wir benennen die Gegenstände im Koffer (Reiseandenken)	„Was haben wir von der Reise mitgebracht?" → /den/ Schlüssel, die Indianerfeder, das Katzenfutter... (Kontrastierung unterschiedlicher Genera)
	mit der Hand die Reiseandenken ertasten	„Was fühlst du?" → /den/ Schlüssel
	die Reiseandenken aufräumen, indem sie entweder in den Beutel, den Karton oder die Kiste sortiert werden	„Wohin kommt...?" → in /den/ Beutel, in die Kiste...
7.+8. Wir gestalten unser Reisetagebuch	Fotos von der Reise einkleben, auf denen abgebildet ist, worüber die Schüler laufen oder wohin der Pirat den Schatz gelegt hat, die Maus geflohen ist etc. Reisebuch „vorlesen"	besondere Schriftmarkierung des Artikels: den

Tabelle 1: Überblick über die Fördereinheit

In der Tabelle ist ersichtlich, dass zuerst 5 Reisen unternommen wurden, bevor die dabei gemachten Erfahrungen ausgewertet und in einem „Reisetagebuch" festgehalten wurden. In diesem Reisetagebuch wurde die erlernte Akkusativmarkierung nochmals in besonderer Weise hervorgehoben.

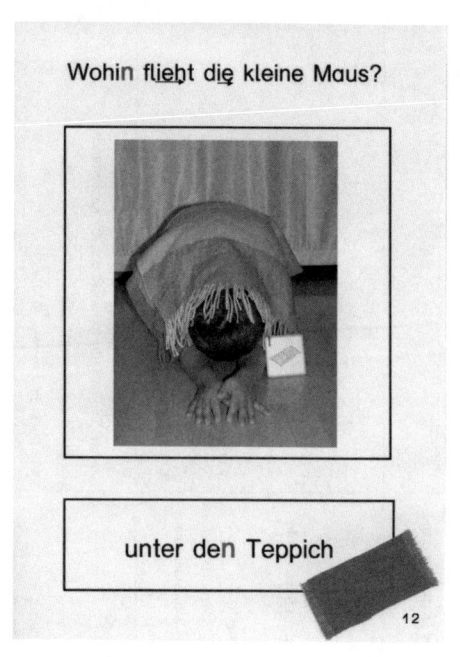

Abbildung 1: Seite des Reisetagebuches

Aus den 5 Reisen, die mit den Schülern durchgeführt wurden, wird nachfolgend exemplarisch eine Reise dargestellt.

4 Reise in das Schwarze-Katzen-Land

Reisevorbereitungen

Die Reisevorbereitungen begannen im Klassenzimmer, wo die Schüler anhand einer Symbolkarte stumm darauf hingewiesen wurden, ihre Gymnastikschläppchen anzuziehen und die Straßenschuhe ordentlich unter die Stühle zu stellen. Ab diesem Zeitpunkt wurde vorerst nicht mehr geredet, um die Aufmerksamkeit der Kinder auf das kommende Geschehen zu zentrieren. Nachdem die Schüler sich durch Zuzwinkern paarweise an der Klassenzimmertür aufgestellt hatten, ging es in den Mehrzweckraum der Schule, wo sich alle um ein Schwungtuch versammelten. Bereits unterwegs hatten die Schüler anhand eines Bildausschnitts von schwarzen Katzen ihr Reiseziel erfahren: das Schwarze-Katzen-Land. Die Reise dorthin erfolgte entweder mit dem Schiff oder mit dem Flugzeug: je zwei Schüler stellten sich hierfür an den Hafen/Flughafen (= schmale Schwungtuchseite) und entschieden gemeinsam, ob sie mit dem Schiff oder Flugzeug reisen wollten. Die anderen Kinder stellten sich dann entweder mit dem Schwungtuch auf (Wolken) oder knien sich auf den Boden (Meer). Das Schwungtuch wurde leicht bewegt, wobei die Kinder den Wind mit einem lang gezogenem „fffffff" begleiteten, die Wellen mit einem „schschschsch" (→ Artikulationsübung).

Am Reiseziel angekommen, nahm sich jeder Schüler eine Rhythmikmatte, um seinen Platz in der Reihe vor einer Langbank zu markieren. Die Rhythmikmatten symbolisierten später die Kissen der Katzen und sollten es den Schülern erleichtern, sich in der Gruppe zu organisieren. Wir schauten uns im Raum um – nirgends eine schwarze Katze. Oder doch? Die Schüler wurden nacheinander aufgefordert zu miauen. Jeder Schüler, der miaute, bekam mit einem Kohlestift ein schwarzes Näschen gemalt. Anschließend versuchten die Katzen zum Trommelschlag durch den Raum zu schleichen (→ auditive Aufmerksamkeit und Rhythmusgefühl). Da es vielen Schülern schwer fällt, ein akustisches Signal in Bewegung umzusetzen, wurde jeder Schlag mit einem leise gesprochenen „Tapp" unterstützt. Nachdem die Katzen keine Mäuse finden konnten, huschten sie schnell auf ihre Kissen (schnelle, kurze Trommelschläge) und legten sich dort auf die Lauer, d.h. sie knieten sich hin, streckten die Arme weit nach vorne und spreizten die Finger auseinander (→ Entwickeln von Körperbewusstsein). Und plötzlich huschte da eine kleine (Stoff-) Maus vorbei in ihre Höhle (ein durch eine Stellwand abgetrennter Raum). Aber wohin war sie gerannt? Die Katzen liefen vor das Mauseloch und schauten, wohin die Maus geflüchtet war. In dem Mauseloch waren ein Tisch, ein Stuhl und ein Teppich. Die Maus war unter /de*n*/ Teppich geflüchtet. Wohin hätte sie noch fliehen können? Die Kinder benannten verschiedene Möglichkeiten: unter/auf/hinter /de*n*/ Tisch/Stuhl/Teppich. Bereits in dieser Phase wurde auf die Verwendung von Artikeln bzw. die korrekte Akkusativmarkierung geachtet. Die Sensibilisierung für die morphologische Markierung erfolgte visuell durch das Laut-Handzeichen „n" (Zeige- und Mittelfinger an den Nasenflügel). Auditiv wurde der Fokus der kindlichen Wahrnehmung auf das kritische Merkmal der Zielstruktur durch eine bewusst veränderte Sprechweise gerichtet: akzentuierte Betonung, Verlangsamung und eine leicht übertriebene Sprechmelodie „ unter ... deeennn ... Stuhl". Vor und nach dem Artikel erfolgte eine kurze Pause (fraktioniertes Sprechen).
Die Katzen schlichen enttäuscht wieder auf ihre Kissen und überlegten, wie sie die Maus, die nun von einem Kind gespielt wurde, aus dem Versteck locken können. Sie dachten: „Wenn wir das Versteck der Maus nennen, bekommt sie bestimmt Angst und rennt aus ihrem Loch." Also fingen die Katzen an zu raten, wohin die Maus geflohen war. Da sich Katzen gerne bewegen, liefen sie während des Ratens durch drei Reifen.

Erlebnisse im Schwarze-Katzen-Land

Fokussierung der Wahrnehmung auf die Zielstruktur

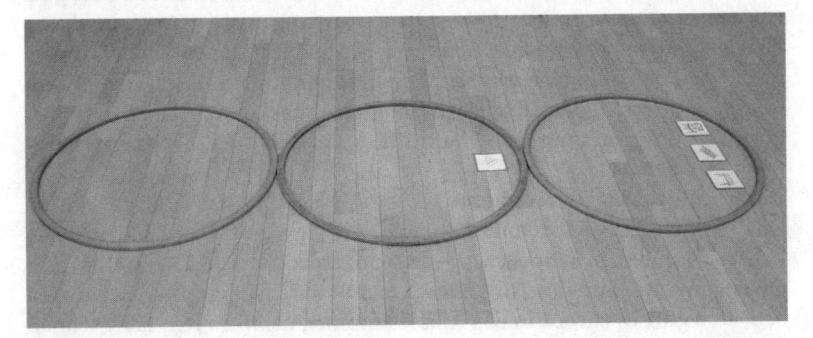

Abbildung 2: Reifenstruktur

Evozieren der Zielstruktur in einer Präpositionalphrase

Die drei Reifen ließen die Schüler die dreiteilige Struktur der Präpositionalphrase erleben. Der erste Reifen steht für die Lokalpräposition, der zweite für den Artikel (Bild mit Laut-Handzeichen), der dritte für das Versteck (Bilder von Teppich, Stuhl und Tisch). Bevor eine Katze einen Rateversuch startete, wurde gefragt: „Wohin ist die Maus gerannt?" (deutlich betontes „Woh*in*?", unterstützt durch Handzeichen). Sobald die Katze richtig geraten hatte, rannte die Maus voller Angst aus ihrem Haus, die Katzen sprangen los und jagten sie, bis eine Katze der Maus den Schwanz „abgebissen" hatte (ein in die Hose gestecktes Stoffband). Diese Katze wurde dann zur Maus und durfte sich in dem Mauseloch erneut verstecken. Regel beim Fangspiel war, keine anderen Katzen zu schubsen, da Katzen sehr vorsichtige Tiere sind (→ Einüben sozialer Regeln). Das Fangspiel wurde mehrere Runden gespielt, wobei die Rolle der Maus immer an ein anderes Kind übertragen wurde. Da der Ablauf des Fangspiels eine einfache Struktur aufwies, wurde den Schülern die Möglichkeit gegeben, sich auf den formalen Aspekt der Sprache zu konzentrieren. Nachdem die Katzen genug Mäuse gejagt hatten, setzten sie sich wieder auf ihre Kissen. Sie versuchten, so aufrecht zu sitzen, wie Katzen dies am Fenster tun, d.h. sie knieten, richteten sich mit dem Oberkörper gerade auf, stützten die Arme durch und drehten den Kopf langsam nach rechts und links (→ Entwickeln von Körperbewusstsein).

Plötzlich sahen die Katzen einen großen Korb. Was sie darin wohl entdecken können? Sie nahmen vorsichtig eine Pfote, tasteten in den Korb und fanden verschiedene Sachen: /den/Ball, /den/Stift, /den/Schlüssel, /den/Schnürsenkel... (taktile Wahrnehmungsübung). Die Lehrerin benennt dabei die von den Schülern erkannten Gegenstände, wobei sie den Artikel durch ihre Sprechweise hervorhebt: „Jetzt habt ihr schon /deeeen Stift, / deeeen Ball und...?"

Weil die Katzen vom Mäusefangen müde geworden waren, rollten sie sich zusammen und legten sich schlafen. Eine freche Katze (wurde von der Lehrerin jeweils bestimmt) schlich jedoch leise an den Korb, nahm ein Spielzeug und fing an, damit zu spielen, d.h. sie rollte es von einer Tatze in die andere. Die anderen Katzen sollten anhand des Geräusches herausfinden, womit die Katze spielt (→ auditive Differenzierungsübung). Hierzu fragte die Lehrerin: „Was hat die Katze aus dem Korb genommen?", worauf die anderen Schüler in einer Nominalphrase im Akkusativ antworteten, z.B. „/de*n*/ Ball". Anfangs sollte darauf geachtet werden, nur Dinge mit einem maskulinen Genus auszuwählen, um eine Verwirrung zu vermeiden. Die korrekte Akkusativmarkierung /den/ wurde in dieser Phase kontrastiert mit der Artikelauslassung einzelner Schüler (unter Tisch) und der Übergeneralisierung des Nominativ im Akkusativkontext (unter der Tisch). Die Kontrastierung der maskulinen Form mit den Formen im Femininum und Neutrum stellte dann den nächsten Therapieschritt dar.

Evozieren der Zielstruktur in einer Nominalphrase

Zum Schluss der Unterrichtsstunde ging es mit dem ICE nach Hause. Dazu erhielt jede Katze eine Nummer, die sie sich merken musste. Die Lehrerin schnalzte eine Anzahl, die angesprochene Katze stellte sich jeweils an der Tür des Mehrzweckraums auf. Mit großen und leisen Schritten ging es zurück in das Klassenzimmer, denn ein ICE fährt schnell und lautlos.

5 Ergebnisse der Förderung

Basistherapeutische Ziele. Eingebettet in die Idee der Reisen, die bei den Schülern immer wieder Neugierde und Motivation geweckt hat, bot der gleich bleibende Rahmen den Schülern Sicherheit und konnte ihnen durch die verlässliche Struktur immer wieder kleine, selbstwertstärkende Erfolgserlebnisse (Eigenhandlungen durch minimale Impulse) vermitteln. Durch wiederholte Erfahrungen am Schwungtuch lernten die Schüler, Bewegungen bewusst auszuführen, wobei sie durch das gemeinsame Handeln das Gefühl als Klassengemeinschaft erfahren haben. Ebenso haben sie gemerkt, dass es bei Spielen wichtig ist, Regeln einzuhalten, auf andere Rücksicht zu nehmen sowie auch verzichten zu können (nicht jeder konnte immer begehrte Rollen übernehmen).

Basistherapeutische Lernfortschritte

Grammatisches Ziel. Im Hinblick auf die grammatische Förderung ließ sich feststellen, dass schon in kurzer Zeit durch eine gezielte Veränderung des Unterrichts grammatische Lernfortschritte bei den Schülern sichtbar wurden. Bereits nach der ersten Unterrichtsstunde machten sich Veränderungen der Schüler in ihrem sprachlichen Verhalten bemerkbar, die sich im Laufe der Unterrichtseinheit immer stärker intensiviert haben. Fragen mit einem deutlich gesprochenen „Woh*in*?" (z.B. „Woh*in* kommen die Arbeitsblätter?") oder „W*en*?" beantworteten die Schüler meist spontan mit einer korrekten Präpositional- oder Nominalphrase, wobei sie oftmals das angebotene Laut-Handzeichen zur Selbsthilfe verwendeten.

Grammatische Lernfortschritte

Der Post-Test wurde erst 6 Monate nach der Intervention durchgeführt, um Kurzzeiteffekte auszuschließen und die Stabilität der erreichten Fähigkeit zu messen. 6 der 8 Schüler erreichten im Post-Test einen Fähigkeitenstand von über 60%. Unter diesen 6 Schülern befand sich auch einer der drei Schüler, die zuvor Akkusativkontexte durch Artikelauslassung unmarkiert gelassen hatten. Die beiden anderen hatten einen deutlichen Schritt nach vorne gemacht. Artikelauslassungen kamen fast nie mehr vor und 45–50% der Akkusativmarkierungen waren bereits korrekt.

6 Ist Therapieintegration im Unterricht möglich?

„Der Unterricht an einer Sprachheilschule kann grammatische Fähigkeiten (...) kaum fördern (...). Die komplexe Vermittlungssituation ‚Unterricht' lässt ein therapeutisch organisiertes Vorgehen, einen zielhaft massiven sprachlichen Input und ein auf das sprachliche Lernziel strukturiertes Vorgehen im Allgemeinen nicht zu." Die in diesem Zitat von BAUMGARTNER (1997, 273) enthaltene Skepsis bezüglich der Möglichkeiten der Therapieintegration findet ihren Niederschlag in einer vorfindbaren therapeutischen Abstinenz speziell bezüglich grammatischer Therapieziele an Schulen für Sprachbehinderte.

Auf dem Hintergrund der zuvor dargestellten ermutigenden Veränderungen nach einem Interventions-Intervall von gerade einmal zwei Wochen erscheint diese Einstellung und Unterrichtspraxis fatal und schädlich.

Therapieimmanenz

Unsere Forschungsergebnisse geben eine klare Antwort auf die Frage nach der hier deutlich angezweifelten Therapieimmanenz des Unterrichts, also auf die Frage, ob durch eine spezifische Unterrichtsgestaltung auch grammatische Therapieziele im Klassenverband erreicht werden können. Eine der wesentlichen Erkenntnisse unserer Interventionsstudien ist, dass eine spezifische und leistbare Unterrichtsgestaltung hohe therapeutische Effektivität gerade für grammatische Ziele erreicht – und dies bereits nach wenigen Wochen und Monaten.

Arbeit mit Bilderbüchern im Rahmen eines sprachheilpädagogisch orientierten Unterrichts – aufgezeigt am Beispiel des Bilderbuchs: „Das Schaf mit dem Zitronenohr"

Angela Ettenreich-Koschinsky

Bilderbücher besitzen seit jeher eine große Anziehungskraft auf kleine und große Leser: Selbst Erwachsene lassen sich gerne von fantasievollen, lustigen oder „wahren" Geschichten verzaubern; Kinder – und hier gerade Leseanfänger und sprachauffällige Kinder – sprechen bei der Bücherauswahl v.a. auf die großflächigen bunten Illustrationen und den relativ überschaubaren Textumfang an. Gelingt es, dieses positive Grundinteresse vor dem Hintergrund unseres sprachheilpädagogischen bzw. sprachtherapeutischen Wirkens kindorientiert zu nutzen bzw. auszubauen, können wir bei den Kindern durch eine professionelle Arbeit mit Bilderbüchern zum einen eine sinnvolle (Freizeit-)Beschäftigung mit Kinderbüchern anbahnen, zum anderen eine am sprachlichen Entwicklungsstand orientierte Förderung planen und durchführen.

Positives Grundinteresse

1 Grundlagen

Die Bilderbuch-Situation kann als Protosituation für die dialogische Spracheinführung gesehen werden, in der intuitive mütterliche Lehrstrategien („Motherese") als Therapiemittel Verwendung finden. „Über bewusstseinsferne Lernprozesse im dialogischen Prozess soll das Kind aus dem Erleben des Funktionierens sprachlicher Formen prozedurales Wissen herausdestillieren können, das sich unmittelbar in seiner rezeptiv-expressiven Sprachverwendung auswirkt" (GRIMM 1999, 160). Die sprachheilpädagogische Arbeit mit Bilderbüchern, bei der sich der Lehrer/Therapeut der mütterlichen Sprachlehrstrategien bedient, bewirkt schnellere Sprachfortschritte und stellt bei Schwierigkeiten eine effektive Interventionsstrategie dar – wie in den folgenden Experimenten nachgewiesen werden konnte:

dialogische Spracheinführung

WHITEHURST, FALCO, LONIGAN et al. (1988) wiesen experimentell nach, dass bereits aus einer kurzzeitig optimierten Bilderbuchsituation bei

Untersuchung von Whitehurst, Falco, Lonigan et al.

normalen Kindern nachhaltige Fortschritte der Sprachentwicklung resultieren (GRIMM 1995[3]; GRIMM 1999):
In diesem Experiment wurden 30 Kinder zwischen 21 und 35 Monaten, die über ein sprachlich vergleichbares Ausgangsniveau verfügten, nach dem Zufallsprinzip einer gleich großen Experimental- und Kontrollgruppe zugeteilt. Die Mütter der 15 Kontrollgruppenkinder blieben ohne Instruktionen, die Mütter der 15 Kinder in der Experimentalgruppe gestalteten vier Wochen lang Bilderbuchsituationen nach bestimmten Anweisungen, die sich in der Motherese-Forschung als förderlich für die sprachliche Entwicklung gezeigt hatten. So benutzen sie die:

⇒ *Evokative Technik:* Sie regt die Kinder durch Fragen oder Hinweise (z.B. „Oh, schau mal!") zu Sprachäußerungen an.
⇒ *Modellierung:* Die kindlichen Äußerungen werden durch Strategien der Wiederholung, Korrektur und Transformation modelliert.
⇒ *Sensitive Adaptation an den kindlichen Sprachentwicklungsstand i.S. der Feinabstimmung, des „fine tuning":* Die Mutter passt sich bzgl. ihrer Themen- und Wortwahl sowie der grammatischen Komplexität ihrer Äußerungen an das kindliche Sprachentwicklungsniveau an.

Ergebnisse

Nach 4 Wochen zeigte sich nachfolgendes Ergebnis:

⇒ Die Experimentalkinder waren den Kontrollkindern im ITPA (deutsche Version: PET: Psycholinguistischer Entwicklungstest) durchschnittlich um 8.5 Monate voraus.
⇒ Die MLU (mean length of utterance) übertraf in der Spontansprache mit 2.55 die MLU der Kontrollkinder (2.04).

Bei einer Folgeuntersuchung nach 9 Monaten konnte der Entwicklungsvorsprung erhalten bleiben.

Untersuchung von DALE und seinem Team

Eine weitere, eindrucksvolle Informationen liefernde Untersuchung von DALE und seinem Team (1996) widmete sich dem Vergleich der Wirksamkeit von zwei Interventionsprogrammen, dem „book-reading program" (Bilderbuch-Programm) und dem „program focusing on conversation during play" (Konversations-Programm) (DALE et al. 1996 & GRIMM 1999). Die Probanden dieser Untersuchung waren 30 Mütter mit ihren Kindern, deren durchschnittliches Alter 5 Jahre betrug. Das Sprachentwicklungsniveau entsprach jedoch dem von 2- bis 4-jährigen Kindern. Jeweils 15 Mutter-Kind-Dyaden wurden dem Bilderbuch- bzw. Konversationsprogramm zugeteilt.

Das *Bilderbuch-Programm* orientierte sich an dem „Dialogic Reading Training Program" von WHITEHURST et al. (1988) und enthielt folgende Trainingsschritte, die in einem Lehr-Video präsentiert und diskutiert wurden:
1) Stelle Was-Fragen! 2) Antworte auf die Antwort des Kindes wieder mit einer Frage! 3) Wiederhole die Äußerung des Kindes! 4) Unterstütze das Kind bei seinen Formulierungsversuchen! 5) Lobe und ermutige! 6) Gehe auf die Interessen des Kindes ein! 7) Habt Spass an der Sache!
Nach 3–4 Wochen fand die zweite Trainingseinheit statt, in der die 7 Elemente wiederholt wurden und 2 weitere eingeführt wurden: 1) Stelle offene Fragen! 2) Expandiere das, was das Kind sagt!

Das *Konversationsprogramm* fand in Form eines freien Spiels mit Spielzeug statt.
In einer Vortestphase wurden die Mutter-Kind-Dyaden per Video aufgezeichnet. Während der Trainingsphase, die zwei Einheiten im Abstand von 3–4 Wochen umfasste, wurden die Mütter mithilfe von Videos in die Techniken des Programms eingewiesen. Bei der ersten Trainingseinheit wurden folgende 4 Elemente diskutiert:
1) Zeige dich interessiert! 2) Sprich informell! 3) Begrenze die Anzahl geschlossener Fragen! 4) Korrigiere die kindlichen Äußerungen indirekt!
Bei der zweiten Trainingseinheit wurden 3 weitere Elemente eingeführt:
1) Gib Informationen! 2) Verwende Expansionen! 3) Stelle offene Fragen!
Der Posttest fand nach 6–8 Wochen statt und wurde wiederum per Video aufgezeichnet.
Die Äußerungen, die während der Prä- und Posttestphase geäußert wurden, wurden exakt kodiert und statistisch verglichen. Folgende Ergebnisse waren festzustellen:

Ergebnisse

Die Intervention bewirkte, dass die *Mütter* in der Posttestphase deutlich *mehr sprachlehrorientierte Strategien* benutzten als in der Prätestphase. Dabei konnte ein signifikanter Haupteffekt zugunsten des Bilderbuch-Programms ersehen werden: Die Mütter stellten mehr offene und W-Fragen und wiederholten öfter die kindlichen Äußerungen. Die *Bilderbuch-Programm-Kinder* profitierten am meisten. Im Posttest äußerten sie signifikant mehr und längere Produktionen; die längeren Sprachäußerungen blieben jedoch auf die Bilderbuchsituation beschränkt. Die Kinder, deren Mütter sich am ehesten bereit erklärten, ihren Sprachstil zu verändern, profitierten wiederum am meisten.
Als *änderungsresistentes Verhalten* erwies sich bei allen Müttern, dem Kind ausreichend *Zeit* für die Planung seiner Sprachproduktionen zuzugestehen, d.h. keines der beiden Programme konnte bewirken, dass die Mütter ihren Kindern hierfür genügend Zeit einräumten. Gerade sprachentwicklungsgestörte Kinder benötigen jedoch mehr Zeit, um Sprache zu verarbeiten und auf mütterliche Fragen zu antworten. Weder vor noch nach dem Training zeigten sich die Mütter diesbezüglich sensitiv.

> Diese Studien liefern wichtige Erkenntnisse für die professionelle Bilderbucharbeit im Unterricht:
> 1) Mütterliche Sprachlehr (-Interventions-) Strategien begünstigen in bedeutender Weise die Quantität und Länge der kindlichen Sprachäußerungen.
> 2) Je größer die Bereitschaft, die Erwachsenensprache im Sinne der Sprachlehrstrategien zu modifizieren, desto positiver sind die Auswirkungen auf die kindliche Sprachproduktion.

2 Aufbereitung von Bilderbüchern für einen sprachheilpädagogisch orientierten Unterricht

2.1 Kriterien für die Auswahl von Bilderbüchern (vgl. TROSSBACH-NEUNER 1997)

Vor der Planung und Durchführung eines sprachheilpädagogisch orientierten Unterrichts ist ein für die Kinder(-gruppe) passendes Bilderbuch auszuwählen. Dies kann nach den folgenden Kriterien erfolgen:

2.1.1 Der Inhalt

bedeutsame, ansprechende Geschichte

Das Buch sollte über einen für die Kinder, ihre Alltagserfahrungen und dem Erleben ihrer Umwelt bedeutsamen Inhalt verfügen. Es sollte eine interessante, anregende, fantastische und/oder witzige Geschichte erzählen, die die Kinder anspricht, in ihren Bann ziehen kann sowie den Schülern eine Identifikation mit den Handlungsträgern ermöglicht.
⇒ In meinem ausgewählten Fall des Bilderbuchs „Das Schaf mit dem Zitronenohr" fühlt sich die Titelfigur traurig und benachteiligt. Sie nimmt eine Außenseiterrolle ein und macht dafür ihr Anderssein in Form ihres gelben Ohres verantwortlich. Die anderen Tiere nennen das Schaf „Käseohr" oder „Zitronenohr" und fragen es, ob es den Namen entsprechend stinkig oder sauer sei. In seiner Verzweiflung bittet das kleine Schaf seinen alten Freund, den Widder, ihm zu helfen. Dieser „malt" dem kleinen Schaf das gelbe Ohr weiß an. (Hier ist ein Kritikpunkt an der farblichen Gestaltung des Original-Bilderbuchs anzumerken: Das „normale", sprich: nicht-gelbe Ohr des Schafes auf den Bildern ist nicht – wie im Text beschrieben – weiß, sondern rosa illustriert. Jedoch ist es ein Leichtes, diese für ein erleichtertes Verständnis notwendige Korrektur selbstständig mit weißer Farbe auf den Bildern vorzunehmen). Von nun an erlebt das Schaf bisher als schwierig empfundene Situationen positiver; was vorher – mit dem gelben Ohr – schief ging, klappt nun problemlos. Als es zu regnen beginnt, befällt das Schaf die Sorge, was mit dem angemalten Ohr passiert. Es entdeckt, dass es gelb ist und sucht wiederum Hilfe beim Widder. Dieser gesteht ihm, nur vorgegeben zu haben, das Ohr angemalt zu haben. In dieser Enthüllung erkennt das Schaf schließlich die Nebensächlichkeit seines gelben Ohres, es wird sich seines eigenen Werts – unabhängig von der Farbe des Ohres – sowie der Bedeutung seiner persönlichen Einstellung für sein Lebensgefühl bewusst und besteht von nun an auf den Namen „Sternenohr".
Kinder der 1./2. Jahrgangsstufe identifizieren sich intensiv mit dem Schaf mit dem Zitronenohr. Auch sie haben – evtl. nicht zuletzt auf Grund ihrer Sprachstörungen – oftmals schon die Erfahrung des Andersseins gemacht, haben unter ihren vermeintlichen Schwächen gelitten. Bei der Auflösung der Geschichte fühlen sich die Kinder regelrecht erleichtert,

nämlich wenn es dem Schaf gelingt, Situationen, die bislang schwierig waren, problemlos zu meistern und durch sein selbstbewussteres Auftreten bei den anderen Tieren seinen Platz zu behaupten.

2.1.2 Die Gestaltung

Die künstlerische Gestaltung

Sie sollte ausreichend groß, übersichtlich und klar strukturiert sein sowie unter Berücksichtigung von räumlich-visuellen Bedingungen präsentiert werden, um eine Überforderung von Kindern mit visuellen Wahrnehmungsproblemen zu umgehen. So empfiehlt sich das Ansehen des Bilderbuchs im Halbkreis (nicht im Sitzkreis), der den Schülern einen freien Blick auf die dargebotenen Bilder ermöglicht.

übersichtliche, klare Illustration

Die sprachliche Gestaltung

Bilderbücher zeichnen sich durch die Synthese von Sprache und Illustrationen aus. Hierbei kommt der Korrespondenz zwischen den Informationsträgern, Bilder – Schriftsprache – Erzählsprache, eine bedeutende Rolle zu. Diese Informationsträger können unterschiedlich ausgeprägt sein und – je nach kindlicher Bedürfnislage – im Unterricht/in der Therapie unterschiedlich gewichtet werden: So gibt es Bilderbücher,

Korrespondenz der Bilder – Schriftsprache – Erzählsprache

- deren Bilderinformationen gegenüber den schriftsprachlichen Informationen Dominanz aufweisen: Hier unterlegt Sprache die Bilder (z.B. Comics);
- deren sprachliche Informationen aussagekräftiger und komplexer sind als die der Bilder. Hier haben Bilder lediglich unterstützende Funktion;
- deren Informationen in Sprache und Bild redundant und parallel vorliegen (z.B. „Das Schaf mit dem Zitronenohr").

Auf Grund der möglichen Redundanz von Bild- und Sprachinformationen, die beim „Schaf mit dem Zitronenohr" gegeben ist, müssen bei der sprachheilpädagogischen Erarbeitung eines Bilderbuchs nicht alle Bilder bearbeitet werden; vielmehr kann die Korrespondenz zwischen Sprache und Bild aufgelöst werden und je nach Förderintention bzw. sprachlichem Entwicklungsstand die gesprochene oder geschriebene Sprache als Hauptinformationsträger in den Vordergrund rücken. So kann ein Mehr an situativer, lebendiger, spontaner Erzählsprache an die Stelle eines ausgelassenen Bildes treten oder aber an die Stelle der knappen, das Bild beschreibenden, wenig redundanten Schriftsprache. Ebenso kann die Schriftsprache die Erzähl- und Bildersprache ersetzen.

Redundanz von Bild- und Sprachinformation

⇒ Im Unterrichtsverlauf zum „Schaf mit dem Zitronenohr" fokussierte ich die Erzählsprache und zeigte Möglichkeiten für die schriftsprachliche Einbindung auf. Die freie Lehrererzählung, die sich sprachlich eng an dem klaren und einfachen Originaltext hält, erfolgte anhand von 6 Bildern des Bilderbuchs:

⇒ Bild A (Die Bilder A und B wurden bereits in der ersten Einführungsstunde bearbeitet, die Bilder I-IV werden im vorliegenden Unterrichtsverlauf neu erarbeitet): Situationen, die dem Schaf scheinbar auf Grund des gelben Ohres misslangen: Ziege frisst die besten Gräser

weg; Schwein trinkt Wassertrog leer; andere Schafe belegen Lieblingsplatz des Zitronenohrs.
Bild B: Der Widder „malt" dem Schaf das gelbe Ohr an.
Bild I: Das Schaf steht am Wasser und betrachtet sein Spiegelbild: Seine Tränen und das gelbe Ohr sind zunächst noch abgeklebt.
Bild II: Der Widder gesellt sich zum Schaf und dem Schwein.
Bild III: Das Schaf und der Widder sprechen miteinander.
Bild IV: Das Schaf hat ein gelbes Ohr, das es selbstbewusst zu den Sternen streckt.

2.1.3 Der Bilderbuchumfang

Aufteilung in Arbeitsphasen

Unabhängig vom Umfang des Bilderbuchs ist bei der Bilderbucheinführung eine Aufteilung in mehrere Arbeitsphasen ratsam. Auf diese Weise wird die kindliche Aufmerksamkeitsspanne nicht überbeansprucht, einer intensiven Identifikation mit dem Handlungsträger sowie der Verbalisierung des Inhalts ausreichend Raum und Zeit zugestanden. Auch ergibt sich durch die Teilung die intrinsische Motivation der sprachlichen Wiederholung des bisherigen Inhalts, was in natürlichen Kommunikationssituationen Einblicke in das kindliche Sprachverständnis sowie die produktiven Fähigkeiten ermöglicht und eine Aufrechterhaltung der Neugier/Spannung bewirkt.

⇒ Beim vorliegenden Bilderbuch werden zu Beginn der 2. Einführungsstunde nochmals der Inhalt der ersten Bilder (A und B) aufgegriffen, die Grundproblematik erörtert sowie die Identifikationsfigur und andere Handlungsträger benannt.

2.2 Kriterien zur Vereinfachung der sprachlichen Komplexität von Bilderbuchtexten (vgl. TROSSBACH-NEUNER 1997)

morphologisch-syntaktische sowie lexikalisch-semantische Vereinfachung i.S. der sprachlichen Passung

Da die Originaltexte von Bilderbüchern für sprachauffällige Kinder zum Teil zu große morphologisch-syntaktische sowie lexikalisch-semantische Komplexität aufweisen, ist es unerlässlich, sie an die jeweiligen sprachlichen Förderbedürfnisse eines Kindes bzw. einer Klasse i.S. von Ergänzungen, Veränderungen und Vereinfachungen anzupassen. Dabei erweisen sich folgende grundlegende Aspekte bei der Planung und Vorbereitung von Therapie-/Unterrichtseinheiten als hilfreich:

1. Nomina/Namen sind Personal-/Demonstrativpronomina vorzuziehen
2. Aktive Satzkonstruktionen sind passiven Satzkonstruktionen vorzuziehen
3. Parataktische Satzreihen sind hypotaktischen Satzkonstruktionen vorzuziehen (z.B. bereiten Relativsätze und komplexe Satzkonstruktionen rezeptiv gestörten Kindern erhebliche Schwierigkeiten); bei geschriebenen Texten empfiehlt sich die farbige Markierung der Haupt- und Nebensätze

> 4. Dativkonstruktionen sind gegenüber Genitivkonstruktionen zu präferieren
> 5. Die direkte Rede ist der indirekten Rede vorzuziehen
> 6. Texte im Präsens bzw. Perfekt sind Texten im Imperfekt vorzuziehen
> 7. Bekanntere Wörter sind unbekannteren zunächst vorzuziehen (s. Förderung der semantisch-lexikalischen Ebene)
> 8. Negationen sind v.a. bei Kindern mit Sprachverständnisstörungen zu vermeiden
> 9. Bestimmte Satzmuster sollten wiederholt werden, da sie als wiederkehrende sprachliche Formeln bedeutende sprachliche Strukturierungshilfen liefern und als Modell dazu einladen, aufgegriffen zu werden (z.B. die Märcheneinleitung: „Es war einmal...“). Im vorliegenden Bilderbuch werden z.B. immer wieder Fragen der gleichen SV-Struktur formuliert: „Hallo, Zitronenohr, (bist du) wieder sauer heute?" (s. 2.3.4.)

⇒ *Beispiele für Veränderungen/Ergänzungen/Vereinfachungen des Originaltexts des Bilderbuchs „Das Schaf mit dem Zitronenohr"* (Die von mir für meinen Unterricht vorgenommenen Veränderungen, Ergänzungen bzw. Vereinfachungen sind in Klammern kursiv gesetzt. Semantisch-lexikalische Veränderungen sind zusätzlich gesperrt gedruckt. Der Orginaltext steht in Normalschrift).
Konditionalkonstruktionen mit Verbfinalstellung:
- Und traf das kleine Schaf auf seine Nachbarn, Ziege und Schwein *(Und wenn das kleine Schaf auf seine Nachbarn, Ziege und Schwein, traf, dann)*, geschah immer das Gleiche:
- Hatte das kleine Schaf Hunger *(Wenn das kleine Schaf Hunger hatte, dann)*, schnappte ihm die Ziege die besten Gräser weg.

Subjekt-Verb-Inversion bei Fragen:
- „Hallo, Zitronenohr, *(bist du)* wieder sauer heute?" kicherte die Ziege.
- „Hallo, Käseohr, *(bist du)* wieder stinkig heute?" grunzte das Schwein.

Semantisch-lexikalische Veränderungen zur Erleichterung des Sprachverständnisses und der inhaltlichen Klärung:
- Das Schwein suhlte (w ä l z t e) sich in einer Pfütze, dass es nur so spritzte. „Mach bloß meine weißen Ohren nicht dreckig (n a s s)!" warnte das Schaf.

2.3 Möglichkeiten der entwicklungsorientierten sprachlichen Förderung mit Hilfe von Bilderbüchern

Eine zielgerichtete, prozess-/förderdiagnostische Sprachförderung mit optimaler Passung an das individuelle Sprachentwicklungsniveau der

Kinder(-gruppe) impliziert vielfältige Möglichkeiten der sprachlichen Förderung:

2.3.1 Förderung der rezeptiven Fähigkeiten, des Sprachverständnisses

„Der Umgang mit Texten beinhaltet die größte Herausforderung für Kinder mit einer rezeptiven Sprachstörung, da die sprachlichen Informationen dichter, die Zusammenhänge komplexer sind und das Lesen und Verarbeiten große Konzentrationsfähigkeit, sprachliches Vorwissen und Gedächtnisleistungen verlangen" (WAGNER & WERNER-FROMMELT 2003). Bei der Bilderbucharbeit sollte i.S. der Förderung der rezeptiven Fähigkeiten demnach auf vielfältige Aspekte geachtet werden. Dazu zählen: (1) klare Lehrererzählung mit begleitender Mimik/Gestik; (2) Halten des Blickkontakts beim Erzählen, um Verständnisunsicherheiten frühzeitig begegnen zu können und die Aufmerksamkeit/Motivation der Kinder durch eine lebendige Erzählung aufrechtzuerhalten; (3) Schaffen eines zum aktiven (Nach-) Fragen einladenden Klassenklimas; (4) parallel zum Erzählen erfolgendes sukzessives Aufdecken von Bildern; (5) Veranschaulichung der Lehrererzählung mittels realer Gegenstände (z.B. Zitrone, Käse, Stern), bzw. mithilfe von Symbolen/Bildern (z.B. Umhängebilder für die szenische Darstellung); (6) prägnante, in einfachen Worten ausgedrückte Zusammenfassung der kindlichen Äußerungen; (7) schrittweises (Nach-) Gestalten der Geschichte (z.B.: Szenenbild); (8) visuelle Unterstützung von Arbeitsaufträgen (z.B. Schrift); (9) Überprüfung des Verständnisses mithilfe von Impulsen bzw. (W-)Fragen, etc.; (10) Auflösen von zusammengesetzten Wörtern, komplexen Formen.

2.3.2 Förderung der phonetisch-phonologischen Ebene

Viele Kinder zeigen noch im Grundschulalter Schwierigkeiten der phonetisch-phonologischen Ebene, denen mit folgenden Aspekten begegnet werden kann:

(1) Mundmotorik-Übungen (z.B. mimischer, nonverbaler Gesichtsausdruck: trauriges ⇔ lustiges/fröhliches Gesicht)
(2) Lautmalerische Imitationen (z.B. Nachahmen von Tiergeräuschen, etc. evtl. als Möglichkeit des nonverbalen Gefühlsausdrucks; Imitation von Wind/Regen)
(3) Einsatz von Handzeichen (Grapheme/Phoneme werden mittels der Handzeichen leichter analysiert, diskriminiert, verarbeitet und synthetisiert, da diese komprimiert und prägnant mehrfache Informationen geben bzgl. der visuellen, akustischen und artikulatorischen Struktur der Phoneme/Grapheme (vgl. SCHULABTEILUNG DER REGIERUNG VON SCHWABEN (Hrsg.) 1993) zur Unterstützung und Kontrolle des Sprechens, Hörens und Sehens (z.B. bei Schwierigkeiten bei der Unterscheidung von [s] bzw. [ʃ]) (vgl. DREHER, PFAFFENDORF 2001).
(4) Erproben von in der Therapie angebahnter bzw. im Rahmen des Schriftspracherwerbs erarbeiteter Sprachlaute (z.B. [k], [s], [ʃ]

(5) Erproben unterschiedlicher Ausdrucksmöglichkeiten der Stimme (z.B. traurig ⇔ fröhlich).

Zur weiteren Differenzierung bzw. spezifischen Sprachtherapie eignen sich diverse mit relativ einfachen Mitteln erstellbare Spiele, z.B.:

- Farb-/Tiermemory: Sicherung bestimmter Laute (z.B. [g], [s], [ts], [ʃ]...) im spielerischen Kontext; evtl. Konfrontation mit Alternativfragen: z.B. Heißt es „delb" oder „gelb"?; Schlüsselwörter können in Schachtel [ʃ], Rucksack [r], Kiste [k]...verstaut werden.
- Angelspiel: Das Wortfeld „Tiere" kann um diverse Tiernamen mit dem erwünschten Ziellaut in Initial-, Medial- bzw. Finalstellung erweitert werden (z.B. [ʃ]: Schaf, Schwein, Schnecke, Schlange, Schwan, Schmetterling, Fisch, Frosch, Meerschweinchen, Muschel); mittels Minimalpaaren kann darüber hinaus das metasprachliche Bewusstsein gefördert werden, indem die Aufmerksamkeit des Kindes auf das Bewusstwerden der fremden und eigenen Aussprache gelenkt wird.
- Würfelspiel: In Anlehnung an die Wort-/Tierauswahl des Angelspiels kann mithilfe eines adaptierten Regelspiels die Sicherung/Übung des erwünschten Ziellautes in unterschiedlichen Wortpositionen erfolgen. Als Spielplan kann z.B. ein Spielplan mit farbigen Feldern und Jokerfeldern dienen; auf ihm ziehen die Kinder entsprechend der gewürfelten Farbe einen Gegenstand oder eine Bild-/Wortkarte aus einer korrespondierenden Kiste, Schachtel (vgl. WILDEGGER-LACK 2000).
- Dominos, Quartette...

2.3.3 Förderung der semantisch-lexikalischen Ebene

Auch wenn zu viele unbekannte Wörter grundsätzlich das Textverständnis erschweren, sollten „neue" Wörter nicht zwingend vereinfacht bzw. durch bekanntere Wörter ersetzt werden: Kinder freuen sich durchaus an neuen, schwierigen Wörtern – vorausgesetzt, ihnen wird deren Bedeutung verständlich gemacht und es wird mit ihnen die Wortstruktur erarbeitet, d.h. die neuen Wörter werden lexikalisch und phonologisch gesichert. Bei unbekannten Verben (z.B. „suhlen") bietet sich beispielsweise die pantomimische Darstellung der Tätigkeit zur lexikalischen Sicherung an, bei mehrsilbigen Wörtern (z.B. Wassertrog) begünstigt – neben der lexikalischen Arbeit – eine intensive akustische Segmentierung die Speicherung im Langzeitgedächtnis. Kategorisierungen",4>KategorisierungenKategorisierungen in Form von z.B. Wortfeldern (z.B. sagen), Oberbegriffen (z.B. Tiere) sowie Spiele zur Wortschatzaktivierung/-erweiterung (Memory, Gegensatzpaare, Ratespiele) eignen sich ebenso zur Wortschatzförderung. Die Analyse der von den anderen Tieren vergebenen Spitznamen – „Zitronenohr" – sauer, „Käseohr" – stinkig – fokussiert die beschreibende Bedeutung zusammengesetzter Namenwörter und schärft den Blick der Kinder für den Zusammenhang zwischen den Namen und Eigenschaften (Adjektive). Grundsätzlich ist darauf zu achten, dass die neuen Wörter vielfältig in ähnlichen Kontexten und unterschiedlichen syntaktischen Strukturen als Modell angeboten bzw. evoziert und von den Kindern angewendet werden.

lexikalische und phonologische Sicherung

vielfältiges Angebot bzw. Evozieren neuer Wörter

2.3.4 Förderung der morphologisch-syntaktischen Ebene

Während Kinder im normalen Spracherwerb schon zwischen dem zweiten und vierten Lebensjahr die bedeutendsten grammatischen Merkmale ihrer Bezugssprache erwerben und dabei scheinbar über „hoch effiziente datenorientierte Mechanismen („Bootstrapping-Strategien")" (MOTSCH & BERG 2003, 151) verfügen, „die es ihnen ermöglichen, sich beim Lernen nur auf die für den Spracherwerb der bezugssprachlichen Grammatik relevanten Daten zu konzentrieren und diese Elemente aus dem wesentlich größeren sprachlichen Input als „Intake" herauszufiltern" (MOTSCH & BERG 2003, 151), bereitet dies spracherwerbsgestörten Kindern enorme Probleme. Nach DANNENBAUER (1994) müssen Lehrer/Therapeuten, die eine individuelle spracherwerbsorientierte, entwicklungsproximale Sprachförderung in einer interaktiven Dialogsituation planen und durchführen wollen, folgende Punkte berücksichtigen:

entwicklungsproximale Sprachförderung

Neben der Erfassung der grammatischen Entwicklungsmuster und der daraus resultierenden Bestimmung der auf Hypothesen basierenden Therapieziele, welche in der „Zone der nächsten Entwicklung" liegen, kommen der Situationsstrukturierung und den Modellierungstechniken eine große Bedeutung zu (DANNENBAUER 1994, 2002; GRIMM 1999). DANNENBAUER (1994, 94) weist auf folgende Zusammenhänge hin:
„Gelungene Situationsstrukturierungen schaffen gemeinsame Referenz, ordnen Rollenbeziehungen und kontrollieren den sprachlichen Austausch über ihre Sachlogik. Sie bilden insofern das Medium oder Transportsystem, über das die grammatischen Therapieziele vermittelt werden". Mithilfe der „Kontextoptimierung", einer auf Vorhandenes zurückgreifenden Methodik für die Therapie grammatischer Störungen, die auf die Stärken vorhandener Therapiekonzepte (der produktionsorientierten pattern practice, der reflexionsorientierten Hilfen und der rezeptionsorientierten Input-Therapie) aufbaut, wird eine reale Fördersituation mit sinnvollem situativen und sprachlichen Kontext geliefert, in den die grammatische Zielstruktur eingebettet ist (MOTSCH & BERG 2003, 152). MOTSCH wies in seiner 61 Probanden umfassenden Untersuchungsgruppe mit dem Therapieziel der Produktion von subordinierten Nebensätzen mit korrekter Verbendstellung im Zeitraum von Dezember 2001 bis Juli 2002 die Effektivität der Kontextoptimierung nach: Die Probanden wurden in eine Therapie- (n = 14), eine Unterrichts- (n = 27) und eine Kontrollgruppe (n = 20) eingeteilt. Während die Kontrollgruppe in 8 Monaten keine Fortschritte bzgl. des Therapieziels erreichte, zeigten die Experimentalgruppen innerhalb von 12 Wochen höchst signifikante Fortschritte; am besten schnitt die Therapiegruppe ab, aber auch das kontextoptimierte Vorgehen im Rahmen des therapieintegrierten Unterrichts, bei dem es ausreichte, „kontextoptimierte Elemente jeweils in kurzen Phasen dort einzufügen, wo sich dies in enger Verbindung mit dem Unterrichtsstoff geradezu anbot" (MOTSCH & BERG 2003, 156). Bemerkenswert war, dass die Fortschritte auch bei mehrsprachigen Kindern auftraten und sich als unabhängig von Einschränkungen des Kurzzeitgedächtnisses sowie der Wahrnehmung zeitlicher Abfolgen erwiesen. Da die erwünschten Zielstrukturen in der Alltagssituation oft zu selten angeboten würden, ermöglicht das kontextopti-

Kontextoptimierung

mierte Vorgehen ein prägnantes, hochfrequentes und kontrastives Anbieten der Zielstruktur.

In meiner Bilderbucheinheit evozierte ich u.a. komplexe syntaktische Fähigkeiten, welche Kinder im Normalfall mit etwa 3;6 Jahren erreichen (z.B. Kausal-/Konditionalkonstruktionen): „Die Fähigkeit, kognitiv erkannte, relationale Zusammenhänge (z.B. kausale, konditionale, temporale, finale Zusammenhänge) in Laut- und Schriftsprache zu verstehen und in der dafür vorgesehenen sprachlichen Form, den subordinierten Nebensätzen, zu produzieren, wird spätestens in der Grundschule vorausgesetzt" (MOTSCH & BERG 2003, 153). Ziel meiner Bilderbucharbeit ist es, den Kindern zu helfen, die Fähigkeit zur Wahrnehmung und Verarbeitung der kritischen Merkmale der Zielstruktur zu erlangen bzw. zu steigern. Die Bilderbucharbeit sollte – i.S. der kontextoptimierten Situationsstrukturierung – den Wechsel zwischen den Modalitäten Rezeption, Produktion sowie Reflexion berücksichtigen. Dazu eignen sich Rollenspiele und szenische Darstellungen, da sich hier rezeptive und produktive Anteile im Gespräch ebenso wie gedankliche und sprachliche Modalitäten abwechseln. Die Kinder werden so beharrlich für die Morphemmarkierungen sowie Spezifika von Satzstrukturen sensibilisiert. Darüber hinaus ist – unter Berücksichtigung von ursächlichen Faktoren (z.B. herabgesetztes auditives Kurzzeitgedächtnis, phonologische Störungen, Wahrnehmungsstörungen) – ein ressourcenorientiertes Vorgehen anzustreben, bei dem die kindlichen, metalinguistischen Fähigkeiten durch Reflexion in Form von korrektiven Alternativfragen (Heißt es „auf Wiese" oder „auf der Wiese"?) bzw. kontrastive Äußerungen (z.B. Du hast „auf Wiese" gesagt; die Erwachsenen sagen „auf der Wiese"- kannst du das auch?") oder Schrift (z.B. dem/den-Kärtchen bei Diskriminationsproblemen von Dativ/Akkusativ) aufgebaut werden.

Mithilfe der Technik des Modellierens (DANNENBAUER 1994; GRIMM 1999) können bei der Bilderbucharbeit in Kommunikationssituationen erwünschte grammatikalische Strukturen möglichst natürlich evoziert werden.

⇒ Im „Schaf mit dem Zitronenohr" sind dies v.a. folgende Strukturen (s. 3.4):
- Äußern von Vermutungen: Konsekutivkonstruktionen mit Verbfinalstellung:
  • „Ich vermute, dass..."; „Ich glaube, dass..."
- Begründung von Vermutungen: Kausalkonstruktionen mit Verbfinalstellung:
  • „Das kleine Schaf fühlt sich traurig/fröhlich, weil..."
- Der nonverbale Gefühlsausdruck in Form von Körperhaltung, Farben, Instrumentenklängen, der Gefühlsleiste motiviert ebenfalls zur Verbalisierung von Vermutungen (⇒ Konsekutivsätze mit Verbfinalstellung)
- Temporalkonstruktionen: (zuerst, dann, am Ende...)
- Perfektkonstruktionen: Verbklammer und Partizipbildung:
  • „Das Schaf hat die Ziege getroffen."
- Fragen mit Subjekt-Verb-Inversion:

Randnotizen: Modalitätenwechsel; ressourcenorientiertes Vorgehen. Aufbau metalinguistischer Fähigkeiten; Modellieren in Kommunikationssituationen

- • „Hallo, Zitronen-/Käse-/Sternenohr, bist du wieder sauer/stinkig/traurig heute?"
- – W-Fragen mit Subjekt-Verb-Inversion: Wer, was, wann, wo, warum, wie, womit?
- • „Warum ist das Schaf traurig?"; sie evozieren wiederum Konsekutivsätze.
- – Lokalpräpositionen mit entsprechenden Kasusmarkierungen (Akkusativ oder Dativ):
- • Das kleine Schaf steht *auf* der Wiese (wo? *auf* + *Dativ*), vor dem Wassertrog..., *neben* den anderen Schafen...(wo? *neben* + *Dativ*); Das kleine Schaf geht *zum* alten Widder (wohin? *zu* + *Dativ*); Es läuft *auf* den Berg (wohin? *auf* + *Akkusativ*).
- – Vorgabe von verschiedenen Satzarten mittels Sprechblase und Satzzeichen (!?)
- – Die szenische Darstellung fordert zum Dialog/Rollenspiel und somit zur wörtlichen Rede auf.

3 Unterrichtsbeispiel zur sprachheilpädagogisch orientierten Arbeit mit Bilderbüchern

Die sprachheilpädagogische Arbeit mit Bilderbüchern eröffnet vielfältige Möglichkeiten der Differenzierung bzw. eines fächerübergreifenden, integrativen und projektorientierten Unterrichts. Bei der Planung und Durchführung der Unterrichtseinheit bewährt sich die Rhythmisierung zwischen aktiven produktiven Phasen, in denen die Kinder zur erlebenden Gestaltung und Verbalisierung des Bilderbuchs angeregt werden (z.B. Schaffen von Sprech- bzw. Schreibanlässen, die im kommunikativen Kontext Raum für den Ausdruck von (Vor-) Erfahrungen, Wahrnehmungen, Eindrücken, affektiven Besetzungen bieten) und ruhigen, rezeptiven Phasen, in denen sich die Kinder auf das Zuhören bzw. selbst Lesen und Verstehen des Textes konzentrieren können (vgl. SENNLAUB 1988). Die ausgewählten Texte und Bilder bieten den Kindern die Möglichkeit, sich – durch die Identifikation mit dem/den Handlungsträger(n) der Bilderbuchgeschichte – bewusster wahrzunehmen, zu verstehen sowie eigene Interaktionen mit ihrer Umwelt kritisch zu hinterfragen, diese sprachlich zu strukturieren und zu verbalisieren. Somit ist der Auseinandersetzung mit Bilderbüchern eine nicht zu vernachlässigende Bedeutung bzgl. der Förderung von Selbst-, Sozial-, Sach- und Sozialkompetenz zuzuschreiben, deren Ausbildung wesentliche Bestandteile einer positiven Persönlichkeitsentwicklung darstellen.

Marginalien:
Rhythmisierung zwischen aktiven, produktiven und ruhigen, rezeptiven Phasen

Identifikation mit dem/den Handlungsträger(n)

3.1 Lehrplanbezug

Die vorliegende Unterrichtseinheit „Einführung des Bilderbuchs ‚Das Schaf mit dem Zitronenohr' (Teil 2) nimmt Bezug auf den Lernbereich 1/2.1 „Sprechen und Gespräche führen" der Jahrgangsstufen 1/2 des bayerischen Lehrplans für die Grundschule vom Oktober 2000:
1/2.1.1 Einander erzählen und einander zuhören (folgerichtig und lebendig erzählen; Zuhören lernen)
1/2.1.2 Sich und andere informieren (einfache Informationen durch Erfahrungen einholen und weitergeben; kurze Mitteilungen und einfache Anweisungen verstehen, richtig und vollständig weitergeben; einfache Sachverhalte und Beobachtungen erfassen und beschreiben; Lebewesen und Gegenstände beschreiben)
1/2.1.3 Miteinander sprechen und miteinander umgehen (einfache Gesprächsregeln miteinander aufstellen und beachten; Gesprächsbereitschaft entwickeln; Probleme und Konflikte besprechen (Gefühle zum Ausdruck bringen (auch nonverbal))
1/2.1.4 Sprache spielerisch umsetzen (einfache Sprachspiele kennen (vorgegebene Satzmuster oder Sprechrituale)); einfache Szenen entwickeln (Stimmungen und Tätigkeiten pantomimisch darstellen)
1/2.1.5 Verständlich und ausdrucksvoll sprechen (Ausdrucksmöglichkeiten der Stimme erproben (unterschiedliche Gefühle stimmlich zum Ausdruck bringen); die Artikulation erproben (Kappazismus (z.B. **K**äseohr); Schetismus (z.B. **Sch**wein, **St**ernenohr); Sigmatismus (z.B. **s**agen, Wassertrog, Wiese, Pinsel, Ziege, Zitronenohr).

3.2 Mögliche Sequenz

Die hier beschriebene Einführungsstunde des Bilderbuchs stellt die 2. Einheit einer mehrstündigen Sequenz dar, die darüber hinaus Ansatzpunkt für vielfältige mögliche Querverbindungen zu anderen Lernbereichen/Fächern ist. (Das Bilderbuch erlaubt z.B. diverse Querverbindungen zu den Fächern Religions-, Ethikunterricht, HSU, Musik-, Sporterziehung, Werken/Textiles Gestalten):
I Einführung des Bilderbuchs: „Das Schaf mit dem Zitronenohr" von Katja Reider, Angela von Roehl (1. Teil: Erzählung bis an die Stelle, als es zu regnen beginnt)
II Einführung des Bilderbuchs „Das Schaf mit dem Zitronenohr" (2. Teil bis Ende)
III Lesen: Herausarbeiten der wörtlichen Rede: Vorbereitung für Rollenspiele bzw. das Theaterprojekt: farbige Markierung (unterschiedliche Farben für unterschiedliche Tiere; Woran erkennst du die wörtliche Rede? Markieren der Satzzeichen und Klären ihrer Bedeutung (Sprechblase mit Satzzeichen))
IV Lesen der Äußerungen mit verteilten Rollen; Schwerpunkt: lebendiges, dem Inhalt adäquates Lesen
V Sprache untersuchen: zusammengesetzte Namenwörter (Zusammensetzungen aus Namenwörtern finden und zur Verständigung verwenden

(Jgst. 1); in Situationen die Leistung zusammengesetzter Namenwörter erfahren und die Kenntnis anwenden)
VI Sprache untersuchen: (Farb-)Adjektive
VII Sprache untersuchen: Wortfeld „sagen": z.B. grunzen, erwidern, fragen, einräumen
VIII kreatives Schreiben, z.B.: Farb-Elfchen (rot, gelb, grün, blau, weiß).

3.3 Lernziele

Für die Einführungsstunde des Bilderbuchs „Das Schaf mit dem Zitronenohr" (Teil 2) lassen sich die folgenden Lernziele dezidiert formulieren: Die Schüler sollen:

- das durch eine Lehrererzählung dargebotene Bilderbuch „Das Schaf mit dem Zitronenohr" (Teil 2) kennen lernen
- den ersten Teil des Bilderbuchs mittels Impulsen bzw. L-Fragen (W-Fragen) möglichst selbstständig wiederholen
- den Inhalt des Bilderbuchs multisensorisch erleben und nachempfinden
- aus den Bildinformationen logische Schlussfolgerungen ziehen
- sich mit dem Schaf mit dem Zitronenohr identifizieren, seine elementaren Gefühle der Traurigkeit und der Freude wahrnehmen und erkennen
- die thematisierten Gefühle verbalisieren
- diese Gefühle nonverbal in Form von Körperhaltungen, Farben, Instrumentenklängen ausdrücken
- diese Gefühle in eine „Gefühlsleiste" übertragen
- die Körperhaltungs-, Farb- bzw. Instrumentenauswahl begründen
- den erarbeiteten Inhalt szenisch darstellen
- in Partnerarbeit Vermutungen über den weiteren Verlauf des Bilderbuchs anstellen
- angebotene Satzmuster aufgreifen und verbalisieren
- gemeinsam erarbeitete Gesprächsregeln beachten und anwenden können (Blickkontakt aufnehmen – sich melden – erst sprechen, wenn man aufgerufen wird – zuhören – ausreden lassen – niemanden auslachen – das Wort weitergeben)
- evtl. die Bilder in die korrekte Reihenfolge ordnen (Zeitpuffer)

3.4 Unterrichtsverlauf (s. S. 206–216)

Bei diesem Unterrichtsverlauf verzichte ich auf allgemein verbindliche Zeitangaben, denn die Durchführungszügigkeit hängt in hohem Maße von der Kindergruppe, ihrem sprachlichen Entwicklungsstand, ihrer Konzentrations- und Aufmerksamkeitsspanne, von der Jahrgangsstufe sowie vom Grad der Vertrautheit der Kinder mit den geforderten Arbeitsformen bzw. im Umgang mit den dargebotenen Materialien ab.

4 Zusammenfassung

Ausgehend von wissenschaftlichen, praxisrelevanten Grundlagen wurden im vorliegenden Beitrag wichtige Kriterien für die Auswahl und sprachliche Vereinfachung von Bilderbüchern erörtert und am Beispiel einer sprachheilpädagogisch aufbereiteten Bilderbucheinführungsstunde, die operationalisierbare Lernziele verfolgt, in Bezug zum bayerischen Lehrplan für die Grundschule gesetzt und in eine Sequenz eingeordnet, erläutert: Eine bedeutende Voraussetzung für die sprachheilpädagogische Bilderbucharbeit stellt die Auswahl aussagekräftiger, den Inhalt strukturierender Bilder dar, anhand derer Lehrer/Therapeuten und Kinder die Geschichte unter Berücksichtigung des kindlichen Sprachentwicklungsniveaus entwickeln können (sprachliche Passung). Dabei standen zum einen die Identifikation mit der Hauptfigur des Bilderbuchs, die emotionale Beteiligung der Kinder am Geschichtenverlauf, zum anderen die aktive Einbeziehung der Kinder in das (Weiter-) Erzählen und das erlebende, aktive Gestalten der Geschichte durch das vielfältige Evozieren von Sprachstrukturen (s. 2.3.4) bzw. durch (non-)verbale Möglichkeiten des Gefühlsausdrucks im Vordergrund. Durch die Bewusstmachung des Einsatzes grafischer/(non-)verbaler Ausdrucksmöglichkeiten konnte metasprachliches Wissen aufgebaut werden. Selbstverständlich kann dieser Beitrag lediglich einen Bruchteil der sprachheilpädagogisch relevanten Möglichkeiten bzgl. der Arbeit mit Bilderbüchern aufzeigen. Alternative Schwerpunkte könnten u.a. die sprachliche Strukturierung/Reproduktion der Geschichte ($\Leftrightarrow$ erlebendes Gestalten) oder die schriftsprachliche Arbeit ($\Leftrightarrow$ Erzählsprache) darstellen.

Unterrichtsverlauf – geplantes Lehrerverhalten – erwartetes Schülerverhalten	Medien, sonderpädagogische Maß- nahmen
I Hinführung zum Erzählbereich **1 Anknüpfen an die vorangegangene Stunde**	
Halbkreis: abgedeckte Gegenstände Kinder decken Gegenstände auf: – Käse – Zitrone – Stern Freie SS-Äußerungen: *Impuls* L: Diese Gegenstände erinnern dich be- stimmt an jemanden. Freie SS-Äußerungen: Sie erinnern mich an das Schaf mit dem – Zitronenohr – Käseohr – Sternenohr. L deckt Bild vom Schaf mit dem gelben Ohr auf („Zitronenohr"). L: Richtig, du hast gestern den ersten Teil des Bilderbuchs „Das Schaf mit dem Zitronen- ohr" gehört.	Halbkreis ⇔ Sitzkreis Wechsel der Sitzform Rhythmisierung des Unterrichts; Berücksichtigung der visuell- räumlichen Voraussetzungen beim Ansehen des Bilderbuchs *Käse, Stern, Zitrone* Spontansprache Ansatzpunkt für Modelling Evtl. Satzeinstiegshilfe Spontansprache Ansatzpunkt für Modelling Artikulation: Kappazismus, Schetismus, Sig- matismus; Achtung: phonologische Prozesse Evtl. Satzeinstiegshilfe: Sie erinnern mich an... *Bild vom Schaf mit dem Zitro- nenohr* Identifikationsfigur Verlaufsmotivation

_ Arbeit mit Bilderbüchern im sprachheilpädagogisch orientierten Unterricht

Unterrichtsverlauf – geplantes Lehrerverhalten – erwartetes Schülerverhalten	Medien, sonderpädagogische Maßnahmen
2 Zielangabe	
L: Wir sehen uns wieder das Bilderbuch „Das Schaf mit dem Zitronenohr" an.	
II Erarbeitung **1 Wiederholung/ Inhaltliche Klärung** **Gelenkte Nacherzählung mittels (W-) Fragen / Impulsen**	
W-Frage L. Evtl.: Welche Tiere hat das Schaf in der Geschichte getroffen?	Kategorisierung Oberbegriff: Tiere W-Frage
Freie SS-Äußerungen: Es hat die Ziege, den Widder, das Schwein, andere Schafe getroffen.	Spontansprache Ansatzpunkt für Modelling, SPO Evtl. Satzeinstiegshilfe Zielstruktur: Perfekt Kontextoptimierung
Impuls Evtl. L: Bestimmt weißt du noch, welche Namen die anderen Tiere für das Schaf hatten. Evtl. Hilfe mittels Bildern (s.o.)	*Evtl. Bilder (s.o.)*
W-Fragen L: Welche Tiere haben das Schaf so genannt? Warum?	W-Frage Ansatzpunkt für Modelling
Freie SS-Äußerungen: – Die Ziege hat es „*Zitronenohr*" genannt, weil das Schaf immer so *sauer* war. – Das Schwein hat es „*Käseohr*" genannt, weil das Schaf immer so *stinkig* war.	Spontansprache Zielstruktur: Perfekt Kausalsätze: ..., weil... Kontextoptimierung Wortschatzaktivierung, -erweiterung Zusammengesetzte Namenwörter Adjektive: als eine Form der Beschreibung von Lebewesen und Dingen
1.1 Bild A: mehrteilig: Schaf mit gelbem Ohr * auf Wiese (Ziege frisst dem Zitronenohr die Blumen weg) * am Wassertrog (Schwein lässt Zitronenohr nicht trinken) * auf Wiese (anderes Schaf belegt Lieblingsplatz)	
Impuls L: Das Schaf dachte: „Mit dem gelben Ohr geht alles schief!" Evtl. L: Was ging alles schief?	*Bild A: mehrteilig:* *Sukzessives Aufdecken; Fokussieren der Aufmerksamkeit; Strukturierung des Erzählaufbaus* W-Frage

Unterrichtsverlauf – geplantes Lehrerverhalten – erwartetes Schülerverhalten	Medien, sonderpädagogische Maßnahmen
Freie SS-Äußerungen: – Die Ziege hat die besten Gräser weggeschnappt. – Das Schwein hat den Wassertrog leergetrunken. – Die anderen Schafe haben seinen Lieblingsplatz belegt.	Spontansprache Verbalisierung Ansatzpunkt für Modelling Zielstruktur: Perfekt: Verbklammer Kontextoptimierung
1.1.1. Verbalisieren der vermuteten Gefühle	
Impuls L: Sicherlich kannst du dir denken, wie es dem Schaf da ging. Freie SS-Äußerungen: Es war traurig... Es ging ihm schlecht...	Kontextoptimierung Spontansprache, Verbalisierung SPO: Verbzweitstellung Empathie
1.1.2 Einordnen der Gefühlslage in einer zweidimensionalen Gefühlsleiste mit Piktogrammen (Daumen hoch/tief)	
L öffnet TA: Dort: bereits gestaltete, in 6 Abschnitte eingeteilte „*Gefühlsleiste*"; unter 1. Bereich hängt Bild A Pfeil mit „Nulllinie" sowie „positivem" (Daumen nach oben) und „negativem" (Daumen nach unten) Bereich: Abhängig von der negativen, traurigen Gefühlslage der Identifikationsfigur ist der negative Bereich dunkelgrün/-blau gestaltet. Nochmalige Verbalisierung/Begründung der aktuellen Gefühlslage.	*TA:* *Gefühlsleiste (in 6 Abschnitte eingeteilt für Bilder A, B, I, II, III, IV)* *Bild von Schaf mit dem Zitronenohr mit gelbem Ohr als visuelle Erinnerungshilfe sowie Strukturierungshilfe für den Aufbau der Geschichte.* Kontextoptimierung Verbalisierung *Zielstruktur:* Komplexe Sätze: Kausalkonstruktion
1.2 Bild B: Widder „malt" dem Zitronenohr das gelbe Ohr an	
Impuls L: Plötzlich hatte der Widder eine Idee... Freie SS-Äußerungen: Der alte Widder hat dem Schaf das gelbe Ohr weiß angemalt.	Bild B Spontansprache, Verbalisierung Zielstruktur: Perfekt

_ Arbeit mit Bilderbüchern im sprachheilpädagogisch orientierten Unterricht

Unterrichtsverlauf – geplantes Lehrerverhalten – erwartetes Schülerverhalten	Medien, sonderpädagogische Maßnahmen
	1.2.1 Verbalisieren der vermuteten Gefühle
Impuls L: Sicher weißt du, wie die Geschichte weiterging Freie SS-Äußerungen: – Es findet überall saftige Blumen und Gräser. – Es findet sofort Platz am Wassertrog. – Es findet sofort einen anderen Lieblingsplatz. *Impuls* L: Sicherlich kannst du dir denken, wie es dem Schaf da ging. Freie SS-Äußerungen: Es war glücklich... Es ging ihm gut...	Spontansprache, Verbalisierung Verbzweitstellung Spontansprache, Verbalisierung SPO: Verbzweitstellung multisensorische Wahrnehmung und aktives Nachvollziehen der Situation und Gefühlslage des Schafes, Empathie Spontansprache, Verbalisierung, Modelling, SPO
1.2.2 Einordnen der Gefühlslage in einer zweidimensionalen Gefühlsleiste mit Piktogrammen (Daumen hoch/tief)	
L öffnet TA: Dort: bereits gestaltete, in 6 Bereiche eingeteilte „*Gefühlsleiste*"; unter 2. Bereich hängt Bild B. Pfeil mit „Nulllinie" sowie „positivem" (Daumen nach oben) und „negativem" (Daumen nach unten) Bereich: Abhängig von der fröhlichen Gefühlslage der Identifikationsfigur wird der positive Bereich rot/gelb gestaltet. Nochmalige Verbalisierung der Gefühlslage	*TA:* *Gefühlsleiste* (s.o.) *Bild von Schaf mit dem Zitronenohr mit gelbem Ohr als visuelle Erinnerungshilfe sowie Strukturierungshilfe für den Aufbau der Geschichte.* Verbalisierung: (s.o.)
4 Überleitung zur Neuerarbeitung	
L: Doch damit ist das Bilderbuch/unsere Geschichte noch nicht zu Ende. Jetzt erfährst du, was das Schaf mit dem Zitronenohr in unserem Bilderbuch weiter erlebt.	Aufgreifen des Spannungsbogens

Unterrichtsverlauf – geplantes Lehrerverhalten – erwartetes Schülerverhalten	Medien, sonderpädagogische Maßnahmen
2 Neuerarbeitung des bisher unbekannten Teils 2.1 Bild I: Schaf am Wasser mit Spiegelbild, Tränen und gelbes Ohr sind zunächst abgeklebt 2.1.1 Kassette: Regengeräusch	
L. spielt Regengeräusch ein Freie SS-Äußerungen: Es fängt zu regnen an. L hängt Sprechblase zum Bild	*Kassettenrekorder, Kassette mit Regengeräusch* Fokussierung der auditiven Wahrnehmung *Bild I* Spontaner Sprechanlass *Visuelle Strukturierungshilfe* Sprechblase
2.1.2 Verbalisieren der vermuteten Gefühle	
Impulse Evtl. L: Sicherlich kannst du dir denken, wie es dem Schaf da ging. Evtl. L: Das Schaf sagt etwas, als es bemerkt, dass das Ohr doch gelb ist! Freie SS-Äußerungen: Es war traurig... Es ging ihm schlecht... Evtl. – Ich vermute, dass... L deckt gelbes Ohr/Tränen auf Bilderbuchseite auf. L: Richtig, das Schaf ist sehr traurig, weil das Ohr wieder gelb ist.	 Spontansprache, Verbalisierung SPO: Verbzweitstellung Kontextoptimierung Bei sprachlich schwächeren Kindern: Zielstruktur: Konsekutivsätze Satzmusterangebot //gestischer Impuls Verlaufsmotivation
2.1.3 Einnahme einer Körperhaltung als Gefühlsausdruck	
L. Zeige, welche *Körperhaltung* das Schaf jetzt einnehmen könnte. ⇒ SS nehmen passende Körperhaltung ein.	nonverbaler Gefühlsausdruck
2.1.4 Zuordnen von Farben zum vermuteten Gefühl	
Impuls L: Wie sich das Schaf fühlt, kannst du auch mit *Farben* zeigen. Ich habe dir dazu farbige Tücher mitgebracht. evtl. Überlege dir, welche Farben zu den Gefühlen des Schafes passen. ⇒ SS begründen ihre Farbwahl und legen farbige Tücher zu Bild.	Fokussierung der visuellen Aufmerksamkeit Empathieübung Abstrahierung *farbige Tücher(rot/gelb⇔ dunkelblau/-grün; bereits als dkl./helle Farben eingeführt)* kontrastives Angebot, Identifikation, visuelle Wahrnehmung, Verbalisierung; Zielstruktur: komplexe Kausalsätze; Kontextoptimierung

Unterrichtsverlauf – geplantes Lehrerverhalten – erwartetes Schülerverhalten	Medien, sonderpädagogische Maßnahmen
2.1.5 Zuordnen von Klängen zum vermuteten Gefühl	
Impuls/W-Frage L: Auch mit *Instrumenten* kannst du diese Traurigkeit ausdrücken. Welches Instrument passt besser zur Traurigkeit? Probiere es aus. ⇒ SS begründen jeweils ihre Wahl.	*Xylophonklangstäbe* ⇔ *Glockenspiel (Pentatonik)* kontrastives Angebot: dkl. ⇔ helle Klänge, Identifikation, auditive Wahrnehmung evtl. W-Frage, Verbalisierung komplexer Kausalsätze: Kontextoptimierung
2.1.6 Szenische Darstellung des Verbalisierten	
L: Die Geschichte kannst du wie ein Schauspieler spielen. Wir brauchen nun einen Geschichtenerzähler und Schauspieler, für das Zitronenohr/das Schwein. L hängt den Kindern grafische Symbole/Bilder um, die die Rollenverteilung verdeutlichen. Schüler 1 (Erzähler), Schüler 2 (Zitronenohr) und Schüler 3 (Schwein) erzählen und spielen nach.	*grafische Symbole: mit Band umzuhängende Schilder, auf denen Erzähler bzw. das Schaf mit dem Zitronenohr bzw. ein Schwein abgebildet sind* Modalitätenwechsel handlungsbegleitendes Verbalisieren
2.1.7 Zusammenfassung des Bildes	
Nach kleiner Übungsphase in 3-er-Gruppen ⇒ Kassettenaufnahme	Förderung des Sprachverständnisses *Kassette* Aufnahme als Unterstützung des bewussten Sprachhandelns
2.1.8 Sicherung Gefühlsleiste (AB)	
L öffnet TA mit *„Gefühlsleiste"* (s.o.); unter 3. Bereich wird Bild I gehängt. Pfeil mit „Nulllinie" sowie „positivem" (Daumen nach oben) und „negativem" (Daumen nach unten) Bereich: Abhängig von der traurigen Gefühlslage der Identifikationsfigur wird der negative Bereich dunkelgrün/-blau gestaltet. TA: 1 Schüler füllt Pfeil farblich an der Tafel Parallel dazu: handlungsbegleitendes Verbalisieren und Begründen *Stillarbeit* Kinder gehen an ihren Platz: dort: Ausfüllen der Gefühlsleiste auf AB.	*TA:* *Gefühlsleiste* (s.o.) *Bild von Schaf mit dem Zitronenohr mit gelbem Ohr als visuelle Erinnerungshilfe sowie Strukturierungshilfe für den Aufbau der Geschichte.* Handlungsbegleitendes Verbalisieren Kausalkonstruktion:..., weil... Stillarbeit; Arbeitsplatzwechsel; Rhythmisierung; Aktivierung; Schülerorientierung Arbeitsblätter (AB)

Unterrichtsverlauf – geplantes Lehrerverhalten – erwartetes Schülerverhalten	Medien, sonderpädagogische Maß- nahmen
2.2 Bild II: Widder kommt zu Schaf und Schwein **2.2.1 Erarbeitung des Inhalts; Verbalisierung der Bildaussage**	
Impuls: L: Plötzlich kommt dem kleinen Schaf eine Idee: Es könnte seinen Freund, den Widder, um etwas bitten. L klebt Sprechblase auf.	*Sprechblase evtl. mit !/?* Je nach sprachlicher Akzentuierung: ?: Frage: SV-Inversion; Modalverben !: Imperativ Kontextoptimierung !/? als visuelle Impulse zur Unterstützung der sprachlichen Akzentuierung sowie Prosodie
Freie SS-Vermutungen: – Male mir bitte wieder das Ohr weiß an! – Kannst du mir bitte das Ohr wieder weiß anmalen? – Hilf mir, bitte! Evtl. Satzmustervorgabe bei sprachlich sehr schwachen Kindern. Lesepfeil bzw. Taschenlampe zur visuellen Strukturierung der Satzstruktur durch L.	Spontansprache, Verbalisierung *2. Klasse: evtl. Satzstreifenmodell für TA;* in diesem Fall: Taschenlampe; Lesepfeil zur visuellen Strukturierung der Satzstruktur
2.2.2 Szenische Darstellung des Verbalisierten	
L hängt den Kindern grafische Symbole/Bilder um, die die Rollenverteilung verdeutlichen. Schüler 1 (Erzähler), Schüler 2 (Schaf), Schüler 3 (Widder) erzählen und spielen nach.	*grafische Symbole Bilder als Erinnerungshilfe;* – *Erzähler* – *Schaf* – *Widder* sowie Strukturierungshilfe für den Aufbau der Geschichte
2.2.3 Zusammenfassung des Bildes II	
Nach 2–3 Durchgängen in 3-er-Teams ⇒ Kassettenaufnahme	*Kassettenaufnahme* zur Unterstützung des bewussten Sprachhandelns
2.4 Sicherung Gefühlsleiste (AB)	
1 S füllt sie farblich an der TA; SS füllen Gefühlsleiste auf AB am Platz. ⇒ SS begründen ihre Wahl.	*Gefühlsleiste* *AB* Handlungsbegleitendes Verbalisieren Zielstruktur: Kausalkonstruktion ..., weil... Kontextoptimierung

Arbeit mit Bilderbüchern im sprachheilpädagogisch orientierten Unterricht

Unterrichtsverlauf – geplantes Lehrerverhalten – erwartetes Schülerverhalten	Medien, sonderpädagogische Maßnahmen
2.3. III/IV Bild **2.3.1 Vermutungen über den Fortgang des Bilderbuchs**	
Sitzplatz: *W-Frage* L: Wie geht es jetzt wohl weiter? Überlege zusammen mit deinem Partner/deiner Partnerin. SS beraten sich leise, stellen Vermutungen an. Im Anschluss: Auswertung der Ergebnisse im Plenum. Evtl. Satzmusterangebot: Ich vermute, dass...	Wechsel der Sitzform Arbeitsplatzwechsel Rhythmisierung Natürlicher Sprechanlass W-Frage PA Gesprächsregeln: flüstern Kontextoptimierung Zielstruktur: Konsekutivsatz Satzeinstiegshilfe: Ich vermute, dass... //gestischer Impuls
2.3.2 Auflösung des Fortgangs der Geschichte mithilfe des Bildes IV (Schaf hat gelbes Ohr, streckt Ohr in Sternenhimmel)	
L: Ich zeige dir, wie die Geschichte ausgeht. Freie SS-Äußerungen zum *Bild IV* L: „Ab heute heiße ich Sternenohr."	*Bild IV* Spontansprache Verbalisierung QV: Sprache untersuchen: zusammengesetzte Namenwörter
2.4 Bild III (Schaf und Widder im Gespräch) **2.4.1 Vermutungen über den Fortgang des Bilderbuchs**	
L deutet auf abgedecktes III. Bild. L: Was ist vermutlich passiert? Freie SS-Äußerungen: Evtl. Satzmusterangebot: Ich vermute, dass...	 Zielstruktur: Konsekutivsatz Satzeinstiegshilfe: Ich vermute, dass... // gestischer Impuls
2.4.2 Auflösung des Fortgangs der Geschichte mithilfe des Bildes III	
L deckt Bild III (Widder und Schaf) auf und spielt „Lösung" per Kassettenrekorder ein. Auflösung mit Kassettenrekorder: Widder: reduzierte bzw. leicht abgeänderte „wörtliche Rede": „Ich muss dir gestehen, *dass* dein Ohr niemals weiß *war*. Ich habe den Pinsel vorhin nicht in Farbe getaucht, sondern nur in Wasser. Das Ohr war heute gelb wie immer..."	*Bild III* *Kassettenrekorder: Lösung: wörtliche Rede des Widders* Wörtliche Rede Sprachliche Reduzierung, Veränderung; inhaltliche Konkretisierung Fokussierung des Sprachverständnisses, der auditiven Wahrnehmung Modalität: Rezeption Zielstruktur: Konsekutivsatz (mit Verbfinalstellung)

Unterrichtsverlauf – geplantes Lehrerverhalten – erwartetes Schülerverhalten	Medien, sonderpädagogische Maßnahmen
2.4.3 Verbalisieren der vermuteten Gefühle	
Freie SS-Äußerungen:	Spontansprache, Verbalisierung Ansatzpunkt für Modelling (s.o.)
L hängt Sprechblase zum Bild	Spontaner Sprechanlass Visuelle Strukturierungshilfe *Sprechblase* Kontextoptimierung
Impuls Evtl. L: Sicherlich kannst du dir denken, wie es dem Schaf jetzt geht. *Impuls* Evtl. L: Das Schaf sagt etwas, als es bemerkt, dass das Ohr immer gelb war!	
Freie SS-Äußerungen: Es war erstaunt, glücklich, froh... Evtl. – Ich vermute, dass...	Spontansprache, Verbalisierung SPO: Verbzweitstellung Bei sprachlich schwächeren Kindern: Konsekutivsatzmusterangebot
2.4.4 Einnahme einer Körperhaltung als Gefühlsausdruck	
L: Zeige, welche *Körperhaltung* das Schaf jetzt einnehmen könnte. ⇒ SS nehmen passende Körperhaltung ein	//gestischer Impuls nonverbaler Gefühlsausdruck
2.4.5 Zuordnen von Farben zum vermuteten Gefühl	
Impulse L: Wie sich das Schaf fühlt, kannst du auch mit *Farben* zeigen. ⇒ SS begründen ihre Farbwahl. (s. 2.1.4)	Fokussierung der visuellen Aufmerksamkeit Empathieübung Abstrahierung *farbige Tücher* kontrastives Angebot (s.o.), Identifikation, visuelle Wahrnehmung, Verbalisierung, komplexe Sätze: Kausalkonstruktion Kontextoptimierung
2.4.6 Zuordnen von Klängen zum vermuteten Gefühl	
Impuls L: Auch mit *Instrumenten* kannst du diese Traurigkeit ausdrücken. ⇒ SS begründen jeweils ihre Wahl. (s. 2.1.5)	*Xylophonklangstäbe* *Glockenspiel (Pentatonik)* kontrastives Angebot (s.o.), Identifikation, auditive Wahrnehmung, Verbalisierung komplexer Kausalsätze Kontextoptimierung

Arbeit mit Bilderbüchern im sprachheilpädagogisch orientierten Unterricht

Unterrichtsverlauf – geplantes Lehrerverhalten – erwartetes Schülerverhalten	Medien, sonderpädagogische Maßnahmen
2.4.7 Szenische Darstellung des Verbalisierten	
L hängt den Kindern grafische Symbole/Bilder um, die die Rollenverteilung verdeutlichen. *Wir brauchen nun einen Geschichtenerzähler und Schauspieler, die uns die Geschichte vorspielen.* *Schüler 1 (Erzähler), Schüler 2 (Widder), Schüler 3 (Schaf) erzählen und spielen nach.*	*grafische Symbole:* *mit Band umzuhängende Schilder, auf denen Erzählerin bzw. das Schaf mit dem Zitronenohr bzw. ein Widder abgebildet sind* 2.4.8 Zusammenfassung des Bildes III/IV
Nach 2–3 Durchgängen: ⇒ Kassettenaufnahme	*Kassette* *Aufnahme als Unterstützung des bewussten Sprachhandelns*
2.4.9 Sicherung Gefühlsleiste (AB)	
L öffnet TA mit „Gefühlsleiste": III: dunkelgrün/-blau; IV: rot/gelb TA: 1 Schüler füllt Leiste farblich an der Tafel Parallel dazu: handlungsbegleitendes Verbalisieren und Begründen Andere SS: AB	*TA:* *Gefühlsleiste* *Bild von Schaf mit dem Zitronenohr mit gelbem Ohr (s.o.)* *Handlungsbegleitendes Verbalisieren* *Komplexe Kausalsätze:..., weil...* *Kontextoptimierung*
III Gesamtzusammenfassung (evtl. Zeitpuffer) **1 Ordnen der Bilder III/IV**	
SS erhalten fehlende Bilder III/IV: A B I II III IV L schließt TA (mit Bildern des Vortags (A, B) sowie Bilder I und II). PA: Ordne die beiden Bilder in die richtigen Reihenfolge! SS führen Arbeitsaufträge aus; PA-Kontrolle, evtl. PA-Korrektur	*AB; Bilder III/IV* *Natürlicher Sprechanlass in PA*
2 Wiederholung des Bilderbuchs mithilfe der Kassettenaufnahme	
L: Wir hören uns nun noch einmal unsere Geschichte an. Zeige mit deinem Finger auf das Bild, zu dem die „Schauspieler" sprechen. Kassettenaufnahme spielt; Kinder zeigen mit.	*Kassettenaufnahme* *Visuelle Hilfestellung zur Verbesserung/Überprüfung des Sprachverständnisses durch Sprach-Bild-Zuordnung* *Fokussieren der auditiven Wahrnehmung*

Unterrichtsverlauf – geplantes Lehrerverhalten – erwartetes Schülerverhalten	Medien, sonderpädagogische Maß- nahmen
IV Abschluss **1 Reflexion**	
Sitzkreis L: übernimmt Erzählerrolle L: Jetzt hast du das Bilderbuch „Das Schaf mit dem Zitronenohr" kennen gelernt. Erzähle mir, was dir am besten gefallen hat! Freie SS-Äußerungen und Begründung	Rhythmisierung Spontansprache Ansatzpunkt für Modelling komplexe Kausalsätze: ..., weil...
2 Lied mit thematischem Bezug: „Ich bin wie ich bin, so ist es!"	

Unterricht im sonderpädagogischen Förderschwerpunkt Sprache. Perspektiven für die 2. Ausbildungsphase und Planungsbeispiel

Reiner Bahr & Barbara Grimme

Ungeachtet der Tatsache, dass im Zuge aktueller bildungspolitischer Diskussionen die Gliederung der Lehrerbildung in unterschiedliche Phasen zunehmend kritischer gesehen wird, nimmt die 2. Ausbildungsphase (Referendariat) darin nach wie vor einen zentralen Platz ein. Sie ist das Erprobungs- und Erfahrungsfeld, in dem die im Studium erworbenen Kenntnisse sich bewähren sollen, und sie konfrontiert die jungen Lehrerinnen und Lehrer sozusagen von heute auf morgen mit völlig neuen Aufgaben: Sie müssen den Alltag des Schullebens mit seinen personellen und materiellen Bedingungen erfassen und sich in einem teils komplizierten Netz über viele Jahre gewachsener Strukturen relativ schnell zurecht finden. Sie müssen eine Beziehung zu Schülerinnen und Schülern aufbauen und sollen Lehr- und Lernprozesse so steuern, dass diese den Standards guter schulischer Arbeit nicht allein im Unterricht, sondern auch in anderen Lehrerfunktionen (Erziehen, Beraten, Diagnostizieren und Fördern, Leistungen erfassen und Leistungen beurteilen, Organisieren und Verwalten, Evaluieren und Innovieren) genügen. Dieser Anspruch wird zugleich von zwei Seiten an sie heran getragen, nämlich von der Schule und dem Lehrer- bzw. Studienseminar, das gewissermaßen als von Außen wachende, beratende und auch beurteilende Instanz den Ausbildungsprozess maßgeblich mit beeinflusst. Lehramtsanwärterinnen und Lehramtsanwärter erwarten und fordern gerade von ihren Seminarausbildern klare Leitlinien für „gute" schulische Arbeit und sollen doch auch als „autonome Lerner" ihren eigenen Weg durch das Labyrinth von Schule und Seminar finden. Am Ende der mit dem Zweiten Staatsexamen abschließenden 2. Ausbildungsphase soll sich eine Professionalität entwickelt haben, die die Bereitschaft zum weiteren, berufslangen Lernen genauso einschließt wie die Fähigkeit zur Bewältigung immer wieder neuer Aufgaben unter sich potenziell immer wieder wandelnden Bedingungen (vgl. WELLING, GRÜMMER & SCHULZ 2003).

In diesem Beitrag geht es um die spezifischen Aspekte einer Ausbildung im sonderpädagogischen Förderschwerpunkt Sprache. In diesem Zusammenhang wird eine Reduzierung auf die Lehrerfunktionen des Unterrichtens, Diagnostizierens und Förderns vorgenommen. Ausgangspunkt ist die Idee des „sprachtherapeutischen Unterrichts" (BRAUN 1980), wobei hier Gedanken aufgegriffen werden, die bereits an anderer Stelle vorgetragen wurden (BAHR 2003). Diese Gedanken werden erweitert und durch ein ausführliches Unterrichtsbeispiel konkretisiert, um damit ein praxistaugliches Modell für die 2. Ausbildungsphase abzugeben. In keiner Phase der Lehrerbildung wird so viel Zeit für die Reflexion über Unterricht verwandt wie im Referendariat. Und in keiner Phase wird diese Reflexion nach wie vor auch durch die Verschriftlichung der Planungsideen gefördert. Auch in dieser Hinsicht möchte der vorliegende Beitrag eine Hilfe sein, indem er exemplarisch aufzeigt, wie das hochkomplexe Gefüge des Unterrichts im Förderschwerpunkt Sprache fassbar gemacht werden könnte.

1 Vom „sprachtherapeutischen Unterricht" zum Unterricht im Förderschwerpunkt Sprache

1.1 Wandel im Selbstverständnis „sprachtherapeutischen Unterrichts"

sprachtherapeutischer Unterricht

Die Idee des „sprachtherapeutischen Unterrichts" (BRAUN 1980) ist traditionell eng mit der Vorstellung verbunden, dass Kinder und Jugendliche mit sprachlichen Beeinträchtigungen in erster Linie in Schulen für Sprachbehinderte bzw. Sprachheilschulen gefördert werden. Heute hat sich diese institutionsbezogene Sichtweise gewandelt, wenngleich besagte Förderung nach wie vor in nicht unerheblichem Umfang in eben jenen Schulen stattfindet. Hinzu gekommen sind jedoch andere Orte der sprachsonderpädagogischen Förderung (insbesondere der gemeinsame Unterricht von Kindern mit und ohne Behinderung sowie Förderschulen, in denen vor allem die Förderschwerpunkte „Lernen", „Emotionale und Soziale Entwicklung" sowie „Sprache" kombiniert werden). Grundsätzlich ist mit den Empfehlungen der Kultusministerkonferenz in den neunziger Jahren (KMK 1994, 1998) eine Abkehr vom institutionellen zum personalen Selbstverständnis vollzogen worden – Verfahren zur Überprüfung auf Sonder*schul*bedürftigkeit sind der Feststellung sonderpädagogischen Förderbedarfs in unterschiedlichen Förderschwerpunkten gewichen. Dieser Wandel schlägt sich auch in der 2. Lehrerbildungsphase nieder: Referendarinnen und Referendare, die ihr 2. Staatsexamen in Sondererziehung und Rehabilitation der Sprachbehinderten ablegen, werden längst nicht mehr ausschließlich in Schulen für Sprachbehinderte ausgebildet, und sie haben zuvor keinesfalls immer dieses Fach als Hauptfach („1. Fachrichtung") studiert. So gesehen ist es folgerichtig, den konnotativ noch eng mit der Institution „Sprachheilschule" verbundenen Entwurf des „sprachtherapeutischen Unterrichts" zu erweitern und zu schauen, in wie weit dessen Grundideen tragfähig sind für einen Unterricht im Förderschwerpunkt Sprache.

KMK-Empfehlungen

Entscheidend und zwingend auf heutige Bedingungen zu übertragen, erscheinen uns zwei zentrale Gedanken Brauns (1980, 141 f.):

> (a) Sprachtherapeutischer Unterricht verfolgt sprachtherapeutische Ziele und ist doch mehr als Sprachtherapie, weil er Sinn- und Sachzusammenhänge zu vermitteln sucht.
> (b) Sprachtherapeutischer Unterricht orientiert sich am Spannungsverhältnis zwischen den sprachlichen Anforderungen der Unterrichtsinhalte und den sprachlichen Lernvoraussetzungen der Schülerinnen und Schüler.

Das Spannungsverhältnis aus Bildungsinhalten und sprachlichen Lernvoraussetzungen ist zentrales Bestimmungsstück des Unterrichts im Förderschwerpunkt Sprache, und zwar unabhängig vom Förderort. Erweiternd – und gerade in der 2. Ausbildungsphase besonders relevant – ist nun die Frage nach den spezifischen Methoden, die die jungen Lehrerinnen und Lehrer erwerben müssen, um sonderpädagogisch sprachfördernd im Unterricht tätig werden zu können. Diese Frage beinhaltet zwei Dimensionen, nämlich zum Einen die Frage nach den sehr konkreten sprachtherapeutischen Vorgehensweisen im engeren Sinne (vergleichbar mit den Methoden in der ambulanten Sprachtherapie der Logopäden und Sprachtherapeuten) und zum Anderen die Frage nach der Einbindung dieser Methoden in den Unterricht als einem Geschehen, das (eben anders als die Sprachtherapie) ein auf größere Gruppen zugeschnittener, institutionell und gesellschaftlich spezifisch geprägter, Bildungsinhalte vermittelnder Prozess ist.

Spannungsverhältnis

spezifische Methoden

1.2 Sprachtherapeutische Methoden

Zu den sprachtherapeutischen Methoden im engeren Sinne, die besondere unterrichtliche Relevanz besitzen, gehören

- das Stimulieren sprachlicher Äußerungen,
- das Modellieren sprachlicher Äußerungen,
- alles, was der Förderung der phonologischen Bewusstheit dient,
- Verfahren der Lautanbildung, der Übung und des Transfers (auditive, visuelle und kinästhetische Hilfen),
- symbolisches, konstruierendes und regelgeleitetes Spielen mit sprachlicher Unterstützung,
- rhythmisches Sprechen, Singen und Tanzen,
- kontrolliert leichtes und langsames Sprechen mit weichem Stimmeinsatz.

Unterstützt wird der Einsatz dieser Methoden durch vielfältige Medien, also kindgerechte Arbeitsmittel, zu denen ausdrücklich auch die so genannten „Neuen Medien" (computergestützte Lernprogramme) zu zählen sind. Methoden und der entsprechende Medieneinsatz dieser Art müssen – soweit noch nicht im Studium geschehen – in der 2. Ausbildungsphase gelehrt und gelernt werden. Nachfolgend wird am Beispiel der Arbeit im Bereich Phonetik / Phonologie der Methoden- und Medieneinsatz exemplarisch konkretisiert:

Medien

> *Beispiele für das bewusste Arbeiten mit Sprache im Unterricht*
>
> Schwerpunkt: Anwendung neu erworbener Laute
>
> Rollenspiele
> z.B. mit Handpuppen
> Kasperspiele wie „Das Krokodil ist krank", „Der verschluckte Schlüssel"
> Märchen: „Schneewittchen" usw.
> Kaufladen- und ähnliche Spiele (Ich möchte)
>
> Optische Hilfen, die den Ziellaut hervorheben
> z.B. Wort-Bild-Karten
> farbige Markierungen des Ziellautes in Wörtern, Sätzen, Texten
> Abbildungen mit der Unterscheidung von Anlaut, Inlaut, Auslaut
> Plakate im Klassenzimmer
> Verwenden von Mundbildern, auch in Form von Fotos des Kindes
> Spiegel im Klassenraum zur Selbstkontrolle
>
> Erinnerungshilfen auf dem Tisch oder am Kind selbst
> z.B. Klebepunkt auf der Hand
>
> Segmentieren von Wörtern
> z.B. „Robotersprache"
> Einsatz von Lautgebärden
> Partner als „Kontrolleure"
> Tonband als Kontrolle
>
> Rhythmische Einbindung des zu lernenden Lautes
> z.B. in ausgewählte Gedichte und Lieder
> Zungenbrecher und Nonsens-Texte, Arbeit mit sinnlosen Silben
> Arbeit mit Minimalpaaren
> Arbeit mit Lückentexten, in die der Ziellaut eingefügt werden muss
> Klammerkarten mit Selbstkontrolle
> Memory mit gezielt auf die Lautanwendung hin ausgewählten Karten
> Nutzen von Themen in allen Fächern (z.B. „Schnecken" im Sachunterricht)

Bildungsinhalte

Die zweite oben angeführte Frage, nämlich diejenige nach dem Einsatz derartiger sonderpädagogisch sprachfördernder Methoden und Medien *im Unterricht*, ist schwieriger zu beantworten, weil sie stets im Zusammenhang mit den jeweils äußerst unterschiedlichen Bildungsinhalten zu sehen ist. Prinzipiell ist in allen Fächern die Konstruktion sprachlicher Sinn- und Sachzusammenhänge möglich (vgl. die Übersicht bei BAHR 2003, 22). Eine der ganz großen Herausforderungen an den Unterricht im Förderschwerpunkt Sprache besteht darin, dass im Grunde zu jedem Zeitpunkt auf individuelle Bedürfnisse zugeschnittene Sprachlernprozesse initiiert werden sollen – ein Anspruch, der sich praktisch zwar zeitweilig realisieren lässt (z.B. im Rahmen von Wochenplan- und Freiarbeit), zu anderen Zeiten aber an den realen Bedingungen vorbei geht (z.B. bei dauerhafter Besetzung einer Klasse mit nur einer einzigen Lehrkraft). Bedenkt man jedoch, dass Lernen in vielerlei Hinsicht *exemplarisch* geschieht, so ist es legitim und angebracht, in der sonderpädagogischen Sprachförderung Schwerpunkte zu setzen, von denen aus ein Transfer auf andere Kontexte möglich wird. Das Exemplarische bezieht sich hier und im Folgenden sowohl auf das Lernen der Schülerinnen und Schüler als auch auf das Lernen der Lehramtsanwärterinnen und Lehramtsanwärter.

exemplarisches Lernen

1.3 Diagnostik und exemplarische Methodenanwendung in der 2. Ausbildungsphase

Im Ausbildungskonzept des Studienseminars für Sonderpädagogik Duisburg werden die angehenden Lehrerinnen und Lehrer im Förderschwerpunkt Sprache (Fachleiter: R. BAHR) angeleitet, sich schon bald nach Beginn der insgesamt zwei Jahre dauernden Ausbildung im Sinne des Exemplarischen eingehend mit einem einzelnen Kind ihrer Ausbildungsklasse zu beschäftigen, dem so genannten „Förderkind". Ausgangspunkt ist dabei zunächst die umfängliche Beschäftigung mit den folgenden fünf Fragen:

Förderkind

- Welche sprachlichen Ressourcen erkenne ich bei dem Kind in unterschiedlichen kommunikativen Situationen?
- Welche Zusammenhänge könnten mit anderen Störungsbereichen bestehen?
- Wie ist das allgemeine Lernverhalten des Kindes?
- Welche sprachlichen Lernfortschritte oder Lernhindernisse fallen mir auf?
- Wo liegen die Grenzen meiner Einflussmöglichkeiten?

Konkretisiert werden diese Fragen durch eine Förderdiagnostik, die sich am Modell von Gesundheit und Beeinträchtigung der Weltgesundheitsorganisation (WHO) orientiert (ausführlich dazu: BAHR 2002, LÜDTKE & BAHR 2002a, 2002b, LÜDTKE 2003). Entsprechende Leitfragen finden sich in den nachfolgenden Übersichten:

Förderdiagnostik

Dimension Körper / Funktionen	Bereich „Sensorik"	Wo liegen die Stärken des Kindes in den Bereichen auditive, visuelle und taktil-kinästhetische Wahrnehmung?
	Bereich „Motorik"	Welche motorischen Bereiche sind gut entwickelt (Grobmotorik, Feinmotorik, Sprechmotorik, Schreibmotorik...)?
	Bereich „Emotionalität"	Welche emotionale Grundstimmung ist für das Kind charakteristisch (z. B. Störungsbewusstsein, Ängste)?

Dimension Körper / Funktionen	Bereich „Kognition"	Wie ist das Aufgabenverständnis, die Kategorienbildung, das Herstellen von Zusammenhängen?
	Bereich „Gedächtnis"	Was kann das Kind gut behalten? Was ist feststellbar in Bezug auf Sach- und Handlungswissen?
	Bereich „Aufmerksamkeit"	Welchen Dingen kann sich das Kind dauerhaft zuwenden? In welchen Situationen ist das Kind besonders aufmerksam? Welche Inhalte sind mitreißend? Wie lange kann das Kind aufmerksam sein?
	Bereich „Sprechorgane"	Gibt es organische (z. B. LKG, Zahnstellung) und/oder funktionelle Beeinträchtigungen (z. B. orofacialer Bereich)?
	Bereich „Sprachebenen"	Wie sind die Leistungen auf den Sprachebenen (phonetisch, phonologisch, semantisch, lexikalisch, morphologisch, syntaktisch, pragmatisch)?
Dimension Aktivitäten	Bereich „Orientierung / Organisation"	Wie findet sich das Kind in seiner Umgebung zurecht? Unterscheidet das Kind Richtung und Perspektiven? In wie weit erfüllt das Kind lebenspraktische/alltagsrelevante Aufgaben?
	Bereich „Bewegungsaktivitäten"	Welche grob-/feinmotorischen Fähigkeiten lassen sich beim Kind beobachten? Wie nutzt es seine motorischen Fähigkeiten?
	Bereich „Gefühlsausdruck"	Wie drückt das Kind seine Gefühle aus (Ärger, Freude, Angst, Zuneigung...)?
	Bereich „Problemlöseaktivitäten"	Welche Problemlösestrategien sind bei dem Kind erkennbar? Wie hoch ist die Frustrationstoleranz?
	Bereich „Sprachfreie Lernaktivitäten"	Womit beschäftigt sich das Kind gerne und ausdauernd? Beschäftigt sich das Kind auch selbstständig? Wie ist sein Spielverhalten?
	Bereich „nonverbale Kommunikation"	Nutzt das Kind Mimik und Gestik in der Kommunikation? Wie?
	Bereich „sprachliche Lernaktivitäten"	In wie weit nimmt das Kind aktiv an kommunikativen Situationen teil? Wie geht es mit sprachhaltigen Medien um (Arbeitsblätter, Bücher...)?
	Bereich „Sprachgebrauch"	In wie weit nutzt das Kind Sprache, um sich mitzuteilen? Welche Fähigkeiten werden im Alltag eingesetzt?

Dimension Partizipation	Bereich „Werte"	Welche Wertschätzung erfährt die deutsche Sprache im Elternhaus? Welche Wertschätzung erfährt die gesprochene/geschriebene Sprache im Elternhaus? Spielen ethische, religiöse und kulturelle Aspekte bei der Erziehung eine Rolle?
	Bereich „soziokulturelles Umfeld"	In welchem Umfeld wächst das Kind auf (soziales Umfeld, kulturelle und strukturelle Gegebenheiten, Spiel- und Bewegungsmöglichkeiten...)?
	Bereich „ökonomische Lebensbedingungen"	Sind beide Eltern berufstätig und in welchem Umfang? Hat das Kind ein eigenes Zimmer? Wie ist die materielle Situation der Familie?
	Bereich „Bildungsressourcen"	Welches Bildungsniveau haben die Eltern? Werden dem Kind Lernanreize geboten, wird es im Lernen unterstützt? Hat das Kind Zugriff auf Bücher, Zeitungen, Internet...? Wird Allgemeinwissen vermittelt? Stehen öffentliche Bildungsressourcen zur Verfügung (Stadtbücherei...)?
	Bereich „außerschulische Förderung"	Welche Therapieangebote werden genutzt? Welche sportlichen und musischen Angebote werden wahrgenommen? Wie sieht die Freizeitgestaltung aus? In welcher Form gibt es Hilfen durch Eltern und andere Personen (Hausaufgabenhilfe, Vorlesen, Üben...)?
	Bereich „Medieneinfluss"	Ist ein positiver Medieneinfluss gegeben? Wird kontrolliert Fernsehen geschaut? Wie ist der Umgang mit Computer und Büchern? Welchen Einfluss haben Medien überhaupt im Alltag des Kindes?
	Bereich „peergroup"	Bestehen Kontakte zu Gleichaltrigen? Welchen Einfluss haben diese (Verhalten, Lernmotivation, Einstellungen...)?
	Bereich „Eltern"	In welchem Familiensystem lebt das Kind? Wie sind das Erziehungsverhalten und die emotionalen Bindungen?

Abgesehen davon, dass ein auf diese Art entstehendes Bild Grundlage sehr umfänglicher schulischer Fördermaßnahmen ist, beschäftigen sich die Lehramtsanwärterinnen und Lehramtsanwärter nunmehr mit zwei zentralen Gedanken im Hinblick auf eine Einbindung der spezifischen Förderung in den Unterricht:

- Wie wird das „Förderkind" zum Experten für die exemplarische und gewohnheitsmäßige Anwendung der aufzubauenden sprachlichen und nicht sprachlichen Lerninhalte?
- Welche Bildungsinhalte, Methoden und Medien sind in diesem Zusammenhang passend?

Passung   Mit anderen Worten: Es muss genau jene Passung zwischen individuellen Lernvoraussetzungen und unterrichtlicher Arbeit hergestellt werden, die das Spezifische des Unterrichts im sonderpädagogischen Förderschwerpunkt Sprache ausmacht; dies geschieht über die Formulierung von Bildungs- (=Fach-) und Förderzielen sowie deren Verknüpfung, welche schließlich zur Themenfindung führt (siehe Planungsbeispiel in Kapitel 2). Damit das Kind zum Subjekt seines Lernens wird (hier folgen wir grundsätzlichen Überlegungen zu einer konstruktivistisch orientierten Didaktik, vgl. BAHR 2000), sollte es soweit wie eben möglich an den zu treffenden Entscheidungen hinsichtlich seines sprachlichen Lernens beteiligt werden. Eckpunkte einer solchen Beteiligung sind – hier exemplarisch dargestellt anhand des Lauterwerbs, wobei der zu lernende Laut sprechmotorisch bereits beherrscht wird und phonologisch unterschieden werden kann – die folgenden Schritte (vgl. ERTMER & ERTMER 1998):

- *Herstellen von Motivation für die Anwendung und Übernahme*: Dem Kind sollte klar sein, welche Vorteile es hat, den „neuen" Laut anzuwenden; dabei ist es möglich, sich in gemeinsamer Absprache zunächst auf bestimmte Wörter zu beschränken.
- *Bewusstheit herstellen für die Grenzen der Anwendung und Übernahme*: Es sollte mit dem Kind besprochen werden, bei welchen Wörtern und in welchen Situationen es einfach und wann es schwierig ist, den „neuen" Laut anzuwenden.
- *Bewusstheit herstellen für persönliche Lernressourcen*: Man kann mit dem Kind besprechen, was es ihm leicht macht, an etwas zu denken („Was machst du, wenn du etwas behalten möchtest?").
- *Strategien für die Selbstkontrolle besprechen*: Es können mit dem Kind Hilfen besprochen werden, die es ihm ermöglichen, seinen eigenen Lernerfolg zu kontrollieren (z. B. bestimmte Gesprächssituationen auf Tonband aufnehmen).
- *Ausprobieren der Strategien*: Kleine Präsentationen in der Klasse, die zuvor geübt werden, können die metakognitive Kontrolle erhöhen.
- *Bewertung des Ergebnisses*: Man sollte mit dem Kind immer wieder besprechen, ob die erarbeiteten und angewandten Strategien auch tatsächlich hilfreich waren.
- *Neuplanung*: Evtl. ist die Anwendung neuer, anderer Strategien nötig, oder es kann mit dem Kind ein neues Ziel ins Auge gefasst werden.

Im Folgenden wird nun ein Planungsbeispiel aus der 2. Klasse einer Schule für Sprachbehinderte gegeben.

2 Planungsbeispiel aus dem Deutschunterricht

2.1 Bildungsziele

Die 2. Klasse, in der die vorgestellte Unterrichts- und Förderreihe von Barbara GRIMME im Rahmen ihrer Ausbildung am Studienseminar Duisburg durchgeführt wurde, besteht aus sechs Schülern und zwei Schülerinnen. Sie haben im Fach Sprache Grundkenntnisse der Wortarten (Nomen, Verben und Adjektive) erworben. Die Kinder können diese Wortarten voneinander isoliert erkennen und daraufhin auf die Groß- oder Kleinschreibung schließen. Den Schülern und Schülerinnen bereitet es allerdings Schwierigkeiten, ihre erworbenen Grundkenntnisse in unterschiedlichen Situationen anzuwenden, insbesondere dann, wenn die Wortarten gemeinsam auftreten. Der Schwerpunkt im unterrichtsfachlichen Bereich liegt demnach nicht in der reinen Vermittlung des Wissens um Adjektiv oder Verb. Den Kindern muss vielmehr die Möglichkeit geboten werden, sich im Erkennen, Wahrnehmen und Unterscheiden der Wortarten zu üben. Kurz: Die Schüler und Schülerinnen sollen die Kategorisierung der Wortarten Adjektiv und Verb praktizieren. Wortarten

Bei der Planung einer entsprechenden Unterrichtseinheit stellt sich zunächst die Frage, welche Kompetenz von den Schülern und Schülerinnen für eine Zuordnung der Verben und Adjektive gefordert wird, wenn die Wortarten gemeinsam auftreten: Die Kinder müssen zunächst in der Lage sein, eine Wortart selektiv wahrzunehmen, um sie dann in einem nächsten Schritt kategorisieren zu können. Aus diesen Überlegungen ergeben sich für die Unterrichtsreihe zwei eng miteinander verknüpfte Zielformulierungen: Bildungsziele

1. Die Schüler und Schülerinnen lernen, Adjektive und Verben als Wortarten zu erkennen.
2. Sie lernen, Adjektive und Verben zu differenzieren und zu selektieren.

2.2 Förderziele

Drei Schüler der Klasse haben Förderbedarf in der korrekten Lautbildung des Frikativs [ʃ]. Im Folgenden wird der Schüler K. exemplarisch als „Förderkind" beschrieben: Lautbildung
K. ersetzte zu Beginn seiner Schulzeit den Frikativ [ʃ] konsequent durch den Laut [s]. Im Verlauf der ersten Schuljahre erlernte K. stetig die korrekte Lautbildung des [ʃ]. Im Rahmen dieser Unterrichtsreihe soll er die Möglichkeit erhalten, die erworbene sprachliche Kompetenz der korrekten Lautbildung des [ʃ] in der Konsonantenverbindung [ʃp] situationsgebunden anzuwenden. Ihm gelingt bereits die korrekte Lautbildung des [ʃ] in der Konsonantenverbindung bei klarer, vorgegebener Zieltransparenz und Struktur sowie bewusst betontem Vorstrecken der Lippen. K.

kann also seine Kompetenzen nunmehr in handlungsgebundenen Situationen üben und diese als für sich bedeutsam erleben.

Spontansprache — Wie vielen anderen Kindern auch, fällt es K. generell schwer, die erworbenen Kompetenzen von sich aus in die Spontansprache zu übernehmen. Das Arbeiten mit Erinnerungsstützen ist daher ein wichtiger Bestandteil jeder Fördersituation. Diese Erinnerungsstützen soll K. im Rahmen dieser Unterrichtsreihe weiterhin für sich nutzen und als Selbstkontrollmechanismen verstärkt einsetzen.

Förderziele — Somit lassen sich zwei Ziele formulieren, die wiederum eng miteinander verknüpft sind:

1. K. erhält die Möglichkeit, die Anwendung der korrekten Lautbildung [ʃ] in der Konsonantenverbindung [ʃp] zu üben und als für sich bedeutsam zu erkennen.
2. K. vertieft erlernte Erinnerungsstützen und nutzt diese eigenständig als Selbstkontrollmechanismen.

2.3 Verknüpfung der Bildungsziele mit den Förderzielen – Themenfindung

Themenfindung — Für den Unterricht im sonderpädagogischen Förderschwerpunkt Sprache stellt sich nun die Frage, wie einer Verknüpfung der angestrebten Ziele im Rahmen einer handlungsorientierten und spielerischen Unterrichtseinheit nachgekommen werden kann. Am Anfang steht die Überlegung, welche Themen bzw. Wörter die Lautverbindung [ʃp] beinhalten und außerdem ein umfangreiches Wortfeld für Wörter mit [ʃp] bieten. Das Thema soll bei den Interessen der Schülerinnen und Schüler ansetzen und zugleich Raum für fachliches (hier: grammatisches Lernen im Deutschunterricht) als auch personales Lernen bieten.

Mit dem Thema „Gespenster" kann diesen Anforderungen entsprochen werden, denn hier lassen sich viele Adjektive und Verben bilden, stetig basierend auf den Fragebildungen „Was tut das Gespenst?" und „Wie sieht das Gespenst aus?"

Mit dem Thema lassen sich unterschiedliche Handlungssituationen gestalten, es ist altersgemäß, und es bietet vor allem eine gute Grundlage für die Anwendung der Lautverbindung [ʃp].

2.4 Planung der Unterrichtsreihe

Auswahl des Inhalts und der Medien

Zum Erreichen des Bildungs- und Förderziels ist der Einsatz einer Gespenstergeschichte, die die Schüler und Schülerinnen nachspielen, ein geeignetes Mittel (siehe Text der Geschichte am Ende dieses Beitrags). Der Rahmen für einen handlungsorientierten und spielerischen Umgang mit Sprache ist hierdurch gegeben. Über die Gespenstergeschichte können die Schüler und Schülerinnen situationsgebunden die korrekte Lautbildung und Kategorisierung üben. Außerdem erhalten die Lerninhalte des Unterrichts so für die Kinder einen erkennbaren Zusammenhang mit ihrer Lebenswelt, in der fantastische Geschichten ohne Zweifel eine Rolle spielen. Wenn den Schülern und Schülerinnen der Sinnzusammenhang mit ihrer Lebenswelt vermittelt wird, kann ihnen die Bedeutung des zu Lernenden ersichtlich werden, sie können Lerninhalte internalisieren. Des Weiteren ist durch das Spielen einer Gespenstergeschichte eine hohe Motivation für den doch eher trockenen Unterrichtsinhalt „Verben und Adjektive" gegeben.

Motivation

Entwicklung der Gespenstergeschichte
Die Erarbeitung der Gespenstergeschichte ist ein sehr arbeitsintensiver Teil der Vorbereitung. Sie kann keinem Buch entnommen werden, da sie – klassen- und zielbezogen – folgende Kriterien erfüllen muss:

Planungsaufgaben der Lehrerin

– acht Rollen
– Zieltransparenz und Übungscharakter auf Förder- und Fachebene
– eine „Chefrolle" für das „Förderkind" K. mit klarer Zieltransparenz
– gleich bleibende, übersichtliche Struktur.

Somit ist Eigeninitiative der Lehrerin gefragt: Die Gespenster erhalten bestimmte Eigenschaften und damit verbundene Tätigkeiten. In die Handlungsgeschichte eingebettete Fragen wie „Was tut das Gespenst?" und „Wie sieht das Gespenst aus?" geben einen stetigen, strukturierten Anreiz zur Kategorisierung der Wortarten. Die Rolle des Gespensterchefs ist durch einen hohen Sprachanteil geprägt, jedoch im Wortmaterial begrenzt. Dadurch soll K. ein für ihn übersichtlicher Rahmen geboten werden, der es ihm ermöglicht, seine Aufmerksamkeit auf den korrekt zu artikulierenden Laut zu fokussieren. Zudem „spuckt" der Gespensterchef „sp" jeweils vor und nach dem Sprechen. Durch diese Lautbildung des [ʃp] wird K. zusätzlich Struktur sowie Transparenz für eine korrekte Lautbildung während des Redevorgangs geboten.

Das Spielen der Gespenstergeschichte erfolgt mit Stabpuppen. Diese Gespensterstabpuppen erstellen die Kinder eigenständig entsprechend der Eigenschaften ihrer Gespensterrolle. Von jedem Schüler und jeder Schülerin wird ein Foto mit korrekter Mundstellung bei der Lautbildung des [ʃ] gemacht. Dieses Foto kleben die Kinder hinter die Köpfe der Stabpuppen. Das Foto soll während sämtlicher Handlungen mit den Stabpuppen fortführende Transparenz bieten und zur Eigenkorrektur motivieren.

Spielen

Transparenz Eigenkorrektur

Durch das Spielen einer Gespensterrolle können sich die Kinder mit der Figur identifizieren und sich später an ihr eigenes Gespenst erinnern. Dadurch erhalten sie im Sinne des Exemplarischen für zukünftige Problemstellungen eine Hilfe zur Kategorisierung der Wortarten und zur korrekten Lautbildung.

Entwicklung der Unterrichtsreihe
Für die Ausarbeitung einer Unterrichtsreihe mit ihren Zielen auf Förder- und Fachebene bzw. auch für didaktische Zusammenhänge lassen sich grafische Darstellungen nutzen. Sie zeigen in übersichtlicher Form die Zusammenhänge und Gedankenstrukturen. Der Aufbau der Unterrichtsreihe ist in der Übersicht auf Seite 228 dargestellt.

Fach: Sprache → Sprache untersuchen → Grammatik →

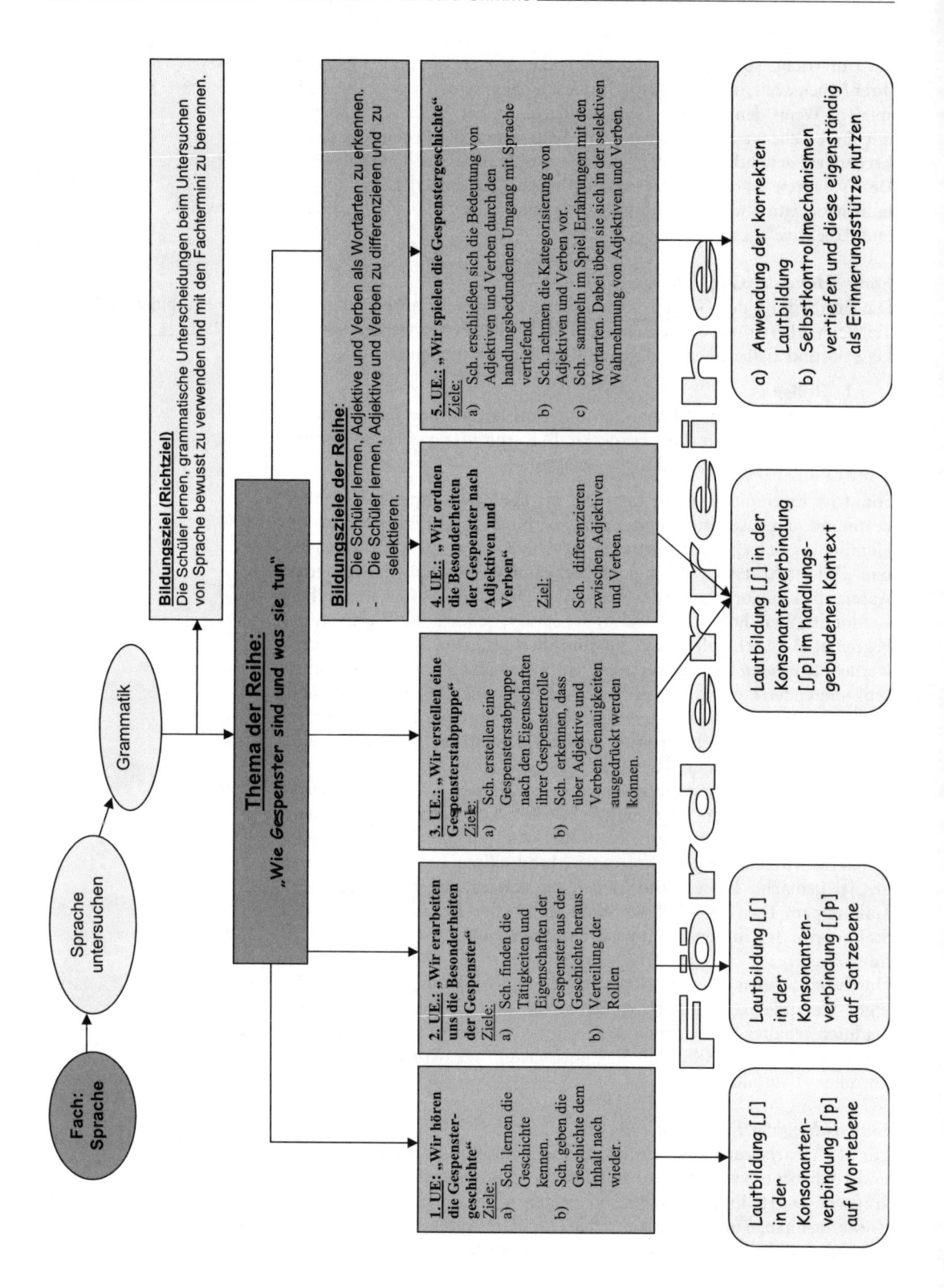

Bildungsziel (Richtziel)
Die Schüler lernen, grammatische Unterscheidungen beim Untersuchen von Sprache bewusst zu verwenden und mit den Fachtermini zu benennen.

Thema der Reihe:
„Wie Gespenster sind und was sie tun"

Bildungsziele der Reihe:
- Die Schüler lernen, Adjektive und Verben als Wortarten zu erkennen.
- Die Schüler lernen, Adjektive und Verben zu differenzieren und zu selektieren.

1. UE: „Wir hören die Gespenstergeschichte"
Ziele:
a) Sch. lernen die Geschichte kennen.
b) Sch. geben die Geschichte dem Inhalt nach wieder.

2. UE: „Wir erarbeiten uns die Besonderheiten der Gespenster"
Ziele:
a) Sch. finden die Tätigkeiten und Eigenschaften der Gespenster aus der Geschichte heraus.
b) Verteilung der Rollen

3. UE: „Wir erstellen eine Gespensterstabpuppe"
Ziele:
a) Sch. erstellen eine Gespensterstabpuppe nach den Eigenschaften ihrer Gespensterrolle
b) Sch. erkennen, dass über Adjektive und Verben Genauigkeiten ausgedrückt werden können.

4. UE: „Wir ordnen die Besonderheiten der Gespenster nach Adjektiven und Verben"
Ziel:
Sch. differenzieren zwischen Adjektiven und Verben.

5. UE: „Wir spielen die Gespenstergeschichte"
Ziele:
a) Sch. erschließen sich die Bedeutung von Adjektiven und Verben durch den handlungsbedunden Umgang mit Sprache vertiefend.
b) Sch. nehmen die Kategorisierung von Adjektiven und Verben vor.
c) Sch. sammeln im Spiel Erfahrungen mit den Wortarten. Dabei üben sie sich in der selektiven Wahrnehmung von Adjektiven und Verben.

a) Anwendung der korrekten Lautbildung
b) Selbstkontrollmechanismen vertiefen und diese eigenständig als Erinnerungsstütze nutzen

Förderreihe

Lautbildung [ʃ] in der Konsonantenverbindung auf Wortebene

Lautbildung [ʃ] in der Konsonantenverbindung [ʃp] auf Satzebene

Lautbildung [ʃ] in der Konsonantenverbindung [ʃp] im handlungsgebundenen Kontext

2.5 Darstellung einer Unterrichtsstunde: „Wir spielen die Gespenstergeschichte"

Um mit dem Nachspielen der Gespenstergeschichte den oben erwähnten Zielsetzungen zu entsprechen, sind auf Fach- und Förderebene folgende Aspekte zu berücksichtigen:

Fachebene: Die Aufmerksamkeit der Schüler und Schülerinnen muss vor dem Spielen auf die Wahrnehmung der Wortarten gelenkt werden. Dazu muss den Kindern in der Einstiegsphase die Aufgabenstellung transparent gemacht werden.   — Fachebene

Förderebene: Auch für die korrekte Lautbildung des [ʃp] muss insbesondere das „Förderkind" K. in der Einstiegsphase Transparenz erfahren. Wichtig ist auch, dass K. in der Erarbeitungsphase seine erworbene Kompetenz der korrekten Lautbildung auf einer Metaebene wiedergibt. Ihm soll somit die Möglichkeit geboten werden, sich der korrekten Lautbildung bzw. seiner erlernten Hilfsmittel bewusst zu werden und diese in der Durchführungsphase zu nutzen.   — Förderebene / Metaebene

Die zugehörige Verlaufsplanung ist im Folgenden tabellarisch dargestellt. Wir denken, mit dem vorliegenden Artikel konkrete Hilfen für die 2. Ausbildungsphase gegeben zu haben und stellen uns vor, dass der Weg des exemplarischen Vorgehens grundsätzlich bereits im Studium angebahnt werden kann bzw. auch in der Berufseinstiegsphase und in der weiteren Lehrerfortbildung tragfähig und nutzbar zu machen ist. Der vorgestellte Ansatz versteht sich überdies auch als Beitrag zu einem behutsamen Übergang von einer instruktiven zu einer konstruktiven Unterrichtsplanung, wobei Letzteres uns in erster Linie durch das hohe Maß an Transparenz und metakognitiver Reflexion mit den Schülern und Schülerinnen gegeben scheint.

Phase	Unterrichtsgeschehen	Kommentar	Sozialform	Medien
Einstieg	- Sch. sitzen in einem dunklen Klassenraum - Ein Gespenst erscheint aus einem beleuchteten Karton - Gespensterpuppe spricht zu den Sch. mit inkorrekter Lautbildung des [ʃp] - Gespenst befragt Sch. nach der Bedeutung der Wörter an der Tafel	- Aufmerksamkeit - Schaffung von Atmosphäre ⇨ Einstimmung auf das Thema - Gespensterpuppe als spielerisches Medium ⇨ Interesse und Aufmerksamkeit - An der Tafel befinden sich Verben und Adjektive, die die Sch. bereits erarbeitet haben - Über Inhalt und Art der Äußerung des Gespenstes sollen den Sch. die Ziele auf **Förderebene** und **fachlicher Ebene** transparent werden.	Plenum / frontal	- Karton - Lampe - Gespenster-puppe - Hall-mikrofon
Erar-beitung **a) fachliche Ebene**	- Sch. erhalten den Auftrag, dem Gespenst die Bedeutung der einzelnen Wörter (Verben und Adjektive) an der Tafel in Form des Ratespiels: „Welches Gespenst lauert hinter dem Vorhang?" zu verdeutlichen - Sch. erfahren den Spielablauf - Sch. lernen die Frageschilder kennen	- Ein Sch. stellt sich hinter die Kulisse und sucht sich ein beliebiges Gespenst aus: Sch. muss zur präzisen Beschreibung der Gespenster Fragen der Rategruppe beantworten. ⇨ Verben und Adjektive müssen zur Beantwortung der Fragen benutzt werden - Sch. der Rategruppe müssen über Fragen nach Adjektiven und Verben auf ein bestimmtes Gespenst schließen - Fragestellungen sind vorgegeben und auf zwei Schildern getrennt voneinander dargestellt, um den Sch. die Kategorisierung visuell zu verdeutlichen	Sch. sitzen im Halbkreis vor der Kulisse	- Schilder - Burg-kulisse
b) Förder-ebene	- Sch. entdecken eine „Geheimtür" an den Schildern - Sch. erarbeiten anhand der „Geheimtür" die korrekte Lautbildung des [ʃp] - K. erklärt anhand seiner Fotografie die korrekte Mund-, Zungen- und Zahnstellung	- Transparenz - Fotos dienen als Erinnerungsstütze und sollen zur Eigenkorrektur anregen - Die Aufnahmen sind differenziert: K. und F. nutzen zur Unterstützung einer korrekten Lautbildung eine Hilfsbewegung, indem sie mit ihrer Hand den Mund nach vorn schieben	siehe oben	- Fotos
Durch-führung I	- Sch. spielen das Ratespiel	- spielerischer Umgang mit dem Wortmaterial	siehe oben	- Burg-kulisse - Stabpuppen - Schilder
Durch-führung II	- Sch. spielen die Geschichte - L. liest die Geschichte	- Sollte eine Selbstkorrektur in der Lautbildung nicht stattfinden, wird L. in der Rolle als Souffleuse gegebenenfalls ein korrektives Feedback bieten. - Durch die unterschiedlichen Rollen ist eine Differenzierung auf beiden Ebenen gewährleistet. - Modellfunktion bezogen auf die korrekte Lautbildung [ʃp]	Sch. stehen hinter der Kulisse	- Burg-kulisse - Stabpuppen
Ab-schluss	- Sch. setzen sich zusammen - Reflektierendes Gespräch mit Gespensterpuppe	- Würdigung und Bewusstmachung der Leistungen der Sch.	Plenum / frontal	- Gespenster-puppe

Text der Gespenstergeschichte

Das ganz normale Burggespenst
Mitten im Wald von Schottland steht eine uralte Burg. Die Burg hat drei Türme. Im mittleren Turm lebt ein Gespenst, das Burggespenst. Das Burggespenst sieht ganz normal aus: Es ist ganz normal groß und weiß. Tagsüber, wenn es hell ist, schläft das ganz normale Burggespenst in einer Truhe. Kurz vor Mitternacht kommt es aus seiner Truhe heraus, damit es pünktlich zur Gespensterstunde mit dem Spuken anfangen kann. Weil das Burggespenst ein ganz normales Gespenst ist, spukt es auch ganz normal: Zu jeder Gespensterstunde fliegt es durch die Zimmer der Burgbewohner und heult: „Hihiii!"
Die Burgbewohner wohnen schon fast genauso lange in der Burg wie das Gespenst. Zu Anfang hatten sie sich unheimlich erschrocken und sie fürchteten sich vor dem Burggespenst. Doch nach einer Weile hatten sie sich an das „Hihiii" gewöhnt und sie erschraken nicht mehr. Dabei gab sich das Gespenst zu jeder Spukstunde unheimlich viel Mühe und versuchte jedes Mal erneut, noch gespenstischer „Hihiii" zu heulen. Aber die Burgbewohner kratzte das, wie schon gesagt, überhaupt nicht mehr. Sie bemerkten das arme Burggespenst noch nicht einmal.
Und darum ist dem Burggespenst schrecklich langweilig! Es hat zu nichts Lust und heute lässt es sogar das Spuken ausfallen. Dafür schwebt es lieber in seinem mittleren Turm umher und denkt nach.
Da klopft es an seinem Fenster und der **Gespensterchef** fliegt in das Turmzimmer. Der Gespensterchef hat gespenstisch lange schwarze Haare und ist sehr groß. Jedes Mal, bevor der Gespensterchef zu reden anfängt, und jedes Mal, wenn er mit dem Reden fertig ist, spuckt der Gespensterchef und das klingt dann wie ein „Sp".

Erstaunt fragt er das Burggespenst: „(Sp), Was ist denn mit dir los? Warum spukst du nicht, (sp)?"

Das Burggespenst antwortet: „Mir ist so langweilig!"

Gespensterchef: „(Sp) Oh, da kann ich helfen! Ich werde dir ein paar Gespenster schicken. Die sollen mal mit dir zusammen spuken. Dann wirst du wieder Spaß haben (sp)!" *(Gespensterchef fliegt weg)*
In der nächsten Nacht ist das Burggespenst schon ganz früh wach. Weit vor der Gespensterstunde schwebt es in seinem Turmzimmer aufgeregt umher.
Da klopft es an dem Turmfenster.

Das Burggespenst ruft: „Herein!"

Ein Gespenst fliegt in das Turmzimmer und sagt:
„Hallo Burggespenst! Ich bin das Feuergespenst!"
Das Burggespenst hatte außer dem Gespensterchef noch kein anderes Gespenst gesehen. Es ist sehr überrascht, dass das Gespenst nicht so aussieht wie es selbst und fragt darum: „Hallo! Wie siehst du denn aus?"

Feuergespenst: „Na, das siehst du doch! Ich bin dreckig, weil ich so gerne mit dem Feuer spiele!"

Das Burggespenst überlegt: Wenn das Feuergespenst anders aussieht, vielleicht tut es dann auch zur Gespensterstunde etwas anderes. Das interessiert das Burggespenst natürlich unheimlich und fragt deshalb: „Und was tust du zur Gespensterstunde?"

Feuergespenst: „Ich rufe: ‚Feuer'! Dann erschrecken sich die Leute unheimlich und denken, das Haus brennt."

Das Burggespenst hat für eine weitere Unterhaltung mit dem Feuergespenst keine Zeit, denn es klopft am Fenster.

Burggespenst: „Herein!"

Ein Gespenst fliegt in das Turmzimmer und sagt:

„Hallo Burggespenst! Ich bin das Poltergespenst!"

Erstaunt fragt das Burggespenst: „Hallo! Wie siehst du denn aus?"

Poltergespenst: „Na, das siehst du doch! Ich bin dick, weil ich so gerne Spargel mit ganz viel Soße esse."

Burggespenst: „Und was tust du zur Gespensterstunde?"

Poltergespenst: „Ich poltere mit meinen Füßen auf den Boden!"

Das Burggespenst will gerade noch etwas hinzufügen, aber da klopft es auch schon wieder.

Burggespenst: „Herein!"

Das dritte Gespenst fliegt in das Turmzimmer und sagt:

„Hallo Burggespenst! Ich bin das fast kopflose Gespenst!"

Das Burggespenst schaut auf den goldenen Kopf und fragt nun wirklich sehr überrascht:

„Hallo, wie siehst du denn aus?"
Fast kopfloses Gespenst: „Na das siehst du doch! Ich bin fast kopflos!" *(Gespenst bewegt Kopf)*

Burggespenst: „Und was tust du zur Gespensterstunde?"

Fast kopfloses Gespenst: „Ich trommle an den Wänden!"

Kaum hat das fast kopflose Gespenst zu Ende gesprochen, klopft es und das Burggespenst sagt: „Herein!"

Das vierte Gespenst fliegt in das Turmzimmer und sagt: „Hallo Burggespenst! Ich bin das süße Gespenst!"

Das Burggespenst überrascht nun eigentlich gar nichts mehr, dennoch fragt es: „Hallo, wie siehst du denn aus?"

Süßes Gespenst: „Na das siehst du doch! Ich bin braun, weil ich in einen großen Topf mit Schokolade gefallen bin. Ich schmecke ganz süß! Willst du mal probieren?"

Bevor das Gespenst probiert, will es aber wissen: „Was tust du zur Gespensterstunde?"

Süßes Gespenst: „Ich rassele!"

Gerade als das Burggespenst an dem süßen Gespenst probieren will, klopft es und das **Burggespenst** *sagt:* „Herein!"

Ein fünftes Gespenst fliegt in das Turmzimmer und sagt: „Hallo Burggespenst! Ich bin das Klappergespenst!"

Das Burggespenst dreht sich nur ungern von dem süßen Gespenst weg, und als es das Gespenst sieht, muss es fragen:

„Hallo, wie siehst du denn aus?"

Klappergespenst: „Na, das siehst du doch! Ich bin ganz dünn!"

Burggespenst: „Und was tust du zur Gespensterstunde?"

Klappergespenst: „Na, weil ich so dünn bin, klappere ich!"

Der **Gespensterchef** *kommt herein geflogen und sagt spuckend:* „(Sp) Hallo zusammen! Na, sind alle sechs Gespenster da (sp)?"

Die Gespenster zählen und stellen fest, dass nur fünf Gespenster durch das Fenster geflogen sind. Der Gespensterchef benötigt Ruhe, um nachzudenken, welches Gespenst er denn noch gerufen hat. In der Stille hören die Gespenster auf einmal ein Kratzen und sie erschrecken sich unheimlich. Sie springen zitternd zusammen und bekommen so eine Angst, dass sie sogar mit den Zähnen klappern. Sie schicken den Gespensterchef vor, um nachzuschauen, woher das Kratzen kommt. Zitternd geht der Gespensterchef in die Richtung von dem Geräusch und hervor tritt das letzte Gespenst. Es hatte sich in die Burg eingeschlichen und wollte den anderen Gespenstern einen Streich spielen.

Es sagt:
„Hallo Gespenster! Ich bin das schwarze Gespenst!"

Das **Burggespenst** *findet als erstes seine Sprache wieder und fragt:* „Hallo, wie siehst du denn aus?"

Schwarzes Gespenst: „Na, das siehst du doch! Ich bin schwarz, weil ich nie Lust habe, mich zu waschen!"

Burggespenst: „Und was tust du zur Gespensterstunde?"

Schwarzes Gespenst: „Na, ich kratze ganz laut!"

Gerade richtig zur Gespensterstunde haben sich nun alle Gespenster versammelt. Die letzten 5 Sekunden, bis sie mit dem Spuken gemeinsam anfangen können, zählen sie gemeinsam: „5, 4, 3, 2, 1" *(Gespenster spuken).*

Lesen und Schreiben bei sprachgestörten Kindern und Jugendlichen

Iris Füssenich

1 Spezielle Gesichtspunkte

Die Auseinandersetzung mit der Schrift gehört zur sprachlich-kognitiven Entwicklung von Kindern und ihr Erwerb verändert und erweitert die Fähigkeiten der mündlichen Sprache. Aus diesem Grund muss das Thema dieses Beitrags „Lesen und Schreiben bei sprachgestörten Kindern und Jugendlichen" aus mehreren Perspektiven betrachtet werden. Dabei ist zunächst zu unterscheiden zwischen Sprachstörungen, die in der Regel keine Auswirkungen auf den Schrifterwerb haben, wie z. B. Stottern und Sigmatismen, worauf nicht weiter eingegangen wird, und solchen, die das Lesen- und Schreibenlernen beeinflussen können. Zu den Sprachstörungen, die das Lesen- und Schreibenlernen unter Umständen beeinträchtigen, gehören vor allem Probleme beim Erwerb der mündlichen Sprache auf den Sprachebenen Aussprache, Grammatik, Semantik und Metasprache. Schwierigkeiten können entweder nur auf einer Sprachebene vorhanden sein oder auf mehreren gleichzeitig (FÜSSENICH 2003). Wenn diese Kinder eingeschult werden, können die mündlichen Sprachstörungen den Schriftspracherwerb erschweren. Unter bestimmten Bedingungen ist aber auch der Erwerb der Schrift eine Chance, die mündlichen Sprachstörungen zu überwinden (vgl. Kap. 4). Weiterhin haben die Schwierigkeiten beim Erwerb der Schriftsprache Auswirkungen auf die Weiterentwicklung der mündlichen Sprache (vgl. Kap. 5). Im Unterschied zur mündlichen Sprache ist der Schriftspracherwerb an schulische Unterweisung gebunden. Aus diesem Grund liegen die Ursachen für die Entstehung von Schwierigkeiten sowohl aufseiten des Lernenden als auch der Lehrenden. Deshalb sind nicht nur die Lernprozesse, sondern auch die Lehrprozesse zu betrachten. Darüber hinaus ist Schrift ein sprachliches Medium, das im Laufe der Schuljahre an Bedeutung zunimmt, und die Kommunikation findet im Unterricht weitgehend über Sprache statt.

Hinzu kommt die Ausdifferenzierung von Schrift: Schriftneulinge müssen lernen, ihre mündliche Sprache zu segmentieren und eine Beziehung zwischen den Phonemen und Graphemen herzustellen. Von dieser Basis ausgehend werden weitere Aspekte der Rechtschreibung, des Lesens und der Fähigkeit, Texte zu verfassen, erworben. Diese schriftsprachlichen Fähigkeiten werden von Kindern, die mündliche Sprachstörungen in unterschiedlichster Form aufweisen, verschieden gut beherrscht. „So verschlungen die Wege und Verfahren der Aneignung von Sprache in ihrer geschriebenen und gesprochenen Form sind, so vielfältig sind die Formen des tatsächlichen Zusammenhangs von Hören und Sprechen, von Lesen und Schreiben in der Lerngeschichte eines jeden Kindes" (WELLING & GRÜMER 2000, 154). Auf den Schriftspracherwerb von mehrfachbehinderten Kindern gehe ich in meinem Beitrag nicht ein.

2 Erwerb der Schriftsprache

Wie beim Erwerb der mündlichen Sprache nähern sich Kinder der Schriftsprache in verschiedenen Schritten an. Dabei treten Schreibungen auf, die an der Erwachsenennorm gemessen falsch sind, die aber für Lerner/innen ein wichtiger Zwischenschritt auf dem Weg zur Schrift sind. Schriftsprache ist eine besondere sprachliche Funktion, deren Erwerb einen Teil der sprachlichen und kognitiven Entwicklung darstellt. Lesen und Schreiben lässt sich nicht nur als eine instrumentelle Fähigkeit betrachten. Bei der Umsetzung der gesprochenen Sprache in Schrift müssen Lernende von bestimmten Charakteristika der mündlichen Sprache absehen und Unterschiede zwischen Laut- und Schriftstruktur reflektieren. Ein Kennzeichen der schriftlichen Sprache ist das Fehlen eines Gesprächspartners. Die Schreibenden richten sich an einen vorgestellten Gesprächspartner, die Lesenden erhalten keine zusätzlichen Hinweise für das Verstehen. Das Fehlen eines neuen Gesprächspartners stellt Kinder vor eine neue Sprachsituation. Ein weiteres Kennzeichen der Schriftsprache ist das Fehlen außersprachlicher Ausdrucksmittel wie Gestik, Mimik oder Intonation. Damit Inhalte dennoch verständlich sind, sind schriftsprachliche Formulierungen expliziter. Unvollständige und abgebrochene Sätze, wie sie in der mündlichen Sprache auftreten, sind bei der Schrift unzulässig. Außerdem wird von der inhaltlichen Seite der Sprache abgesehen und eine Hinwendung zur lautlichen Seite erfolgt, um das Gesagte oder Gedachte zu verschriften.

Kinder lösen sich von der subjektiv erlebnisbezogenen Vorstellung über Sprache und lenken ihre Aufmerksamkeit auf formale Aspekte der Sprache. Für Lernende bedeutet dies, dass sie bewusst und willkürlich mit ihrer Sprache umgehen müssen. „Lesen- und Schreibenlernen ist ein kognitiver Konstruktionsprozess. Es wird das Haus der Sprache neu und großzügig eingerichtet. Das Wichtigste dabei ist das Schreiben selbst, das elementare Hantieren mit den neuen Bauteilen" (GÜNTHER 1993, 91).

Der Schriftspracherwerb stellt erhebliche Anforderungen an die sprachlich-kognitiven Fähigkeiten von Schreibanfänger/innen. Durch die Schrift erwerben Kinder sprachliche Einheiten, wie z.B. Wort- oder Satzbegriff. Erst durch den Schrifterwerb wird das Wort als eine isolierbare bedeutungstragende Einheit erfasst. In der Schule wird das Kind mit einem formalen Wortbegriff konfrontiert, während seine Alltagvorstellung vom Wort handlungs- und kontextbezogen ist (vgl. die zusammenfassende Darstellung von CRÄMER & SCHUMANN ^{5}2000). Dass viele Kinder bei ihren ersten Schreibungen noch keine Wortgrenzen einhalten, zeigen folgende Beispiele: Ichgomme ch rsnisuspetsuspot (Ich komme jetzt nicht zu spät zu Sport) und IchwaRGesTRNINLAINERFAREN (Ich war gestern Inliner fahren). Kinder mit Lese- und Schreibproblemen kennen oft alle Grapheme einzeln, aber sie erkennen nicht den Zusammenhang zwischen Phonemen und entsprechenden Graphemen, was sowohl für das Schreiben als auch das Lesen notwendig ist. Eine zentrale Kategorie stellt in diesem Zusammenhang der Begriff der sprachlichen Bewusstheit dar, der hier als Oberbegriff verwendet wird, womit alle Prozesse gemeint sind, die Beziehungen zwischen der mündlichen und schriftlichen Sprache zu erkennen und zu segmentieren.

schrittweiser Erwerb der Schriftsprache

kognitive Konstruktionsprozesse

sprachliche Bewusstheit

3 Sprachstörungen und der Erwerb der Schrift

Die Ansicht, dass mündliche Sprachstörungen den Schriftspracherwerb erschweren können, hat eine lange Tradition. Die Konsequenzen, die sich hieraus ergeben, lassen sich zwei Positionen zuordnen: Erstens wird ein einseitiger Zusammenhang zwischen der Sprache in gesprochener und geschriebener Form angenommen und der Erwerb der Schrift als ein davon getrennter Bereich angesehen. Extrempositionen vertreten ZUCKRIGL und SCHOLZ. ZUCKRIGL (1964) meint, Leseübungen müssten dem geistigen und sprachlichen Entwicklungsniveau von Dysgrammatikern angepasst werden. Bei Kindern mit Aussprachestörungen – SCHOLZ 1981, 9f. – sollten zuerst die Aussprachestörungen behoben sein, bevor Kinder an die Schrift herangeführt werden. Im Gegensatz dazu wird zweitens schon seit vielen Jahren von Vertretern der Sprachbehindertenpädagogik (HANSEN 1929; ROTHE 1929; SEEMAN 1955) die Ansicht vertreten, dass Kinder mit der Schrift Wörter als gegenständlich, dauerhaft und optisch zur Verfügung stehende Sprache erkennen, und deshalb kann die Schrift genutzt werden, um mündliche Sprachstörungen zu überwinden (vgl. Kap. 3 + 4).

gegensätzliche Position

Es wird immer wieder diskutiert, in welchem Verhältnis mündliche Sprachstörungen, metasprachliche Fähigkeiten und Schwierigkeiten beim Schrifterwerb stehen. Am Beispiel des 6jährigen Markus wird deutlich, dass sich metasprachliche Fähigkeiten auf den Sprachebenen unterschiedlich entwickeln können. Er wurde aufgrund seiner massiven Aussprachestörungen von der Einschulung zurückgestellt. Seine Sprache war fast unverständlich. Beim Kaufladen-Spiel im Kindergarten traten immer wieder Situationen auf, in denen das Spiel stagnierte, weil seine Mitspieler ihn nicht verstanden. Markus merkte, dass diese Verständnisschwierigkeiten auf seine mangelhafte Aussprache zurückzuführen waren. In solchen Situationen änderte er seine Einkaufswünsche und formulierte Sätze um. Hier zeigte sich, dass er andere Sprachebenen der Sprache – die Grammatik, die Semantik, die Sprachverwendung und metasprachliche Fähigkeiten – beherrschte. Es traten allerdings keine Korrekturen auf der Ebene der Aussprache auf. So wurde es erforderlich, eine Sprachtherapie zu planen, die auf Veränderung der Aussprache zielte.

Das Spektrum an mündlichen Sprachstörungen bei der Einschulung ist sehr groß. Benny z. B. besucht eine erste Klasse einer Schule für Sprachbehinderte. Er hat ebenfalls Probleme mit der Aussprache. Diese Schwierigkeiten sind für alle sofort hörbar, denn er spricht fast unverständlich. Der Zweitklässler Tim schreibt im März den kaum lesbaren Satz „die Kaze sisen dreisen (Die Katze sitzt draußen.). Seine mündliche Sprache zeigt in der Alltagskommunikation für seine Eltern und seine Grundschullehrerin keine Auffälligkeiten.

hörbare und nicht hörbare Sprachstörungen

Zu den Sprachstörungen, die im Kindesalter auftreten können, gehören „hörbare" Sprachstörungen, die sich vor allem auf den Sprachebenen Aussprache, Grammatik und Semantik zeigen (BAUMGARTNER & FÜSSENICH ^{5}2000). Das Kind Benny gehört hierzu (Kap. 3.1). Darüber hinaus treten Sprachstörungen auf, die im Alltag nicht ohne weiteres erkannt werden. Kinder mit diesen Auffälligkeiten, so wie Tim, haben mangelnde Fähigkeiten entwickelt, sich auf die formale Seite der Sprache einzulassen und die mündliche Sprache in kleinere Einheiten, wie z. B. in Phoneme und Silben, zu gliedern (SCHMID-BARKOW 1997). Diese Schwierigkeiten bezeichnen CRÄMER, FÜSSENICH & SCHUMANN (1996) als „nicht hörbar". Eltern und Lehrer/innen erkennen solche Probleme oft erst, wenn diese Kinder lesen und schreiben lernen (Kap. 3.4).

3.1 Auf der Sprachebene der Aussprache

Bennys Sprache ist unverständlich, weil er die Konsonanten /p, t, k, b, g/ und /ts/ vor allem am Wortanfang durch /d/ oder durch /h/ ersetzt. Die Mehrfachkonsonanten am Wortanfang werden ebenfalls oft durch /d/ ersetzt und sind – bis auf zwei Ausnahmen – nicht vorhanden (Abb. 1).

Beispiele

Name: Benny, geb. 1988			17.11.95
Zielkons.	Übereinstimmung	Ersetzung	Auslassung
p-	35	d: 53	
t-		d: 15, 34, 76, 83	
k-		d: 23, 28, 54, 56 t: 47	
b-		d: 13, 79, 82, 89, 97, 99	
d-	58, 63		
g-		d: 55	
m-		l: 8, 45 n: 41	
n-	40, 87		
l-	11, 14, 36, 89		
R-		h: 24, 69	
h-	37, 94		
f-		v: 38 h: 67	
ʃ-		v: 62, 78, 90, 92	
v-	25, 29, 31	h: 21	
z-		h: 26, v: 30	
j-		v: 5, 41	
ts-		d: 102	

Zielkons.	Übereinst.	Ersetzung		Reduktion		
		vollst.	teilw.	R 1	R 2	R 3
pl-					18	
kl-		d: 32			93	
bl-		k: 56 / d: 80			96	
gl-	19					
fl-	42				16	
kn-		d: 64			6	
pR-		d: 70				
tR-		b: 27				
kR-		h: 51 / d: 104				
bR-		h: 10, 95				
dR-				22		
gR-		d: 44, 101				
fR-		v: 68		104		
ʃp-		d: 1, 59				
ʃt-		d: 52, 74				
ʃm-		n: 71				
ʃn-						
ʃl-					4, 39	
ʃR-		f: 61, 85			3, 88	
ʃv-					91, 100	

Abb. 1: Lautinventar (einschließlich Mehrfachkonsonanten) von Benny am Wortanfang

Wie sollen Kinder mit diesen mündlichen Auffälligkeiten Lesen- und Schreibenlernen? Erhält Benny einen normalen Grundschulunterricht, wird die Wahrscheinlichkeit groß sein, dass er weder seine Aussprachestörungen überwindet, noch die Schrift erwirbt. Welche Schwierigkeiten auftreten können, lässt sich bei einem anderen Jungen zeigen (Abb. 2). Er schrieb am Ende der ersten Klasse für „Sofa" <wosam> und für „Kinderwagen" <ʃkasKn>. Da er Probleme beim Erwerb der Frikative hatte, konnte er auch entsprechende Wörter nicht schreiben. Das Auftreten von /z/ und /f/ in einem Wort wie bei „Sofa" überforderte ihn. Da er ebenso Probleme mit den velaren Konsonanten hatte, konnte er auch das Wort „Kinderwagen" nicht schreiben. Seine Aussprachestörungen tauchten auch beim Lesen auf. Er ordnete in allen Fällen das richtige von zwei Wörtern einem dazugehörigen Bild zu, außer bei „Fenster" und „Schaf". Da beide mit einem Frikativ beginnen, war er hierzu nicht in der Lage.

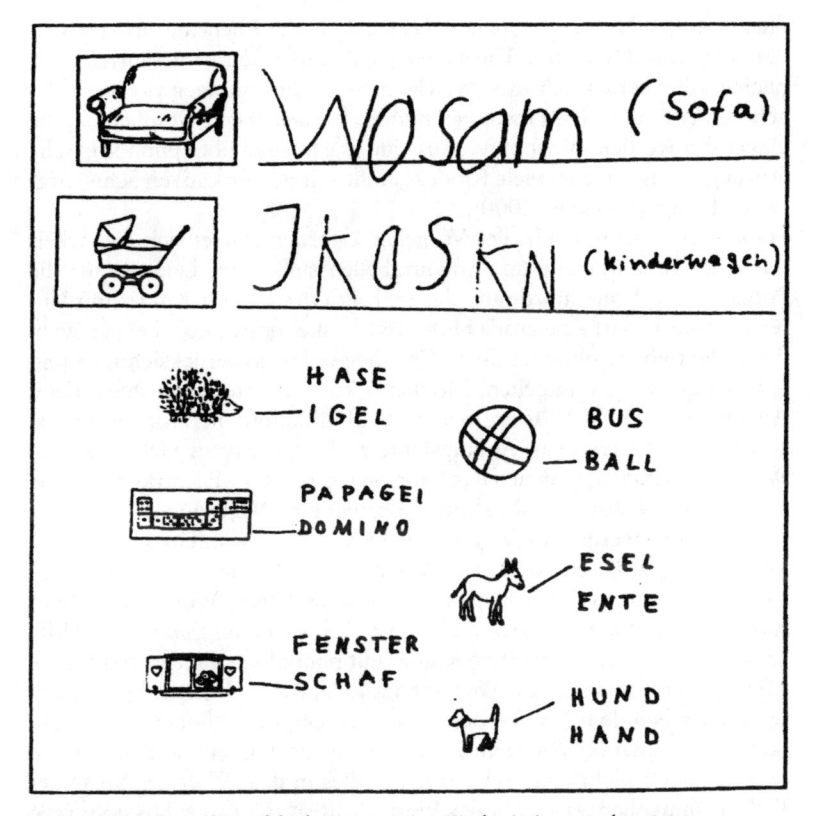

Abb. 2: Schreib- und Lesefähigkeit von einem Kind mit Aussprachestörungen

Die umfangreichste empirische Untersuchung über den Zusammenhang von Aussprachestörungen und Schriftspracherwerb hat OSBURG durchgeführt. Sie widmet sich in ihrer Arbeit fördernden und behindernden Bedingungen für Kinder mit Aussprachestörungen aus Eingangsklassen. Anhand von konkreten Beispielen setzt sie die mündliche Sprache zur Schrift in Beziehung. OSBURG (1997, 171) vertritt die Meinung, „dass die Heranführung von Kindern mit Aussprachestörungen an die geschriebene Sprache nicht generell eine fördernde Bedingung darstellt, sondern nur dann, wenn sie an die Möglichkeiten und Fähigkeiten des Kindes angepasst ist. In einer Förderung, in der Kinder mit der geschriebenen Sprache konfrontiert werden, gilt es, diese Bedingungen zu hinterfragen, damit sie sich nicht ‚gegen' die Kinder richtet".

Bezogen auf das Kind Benny bedeutet dies, dass eine genaue Diagnose sowohl der phonologischen Störungen als auch seiner sprachlich-kognitiven Entwicklung erforderlich ist. Sollte das Kind bereits in der Lage sein, sprachanalytisch vorzugehen und sich mit der formalen Seite der Sprache auseinander zu setzen, kann diese Fähigkeit genutzt werden, ihm wesentliche Beziehungen zwischen Phonemen und Graphemen zu vermitteln. Sollte dies nicht der Fall sein, muss die Förderung dort ansetzen (Kap. 3.4). Ist das Kind in der Lage, diesen sprachlich-kognitiven Schritt in Ansätzen zu leisten, ist es allerdings notwendig, dass zuerst die Gra-

empirische Untersuchungen

Phonem-Graphem-Zuordnung

pheme eingeführt werden, denen das Kind auf der Ebene der Aussprache Phoneme zuordnen kann. Die weitere Reihenfolge der eingeführten Grapheme sollte berücksichtigen, welche Aussprachestörungen vorliegen. So gehören z. B. in vielen Fibeln <s> und <f> zu den ersten Graphemen, die eingeführt werden, obwohl wir aus Untersuchungen über phonologische Störungen wissen, dass viele Kinder gerade mit den Frikativen Schwierigkeiten haben (HACKER ^{5}2000).

Anlauttabelle

Da dies ein sehr individuelles Vorgehen erfordert, bietet sich die Arbeit mit einer Anlauttabelle an. Anlauttabellen stellen ein Lexikon für die Phonem-Graphem-Zuordnung dar und sind deshalb für Kinder mit Unterstützungsbedarf eine große Hilfe. Dabei ist es notwendig, bei der Wahl der Anlautwörter phonologische Gesichtspunkte zu berücksichtigen und Schwierigkeiten zu umgehen: Möglichst kurze Wörter auswählen, denn Anlaute aus langen Wörtern wie z. B. „Luftballon" herauszuhören, ist bedeutend schwerer. Um Anfangslaute zu festigen, ist es nicht sinnvoll, Wörter zu nehmen, in denen das Phonem ein zweites Mal vorkommt, wie z. B. bei den Wörtern „Biber" und „Luftballon". Weiterhin sollten Wörter vermieden werden, die zu Lautangleichungen (Assimilationen) führen können, wie z. B. „Kaktus" zu „Taktus" und „Schiff" zu „Fisch", weil erschwert wird, das Anfangsphonem exakt zu hören. Wörter mit Mehrfachkonsonanten, wie „Krokodil" oder „Schneemann", sind keine Hilfe für die Lerner, weil die meisten Kinder mit phonologischen Störungen die Mehrfachkonsonanten am Wortanfang reduzieren. Um eine klare Trennung zwischen dem Namen des Graphems und dem Phonem vorzunehmen, ist es sinnvoll, Wörter auszuwählen, in denen Laut und Buchstabennamen („ka") nicht identisch sind, wie dies in dem Wort „Kaktus" der Fall ist, sinnvoller wäre z. B. das Wort „Koffer" (CRÄMER, FÜSSENICH & SCHUMANN 1996). Grapheme werden nicht beherrscht, wenn sie von den Lernenden nur optisch differenziert oder motorisch nachgemalt werden, sondern sie werden erst gekonnt, wenn die Lernenden die Beziehung zwischen den Phonemen und Graphemen erkennen.

> Erst wenn das Kind den Zusammenhang zwischen den Phonemen und Graphemen weitgehend verstanden hat, ist es sinnvoll, auch *die* Phonem-Graphem-Zuordnungen zu thematisieren, die dem Kind vermutlich Schwierigkeiten bereiten, weil es die entsprechenden Phoneme noch nicht in sein Aussprachesystem an der richtigen Stelle integriert hat.

phonologische Prozesse

In diesen Fällen ist das Ziel, sowohl die Phonem-Graphem-Zuordnung zu vermitteln als auch den zugrunde liegenden phonologischen Prozess zu überwinden.

Durch das Vorliegen von phonologischen Prozessen kann es vorkommen, dass verschiedene Wörter der Erwachsenensprache von Kindern gleich ausgesprochen werden. Dadurch kann es zu erheblichen Verständnisproblemen kommen, die bei der Förderung bewusst erzeugt und genutzt werden können. In der phonologischen Therapie können Minimalpaare eingesetzt werden, um die bedeutungsunterscheidende Funktion der Phoneme bewusst zu machen (HACKER ^{5}2000, OSBURG 1997).

Minimalpaare

Um Benny die Möglichkeit zu geben, auch die velaren Konsonanten /g/ und /k/ in sein Aussprachesystem zu integrieren, wurden die Minimalpaare „Nagel – Nadel, Wagen – Waden, Daumen – Gaumen, Teller – Keller, Tanne – Kanne" ausgewählt und ihm in verschiedenen Spielformaten angeboten. Das Quartettspiel mit den Minimalpaaren wurde zum festen Bestandteil der Fördersituationen. Die korrekte Aussprache eines Wortes ist notwendig, um die gewünschte Karte zu erhalten. Folgender Dialog zeigt, dass Benny unter dem pragmatischen Druck seine Aussprache verändert:
B: Herr Werner?
E: Ja.
B: Hast du die rote Dasse?
E: Nein, die rote Tasse habe ich nicht.
B: Ich meine nicht die Dasse/ K/ Kasse.
E: Ach, du meinst die Kasse?
B: Ja.

Da auf den Karten nicht nur das Bild, sondern auch das geschriebene Wort zu sehen war, hat er sich oft bei Unsicherheiten in der Aussprache am Schriftbild orientiert (Abb. 3). In weiteren Spielen wurden ebenfalls diese Phonem-Graphem-Zuordnungen in den Mittelpunkt gestellt, wobei sowohl an der mündlichen als auch an der schriftlichen Sprache angeknüpft wurde. Weitere Ideen für die Therapie geben HANSEN & HEIDTMANN 2001; OSBURG 2002; HEIDTMANN & KNEBEL 2003a, 2003b.

Therapie

3.2 Auf der Sprachebene der Grammatik

Probleme beim Erwerb der Grammatik hindern Kinder nicht daran, Phonem-Graphem-Korrespondenzen zu erwerben. Diese mündliche Sprachstörung erschwert auch nicht die Fähigkeit, Segmentierungsleistungen vorzunehmen. Kinder, sofern sie nur mit dem Erwerb der Grammatik Schwierigkeiten haben, leisten meist den Einstieg in die Schriftsprache. Ihre Schwierigkeiten mit der Schrift zeigen sich vor allem beim Schreiben von Texten. GEISEL (2002) diagnostiziert die mündliche Sprache von Enrico, der eine 1. Klasse der Schule für Sprachbehinderte besucht, und stellt folgende grammatische Auffälligkeiten fest: Das Kind hat vor allem Probleme mit der Syntax. Die Sprache ist gekennzeichnet durch Auslassungen, vor allem von Subjekten, Prädikaten und Objekten und Ellipsen, obwohl er bereits Nebensätze äußert. Typische Äußerungen von ihm sind (GEISEL 2002,102): „Da muss man wie 'n Puzzle, wenn's fertig war, da kammer mit n Auto spielen" und „Einmal hat ihm die Scheibe, die Scheibentür voll, der hat drad etwas gemacht unten bei Auto, voll da hingeschlagen, hat er die Tür voll, der hat drad etwas gemacht unter bei Auto." Beim Schreiben eines eigenen Textes zu einem Bild, das er sich ausgesucht hat, zeigt er ähnliche Probleme. Er schreibt: „Kase esen foke esen Nose etasuf. Ant.unt. Schtrien." Die Übersetzung seiner Schreibung lautet: „Katzen essen Vögel (und) essen Mäuse. Katzen gehen auf die Jagd. Haben Angst vor Hunden. Die Menschen streicheln sie/man kann sie streicheln." Enrico verschriftet fast nur Nomen und Verben. Die

Beispiel

im Mündlichen typischen Auslassungen von Subjekten, Prädikaten und Objekten treten auch hier auf.

Ein anderer Junge zeigt Unterschiede im Gebrauch der mündlichen und schriftlichen Sprache. Schriftlich benutzt er einfache Subjekt-Prädikat-Objekt-Strukturen, wie z. B. (die Rechtschreibung wurde korrigiert): „Da ist ein Schiff und ein Rakete. Die Piraten schießen Kanonen auf die andere Schiffe." In der mündlichen Sprache äußert er komplexere Strukturen und zeigt aber in einigen Äußerungen immer noch die Auslassung von Subjekten und Prädikaten. Auch tritt die Verbendstellung immer noch auf, auch wenn sie schon oft durch die Verbzweitstellung ersetzt wird. In der mündlichen Sprache probiert er neue Satzstrukturen aus, wie z. B. Haupt- und Nebensatz: „Die Kuh wo herlauft wegen der Kopf ist weiß."

Diskrepanzen von mündlichen und schriftlichen Fähigkeiten

Timo zeigt noch in der dritten Klasse erhebliche Diskrepanzen zwischen seinen mündlichen Fähigkeiten und der Schrift. Während er noch mündlich die typischen Auffälligkeiten von dysgrammatisch sprechenden Kindern äußert, wie „Durst habe. Trinke muss", formuliert er schriftlich komplexe Sätze wie „Der Campingplatz war fast leer, weil bei den anderen die Ferien schon vorbei waren".

Da Grammatikprobleme, sofern sie isoliert auftreten bzw. als Restsymptomatik noch vorhanden sind, nicht den Schrifterwerb behindern, wird nicht weiter auf therapeutische Konsequenzen eingegangen. Welche Möglichkeit die Schrift für die Therapie bietet, ist Gegenstand von Kap. 5.

3.3 Auf der Sprachebene der Semantik

Semantische Probleme können den Schriftspracherwerb erheblich beeinträchtigen. Vor allem das Fehlen von Begriffen, Ersetzungen, Wortfindungsprobleme, Schwierigkeiten mit dem Sprachverstehen und mangelnde Strategien, sich neue Begriffe zu erfragen, führen oft dazu, dass Kinder die Phonem-Graphem-Korrespondenzen nicht erwerben. Da Schwierigkeiten beim Erwerb der Semantik meist eng gekoppelt sind an Probleme im metasprachlichen Bereich, fallen Schreibneulinge dadurch auf, dass sie Sprache nicht gut segmentieren können. Sie haben oft Schwierigkeiten mit dem Reimen, der Silbengliederung und beim Heraushören von Anlauten (FÜSSENICH 2000[5]).

Enricos Probleme waren zwar auch bei der Grammatik zu beobachten (vgl. Kap. 3.2), doch gravierender waren seine Schwierigkeiten in der Semantik und der Metasprache. Die genaue Diagnose ergab, dass er nie nach unbekannten Begriffen fragte. Er wählte deiktische Ausdrücke wie „das da, dies" und viele Äußerungen lagen „haarscharf" daneben: Einen ‚Lastwagen' bezeichnete er als „Bus", eine ‚Bank' als „Stuhl" und zur ‚Jacke' sagte er „Pullover". GEISEL (2002, 118) beschreibt sehr differenziert, welche Probleme er beim Erwerb der Phonem-Graphem-Korrespondenzen hat: „Als Enrico *Kamm* schreiben soll, sucht er den Anlaut in der Anlauttabelle. Nach längerem Suchen sagt er schließlich: ‚Ah, k wie Dose'. Zwei Monate später, als das <K> längst in der Klasse eingeführt worden ist, hat er Probleme, den Anlaut von *Katze* festzustellen. Er sucht

Beispiel

wieder in der Anlauttabelle und deutet schließlich auf das <G> und fragt mich, ob dies das <K> sei". Auch wenn der Unterschied zwischen <G> und <K> von vielen Kindern nicht gehört wird, war zu beobachten, dass dieses Kind immer wieder Unsicherheiten bei der Buchstabenkenntnis hatte, was auch das Lesenlernen erschwerte.

GLÜCK (2001) legt dar, dass bei Kindern mit semantischen Störungen das Lesen verlangsamt durch einen erschwerten Zugriff auf das Wortformlexikon abläuft. BAUR & ENDRES (1999) gehen von Beeinträchtigungen bei der Synthesefähigkeit aus, dass Kinder möglicherweise den ersten Teil des Wortes wieder vergessen. „Zieht man diese Theorie zur Erklärung von Enricos Leseproblemen heran, könnte man vermuten, dass er Probleme mit dem Kurzzeitgedächtnis hat" (GEISEL 2002, 18). Bei der Einschulung wurde überprüft, ob Enrico Sprache segmentieren kann. Es zeigte sich, dass er erhebliche Schwierigkeiten mit derartigen Aufgaben hatte. Es traten vor allem Probleme beim Reimen und bei der Silbengliederung auf.

Erklärungsmodelle

3.4 Auf der Sprachebene der Metasprache

Wäre Tim, der Junge mit den Schwierigkeiten im metasprachlichen Bereich, im Vorschulalter oder beim Eintritt in die Schule überprüft worden (FÜSSENICH & LÖFFLER 2001; LÖFFLER & FÜSSENICH 2002), hätten seine Schwierigkeiten beim Erwerb metasprachlicher Fähigkeiten auffallen müssen. Man hätte bezogen auf die mündliche Sprache Spielformate (FÜSSENICH & HEIDTMANN 1995) schaffen können, in denen er gelernt hätte, Sprache zu segmentieren. Hätte er in der ersten Klasse einen Unterricht erhalten, in dem von Anfang an das eigene Verschriften von Sprache und das Lesen einfacher, aber fremder Texte im Vordergrund gestanden hätte, wären seine fehlenden sprachanalytischen Fähigkeiten ebenfalls früher deutlich geworden (FÜSSENICH & LÖFFLER 2003), und es wäre für ihn bedeutend leichter gewesen, diese fehlenden Fähigkeiten durch die Auseinandersetzung mit Schrift zu erwerben. Kinder mit derartigen Problemen fallen leider oft erst sehr spät auf (FÜSSENICH 2001). Da er nun in der zweiten Klasse ist, können seine Probleme mit der mündlichen Sprache nur im Zusammenhang mit der Verbesserung der Lese- und Schreibfähigkeiten betrachtet werden. Eine gezielte Förderung soll Kindern auf ihrem jeweiligen Entwicklungsstand bedeutsame Schritte vermitteln. Dazu benötigt man ein breites Angebot an Aktivitäten, Materialien und Übungsformen. Tim benötigt einen anderen Unterricht, in dem nicht mehr der ausschließliche Erfolg beim Lesen und der Rechtschreibung vor allem durch Merkfähigkeit erreicht wird, sondern in dem durch das Lesen- und Schreibenlernen gleichzeitig seine sprachanalytischen Fähigkeiten gefördert werden. Der Junge benötigt gezielte Übungen (CRÄMER, FÜSSENICH & SCHUMANN 1996):

- zur Phonemanalyse
- zur Silbengliederung
- zum Erwerb von Synthesefähigkeit
- zum sinnentnehmenden Lesen und
- zum alphabetischen Schreiben.

Merkfähigkeit

Um auch längere und schwierigere Wörter schreiben und lesen zu können, muss er lernen, diese Wörter zu segmentieren. Dabei ist es sinnvoll, dem Kind gleichzeitig die mündliche und schriftliche Sprache anzubieten. Dies ist gewährleistet, z. B. durch Übungen zur Silben- und Phonemanalyse, bei denen durch entsprechende Abbildungen die Inhalte der Sprache bekannt sind, sodass die Kinder ihre mündliche Sprache zum Gegenstand der Betrachtung machen müssen. Es eignen sich auch die bereits erwähnten Minimalpaare. Übungen zur Synthesefähigkeit und zum sinnentnehmenden Lesen knüpfen ebenfalls an die mündliche Sprache an, indem es bei diesen Aufgaben immer auch um die Sinnentnahme geht. Beispiele geben CRÄMER, FÜSSENICH & SCHUMANN (1996); CRÄMER & SCHUMANN (^{5}2000) und CRÄMER (2000).

Synthesefähigkeit (Randnotiz)

4 Zum Einsatz der Schrift bei der Therapie von mündlichen Sprachstörungen

In welcher Form Schrift für die Therapie von mündlichen Sprachstörungen genutzt werden kann, hängt vom Alter und der Entwicklung der Lernenden ab. Im Kindergarten kann die Schrift als Symbolisierung von Sprache genutzt werden. Bei Kindern, die das Alter oder den Entwicklungsstand von Erstklässlern aufweisen, muss der Schrifterwerb unter Berücksichtigung der mündlichen Sprache erfolgen (Kap. 3). Bei Kindern und Jugendlichen, die älter sind und deren sprachlich-kognitive Entwicklung auf einem höheren Niveau als Schulanfänger liegt, kann über die Reflexion von Sprache die mündliche Sprache therapiert werden.

Beispiel (Randnotiz)

Markus wurde aufgrund seiner massiven Aussprachestörungen von der Einschulung zurück gestellt. Da der Junge stolz war, bald ein Schulkind zu sein, entschlossen wir uns für den Handlungskontext „Schule spielen". Sprachtherapeutisch sollte der Junge den phonologischen Prozess der Plosivierung von Frikativen überwinden. Diesen Prozess sind wir über den Einsatz der Schrift angegangen. Der Therapieabschnitt begann damit, dass ich als Lehrerin das Graphem <s> einführte. Das von mir an der Tafel vorgeschriebene <s> schrieb er in verschiedenen Farben in sein Heft ab. Anschließend nannte ich – wie im richtigen Unterricht – Wörter, und er hatte zu entscheiden, ob sie mit /z/ beginnen. Wenn dies der Fall war, hielt er sein Regenbogen–S hoch. Danach schrieb ich das Wort <SUSI> an die Tafel, was er in sein Heft übertrug. Das Wort wurde aufgrund von folgenden Überlegungen ausgewählt:

- Da eine Mitarbeiterin des Kindergartens Susanne bzw. Susi hieß, war das Wort pragmatisch und semantisch bedeutsam.
- Da Markus bei der Überprüfung der Aussprache Plosive und auch /z/ in der Wortmitte beherrschte (so sprach er das Wort ‚Nase' korrekt), sollte dieser Assimilationsprozess genutzt werden.
- Das Wort war relativ kurz und bestand nur aus zwei offenen Silben.

Ohne Probleme schrieb er ‚Susi' richtig ab und las das Wort auch korrekt. Anschließend wollte er auch ‚Susanne' schreiben. Er äußerte zwar zuerst ‚Kukanne', da er aber den Anfangslaut als Graphem <s> verschriftet hatte, konnte ich ihn darauf aufmerksam machen, dass, wenn ‚Susi' mit <s> beginnt, dies auch bei ‚Susanne' der Fall ist, was er sofort verstand. Im weiteren Verlauf der Therapie wurde immer wieder auf die Schrift zurückgegriffen, um die Sprache zu visualisieren.

Bereits HANSEN hat 1929 auf den Nutzen der Schrift für die Therapie der mündlichen Sprache hingewiesen: „Das erste Schuljahr bietet durch den Schreibleseunterricht eine überaus günstige Gelegenheit zur Beeinflussung. (...) Nun wird zum ersten Male die sprachliche Äußerung als solche in die Helle des Bewusstseins gerückt, (...). Wer bei uns lesen lernen will, muss auch das tönende sprachliche Gesamtgefüge auflösen können in einzelne Laute. Einerlei, welche Methode beim Lesen- und Schreibenlernen angewandt wird, einmal muss das Kind unserer Kulturwelt diese Abstraktion des Einzellautes vollziehen, mindestens bis zu dem Punkt, da der Laut ihm als austauschbares, in gewissem Grade selbstständiges Glied eines größeren Ganzen bedeutsam wird. Daher bietet der Anfangslese- und Schreibunterricht die günstige Gelegenheit zur Stammlerbehandlung" (HANSEN 1929, 54/55). Welche Konsequenzen sich für den Unterricht ergeben, zeigt u. a. OSBURG 1997 (vgl. auch Kap. 3). Kinder und Jugendliche sprechen oft bedeutend besser, wenn sie sich am Schriftbild orientieren können, weil die Schrift eine zusätzliche Unterstützung darstellt.

Rückblick auf historische Ansätze

DANNENBAUER (^{3}1997) weist darauf hin, dass es bisher keine Untersuchungen über den Therapieerfolg von metasprachlichen Hilfen bei grammatischen Lernprozessen gibt. Bei Schulkindern, die durch Unterricht und Schriftvermittlung bereits eine entsprechende sprachlich-kognitive Stufe erreicht haben und ein Nachdenken über Sprache leisten könnten, müsste sie aber erfolgreich sein. Bei Timo, dem Jungen, der mit 10 Jahren noch die typisch dysgrammatischen Äußerungen von sich gab, aber schriftlich korrekte Sätze bildete, war dies der Fall (vgl. Kap. 3.2). SCHÄUFELE (1996) führte die Therapie mit verschiedenen Schwerpunkten durch. In der ersten Phase der Therapie setzte sie an der Schriftkompetenz des Kindes an und versuchte, diese Fähigkeiten für eine Veränderung der mündlichen Sprache zu nutzen. In der zweiten Phase knüpfte sie an der mündlichen Sprache von Timo an und versuchte, eine Veränderung durch Bewusstmachung und Überarbeiten von grammatischen Strukturen zu erreichen (vgl. FÜSSENICH 1998). So wurde z. B. im Unterricht über die syntaktische Funktion des Subjekts und des Prädikats im Satz gesprochen. In der Therapie wurden seine mündlichen Äußerungen mit diesem Wissen aus dem Grammatikunterricht von Timo selbst verändert und um die fehlenden Subjekte ergänzt.

Arten des Vorgehens

5 Schwierigkeiten mit der Schriftsprache und Auswirkungen für die Weiterentwicklung der mündlichen Sprache

langfristige Auswirkungen von Lese-Rechtschreibschwierigkeiten

Wer in unserem Schulsystem nicht in den ersten beiden Jahren lesen und schreiben lernt, erhält keine Möglichkeit mehr, in einem zweiten Anlauf die Schriftsprache zu entdecken. In den weiteren Klassen werden grundlegende Lese- und Schreibfähigkeiten vorausgesetzt. Die schulische Förderung kann noch so gut sein, es wird immer wieder Kinder geben, die die Schrift nicht in den ersten Schuljahren erwerben. Diese Kinder benötigen eine erneute Chance, die Schriftsprache zu erwerben, denn mangelnde Lese- und Schreibfähigkeiten führen auch zu Defiziten in anderen Bereichen. Wem in der Schule Schrift vorenthalten wird, stagniert in seiner kognitiven Entwicklung, in der Weiterentwicklung seiner mündlichen Sprache und verfügt über eingeschränkte Grundqualifikationen im Rechnen und in der Allgemeinbildung, wie die Biografien vieler funktionaler Analphabeten zeigen (FÜSSENICH 1997). Vor allem werden Begriffe, die mit schulischer Unterweisung verbunden sind, nicht beherrscht. Für einen 40-jährigen Analphabeten ist der „Kreis" ein „Teller", das „Dreieck" ein „Häuschen" und das „Viereck" ein „Platz". Um zu überprüfen, ob er sich auf die formale Seite der Sprache einlassen kann, sollte er Reimpaare herausfinden. Er teilte nicht mit, das er nicht weiß, was reimen ist. Bei den Wörtern „Suppe–Puppe–Löffel" meinte er, „Suppe" und „Löffel" „reimen" sich. Bei den nächsten Wörtern „Haus–Maus–Tisch" und Hose–Dose–Mantel" reimen sich „Haus und Tisch" und „Hose–Mantel". Unter Reimen versteht er also Wörter, die von den Alltagserfahrungen her zusammen gehören.

6 Sprache als Medium im Unterricht

Da jeder Unterricht zugleich auch Sprachunterricht ist (BECKER-MROTZEK & VOGT 2001), können Kinder und Jugendliche mit auffälliger mündlicher Sprache auch beim Lernen der Sachfächer eingeschränkt sein. OSBURG (2003) gibt zu bedenken, dass ein Großteil der Kinder mit Sprachentwicklungsstörungen auch in ihrem Sprachverständnis Probleme hat. Sie nennt Sprachfallen, die erschweren, dem Unterricht zu folgen. Da Kinder oft sehr redegewandt wirken und Begriffe der Erwachsenen benutzen, würde leicht in Vergessenheit geraten, dass sich ihr begriffliches Wissen von dem der Erwachsenen erheblich unterscheidet. Viele Kinder hätten Schwierigkeiten, Ironie, Doppeldeutigkeiten und Metaphern zu verstehen, und den Erwachsenen falle oft gar nicht auf, wie unsere Sprache davon geprägt ist. Manche Kinder bedienten sich häufig der Sprache der Erwachsenen, ohne damit den gleichen Inhalt zu meinen.

Hintergründe und Missverständnisse

Kinder mit auffälliger mündlicher Sprache verfügten oft über hohe pragmatische Fähigkeiten und verdeckten somit ihre Schwierigkeiten mit der Sprache. Deshalb müssten Lehrende sich immer wieder vergewissern, ob Kinder die notwendigen Begriffe, die im Unterricht relevant sind, auch verstehen und der Kommunikation in der Schule folgen können.

7 Perspektiven

Durch die Diskussionen über funktionale Analphabeten in Deutschland und durch die Ergebnisse der PISA-Studien werden verstärkt die schulischen Defizite von Kindern und Jugendlichen in den Blick genommen. Da ein enger Zusammenhang zwischen den mündlichen Fähigkeiten und dem Schrifterwerb besteht, müsste die Alphabetisierung von Kindern und Jugendlichen und auch die Möglichkeit einer zweiten Chance bei der mündlichen Sprache ansetzen. Dieses Wissen müsste auch verstärkt in die Aus- und Weiterbildung von Lehrer/innen übernommen werden. Empirische Forschungen hierzu bleiben ein Desiderat. Doch Kooperationen zwischen Deutschdidaktik und Sprachbehindertenpädagogik gibt es nur in Ansätzen.

Diagnose und Förderung der phonologischen Bewusstheit

Andreas Mayer

1 Historischer Abriss

In den 70-er Jahren wurden Kinder mit Schwierigkeiten beim Schriftspracherwerb auf Defizite basaler Teilleistungen untersucht. Kernstück der Diagnostik war die visuelle Wahrnehmung in Anlehnung an die Subfunktionen nach FROSTIG (z.B.: FROSTIG & MÜLLER 1985). Diese Funktionen wurden dann im Rahmen einer Förderung trainiert, während die Schriftsprache selber nur selten in den Vordergrund einer therapeutischen Intervention gerückt wurde.

traditionelles Legastheniekonzept

In dieser Zeit wurde auch das traditionelle Legastheniekonzept (Diskrepanz zwischen normaler Intelligenz und unerwarteten Schwierigkeiten beim Erwerb der Schriftsprache) entwickelt. Die Ursachen für Probleme beim Erwerb der Schriftsprache wurden in hirnorganischen Fehlentwicklungen gesehen. Entsprechend heißt es im Erlass des Bayerischen Kultusministeriums zur Ursachenfrage: „Individuelle Ausprägungen und Schweregrade dieser Lernschwierigkeit (= Legasthenie, A.M.) ergeben sich durch unterschiedliche Kombinationen von Teilleistungsschwächen der Wahrnehmung, der Motorik und der sensorischen Integration" (KMBek vom 16. November 1999).

Teilleistungsschwächen als Ursache von LRS

Obwohl viele theoretische Annahmen des klassischen Legastheniekonzeptes empirisch widerlegt wurden, erfreut sich das Konzept noch immer großer Verbreitung. So weist VALTIN darauf hin, dass bspw. die Reversionsfehler, die auf eine dahinterliegende Schwierigkeit der Raum-Lage-Wahrnehmung hinweisen sollen, bei so genannten „Legasthenikern" nicht häufiger vorkommen als bei guten Lesern (VALTIN 2000, 18). Insgesamt gibt es unter „Legasthenikern" nur wenige Kinder mit Teilleistungsstörungen. Dagegen gibt es viele Kinder mit Teilleistungsschwächen, die keine Schwierigkeiten beim Schriftspracherwerb entwickeln (VALTIN 2000).

mangelnde therapeutische Erfolge

Mangelnder Transfer der Förderung verschiedener Teilleistungsbereiche auf den Schriftspracherwerb erhöhten die Kritik an dem klassischen Legastheniekonzept. MANNHAUPT (1994, 2003) analysierte unterschiedliche Förderprogramme hinsichtlich ihrer Effekte auf Verbesserungen im Schriftspracherwerb. Dabei zeigten sich Förderansätze als unwirksam, die versuchen, auf allgemeine kognitive und neurologische Funktionen Einfluss zu nehmen. Ebenso sind Ansätze nicht erfolgversprechend, die nur emotionale und motivationale Unterstützung bei Lese-Rechtschreibschwierigkeiten anbieten. So konnte MANNHAUPT bspw. nachweisen, dass ein Hemisphärendominanztraining (DELCATO 72) oder ein Psychomotoriktraining (sensomotorische Integration, EGGERT 1975) ebenso

wenig Effekte auf den Schriftspracherwerb hatten wie eine ausschließliche Spieltherapie (Trempler 1974, Mannhaupt 2003).
Im Vergleich dazu stellte Mannhaupt Förderprogramme zusammen, die in ihrer Wirksamkeit wissenschaftlichen Kriterien standhalten. Es handelt sich um Programme, in deren Zentrum die Diskrimination, die Analyse und die Synthese von Lauten steht. Allgemein lässt sich sagen, dass Programme, die in ihren Inhalten schriftsprachspezifisch sind, effektiver sind als Programme, die auf die Förderung basaler Teilleistungen zielen. Beispielsweise zeigen Interventionen von Blumenstock (1979), Hofmann (1984) und Mannhaupt (1992), deren Kernstück die phonologische Analyse gesprochener Sprache ist, durchwegs positive Effekte (zit. bei Mannhaupt 1994).

In den 80-er Jahren fand in der LRS-Forschung ein Paradigmenwechsel statt. Die in den Mittelpunkt geratene entwicklungspsychologische Sicht des Schriftspracherwerbs brachte verschiedene Entwicklungsmodelle des kindlichen Schriftspracherwerbs hervor (z. B. Frith 1985). Zahlreiche Forschungsprojekte versuchten, wesentliche Vorläuferfertigkeiten für einen erfolgreichen Schriftspracherwerb zu identifizieren. Wagner (1988, zit. bei Mannhaupt 1994, 129) fasst die Forschungsergebnisse zusammen: Er stellt fest, dass „der Fähigkeit zur Phonemanalyse eine herausragende Bedeutung für den Schriftspracherwerb zukommt". Der damit angedeuteten „phonologischen Bewusstheit" wurde so eine zentrale Rolle für den Erwerb des alphabetischen Prinzips unserer Schriftsprache eingeräumt. Mittlerweile liegen zahlreiche empirische Studien vor, die herausgearbeitet haben, dass die phonologische Bewusstheit mit ihren verschiedenen Facetten eine von vielen Voraussetzungen für einen erfolgreichen Schriftspracherwerbs darstellt (s.u.).

Paradigmenwechsel in der LRS-Forschung

2 Definitionen

Diese Teilfertigkeit soll im Folgenden hinsichtlich ihrer tatsächlichen Bedeutung für den Schriftspracherwerb analysiert und Möglichkeiten der Förderung im (Vor-) Schulalter diskutiert werden. Dies schließt zwangsläufig die Vernachlässigung anderer am Schriftspracherwerb beteiligter Leistungen ein. Zu berücksichtigen ist, dass eine ausgeprägte phonologische Bewusstheit nicht automatisch zu einem erfolgreichen Schriftspracherwerb führt, sondern eine von vielen Vorläuferfähigkeiten darstellt.

phonologische Bewusstheit als zentrale Voraussetzung für den SSE

Die phonologische Bewusstheit wird übereinstimmend als ein Aspekt der phonologischen Informationsverarbeitung betrachtet. Dazu zählen außerdem die sprachgebundene Informationsverarbeitungsgeschwindigkeit und das sprachliche Arbeitsgedächtnis. Die sprachgebundene Informationsverarbeitungsgeschwindigkeit meint die Schnelligkeit beim Zugriff auf das „semantische Lexikon". Bei nicht alphabetisierten Kindern wird diese Fähigkeit bspw. überprüft, indem ihnen unfarbige oder falschfarbige Objekte mit der Aufgabe gezeigt werden, die richtige Farbe möglichst schnell zu benennen. Untersuchungen von Landerl & Wim-

phonologische Bewusstheit als Teil der phonologischen Informationsverarbeitung

MER belegen, dass Defizite in diesem Bereich als Prädiktor für die Entwicklung von Schwierigkeiten beim Schriftspracherwerb noch aussagekräftiger sind als die phonologische Bewusstheit. Die typischen Schwierigkeiten spezifisch sprachentwicklungsgestörter Kinder bei dieser Aufgabe lassen diese zu einer Risikogruppe für Lese- und Rechtschreibprobleme werden (WIMMER & MAYRINGER & LANDERL 1998).

Für Leseanfänger ist ferner das sprachliche Arbeitsgedächtnis von zentraler Bedeutung. Beim Erlesen unbekannter Wörter müssen die einzelnen Grapheme in Laute „übersetzt" werden. Diese Einzellaute müssen zu einem Wort synthetisiert werden. Dieser gerade bei Leseanfängern langsam ablaufende Prozess konzentriert den größten Teil der kognitiven Ressourcen der Kinder. Verfügen die Kinder nun über ein nur eingeschränktes sprachliches Kurzzeitgedächtnis, ist der Prozess der phonologischen Rekodierung vor allem bei komplexeren Wörtern zum Scheitern verurteilt, da die Kinder am Ende eines Wortes die Anfangslaute evtl. schon wieder vergessen haben.

Bei der Erforschung von Präventionsmöglichkeiten von Lese- und Rechtschreibschwierigkeiten nimmt derzeit die phonologische Bewusstheit als Teilbereich der sprachlichen Bewusstheit einen zentralen Stellenwert ein, da es sich um eine Fähigkeit handelt, die sich bereits im Vorschulalter günstig beeinflussen zu lassen scheint (SCHNEIDER 1999, 98).

metasprachliche Bewusstheit

Betrachtet man Definitionen zur metasprachlichen Bewusstheit, sind sich die meisten Autoren darin einig, dass mit Bewusstheit eine Ebene der sprachlichen Kompetenz beschritten wird, die über die automatisierte Verwendung der Sprache als Kommunikationsmittel hinausgeht (HARTMANN 2003, 9). Einige Autoren betrachten bereits spielerische Sprachmanipulationen sowie alle Äußerungen, die Sprache zum Inhalt haben, als Beweis für eine vorhandene metasprachliche Bewusstheit (z.B.: WALLER 1988, zit. bei HARTMANN 2003.). Andere Autoren dagegen sprechen erst dann von sprachlicher Bewusstheit, wenn die Kinder zur Segmentierung sprachlicher Einheiten, zur Beurteilung der grammatikalischen Korrektheit von Äußerungen etc. in der Lage sind. Als Vertreter dieser Richtung sei SCHÖLER genannt, der „metasprachliches Wissen als ein explizites deklaratives Wissen über Sprachfunktionen und Sprachmerkmale betrachtet" (zit. bei HARTMANN 2003).

Definitionen

In Anlehnung an diese engen und weiten Definitionen der sprachlichen Bewusstheit ist es sinnvoll, auch bei der phonologischen Bewusstheit zwischen einer engen und weiten Definition zu unterscheiden. Aus diesem Grund soll im Folgenden die Definition von SKROWONEK und MARX (1989), die die unterschiedliche Nähe vorschulischer Leistungen zu den im Schriftspracherwerb geforderten komplexen Analyse- und Syntheseleistungen betont, als Basis für die folgenden Ausführungen zugrunde gelegt werden.

„Sie unterscheiden eine phonologische Bewusstheit im weiteren Sinne (Aufgaben, die an Sprachleistungen anknüpfen, die in konkreten, dem Kind bekannten Spielhandlungen enthalten sind, wie z. B. Reimen, Silbenklatschen) und eine phonologische Bewusstheit im engeren Sinne (Sprachleistungen, bei denen explizit mit lautlichen Strukturen operiert werden muss, die weder semantische noch sprechrhythmische Bezüge aufweisen, z. B. Laut-zu-Wort-Aufgaben)" (SKOWRONEK & MARX 1989, zit. bei JANSEN & MARX 1999, 10).

Was damit konkret gemeint ist, kann an Aufgaben zur Überprüfung der phonologischen Bewusstheit gezeigt werden (FORSTER & MARTSCHINKE 2001, 8):

Phonologische Bewusstheit im weiteren Sinn	Phonologische Bewusstheit im engeren Sinn
bezieht sich auf die Gliederung des Lautstromes, die sich mehr an der Oberfläche orientiert und die einen sprechrhythmischen Bezug hat. beinhaltet einfachere phonologische Fähigkeiten wie: ▶ Reime erkennen ▶ Wörter in Silben gliedern, Synthetisieren von Wörtern aus Silben, Erfassen des Wortes als sprachliche Einheit	bezieht sich auf die Gliederung von Lautfolgen in einzelne Phoneme beinhaltet spezifische Fähigkeiten, Lautunterscheidungen vorzunehmen ▶ An-/ Aus-/ Inlaute erkennen / hören ▶ Laute synthetisieren ▶ nennen, wie viele Laute in einem Wort sind ▶ Laute weglassen, umstellen, ersetzen

Gemeinsam ist den Aufgaben, dass die Kinder vom semantischen Gehalt der Sprache abstrahieren müssen und sich auf den lautlichen Aspekt konzentrieren müssen. Diese Beobachtung hielt BOSCH bereits 1937 fest (zit. bei JANSEN & MARX 1999, 8): „Die allgemeinste Voraussetzung zum Lesenlernen [ist] eine gewisse Abständigkeit von der Sprache, die es dem Lesenlernenden ermöglicht, in dem durch die Struktur der Buchstabenschrift geforderten Maße die Sprache analytisch zu durchschauen."

Kritik an dem Begriff der „phonologischen Bewusstheit" stammt etwa von SCHMID-BARKOW. Sie betont, dass es bei den meisten Definitionen von phonologischer Bewusstheit um „Segmentierung von Sprache in Phoneme oder auch in andere Einheiten, die die phonologische (phonemische Ebene) übersteigen, [geht]. Insofern bezeichnet der geläufige Begriff ‚phonologische Bewusstheit' das Phänomen nicht präzise" (SCHMID-BARKOW 1999, 307).

Kritik am Begriff der phonologischen Bewusstheit

3 Entwicklung der phonologischen Bewusstheit

Als Ergebnis zahlreicher Längsschnittuntersuchungen liegen mittlerweile verlässliche Aussagen darüber vor, wie sich die phonologische Bewusstheit bei Kindern entwickelt. Eine ausführliche Zusammenfassung liegt vor bei HARTMANN (2003, 12ff). Einigkeit herrscht darüber, dass sich die Bewusstheit der Kinder für größere Einheiten (Bsp.: Silben) früher entwickelt als die Bewusstheit für kleinere Einheiten (Bsp.: Phoneme). Ob es sich dabei um eine diskontinuierliche oder um eine progressive Entwicklung handelt, ist eine Frage, die kontrovers diskutiert wird. Vertreter einer progressiven Position (z. B. TREIMAN 1991, GOSWAMI & BRYANT

progressive Entwicklung

1990, zit. bei HARTMANN 2003, 12) gehen davon aus, dass sich die phonologische Bewusstheit kontinuierlich von der Silbenebene über die innersilbische Ebene zu der für den Schriftspracherwerb relevanten Phonembewusstheit entwickelt. MORAIS dagegen (1991, zit. bei HARTMANN 2003) ist der Überzeugung, dass sich die Phonembewusstheit nicht automatisch aus der Bewusstheit für Reime und Silben entwickelt, sondern eine spezifische Anregung, nämlich die „alphabetische Leseinstruktion in der Schule" benötigt.

Grundlagen der phonologischen Bewusstheit

Kinder im Vorschulalter sind bereits zu recht beachtlichen Fähigkeiten in der Lage, was die phonologische Bewusstheit im weiteren Sinn betrifft. Die Fähigkeit, Reime zu erkennen und Reimwörter zu finden, fällt den meisten Kindern leicht und scheint sich meist wie von selbst zu entwickeln. Diese scheinbare spontane Entwicklung hängt aber auch damit zusammen, in welchem Ausmaß die Kinder in frühem Alter Fingerspielen, Kinderliedern und Abzählreimen begegneten. Dieses enge sprachliche Miteinander zwischen Kleinkind und Bezugsperson scheint eine Grundlage für die Entwicklung der phonologischen Bewusstheit im weiteren Sinn zu sein.

Auch die Fähigkeit zur Silbensegmentation und die Silbensynthese bereitet wenigen Kindern Schwierigkeiten. Dabei ist festzustellen, dass den Kindern die Segmentierung wesentlich leichter fällt, als anschließend die entsprechende Silbe zu benennen. Dies zeigt das Ergebnis einer Untersuchung von JANSEN & MARX (1999, 10). Während 96,3% der 264 Kinder eine Aufgabe zur Silbensegmentation vier Monate vor der Einschulung korrekt lösen konnten, waren nur 34,1% der Kinder in der Lage, „alle drei Silben unabhängig von der sprechrhythmischen Reihenfolge zu benennen".

Bereits im Vorschulalter ist bei vielen Kindern die phonologische Bewusstheit im weiteren Sinn recht gut ausgebildet, sodass sie sich zu Beginn ihrer Schullaufbahn gut gerüstet auf den Weg zum kompetenten Leser und Schreiber machen. Bei einigen Kindern sind diese Fertigkeiten aber unterentwickelt. In der Schulzeit haben diese Kinder zu wenig Zeit, ihre Defizite zu kompensieren, sodass der Früherkennung und der Frühförderung zentrale Bedeutung zukommen.

Wie oben angedeutet, herrscht Uneinigkeit darüber, wie sich der Zusammenhang zwischen phonologischer Bewusstheit im engeren Sinn und dem Schriftspracherwerb darstellt. Entwickeln Kinder schon vor Schuleintritt eine rudimentäre Phonembewusstheit, mithilfe derer sie den alphabetischen Code unserer Schriftsprache knacken können, oder ist die Phonembewusstheit die Folge eines Schriftspracherwerbs, der Buchstaben und Phonem-Graphem-Korrespondenzen systematisch einübt.

MORAIS (zit. bei BREKOW 1999, 310) etwa stellt fest, dass nicht alphabetisierte Erwachsene bei Aufgaben aus dem Bereich der phonologischen Bewusstheit im engeren Sinn scheitern, während sie aber über eine ausgesprochen gute Reimfähigkeit verfügen. Er schließt daraus, „dass die Fähigkeit zu phonematischen Operationen auf einem anderen Niveau liegt als die Reimfähigkeit und dass sie maßgeblich durch die Einsicht in ein alphabetisches Schriftsystem beeinflusst wird" (zit. bei BREKOW 1999, 310).

Interaktionshypothese

HARTMANN (2003, 16) sieht die Lösung des Problems in der Interaktionshypothese, die „einen sich gegenseitig erleichternden Zusammen-

hang zwischen Phonembewusstheit und Schriftspracherwerb annimmt".
Poskiparta et al. (1999, 437) beziehen sich auf verschiedene Studien, die
herausgearbeitet haben, dass die Lösung von Aufgaben aus dem Bereich
der phonologischen Bewusstheit im engeren Sinn für Kinder mit verschieden hohen kognitiven Anforderungen verbunden sind.
„Various Studies have concluded, that the difficulty level increases in the
following way: single phoneme isolation < phoneme blendig < phoneme
deletetion < phoneme segmentation" (Poskiparta et al. 1999, 437).
So ist entsprechend anzunehmen, dass sich die Fähigkeiten, die geringere
kognitive Ansprüche an die Kinder stellen, sich früher (z. T. auch schon
im Vorschulalter) entwickeln als die anderen. Dieser Aspekt muss bei der
Förderung der Kinder Berücksichtigung finden

4   Empirische Überprüfung

In zahlreichen Studien wurde versucht, die Trainierbarkeit der phonologischen Bewusstheit und den präzisen Zusammenhang zwischen phonologischer Bewusstheit und dem späteren Erfolg beim Schriftspracherwerb zu untersuchen. Dabei sind die Studien, die einen Zusammenhang zwischen beiden Leistungen ermitteln wollen, von denen zu unterscheiden, bei denen ein Teil der Vorschulkinder ein Training der phonologischen Bewusstheit durchlief und anschließend deren Erfolg oder Misserfolg beim Lesen- und Schreibenlernen überprüft wurde. Eine Besonderheit stellen die Studien dar, in denen mit Risikokindern (Kinder mit anfangs schwach ausgebildeter phonologischer Bewusstheit) ein Training durchgeführt wurde und anschließend deren Erfolg im Schriftspracherwerb ermittelt wurde. Diese Frage ist deshalb besonders interessant, da erst bei einem positiven Zusammenhang ein Training der phonologischen Bewusstheit als Präventionsmöglichkeit von Lese- und Rechtschreibschwierigkeiten betrachtet werden kann. Im Folgenden sollen einige dieser Studien exemplarisch dargestellt werden.
BRADLEY & BRYANT (1985; zit. bei LANDERL et al. 1992, 18) schlossen aus ihren Ergebnissen, dass die frühe Fertigkeit im Umgang mit Reimen und Alliterationsaufgaben die späteren Lese- und Rechtschreibleistungen der überprüften Kinder vorhersagt. In ihrer Studie untersuchten sie 368 Vorschulkinder hinsichtlich ihrer Fähigkeit zur Reimerkennung und Alliteration. Drei Jahre später wurde die Schriftsprachkompetenz überprüft. Die im Vorschulalter untersuchten Fähigkeiten sagten die Lese- und Rechtschreibfähigkeit gut vorher, nicht jedoch spätere mathematische Leistungen. Dass die Studie nur ein Merkmal der phonologischen Bewusstheit berücksichtigt, ist ein wesentlicher Kritikpunkt an der Vorgehensweise der Autoren. Zudem stellt sich die Frage, ob die Fähigkeit zur Reimerkennung möglicherweise in Sprachen mit inkonsistenter Phonem-Graphem-Korrespondenz (hier: Englisch) eine wesentlich größere Rolle spielt als in der phonemorientierten deutschen Schriftsprache (LANDERL et al. 1992, 18). So fanden SKROWONEK und MARX (1989) für deutschsprachige Kinder schließlich einen deutlicheren Zusammenhang zwi-

Vorhersagen

schen der Fähigkeit, mit den Einzellauten der deutschen Sprache umzugehen (Analyse und Synthese), und der späteren Schriftsprachkompetenz. Auch die Ergebnisse von LANDERL et al. (1992) weisen darauf hin, dass die Lautersetzungsfähigkeit im Vorschulalter (ein bestimmter Vokal soll in Wörtern identifiziert werden und durch einen anderen ersetzt werden) Leistungen beim Lesen und Schreiben in der ersten Klasse vorhersagen könne, die ebenso überprüfte Reim- und Alliterationsfähigkeit aber keine wesentliche Rolle für den Schriftspracherwerb spiele. Besonders bemerkenswert erscheint die Analyse der Ergebnisse, nachdem die Autoren die überprüften Kinder, ihren Ergebnissen bei der Lautersetzungsaufgabe entsprechend, in zwei Gruppen einteilten. Die Kinder mit guter phonologischer Bewusstheit konnten am Ende der ersten Klasse fehlerlos lesen und schreiben und schnitten auch bei der Lesegeschwindigkeit als Gruppe signifikant besser ab. Die Leistungen der Kinder mit anfänglich schlechter phonologischer Bewusstheit variierten dagegen wesentlich stärker. 25% der Kinder mit mangelnder phonologischer Bewusstheit erlernten das Lesen und Schreiben ohne Schwierigkeiten, woraus geschlossen werden kann, dass diese Aufgabe ungeeignet ist, Risikokinder zu ermitteln. Das Ergebnis weist auf Fragen zukünftiger Forschung hin: Welche Kinder tragen tatsächlich ein Risiko zur Entwicklung von Lese- und Rechtschreibschwierigkeiten? Lassen sich Teilfertigkeiten der phonologischen Bewusstheit identifizieren, die verlässliche Aussagen über den späteren Schriftspracherwerb zulassen?

Interessant erscheinen die Ergebnisse einer follow-up Studie der eben zitierten Untersuchung (LANDERL & WIMMER 1994). Während zwischen der Reimerkennungsaufgabe und der Lese- und Schreibkompetenz am Ende der ersten Klassen kein signifikanter Zusammenhang festgestellt wurde, ist diese Fähigkeit durchaus prädiktiv, wenn es in der zweiten oder dritten Klasse darum geht, ein orthografisches Lexikon aufzubauen.

Förderung Dass die phonologische Bewusstheit im Vorschulalter effektiv gefördert werden und sich dieses Training positiv auf den Erfolg beim Schriftspracherwerb auswirken kann, konnten Studien aus dem dänischen und deutschsprachigen Raum belegen.

In der wegweisenden Untersuchung von LUNDBERG & FROST und PETERSON (1988) erhielten 235 Kinder ein Training, bei dem es darum ging, die phonologische Struktur der Sprache zu entdecken und zu verstehen. In der Kontrollgruppe lag der Schwerpunkt der Förderung auf der ästhetischen und sozialen Erziehung. Die phonologische Bewusstheit – so die Ergebnisse – ließ sich bei Vorschulkindern, die keinerlei Schriftsprachkenntnisse hatten, fördern und die so geförderten Kinder waren der nicht trainierten Kontrollgruppe bis zum Ende der Grundschulzeit im Lesen und Rechtschreiben signifikant überlegen. SCHNEIDER et al. (1994) übertrugen das Trainingsprogramm von LUNDBERG et al. ins Deutsche, um die Ergebnisse für deutschsprachige Kinder zu validieren, da nicht ohne weiteres angenommen werden kann, dass die Ergebnisse für die sehr lautgetreue dänische Sprache ohne weiteres auf die erheblich irregulärere deutsche Sprache übertragen werden kann (SCHNEIDER et al. 1994, 179). Bei allen Kindern wurde ein Vortest durchgeführt, der das Niveau der phonologischen Bewusstheit, das phonetische Rekodieren aus dem Arbeitsgedächtnis sowie die Geschwindigkeit im lexikalischen Zugriff erfasst. Nach Abschluss des Trainings wurde ein Nachtest durchgeführt, der den Fortschritt in der phonologischen Bewusstheit messen sollte; gegen Ende des 1. und 2. Schuljahres wurde die Lese- und Rechtschreibkompetenz überprüft. Das durchgeführte Trainingsprogramm war eine erste Form der Sprachspiele für Kinder im Vorschulalter „Hören, Lauschen, Lernen" (KÜSPERT & SCHNEIDER 2002).

Nach Behebung methodischer Mängel in der ersten Durchführung konnten bei einer weiteren Durchführung langfristige Trainingseffekte für die phonologischen Fähigkeiten festgestellt werden. Während vor der Intervention keine signifikanten Unterschiede hinsichtlich der phonologischen Bewusstheit bestanden, schnitten die Experimentalkinder im Nachtest signifikant besser ab. Ein Vorsprung der trainierten Kinder im Lesen und Rechtschreiben konnte bis in die zweite Grundschulklasse nachgewiesen werden. In einer Reanalyse ihrer Daten ermittelten die Autoren, dass auch die Kinder von dem Training profitierten, die zu Beginn der Intervention über eine äußerst schwach ausgeprägte phonologischen Bewusstheit verfügten. Obwohl die Kinder, die bereits vor der Intervention gute phonologische Fähigkeiten besaßen, auch im Nachtest die besten Ergebnisse erzielten, ergab sich kein Beleg für einen Matthäuseffekt, sondern es zeigte sich, dass die anfangs „schwachen" Kinder als Gruppe am meisten vom Training profitierten (SCHNEIDER et al. 1999, 432). Allerdings identifizierten die Verfasser in allen Gruppen Kinder, bei denen das Training keinen Effekt zeigte.

In ihrer dritten Studie überprüften die Forscher ihre Hypothese, dass auch „Risikokinder", deren Erfolg beim Schriftspracherwerb aufgrund mangelnder phonologischer Bewusstheit massiv gefährdet ist, von einem Training der phonologischen Bewusstheit im Vorschulalter profitieren können. Die Risikokinder wurden durch das BISC (s.u.) ermittelt. Die Kinder mit Leistungen im unteren Quartil wurden für die Interventionsstudie gewonnen und einer von drei Interventionsgruppen zugeteilt

Risikokinder

Gruppe 1: (n=82)	Training der phonologischen Bewusstheit
Gruppe 2: (n=77)	Kombinationstraining: Training der phonologischen Bewusstheit und Buchstaben-Laut-Training
Gruppe 3: (n=49)	Buchstaben-Laut-Training

Nachdem mit allen Kindern ein Vortest durchgeführt wurde, wurde das oben genannte Training durchgeführt. Unmittelbar nach Beendigung der Intervention führten die Autoren einen Nachtest durch (analog dem Vortest mit anderen Items). Um die Lese- und Rechtschreibleistungen der Kinder in der Grundschule zu überprüfen, wurden der DRT 2 und 3 (MÜLLER, R.1982) sowie die Würzburger Leiseleseprobe (KÜSPERT & SCHNEIDER 1998) eingesetzt. Waren die trainierten (Risiko-)Kinder im Vortest der unausgelesenen Kontrollgruppe noch signifikant unterlegen, so zeigten die Befunde der ersten zwei Schuljahre, dass insbesondere die Risikokinder, die das Kombinationstraining erhalten hatten, sich im Lesen und Schreiben nicht mehr signifikant von der Kontrollgruppe unterschieden (SCHNEIDER et al.1999). Auch die Rechtschreibleistungen der beiden anderen Trainingsgruppen lagen noch im Normalbereich für die Altersgruppe (SCHNEIDER & KÜSPERT 2003, 121). Nicht zu übertriebener Euphorie Anlass geben die Nachfolgeuntersuchungen der Rechtschreibleistungen in den folgenden Jahrgangsstufen. Die Kontrollgruppe erzielte Ende der dritte Klasse im Rechtschreibtest bessere Leistungen als die Risikokinder, die das Training der phonologischen Bewusstheit oder das Buchstaben-Laut-Training durchliefen. Lediglich der Unterschied zu den Leistungen der kombinierten Trainingsgruppe war nicht signifikant (SCHNEIDER & KÜSPERT 2003; ROTH & SCHNEIDER 2002).

auch Risikokinder können gefördert werden

Dies belegt, dass auch Kinder mit gering ausgeprägter phonologischer Bewusstheit gefördert werden können und dass dieses Training positive Auswirkungen auf den späteren Schriftspracherwerb hat. Bedenkenswert erscheint das Ergebnis, dass die Kinder, die das Kombinationstraining erhalten hatten, denen ausgewählte Buchstaben zusätzlich als Orientierungshilfe angeboten wurden, die größten Fortschritte gemacht haben.

kombiniertes Buchstaben-Laut-Training scheint am effektivsten

Nur ein Fünftel der Kinder aus der Gruppe, die das kombinierte Training erhielten, erzielten am Ende der dritten Klasse einen Prozentrang unter 25 im Rechtschreibtest DRT 3 (ROTH, SCHNEIDER 2003, 104). Aus diesem Grund sollte die zum Teil noch vorherrschende Kindergartenphilosophie, Buchstaben sollten im Kindergartenalltag keine Rolle spielen, überprüft werden.

Die Verbindung zwischen Sprachstörungen und phonologischer Bewusstheit muss an dieser Stelle gesondert thematisiert werden. Wenn Sprachbehinderung und ein Mangel an phonologischer Bewusstheit auch nicht in einem zwingenden Zusammenhang stehen, stellen sprachentwicklungsgestörte Kinder dennoch eine besondere Risikogruppe für die Entwicklung von Lese- und Rechtschreibschwierigkeiten dar (TROSSBACH-NEUNER 1993). Erstaunlicherweise gibt es im deutschsprachigen Raum keine empirische Studie, die sich mit diesem Problem auseinander setzt. Einen Überblick über den internationalen Forschungsstand gibt HARTMANN (2003). HARTMANN versucht diese Lücke zu schließen, indem er eine äußerst detaillierte Längsschnittuntersuchung mit sprachauffälligen Kindern aus der Schweiz durchführte, die im Folgenden kurz dargestellt wird. Für eine ausführliche Beschreibung der Studie sei auf HARTMANN (2002, 2003) verwiesen.

Zusammenhang zwischen Sprachstörungen und phonologischer Bewusstheit

HARTMANN untersuchte die Hypothese, ob „die vorschulische metaphonologische Intervention unter Einbezug einiger Buchstaben kurzfristig wie auch mittelfristig klare Effekte auf die phonologische Bewusstheit und auf die (vorschulisch-) schriftsprachlichen Fähigkeiten der sprachgestörten Kinder hat" (HARTMANN 2003, 24). Dazu wurden vier Gruppen gebildet. Zwei Interventionsgruppen, die eine mit spezifisch sprachentwicklungsgestörten Kindern, die andere mit artikulatorisch auffälligen Kindern, standen zwei in den metaphonologischen und vorschulischen schriftsprachlichen Variablen parallelisierte Kontrollgruppen gegenüber. Die Kontrollgruppe 1 mit sprachentwicklungsgestörten Kindern erhielt statt der Intervention Sprachtherapie, die Kontrollgruppe 2 mit unauffälligen Kindern erhielt keine spezifische Förderung. Das Training umfasste einen Zeitraum von 4 Monaten bei einer wöchentlichen Förderung von mindestens 30 Minuten. Die Förderung thematisierte das Wort als bedeutungstragendes Element, das Segmentieren von Silben, das Reimprinzip und in der zweiten Stufe die phonologische Bewusstheit im engeren Sinn. Die Ergebnisse zeigen, dass in den beiden Interventionsgruppen deutliche kurzfristige Effekte auf die phonologische Bewusstheit zu sehen waren, ein Beleg für die Möglichkeit einer effektiven Förderung der phonologischen Bewusstheit im Vorschulbereich. Wie bei der Untersuchung von SCHNEIDER identifizierte auch HARTMANN Kinder, die von der Förderung nicht profitierten. Ernüchternder fielen die mittelfristigen und langfristigen Ergebnisse aus. So konnte weder beim Nachtest (Transferaufgaben zur phonologischen Bewusstheit) noch bei der Überprüfung der Leistungen beim Wortlesen und Wortschreiben eine signifikante Überlegenheit der Interventionsgruppen festgestellt werden.

5 Diagnoseverfahren zur Überprüfung der phonologischen Bewusstheit von Kindern

5.1 Bielefelder Screening zur Früherkennung von Lese- und Rechtschreibschwierigkeiten (JANSEN, MANNHAUPT, MARX, SKOWRONEK ²2002)

Das „Bielefelder Screening zur Früherkennung von Lese- und Rechtschreibschwierigkeiten" (BISC) wurde für Vorschulkinder entwickelt, deren Voraussetzungen für den Schriftspracherwerb überprüft werden sollen. Das Verfahren kann im Jahr vor der Einschulung zweimal (10 Monate bzw. 4 Monate vor Schulbeginn) eingesetzt werden. Da das Verfahren spezifische Vorläuferfertigkeiten des Lesens und Schreibens untersucht und diese sich bereits nach wenigen Wochen des Schriftsprachunterrichts in der Schule qualitativ deutlich verändern, ist das Verfahren für Kinder nach der Einschulung ungeeignet (JANSEN & MANNHAUPT & MARX & SKOWRONEK ²2002, 7).

Diagnostik für Vorschulkinder

Die Autoren gehen davon aus, dass deutschsprachige Kinder im Vorschulalter nur über rudimentäre Schriftspracherfahrung verfügen, in deren engen Zusammenhang und Wechselwirkung sich die phonologische Bewusstheit im engeren Sinne entwickelt. Deshalb wurden im BISC für diesen Teilbereich nur Aufgaben mit niedrigen kognitiven Anforderungen ausgewählt. Die Kinder müssen „Laut zu Wort Aufgaben" (Hörst du ein [i:] in Igel?) sowie die Aufgabe „Laute assoziieren" lösen (JANSEN et al. 2002):

Bei diesem Subtest werden dem Kind pro Item vier Abbildungen von Objekten vorgelegt. Dann wird ein Wort, z. B. „Zange" getrennt vorgesprochen. Ein Bild entspricht dem vorgegebenen Wort, während

> ein anderes nur mit dem ersten Element (hier: „Zebra") entspricht und eines nur mit dem zweiten Element (hier: „Schlange") eine lautliche Übereinstimmung zeigt. Das vierte Bild ist ein Ablenkerbild ohne lautliche Übereinstimmung.

phonologische Bewusstheit als zentrale, aber nicht ausreichende Voraussetzung

Nach Ansicht der Verfasser stellt die phonologische Bewusstheit eine grundlegende, aber nicht ausreichende Voraussetzung für einen erfolgreichen Schriftspracherwerb dar. Aus diesem Grund werden im Rahmen dieses Verfahrens auch die anderen Komponenten der phonologischen Informationsverarbeitung überprüft. Den Kindern werden Aufgaben zum schnellen Abruf aus dem Langzeitgedächtnis (Bsp.: „Schnelles Benennen"), dem phonetischen Rekodieren aus dem Gedächtnis („Pseudowörter-Nachsprechen") und der Visuellen Aufmerksamkeitssteuerung („Wort-Vergleich Suchaufgabe") vorgegeben.

Identifizierung von Risikokindern

Da das BISC keine hohen kognitiven Anforderungen an die Kinder stellt, ist das Verfahren vor allem dazu geeignet, im unteren Leistungsbereich zu differenzieren, dient also primär dazu, Risikokinder zu identifizieren. Die Überprüfung der prognostischen Validität des Verfahrens ergab, dass das Screening eine gute bis sehr gute Vorhersage von Lese- und Rechtschreibschwierigkeiten erlaubt und nicht-schriftsprachliche Leistungen mit deutlich geringerer Güte vorhergesagt werden (JANSEN et al. 2002, 50). So konnten bei einer Überprüfung von Vorschulkindern mit dem BISC 77% der Kinder, die später Lese- und Rechtschreibschwierigkeiten entwickelten, vorhergesagt werden (zit. bei: MARTSCHINKE & KIRSCHHOCK & FRANK 2001, 13).

5.2 Der Rundgang durch Hörhausen (MARTSCHINKE & KIRSCHHOCK & FRANK 2001)

Diagnostik für Schulkinder

Ein diagnostisches Instrumentarium, das in der Vorschule, aber auch im ersten Schulhalbjahr eingesetzt werden kann, ist der „Rundgang durch Hörhausen". Überprüft werden mit diesem Verfahren Fähigkeiten aus dem Bereich der phonologischen Bewusstheit im weiteren und engeren Sinn sowie die schriftsprachlichen Vorkenntnisse der Kinder. Im Gegensatz zum BISC, das aufgrund seiner Zielsetzung Aufgaben mit geringem kognitiven Niveau stellt, besteht der „Rundgang durch Hörhausen" aus Aufgaben mit unterschiedlich hohem kognitiven Anspruch, um ein differenziertes Bild des Entwicklungsstandes der phonologischen Bewusstheit geben und individuelle Förderansätze ableiten zu können.

Der „Rundgang durch Hörhausen" ist eingebettet in eine für die Kinder motivierende Rahmenhandlung. Bei einem Spaziergang durch den Ort Hörhausen müssen die Kinder an verschiedenen Orten die Aufgaben zu den Bereichen der phonologischen Bewusstheit lösen. Aufgaben zur Silbensegmentierung und zur Zusammensetzung von Silben sowie dem Erkennen von Endreimen stellen den Bereich der phonologischen Bewusstheit im weiteren Sinn dar. Die phonologische Bewusstheit im engeren

Sinn wird mit Aufgaben zur Phonemanalyse und zur Lautsynthese (mit Umkehraufgabe) sowie der Identifizierung von An- und Endlauten überprüft. Ergänzt wird das Verfahren durch die Überprüfung der schriftsprachlichen Vorkenntnisse (eigenen Namen schreiben, Buchstaben schreiben und benennen), wobei dieser Aufgabenbereich nicht in die standardisierte Auswertung einfließt.

Da der „Rundgang durch Hörhausen" primär zu Forschungszwecken konzipiert wurde, um die Entwicklung der phonologischen Bewusstheit in den ersten Schulmonaten aufzuzeigen (MARTSCHINKE & KIRSCHHOCK & FRANK 2001, 38), lässt sich aufgrund der erzielten Ergebnisse die Trennung in Risikokinder und Nicht-Risikokinder nur bedingt durchführen. Während die Treffsicherheit des Verfahrens bei Nicht-Risikokindern bei über 80% liegt, liegt der Wert für die richtig vorausgesagten tatsächlichen Risikokinder zwischen 38% und 48%. Dieser relativ niedrige Wert sollte nicht dazu führen, „vom Einsatz des Verfahrens abzuraten: Im Zweifelsfall werden einige Kinder mehr im Auge behalten als unbedingt nötig und gegebenenfalls mit gezielten Förderangeboten auf ihrem Weg in die Schriftsprache begleitet" (MARTSCHINKE & KIRSCHHOCK & FRANK 2001). Zu begrüßen ist die enge Verknüpfung des diagnostischen Verfahrens mit dem Fördermaterial „Leichter Lesen und Schreiben lernen mit der Hexe Susi" (FORSTER & MARTSCHINKE 2001). Da den meisten Subtests entsprechende Kapitel im Förderband zugeordnet sind, können individuelle Fördermaßnahmen ohne großen Aufwand für einzelne Kinder erstellt werden. Die Bände sind so konzipiert, dass der Anwender sie auch ausschnittsweise einsetzen kann. Die Autorinnen betonen: „Sowohl das Diagnoseverfahren als auch das Training können in Teilen eingesetzt werden. Durch diesen Bausteincharakter ist das Training im lehrgangsorientierten Unterricht mit Fibel wie auch in offenen Unterrichtsformen verwendbar" (FORSTER & MARTSCHINKE 2001, 6).

enge Verknüpfung mit Fördermaterial

6 Förderung der phonologischen Bewusstheit

Wie die dargestellten Studien belegen, ist eine effektive (vor-)schulische Förderung der phonologischen Bewusstheit möglich und kann den Kindern günstigere Voraussetzungen für den Erwerb der Schriftsprache verschaffen, wenngleich die Tatsache, dass einzelne Kinder von einem Training nicht profitieren, in zukünftigen Studien Berücksichtigung finden sollte. Da einzelne Kinder mit anfänglich geringer phonologischer Bewusstheit das Lesen und Schreiben ohne Probleme erlernen, sich die phonologische Bewusstheit also vermutlich durch einen entsprechend gestalteten Anfangsunterricht im Lesen und Schreiben entwickelt, ist davon auszugehen, dass die phonologische Bewusstheit eine hilfreiche, aber nicht hinreichende Vorläuferfertigkeit für den Schriftspracherwerb darstellt.

Eine effektive (vor-)schulische Förderung der phonologischen Bewusstheit ist an einige Voraussetzungen gebunden, die im Folgenden skizziert werden sollen. Dabei verzichte ich auf die Darstellung der unzähligen Spiele und Ideen, da diese an anderer Stelle ausführlich beschrieben und ihre Einsatzmöglichkeiten im Kindergarten- und Schulalltag dargestellt wurden (CHRISTIANSEN 2002; KÜSPERT & SCHNEIDER 2002; FORSTER & MARTSCHINKE 2001). Exemplarisch werden besonders geeignete oder kritisch zu hinterfragende Möglichkeiten zur Veranschaulichung einiger Förderprinzipien erläutert. Am Lehrstuhl für Sprachheilpädagogik der Universität München erarbeitet eine Gruppe von Studentinnen in Zusammenarbeit mit Dr. GLÜCK derzeit ein Programm, das die Förderung der phonologischen Bewustheit mit Elementen der musikalischen Früherziehung verbindet. Eine theoretische Grundlegung findet sich bei Y. KNERR (2003)

keine Beschränkung der Förderung auf die Vorschulzeit

Die Förderung der phonologischen Bewustheit darf nicht auf die Vorschulzeit beschränkt bleiben, sondern muss parallel zum Anfangsunterricht im Lesen und Schreiben fortgeführt werden, wenn langfristige Effekte angestrebt werden. In diesem Sinne diskutiert auch HARTMANN (2003) die eher bescheidenen Transfereffekte auf die Lese- und Schreibkompetenz der in seiner Studie trainierten Kinder. „Offenbar kommen Effekte von vorschulischen Interventionen schlecht oder gar nicht zum Tragen, wenn die Förderung auf die Vorschulzeit beschränkt bleibt und nicht auf den schulischen Lehrplan abgestimmt ist. Dies führte schon früher zu der Einsicht, dass eine systematische Weiterführung der vorschulischen Förderung im Primarbereich sinnvoll und notwendig ist, um langfristige Effekte absichern zu können" (HARTMANN 2003 S. 33). Im günstigsten Fall kommt es zu einer Kooperation der betroffenen Einrichtungen, um Förderschwerpunkte gegenseitig abzuklären und den Kindern den Übergang vom Kindergarten in die Schule möglichst angenehm zu gestalten. Dazu besonders geeignet erscheint das Fördermaterial „Leichter Lesen und Schreiben lernen mit der Hexe Susi" (FORSTER & MARTSCHINKE 2001). Die beiden Übungsbereiche „Lausch- und Reimaufgaben" sowie die „Aufgaben zur Silbe" könnten bereits im Kindergarten durchgeführt werden, während die Einheiten zur phonologischen Bewustheit im engeren Sinn der Schule vorbehalten bleiben. Durch die motivierend gestaltete Rahmenhandlung begleitet die Hexe Susi und ihre Freunde das Kind vom Kindergarten in die Schule, was diesem zusätzliche emotionale Sicherheit gibt und Anknüpfungspunkte schafft.

Der Schwerpunkt der Förderung im Vorschulbereich sollte auf der phonologischen Bewustheit im weiteren Sinn liegen. Reim- und Klatschspiele sowie Silbensegmentation und -synthese lenken die Aufmerksamkeit der Kinder in spielerischer Weise auf die Klanggestalt der Sprache. Diese Übungen lassen sich gut mit Musik und Bewegung verbinden und kommen dem natürlichen Bewegungsdrang der Kinder entgegen.

> Beispiel (aus CHRISTIANSEN 2002, 26)
> „Reimetanz:
> Die Kinder veranstalten ein Tanzfest. Erst tanzen alle gemeinsam. Doch nun kommt ein besonderer Tanz: Der Reimetanz: Die Kinder-

> gartenhandpuppe als Veranstalterin des Festes wirbelt nun ‚Tanzkarten' durch die Luft. Darauf sind Abbildungen zu sehen – jeweils zwei reimen sich. Jedes Kind sucht sich eine Karte. Jetzt müssen sich die Tanzpartner finden. Das Erproben der Reime geht los. Bald haben sich die Paare gefunden."

Aufgaben aus der phonologischen Bewusstheit im engeren Sinn sind für Kinder mit unterschiedlichen Schwierigkeiten verbunden. JANSEN & MARX (1999, 11) haben einige Kriterien zusammengestellt, bei deren Berücksichtigung Kinder im Vorschulalter zu Ansätzen kategorialer Wahrnehmung in der Lage sind, sodass schon vor Schuleintritt Ziele aus dem Bereich der phonologischen Bewusstheit im engeren Sinn verwirklicht werden. So ist es durchaus möglich, dass Kinder bereits im Vorschulalter mit leichten Aufgaben die Anlautidentifizierung, Phonemanalyse und -synthese einüben, um ihre Ausgangsposition in dem Schriftspracherwerb erfolgversprechender gestalten zu können. Vorschulkinder können beispielsweise eine „Laut zu Wort-Aufgabe" durchaus lösen, wenn ein Vokal und ein Wort mit einem langen Anfangsvokal angeboten wird. Eine Aufgabe wie „Hörst du ein [o:] in Ofen" ist für die Kinder wesentlich einfacher zu lösen wie „hörst du ein [o:] in Otter?" (JANSEN & MARX 1999) Den In- oder Auslaut zu analysieren fällt den Kindern wesentlich schwieriger. Vokale sind durchgängig leichter zu analysieren als Konsonanten. Plosive dürften die Kinder vor größere Schwierigkeiten stellen als Frikative (weitere Ausführungen bei JANSEN & MARX 1999). Während den Kindern eine „Laut zu Wort-Aufgabe" leicht fällt, haben sie mit der Isolierung eines Anfangslautes größere Schwierigkeiten (Beispiel: Mit welchem Laut fängt /Esel/ an?).

Kriterien für die Förderung im Vorschulalter

Zu beachten ist ferner, dass die deutsche Schriftsprache keine eindeutigen Phonem-Graphem-Korrespondenzen kennt. Von daher ist für die mit der Förderung nicht-alphabetisierter Kinder betrauten Personen die Kenntnis der phonotaktischen Regeln der deutschen Schriftsprache unerlässlich. Von besonderer Bedeutung ist dies für die entsprechende Auswahl des Wortmaterials. Ein Beispiel aus dem „Würzburger Trainingsprogramm" (KÜSPERT & SCHNEIDER 2002) soll dies verdeutlichen: Beim Spiel „Lautball" gibt die Erzieherin Wörter in ihre Einzellaute zerlegt vor, das Kind hat die Aufgabe das gemeinte Wort zu nennen. Das Übungswort „Bär" wird im Deutschen als [bɐ] realisiert. Die Aufgabe wird für ein nicht-alphabetisiertes Kind unlösbar, wenn die Erzieherin die Laute [b] [æ:] [r] vorgibt. Ähnliche Schwierigkeiten ergeben sich für viele der in diesem Programm genannten Übungswörter. Um genau diese Schwierigkeiten zu vermeiden, macht es Sinn, sich mit den von KALMAR formulierten „auditiven Fallen" zu beschäftigen (KALMAR 2001a). Vom selben Autor stammt eine Wortliste, die genau diese Schwierigkeiten zu umgehen versucht (KALMAR 2001b).

„auditive Fallen"

Ein weiteres Beispiel soll die Problematik verdeutlichen: Das Graphem /e/ kann als [e:, e, ə, ɛ, ɛ:] sowie als Nulllaut realisiert werden. Wenn die lautlichen Realisierungen auch ähnlich klingen, unterscheiden sie sich für nicht-alphabetisierte Kinder deutlich (KALMAR 2000, 270). Kritisch zu beurteilen sind deshalb Übungen, bei denen Kinder vorher vereinbarte

Laute in Wörtern „suchen" sollen, der entsprechende Laut in den Zielwörtern aber gar nicht zu hören ist. Im Würzburger Trainingsprogramm sollen die Kinder das [e:] in folgenden Wörtern hören: „Schnecke, Glocke, Apfel, Löffel, Affe" (KÜSPERT & SCHNEIDER 2002, 52). In keinem der Wörter wird das Graphem /e/ als [e:] realisiert.

Besonders effektiv für das Vorschulalter werden Programme beurteilt, die eine Förderung der phonologischen Bewusstheit mit einem Buchstaben-Laut-Training verknüpfen („phonologische Verknüpfungshypothese": ROTH & SCHNEIDER 2002, 100; O'CONNOR et al. 1995, 203, Proskiparta et al. 1999, 437, SCHNEIDER et al. 1999, 435). Die Buchstaben dienen den Kindern als Orientierungshilfe, um die Ziellaute etwa bei Übungen zur Anlautidentifizierung, „Laut zu Wort-Aufgaben" etc. durch das entsprechende Graphem zu vergegenständlichen. Ferner darf der Motivationscharakter der Buchstaben auf Vorschulkinder nicht unterschätzt werden. Von der Würzburger Forschergruppe wurde entsprechend ein kombiniertes Trainingsprogramm entwickelt (ausführliche Beschreibung bei ROTH 1999), das durch eine Multimediaversion ergänzt werden kann. Dieses Programm soll den Kindern die Verknüpfung zwischen einem Laut und dem dazugehörigen Buchstabenbild explizit verdeutlichen. Es gibt ihnen eine spielerische Einführung in die Buchstaben-Laut-Korrespondenzen anhand der 12 häufigsten Buchstaben der deutschen Schriftsprache (vgl.: www.phonologische-bewusstheit.de). Die Verfasser verdeutlichen an einem Beispiel, wie die Verknüpfung des Lautes mit dem Buchstaben in der Praxis eingeführt wird (vgl.: www.phonologische-bewusstheit.de).

phonologische Verknüpfungshypothese

kombinierte Trainingsprogramme

1) Aaaah! Armer Alex hat Zahnschmerzen. (Buchstaben-Laut-Verknüpfung für A)

Material: Buchstabe A in Sichthülle (oder Sandpapierbuchstabe A)
Lautartikulation
Erzieherin:
„Der arme Alex hat so schlimme Zahnschmerzen, dass er zum Zahnarzt gehen muss. Der Zahnarzt sagt zu Alex: Mach bitte deinen Mund auf und sage laut .... . Was muss man beim Zahnarzt sagen, Kinder?"
„AAAAh!" Die Kinder sollen laut „Aaaah" ausrufen.

Die Erzieherin erklärt den Kindern, dass man beim „Ah"-Sagen den Mund ganz weit aufmachen muss. Die Kinder können es bei ihr oder beim Nachbarn beobachten. Die Szene wird dann nachgespielt, wobei zum Schluss alle in das „Ah"-Sagen des Patienten einstimmen und bedauern:
„Armer Alex hat Zahnschmerzen. Aaaah! Armer Alex ...!"

Buchstabe
Wenn die Arztszene das erste Mal nachgespielt wurde, erklärt die Erzieherin:
„Wir haben gerade den Laut A kennen gelernt. Diesen Laut können wir sprechen und hören. Ich möchte euch zeigen, dass zu diesem Laut A ein bestimmter Buchstabe gehört, der so aussieht. (Die Erzieherin

> zeigt den (Sandpapier-) Buchstaben.) Der Buchstabe A sieht aus wie ein Hausdach. Ich gebe den Buchstaben herum und ihr könnt ihn fühlen und betasten, denn der Buchstabe ist ganz rau."
>
> Der (Sandpapier-)Buchstabe wird zum Anfühlen herumgegeben, und die Kinder bedauern den armen Alex: „Armer Alex hat Zahnschmerzen. Aaaah! Armer Alex ...!"

Zu Beginn der Schullaufbahn scheinen die Chancen dann besonders gut, die phonologische Bewusstheit im engeren Sinn parallel zum Lese- und Schreibunterricht zu fördern, sodass sich beide Fähigkeiten wechselseitig positiv beeinflussen. Dies stellt auch CUNNINGHAM (1990) fest: „The best results are achieved with first graders who are learning to read" (zit. bei PROSKIPERTA et al.1999, 438). Ähnlich äußern sich HATCHER et al. (1994): „Training in phonological skills in isolation may be much less effective than training that forms explicit links between children's underlying phonological skills and their experiences while learning to read" (zit. bei PROSKIPERTA et al.1999, 438). Im Mittelpunkt der phonologischen Förderung parallel zum Lesen und Schreiben sollte die Phonemanalyse und -synthese stehen, da diese Fähigkeiten in unmittelbarem Zusammenhang zum Lesen und Schreiben stehen. O'CONNOR et al. (1995) konnten in ihrer Studie zeigen, dass ein kombiniertes Analyse- und Synthese-Training verbunden mit einem Buchstaben-Laut-Training bei sprachverständnisgestörten Kindern ähnlich positive Auswirkungen auf den Schriftspracherwerb hatte wie ein Training mit umfassenden phonologischen Übungsbereichen. Ein effektives Training der phonologischen Bewusstheit ließe sich demnach evtl. auf ein spezifisches Training der Phonemanalyse und -synthese reduzieren. O'CONNOR et al.: „This evidence suggests, that when the purpose of phonological instruction is to improve reading acquisition, concentrating the phonological teaching efforts on blending and segmentating may be sufficient" (O'CONNOR et al. 1995, 214). Auch KLICPERA & GASTEIGER-KLICPERA (1995, 309) plädieren für eine Kombination beider Trainingsformen, wobei Synthese- und Analyseübungen zu wechselseitigen Verbesserungen führen.

Effizienz von Analyse und Synthese

Um den Kindern diese recht anspruchsvollen Leistungen in einen motivierenden Zusammenhang zu stellen, können eine Schnecke und ein Roboter als Identifikationsfiguren eingeführt werden. Die Schnecke soll den Kindern ein Vorbild für stark verlangsamtes und gedehntes Sprechen sein. Der Roboter spricht abgehackt in einzelnen Lauten (r o s a), um die Lautanalyse und -synthese anzubahnen. Die Kinder versuchen den Roboter und die Schnecke zu verstehen, die Wörter zu übersetzen und natürlich die Sprechweise zu imitieren (MAYER 2003, 17). Die Autorinnen des Bandes „Leichter lesen und schreiben lernen mit der Hexe Susi" greifen den Trainingsgedanken beim Sport auf, um den Kindern das anstrengende Üben immer wieder schmackhaft zu machen. Diese erhalten einen Trainingsplan, mit dem die Phonemanalyse eingeübt wird. Nachdem die Kinder die Wörter möglichst gedehnt (Schneckensprache) sprechen, versuchen sie in einem zweiten Schritt die einzelnen Laute zu benennen und für jeden gehörten Laut einen „Zauberstein" zu legen

(FORSTER & MARTSCHINKE 2001). Auch KLICPERA & GASTEIGER-KLICPERA (1995, 308) geben einige Anregungen, wie Kinder die anspruchsvolle Leistung der Phonemanalyse erlernen können.
Parallel zu dieser Förderung ist es notwendig, dass die Kinder (mithilfe einer Anlauttabelle oder durch systematische Buchstabeneinführungen) immer sicherer in den Phonem-Graphem-Korrespondenzen werden. Dann kann die Arbeit mit den „Zaubersteinen" langsam durch Buchstaben ersetzt werden und die Kinder beginnen erste kleine Wörter aufzuschreiben.

Ausblick

Eine ausgeprägte phonologische Bewusstheit kann ein Türöffner sein, der den Kindern auf dem langen Weg zum kompetenten Leser und Schreiber die ersten Schritte erleichtert. Nach einer langen Zeit der Fokussierung defizitärer Teilleistungen im Wahrnehmungsbereich ist es sinnvoll, im komplexen Bedingungsgefüge des Schriftspracherwerbs andere Faktoren in den Mittelpunkt zu stellen. Ein Ausschluss einzelner Aspekte verharrt in dogmatischer Starrheit und würde den vielen am Schriftspracherwerb beteiligten Faktoren nicht gerecht. Hervorzuheben bleibt, dass eine ausgeprägte phonologische Bewusstheit den Kindern helfen kann, den alphabetischen Code der Schriftsprache zu knacken. Andere Fähigkeiten, die Kinder im Rahmen des Schriftspracherwerbs erwerben müssen (Textverständnis, schriftliche Erzählstrukturen, schriftlicher Ausdruck etc.), können von einer Förderung der phonologischen Bewusstheit nicht positiv beeinflusst werden.
Um den beschrittenen Weg der Förderung der phonologischen Bewusstheit erfolgreich weitergehen zu können, ist eine Unterrichtsforschung notwendig, die auch für den deutschsprachigen Raum Methoden und didaktische Umsetzungsmöglichkeiten entwickelt, um die Effizienz des Trainings weiter zu verbessern. Auf eine enge Verknüpfung zwischen vorschulischer und schulischer Förderung ist dabei besonders großer Wert zu legen. Da in vielen Längsschnittuntersuchungen Kinder ermittelt wurden, die von einem Training der phonologischen Bewusstheit nicht profitieren konnten, ist es notwendig herauszuarbeiten, welche Interventionsformen besonders für Risikokinder geeignet sind, ihnen den Start in die Schriftsprache so aussichtsreich wie möglich zu gestalten.

Metalinguistische Intervention – computergestützte Förderung

Karin Reber

Der Schriftspracherwerb ist einer der zentralen Lernbereiche in der Schule, aber auch in der Therapie. Gerade bei sprachentwicklungsgestörten Kindern erschweren jedoch deren Probleme im lautsprachlichen Bereich das Erlernen dieser zweiten Form der Sprachrealisation. Umgekehrt ergibt sich für sie durch den Schriftspracherwerb aber auch die Gelegenheit, das Medium Schrift als weiteren Zugang zur Sprache zu nutzen. Warum und wie das der Fall sein kann, soll Thema dieses Beitrags sein. Dazu wird zunächst der Zusammenhang zwischen Laut- und Schriftsprache anhand eines Entwicklungsmodells herausgearbeitet, wobei besonders auf die Bedeutung metalinguistischer Fähigkeiten verwiesen wird (Kapitel 1). Daraus ergibt sich die Forderung, auch deren Förderung in Unterricht und Therapie zu integrieren (Konzept der Metalinguistischen Sprachtherapie, Kapitel 2). In Kapitel 3 geht es abschließend um die Besonderheiten des Computereinsatzes bei der Umsetzung der bisherigen Ausführungen.

Schriftspracherwerb bei sprachbehinderten Kindern

1 Zum Zusammenhang von Laut- und Schriftsprache

Wesentliches Lernziel der ersten Jahrgangsstufen in der Schule ist der Erwerb der Schriftsprache. Das didaktische Vorgehen stützt sich hierbei auf elementare Vorkenntnisse, die die Schüler mehr oder weniger vor Schuleintritt erworben haben sollten und mit Beginn des Schriftspracherwerbs zu einer qualitativ neuen Einheit zu integrieren versuchen. Dieser Prozess soll nun anhand eines *Entwicklungsmodells* (Abb. 1) systematisiert werden.

Entwicklungsmodell

Als zentrale Orientierungshilfe beim Erlernen der Schrift dient die Lautsprache (dünne, durchgezogene Pfeile), optimalerweise beherrscht als Hochsprache. Gerade bei sprachbehinderten Kindern können aber Probleme auftreten, wenn sie ihre lautsprachlichen Fähigkeiten auf die Schriftsprache übertragen. Dies zeigt sich z.B.,

Orientierungshilfe Lautsprache?

- wenn Kinder in der alphabetischen Phase phonologische Auffälligkeiten direkt auf die Schriftsprache übertragen (OSBURG 1997, Pfeil Artikulation → Schrift),

- wenn sie aufgrund von semantisch-lexikalischen Defiziten nicht auf die Wortbedeutungen im Lemma zugreifen können und dadurch Probleme beim sinnerfassenden Lesen zeigen (GLÜCK 2000, Pfeil Semantik/Wortschatz$_{Lautsprache}$ → Semantik/Wortschatz$_{Schriftsprache}$) und
- wenn sie auch in geschriebenen Texten dysgrammatische Äußerungen produzieren (z.B. Thorsten, 12 Jahre: <Der Topf ist leer, weil wir vier haben in leer gegesen.>, REBER 2002, Pfeil Syntax/Grammatik$_{Lautsprache}$ → Syntax/Grammatik$_{Schriftsprache}$).

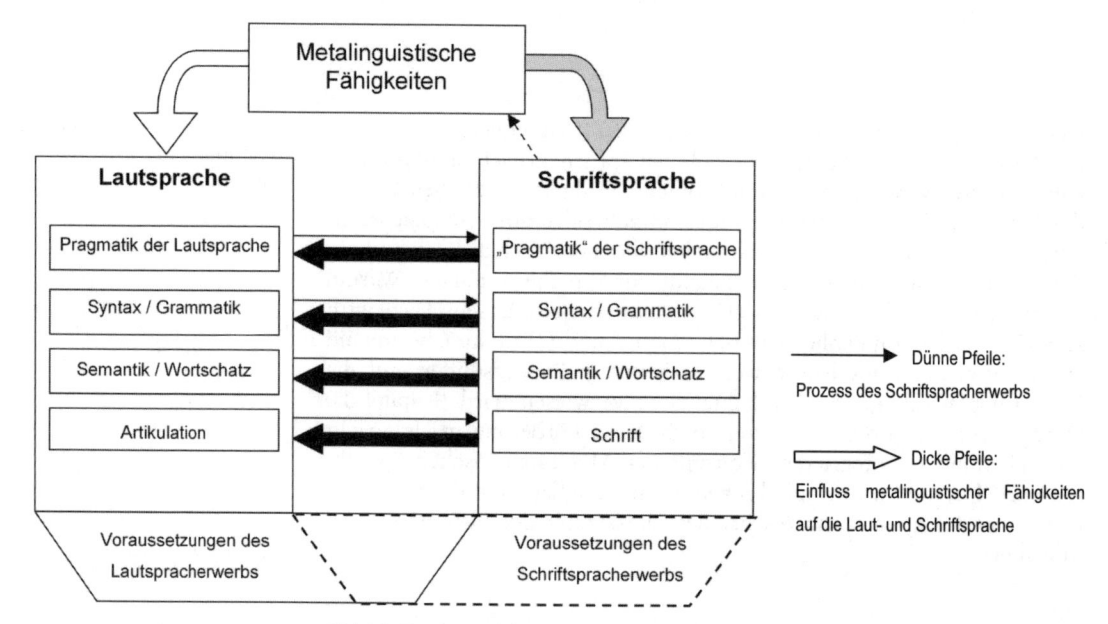

Abb. 1: Zusammenhang zwischen Laut- und Schriftsprache aus der Entwicklungsperspektive: Prozess des Schriftspracherwerbs (dünne Pfeile) und positive Rückwirkungen der Schriftsprache bzw. der durch sie erworbenen metalinguistischen Fähigkeiten (dicke Pfeile) (das komplette Modell stellt den Endzustand der Entwicklung dar) (REBER 2003).

metalinguistische Fähigkeiten

Mit der Entwicklung schriftsprachlicher Fähigkeiten ist allerdings auch der Aus- und Aufbau *metalinguistischer Fähigkeiten* verbunden (dünner, gestrichelter Pfeil Schriftsprache → metalinguistische Fähigkeiten), die für das weitere Fortkommen eine besondere Rolle spielen.

Begriffsbestimmung

Doch was sind metalinguistische Fähigkeiten? Die Definition des Begriffs selbst ist nicht einfach, denn in der Forschung zeichnet sich diesbezüglich noch keine Einheitlichkeit ab. Die Begriffsbildung spaltet sich v.a. hinsichtlich der geforderten *Bewusstheit* einer Leistung, also daran, ob

- bereits frühes, noch implizites sprachliches Wissen zu den metalinguistischen Fähigkeiten gerechnet werden soll und somit eine kontinuierliche Entwicklung anzunehmen ist (*weite Sichtweise*, z.B. WALLER 1986) oder
- ob Bewusstheit ein essentieller Bestandteil ist und metalinguistische Fähigkeiten daher eine bewusste Reflexion sprachlicher Äußerungen implizieren. Demzufolge wäre dies dann erst ab der mittleren Kind-

heit, d.h. ab einem Entwicklungsalter von 5–8 Jahren möglich (*enge Sichtweise*, z.B. SCHÖLER 1987).

In diesem Beitrag werden in erster Linie metalinguistische Fähigkeiten gemäß der engen Definition angesprochen, da gerade diese durch den in der mittleren Kindheit erfolgenden Schriftspracherwerb begünstigt werden. Außerdem soll an die Ausführungen von GOMBERT (1990) angeknüpft werden, der Metasprache als Unterbereich von Metakognition versteht. Demzufolge können metalinguistische Fähigkeiten folgendermaßen definiert werden:

> *Metalinguistische Fähigkeiten*
> Man versteht hierunter die Fähigkeiten eines Menschen, seine eigenen Sprachverarbeitungsprozesse (beim Verstehen und bei der Produktion) zu kontrollieren und zu planen. Diese können alle Aspekte der Sprache betreffen, sei es
> - phonologische Aspekte (phonologisches Bewusstsein),
> - semantische Aspekte (Metasemantik),
> - syntaktische Aspekte (Metasyntax) oder
> - pragmatische Aspekte (Metapragmatik).

Definition

Eine ähnliche, häufig verwendete Einteilung schlagen TUNMER/BOWEY (1984) vor: Sie teilen metalinguistische Fähigkeiten ein in phonologische Bewusstheit, Wortbewusstheit, Formbewusstheit und pragmatische Bewusstheit.

Nun zu den einzelnen Teilaspekten:

Teilaspekte

- *Phonologisches Bewusstsein*
  Dessen Bedeutung als Prädiktor der Lese- und Schreibfähigkeiten sowie präventiver Ansatzpunkt wurde in zahlreichen Studien nachgewiesen (vgl. Zusammenfassung bei FORSTER/MARTSCHINKE 2001). Es wird deshalb auch als Vorläuferfähigkeit der Schrift bezeichnet. Dabei unterscheidet man zwischen einem phonologischen Bewusstsein im weiteren und im engeren Sinn (SKOWRONEK/MARX 1989): Ersteres bezieht sich auf größere lautliche Einheiten (Silben, Reime, Silben-Onset, Silbenrest), letzteres auf Phoneme als kleinste lautliche Einheiten. Im Gegensatz zum phonologischen Bewusstsein im weiteren Sinn, das auch unabhängig von Lese- und Schreibfähigkeiten erworben werden kann, entwickelt sich das phonologische Bewusstsein im engeren Sinn meist erst durch den Umgang mit Schriftsprache (SUPPLE 1998).
- *Metasemantik, Metasyntax und Metapragmatik*
  Während das phonologische Bewusstsein in erster Linie zu Beginn des Schriftspracherwerbs eine große Rolle spielt, gewinnen nach dem Erwerb der Kodier- und Dekodierfähigkeit (wenn also die Kinder die Technik des Lesens und Schreibens an sich beherrschen, d.h. ca. ab der 3. Klasse) die Bereiche Metasemantik, Metasyntax und Metapragmatik immer mehr an Bedeutung (ROTH et al. 1996).

Diese metalinguistischen Fähigkeiten kann man nun in Unterricht und Therapie einsetzen, um einerseits an der Schriftsprache (dicker Pfeil

metalinguistische Intervention

Metalinguistische Fähigkeiten ⇒ Schriftsprache), andererseits aber auch direkt an der Lautsprache zu arbeiten (dicker Pfeil Metalinguistische Fähigkeiten ⇒ Lautsprache). Letzteres ist allerdings schwieriger, da Lautsprache immateriell und weniger syntaktisch gegliedert ist als geschriebene Sprache. Beispiele für metalinguistisches Arbeiten wären (GOMBERT 1990; TUNMER/BOWEY 1984):

- *Phonologisches Bewusstsein:* Segmentierung eines Wortes in Phoneme, Reimspiele, Wortbegriff, Beurteilung der Wortlänge.
- *Metasemantik*: Erarbeiten von Wortfeldern und Kollokationen zur Verbesserung des schriftlichen Ausdrucks, Verständnis von Metaphern und Wortspielen.
- *Metasyntax*: Besprechung der Satzstellung in Haupt- und Nebensatz, Besprechung propositionaler Strukturen in komplexen Satzkonstruktionen, Bezug von Relativsätzen, Grammatikalitäts- und Akzeptabilitätsurteile, Satzambiguität.
- *Metapragmatik*: Bewusstsein von Inkonsistenzen oder Kommunikationsfehlern, Interferenzen und Annahmen über implizite Gesprächs- oder Textinhalte, Erarbeitung der Makrostruktur eines Textes.

Vorteile der Schrift

Schrift als Medium für diese Inhalte zu nutzen, hat zentrale Vorteile: Durch deren Dauerhaftigkeit und Willkürlichkeit gesteht sie dem Lernenden die Möglichkeit zu, bestimmte Textpassagen intensiver und öfter zu rezipieren, sich bei der Produktion länger mit der Form auseinander zu setzen sowie die entstandenen Textprodukte auf metalinguistischer Ebene noch einmal zu besprechen (vgl. HEINZ-UNTERBERG 1988).

Rückwirkungen auf die Lautsprache

Die metalinguistische Arbeit an und mit Schrift wirkt wiederum auf Fähigkeiten der gesprochenen Sprache zurück (dicke Pfeile Schriftsprache ⇒ Lautsprache). HIRSCHMAN (2000) zeigte z.B., dass sich über metalinguistische Intervention, gestützt auf Schriftsprache, auch lautsprachliche Leistungen bei Kindern mit Spezifischer Sprachentwicklungsstörung beeinflussen ließe. Sie untersuchte dabei speziell den Bereich Grammatik und stellte fest, dass sich dadurch die Fähigkeit, komplexe Sätze zu bilden, bei Schülern der 3. und 4. Klasse signifikant verbessere.

Dieser Beitrag plädiert allerdings keinesfalls für einen ausschließlich metalinguistischen Zugang, sondern rückt diesen Weg dann ins Blickfeld der Methodenwahl, wenn die Kraft des impliziten Lernens im natürlichen Spracherwerb nicht auszureichen scheint und nach zusätzlichen Möglichkeiten gesucht werden muss (HOMBURG 1997).

Zusammenfassung

Zusammenfassend kann man sagen, dass ein Kind in der Schule eine weitere Form der Sprachrealisation, die Schriftsprache, erlernt. Dadurch entsteht ein neues Werkzeug, um Sprache zu ergründen. Quasi nebenbei erwirbt das Kind metalinguistische Fähigkeiten, die großen Einfluss auf den anfänglichen und weiteren Schulerfolg haben: sowohl das phonologische Bewusstsein in den ersten als auch Metasemantik, Metasyntax und Metapragmatik in den höheren Jahrgangsstufen.

2 Konsequenzen für Unterricht und Therapie: Metalinguistische Intervention

Welche Konsequenzen haben die in Kapitel 1 dargestellten theoretischen Grundlagen nun für die praktische Unterrichts- und Therapiegestaltung? Zum einen folgt aus obigen Ausführungen, dass zunächst der Aufbau der Schriftsprache im Vordergrund stehen sollte, weil dadurch auch metalinguistische Fähigkeiten entstehen (Kapitel 2.1). Dies stellt wiederum die Basis für die Verbesserung der Fähigkeiten in anderen Bereichen (Wortschatz, Grammatik) dar (Kapitel 2.2). V.a. bei älteren Kindern bietet der Aufbau und die Arbeit mit metalinguistischen Fähigkeiten einen zusätzlichen Ansatzpunkt zu direkten Therapieverfahren.

Im Folgenden soll knapp das Vorgehen der Metalinguistischen Intervention dargestellt werden (vgl. ausführlicher in REBER 2002/2003).

2.1 Schritt 1: Ziel Schriftsprache

Im ersten Schritt wird ein systematischer, entwicklungsproximaler Aufbau der Schriftsprache intendiert, der sich an pädagogischen, psychologischen und linguistischen Erkenntnissen orientiert. Vorausgehend, aber auch begleitend zu den ersten schriftsprachlichen Entwicklungsschritten sollte ein Training von Vorläuferfähigkeiten, v.a. des phonologischen Bewusstseins, erfolgen (HARTMANN 2003).

Training von Vorläuferfähigkeiten

Das weitere Vorgehen wird in Stufen schematisiert (Abb. 2), wobei diese ineinander übergreifen und nach individuellen Bedürfnissen gewichtet werden sollten. Die vorgenommene Einteilung dieser Stufen wird im Folgenden begründet.

In der alphabetischen Phase (GÜNTHER 1986) schreibt das Kind zunächst nur einzelne Vokale und Konsonanten bzw. später ganze lautgetreue Wörter (Stufe 1). Dann folgen Mehrfachkonsonanzen initial (Stufe 2), wobei diese am Wortanfang auditiv leichter analysierbar sind. Deshalb folgen erst auf Stufe 3 Signalgruppen (z.B. apf – epf – ipf – opf – upf) und Morpheme (z.B. Verbvorsilben aus-, auf-, an-, ab-, vor-, ver-, ...). Während bisher Mitsprechwörter geübt wurden, beginnt auf Stufe 4 (Verdopplungen) das Training von Nachdenkwörtern. Diese sind im Gegensatz zu den folgenden Stufen zumindest teilweise regelgeleitet. Dehnungen (Stufe 5) gehören dann bereits zu den Merkwörtern, v.a. da das Kind nicht nur entscheiden muss, ob das Wort eine Dehnung enthält oder nicht, sondern auch um welche es sich handelt (Dehnungs-h, Vokalverdopplung, ...). In Stufe 6 werden schließlich orthografische Besonderheiten (z.B. s – ss – ß, ai – ei, f – v – w, Fremdwörter) thematisiert.

Stufen der Schriftsprachtherapie

	Schreiben	Beispiele	Lesen
Stufe 1	Vokale und Konsonanten a) *Vokale im Silbenkern* b) *Einzelne Konsonanten* c) *Regelhafte Graphem-Phonem-Korrespondenzen*	Wal, Oma Mund, Nase Ananas, Telefon	Auf allen Stufen begleitend: • Synthesefähigkeit • Ganzheitliches Erfassen größerer Segmente (Morpheme, Signalgruppen, Silben) • Einzelheitliches Lesen • Sinnerfassendes Lesen
Stufe 2	Mehrfachkonsonanz (initial)	schlau, Schwan	
Stufe 3	Signalgruppen & Morpheme (Mehrfachkonsonanz medial/final)	Finger, fangen	
Stufe 4	Verdopplungen	Treppe, Löffel	
Stufe 5	Dehnungen	Zahn, Tee	
Stufe 6	Orthografische Besonderheiten	Mai, Hexe – Wachs	

Abb. 2: Stufen der Schriftsprachtherapie (WILDEGGER-LACK 1991, REBER 2002/2003, WILDEGGER-LACK 2003)

Nun befindet sich das Kind auf der integrativ-automatisierten Stufe (GÜNTHER 1986) und hat somit grundlegende Fähigkeiten erworben. Ziel des weiteren Vorgehens sollte einerseits deren Automatisierung, aber auch deren gewinnbringender Einsatz sein.

2.2 Schritt 2: Weg Schriftsprache

Verbesserung der Lautsprache mit Hilfe der Schriftsprache

Haben die Kinder die Schriftsprache ganz oder zumindest teilweise erworben (vgl. 2.1 Schritt 1: Ziel Schriftsprache), besteht nun die Möglichkeit, diese einzusetzen, um die Lautsprache zu verbessern. Dabei sollten v.a. auch metalinguistische Arbeitsweisen eingesetzt werden, denn „dem Aufbau sprachtragender und sprachanalytischer Fähigkeiten kommt entscheidende Bedeutung zu. Entwicklungsgemäße Lernangebote und individuelle Anleitung in gestalteten Lernsituationen machen die komplexen Zusammenhänge zwischen Laut- und Schriftsprache durchschaubar, bauen eine standardsprachlich orientierte Lautsprache auf, unterstützen die Entwicklung von Sprachgefühl und geben unentbehrliche Impulse für den Prozess des Spracherwerbs" (BAYERISCHES STAATSMINISTERIUM FÜR UNTERRICHT UND KULTUS 2001, 33 f.).

Beispiele für metasprachliches Arbeiten in den Bereichen „Phonologisches Bewusstsein", „Metasemantik", „Metasyntax" und „Metapragmatik" wurden bereits in Kapitel 1 angesprochen. Detailliertere Darstellungen finden sich bei der Beschreibung des Computerprogramms paLABra (REBER & STEIDL 2002) in Kapitel 3.4.3.

3 Computergestützte Intervention

Aufgrund der Überlegungen in Kapitel 3.1 wird zur didaktischen Umsetzung des Konzepts der Metalinguistischen Sprachtherapie das Medium Computer gewählt. Dieser eignet sich allerdings weniger für frontale Unterrichtsformen, sondern spielt seine Stärken in offenen Lernsituationen und der Einzelförderung aus (3.2). Als wesentlich für den Erfolg der Intervention erweist sich zudem auch die umsichtige Auswahl einer geeigneten Software, die v.a. den in Kapitel 3.3 aufgestellten Forderungen entsprechen sollte. Die Ausführungen dieses Beitrags sollen abschließend anhand des Computerprogramms paLABra (REBER/STEIDL 2002) konkretisiert werden (3.4).

didaktische Umsetzung

3.1 Reflexion zur Medienwahl: Computereinsatz

Wirtschaftlich-politische Begründung
Da einerseits ein großes Arbeitspotenzial im Bereich Informationstechnologie besteht, andererseits (sprach-) behinderte Menschen Probleme haben, auf dem Arbeitsmarkt zu bestehen, scheint gerade für diese Personengruppe eine informationstechnische Bildung (ITB) besonders wichtig.

Arbeitsmarktsituation

Bildungspolitische Begründung
Diese informationstechnische Bildung beginnt laut BUND-LÄNDER-KOMMISSION FÜR BILDUNGSPLANUNG UND FORSCHUNGSFÖRDERUNG (1987) mit der informationstechnischen Grundbildung (ITG) im Grundschulbereich, setzt sich beim Computereinsatz im Fachunterricht fort und geht möglicherweise bis hin zu einem eigenständigen Fach Informatik in den Abschlussklassen. In den Lehrplänen der einzelnen Bundesländer finden sich diese Grundgedanken wieder, z.B. im Lehrplan für die bayerische Grundschulstufe zum Förderschwerpunkt Sprache: „Der Umgang mit dem Computer, *auch zur Unterstützung sprachlicher Förderung,* gehört zur informationstechnischen Grundbildung und zukunftsweisenden Medienerziehung" (BAYERISCHES STAATSMINISTERIUM FÜR UNTERRICHT UND KULTUS 2001, S. 10; Hervorhebung im Original).

informationstechnische Bildung

Sprachheilpädagogische Begründung
In Bezug auf die Unterstützung des Schriftspracherwerbs ist der Computer besonders geeignet, weil er verschiedenste mediale Elemente (Text, Bild, Ton, Sprache, Musik, Video) interaktiv verknüpft. Durch dessen Einsatz ergeben sich in erster Linie folgende Vorteile:

Vorteile des Computereinsatzes

- „Schreibmotivation für leistungsschwache Kinder
- Professionelles Schreibprodukt
- Gute Lesbarkeit
- Anregung zu Revisionsverhalten
- Entlastung im Bereich Graphomotorik
- Vermittlung von Medienkompetenz

- Interaktive Lernumgebung
- Flexible und einfache Übungszusammenstellung für den Therapeuten
- Keine Materialabnutzung durch manuelles Ordnen" (REBER 2003; vgl. auch REUEN 1997).

sprachheilpädagogische Professionalität

Allerdings ist der Computer auch kein Wundertherapeut: Etwaige Leistungsverbesserungen entstehen nicht automatisch und schon gar nicht allein durch die computergestützte Vorgehensweise. Vielmehr hat die Wahl eines geeigneten sprachtherapeutischen Interventionskonzepts und dessen situationsangemessene Realisierung durch einen professionellen Therapeuten entscheidende Bedeutung. Nicht ein Computerprogramm allein erzielt den Erfolg, sondern dieser entsteht durch die hohe Qualität der Therapeuten-Klienten-Interaktion, gestützt auf die für diese Situation am besten geeigneten Medien. Beim Schriftspracherwerb eignet sich hierfür besonders eine Kombination aus neuen und herkömmlichen Medien.

3.2 Formen computergestützter Intervention

Einsatzformen

Der Computer zeigt seine Stärken im offenen Unterricht und in der Einzelarbeit. Gewinnbringend einsetzbar ist er z.B. im Rahmen der Wochenplanarbeit, der Stationenarbeit und der Freiarbeit. Die Arten seines Einsatzes im sonderpädagogischen Bezugssystem sind dabei sehr vielfältig, wobei folgende Einsatzformen mit unterschiedlicher Schwerpunktsetzung kombiniert werden können:

1) *Computer als Lern- und Hilfsmittel im Unterricht*: Hier dient er der inhaltlichen Arbeit am Unterrichtsgegenstand, also z.B. als Medium für naturwissenschaftliche Inhalte. Sprachliche Inhalte werden dann nur implizit behandelt.
2) *Computer als prothetisches Hilfsmittel* z.B. bei cerebralparetischen Kindern. Er kann eingesetzt werden als Schreib- und Kommunikationshilfe, als Steuerungshilfe zur Umfeldkontrolle, als visuelle (für Sehbehinderte) oder auditive (für Gehörlose und Schwerhörige) Hilfe.
3) *Computergestützte Intervention* zur Unterstützung basaler Funktionen (z.B. Aufmerksamkeit, Gedächtnis) oder behinderungsspezifischer Probleme (z.B. im Rahmen der Sprach- oder Schriftsprachtherapie).
4) *Computer als Hilfsinstrument in der Diagnostik*. Man spricht dann von computerunterstützter Diagnostik (CUD).
5) *Computer als Unterrichtsgegenstand*: Der Computer selbst wird Lerngegenstand, wobei das Ziel der Erwerb Informationstechnischer Bildung ist.

Einordnung metalinguistischer Intervention

Der Einsatz des Computers zur Umsetzung des Konzepts der Metalinguistischen Sprachtherapie entspricht schwerpunktmäßig der Einsatzform 3, wobei es sich anbietet, ihn gleichzeitig zu diagnostischen Zwecken zu nutzen (Einsatzform 4, vgl. Protokollfunktion des in Kapitel 3.4 vorgestellten Computerprogramms paLABra). Auch die anderen Aspekte finden teilweise Eingang, wenn obiges Konzept computergestützt umgesetzt wird.

3.3 Anforderungen an ein Computerprogramm für die sprachheilpädagogische Intervention

Ein Computerprogramm, das im sprachheilpädagogischen Unterricht bzw. in der Therapie – hier zur (Schrift-) Sprachtherapie – eingesetzt werden soll, muss besonderen Anforderung genügen. Im Zuge einer Analyse verschiedener auf dem Markt erhältlicher Programme hat REBER (2002) folgende Forderungen erarbeitet:

Forderung 1: Fachliche und inhaltliche Korrektheit zur Sicherung des Lernerfolgs
Für ein Programm zur Schriftsprachtherapie heißt das, dass eine Orientierung an den bestehenden Modellvorstellungen zum Schriftspracherwerb vorliegen muss. Das Programm sollte differenzierte Übungen für alle Stufen des Lernprozesses bereitstellen, sodass innerhalb der Zone der nächsten Entwicklung Hilfestellungen gegeben werden können. Außerdem müssen besonders bei der Wortauswahl in den Übungen linguistische Gesichtspunkte beachtet werden.

<small>Orientierung an wissenschaftlichen Konzepten</small>

Forderung 2: Interaktivität
Formale Interaktivität beinhaltet die Möglichkeit zum Abbruch, zum Wiederholen der Übung oder zum Wechsel der Eingabeform. Zusätzlich sollte das Programm didaktische Interaktivität aufweisen: Bereits vorhandene Kenntnisse sollten als Basis für eine aktive Auseinandersetzung mit den neuen Inhalten aufgegriffen werden, das Kind sollte die Lösung unter Zuhilfenahme angemessener Hilfestellungen selbstständig erarbeiten können und Anregungen zur Reflexion und Systematisierung der Kenntnisse finden.

<small>formale Interaktivität
didaktische Interaktivität</small>

Forderung 3: Klare und übersichtliche Strukturierung
Von dieser Forderung profitiert die Interaktivität eines Lernprogramms. Die Benutzerführung sollte für den Therapeuten und das Kind klar strukturiert sein und die Themen sollten übersichtlich angeordnet sein.

Forderung 4: Adaptivität und Individualität
Lese- und rechtschreibschwache Kinder benötigen ein kleinschrittiges Vorgehen mit abwechslungsreichen, individuell anpassbaren Lernangeboten. Innerhalb jeder Übungsform sollten zusätzlich verschiedene Schwierigkeitsgrade existieren, die durch die Wortauswahl (z.B. zu Beginn lautgetreue Wörter), aber auch durch die Wortbinnenstruktur (z.B. CVC...- bzw. VCV...-Struktur) entstehen können.

<small>verschiedene Schwierigkeitsgrade</small>

Forderung 5: Autonomieunterstützung
Das Programm sollte zur selbstständigen Arbeit anregen und einfache Kontroll- sowie Wiederholungsmöglichkeiten anbieten. Nachdem der Schüler die Aufgabe bearbeitet hat, sollte er ein unmittelbares, positives und dezentes Feedback erhalten.

<small>Feedback</small>

Forderung 6: Praktikabilität im sonderpädagogischen Bezugssystem und Arbeitserleichterung

Durch das Bereitstellen vieler Übungen, die gezielt modifiziert werden können, sollte das Computerprogramm einerseits die Vorbereitungszeit des Sprachheilpädagogen verringern, andererseits aber auch durch seine fachlichen Inhalte zur Qualität der Therapie beitragen. Die qualitative Verlaufs- und Förderdiagnostik sollte von einer informativen Protokollfunktion profitieren, um die Zone der nächsten Entwicklung zu ermitteln. Außerdem sollten didaktisch-methodische Hinweise zum Einsatz des Programms vorhanden sein. Schließlich sollte es auch das Therapeuten-Klienten-Verhältnis entlasten, indem es z.B. einen Teil der Leistungsrückmeldung übernimmt.

Forderung 7: Technische Qualität

Zentrale Forderungen in diesem Bereich sind einfache Installationsmöglichkeiten, Absturzsicherheit und niedrige Systemansprüche bei maximaler Leistung. Die technischen Möglichkeiten Text, Ton, Bild, Sprache, Musik und Video sollten angemessen einbezogen werden, ohne die Reizaufnahme auch schwächerer Schüler zu überlasten oder vom eigentlichen Lerninhalt abzulenken. Ziel ist ein abwechslungsreiches und effektives Lernen nicht durch aufwändige Grafik, sondern durch vielfältige, individuell auf die Bedürfnisse des Kindes abstimmbare Übungen. In Bezug auf technische Effekte gilt gerade bei Kindern mit sonderpädagogischem Förderbedarf das Motto „Weniger ist manchmal mehr".

3.4 Metalinguistische Intervention mit dem Computerprogramm paLABra

3.4.1 Wissenschaftliche Grundlagen

Das Computerprogramm *paLABra* (REBER & STEIDL 2002) basiert auf dem Konzept der Metalinguistischen Sprachtherapie. *Ziel* ist es, die Schriftsprache (Vorläuferfähigkeit phonologisches Bewusstsein, Lesen und Schreiben) zu fördern, aber auch über den Weg Schriftsprache auf andere sprachliche Ebenen (Aussprache, Wortschatz und Grammatik) einzuwirken.

Wie oben angesprochen (vgl. 3.1) sollte zusätzlich mit weiteren Medien gearbeitet werden. Dazu eignet sich besonders die Arbeitsblattsammlung „Littera" (WILDEGGER-LACK 2003), da diese sich ebenfalls am in Kapitel 2.1 vorgestellten Stufenaufbau orientiert. Sie ermöglicht ein Training der Graphomotorik, stellt die orthografischen Besonderheiten des Deutschen systematisch in Übersichtstabellen zusammen und bietet zusätzliche Übungsformen mit weiteren Zielstrukturen an. Das integrierte Spielmaterial bietet außerdem die Möglichkeit zu echten inter*personellen* Spielhandlungen.

Eine derartige *Methodenkombination* verknüpft somit die Vorteile der verschiedenen medialen Umsetzungen. Im Folgenden wird nun auf die computergestützte Vorgehensweise mit paLABra eingegangen.

3.4.2 Aufbau von paLABra

Die im vorhergehenden Abschnitt angesprochenen Bereiche werden in paLABra durch insgesamt 68 Module umgesetzt (Abb. 3), wobei jedes Modul wiederum durch zahlreiche Wortschätze differenzierbar ist (vgl. auch REBER 2003).

Zunächst stehen Übungen im Bereich „Phonologisches Bewusstsein" zur Verfügung, um Vorläuferfähigkeiten der Schriftsprache zu trainieren. Diese selbst ist Thema der nun folgenden Bereiche „Lesen" und „Schreiben". Verfügt das Kind schließlich über grundlegende Kenntnisse der geschriebenen Sprache, besteht die Möglichkeit, diese für therapeutische Ziele in den Bereichen „Wortschatz" und „Grammatik" zu nutzen, wobei auch metalinguistische Fähigkeiten trainiert werden sollen.

Bereich von paLABra

	Bereich	Module
Ziel Schrift- sprache	*Phonologisches Bewusstsein*	Geräusche erkennen, Minimalpaare, Silben- und Phonemsegmentierung, Phonemvergleich, Reimwörter ...
	Lesen	Phonem-Graphem-Korrespondenz, Synthesefähigkeit, einzelheitliches und sinnerfassendes Lesen ...
	Schreiben	Lautdiktat, Buchstaben ordnen, Einsetzübungen, Selbstdiktat, Wortdiktat, Wortmaschine, Sätze und Texte schreiben ...
Weg Schrift- sprache	*Wortschatz*	Situationsbilder, Wortfeld-Blitzlesen, Wortteppich ...
	Grammatik	Unregelmäßige Verben, zusammengesetzte Nomen, Syntax ...

Abb. 3: Die fünf Bereiche des Computerprogramms paLABra sowie einige exemplarische Übungen

3.4.3 Exemplarische Beschreibung einiger Module

Drei der 68 Module des Computerprogramms paLABra werden nun näher dargestellt:

Schritt 1: Ziel Schriftsprache
Bereich Schreiben, Stufe 1a (vgl. Abb. 2): Vokale im Silbenkern
Silben sind Gliederungsformen, die Kinder gut nachvollziehen können. Linguistisch gesehen hat jede betonte oder unbetonte Silbe per Konvention einen vokalischen Kern, realisiert als Vokal (a, e, i, o, u (, y)), Umlaut (ä, ö, ü) oder Diphtong (eu, ei, au ...).

Ziel dieser Übung ist ein Training des phonologischen Bewusstseins mithilfe der Schrift. Das Kind soll Sicherheit bei der Segmentierung von Wörtern in Silben gewinnen, erkennen, dass ein Zusammenhang zwischen Silben- und Vokalzahl besteht und Sicherheit bei den Phonem-Graphem-Zuordnungen der Vokale entwickeln.

Ziele

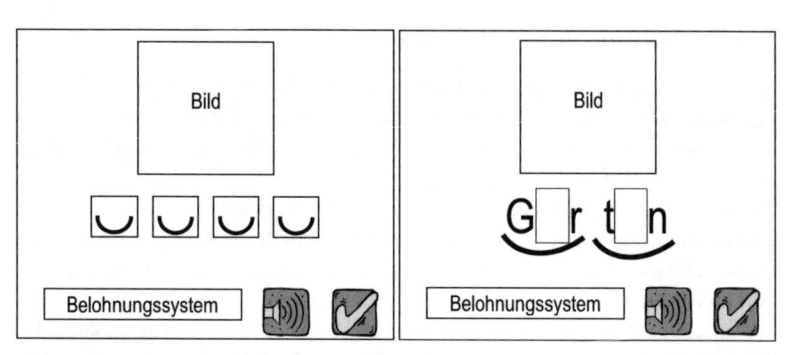

Abb. 4: Aufgabenstellung Modul „Vokale im Silbenkern" (schematisiert) aus paLABra (REBER & STEIDL 2002), Bildschirm 1 und 2

Aufgabenstellung

Zur Aufgabenstellung (vgl. Abb. 4): In der hier dargestellten Aufgabenvariante sieht das Kind zunächst das Bild eines konkreten Nomens, das es benennen soll. Bei Problemen kann es sich jedoch auch das Zielwort über das Lautsprechersymbol anhören. Nun soll es durch Abzählen an den Fingern dessen Silbenzahl ermitteln und entsprechend ein, zwei, drei oder vier Silben-Buttons auf dem Bildschirm markieren. Durch Anklicken der OK-Taste – die Eingabe wird überprüft – gelangt es zu Bildschirm 2: Hier soll es abschließend die Vokale mit der Tastatur eingeben und erhält eine Rückmeldung durch das Belohnungssystem (ein immer länger werdender Wurm).

Differenzierungsmöglichkeiten

Die Übung selbst ist durch verschiedene Optionen variierbar: Die verbleibenden konsonantischen Anteile des Wortes können z.B. ganz ausgeblendet werden, sodass das Kind nur die Vokale sieht. Des Weiteren besteht die Möglichkeit, statt der Tastatur die Maus zur Eingabe zu benutzen. In diesem Fall werden auf dem Bildschirm alle Vokale zum Anklicken präsentiert. Das Kind muss also weder auf der Tastatur suchen noch genau wissen, welche Laute Vokale sind. Schließlich besteht noch die Differenzierungsmöglichkeit über verschiedene Wortschätze (von Ein- bis hin zu Mehrsilblern).

Schritt 2: Weg Schriftsprache
Im Folgenden wird die Schriftsprache eingesetzt, um sowohl in der geschriebenen als auch in der gesprochenen Sprache die Wortschatz- und Grammatik-Kenntnisse zu verbessern. Mithilfe des vorgestellten Übungsmaterials sollen auch gezielt metalinguistische Fähigkeiten gefördert werden.

Bereich Wortschatz: Wortfeld Blitzlesen (Abb. 5)

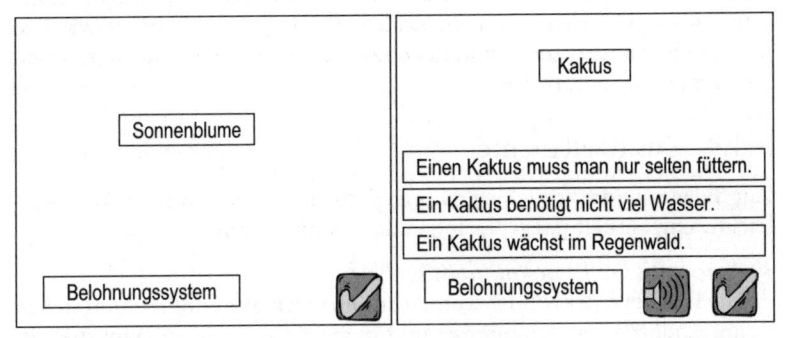

Abb. 5: Aufgabenstellung Modul „Wortfeld-Blitzlesen" (schematisiert) aus paLABra, Bildschirm 1 und 2 (REBER & STEIDL 2002)

In Bildschirm 1 blinken zunächst an verschiedenen Stellen kurz und alternierend fünf Wörter auf, von denen eines nicht zum semantischen Feld passt (z.B. Sonnenblume, Margerite, *Kaktus*, Gänseblümchen, Tulpe). Dieses muss das Kind fangen (anklicken). Nun erscheint Bildschirm 2, der drei Sätze anzeigt, wobei aber nur einer semantisch korrekt ist. Diesen („Ein Kaktus benötigt nicht viel Wasser.") klickt das Kind an. Diese Aufgabenstellung hat folgende Zielsetzungen:

- Metasemantisches Arbeiten
- Wortauffassung (schnelles Erlesen von Wörtern und Begriffsverarbeitung)
- Erhöhen der visuellen Wahrnehmungsgeschwindigkeit
- Schneller Wechsel der Fixationspunkte
- Beschleunigtes Lesetempo und schnelle Sinnentnahme
- Vernetzung semantischer Felder
- Festlegung von Ein- und Ausschlusskriterien zur Kategoriebildung.

Dadurch, dass die Anzeigegeschwindigkeit in Bildschirm 1 flexibel einstellbar ist, lässt sich in dieser Übung gut Spaß mit Lernen verknüpfen: Die erforderliche schnelle Reaktion wirkt sehr motivierend auf Kinder. Als semantische Felder sind Nomen, aber auch Verben denkbar (z.B. marschieren, schlendern, spazieren, rennen, *hoppeln*), wobei der Schwierigkeitsgrad bei engen Wortfeldern (z.B. Goldfisch, *Wal*, Karpfen, Aal, Hecht) höher ist als bei weiten (z.B. *Haus*, Elefant, Schmetterling, Nashorn, Hund). Die Sätze in Bildschirm 2 sind so gestaltet, dass ein genaues Lesen erforderlich ist.

Bereich Grammatik: Satzteile ordnen
Auf dem Bildschirm sind die Bestandteile des Satzes durcheinander angeordnet. Darunter befindet sich ein Gitter. Das Kind sucht nun möglichst von links beginnend einen Satzteil nach dem anderen und ordnet ihn im Gitter an, dessen Felder sich automatisch an die Breite des fehlenden Bausteins anpassen, um noch keinen Hinweis auf die Zielstruktur zu liefern. Am Schluss steht das Satzzeichen.

Ziele — Anhand dieser Aufgabenstellung kann die Satzstellung in verschiedenen Satzarten (z.B. einfache SVO-Sätze, Haupt-Nebensatz-Strukturen, Fragesätze) sowohl implizit als auch explizit (Metasyntax) trainiert werden. Die Schüler werden zum sinnerfassenden Lesen angeregt und angehalten, die Zeichensetzung zu beachten.

3.4.4 Zusatzelemente

Arbeitserleichterung — Zur Sicherung der sprachheilpädagogischen Qualität und zur Arbeitserleichterung enthält paLABra folgende Zusatzelemente:

- *Automatische Protokollfunktion*
  Die Eingaben der Kinder werden automatisch protokolliert und stehen am Ende für eine qualitative und quantitative Prozessdiagnostik zur Verfügung.
- *Ausführliches Hilfesystem für den Therapeuten*
  Es enthält Hinweise zur Handhabung des Programms, zum theoretischen Hintergrund und zu den einzelnen Modulen (Förderziele, Aufgabenstellung, didaktische Umsetzung, mögliche Einstellungen). Außerdem stehen Übersichten zur Verfügung, in denen die Module nach verschiedenen Kriterien geordnet sind (z.B. nach Förderzielen).

4 Ausblick

In diesem Beitrag wurde beispielhaft gezeigt, wie das Konzept der Metalinguistischen Sprachtherapie mit Hilfe neuer Medien umgesetzt werden kann. Dass obige Überlegungen zur Wahl der Therapieinhalte und der Medien große Bedeutung in der Praxis haben, zeigte sich in der *Pilotstudie* durchgeführten Pilotstudie (Quasi-Längsschnitt-Studie) (REBER 2002): Die Kinder, die bisher mit dem vorgestellten Computerprogramm arbeiteten, nahmen dieses als eine gute Ergänzung ihrer schriftsprachlichen Erfahrungsprozesse auf. Die Software ließ sich auf allen Stufen des Schriftspracherwerbs sinnvoll einsetzen: zum Training der Vorläuferfähigkeiten bis hin zum Üben integrativ-automatisierter Fähigkeiten. Obwohl oder vielleicht gerade weil die einzelnen Module keine aufwändige Grafik und keine umfangreiche Rahmenhandlung beinhalten, fanden sie Zustimmung bei den Kindern. In ihrem Umgang mit einzelnen Modulen zeigte sich, dass sie von sich aus motiviert waren, Neues zu lernen und ihre schriftsprachlichen Fähigkeiten zu verbessern. Die Erweiterung des Computerprogramms durch die Bereiche Wortschatz und Grammatik erwies sich in der Praxis als sinnvoll, da die meisten Kinder neben Problemen im Schriftspracherwerb auch semantisch-lexikalische oder grammatische Defizite zeigten. Gerade in diesen Modulen ließ sich die Förderung geschriebener und gesprochener Sprache vereinen.

Forschungsbedarf — Besonders im Bereich der metalinguistischen Fähigkeiten sind allerdings noch viele Forschungsfragen offen, die nicht nur von der Sprachheilpädagogik allein getragen werden sollten, sondern Ziel der Bemühungen eines interdisziplinären Forschungsfeldes sein müssen. Deutschdidaktik,

Linguistik, Pädagogik, Psychologie, Medizin und andere Disziplinen sind aufgerufen, Wesentliches zu sichern: eine fundierte Forschung im Bereich sprachheilpädagogischer Therapie- und Unterrichtsmethoden.

Computerunterstützte Förderung von Wahrnehmung und Sprache in der Schule

Arno Deuse

In den 90-er Jahren gab es bzgl. des Computereinsatzes in der Grundschule unter den Lehrkräften einerseits eine „diffuse Technikfurcht", andererseits eine „unkritische Euphorie" (KRAUTHAUSEN & HERRMANN 1994 b, 34 f). Einige Lehrkräfte befürchteten eine (weitere) Verarmung der Kommunikation und eine Verstärkung der Konsumhaltung bei den Kindern, andere erhofften sich vom Computer eine Patentlösung, vor allem im Hinblick auf das Dilemma der Sprachheilschule (Unterricht und/oder Therapie). Inzwischen hat im Zuge der „Veränderung der Kindheit" eine zunehmende Mediatisierung stattgefunden. Aus diesem Trend ergab sich eine „Herausforderung für die Schule" bzw. „Handlungsbedarf" (KRAUTHAUSEN & HERRMANN 1994 a, 4). Heute sind viele Schulen mit Computern ausgestattet, wodurch sich das Problem m.E. nicht so sehr auf der Hardwareseite stellt, sondern vielmehr in einem didaktisch begründeten Einsatz geeigneter Software zur Förderung in der Sprachheilschule und in integrativen Einrichtungen. Ziel diese Beitrags ist also eine Bestandsaufnahme geeigneter Software zur Förderung insbesondere in den Bereichen Wahrnehmung und Sprache. Dabei genießen nach wir vor „grundschulspezifische Prinzipien (Vorrang personaler Bezüge und die unmittelbare Wirklichkeitserfahrung) ... Priorität" (KRAUTHAUSEN & HERRMANN 1994 b, 44). Keinesfalls entlasten die Computer bzw. Programme die Lehrkräfte von didaktischen Entscheidungen, vielmehr ist deren „didaktische Kompetenz hier im besonderen Maße gefragt" (KRAUTHAUSEN & HERRMANN 1994 a, 8). Für den Einsatz eines Computerprogrammes bzw. einer computerunterstützten Übung gilt als allgemein-didaktische Leitfrage:

> Was kann dieses Kind/diese Lerngruppe in dieser pädagogisch-therapeutischen Situation mit diesem Computerprogramm (dieser Übung) besser lernen als mit anderen Verfahren und Medien?

Die Beantwortung dieser allgemeinen Frage erfordert auf Seiten der Lehrkraft Kenntnisse einerseits über die individuelle (Lern-)Ausgangslage und die Bedürfnisse beim Kind, andererseits über die Aufgabenstruktur der Computerprogramme im Einzelnen.

1 Grundvorstellungen (Modelle) und didaktische Folgerungen

1.1 Lernen, Wahrnehmung, Sprache

Übungen mit Computerprogrammen in diesen Bereichen sind allgemein vor dem Hintergrund geeigneter konzeptueller Vorstellungen zu begründen, zunächt zum *Lernen*. „Lernen in unseren Schulen geschieht als kollektiver Prozess von Menschen in der Interaktion und Auseinandersetzung mit den Argumenten anderer" (LORENZ 1994, 14). Die Konsequenz besteht darin, dass die Kinder entweder die Übungen in Partner-/Kleingruppenarbeit durchführen oder ihre Ergebnisse miteinander kommunizieren. *Wahrnehmung* i.w.S. wird bezeichnet als Aufnahme von „Reizen über die verschiedenen Sinnesbereiche" (AFFOLTER 1997, 17). Wahrnehmung i.e.S. bedeutet, etwas zu bewirken, d.h. wahr-zu-„nehmen" (AFFOLTER 1997, 18). Wahrnehmung ist also Konstruktion; Verstehen bedeutet Interpretation (z.B. von Symbolen). Dies geschieht „zum Zwecke des Lebens und Überlebens", wobei vor allem beim Menschen das „soziale Leben und Überleben eingeschlossen ist" (ROTH 1994, 72). Dabei erlernt ein Kind einerseits *objektive Bedeutungen,* d.h. es eignet sich Weltwissen an. Eine Schlüsselrolle spielen darin Begriffe. Sie sollten allerdings nicht als Definitionen repräsentiert sein bzw. werden, sondern als „Prototypen" (LORENZ (1994, 18), also anhand von Beispielen und Gegenbeispielen. Von besonderer Bedeutung ist dabei auch der „persönliche Sinn" von Wissen und Begriffen, die eigenen Erfahrungen und die Einbettung in die Situation bzw. den Kontext. Davon abgehobene Computerübungen sind demzufolge problematisch. Vielmehr sollten die Übungen dem Kind/der Gruppe gezielt Aufgaben zum *Problemlösen* stellen und es damit unterstützen in der Fähigkeit, in immer größerer Vielfalt und höherer Komplexität zu denken.

Im Hinblick auf die dabei zu vollziehenden und notwendigen Gedächtnisleistungen sind zwei Strategien zu erlernen: einerseits den Gegenstand „in kleinere, konstituierende Teile" zu zerlegen, andererseits die „Information ... in größere Bedeutungszusammenhänge" einzubetten (LORENZ 1994, 21).

Fazit: Bei der Beschreibung der bisherigen Kategorien werden Eigenaktivität und Kommunikation besonders hervorgehoben.

Das gilt naturgemäß für *Sprache* in spezifischer Weise. *Lautsprache* wird von HOMBURG als abgestufter „Kodierungsprozess" dargestellt (HOMBURG 1994, 21 f.) – vom Bedürfnis zur Botschaft (semantische/syntaktische K., morpho-syntakt. Verkettung, phonolog. Kodierung, artikul. Kodierung, Sprechmotorik) –, wobei die einzelnen Stufen sich überlappen. Insbesondere für die *Schriftsprache* gilt, dass die Kinder ganz unterschiedliche Vorerfahrungen haben, vor allem in ihren „präliterale(n) und perzeptuelle(n) Fähigkeiten" (GLÜCK, PRITZL & AMMAN 1997, 26), grundlegend in ihrem Symbolverständnis und in ihrer Wahrnehmung, schriftsprachspezifisch in ihren Fähigkeiten zur Segmentation, Analyse und Synthese.

Marginalien: Konzepte; Bedeutungen; Sinn; Eigenaktivität; Vorerfahrungen*

1.2 Drei-Ebenen-Modell menschlicher Aktivität

Tätigkeit

1) Als *Tätigkeit* soll die Ebene der Aktivität bezeichnet werden, die vom Menschen je nach seinem ontogenetischen Entwicklungsniveau in unterschiedlichen Formen realisiert wird. Das heißt, beim Kind ist das Spiel die „dominierende Tätigkeit" (LEONTJEW 1977, 402; JANTZEN 987, 198 ff.), beim Schulkind das Lernen, beim Erwachsenen die Arbeitstätigkeit. Sozusagen „quer" dazu liegt die Freizeittätigkeit, insbesondere beim Schulkind und Erwachsenen. Diese Tätigkeitsformen unterscheiden sich im Allgemeinen nicht so sehr in ihrer Struktur als vielmehr in der ihnen zugrunde liegenden gesellschaftlichen Bedeutung und den unterschiedlichen Motiven.

Bezogen auf den Gegenstand dieses Beitrags kann in Abhängigkeit von diesen Bedingungen die Tätigkeit am Computer sowohl Spiel-, Lern-, Arbeits- als auch Freizeittätigkeit sein (z.B. Computer als Unterrichtsmedium oder als häusliches Spielgerät). Außerdem spielen dabei die individuellen Bedürfnisse (biologische, psychische, soziale) hinein. Motive sind im Unterschied zu Bedürfnissen gerichtet auf einen bestimmten Gegenstand, hier auf den Computer mit unterschiedlicher Software als Spiel-, Lern-, Arbeitsgerät. Auf dieser Ebene beruht Kommunikaton zum einen auf dem grundlegenden Bedürfnis nach Austausch, zum anderen bildet sie das wichtigste Mittel für den Aufbau und Erhalt von Beziehungen und die Kooperation. Realisiert wird die Tätigkeit durch eine oder mehrere Handlungen (Spiel-, Lern-, Arbeitshandlungen) bzw. Interaktionen als gemeinsame Handlungen zweier oder mehrerer Individuen. Am Computer können Interaktionen z.B. in der Form stattfinden, dass ein Kind die Maus bedient, ein anderes das Geschehen auf dem Bildschirm verfolgt und Anweisungen gibt – eine Form der Kooperation, die sich in der Praxis bewährt hat, weil sie den Kindern Spass macht und deren Kommunikation fördert.

Handlungen

2) Im Unterschied zum Verhalten sind *Handlungen* bzw. *Interaktionen* bewusste und zielgerichtete Tätigkeitseinheiten, deren Prozesse grob eingeteilt werden können in drei Phasen. In der *Planungsphase* werden die Ausgangsbedingungen und Anforderungen wahrgenommen, kognitiv beurteilt und emotional bewertet. Daraufhin erfolgt die Zielsetzung. Die *Ausführung* kann vorrangig sensu-motorisch (also automatisiert), sprachlich oder intellektuell (als „Denk-Handlung") realisiert werden oder gleichzeitig in zwei oder allen drei Formen. Die Wahrnehmung der *Ergebnisse* kann in verschiedenen Modalitäten geschehen (visuell, auditiv, kinästhetisch, intermodal, seriell) und wird mit der Zielsetzung verglichen. Abweichungen werden registriert; ggf. wird dann bei einer erneuten Ausführung der Handlung „nachgebessert". Bei Interaktionen finden auch gegenseitige Korrekturen durch die Beteiligten statt.

Operationen

3) Die hohe Komplexität und Geschwindigkeit der o.g. Prozesse erfordern deren Automatisierung durch Lernen. Vorher bewusste Handlungen werden so zu *Operationen*, etwa i.S. von Fertigkeiten. Damit kann sich die bewusste Regulation, z.B. bei laut- und schriftsprachlichen Mittei-

lungen, verlagern auf eine andere, „höhere" Regulationsebene (Beispiel: vom Schreibenlernen zum Diktatschreiben). Dies gilt im Prinzip für alle Ausführungsformen von Handlungen, vor allem jedoch für das Sprachlernen. Als Basismodell für diese Automatisierung von ehemals bewussten Handlungen in nicht mehr bewusstseinspflichtige, aber -fähige Operationen ist m.E. das „funktionelle System" gut geeignet (ANOCHIN 1967). Dessen besonderes Merkmal im Vergleich zum Regelkreismodell ist das antizipierte Ergebnis einer Operation, das mit dem rückgekoppelten, tatsächlichen Ergebnis verglichen wird, bei Abweichungen eine erneute, z.T. bewusste Orientierungsreaktion in Gang setzt und so die Korrektur der Handlung ermöglicht (vgl. die Rolle der „Voreinstellung" in der Wahrnehmung).

Antizipation

Die Bedeutung dieses Handlungs-/Operationskonzepts im Hinblick auf die Unterstützung der Wahrnehmungs- und Sprachlernprozesse durch spezielle Computerprogramme soll im 3. Kapitel an Beispielen skizziert werden.

2 Aspekte zur (veränderten) Lebenssituation und individuellen Lernausgangslage

Zum Wandel der Lebenssituation von Familien/Kindern etwa seit Ende der 80-er Jahre gibt es widersprüchliche soziologische und sozialpsychologische Befunde bzw. Interpretationen. Allgemein festgestellt wird auf der einen Seite eine zunehmende *Pluralisierung* in den Lebensformen (vgl. BECK 1986) mit unterschiedlichen, oft auch wechselnden familiären Lebensgemeinschaften. Auf der anderen Seite gibt es eine ebenfalls zunehmende *Standardisierung* in den Inhalten, z.B. Einheits-Spielplätze, Mode-Trends, Medien, Werbung (vgl. ROLFF & ZIMMERMANN, 1990). Unter diesen Einflüssen stehen insbesondere Kinder und Jugendliche. Möglicherweise liegen hierin auch Risikofaktoren u.a. für

Lebensformen

Inhalte

Risikofaktoren

- die anwachsende Komplexität der Probleme/Beeinträchtigungen
- die zunehmenden psychosozialen Kommunikationsschwierigkeiten in Primär- und Altersgruppe (Verhaltensstörungen)
- psychische Reaktionen (reduziertes Selbstwertgefühl, häufig Misserfolgserwartung, verminderte Leistungsbereitschaft, geringe Frustrationstoleranz)
- funktionelle Beeinträchtigungen (z.B. Störungen der sensomotorischen Integration, Aufmerksamkeit, Wahrnehmung, sprachlichen Funktionen), die ebenfalls immer gravierender werden in quantitativer und qualitativer Hinsicht.

Bei den Kindern bestehen demnach bekanntlich ganz unterschiedliche Lernausgangslagen und -bedingungen. Aufgrund dessen ist eine hohe Individualisierung und Differenzierung der Lernangebote notwendig.

Lernausgangslagen

Demgegenüber werden jedoch den Institutionen allseits im zunehmenden Maße die Ressourcen gekürzt (Personal, Material, Räumlichkeiten usw.). Dies stellt die Lehrkräfte vor die Aufgabe, bei den Kindern die individuelle Lernausgangslage möglichst genau zu ermitteln, um die Effizienz einer differenzierten und methodenintegrierten Förderung trotz der reduzierten Möglichkeiten (weiter) zu verbessern. Dabei ist als Ergänzung zu einer „normativen" Diagnostik mit Testverfahren auf der Ebene der Operationen außerdem eine „qualitative" Förderdiagnostik mit individuell beschreibenden, verstehenden Verfahren nötig (EGGERT 1997).

Mehr-Ebenen-Diagnostik

Diese erfassen vorrangig die Bedingungen auf den übergeordneten Ebenen Tätigkeit und Handlung. Für die Lehrkräfte soll eine solche Mehr-Ebenen-Diagnostik handlungsrelevante Informationen liefern, um *sinnvolle* Tätigkeitszusammenhänge und Handlungseinheiten für das Kind bzw. die Lerngruppe vorzustrukturieren, z.B. Situationen zum Experimentieren. Gerade hierzu eignen sich manche Computerprogramme im besonderen Maße.

Nötig ist bekanntlich sowohl eine Eingangs- als auch die Verlaufsdiagnostik unter verschiedenen Aspekten. Sie sind besonders für den Bereich Kommunikation und Sprache sowohl „*person*bezogen" als auch „*problem*bezogen", und zwar in „sprach*systemischer*, sprach*prozessualer* und sprach*pragmatischer* Hinsicht" (BRAUN 1999, 290). Beitragen kann dazu

Computerprogramme

eine gezielte Einbeziehung von speziellen Computerprogrammen in Diagnostik, Unterricht und Förderung/Therapie, wenn mit Blick auf die o.g.

Kind-Umfeld-Analyse auf 3 Ebenen

Ebenen zuvor folgende Fragen im Sinn einer Kind-Umfeld-Analyse geklärt sind:

Zur *Tätigkeitsebene*:
Wie ist und war die individuelle Lebenssituation des Kindes beschaffen? Wie hat es seine Tätigkeit entwickelt? Welche Spiel- und Lernerfahrungen hat es gesammelt und mit wessen Hilfe? Welche Interessen, Motivationen, Emotionen hat es zur Zeit? Hat es bereits Erfahrungen mit Computern und falls ja, welche?

Zur *Handlungsebene*:
Auf welche Weise reguliert das Kind im Allgemeinen seine Spiel-/Lernhandlungen?
Wie geschieht die Orientierung und Planung? (übermäßig, angemessen, reduziert?)
Zeigt es bei der Ausführung Besonderheiten? (z.B. Bevorzugung der sensumotorischen anstelle der sprachlichen Regulationsebene). Wie reagiert es auf Rückmeldungen/Fehler? (mit angemessenen Korrekturen oder mit Frustration?)

Zur *Operationsebene*:
In welchen Funktionen hat das Kind „Stärken", wo liegen seine „Schwächen"?
Welche Anreize, Hilfen bzw. Übungsformen benötigt das Kind zur Bewältigung der unterrichtlichen Anforderungen bzw. zur Verbesserung der perzeptiven und sprachlichen Leistungen und was können Computerprogramme im Einzelnen dabei leisten?

3 Förderbereiche und spezielle Computerprogramme (Beispiele)

Computerunterstütztes Lernen „muss in einen *konzeptuellen* Rahmen eingebettet sein" (HACKLER 1997, 953; Herv.i.O.). Welche Rolle der Computereinsatz dabei innerhalb einer „ganzheitlichen", d.h. mehrdimensionalen, methodenintegrierten Konzeption der pädagogisch-therapeutischen Arbeit spielt, soll zunächst allgemein umrissen werden, und zwar wiederum im Hinblick auf das o.g. Drei-Ebenen-Modell (DEUSE 1994).

Konzeption

- Auf der Ebene der *Tätigkeit* bilden die Motivation, die Beziehung und die emotionale Bindung zwischen der Lehrkraft und dem Kind bzw. der Gruppe die Basis der gemeinsamen Aktivität.
- Die sie realisierenden Spiel- und Lern-*Handlungen* werden gemeinsam geplant und deren Ergebnis mit dem Kind/der Gruppe besprochen, insbesondere bei der Einführung in neue Computerprogramme und Übungen.
- Im Allgemeinen in Spielhandlungen geschieht dann die Einübung der perzeptiven und sprachlichen Operationen. Dies sollte möglichst in enger Verzahnung mit dem übrigen Unterricht (Förderung/Therapie) geschehen, z.B. mit dem Leselehrgang und in Zusammenarbeit mit weiteren Lehrkräften. Dabei haben sich mehrmalige kurzzeitige Übungen in der Woche als günstig erwiesen, besonders bei innerer Differenzierung an einem oder mehreren PC im Klassen- oder Therapieraum.

In der folgenden stichwortartigen Beschreibung der Computerprogramme im Einzelnen werden die Spielhandlungen (soweit in den Programmen intendiert) benannt und die dabei durchzuführenden Operationen als Übungsziele aufgelistet.

3.1 Zum Bereich „visuelle Wahrnehmung"

Unter „Wahrnehmung" sollen folgende kortikale *Operationen* verstanden werden: Aufnahme und Speicherung, Selektion und Differenzierung, Analyse und Synthese, Ergänzung und Integration usw. (ESSER & WURM-DINSE et al., 1987).
Die dazu notwendigen Wahrnehmungsleistungen können nach AFFOLTER (1987) gruppiert werden in modale (hier vorrangig die visuelle Perzeption), intermodale und seriale Abfolgen. Für die Einübung einiger, überwiegend visueller Operationen ist das Programm „Wahrnehmung" (Traeger-Verlag) gut geeignet. Es enthält mehrere Unterprogramme mit unterschiedlichen Aufgaben und Schwierigkeitsgraden.

visuelle Operation

Spielhandlungen: (Beispiele)	Übungsziele:
– „Verbinden ..." (Punkte)	– Muster kopieren (zunehmender Schwierigkeitsgrad)
– „Vergleichen" (Mond, Sterne)	– Raumlage: richtiges Bild auswählen
– „Auswählen" (Kaffeetassen)	– dto.
– „Puzzle" (Kindergruppe)	– Puzzle-Teile auswählen und zusammensetzen
– „Geisterjagd"	– Reaktionstest, -spiele: schnelle Erfassung/Reaktion
– „Gleiche Reihen"	– Mustererkennung
– „Vervollständigen"	– Fahnenbilder ergänzen
– „Bild suchen" (Vogelarten)	– Bilderreihe: Bild des genannten Vogels suchen
– „Erinnern" (Wörter/Bilderlisten) und Geräusch-Memory	– Gedächtnisübungen

3.2 Zum Bereich „auditive Wahrnehmung" (i.w.S.)

auditive Leistungen

Die Leistungen des auditorischen Systems werden grob unterschieden entsprechend der anatomischen Lokalisation (NICKISCH, HEBER & BURGER-GARTNER 2001; FRIEDERICI 1999) in:

– peripheres Hören: Intensitäts-, Frequenzunterscheidung (äußeres Ohr, Mittel-, Innenohr)
– zentral-auditive Verarbeitung: v.a. schnelle, selektive Richtungs- und Raumerfasssung (Hörbahn)
– auditive Wahrnehmung i.e.S.: Geräusch-, Klangunterscheidung (primäre Cortexfelder)
– Sprachrezeption: Laut-, Wort-, Satz-, Textebene (sekundäre/tertiäre Cortexfelder).

Dabei besteht im Allgemeinen Konsens über den engen Zusammenhang zwischen den auditiven Leistungen bzw. ihren unterschiedlichen Störungen mit der laut-/schriftsprachlichen Entwicklung bzw. deren Beeinträchtigung (HOMBURG, IVEN & MAIHACK 2002).

Die folgenden Computerprogramme intendieren die Förderung teilweise gleicher oder ähnlicher, z.T. auch unterschiedlicher auditiver Funktionen.

Beispiel 1) „Detektiv Langohr": Er löst seine „Fälle" mithilfe seiner „Ohren".

Spielhandlungen:	Übungsziele:
– „Langohrs Fälle"	– verschiedene Alltagsgeräusche unterscheiden
– „Minimalpaare"	– Geräusche unterscheiden: hoch/tief, lang/kurz, laut/leise
– „Memo" (Apfelbaum)	– erkennen identischer / unterschiedlicher Geräusche
– „Was hörst du?"	– Geräusch-Bild-Zuordnung
– „Wann war was?"	– Sequenzen hören und in Bildabfolgen umsetzen

Beispiel 2) „Audio I": überwiegend funktionsorientiert, nur wenige Spielhandlungen

Spielhandlungen:	Übungsziele: (Auswahllisten für Bilder und Sounds)
− Bilder mit Alltagsgeräuschen − „Bring die Tiere in den Käfig"	− Geräusche kennen lernen und Bildern zuordnen − Tierlaute (wieder-)erkennen und unterscheiden − Bestimmung von Richtung und Entfernung − dichotisches Hören: beidohrig unterschiedlicher Sound − Figur-Grund-Wahrnehmung: Geräusch zuschaltbar − Sprachlaute

Beispiel 3) „AudioLog 3": viele, überwiegend funktionsorientierte Übungen

Spielhandlungen:	Übungsziele (Geräusch-, Laut-, Silben-, Wortebene):
− „Memory" − „Einkaufsspiel", − „Telefonspiel"	− Identifikation/Unterscheidung − Hörmerkspanne − Sequenzen (hoch-tief, kurz-lang, laut-leise, sonstige) − dichotisches Hören − Figur-/Grund-Wahrnehmung − Aufmerksamkeit/Vigilanz − phonematische Diskrimination − Laut- und Wortsynthese

Beispiel 4): „DuoDiff" : Der Zauberer „Sprechnix" hat die Oase „verhext".

Spielhandlungen:	Übungsziele:
− „Diskriminieren" − „Minimalpaare" (Memory, 10 Bilder) − „Lotto" (kleine u. große Bildkarten) − „Auditive Merkspanne" (Bauchtänzerin packt ihren Koffer)	− phonematische Diskrimination (aus je 2 Bildern) − phonematische Diskrimination (Wort-/Bildpaare finden) − phonematische Diskrimination (Wort/Bild auswählen) − Gedächtnis: Wörter in richtiger Reihenfolge (mit Bildern)

Beispiel 5): „Zeppelin trifft Killibob": zwei Programmteile mit diversen Spielhandlungen und Übungszielen

Spielhandlungen: a) Zeppelinreise	Übungsziele:
− „In der Stadt": Geräusche hören − „Beim Fotografen": Bilder entwickeln − „Im Zoo": Tiere kennen lernen − „Im Zirkus": Lichter im Käfig ausmachen − „Im Tonstudio": Instrumente unterscheiden und sich Sequenzen merken − „Auf dem Rummelplatz": Spielautomat − „In der Schule": ein „Außerirdischer" lernt sprechen − „Im Schloss": ein Geist öffnet die Tore	− Alltagsgeräusche hören, sich einprägen und wieder erkennen − Tierlaute kennen lernen, sich einprägen, wieder erkennen − Gedächtnis für Sequenzen (Instrumente) − Laute in Einzelwörtern diskriminieren (vorher wählen: semantisch / phonetisch) − Laute in Einzelwörtern diskriminieren (vorher wählen: semantisch / phonetisch) − Gedächtnis: Wortsequenzen (mit Bildern)

b) Mit „Kilibob" in seinem „Zauberhaus"	Übungen:
– „Im Garten" Blumen zählen	– Mengenrelationen
– „Im Stall" Tiere füttern	– Tiere und ihr Futter zuordnen
– „In der Werkstatt" Marionette bauen	– Formen/Körperschema differenzieren
– „Im Keller" Ordnung schaffen	– Geräusche und -quellen zuordnen
– „Im Treppenhaus" Puzzlebild sortieren	– gegensätzliche Adjektive zuordnen
– „Im Bücherzimmer" Fotoalbum vervollständigen	– Textverstehen, logisches Denken
– „Im Schlafzimmer" Kleidung suchen	– Präpositionen
– „In der Küche" Obstsalat zubereiten	– Farben zu den Obstsorten zuordnen
– „In der Stube" passende Gegenstände finden	– Homonyme
– „Im Turmzimmer" Papagei Sprechen lehren	– Sprachrezeption: Lückenwörter ergänzen
– „Im Zauberraum" neue Tricks lernen	– Aufmerksamkeit, Feinmotorik

3.3 Zum Bereich „Stimmgebung, Artikulation"

Zur Visualisierung von Schalleingabe per Mikrofon mit Wiedergabefunktion gibt es m.W. für Kinder nur ein Programm, und zwar den *SprechSpiegel* *SprechSpiegel III"* (IBM).

Spielhandlungen (Beispiele):	Übungsziele:
– Schall: Gitarrespieler	– Rhythmisierung von Geräuschen und Lauten
– Luftballon aufblasen	– Variation der Lautstärke
– Clown: Farbänderungen	– Unterscheidung von stimmhaft/stimmlos, Rhythmisierung
– Bär fährt Auto	– Variation der Stimmeinsatz-Dauer, Silben
– Schmetterling fliegt über Beet	– Tonhaltedauer: Atmung/Stimmgebung koordinieren
– Mit Hubschrauber aufsteigen	– Tonhöhe der Stimme und Stimmumfang feststellen
– Mit dem Auto Ziele erreichen, Hindernisse umfahren	– Stimmhöhe variieren
– Schnecke frisst Blätter	– Artikulation von Einzellauten
	– Artikulation von Lautreihen
– Pinguin hüpft Eisberg hoch	– Kontrastierung von zwei Lauten
– Rennwagen fährt über Piste	– Kontrastierung von vier Lauten
– Labyrinth durchqueren	– Kurvendarstellung der Lautformanten

3.4 Zum Bereich „Schriftsprache"

Skizziert werden Programme, die „als Medium des Übens einzelner Teilleistungen des Lesens und Schreibens" (BRÜGELMANN 1994, 138) einsetzbar sind. Die beiden folgenden Programmbeispiele 1) und 2) stellen dem Kind Zuordnungsaufgaben. Sie sind editier- und erweiterbar.

Beispiel 1): „Budenberg-Lernprogramme": enthalten viele Teilprogramme (Deutsch 1- 3, Mathematik 1–3, Sachkunde, Englisch)

„Deutsch 1": *Aufgaben (Beisp.)* z.T. mit Sprachausgabe	*Übungsziele:*
– Häuser richtig positionieren	– Formen und Farben diskriminieren
– Bilder/Anlaute zuordnen	– Anlaute in Wörtern diskriminieren, wieder einfügen
– Bild und Wort zuordnen, Memory	– Wortsynthese
– Bilder und Silben zuordnen	– Silbensynthese
– Wort und Bilder zuordnen	– Konsonantenhäufung (Anlaute), ähnliche Wörter
– Bilder mit Fragen (Untertitel)	– Bild mit Reimwort auswählen
	– sinnentnehmendes Lesen (Bild auswählen)
– Bilder mit Sätzen (Untertitel)	– Texte schreiben (einfache Textverarbeitung)

„Deutsch 2": *Aufgaben (Beisp.:)*	*Übungsziele:*
– zu 3 Bildern 12 Wörter zuordnen	– semantische Zuordnung (Nomen, Verben, Adjektive)
– zum Satz das richtige Bild wählen	– sinnentnehmendes Lesen: Sätze, Verse (Bild auswählen)
– Wort zum Bild vervollständigen	– Wortsynthese (mit Hilfefunktion)
– nach Diktat Wörter schreiben	– Nomen mit abgestuftem Schwierigkeitsgrad
– Sätze zusammenstellen	– unterschiedliche Satzmuster (editierbar)
– Geschichten bearbeiten	– Text in Wörter gliedern
	– Texte schreiben (orthografische Regeln)
– Rätsel, „Buchstabensalat"	– Lösungswort finden, Buchstaben sortieren
– Buchstabenreihen (ohne Abstand)	– Wort herausfinden (Wortgrenzen)

„Deutsch 3": *Aufgaben (Beisp.:)*	*Übungsziele:*
– Satzteile	– Syntax: Aussage- und Fragesätze
– Silben	– Wörter aus Silben synthetisieren
– vom Computer ausgedachte Wörter raten	– Wörter raten, dazu Buchstaben auswählen
– vorgegebenes Wort	– neue Wörter synthetisieren
– Kreuzworträtsel	– Wörter aus verschiedenen Sachgebieten
– ein vom Computer ausgedachter Begriff	– Begriff durch sinnvolle Fragen eingrenzen
– Text schreiben, vorher Wörter üben	– Wörter lesen/nachschreiben, dann Texte
– Texte, nach Rechtschreibregeln gruppiert	– Wörter markieren, nach Regel sortieren

Beispiel 2): „Hören –Sehen- Schreiben":

Aufgaben: (Beispiele:)	Übungsziele:
– „Hören und Schreiben": Bild, Geräusch und Nomen mit Artikel	– Wörter mit Tastatur eingeben
– „Welches Wort stimmt?": Bild und 6 Adjektive	– richtiges Adjektiv auswählen
– „Bild zum Wort": Artikel und Nomen, Bilder	– zum Nomen passendes Bild auswählen
– „Bild zum Ton": Bilder, Geräusch und Verb	– zum Verb passendes Bild auswählen
– „Sound-, Bildmemory": Nomen und Artikel (Bilder verdeckt)	– visuelles und auditives Gedächtnis

Beispiel 3): „Mimamo": Überprüfung und Training phonologischer Bewusstheit als grundlegende Fertigkeiten beim Lesen- und Schreibenlernen (vgl. Schulte-Körne u.a., 1998). Zur Auswahl stehen diverse Silbenlisten.

Aufgaben (Beispiele):	Übungsziele:
– „Hören-Diagnose": 18 Silben hören	– eintippen, Computer überprüft Richtigkeit und Diagnose am Schluss der Übung
– „Hören-Schreiben-Training": 1 Silbe hören	– eintippen mit sofortiger Rückmeldung
– „Hören-Lesen": 10 Silben sehen, 1 Silbe hören	– Auswahl der richtigen Silbe
– „Texte anhören": 10 Silben sehen	– Silbe anklicken und hören
– „Lesefahrstuhl" : 6 Anfangs- und 1 Endsilbe	– Silben zu Wörtern kombinieren

4 Schluss

Weiterentwicklung   Wäre die Weiterentwicklung der Programme in Richtung von noch mehr Interaktivität, d.h. eine Erfassung und Interpretation der „falschen" Lösungen des Kindes mit einer fehlerspezifisch unterschiedlichen Rückmeldung von Seiten des Programmes eigentlich wünschenswert? Dazu müssten bei der Programmentwicklung die Lehrkräfte mitwirken, um typische Fehler zu einer Aufgabe zu antizipieren, die dann in die Programme einzuarbeiten wären. Dies würde dem Kind beim Lernen noch mehr Selbstständigkeit ermöglichen. Ansätze dazu sind in manchen Programmen bereits vorhanden. Ich meine jedoch, dass dies gar nicht so sinnvoll ist, denn bisher ist die Lehrkraft gefordert, die Fehler des Kindes „positiv" zu wenden, d.h. sie mit dem Kind zu besprechen und zu verstehen als dessen individuelle Lösungsstrategien. Diese Kommunikation mit dem Kind auf den Ebenen der gemeinsamen Tätigkeit/Beziehungsgestaltung und Interaktion als eine zentrale pädagogische Aufgabe

sollten wir uns m.E. von keinem noch so perfekten Computerprogramm "abnehmen" lassen.
Über die Effizienz der Programme wäre in jedem Fall eine "weitere qualitative Feldforschung" nötig (KRAUTHAUSEN & HERRMANN 1994, 43), und zwar als "differenzierte Fallstudien" (BRÜGELMANN 1994, 141).

Effizienz

Software- Bezugsquellen:

"AudioLog 3": Fa. Flexoft Education. Tel.: 0 30 / 25 79 39 00
"Audio I" : E. Traeger-Verlag. Tel./Fax: 05 04 / 7 18 58
"Budenberg-Lernprogramme": K. Emmig GmbH. Fax: 0 22 03 / 8 89 12
"Detektiv Langohr": Trialogo-Verlag, Postf. 102117, 78421 Konstanz
"DuoDiff": ProLog-Verlag. Tel. 02 28 / 31 87 25, Fax: 02 28 / 31 87 26
"Hören-Sehen-Schreiben": E. Traeger-Verlag. Tel./Fax: 05 04 / 7 18 58
"IBM-SprechSpiegel III": Fa. Flexoft Education (siehe AudioLog)
"Mimamo": E. Traeger-Verlag. Tel./Fax: 05 04 / 7 18 58
"Zeppelin trifft Kilibob": Fa. SWETS, Tel. 0 69 / 63 39 88 - 0, Fax: 0 69 / 63 39 88 77

Deutsch als Zweitsprache

Angela Miksch & Minh-Dai Nguyen-thi

Als im Herbst 2000 in München das Sprachheilpädagogische Arbeits- und Beratungszentrum aufgebaut wurde, geschah dies mit Blick auf die sprachauffälligen Kinder, wie sie traditionell im Umfeld der Schulen zur Sprachförderung anzutreffen sind. Da das Beratungszentrum sich auch als ein ergänzendes Angebot im Rahmen der Mobilen Sonderpädagogischen Dienste versteht, wurde eine gewisse Erweiterung des Arbeitsfeldes erwartet. Überrascht hat jedoch, welch großer Anteil der Ratsuchenden mit der Problematik „Deutsch als Zweitsprache" kam und kommt.

Die Kinder, die vorgestellt werden, meist im Vor- oder Grundschulalter, sind der Erzieherin, der Lehrerin, dem Kinderarzt (in der deutschen Sprachumgebung), seltener ihren Eltern aufgefallen, weil sie „nicht gut genug Deutsch können". Unausgesprochen steht hinter der Bitte um Überprüfung die Vermutung, dass mit dem Sprechen dieser Kinder etwas nicht in Ordnung sei, dass etwas an ihrer Sprache der Hilfe bedürfe.

Aber sind sie in einer sprachheilpädagogischen Beratungsstelle oder einer logopädischen Praxis am richtigen Ort? Ist die Schule zur Sprachförderung zuständig? Brauchen die Kinder und ihre Mütter und Väter nicht einfach einen (weiteren) Kurs „Deutsch für Ausländer"?

Oft erwarten die Eltern eine Bestätigung dessen, was sie von vielen Seiten hören: dass eine Verzögerung der Sprachentwicklung bei Kindern, die zwei Sprachen zu bewältigen haben, doch ganz normal sei und dass man dem Kind nur Zeit lassen müsse. Wollten wir die Eltern in dieser möglicherweise falschen Hoffnung bestärken, ihre Sorgen damit einfach vom Tisch wischen, ginge eventuell wertvolle Zeit für eine notwendige Förderung verloren.

Grundanliegen Damit ist bereits das Grundanliegen der folgenden Ausführungen angedeutet: Wir möchten Mut machen, sich auf die Vielfalt der Problematik von Kindern, die das Deutsche als Zweitsprache lernen, einzulassen, Mut machen, trotz unzureichender diagnostischer Werkzeuge auszuloten, wie weit in der Förderung nicht für alle das Gleiche, sondern für das einzelne Kind möglichst das Richtige gefunden und angeboten werden kann.

Um welche Kinder geht es? Wir konzentrieren uns dabei auf die Kinder, die uns im Kindergarten und in der Schule derzeit so zahlreich begegnen: die Kinder, die das Deutsche – zu welchem Zeitpunkt auch immer – *nach* der Mutter- oder Vatersprache erwerben und dabei, verglichen mit Geschwistern oder anderen Kindern in ähnlicher Situation, beeinträchtigt erscheinen.

Dabei legen wir folgenden Gedankengang zu Grunde:

> 1. Kinder, die Deutsch als Zweitsprache zeitlich *nach* ihrer Herkunftssprache lernen (müssen), leben in einem Spannungsverhältnis. Dieses Spannungsverhältnis kann sich in Problemen bei der Bewältigung der Zwei- oder Mehrsprachigkeit manifestieren, berührt tiefere Schichten der Kommunikations- und Beziehungsfähigkeit und beeinflusst die Identitätsentwicklung.
> 2. Solange die beiden Sprachwelten als Gegensätze erlebt bzw. vermittelt werden und die Entscheidung für die eine oder die andere Seite (*Segregation* oder *Assimilation*) als Lösung angeboten wird, wirkt diese Spannung lähmend, die Kinder bleiben ihr ausgeliefert.
> 3. Wenn es in der Förderung gelingt, diese polarisierende Spannung wahrnehmbar und spürbar zu machen, können zusammen mit den Kindern kreative Lösungen auf dem Weg zur *Integration* der Gegensätze gefunden werden.

Spannung

Segregation vs. Assimilation

Integration

Bevor wir die Praxis, auf die dieser Band schwerpunktmäßig ausgerichtet ist, darstellen, möchten wir einige theoretische Hinweise geben, die für uns wichtig sind. Da in anderen Bänden des vorliegenden Lehrwerkes die Vielfalt der Problematik bereits aus verschiedenen Blickwinkeln dargestellt wurde (JEDIK 2001, KRACHT 2003), können wir dies guten Gewissens lückenhaft tun.

1 Kinder im Spannungsfeld der Migration

1.1 Biografie im Spannungsfeld

Kinder mit nichtdeutscher Muttersprache waren, wenn sie mit der deutschen Sprachumwelt in Kontakt kommen, bereits zahlreichen polarisierenden Spannungen ausgesetzt. Mögliche konflikthafte Erlebnisse:

polarisierende Spannungen

- Sie sind die Mitgenommenen oder Nachgeholten der Arbeitsmigranten. Auch wenn sie hier geboren sind, haben sie manchmal bis zum Kindergarten- oder Schuleintritt nur wenige Kontakte mit der anderssprachigen Welt außerhalb der Familie.
- Sie mussten aus Kriegsgebieten fliehen.
- Ihre Familie wurde verfolgt und sucht um Asyl nach.
- Als Kinder von Spätaussiedlern haben sie kaum mehr Zugang zu Sprache und Kultur ihrer deutschen Vorfahren.
- Die Familien jüdischen Glaubens, aus den GUS-Staaten gekommen, erleben u.U. Konflikte mit den religiösen Gemeinden in Deutschland.
- Vater und Mutter sprechen unterschiedliche Sprachen.

1.2 Gegenwart im Spannungsfeld

aktuelle Situation

Neben dem biografischen Hintergrund muss die jetzige, oft spannungsreiche Situation dieser Kinder mitbedacht werden. Beispiele:

- Sie leben in zwei Kulturkreisen, die in vielen Bereichen gegensätzlich sind.
- Ihre Lebensgrundlage ist materiell (Arbeitslosigkeit) oder institutionell (Aufenthaltsrecht, Arbeitserlaubnis) nicht gesichert.
- Ihre Eltern schwanken in der Absicht, in Deutschland zu bleiben oder ins Herkunftsland zurückzukehren.
- Sie begegnen Vorurteilen der deutschen Bevölkerung.
- Die Migration beeinflusst ihre Familiensituation, die aus dem Herkunftsland bekannten Sozialstrukturen werden in Frage gestellt oder verändern sich.
- Der Wunsch, an traditionellen – zumal religiösen – Aufgaben, Funktionen und Gewohnheiten festzuhalten, steht im Widerspruch zu den tatsächlichen Möglichkeiten. Dies gilt in besonderem Maße für Mädchen, die von kulturellen Konflikten und Identitätsproblemen manchmal noch stärker betroffen werden als ihre männlichen Altersgenossen.

1.3 Sprach- und Identitätsentwicklung im Spannungsfeld

Geborgenheit der Erstsprache

Welche dieser konfliktträchtigen Hintergründe für das einzelne Kind von Belang sind – immer erlebt es, dass die Geborgenheit seiner ersten Sprache gestört wird. Der Klang dieser Sprache war ihm schon vor seiner Geburt vertraut, bald danach konnte es sie von anderen Sprachen unterscheiden, schließlich produzierte es selbst Laute, die sich schnell an dieser Sprache orientierten, und diese Lautäußerungen gewannen von Ebene zu Ebene Bedeutung im Dialog.

Identität

Wie sich Identität im Miteinander-Sprechen entwickelt, beschreibt z.B. MEAD: „Bedeutungserwerb geschieht dadurch, dass auf die Äußerung eines Lautes eine beobachtbare Reaktion folgt, die, wenn sie wiederholt auftritt, vom Sprecher internalisiert wird und somit gewissermaßen die Bedeutung darstellt" (MEAD 1973, 118). Mit der vermittelten Bedeutung werden unbewusst die Werte und Normen des Gesprächspartners angenommen. Durch die so erlernte Kalkulierbarkeit der sprachlichen Bedeutungssymbole wird die Handlungsfähigkeit (im Sinne von Identität) entwickelt.

Handlungsfähigkeit

In der Phase der primären Sozialisation, dem Lebensabschnitt also, in dem sowohl die Grundlagen für die Entwicklung der Persönlichkeit als auch für die Eingliederung in die umgebende Gesellschaft gelegt werden, erschöpft sich Spracherwerb nicht im Erwerb formaler Sprachstrukturen oder kommunikativer Strategien. Es werden auch Inhalte, Erfahrungen, Gefühle usw. vermittelt, die für das Kind mit dieser Sprache bzw. durch

die Sprache mit den Personen verbunden bleiben, durch die es sie erfährt (KLANN-DELIUS 1979).
Die Erstsprache ist demnach bedeutsam für die psychische Entwicklung des Kindes, für die Möglichkeit der Identifikation mit der eigenen Herkunft und der eigenen Kultur und dadurch wesentlich für die Ausprägung einer emotional und psychisch stabilen Persönlichkeit. *Erstsprache*

Eine Unterbrechung des Erwerbsprozesses kann zu schwer wiegenden Störungen in der Entwicklung führen, Störungen, von denen sowohl der kognitive als auch der emotional-affektive und der soziale Anteil der Persönlichkeit betroffen sein können. *Störungen in der Entwicklung*

1.4 Im Spannungsfeld zweier Sprachen

Nun mischt sich also eine fremde Sprache, ein fremdes Bedeutungssystem in die erste Sprache ein. Damit entstehen Interferenzen zwischen den Bedeutungssymbolen, der Sprecher läuft Gefahr, dass ihm – um noch einmal mit MEAD zu sprechen – in Bezug auf beide Sprachbereiche weniger Bedeutungssymbole zur Verfügung stehen, deren Anzahl bei allen an der Kommunikation teilnehmenden Personen gleich sein muss, wenn eine positive Identitätsentwicklung ablaufen soll. Die Kommunikationsmöglichkeiten des Kindes sind eingeschränkt, seine „Position ist die von Außenseitern, die zwar geduldet, aber nicht voll anerkannt werden, da sie selbst die Bedeutungen der Anderen nicht teilen" (MEAD 1973, 119).

Im Zeitpunkt der Begegnung mit der Zweitsprache, oft an den Eintritt in den Kindergarten oder die Schule gebunden, sind die grundlegenden syntaktischen Strukturen der Erstsprache erworben. Im Bereich der Begriffsbildung, d.h. der gedanklichen Handhabung, Verarbeitung und Ordnung von Erfahrungen, Eindrücken und Informationen, sind aber noch wesentliche Entwicklungsschritte erforderlich (STEINMÜLLER 1991). *Zweitsprache* *Begriffsbildung*

Eine Gegenüberstellung der Situationen beim *Zweitspracherwerb* und beim *Fremdspracherwerb* (nach STEINMÜLLER 1991) macht die Problematik hinsichtlich der Funktion bei der Identitätsbildung des Sprachlerners deutlich. *Zweitspracherwerb* *Fremdspracherwerb*

Als Fremdsprache ist eine Sprache anzusehen, die in Unterrichtssituationen, kontrolliert vom Lehrer unter Verwendung bestimmter Lehrmethoden und -materialien vermittelt wird; in dieser Form wird an deutschen Schulen üblicherweise Englisch, Französisch, Latein usw. unterrichtet. Kommunikationsanlässe, d.h. die Notwendigkeit für den Lerner, diese Sprache anzuwenden, sind vornehmlich oder völlig auf die wenigen Unterrichtsstunden pro Woche beschränkt. Kommunikationspartner sind in der Regel nur der Lehrer und bei fortgeschrittenem Unterricht noch die Mitschüler. Die Prozesse der Sozialisation, der Kognition und der Persönlichkeitsbildung laufen nicht in dieser Sprache ab. Gesellschaftliche Handlungsfähigkeit in dieser Sprache ist nicht erforderlich. *Fremdsprache*

Demgegenüber wird eine Zweitsprache außerschulisch, ungesteuert und (zum Teil gesteuert) in Unterrichtssituationen erworben. Die Sprache ist *Zweitsprache* das Kommunikationsmedium der Umwelt und bereits im Moment des Erwerbens das Medium des Lerners für den Kontakt mit dieser Umwelt. Die Notwendigkeit des Gebrauchs ist nicht auf wenige Unterrichtsstunden beschränkt, sondern beherrscht alle sozialen Situationen außerhalb der Erstsprachumgebung. Die Prozesse schulischer Sozialisation, der unterrichtlichen Kommunikation und damit auch der Kognition sind an diese zu erlernende Sprache gebunden. Durch den gesellschaftlich auferlegten Zwang zur Zweisprachigkeit erhält diese zweite Sprache eine nicht zu unterschätzende Funktion bei der Identitätsbildung und der Entwicklung der Persönlichkeit, ist ja die Handlungsfähigkeit in der Gesellschaft weitgehend von der Beherrschung dieser Sprache abhängig. Die Gefahr einer polarisierenden Spaltung ist groß.

Sozialisation

Zwang zur Zweisprachigkeit

polarisierende Spaltung

Wenn aber in diesem Entwicklungsstadium die Übermittlung von Informationen, die Vermittlung von Wissen in der Sprache einsetzt, die das Kind überhaupt erst erlernen soll, so führt das zu Konsequenzen sowohl bei der weiteren Entwicklung der Erstsprache als auch beim Erwerb der Zweitsprache. Die Begriffsbildung in der Erstsprache wird verzögert, weil ihre Entwicklung nur außerhalb der Bildungseinrichtungen stattfinden kann, entweder in der Kommunikation mit Gleichaltrigen oder mit den Eltern. Das schulische Wissen bleibt für das Kind mit nichtdeutscher Muttersprache in dieser Phase an die Zweitsprache und die dort ablaufende Begriffsbildung gebunden. Das kann dazu führen, dass zwei Begriffssysteme entstehen, deren Elemente, Kategorien und Systematik unvermittelt nebeneinander stehen (SCHÖNPFLUG 1985). Der Erwerb neuer Erkenntnisse und deren Einordnung in das System bereits vorhandener Erkenntnisse und Begriffe wird behindert. Für die betroffenen Kinder führt das zu einer Desorientierung, deren Resultate neben schulischem Versagen häufig Identitätsprobleme und Konflikte in der psychischen Entwicklung sind (ÖKTEM 1981).

Begriffsbildung in zwei Sprachen

zwei Begriffssysteme

Identitätsprobleme

Die Spaltung, in der sich Kinder mit Deutsch als Zweitsprache befinden, kann in eine Situation funktionaler Zweisprachigkeit führen. D.h. beide Sprachen werden jeweils für bestimmte gesellschaftliche Bereiche verwendet. Dies führt dazu, dass in beiden Sprachen lexikalische Defizite entstehen. Es bildet sich eine Sprachkompetenz heraus, die auf bestimmte Kontexte beschränkt ist. Dies gilt sowohl für die Muttersprache als auch für die Zweitsprache. Unter diesen Umständen kann es zu einer Form des Semilingualismus, der Halbsprachigkeit, kommen: Die Kinder beherrschen keine der beiden Sprachen vollständig aufgrund der funktionalen Beschränkung. Hinzu kommen Interferenzprozesse, die Veränderungen der Sprachsysteme bedingen können. Die Kinder können nur beschränkt am gesellschaftlichen Leben beider Sprachgemeinschaften teilnehmen, woraus sich soziale und psychische Probleme ergeben.

funktionale Zweisprachigkeit

Semilingualismus

1.5 Erst- und Zweitspracherwerb

Die verschiedenen Hypothesen zum Zweitspracherwerb dürfen als bekannt vorausgesetzt werden. In unserem Zusammenhang soll noch einmal die Bedeutung der Erstsprachentwicklung als Fundament der Zweitsprachentwicklung betont werden: Nach GRIMM (1999) erwirbt das Kind seine Sprache, indem es wichtigen Entwicklungsprinzipien folgt: In einem konstruktiven Prozess der Struktursuche und Strukturbildung eignet es sich die Sprache seiner Umgebung an. Als geborener Sprachlerner setzt es dazu seine Fähigkeit ein, Gesichter, Sprache, Gestalten und Gesten besonders wahrzunehmen.

<small>Erstsprachentwicklung als Fundament der Zweitsprachentwicklung</small>

Wenn es diese Fähigkeiten im Laufe seiner Erstsprachentwicklung erfolgreich anwenden und trainieren konnte, stehen sie ihm auch für das Erlernen einer zweiten Sprache zur Verfügung. Es nimmt „die neue Sprache durch die Brille des Erstspracherwerbs wahr" (SCHLÖSSER 2001, 42), so die Identitätshypothese, entwickelt vielleicht vorübergehend auch eine eigene Übergangssprache, so die Interlanguagehypothese. Dabei hilft dem Kind, in der Erst- wie in der Zweitsprache, ein weiteres Entwicklungsprinzip: Es versteht Sprache viel früher als es sie produzieren kann. Wie LIONNIS Frederick sammelt es Wörter (und Sätze), bis es schließlich ein Dichter sein kann (LIONNI 1968).

<small>Identitätshypothese
Interlanguagehypothese

Verstehen vor Produktion</small>

Allerdings gibt es gewisse Zeitfenster, sensible Phasen, in denen spezifische Lernfähigkeiten zur Verfügung stehen, z.B. im Bereich der Lautwahrnehmung und Lautbildung (ein sehr frühes Fenster) oder in der Grammatik. Haben sich diese Fenster geschlossen, ist volle Kompetenz nur sehr schwer, wenn überhaupt, zu erreichen.

<small>sensible Phasen</small>

2 Segregation oder Assimilation?

2.1 In einer Grundschule erlebt

In einer ersten Klasse einer Münchner Grundschule: Die Namen zweier Mädchen klingen fremd für die deutsche Lehrerin, die als Mobiler Sonderpädagogischer Dienst (MSD) die Klasse besucht. Sie kann die Namen aber keiner bestimmten Nationalität oder Sprache zuordnen und fragt die Mädchen deshalb, welche Sprache sie zu Hause sprechen. Die beiden sehen einander an, lächeln etwas verlegen und flüstern schließlich: Türkisch.

Zeigen die Mädchen in ihrem Verhalten nicht die Spaltung, in der sie leben? In der deutschen Schule hat die Familiensprache keinen Platz. Haben sie das schon im Kindergarten erfahren, wo es vielleicht nicht gern gesehen wurde, wenn sie miteinander Türkisch sprachen? Wie wird es ihnen gehen, wenn sie nun – auf Deutsch – Lesen und Schreiben lernen?

<small>Familiensprache in der Schule?</small>

2.2 Schule und Deutsch als Zweitsprache

Die beiden Mädchen besuchen eine Schule, in der eine aufgeschlossene Grundstimmung herrscht. Ihre Klassenlehrerin, erfahren und offen für Neues, gestaltet einen durchdachten, abwechslungsreichen, motivierenden Unterricht. Jedes Kind kann sich von der liebevoll-strengen Frau akzeptiert fühlen.

Dem MSD der Schule zur Sprachförderung meldet die Lehrerin nach und nach fast alle Kinder der Klasse, die Deutsch als Zweitsprache lernen. Das sind überproportional viele verglichen mit den zur Überprüfung gemeldeten Kindern deutscher Erstsprache. Die Sorge der Lehrerin um den Erfolg dieser Kinder, vor allem im Schriftspracherwerb, ist berechtigt.

Die MSD-Lehrkraft hat dennoch ein zwiespältiges Gefühl:

mangelnde Deutschkenntnisse oder Sprachbehinderung?

– Soll sie dafür sorgen, dass die Kinder gutes Deutsch lernen? Damit sie gut in die deutsche Schule passen?
– Soll sie herausfinden, warum die Kinder immer noch nicht gut genug Deutsch sprechen? Weil sie vielleicht sprachbehindert sind?

Raum für andere Sprachen und Kulturen

Damit wird nicht unterstellt, dass die besorgte Klassenlehrerin den MSD als Instrument der Assimilation verwenden oder ihre Kinder mit Deutsch als Zweitsprache vorschnell in die Förderschule abschieben will. Der Zwiespalt, in dem beide Lehrerinnen (und die Kinder) stecken, hat damit zu tun, dass selbstverständlich die deutsche Sprache und Kultur den Unterricht tragen, dass aber der – durchaus vorhandene – Raum für andere Sprachen und Kulturen außerhalb des Fremdsprachenunterrichts zu wenig wahrgenommen oder nur zögernd betreten wird. Dieser Raum scheint noch mehr an Bedeutung zu verlieren, seit – nach Pisa – die Beherrschung der deutschen Sprache besonderes Gewicht bekommen hat.

2.3 Schulische Angebote wandeln sich

Ein kurzer Blick auf die verschiedenen Phasen schulischer Angebote für Migrantenkinder am Beispiel Bayerns kann die Entwicklung illustrieren (nach SCHARFF 2003).

Gastarbeiterkinder

– Die ersten Gastarbeiterkinder wurden tatsächlich als Gäste angesehen, für sie bestand keine Schulpflicht. Muttersprachlicher Ergänzungsunterricht – von den Konsulaten angeboten – sollte die Rückkehr in die Heimat erleichtern. Als diese Rückkehr immer weniger stattfand, wurden unterschiedliche Modelle von Vorbereitungsklassen gebildet oder die Kinder wurden in der Regelschule einem „Sprachbad" (SCHARFF 2003, 44) ausgesetzt. „Mangelnde Sprachkenntnisse wurden als Defizite betrachtet, die möglichst schnell behoben werden mussten" (SCHARFF 2003, 45).

Defizithypothese

Differenzhypothese

– Ein neues Konzept bestimmte ab 1972 die Arbeit: Die „Differenzhypothese", dass nämlich „die Denksprache der Kinder in der Regel die Muttersprache sei, ... führte zur Bildung von so genannten Muttersprachlichen Klassen" (SCHARFF 2003, 45). Integration in Deutschland oder Reintegration im Herkunftsland – beides sollte ermöglicht werden. Für Seiteneinsteiger wurden zweijährige Übergangsklassen eingerichtet.

- 1990 wurden erstmals Modellklassen gebildet, um Gedanken der Interkulturellen Pädagogik umzusetzen: „Deutsche Schüler und ausländische Schüler aus einem Herkunftsland werden in einer Klasse unterrichtet. ... Der Muttersprachliche Ergänzungsunterricht ist in den Vormittagsunterricht eingebaut. Deutsche Kinder können an ihm stundenweise teilnehmen" (SCHARFF 2003, 46). <!-- Interkulturelle Pädagogik -->
- Schließlich rückt das Erlernen der deutschen Sprache noch einmal besonders in den Vordergrund: 2002 wurden die ersten Sprachlernklassen, 2003 die ersten Vorkurse für zukünftige Schulanfänger nichtdeutscher Muttersprache eingerichtet. Und mancherorts können Mütter an der Schule ihrer Kinder Deutsch lernen. <!-- Deutsch lernen -->

Aber: Lernt die Mutter Deutsch, damit sie ihrem Kind bei den Hausaufgaben besser helfen kann, wie ein Argument lautet?

2.4 Perspektivenwechsel

Mehrsprachige Klassen sind an deutschen Schulen die Regel. An *deutschen* Schulen? Deutschland ist in einer von Migration geprägten Gesellschaft ein Einwanderungsland und die Schulen sind *mehrsprachige* Schulen geworden, mehrsprachig, wie die Kindergärten, die Tagesstätten, wie alle anderen Bildungseinrichtungen, mehrsprachig wie die Patienten in logopädischen Praxen.

[Randnotiz: Deutschland als Einwanderungsland]

Die Integrationsfähigkeit dieser Einrichtungen (und damit die Integrationsmöglichkeit der mehrsprachigen Kinder) hängt davon ab, ob die Vielfalt der Mehrsprachigkeit als Last oder als Bereicherung erlebt wird. Wir haben die Chance, „Einwanderung nicht durch Assimilation zu verschwenden, sondern als Veränderung zu nutzen" (DIETZ 2003) und für alle Kinder (und Erwachsene) neue Fenster zu öffnen.

Unsere beiden türkischen Mädchen z.B. sprechen eine Sprache, die die Lehrerin und viele Kinder in der Klasse nicht beherrschen. Wechseln wir also die Perspektive, fragen wir auch die übrigen Kinder, wer sich in einer anderen Sprache (außer Deutsch) gut unterhalten kann. Nun stehen die Mehrsprachler im Mittelpunkt, und zwar mit ihrem Können, nicht mit ihren Defiziten. Und für alle Kinder, auch für die, die nur Deutsch sprechen, kann Sprache in ihrer Vielfalt zum Thema werden.

[Randnotiz: die Perspektive wechseln / Mehrsprachler im Mittelpunkt]

Wollte man wieder polarisieren und nun das Defizit auf Seiten der monolingualen Kinder sehen, würde die Spaltung aufrecht erhalten. Die Ressourcen *aller* Kinder, ihrer Eltern, ihrer Kulturen hereinholen, Unterschiede erfahrbar und spürbar machen – so kann Vielfalt zur Normalität werden.

[Randnotiz: Ressourcen aller hereinholen]

2.5 Monolinguale Diagnostik

Die spannungsreiche Situation, in der sich Kinder mit Deutsch als Zweitsprache befinden, spiegelt sich auch in der Unsicherheit der Sprachheilpädagogik wider, wenn es um die Feststellung einer möglichen Sprachbehinderung geht. Eine fundierte Diagnostik ist, wie bei MERTENS (1996) und LENGYEL (2000) ausführlich dargelegt, ohne Kenntnisse der jeweiligen Muttersprache, ohne Informationen aus der Kontrastivistik nicht möglich. Zu lange war das Wissen und Können der Fachleute geprägt vom „monolingualen Selbstverständnis der Sprachheilpädagogik" (KRACHT & WELLING 2000, 58), ja von einem monolingualen Bildungsverständnis überhaupt (SCHILLER, WILDENHUES & WEMBER 2003, 183). Die zur Verfügung stehenden diagnostischen Verfahren waren für einsprachige deutsche Kinder entwickelt worden (TRIARCHI-HERRMANN 2002, 36) und eignen sich nur in Teilbereichen für die Überprüfung von Kindern mit Deutsch als Zweitsprache. Auf keinen Fall sind sie für diese normiert. Die Sprachbehindertenpädagogik hat bisher keine diagnostischen Methoden entwickelt, die z.B. Hintergründe aus der Spracherwerbstheorie und vor allem die Erwerbsproblematik der Kinder, deren erstsprachliche Entwicklung noch nicht abgeschlossen oder gestört ist, berücksichtigen (LENGYEL 2000, BORBONUS 2003).

monolinguale Orientierung

3 Kreative Integration

3.1 Sprachüberprüfung

Beispiel: Ein Kind mit Problemen beim Erlernen der deutschen Zweitsprache wird vorgestellt, eines seiner älteren Geschwister fungiert als Dolmetscher. Offenbar hat dieses Kind problemlos Deutsch gelernt. Der Altersunterschied ist nicht groß. Um einen Entwicklungsvorsprung kann es sich kaum handeln. Ist das jüngere Kind sprachbehindert?

Selbstverständlich überprüfen wir
- das Hörvermogen des Kindes (evtl. Vermittlung an eine pädaudiologische Beratungsstelle)
- die Mundmotorik (z.B. Frage nach Ess-, Trinkverhalten).

Wir fragen nach dem Verhalten in der Erstsprache
- Oft ist es aufgrund von Verständnisproblemen schwierig, die üblichen anamnestischen Fragen zu klären.
- Manche Eltern bagatellisieren Auffälligkeiten in der Sprachentwicklung oder haben sie nicht beobachten können.

Wir fragen deshalb,
- ob das Kind zuhört, wenn man es anspricht, wenn man ihm vorliest, wenn in der Familie etwas besprochen wird;
- ob es Fragen stellt, Missverständnisse klärt, mit Gleichaltrigen spricht, telefoniert, von ihnen gut verstanden wird;
- ob es die Erst- und die Zweitsprache trennen kann.

Wir überprüfen mit informellem Diagnosematerial
- den Redefluss (Störungen in einer, in beiden Sprachen?)
- die Artikulation (Fehler nur im Deutschen, auch in der Erstsprache? Achtung: Das Phoneminventar der Erstsprache unterscheidet sich womöglich vom deutschen).

Wir ermitteln den Sprachstand
- Auf den weiteren Sprachebenen wird es zunehmend schwierig oder unmöglich, die jeweiligen Besonderheiten der Erstsprache zu berücksichtigen und Entwicklungsstörungen des Kindes in dieser Sprache und, eventuell damit zusammenhängend, im Deutschen festzustellen.
- Um eine hilfreiche Beratung leisten und eine adäquate Förderentscheidung treffen zu können, beruht das weitere Vorgehen auf Sprachstandserhebungen. Wichtig ist, dass nicht defizitorientiert beobachtet, sondern auf die sprachlich-kommunikativen Stärken des Kindes geschaut wird.

Wir fragen (nach REICH 2001):
- Wie nimmt das Kind sprachlich Kontakt auf?
- Welche Mittel stehen ihm zur Verfügung, wenn es etwas nicht versteht?
- Wie behilft es sich, wenn es etwas noch nicht perfekt mitteilen kann?
- Setzt es die Zweitsprache unbekümmert oder vorsichtig ein? Kann es sich sprachlich behaupten? Hört man ihm zu?
- Versteht es einen altersgemäßen Text?
- Wie groß ist sein Wortschatz?
- Über welche Wortformen/Satzbauformen verfügt es?
- Besonders wichtig: Was sagen seine Sprachformen über erreichte Entwicklungsstufen aus? Deuten sie etwa einen bevorstehenden Lernschritt an? (LUCHTENBERG 2002, 81f.)

Sprachstandserhebungen (z.B. STAATSINSTITUT FÜR SCHULPÄDAGOGIK UND BILDUNGSFORSCHUNG 2002, SENATSVERWALTUNG FÜR BILDUNG, JUGEND UND SPORT 2002, bei letzterem das Bildmaterial nach Möglichkeit durch eigenes ersetzen), Zusammenstellungen diagnostischer Leitfragen (z.B. KNAPP 2001) und Anleitungen für Langzeitbeobachtungen anhand von Sprachstandsindikatoren (z.B. GLUMPLER 1997) sind hilfreich.

hilfreiche Literatur

Auch wenn wir Sprach*stand*serhebungen einsetzen, entscheidend ist der Blick auf die *Entwicklung*. „Wo nicht mehr weitergefragt wird, wird festgestellt" (BAURIEDL 1993, 239). Die Gefahr besteht, „dass Schwierigkeiten, die die Kinder mit dem Erwerb zweier Sprachen haben, all zu schnell als Sprachstörungen definiert werden" (MERTENS 1996, 88). Keinesfalls können allein aufgrund von Sprachstandserhebungen Einweisungen in eine Schule zur Lernförderung in Betracht gezogen werden (MERTENS 1996, 104).

Wir bedenken sozio- und psycholinguistische Probleme:
- Welche Bedeutung haben Sprache und Sprechen, Schreiben und Lesen in der Familie?
- Welche Einstellung besteht zur Erst-, zur Zweitsprache?

- Welches Prestige hat die Erstsprache?
- Gibt es Spannungen zwischen unterschiedlichen Elternsprachen, deren Kulturen?
- Braucht das Kind – aufgrund einer Krankheit, einer Behinderung – die Geborgenheit der Familiensprache?

3.2 Förderung

Förderung des Zweitspracherwerbs, im Kindergarten, in der Schule, in der Einzelförderung, soll die Spannungssituation, in der die Kinder leben, erfahrbar und spürbar machen, damit ein aktives, kreatives Lernen der zweiten Sprache und eine Stärkung der ersten möglich wird.

Erleben von Sprachen und Sprechen
„Sich in zwei Sprachen daheim zu fühlen, schließt die In-Beziehung-Setzung dieser zwei Sprachen ein" (KRACHT & WELLING 2000, 60). Ist die Mehrsprachigkeit als Realität akzeptiert, wird sie zum Ausgangspunkt neuer, inspirierender Erfahrungen: Vielsprachige Abzählverse, Lieder, Begrüßungsrituale, Ämterlisten, Zahlenreihen, Signalwörter, Begriffe aus dem Sachunterricht, aus der Mathematik – die Ideenliste ist alltäglich zu ergänzen. Mögliche Ziele:

- Kinder (und Erwachsene) erleben, wie leicht oder schwer das Verstehen und Lernen fremder Wörter und Sätze ist.
- Die Rolle der native speakers, die eine Sprache so selbstverständlich beherrschen, fällt immer wieder anderen zu.
- Eigene Aktivität löst das bloße Mitmachen ab.
- Unterschiede und Ähnlichkeiten von Sprachen, von Schriftzeichen werden entdeckt und erforscht.
- Die Begriffsbildung in der Erstsprache und der Zweitsprache wird unterstützt.

Viele Anregungen für die Arbeit auf dieser übergreifenden Ebene finden sich bei BELKE (2001) und SCHADER (2000).

Sprachförderung als Zweitsprachförderung
Die Sprachförderung setzt – je nach Sprachstand – auf den entsprechenden Sprachebenen ein, behält aber jede Ebene mit Rücksicht auf eine mögliche lernerspezifische Übergangssprache im Blick. Einige Beispiele, schlaglichtartig:

- Im Schriftspracherwerb ist die Förderung der *Lautwahrnehmung* und *Lautbildung* zentral (Lautgebärden einsetzen!). Aber auch ein fortgeschrittener Sprecher bedarf der Förderung auf der *Phonemebene* oder in der *Prosodik* – werden hier doch gefühlsmäßige Bereiche berührt, die schnell den Stempel „fremd" aufdrücken (CAUNEAU 1992).
- Die Förderarbeit im Bereich der *Lexik* und *Semantik* ist in jedem Erwerbsstadium grundlegend: für das Lesen- und Schreiben-Lernen wie für den Aufbau und die Strukturierung von Weltwissen. Das Wörtersammeln hört nie auf.

- Modelle *grammatischer Strukturen* werden mit Kinderliedern und Sprachspielen, über das Erzählen und Vorlesen, durch das Sprachvorbild, in einem entwicklungsorientierten, so genannten sprachtherapeutischen Unterricht (TROSSBACH-NEUNER 2003) in allen Fächern angeboten. MOTSCH und BERG (2003) berichten von ermutigenden Erfolgen mit dem Konzept der Kontextoptimierung (hinsichtlich des Angebots grammatischer Zielstrukturen) im Unterricht von Kindern mit Deutsch als Erst- und als Zweitsprache.
- Im Bereich der *Pragmatik* kann zunächst wichtig sein, den Kindern die Chance zu geben, ihre vorhandenen Sprachkenntnisse in Spiel- und Realsituationen zu zeigen (UEFFING 2003, 3). Das Rollenspiel wird sie vom Kindergarten bis zur Einübung von Vorstellungsgesprächen begleiten. Sprechvermeidung und die Beschränkung auf sehr einfache sprachliche Formen sind aufmerksam zu beobachten, um die Gefahr der Fossilierung, der Versteinerung der Zweitsprache, abzuwenden.
- Im Bereich der *Textproduktion* sind vor allem mit späten Zweitsprachlernern ökonomische Vorgehensweisen einzuüben: Aus einer Frage die Antwort formulieren; aus einem Aufsatzthema die Gliederung herausarbeiten; Textbausteine passend zusammensetzen und variieren; das Korrekturprogramm des Computers einsetzen.

Weitere hilfreiche und anregende Literatur: BAYERISCHES STAATSMINISTERIUM FÜR UNTERRICHT UND KULTUS 2002, DELITZ & PROSSOWSKY 2002, NAEGELE & HAARMANN 1993, SENATSVERWALTUNG FÜR BILDUNG, JUGEND UND SPORT 2002, SPIER 1999.

hilfreiche Literatur

3.3 Tipps für Eltern und Pädagogen

Wenn Eltern fragen, wie sie ihrem Kind helfen können
- Sprechen Sie zuhause in der Familiensprache; wenn es mehrere gibt: möglichst eine Person – eine Sprache.
- Lesen Sie Ihren Kindern in der Familiensprache vor; erzählen Sie ihnen Geschichten, singen Sie mit ihnen, sprechen Sie über das Fernsehen.
- Lassen Sie sich vom Kindergartentag, vom Unterricht erzählen, sprechen Sie die Themen in der Familiensprache durch, sichern Sie die Begriffe und Bedeutungen in der Familiensprache.
- Sprechen Sie mit Ihrem Kind nur Deutsch, wenn Sie es fließend beherrschen.
- Bieten Sie dem Kindergarten, der Schule Ihre Mitarbeit an.
- Nehmen Sie Kontakt mit anderen Eltern, mit Selbsthilfegruppen auf.
- Gehen Sie bei zu geringen Fortschritten zum Kinderarzt, der ein Rezept für eine logopädische/sprachheilpädagogische Behandlung ausstellen kann.

Was Pädagogen bedenken sollten
- Die Lehrerrolle hat in verschiedenen Ländern und Kulturen einen unterschiedlichen Stellenwert.

- In westlichen Kulturen hat das Lernen aus Büchern Tradition, in östlichen das Lernen in Gesprächen und im Kontakt (Peseschkian 1983, 128).
- Mimik und Gestik, Piktogramme und Signalkarten unterstützen das Verstehen.
- Der Lehrersprache kommt entscheidende Bedeutung zu (siehe den Beitrag von Schmitt & Weiss in diesem Band).
- Gute Lesetechnik kann blenden und mangelndes Textverständnis überdecken.
- Hinter anscheinender Schüchternheit und Sprechscheu verbirgt sich oft Unsicherheit in der Zweitsprache.

hilfreiche Literatur — Hilfreich für die Beratung: Burkhardt Montanari (2000), Montanari (2002), Schlösser (2001), die Informationsblätter des Arbeitskreises Sprachentwicklungsstörungen (2002).

Englisch an der Schule für Sprachbehinderte? – Zur Theorie des Hörverstehensansatzes und mögliche Konsequenzen

Cornelia Berkhahn

In Baden-Württemberg startete mit dem Schuljahresbeginn 2001/02 an 470 Grundschulen und 80 Sonderschulen die zweijährige Pilotphase „Fremdsprachen in der Grundschule" (SCHAVAN 2001). Im Schuljahr 2003/04 erfolgte dann die flächendeckende Einführung.
Der Fremdsprachenunterricht an Sonderschulen ist dabei sehr umstritten. Sollen tatsächlich Kinder, die im Erstspracherwerb massive Schwierigkeiten und Verzögerungen zeigen, einen parallelen Unterricht in einem zweiten Sprachsystem erhalten? Für die Einführung des frühen Fremdsprachenlernens auch für Kinder, die Sprachprobleme haben und infolge dessen eine Sonderschule besuchen, werden u.a. die Argumente aufgeführt, „dass Englisch im Alltag eine immer größere Bedeutung einnimmt, die diesen Schülern nicht vorenthalten werden darf, und dass für einige dieser Kinder die Möglichkeit der (Rück-) Überweisung in eine Regelschule erhalten bleiben muss" (FÜSSENICH 2001, 21).
Veröffentlichungen über Erfahrungen des frühen Fremdsprachenlernens bei Kindern mit Sprachproblemen gibt es nach FÜSSENICH (2001) so gut wie keine. Bei Versuchen an verschiedenen Schulen hat sich jedoch gezeigt, dass in einer fremden Sprache Lautkorrekturen leichter angenommen werden können, da diese nicht, wie oft die Muttersprache, emotional belastet ist (SCHLENTNER 2000).
Neugierig geworden, was es mit dem frühen Fremdsprachenlernen auf sich hat und welche Chancen darin auch für sprachbehinderte Schüler stecken, wollte ich mich im Rahmen meiner zweiten Staatsexamensarbeit dieser Aufgabe stellen.

1 Theoretische Überlegungen zum frühen Fremdsprachenlernen

1.1 Der Hörverstehensansatz (BLEYHL)

Sprachenlernen als Prozess der Selbstorganisation

„Sprache ist linear *lehr*bar. Linear *lern*bar ist sie nicht" (BLEYHL 2000, 7). Wie kann Sprache dann gelernt werden? BLEYHL beschreibt das Sprachenlernen als einen Prozess der Selbstorganisation. Er geht davon aus, dass der Sprachenlernende innerhalb eines Interaktionsgeschehens eigenaktiv Strukturen der Sprache erkennen muss, um in der Folge eigene Strukturen aufbauen zu können.

Anhand verschiedener Beispiele (Laute, Wortrealisationen, Wortbedeutungen, Sätze, Grammatik, Texte etc.) versucht BLEYHL (2001) den Prozess des selbstorganisierten Sprachenlernens zu verdeutlichen. Diese Beispiele im Detail zu erläutern, würde jedoch zu weit führen. Seine wichtigsten Aussagen über den Sprachlernprozess möchte ich an dieser Stelle jedoch kurz zusammenfassen.

- Sprachzeichen der konkret erfahrbaren, äußeren Sprache sind unscharf („fuzzy") und benötigen einen Kotext und Kontext, um sinnvoll verwendet werden zu können.
- Um auf allen Sprachebenen (Laut, Wort ...) Prototypen bilden zu können, muss der Sprachlerner vielfältige Erfahrungen sammeln können.
- Phänomene werden in Abgrenzung zu Nachbarphänomenen erworben, wie z.B. Laut /e/ in Abgrenzung zu Laut /a/ und /i/.
- Es gibt keine 1:1-Zuordnung von Sprachsymbol zu Bedeutung, wie z.B. die Aussprache von „no" und „know".
- Es bedarf neben des sprachlichen Wissens eines situativen Vorwissens sowie eines generellen Weltwissens.
- Die Simultaneität verschiedener Sprachzeichen (Laut, Wort, Struktur, Intonation etc.) ermöglicht die Konstruktion von Bedeutungen.
- Sprache ist aufgrund ihrer Komplexität und engen Verzahnung mit allen Ebenen nur teilweise bewusst zu handhaben.

Der Lernende muss also in einem ersten Schritt die wahrgenommenen Sprachzeichen von ihren zufälligen Erscheinungsaspekten trennen und das Prototypische herausfiltern. Dies ist auf allen Ebenen, vom Laut bis zur syntaktischen Struktur, erforderlich. Zugleich muss der Lernende die Bedeutung konstruieren und verschiedene Bedeutungspaare auf ihre Stimmigkeit mit dem Kontext überprüfen. In einem zweiten Schritt muss der Lerner ein motorisches (Muskel-)Programm entwickeln, um die Sprachzeichen auch sprechen oder schreiben zu können. Zudem muss er das System als Zusammenspiel der inneren Sprache in sich aufbauen (BLEYHL 2000).

Prinzip des hermeneutischen Zirkels

Dieser Sprachlernprozess erfolgt nach dem Prinzip des *hermeneutischen Zirkels*, also im Wechsel- und Zusammenspiel von Erfahrung und Erwartung. „Aufgrund ähnlicher, früher gemachter Erfahrungen entwickelt der Mensch Hypothesen und Erwartungen über den weiteren Gang der

Ereignisse. Treffen die Erwartungen ein, findet eine Bestätigung der Hypothesen statt. Werden die Erwartungen nicht bestätigt, werden neue Erfahrungen gemacht: Der Erwartungsapparat muss angepasst werden" (BLEYHL 2000, 14). Auf diese Weise kann sich das Wissen erweitern. Auch Sprache (Wortbedeutungen, grammatikalische Wendungen ...) wird so gelernt.

Daraus ergibt sich zwangsläufig, dass Sprache nur durch ihren Gebrauch gelernt werden kann. Dies gilt für den Erwerb der Erstsprache als auch für den Erwerb der Zweitsprache gleichermaßen. Voraussetzung dafür ist allerdings, dass man die Lerner der Zweitsprache nicht sofort zur Sprachproduktion zwingt. Zuerst verinnerlichen sie dann das fremdsprachliche Phonemsystem während rezeptiver Spracherfahrungen im Unterricht und üben die Produktion zu Hause, wenn sie sich unbeobachtet fühlen. Erst wenn sie sich sicher sind, sprechen sie die Wörter vor der Klasse (BLEYHL 2000).

PELTZER-KARPF und ZANGL (PELTZER-KARPF & ZANGL 1997, 1998 in BLEYHL 2000, 22) haben in ihrem Wiener Schulversuch aufgezeigt, dass die Sprachentwicklung in der Erst- und Zweitsprache demselben Muster folgt und durch das Lehren nicht beeinflusst wird. Demnach geht man davon aus, dass Erst- und Zweitspracherwerb erkenntnistheoretisch äquivalent sind. Damit gilt der Grundsatz der *Rezeption vor der Produktion*, was BLEYHL (2001, 10) auch folgendermaßen begründet: „Sprachverstehen ist Sprachenlernen."

> Rezeption vor Produktion

Letztendlich kommt es darauf an, dass der Lerner die Sprachstrukturen durch vielfältige Erfahrungen mit der Fremdsprache in sich selbst aufbaut und sie nicht „eingetrichtert" bekommt. Schließlich muss er sie selbst anwenden können, wenn er mit anderen in Beziehung treten will.

1.2 Methodische Konsequenzen

„Jeder fremdsprachliche Anfangsunterricht hat zunächst die Aufgabe, dem Lerner das Knacken des linguistischen Codes zu erleichtern" (BLEYHL 2000, 7). Der Lehrer übernimmt dabei die Rolle desjenigen, der den Lerner in die Sprache „hineinführt" und ihm Sprachmodelle aufzeigt. Diese Aufgabe bezeichnet man als *feedforward*. Der Lehrer muss dem Lerner aber auch Rückmeldung über die Angemessenheit seiner Hypothesen geben (vgl. „hermeneutischer Zirkel"). Diese Aufgabe wird auch als *feedback* bezeichnet.

> feedforward – feedback

Woher aber weiß der Lehrer, dass der Lerner die fremdsprachlichen Sprachstrukturen versteht? Da der Lernprozess in den Köpfen der Lerner abläuft, braucht der Lehrer möglichst schnell eine Rückmeldung von diesen Lernvorgängen. Die Möglichkeit, das Verstehen und vielleicht noch den Grad des Verstehens beim Lerner zu überprüfen, hat der Lehrer nur in der gemeinsamen Interaktion.

Da eine frühe Sprachproduktion nicht angestrebt wird, müssen andere Wege gefunden werden, wie Sprache direkt innerhalb eines Interaktionsgeschehens erfahren werden kann. Der Psychologe James J. ASHER entwickelte die Unterrichtsmethode des *„total physical response"*, bei dem der

> total physical response

ganze Körper mitmacht. Darunter versteht man Aufforderungen wie z.B. „Touch the table". Der Lernende kann das Gehörte direkt erfahren und in Handlungen umsetzen, was den Aufbau des neuen Sprachsystems begünstigt. Der Lehrende hat gleichzeitig eine präzise und direkte Rückmeldung über den Stand des Lernprozesses und kann sich daran orientieren. „Die Spontaneität der Reaktion, das eventuelle Zögern, die Körpersprache, die Mimik u.a. mehr geben dem Lehrer Rückmeldung über die Sicherheit des Wissens seiner Lerner, und geben gleichfalls dem Lerner, ablesbar an den Reaktionen des Lehrers, Rückmeldung über die Angemessenheit seiner Hypothesen. Die Effektivität eines solchen Vorgehens ist übrigens durch viele empirische Studien belegt" (ASHER 1977; LOVIK 1996 in BLEYHL 2000, 32).

1.3 Zielsetzungen des frühen Fremdsprachenlernens

Ziele

Oberstes Ziel des frühen Fremdsprachenlernens ist die rezeptive und produktive Sprachkompetenz im Mündlichen:
„Die Kinder sollen in die Lage versetzt werden, fremdsprachliche Äußerungen und Texte zu verstehen und sich in definierten Lebenssituationen in der Fremdsprache verständlich zu machen" (Ministerium für Kultus, Jugend und Sport 2001, 14). Als weitere Lehr- und Lernziele werden u.a. genannt:

- Hinführung zu Sprachlernkompetenz, Sprachbewusstsein, interkultureller Kompetenz
- Wecken von Interesse und Freude an Sprache
- Aufbau von Verstehensleistungen
- Aufbau von Sprachstrukturen durch Sprachrezeption
- Aufbau einer Lexik, die sich aus vorgegebenen Sprachanlässen ergibt (Ministerium für Kultus, Jugend und Sport 2001, 14).

Neben den traditionellen Bereichen (Hören/Zuhören/Verstehen, Sprechen, Lesen/Verstehen, Schreiben) umfasst das Ziel des frühen Fremdsprachenunterrichts auch die kommunikativen Fähigkeiten sowie den Aufbau von Sprachlernstrategien (Ministerium für Kultus, Jugend und Sport 2001). Die Schwerpunkte des Fremdsprachenlernens in der Grundschule liegen somit auf dem Verstehen, der Kommunikation und der Sprachlernkompetenz. Diese Ziele stimmen mit den Zielen des Hörverstehensansatzes überein.
Die Schule für Sprachbehinderte hat bis jetzt noch keinen eigenen Bildungsplan für das Fach Englisch und orientiert sich daher am Bildungsplan für die Grundschule.

1.4 Zur Modifikation des Hörverstehensansatzes in der Schule für Sprachbehinderte

Der Hörverstehensansatz ist für das frühe Fremdsprachenlernen an Grundschulen konzipiert und beruht somit auf einem unproblematischen Erstspracherwerb. Schüler mit Sprach- und Lernproblemen bringen diese Voraussetzungen jedoch nicht mit. Es gilt daher kritisch zu hinterfragen, inwiefern dieser Ansatz auch in der Schule für Sprachbehinderte umzusetzen ist. „Die besonderen Lernvoraussetzungen Sprachbehinderter" werden beispielsweise im Bildungsplan für die Schule für Sprachbehinderte in Baden-Württemberg (1995, 10) wie folgt beschrieben:

„Die besonderen Lernvoraussetzungen Sprachbehinderter"

„Sprachstörungen zeigen sich als Abweichungen von phonetisch-phonologischen, grammatikalischen, semantischen und pragmatischen Normen. Form, Inhalt und Gebrauch der Sprache sind in ihrem Zusammenwirken so beeinträchtigt, dass sie als Darstellungs-, Ausdrucks- und Handlungsmittel nicht angemessen verwendet werden kann.

In Begleitung von Sprachstörungen sind eine Reihe von Teilleistungsschwächen zu beobachten, die in unterschiedlicher Zusammensetzung und Ausprägung auftreten und sich als Lern- und Leistungseinschränkungen auswirken können.

Die wichtigsten sind:

- Störungen der Aufnahme, Differenzierung, Verarbeitung und Speicherung in auditiven, visuellen und taktil-kinästhetischen Wahrnehmungsbereichen,
- Schwierigkeiten bei der Simultanerfassung und Koordination von Reizen aus diesen Wahrnehmungsbereichen,
- Probleme beim Verknüpfen und Ordnen der Sinnesinformationen sowohl nach Qualität als auch in ihren zeitlichen und räumlichen Beziehungen,
- unzureichende Automatisierung sprach-sprechmotorischer und psychomotorischer Abläufe einschließlich rhythmisch-musikalischer Störungen" (Ministerium für Kultus, Jugend und Sport 1995, 10).

Problematisch an dieser Beschreibung ist, dass es „die Sprachbehinderung" an sich nicht gibt. Diese verallgemeinernden Einschätzungen werden den einzelnen Schülern in keiner Weise gerecht, sie zeigen jedoch die Schwierigkeiten sprachbehinderter Kinder deutlich auf.

Daraus lässt sich schlussfolgern, dass der Hörverstehensansatz in der Schule für Sprachbehinderte modifiziert werden muss, um den Bedürfnissen sprachbehinderter Kinder gerecht zu werden. Folgende Überlegungen möchte ich dazu kurz anstellen:

Modifikation des Hörverstehensansatzes in der Schule für Sprachbehinderte

- *Sprachliche Reduktion:* Aufgrund der kurzen Hör-Merk-Spanne sprachbehinderter Schüler ist zu überlegen, die zielsprachlichen Äußerungen in ihrer Komplexität zu reduzieren. Da viele der Kinder schon in ihrer Erstsprache Schwierigkeiten mit komplexen syntaktischen Aussagen haben, sollten diese in der Zweitsprache erst recht vermieden werden. Des weiteren ist zu überlegen, die Schüler nicht mit neuen Vokabeln zu überschütten (was dem sogenannten „Sprachbad" ent-

sprachliche Reduktion

sprechen würde), sondern ihnen ausgewählte Strukturen gezielt zu präsentieren, sodass sie Bekanntes leichter wieder erkennen können (z.B. „Show me ...").

- *„Switchen":* Das „Switchen" (engl.: wechseln, umschalten) zwischen Deutsch und der Fremdsprache dient der Verständnissicherung und gibt v.a. schwächeren Schülern wieder Sicherheit im Unterrichtsgeschehen.
- *Ritualisierung:* Regelmäßig wiederkehrende Sequenzen stellen für die Schüler eine Strukturierungshilfe dar und geben ihnen Sicherheit im Ablauf des Unterrichtsgeschehens.
- *Anregung zur eigenen sprachlichen Produktion:* Gerade bei Kindern mit Problemen im auditiven Wahrnehmungsbereich könnte die eigene Produktion fremdsprachlicher Wörter oder Phrasen eine weitere Hilfe darstellen, die neuen Begriffe zu durchgliedern, phonologisch zu erfassen und im Gedächtnis zu verankern. Diese Überlegung weicht allerdings vom Grundsatz der „Rezeption vor der Produktion" ab. Es wäre darauf zu achten, dass die Schüler nicht einer direkten Kontrolle durch andere bzw. einer Korrektur ausgesetzt sind und dadurch frustriert werden. Dies könnte z.B. in Form von chorischem Sprechen realisiert werden.
- *Wechsel der Sozialformen:* Ein angemessener Wechsel der Sozialform sollte ein durchgängiges Prinzip eines jeden Unterrichts sein. Dennoch möchte ich an dieser Stelle explizit darauf hinweisen, da im Fremdsprachenunterricht die Gefahr eines lehrerzentrierten Unterrichts besteht. Es ist nun mal der Lehrer, der die Fremdsprache beherrscht und den Schülern präsentiert.
- *Handlungsorientierung des Sprachenlernens:* Damit gemeint ist die handelnde Umsetzung von Sprache. Durch Spielen, Basteln, szenisches Darstellen zielsprachlicher Texte etc. sollten die Kinder einbezogen werden, was sich zugleich auf das Sozialverhalten, die Feinmotorik etc. förderlich auswirken kann.
- *Mehrdimensionales Lernen:* Bei den meist auditiv auffälligen Kindern der Schule für Sprachbehinderte sollten mehrkanalige Zugangsweisen zur englischen Sprache angeboten werden. Unterstützend wirken Bilder, der übertriebene Einsatz von Mimik, Gestik und Prosodie, szenisches Spiel sowie das Bilden eigener Hypothesen. Kurzum: Alle Lernkanäle sollten aktiviert werden.

Mit diesen Überlegungen zur Modifikation möchte ich weder die Prinzipien noch die Vorgehensweisen des Hörverstehensansatzes anzweifeln. Die Ideen des Konzeptes sind meiner Meinung nach auch an einer Schule für Sprachbehinderte geeignet, um die Schüler mit einer Fremdsprache vertraut zu machen. Man sollte als Lehrender jedoch nicht zögern, das Konzept auf die individuellen Bedürfnisse der einzelnen Schüler abzustimmen.

2 Überblick über das Gesamtprojekt

In der Klasse hatte bis zu diesem Zeitpunkt noch kein Englischunterricht stattgefunden. Das Vorwissen der Schüler bezüglich englischer Wörter wurde eruiert, englische Begrüßungs- und Verabschiedungsrituale wurden eingeübt.

Zu Beginn des Englischprojekts „animals" stand die Handpuppe Kim mit einem Koffer vor der Türe. Kim war zu Besuch aus England und der eigentliche Anlass für mich als Lehrerin, in der Klasse Englisch zu sprechen. Von da an war die Handpuppe Zeichen dafür, dass nun englisch gesprochen wird. Kim hatte den Schülern Tierbilder und das Lied „Old MacDonald" mitgebracht und ihnen von dem „farmer" und seinen „animals" erzählt.

Zur Verankerung der englischen Tiernamen im Wiedererkennungsgedächtnis dienten verschiedene Wortschatzspiele (z.B. „Snap", „Change places") unter dem Aspekt des Hörverstehens. In einer Rhythmikstunde wurden prägnante Bewegungsmerkmale der Tiere gemeinsam erarbeitet und in Bewegung umgesetzt (die Ente watschelt, die Katze schleicht, das Pferd galoppiert etc.). Im Anschluss daran kamen dann die englischen Tierstimmen hinzu (siehe Kapitel 3: exemplarische Darstellung einer Unterrichtsstunde).

Im weiteren Verlauf des Projekts wurde das Bilderbuch „The pig in the pond" (Waddell 1994) vorgelesen. Der Inhalt wurde mit den Schülern gemeinsam erarbeitet und szenisch dargestellt, wobei die Schüler auf die Signalwörter reagierten und die Tierlaute artikulierten. Im Kunstunterricht stellten die Schüler dafür eigens Tiermasken her. Fächerübergreifend zu dem Englischprojekt „animals" wurden im Deutschunterricht Tiergeschichten verfasst. Damit wird der Forderung nach Integration des Fremdsprachenlernens in andere Fächer Rechnung getragen (Ministerium für Kultus, Jugend und Sport 2001, 19).

Marginalien:
- Begrüßungs- und Verabschiedungsrituale
- Einsatz der Handpuppe
- Wortschatzspiele
- szenisches Spielen
- fächerübergreifender Aspekt

3 Exemplarische Darstellung einer Unterrichtsstunde

Im Folgenden soll nun eine Unterrichtsstunde zu dem Themengebiet „animals" beschrieben werden, die in einer 3. Klasse der Schule für Sprachbehinderte durchgeführt wurde. Unter den 12 Schülern waren zwei italienische Jungen und ein türkisches Mädchen.

3.1 Zielsetzungen der Unterrichtsstunde

Der Schwerpunkt der Unterrichtsstunde wird insbesondere auf der Förderung der auditiven Wahrnehmung in der Zielsprache liegen (auditive Aufmerksamkeit und auditive Differenzierungsfähigkeit).

Allgemeine Lernziele	Allgemeine Lernziele: • Aufbau eines *rezeptiven* zielsprachlichen Wortschatzes zum Themengebiet „animals" • Einhören in die englischen Tierstimmen und Zuordnen zu den jeweiligen Tieren • Reagieren auf zielsprachlichen Input unter Ganzkörpereinsatz.
Sonderpädagogische Lernziele	Sonderpädagogische Lernziele: • Förderung der visuellen Wahrnehmung durch genaues Hinschauen bei den verkehrt zusammengesetzten Tierbildern • Sensibilisieren für das Hören auf und sich Orientieren an Signalwörtern in der Zielsprache • Aktive Produktion der Tierstimmen als Hilfe zur Verankerung • Förderung der Merkfähigkeit • Förderung der Sprachbewusstheit • Erfahren von Gemeinschaft durch das gemeinsame Singen und Spielen.

3.2 Geplanter Verlauf der Unterrichtsstunde

Begrüßung *Begrüßung, Fingerspiel und Wiederholung der Tiernamen:* Zu Beginn der Stunde kommen die Schüler in den Sitzkreis. Nachdem die Handpuppe die Klasse wie gewohnt auf englisch begrüßt hat (→ Ritualisierung), wird auch heute wieder das Fingerspiel (analog ALIG 1995) praktiziert (→ Handlungsorientierung des Sprachenlernens). Die Bewegungen verdeutlichen den Inhalt und können bei der Lehrerin abgeschaut werden.

Fingerspiel	Two little pigs,	*rechte und linke Hand zu Fäusten ballen und hochhalten*
	sitting on a hill,	*beide Fäuste auf Oberschenkel aufsetzen*
	one named Jack,	*rechte Faust hochhalten*
	one named Jill.	*linke Faust hochhalten und dabei rechte Faust wieder absenken; auch linke Faust wieder absenken*
	Run away Jack,	*erst rechte Faust auf dem Oberschenkel rhythmisch vorwärts bewegen,*
	run away Jill,	*dann mit der linken Faust nachziehen*
	come back Jack,	*erst rechte Faust wieder rhythmisch zurückbewegen,*
	come back Jill.	*dann linke Faust.*

Wiederholung der Tiernamen Wenn die Lehrerin die Aufmerksamkeit aller Schüler hat, öffnet sie kommentarlos die Tafel. An der Tafel hängen Tierbilder, die allerdings verkehrt zusammengesetzt sind (z.B. das Vorderteil eines Hundes mit dem Hinterteil einer Katze). Da eine Sprachproduktion in der Zielsprache nicht eingefordert wird, fordert die Lehrerin die Schüler auf, ihr ein bestimmtes Tier zu zeigen, z.B. *„Show me the pig!"* (→ sprachliche Reduktion). Dadurch werden die Schüler für das Hören auf und sich Orientieren an Signalwörtern sensibilisiert. Die Schüler kommen dann zur Tafel vor und setzen das genannte Tier richtig zusammen. Mit dieser

Methode (siehe Kapitel 1.2: Methodische Konsequenzen) bekommt man eine direkte Rückmeldung über den Stand der Lernprozesse der jeweiligen Schüler. Die anderen Tiernamen werden auf dieselbe Weise wiederholt.

Erarbeitung der Tierstimmen: Die Schüler gehen auf ihren Platz zurück (→ Wechsel der Sozialformen) und bekommen jeweils einen Kartensatz mit den eben wiederholten Bauernhoftieren. Dann wird ihnen eine Kassette mit englischen Tierstimmen vorgespielt, welche den jeweiligen Tieren zugeordnet werden müssen: „woof" (dog), „miaow" (cat), „moo" (cow), „quack" (duck), „oink" (pig), „baa" (sheep), „cock-a-doodle-doo" (cock), „neigh" (horse). Nach jeder Tierstimme fragt die Lehrerin: *„Who is it? Show me the animal!"* Mit ihren Tierkärtchen (→ mehrdimensionales Lernen) zeigen die Schüler das Tier, welches sie vermuten, und bekommen ein entsprechendes Feedback. Die Schüler werden dann motiviert, den jeweiligen Tierlaut zu imitieren („Can I hear the dog?"), da die Verknüpfung zwischen Tiername und Tierlaut für manche Schüler eine Merkhilfe bedeuten kann (→ Anregung zur eigenen sprachlichen Produktion). Dabei geht es nicht um die korrekte Artikulation der Tierstimmen, sondern um das Aufmerksamwerden auf den andersartigen Klang, das Einhören in das phonologische System des Englischen.

Tierfütterung: Auf englisch gibt die Lehrerin den Schülern die Anweisung, unter ihrem Stuhl nachzuschauen, was sie durch eine entsprechende Geste (→ mehrdimensionales Lernen) stützen wird. Dort finden die Schüler ein Tierkärtchen zum Umhängen, wobei immer zwei Schüler dasselbe Tierkärtchen haben. Schwächere Schüler haben so jemanden, an dem sie sich orientieren können. Die einzelnen Tierbewegungen wurden bereits in der vorausgehenden Stunde erarbeitet. Bei der Tierfütterung geht es nun darum, dass sich die verschiedenen Tiere gleichzeitig durch den Raum bewegen (→ Wechsel der Sozialformen). Bei einem lauten Trommelschlag ruft dann der „farmer" (die Lehrerin) die Tiere zu sich: „Cows, come to me!". Kommen die Kühe daraufhin zu dem „farmer" und geben ihren Tierlaut („moo") von sich, werden sie dafür mit Futter (Smarties) belohnt.

Lied „Old MacDonald": Zum Abschluss der Stunde wird auch heute (→ Ritualisierung) das Lied „Old MacDonald" gesungen. Die Melodie und der Inhalt des Liedes sind den Schülern aus den vorherigen Englischstunden vertraut. Der ursprüngliche Liedtext wurde folgendermaßen vereinfacht:

1. Old MacDonald had a farm/ I-A-I-A-O/
and on his farm he had some *cows*/ I-A-I-A-O/
moo, moo, moo /moo, moo, moo/ moo, moo, moo, moo, moo.

2. Old MacDonald had a farm/ I-A-I-A-O/
and on his farm he had some *pigs*/ I-A-I-A-O/
oink, oink, oink / oink, oink, oink /oink, oink, oink, oink, oink.

> 3. Old MacDonald had a farm/ I-A-I-A-O/
> and on his farm he had some *ducks*/ I-A-I-A-O/
> *quack, quack, quack/quack, quack, quack/*
> *quack, quack, quack, quack, quack.*
>
> 4. Usw.

Es geht nicht darum, dass die Schüler lautstark mitsingen, sondern sie sollen auf die zielsprachlichen Signalwörter wie „*cow*", *pig*" etc. mit ganzkörperlichem Einsatz und nun auch den jeweiligen Tierstimmen („moo", „oink" etc.) reagieren. Auch in dieser Situation bleiben die Schüler paarweise zusammen, um sich gegenseitig Sicherheit zu vermitteln. Zur besseren Identifikation mit dem jeweiligen Tier bekommen die Schüler eine Tiermaske. Die Handpuppe fordert die „Tiere" dazu nacheinander auf: „*Pigs, come to me!*" Die aufgerufenen Tiere holen sich dann die passende Tiermaske und setzen sich wieder auf ihren Platz. Ebenso werden die anderen Masken verteilt. Für jedes Tier, das in der Strophe genannt wird, wird das jeweilige Tierbild hochgehalten (→ mehrdimensionales Lernen). Die anderen Tiere begleiten den Refrain durch Klatschen.

4 Abschließende Bemerkungen

Für mich als Lehrerin war es überaus spannend, Erfahrungen mit dem Fach Englisch an einer Schule für Sprachbehinderte sammeln zu können. Und die Schüler waren sichtlich stolz, dass sie schon jetzt Englisch lernen „dürfen", was normalerweise erst in höheren Klassen vorgesehen ist.

Es war jedoch nicht immer leicht, eine angemessene Unterrichtsform zu finden, bei der die Schüler sich eigenaktiv einbringen konnten und zugleich die Zielsprache von mir präsentiert werden konnte. Alle Möglichkeiten des selbstständigen Erarbeitens, wie z.B. einen Text erlesen und mit einem Partner darüber diskutieren, konnten aufgrund fehlender Sprach- und Lesekompetenz in der Fremdsprache nicht eingesetzt werden. Und trotzdem sollte der Unterricht nicht lehrerzentriert ablaufen.

Anpassung an die individuellen Lernvoraussetzungen

Auch empfand ich es als Gratwanderung, die Schüler trotz ihrer Beeinträchtigungen nicht zu überfordern. Schließlich sollte der Unterricht dem Bereich der Wahrnehmung, vor allem der auditiven und visuellen Wahrnehmung, als auch den Beeinträchtigungen in der Motorik und des Gedächtnisses gerecht werden. Dabei war es bestimmt wichtig, dass die sprachlichen Strukturen nicht zu komplex waren und der Wortschatz in immer unterschiedlichen Handlungen regelmäßig wiederholt wurde. Während des gesamten Projekts hatte ich den Eindruck, dass die Schüler trotz ihrer „Sprachbehinderung" dem Englischunterricht äußerst motiviert und aufgeschlossen gegenübertraten und in den oben genannten Wahrnehmungsbereichen gefördert werden konnten. Meine Beobachtungen dazu möchte ich anhand der auditiven Aufmerksamkeit kurz schildern. Die auditive Aufmerksamkeit war in den Englischstunden bei *allen*

Schülern sehr groß und hielt länger als im herkömmlichen Unterricht an. Aufforderungen wie „Listen to me!" wurden i.d.R. schneller befolgt als ein „Hört mir mal zu!" Die Verbindung von Bewegung und Sprache wirkte sich wahrscheinlich zusätzlich förderlich auf die Aufmerksamkeit aus.
Da die Klasse noch keinen Englischunterricht erfahren hatte, war es für mich spannend zu beobachten, wie die Schüler auf eine Fremdsprache reagieren würden. Insbesondere Kinder mit nicht deutscher Muttersprache müssten nach Aussage des Bildungsplanes Erfolgserlebnisse haben, weil sie bereits Erfahrungen mit anderen Sprachen gemacht haben. „Alle, die neben ihrer Muttersprache noch eine Zweitsprache erlernen oder erlernt haben, bauen eine Sprachlernkompetenz für den Erwerb von Sprachen auf" (Ministerium für Kultus, Jugend und Sport 2001, 15). Meine Beobachtung jedoch war, dass dies nicht auf alle zweisprachig aufwachsenden Kinder meiner Klasse zutrifft. Ein italienisches und ein türkisches Kind mit dysgrammatischen Problemen in der deutschen Sprache hatten erhebliche Schwierigkeiten, im Englischen den Inhalt zu erfassen und Anweisungen zu verstehen.
Allerdings bin ich davon überzeugt, dass bei allen Kindern etwas in Gang gesetzt wird, denn die Auseinandersetzung mit einem fremden Sprachsystem fördert immer auch die Auseinandersetzung mit dem eigenen Sprachsystem. Auf diese Weise kann die Sprachbewusstheit gefördert werden. Das würde bedeuten, dass eine frühe Auseinandersetzung mit einer Fremdsprache auch oder vielleicht gerade in einer Schule für Sprachbehinderte wichtig und sinnvoll ist.

Förderung der Sprachbewusstheit

Frühförderung – übergreifende und fachspezifische Merkmale

Franz Peterander

Der Erwerb der Sprache ist einer der komplexesten und gleichzeitig erstaunlichsten Entwicklungsprozesse in den ersten Jahren eines Kindes. Zwar verfügen schon Neugeborene über ein geringes, aber doch funktionierendes Repertoire an Kommunikationsmöglichkeiten mit ihrer Umwelt: Weinen als Ausdruck von Unwohlsein, Lächeln bei Wohlbefinden etc. Mit Eintritt in den Kindergarten haben die meisten Kinder ein recht umfangreiches Sprachsystem erworben, das ihnen das Verstehen und den Gebrauch von Wörtern erlaubt sowie den Einsatz grammatikalischer Regeln ermöglicht, um mit anderen Personen zu kommunizieren. Treten in dieser Phase jedoch in einem dieser differenzierten Bereiche Probleme auf, kann es zu Sprachentwicklungsstörungen kommen, die über die Kommunikationsfähigkeit und Sprache hinaus weit reichende Folgen für das spätere Lernen in der Schule sowie für das Erwachsenenalter haben können. Nicht selten können frühe, nicht erkannte Sprachentwicklungsstörungen von der sozialen Ausgrenzung dieser Kinder bis hin zu Lernbehinderungen führen. Es wird berichtet, dass 30% der Kinder in den Anfangsklassen der Schulen für Lernbehinderte vermutlich eine frühe Sprachentwicklungsstörung hatten (DANNENBAUER 2001; MCLEAN & CRIPE 1997). Häufig werden insbesondere bei Kindern aus sozial benachteiligten Familien Sprachstörungen mit all den negativen Folgen für ihre weitere Entwicklung sehr spät, wenn nicht sogar zu spät, erkannt (GROHNFELDT 1993; KLEIN 2002). Angesichts dieser gravierenden Auswirkungen früher Sprachentwicklungsstörungen gilt für die Sprachdiagnostik und -therapie in besonderer Weise: je früher, desto besser. In vielen Effektivitätsstudien hat sich gezeigt, dass „the effects of intervention for children at very young ages ... are more succesful and with greater efficiency than has been reported previously for interventions with older children and adults having similar disorders" (MCLEAN & CRIPE 1997, 403). Eine „wait and see"-Strategie kann es deshalb nicht geben.

Die Frühförderung in Deutschland ist ein seit 30 Jahren bestehendes anerkanntes System der frühen Förderung für Kinder mit Beeinträchtigungen und Hilfen für ihre Eltern. Infolge der hohen Anzahl von Kindern mit Sprachverzögerungen und Sprachstörungen, die heute in den z.B. 125 interdisziplinären Frühförderstellen in Bayern von LogopädInnen und SprachtherapeutInnen betreut werden, stellt neben der Förderung von Kindern mit motorischen Störungen die Sprachtherapie einen der größten Arbeitsbereiche in der Frühförderung dar. Da es bereits eine Vielzahl umfassender Arbeiten zur Sprachentwicklung von Kindern gibt (FLETCHER & MACWHINNEY 2000; GRIMM 2000; GRIMM & WEINERT 2002; GROHNFELDT 2000; PAPOUŠEK 1994), soll in diesem Beitrag auf diesen Aspekt nicht näher Bezug genommen werden. Vielmehr wird das komplexe System der Frühförderung dargestellt und sein Bezug zur Sprachförderung transparent gemacht.

1 Definition von Frühförderung

Interdisziplinäre Frühförderstellen sind familiennahe, pädagogisch-psychologisch orientierte Einrichtungen, die im Rahmen eines interdisziplinären und ganzheitlichen Konzepts umfassende Hilfen für Kinder von der Geburt bis zur Einschulung anbieten, um eine drohende oder bereits eingetretene Behinderung zum frühestmöglichen Zeitpunkt zu erkennen und die Beeinträchtigung durch gezielte Förder- und Behandlungsmaßnahmen auszugleichen oder zu mildern. Frühförderung wird heute als Oberbegriff für Diagnostik und Förderung der Kinder, Beratung der Eltern und Kooperation mit Institutionen, die das Kind ebenfalls betreuen, verwendet. Ihre Hauptaufgabe besteht in einer interdisziplinär konzipierten Eingangs-, Verlaufs- und Abschlussdiagnostik, in heilpädagogischen und medizinisch-therapeutischen Hilfen sowie in einer alltagsunterstützenden Kooperation mit den Familien bzw. mit der unmittelbaren Lebenswelt der gefährdeten und behinderten Kinder. In jedem Bundesland weist die Frühförderung unterschiedliche organisatorische Strukturen auf.

Aufgabenbereiche

Sozialpädiatrische Zentren bieten Hilfen für Kinder und Jugendliche an. Sie sind fachübergreifend arbeitende, zumeist in Kliniken angesiedelte Einrichtungen, die fachlich-medizinisch organisiert sind und unter ärztlicher Leitung stehen, sozialpädiatrische Behandlungen anbieten und mit weiteren Berufsgruppen in- und außerhalb der Klinik zusammenarbeiten. Diagnostik und Rehabilitation von Kindern und Jugendlichen von der Geburt bis zum 18. Lebensjahr stehen im Vordergrund.

Sozialpädiatrische Zentren

2 Kinder in der Frühförderung

Die geförderten Kinder haben Sprach-, Wahrnehmungs- und Teilleistungsstörungen, Verhaltensauffälligkeiten, schwer wiegende motorische Auffälligkeiten (Cerebralparesen), sie sind sehgeschädigt bzw. blind, hörgeschädigt bzw. taub. Ein Drittel dieser Kinder sind schwer geistig oder körperlich behindert. Sechzig Prozent der Kinder in der Frühförderung sind Jungen, das Durchschnittsalter liegt bei 3,5 Jahren (PETERANDER 2002). Der Anteil ausländischer Kinder beträgt ca. 14 % bzw. über 25% in Ballungsgebieten (SOHNS 2000).

> Die häufigsten Beeinträchtigungen der Kinder liegen im Bereich der Motorik und der Sprache.

Laut einer von MAYR (1990) durchgeführten Untersuchung von 4500 Kindergartenkindern zeigten sich bei 15% Entwicklungsverzögerungen im Bereich Sprechen und Sprache. HEINEMANN (1996) ermittelte bei Screening-Untersuchungen an Kindergartenkindern je nach Einzugsgebiet sogar zwischen 18% und 34% Sprachentwicklungsverzögerungen – nach seiner Ansicht ist die Rate der Kinder mit gravierenden Sprachentwicklungsverzögerungen in den vergangenen 20 Jahren beträchtlich gestiegen.

3 Etablierung der Frühförderung

Den entscheidenden Anstoß zum Aufbau eines umfassenden Frühfördersystems gab ohne Zweifel das viel beachtete Gutachten „Früherkennung und Frühförderung behinderter Kinder" von OTTO SPECK (1973), das er für den Deutschen Bildungsrat verfasste und in dem er die Einrichtung regionaler, familiennaher und interdisziplinärer Frühförderstellen empfahl. In diesem Gutachten sind bereits die Grundprinzipien der interdisziplinären Frühförderung formuliert worden. Dieses Gutachten führte 1974 zur Gründung erster Interdisziplinärer Frühförderstellen in Bayern. Eine neue rechtliche Grundlage für die Frühförderung hat sich durch das am 1. Juli 2001 in Kraft getretene Sozialgesetzbuch (SGB) IX ergeben. In § 30 werden erstmals eigenständig und gleichrangig die Leistungen zur Früherkennung und Frühförderung in Interdisziplinären Frühförderstellen und Sozialpädiatrischen Zentren festgeschrieben.

Sozialgesetzbuch IX

4 Theoretische Grundlagen

Ein grundlegender Wandel in Theorie und Konzeption der Frühförderung ist in den letzten Jahren zu beobachten (SPECK & WARNKE 1983): von „direktiven Einheitskonzepten" hin zu einer „interaktionalen Konzeptvielfalt" (SPECK 1995). Einen entscheidenden Beitrag zu dieser Entwicklung leistete in den 70-er und 80-er Jahren URI BRONFENBRENNER (1981) mit seinem systemisch-ökologischen Ansatz. Seine Überlegungen führten u.a. zu einem Paradigmenwechsel hinsichtlich der Bedeutung der Eltern im Förderprozess: sie wurden nicht mehr als Laien betrachtet oder als Co-Therapeuten eingesetzt, sondern sie wurden immer mehr zu Partnern in der Kooperation mit der Frühförderung.

Paradigmenwechsel

Neuere systemisch-orientierte Entwicklungstheorien gehen von der Annahme einer dynamischen Interaktion der unterschiedlichen biopsychosozialen Faktoren auf unterschiedlichen Systemebenen aus (PETERMANN, NIEBANK & SCHEITHAUER 2004; SAMEROFF & FIESE 2000).

> Demnach verläuft die Entwicklung eines Kindes nicht als ein kontinuierlicher Prozess, vielmehr kommt es zu Diskontinuitäten und Entwicklungssprüngen, die im Rahmen solcher theoretischer Konzepte als Selbstorganisationsprozesse eingeordnet werden.

Die vielfältigen Determinanten der familiären Beziehungen, die Familienstrukturen und -hierarchien, die persönlichen Ressourcen der Familienmitglieder, der kulturelle Hintergrund der Familien rückten bei der Förderung verstärkt in den Vordergrund und erfordern seitens der Fachleute neues Wissen und neue Kompetenzen im Umgang mit Kindern und ihren Familien (KRAUSS 2000; PETERANDER 2004).

Heute gewinnen in der Frühförderung zunehmend neue biopsychosoziale Modelle an Bedeutung. Es hat sich gezeigt, dass es bei der Synapsenbildung im Gehirn sensible Phasen gibt, in deren Verlauf der Organismus in erhöhtem Maße auf bestimmte Umwelteinflüsse plastisch reagiert. Sensible Phasen können als biologische „Voreinstellungen" angesehen werden, aus bestimmten Erfahrungen zu lernen. Die Dauer dieser sensiblen Phasen kann für unterschiedliche Hirnbereiche stark voneinander abweichen. Es gibt somit Entwicklungsabschnitte, in denen spezifische Erfahrungen der Kinder von besonderer Bedeutung für das Entstehen neuronaler Strukturen sind, die die Basis für die Optimierung von Lernen und Lernfortschritten bilden. In der frühen Kindheit sind die neuronalen Vernetzungen so dicht wie nie mehr danach. Ein wichtiges „Zeitfenster" für Lernprozesse. Diese Ergebnisse haben bedeutsame Konsequenzen für die Frühförderung wie auch für die kindliche Sprachentwicklung (BORTFELD & WHITEHURST 2001). Neuronale Netzwerke verfestigen sich, wenn sie früh stimuliert werden, sie verschwinden, wenn keine frühe Förderung erfolgt (BAILEY et al. 2001; SHORE 1997).

sensible Phasen

> Im Gegensatz zu früheren Annahmen über „starre" sensible Phasen betonen die neuen biopsychosozialen Modelle die Bedeutung der dynamischen Wechselbeziehungen zwischen Organismus und Umwelt. Besonders im Hinblick auf die Sprachentwicklung kommt diesem Aspekt eine herausragende Bedeutung zu (PRIZANT, WETHERBY & ROBERTS 2000).

dynamische Wechselbeziehungen

Zur Erklärung kindlicher Entwicklungsverläufe spielen auch die aus den Ergebnissen von Langzeitstudien entwickelten Konzepte zur Beschreibung von Risiko- und Schutzfaktoren, von Vulnerabilität und Resilienz, Wechselwirkungen zwischen Anlage und Umwelt sowie die Bindungsqualität eine zentrale Rolle (CLARKE & CLARKE 2000; PETERMANN, NIEBANK & SCHEITHAUER 2004; WERNER 1997). Insbesondere beim Erwerb der Sprache im ersten und zweiten Lebensjahr spielt eine sichere Bindung des Säuglings zur Mutter bzw. zu den engsten Bezugspersonen eine herausragende Rolle (RAUH 2002; PAPOUŠEK & PAPOUŠEK 1997).

frühe Bindungen

Auch hinsichtlich der frühen Sprachförderung wurden die theoretischen Konzepte weiterentwickelt. Bedeutsam ist hierbei die Entwicklung von der davor praktizierten Sprachfehlerkorrektur zum „entwicklungsproximalen Ansatz" sprachtherapeutischen Handelns, bei dem vorrangig versucht wird, sich an den Prozessen beim normalen Spracherwerb zu orientieren (BAUMGARTNER & FÜSSENICH 1999; DANNENBAUER 1994; ZOLLINGER 1999).

5 Prinzipien der Frühförderung

Prinzipien

Aus den theoretischen Grundlagen der Frühförderung haben sich handlungsleitende Prinzipien für die Arbeit herausgebildet:

Ganzheitlichkeit: Die Förderung eines Kindes mit Beeinträchtigungen soll nicht allein an der Behandlung seines „Defizits" ansetzen, sondern die ganze Person des Kindes mit all seinen Stärken und Schwächen einschließen.

Familienorientierung: Die heutige systemisch-ökologische Orientierung der Frühförderung erfordert die Einbeziehung der Familie in den gesamten Förderprozess. Die Eltern – und hier insbesondere die Mütter – werden als wichtigste Partner bei der Kindförderung angesehen. Dies gilt insbesondere auch für die Sprachförderung (RITTERFELD 2000; SHONKOFF & PHILLIPS 2000). Die professionellen Helfer mit ihrem umfassenden Fachwissen und die Eltern mit ihren vielfältigen Erfahrungen im täglichen Zusammenleben mit ihrem Kind beeinflussen die Qualität der Kooperation und damit auch die Wirksamkeit des Förderprozesses (GURALNICK 1997).

Regionale und mobile Frühförderung: Eine wohnortnahe Frühförderung erspart Eltern lange Anfahrtswege und erleichtert eine mobile Förderung der Kinder im familiären Setting. Die Kindförderung erfolgt in der Regel zu 50% durch Hausbesuche.

Interdisziplinarität und Teamarbeit: Die Individualität der Kinder und die Komplexität ihrer Behinderungen bzw. Entwicklungsverzögerungen erfordern eine intensive interdisziplinäre Zusammenarbeit unterschiedlicher Berufsgruppen bei der Diagnose, der Erstellung des Förderplans sowie im weiteren Verlauf der Förderung und der Kooperation mit den Eltern. Interdisziplinarität ermöglicht den Austausch von Informationen der Teammitglieder untereinander, und es werden auch ein Feedback und eine gegenseitige Supervision möglich. Teamsitzungen werden somit zu flexiblen Formen interner Fortbildungen (PETERANDER 2003a).

Vernetzung: Frühförderstellen kooperieren mit einer Vielzahl unterschiedlicher Einrichtungen und Privatpraxen, die das Kind gleichfalls betreuen. Sie können dadurch Eltern über andere medizinische und soziale Dienste informieren, die für ihren individuellen Fall kompetent sind. Es zeigt sich, dass interdisziplinäre Frühförderstellen zunehmend zu Kompetenzzentren in Fragen der frühen Förderung beeinträchtigter Kinder werden.

Soziale Eingliederung/Integration: Frühförderung soll zur Integration der Kinder in die Familie und in die Lebens-, Spiel- und Lerngemeinschaften der Gesellschaft beitragen. Frühförderung als präventives System hat ferner darauf hinzuwirken, dass die Kinder Kompetenzen erwerben, um Regelschulen besuchen zu können.

6 Diagnostik

Die Diagnose von Kindern im frühen Alter stellt in der Regel eine größere Herausforderung dar als weithin angenommen wird. Gerade die ersten Lebensjahre sind eine Zeit des intensiven Lernens und der persönlichen Entwicklung, wobei die einzelnen Entwicklungsschritte durchaus nicht kontinuierlich und vorhersehbar erfolgen. Der jeweilige Entwicklungsstand eines Kleinkindes kann sich innerhalb kurzer Zeitspannen erheblich verändern (LARGO 1999). Diese Variabilität in den Entwicklungspfaden der Kinder bleibt in der Diagnostik häufig unberücksichtigt. Fragen zur frühkindlichen Diagnostik sind deshalb mit Recht in den letzten Jahren kritisch diskutiert worden (MEISELS & ATKINS-BURNETT 2000; PETERANDER 2003b; SIMEONSSON & ROSENTHAL 2001).

Probleme

In der Regel geht der Diagnostik in der Frühförderung ein offenes Beratungsangebot an die Eltern als Erstgespräch voraus. Diagnostik ist als Eingangs-, Verlaufs- und Abschlussdiagnostik angelegt; sie umfasst alle Dimensionen der kindlichen Persönlichkeit und seiner Entwicklung; sie ist handlungs- und alltagsorientiert und zielt auf die Teilhabe des Kindes in seiner realen Lebenswelt; sie bedient sich normorientierter Verfahren wie standardisierter Screenings, fachspezifischer Befunderhebung und klinisch-psychologischer Entwicklungstests zur Feststellung der Entwicklungsproblematik; sie bedient sich förderdiagnostischer Verfahren einschließlich freier und hypothesengeleiteter Beobachtung des spontanen und reaktiven Verhaltens des Kindes; sie integriert die diagnostischen Einzelbefunde in eine systemische Gesamtschau und sie dient letztlich als Grundlage für die Erstellung des Förder- und Behandlungsplans.

Beratung

Gefragt sind aufgrund veränderter theoretischer und konzeptioneller Sichtweisen neue Perspektiven für eine multivariate Diagnostik in der Frühförderung (PETERANDER 2003b; SIMEONSSON & ROSENTHAL 2001). Die Frühförderung als komplexes System der Hilfe für entwicklungsverzögerte und behinderte Kinder nutzt in ihrer Arbeit sowohl kategoriale wie auch dimensionale diagnostische Verfahren (DÖPFNER et al. 2000). Aufgrund der theoretischen Grundannahmen der Frühförderung wird in erster Linie ein multimodales Konzept den hohen Ansprüchen nach einer umfassenden individuellen prozessbegleitenden Diagnostik, Förderung und Evaluation gerecht. Ein Kennzeichen einer qualitätsvollen Diagnostik ist es insbesondere, wenn sie in einer interdisziplinären Kooperation im Frühförderteam realisiert wird (GURALNICK 2000). Ein Beispiel für die Planung und Durchführung einer modernen interdisziplinären Diagnostik zur Sprach- und Kommunikationsentwicklung – unter besonderer

Verfahren im multimodalen Konzept

Berücksichtigung der Rolle des Sprachtherapeuten – haben COGGINS & TIMLER (2000) vorgestellt.

Seit Anfang der 90-er Jahre besteht zwischen Forschern und Praktikern ein weitgehender Konsens in der Notwendigkeit, die Validität der traditionellen Diagnostikkriterien im Sinne einer „consequential validity" auf eine breitere Basis zu stellen. Das heißt, dass weniger im Vordergrund steht, ob eine bestimmte Diagnostik ‚korrekt' ist als vielmehr die Frage, in welchem Maße die Diagnose oder der Diagnoseprozess im Hinblick auf die Praxis sinnvoll erscheint und zu validen Förderzielen und -strategien führen kann (HAYES et al. 1987; SIMEONSSON & ROSENTHAL 2001) bzw. zu einem Verständnis des Kindes in seiner ‚ganzen einmaligen Besonderheit'.

consequential validity

6.1 Anforderungen an Diagnostik und Früherkennung

Der diagnostische Prozess schließt die Formulierung von Hypothesen und Fragen, die systematische Erhebung von Informationen, den Austausch und die Interpretation von Beobachtungen als Grundlage für die Entwicklung neuer Fragestellungen und für die Planung der Förderung mit ein. Diese Definition von Diagnostik ist durch Prinzipien zur Diagnostik zu ergänzen, wie sie von einer interdisziplinären Arbeitsgruppe im Hinblick auf die intellektuelle, emotionale und psychomotorische Entwicklung von Kleinkindern definiert worden sind und zukünftig als Leitlinie einer multivariaten Diagnostik dienen sollten (ZERO TO THREE 1999). Im Hinblick auf die Diagnostik in der Sprachförderung haben PRIZANT, WETHERBY & ROBERTS (2000) einige bedeutsame diagnostische Prinzipien benannt. Sie gehen zum einen von der Überlegung aus, dass das Ausmaß einer erfolgreichen Eltern-Kind-Kommunikation in hohem Maße das emotionale Wohlbefinden eines Kindes und seiner Familie beeinflusst und Fachleute deshalb über entsprechendes diagnostisches Wissen verfügen sollten. Zum anderen stehen diese Prinzipien in engem Zusammenhang mit der Tatsache, dass sprachliche Kommunikation in erster Linie eine soziale Aktivität darstellt, die virtuell in allen das Kind und die Familie betreffenden Umwelten stattfindet. Die fünf Prinzipien spiegeln insbesondere diesen Aspekt wider:

diagnostische Prinzipien

1. Ziel der Diagnostik ist die Erhebung von Informationen über die Kommunikation und das sozio-emotionale Verhalten eines Kindes in unterschiedlichen Situationen über die Zeit hinweg. Der prozesshafte Charakter der Kommunikation erfordert deshalb das Zusammentragen all der in verschiedenen Settings und bei alltäglichen Tätigkeiten auftretenden vielfältigen Unterschiede der Interaktionen des Kindes zu einem – wenn auch nicht immer vollständigen – „Bild".

Ziele

2. Eine Vielzahl von Strategien sollte zur Informationserhebung eingesetzt werden, um die spezifischen Stärken und Bedürfnisse des Kindes transparent zu machen. Dazu gehören die Testung der Sprachkompetenz, die Beobachtung des Kindes in seiner alltäglichen Lebenswelt sowie die Befragung/das Gespräch mit wichtigen Bezugspersonen. Diese qualitativ

Informationserhebung

unterschiedlichen Informationen sollen helfen, das Kind ganzheitlich zu sehen.

3. Diagnostik soll dazu beitragen, zwischen ‚normalen' und abweichenden Formen der kindlichen Kommunikation zu unterscheiden. Angesichts ihrer Beeinträchtigung entwickeln viele Kinder idiosynkratische Begriffe und Verhaltensweisen, um ihre Bedürfnisse zu kommunizieren. Nicht selten wird dieses spezifische Verhalten unzutreffender Weise als eine Primärstörung angesehen. Eine gute Kenntnis des Kindes ist daher eine wichtige Voraussetzung für eine differenzierte Diagnose. Sozial abweichendes Kommunikationsverhalten wie z.B. Beissen, Kratzen kann bei beeinträchtigten Kindern auch ein Ausdruck für eine zielgerichtete Kommunikation sein (REICHLE & WACKER 1993).

Abgrenzungen

4. Fachleute sollen das Expertenwissen der Eltern über die spezifischen Sprach- und Kommunikationskompetenzen ihrer Kinder mithilfe differenzierter Interviewtechniken herausarbeiten, denn die Eltern können ihr Kind in zahlreichen, auch emotional sicheren (Interaktions-)Situationen beobachten, die den Experten per se nicht zugänglich sind.

Eltern als Experten

5. Diagnostik ist als Teil der Intervention anzusehen. Die Planung der Förderung sollte auf den in der diagnostischen Phase dokumentierten Veränderungen des Kindes im sprachlichen, kommunikativen und sozioemotionalen Bereich basieren. Die Dokumentation kann auch zur Evaluation für die Effektivität der Fördermaßnahmen genutzt werden. Zudem kann die aktive Teilnahme der Eltern an der Diagnostik zu einem besseren Verständnis der sprachlichen Stärken und Schwächen ihres Kindes beitragen und die Eltern auf diese Weise zur Entwicklung eigener neuer Strategien zur besseren Kindförderung anregen.

Diagnostik als Teil der Intervention

Eine umfassende Darstellung der am häufigsten in der Frühförderung verwendeten Verfahren in der Kind- und Familiendiagnostik, ihre Zielstellungen und Anwendungsbereiche, die praktische Umsetzung und ihr Beitrag zur Planung der Förderung findet sich bei CIERPKA (1996); CRAIS (1997); DÖPFNER et al. (2000); KELLY & BARNARD (2000) sowie speziell für die Sprachdiagnostik bei GRIMM (2003).

Früherkennung: Ein international häufig diskutiertes und weithin ungelöstes Problem der Frühförderung ist das Fehlen effektiver Früherkennungssysteme für Kinder mit Entwicklungsverzögerungen und Behinderungen. Hier wird die allseits anerkannte Forderung nach „je früher, desto besser" arg strapaziert. Die in Deutschland von Kinderärzten durchgeführten üblichen U1-U9 Untersuchungen zwischen Geburt und dem 5,5. Lebensjahr genügen nicht den erforderlichen Standards nach pädagogischer und entwicklungspsychologischer Frühdiagnostik (PETERANDER 2003c). In der Sprachdiagnostik gibt es zunehmend Versuche, durch die Entwicklung von Frühdiagnostikinstrumenten diesem Mangel abzuhelfen. GRIMM & DOIL (2000) entwickelten zur Früherkennung von Risikokindern Elternfragebögen (ELFRA-1: für 1-Jährige; ELFRA-2: für 2-Jährige), die einerseits einen wichtigen Fortschritt darstellen, andererseits allerdings u.a. wegen der von Eltern zu bearbeitenden zu langen Wortschatzlisten nicht ohne Kritik geblieben sind.

Früherkennung

7 Kindförderung und Kooperation mit Eltern

Die Förderung von Kindern als Komplexleistung der Frühförderung umfasst vergleichbar der Diagnostik heilpädagogische, psychologische, ärztliche und medizinisch-therapeutische Leistungen.

> Multikausale Erklärungskonzepte in der Frühförderung haben multimodale Förderansätze zur Folge.

Bedeutung des Spiels

Dies bedeutet einerseits die Notwendigkeit zur Entwicklung von individuell auf den Einzelfall abgestimmten Förderkonzepten sowie differenzierten Formen der Kooperation mit den Eltern und Bezugspersonen. Dem spielerischen Lernen bzw. dem Lernen im Spiel wird hierbei eine herausragende Bedeutung beigemessen (OERTER 1996; PAPOUŠEK & v. GONTARD 2003). Kritik am Fehlen spielerischer Elemente und zu einseitiger Funktionstrainings in Sprach-Förderprogrammen wird verstärkt geäußert (SCHMID-BARKOW 1999).

In den letzten Jahren sind eine Vielzahl von Konzepten und Methoden für die Frühförderung der Kinder entwickelt worden (zusammenfassend THURMAIR & NAGGL 2000, 167ff.). PETERMANN et al. (2000) beschreiben acht vor allem im englischen Sprachraum eingesetzte Programme für Hilfen in der frühen Kindheit, die sich sowohl auf die Förderung der Kinder als auch auf die Kooperation mit den Eltern beziehen. Im Hinblick auf die Sprachförderung und Beratung der Eltern gibt es eine gleichfalls umfangreiche Literatur: BAUMGARTNER & FÜSSENICH (1999); GROHNFELDT (2002); GRIMM & WEINERT (1994); SUCHODOLETZ (2002); WEINERT (2002).

Prinzipien der Sprachfrühförderung

Ein Modell der Sprachförderung, das gleichermaßen für alle Kinder geeignet ist, gibt es nicht. Vielmehr sollte jede Intervention das Alter der Kinder, ihren sprachlichen IST-Zustand, ihre sozio-emotionalen und kognitiven Ressourcen, ihre motorischen Fähigkeiten sowie ihre individuelle Art des Lernens berücksichtigen. Hinzukommen sollte die Berücksichtigung familiärer Charakteristika, die Motivation und Fähigkeit der Eltern, notwendige Veränderungen im Alltag tatsächlich vorzunehmen, um den Förderprozess zu unterstützen. Von diesen Überlegungen ausgehend, haben PRIZANT, WETHERBY & ROBERTSON (2000, 291ff.) Prinzipien für eine effektive Sprachfrühförderung formuliert:

1. In der Familie erwerben die Kinder ihre ersten Worte wie auch der Umgang mit der Sprache primär in der Familie eingeübt wird. Die Definition der kindlichen Förderziele muss daher mit Blick auf die notwendige Kooperation mit den Eltern unzweifelhaft die spezifischen Wertvorstellungen, die familiären Besonderheiten und die soziokulturellen Charakteristiken der Familie berücksichtigen.

2. Grundlage einer effektiven frühen Sprachförderung ist eine enge partnerschaftliche Kooperation zwischen Eltern und Fachleuten mit dem Ziel die Eltern-Kind Interaktion zu verändern, förderliche Lernsituationen zu

schaffen und spezifische Fördermaßnahmen zu initiieren, um beim Kind die sprachlichen Kompetenzen und die Kommunikation positiv zu beeinflussen.

3. Der Motivation des Kindes zur Kommunikation kommt bei der Sprachförderung eine große Bedeutung zu, die es während des gesamten Förderprozesses zu stärken gilt. Viele Kinder mit Sprachschwierigkeiten vermeiden häufig soziale Interaktionen und kommunizieren nur selten, und dann auch nur in Situationen, in denen sie aufgrund persönlicher Interessen besonders motiviert sind. Diese gilt es daher herauszuarbeiten und für den Förderprozess zu nutzen.

4. Kinder haben unterschiedliche und häufig sehr individuelle Lernstile. Aus dieser Sicht sind die Stärken des einzelnen Kindes beim Lernen zu nutzen, dementsprechende Lernsituationen zu schaffen und angemessene Lernmaterialien zu verwenden.

5. Sprachförderung ist effektiv, wenn sie in die natürliche Lebenswelt des Kindes eingebettet ist und die täglichen Routinen in den Förderprozess einbezogen werden. Diese immer wiederkehrenden Situationen eignen sich in besonderer Weise zum Erlernen und zur Einübung sprachlicher und kommunikativer Kompetenzen.

6. Das Wissen um die Bedeutung der Qualität der Eltern-Kind Beziehung und des Interaktionsstils der Eltern mit dem Kind für seine Sprachentwicklung haben den Fokus der Intervention verändert. In der Literatur gibt es viele Hinweise, dass familiäre Kommunikationsstrukturen zur Verstärkung bzw. Verhinderung von Sprachentwicklungsstörungen führen können, wenn seitens der Kinder Risikofaktoren vorliegen. Deshalb sollten auch Eltern im Rahmen der Sprachförderung neue Formen der Interaktion und Kommunikation erwerben, um die sprachlichen Kompetenzen ihrer Kinder stärken zu können (KELLY & BARNARD 2000; MCCOLLOM & HEMMETER 1997).

Die Frühförderung allgemein und zunehmend auch die Frühförderung in der Sprachtherapie bieten den Eltern ein weit reichendes Angebot zur Zusammenarbeit an (GROHNFELDT 1999; PETERANDER 2000). Familienbezogene Leistungen sind: das Erstgespräch, anamnestische Gespräche mit Eltern/Bezugspersonen, Vermittlung der Diagnose, Erörterung und Beratung des Förder- und Behandlungsplans, Austausch und Beratung über Entwicklungs- und Förderprozess des Kindes, Familienberatung bei Verhaltens-, Beziehungs- und Erziehungsfragen, Beratung in allgemeinen sozialrechtlichen und finanziellen Fragen, Anleitung und Hilfe bei der Gestaltung des Alltags, Anleitung zur Einbeziehung in Förderung und Behandlung, Vermittlung familien- und psychotherapeutischer Hilfen bei Krisen und Konflikten, Vermittlung weiterer Hilfs- und Beratungsangebote und Selbsthilfegruppen.

Beratungsgespräche

7.1 Bedeutung von Eltern-Kind-Beziehungen

Eine der wichtigsten Wurzeln der Sprache liegt im Beziehungsverhalten zwischen Säugling und Mutter oder zu einer anderen Bezugsperson, wobei der „intuitiven elterlichen Didaktik" ein besonderer Stellenwert zukommt (PAPOUŠEK & PAPOUŠEK 1989). Im Mittelpunkt des Beziehungsverhaltens steht die Interaktion zwischen dem Säugling/Kleinkind und einem Erwachsenen durch Körperkontakt, Mimik, Gestik, Blickkontakt und Stimme. Nur selten gibt es in Forschung und Praxis eine solchermaßen große Übereinstimmung wie in dieser Frage. Ergebnisse von Evaluationsstudien zeigen zudem, dass neben der unmittelbaren Kindförderung eine stärkere Beachtung der wechselseitigen Interaktionsprozesse zwischen Eltern und Kind erfolgen sollte, will man die größtmögliche Effektivität bei der Frühförderung erreichen (McCOLLUM & HEMMETER 1997; PETERANDER 2002). Aus diesem Grund geht es bei der Frage nach der best möglichen individuellen Kindförderung vorrangig auch um die Diagnose der Qualität der Eltern-Kind-Interaktionen. Diese Ergebnisse sollten sowohl das individuelle Verhaltensrepertoire von Eltern und Kindern wie auch die Reziprozität im Verhalten beider Partner abbilden. Zum anderen bringen die Kinder ihre Individualität in die Interaktionen mit ihren Eltern mit ein und beeinflussen damit – aus einem transaktionalen Verständnis kindlicher Entwicklung heraus gesehen – auch den dynamischen Prozess ihrer eigenen Entwicklung (SAMEROFF & FIESE 2000). Wie schwer es vor allem Eltern beeinträchtigter Kinder fällt, einen entwicklungsförderlichen Dialog aufzubauen, zeigt sich daran, dass sie in der Interaktion mit ihrem Kind häufig versuchen, abweichendes Kindverhalten durch verstärktes eigenes direktives Verhalten zu kompensieren. Andererseits beeinflusst auch die Persönlichkeit der Eltern, ihre Einstellungen und Werthaltungen die Qualität der Interaktionen mit ihrem Kind, z.B. in welchem Ausmaß sie persönlich in der Lage sind, auf die spezifischen Beeinträchtigungen und die Entwicklungen ihrer Kinder entwicklungsförderlich einzugehen (PETERANDER 1993). Letztendlich kann, ausgelöst durch eine interaktionsorientierte Frühförderung, die Reziprozität der Eltern-Kind Beziehung zu einem bedeutsamen Faktor für eine positive kindliche Entwicklung genutzt werden (ZIEGENHAIN et al. 1999).

wechselseitige Interaktion

8 Spezifische Sprachentwicklungsstörungen und frühe Förderung

Die Bedeutung einer möglichst frühen Förderung bei Sprachentwicklungsstörungen bzw. Spracherwerbstörungen für die sprachliche wie auch für die kognitive und sozial-emotionale Entwicklung von Kleinkindern wurde in den letzten Jahren besonders hervorgehoben und soll hier exemplarisch für die Notwendigkeit der Sprach-Frühförderung diskutiert werden. Nicht immer ist der Zusammenhang zwischen kindlichen Erfahrungen in frühen sensiblen Perioden und dem späteren positiven oder negativen Entwicklungsverlauf so fundiert wissenschaftlich dokumentiert wie in diesem Bereich. Sprachentwicklungsstörungen haben ihre Wurzeln häufig bereits in der vorsprachlichen Phase vor dem 1.Lebensjahr, sodass übereinstimmend eine Frühintervention gefordert wird

vorsprachliche Phase

(GRIMM 2003; PAPOUŠEK 1994; PENNER 2002; WEINERT 2002). In dieser kritischen Phase des Sprachlernprozesses entscheidet sich, ob es bereits zu Störungen beim Erwerb der Wortprosodie kommt, die verantwortlich ist für persistierende Schwächen von Kleinkindern bei der Sprachverarbeitung. Sprachlich unauffällige und sprachentwicklungsverzögerte Kinder unterscheiden sich in diesem Punkt erheblich.

Eine weitere kritische Phase bei der Entstehung von Spracherwerbstörungen stellen neuroanatomische Entwicklungen zwischen dem ersten und zweiten Lebensjahr dar (LOCKE 1997). In dieser Zeit wird das linkshemisphärische Regelsystem der Sprache aktiviert, während davor eine rechtshemisphärische Dominanz gegeben war. Der Wechsel zum linkshemisphärischen Regelsystem ermöglicht erst ein optimales mehrmodulares Lernen, sodass das Kind Informationen aus unterschiedlichen Komponenten der Grammatik und des Lexikons zusammenführen kann, um abstrakte Regeln der Grammatik oder Wortbedeutung abzuleiten (PENNER & KÖLLIKER FUNK 1998) und eine Sensitivität des Kindes bezüglich spezifischer Wortschatzlernprinzipien zu ermöglichen. Bei Kindern mit verlangsamter Hirnreifung findet dieser für einen optimalen Spracherwerb bzw. für den Aufbau eines funktionsfähigen linguistischen Regelsystems bedeutsame Wechsel nicht statt. Dies hat zur Folge, dass das Gehirn homologe Strukturen der weniger leistungsfähigen rechten Gehirnhemisphäre nutzt, um diesen Mangel möglichst auszugleichen. Diese Situation führt bei diesen Kindern zu massiven spezifischen Sprachentwicklungsstörungen und Langzeitdefiziten. MAXWELL & WALLACH (1984) sprechen hier sogar von einer „language learning disabilities connection". Nur eine qualitätsvolle Früherkennung und Frühförderung kann diesen ‚Teufelskreis' verhindern und die andernfalls gravierenden Folgen einer Sprachstörung bis ins Jugend- und Erwachsenenalter vermeiden.

Hemisphärenreifung

Es wird berichtet, dass 50–75% der sprachgestörten Kinder deutliche Schulleistungsprobleme haben und mehr als 50% von ihnen sozial-emotionale Folgeprobleme aufweisen, die bis zur Lernbehinderung führen bzw. bis in den psychiatrischen Bereich hineinreichen (WEINERT 2002). Ferner berichten CATTS et al. (1994), dass 40–70% dieser Kinder Lesen und Schreiben nur mit großem Aufwand bzw. nur unzureichend erlernen können. Auch werden bei diesen Kindern Defizite in den Bereichen Problemlösen, Gedächtnis, deduktives und induktives Denken und Schlussfolgern beobachtet. DANNENBAUER (2001) beschreibt weitere gravierende Folgeprobleme von spezifischen Sprachentwicklungsstörungen vor allem im Bereich der IQ-Entwicklung: der IQ kann bei Kindern mit Sprachentwicklungsstörungen innerhalb von fünf Jahren um bis zu 30 Punkte abnehmen. Nicht zuletzt auf der Grundlage dieser Ergebnisse und vor dem Hintergrund der aktuellen Diskussion zur frühen Erziehung und Bildung sowie zur Frage von Kosten und Nutzen gewinnt die Frühförderung ohne Zweifel immer mehr an Bedeutung.

Schulleistungsprobleme

Sprachfrühförderung muss in jedem Fall vor dem Entstehen einer Spirale von irreparablen Beeinträchtigungen ansetzen und in diesem Fall, in dem die kritische Periode zum Teil schon vor dem 1.Lebensjahr liegt, schnellstmöglich beginnen. Allerdings reichen hierzu nach PENNER (2002) herkömmliche Früherkennungsverfahren nicht aus, da der Kern der frühsprachlichen phonologischen Entwicklung, d.h. die Parameter

Bedeutung der Wortprosodie der Wortprosodie, nicht berücksichtigt werden. Erste Ansätze zur Einbeziehung phonologischer Analysen finden sich bei GIROLAMETTO, PEARCE & WEIZMAN (1997) und PENNER (2000). Bei der Weiterentwicklung entsprechender Früherkennungsverfahren zeigt sich noch ein erheblicher Forschungs- und Entwicklungsbedarf. Dies gilt auch für den Bereich der Förderung von Kindern mit spezifischen Sprachentwicklungsstörungen – hier hat WARD (1999) ein effektives elternzentriertes Konzept vorgestellt und evaluiert. Argumente für eine gezielte Interaktionsschulung der Eltern hat RITTERFELD (2000) vorgeschlagen. Eine detaillierte Zusammenfassung von Therapieansätzen bei Sprachentwicklungsstörungen findet sich bei WEINERT (2002).

9 Kompetenzen und persönliche Einstellungen der Fachleute

Ein Gesamtkonzept zur Aus- und Weiterbildung in der Frühförderung, das theoretische Grundlagen, Forschungsergebnisse, das Expertenwissen aus der Praxis sowie die Erwartungen der Eltern umfasst, ist erst ansatzweise erkennbar (BJÖRCK-AKESSON & GRANLUND 2003; PETERANDER 2004; WINTON, McCOLLUM & CATLETT 1997). Zu unterschiedlich sind bisher die theoretischen und praktischen Ausgangsbedingungen für die Kindförderung und die Zusammenarbeit mit Eltern sowie die strukturellen Bedingungen, unter denen Aus- und Weiterbildung stattfindet.

Eine Weiterentwicklung der Aufgaben der Frühförderung hat inzwischen zu einer Erweiterung des Tätigkeitsfeldes geführt. Frühförderer werden immer häufiger zu Beratern von anderen Institutionen, die Kinder im Vorschulalter betreuen. So ist z.B. in den vergangenen Jahren in Bayern ein neues Angebot der Frühförderung zur Beratung von Mitarbeitern in **Mobile heilpädagogische Hilfen** Kindergärten entwickelt worden („Mobile heilpädagogische Hilfen für Kindergärten"), die in ihren Einrichtungen immer häufiger Kinder mit Sprachdefiziten, Verhaltensauffälligkeiten bzw. Entwicklungsverzögerungen feststellen (HEINEMANN 1996). Aus diesen Gründen wird u.a. versucht Kindergärtnerinnen im Bereich der Sprachförderung mithilfe des Würzburger Trainingsprogramms zur Förderung der phonologischen Bewusstheit neue Kompetenzen zu vermitteln (KÜSPERT & SCHNEIDER 2000). Evaluationsergebnisse über diese breit angelegte Fortbildungsmaßnahme liegen bislang noch nicht vor. Sprachförderung im frühen Alter wird aufgrund der Ergebnisse der Pisa-Studie zunehmend auch gesellschaftspolitisch als ein drängendes Bildungs- und Erziehungsproblem angesehen (FTHENAKIS 2003).

Neben den fachlichen Kompetenzen erfordert die Arbeit mit entwicklungsverzögerten und behinderten Kleinkindern von vornherein – und unabhängig von der jeweiligen Fachdisziplin – besondere persönliche Einstellungen und Grundhaltungen seitens der Fachleute. Eine hohe **ethische Grundhaltung** ethische Grundhaltung bildet in jedem Einzelfall die Basis für die Akzeptanz und Wertschätzung von beeinträchtigten Kindern (SPECK 1995). Die

Fachleute müssen sich aus einer persönlichen Haltung heraus um die Kinder bemühen und sich auf eine emotional positive Beziehung mit ihnen einlassen können, da nur dadurch ein förderliches und motivierendes Lernklima möglich wird. Im einzelnen bedeutet dies, dass die Fachleute die Autonomie des Kindes respektieren, ihm Zuneigung entgegenbringen können sowie über Fähigkeiten zur kritischen Reflexion des eigenen fachlichen Handelns verfügen.

10 Effektivität

Eine Vielzahl von Studien zur Wirksamkeit der Frühförderung belegen nicht zuletzt unter dem Gesichtspunkt von Kosten-Nutzen-Überlegungen das verstärkte öffentliche Interesse an dieser Frage. Im Standardwerk von GURALNICK (1997) haben 40 Autoren über die positiven Ergebnisse der in den letzten 10 Jahren in den USA durchgeführten Evaluationsstudien zur Frühförderung bei Kindern mit unterschiedlichsten Behinderungen und Entwicklungsverzögerungen berichtet. Eine Diskussion über mögliche Wirkfaktoren in der Frühförderung findet sich in zwei Sonderheften der Zeitschrift „Frühförderung interdisziplinär" (2002). Ergebnisse von Langzeitstudien bestätigen indes die langfristige Wirksamkeit der Frühförderung, die auch unter Kosten-Nutzen-Gesichtspunkten positiv zu bewerten ist (BARNETT 2000).

11 Anmerkungen

In den ersten Lebensjahren lernen Kinder mit atemberaubendem Tempo. Erziehung und Förderung muss die „Zeitfenster" berücksichtigen, in denen das Gehirn die Grundlagen für alles weitere Lernen erwirbt (BAILEY et al. 2001). RAMEY & LANDESMAN RAMEY (1998, 112) schreiben in diesen Zusammenhang: „The mounting evidence about the significance of early experience in brain development, recently summarized in SHORE (1997), provides a stronger than ever impetus for systematic efforts to enhance childrens' learning opportunities and development in the first three years of life." Hier wird ohne Zweifel ein starkes Argument für die Frühförderung vorgetragen. Unsere Erziehungssysteme müssen zukünftig diese biologischen Aspekte als Teil der frühen kindlichen Entwicklung verstärkt berücksichtigen (PETERMANN, NIEBANK & SCHEITHAUER 2004). Dies bestätigen auch eine Reihe von Evaluationsstudien zur frühen Sprachförderung, die ihre Effektivität für ein breites Spektrum von Sprach- und Kommunikationsstörungen nachweisen konnten. Eine Reihe von Fragen sind jedoch offen geblieben: welche Förderung ist bei welchen Kindern am effektivsten, bei welchen spezifischen Störungen und in welchem Alter (MCLEAN & CRIPE 1997).

Gehirnentwicklung

Im Rahmen einer ‚Second-Generation-Forschung', wie Michael GURALNICK (1997) sie für die Frühförderung fordert, werden solche differenzierten – und transaktionale Entwicklungsprozesse bei Kindern berücksichtigende – Fragestellungen in der Zukunft bedeutsamer werden. Das betrifft auch die Notwendigkeit, den Blick in der Sprachfrühförderung zukünftig noch mehr wie bisher auf benachbarte Fachdiszipline wie die Entwicklungspsychologie, die Linguistik, die Allgemeine Psychologie und die Gehirnforschung zu richten. Dabei sollte das Augenmerk sowohl bei der Früherkennung wie auch bei der Therapie auf das frühe, teilweise auch vorsprachliche Alter gerichtet werden. Diesbezügliche empirische Studien sind in Zukunft zu initiieren sowie neue Modelle und Perspektiven für die Sprachfrühförderung zu entwickeln, die auch spezifische Kooperationsmodelle mit den Eltern einschliessen. Nicht zuletzt gilt es, die immer wieder feststellbare Kluft zwischen vorhandenem Wissen über die differenzierten Aspekte einer effektiven Sprachförderung und der alltäglichen Praxis der Sprachtherapie zu überwinden.

interdisziplinäre Forschung

(Dieser Beitrag wurde vom Bayerischen Staatsministerium für Arbeit und Sozialordnung, Familie und Frauen und vom Bayerischen Staatministerium für Unterricht und Kultus gefördert.)

Sprachheilschule, Förderzentren und integrative Schulformen

Wilma Schneider

Mit der Auflösung der Sprachheilschule (synonym zu Begriffen der unterschiedlichen Bundesländer: Schule zur Sprachförderung, Schule für Sprachbehinderte usw. vgl. Abschnitt 3) in Bremen ging ein Aufschrei durch die Reihen der Sprachheilpädagogen. Veränderungen in der Schullandschaft sind hier deutlich zu erkennen. In dieser schulsystemischen Umstrukturierung stellt sich die Frage, welche schulischen Möglichkeiten derzeit für sprachauffällige Kinder angeboten werden und wie förderlich diese für die einzelnen Kinder sind. Grundsätzlich ist zu überlegen, bei wem überhaupt sonderpädagogischer Förderbedarf im Bereich der Sprache besteht und wer sprachheilpädagogische Hilfen im Unterricht benötigt. Im Folgenden wird versucht, auf diese Fragen und Überlegungen aus sprachheilpädagogischer Sicht zu antworten und fachpolitische Meinungen darzustellen.

schulsystemische Umstrukturierung

1 Schüler mit sonderpädagogischem Förderbedarf im Bereich der Sprache

Lange Zeit wurden Schüler mit dem Förderschwerpunkt Sprache als sprachbehinderte Schüler oder Schüler mit Sprachbehinderung bezeichnet. In den letzten Jahren wurde der Behinderungsbegriff im schulischen Umfeld durch *Schüler mit sonderpädagogischem Förderbedarf im sprachlichen Handeln* bzw. auch Schüler mit dem Förderschwerpunkt Sprache umschrieben:

Definition

> „Sonderpädagogischer Förderbedarf im sprachlichen Handeln ist bei Schülerinnen und Schülern anzunehmen, die in ihren Bildungs-, Lern- und Entwicklungsmöglichkeiten hinsichtlich des Spracherwerbs, des sinnhaften Sprachgebrauchs und der Sprechtätigkeit so beeinträchtigt sind, dass sie im Unterricht der allgemeinen Schule ohne sonderpädagogische Unterstützung nicht hinreichend gefördert werden können" (KMK 1998, 227).
> „Schülerinnen und Schüler können somit in den kommunikativen und in den repräsentationalen Funktionen der Sprache wie auch in der Vergegenständlichung von Sprache eingeschränkt und deshalb in ihrer Persönlichkeits- und Sozialentwicklung und in ihrem Schulerfolg gefährdet sein" (KMK 1998, 225).

unklare Begrifflichkeit	Die Definition beinhaltet die negativen Auswirkungen einer Sprachstörung auf die Persönlichkeitsentwicklung und das schulische Lernen, bleibt jedoch in Bezug auf die inhaltliche Beschreibung von Sprachauffälligkeiten sehr vage. Unter diesem Begriff wird eine Vielzahl an sprachlichen Normabweichungen subsumiert, die sich qualitativ und quantitativ in hohem Maße unterscheiden (GROHNFELDT 1977) und nur unzureichend Orientierung in Bezug auf den bestmöglichen Förderort und die geeignete Schulform bieten.

Zu Beginn der schulischen Betreuung sprachauffälliger Kinder wurden vorrangig Stotternde in Sprachheilschulen gefördert und unterrichtet (BRAUN & MACHA-KRAU 2000). Mit einer differenzierteren Sichtweise von Sprachstörungen veränderte sich die Schülerschaft. Mittlerweile sind folgende Sprachstörungen in der Sprachheilschule zu finden:

Störungsfelder in der Sprachheilschule	– *Störungen auf phonetisch-phonologischer* Ebene: Artikulationsstörung, phonologisch gestörte Sprache – *Störungen auf morphologisch-syntaktischer* Ebene: Spezifische Sprachentwicklungsstörung (SSES, englisch: Specific Language Impairment SLI) – *Störungen auf semantisch-lexikalischer* Ebene: Wortfindungsstörungen, Sprachverständnisstörungen – *Redeflussstörungen*: Stottern mit ausgeprägtem Störungsbewusstsein, auffälliges Poltern – Störung der *Stimme/des Stimmklangs*: schwere Stimmstörungen, Näseln auf Grund von Lippen-Kiefer-Gaumenspalten – *Weitere* Störungen: Selektiver Mutismus, auditive Wahrnehmungsstörungen, Sprachstörungen auf Grund von Schwerhörigkeit – *Lese-Rechtschreib*schwierigkeiten.

Über die prozentuale Verteilung dieser Auffälligkeiten in der Sprachheilschule gibt es kaum differenzierte Aussagen. Untersuchungen bestätigen lediglich, dass der Anteil der Schüler mit Problemen beim Lesen und Rechtschreiben vor allem in höheren Jahrgangsstufen zunimmt und sich diese Probleme eher manifestieren (DÜRNER & SCHÖLER 2000). Derzeit kann die prozentuale Häufigkeit der Sprachstörungen im Eingangsbereich der Sprachheilschule folgendermaßen geschätzt werden:

geschätzte Häufigkeit

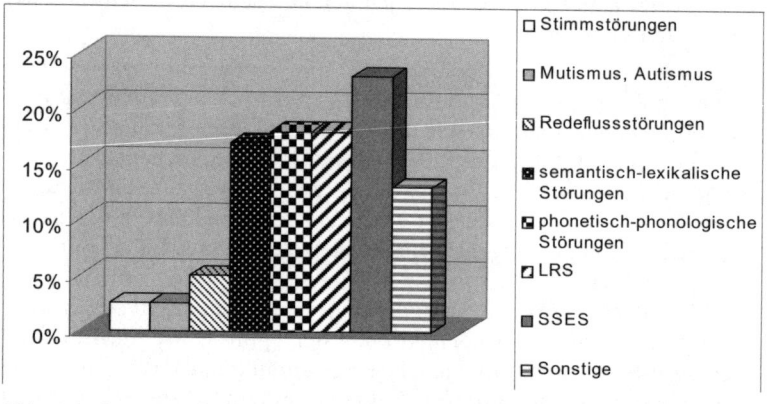

Abb. 1: Relative Häufigkeit der Förderschwerpunkte im Bereich der Sprache in der Sprachheilschule

Viele der sprachauffälligen Kinder zeigen dabei komplexe Schwierigkeiten auf mehreren Sprachebenen – gekoppelt mit Lern- und Verhaltensauffälligkeiten. Veröffentlichungen im deutschsprachigen Bereich (GRAICHEN 1983, GIESECKE & HARBRUCKER 1991) und angloamerikanische Untersuchungen (u.a. STOTHARD et al. 1998) belegen, dass trotz therapeutischer Intervention Sprachstörungen auch nach der Grundschulzeit bestehen bleiben, da u.a. wesentliche sprachliche und kommunikative Fähigkeiten erst im Jugendalter erworben werden. Hierzu zählen u.a. die Erweiterung und Ausdifferenzierung des Lexikons, die Entwicklung diskursiver Fähigkeiten und des Verständnisses für figurative Sprache (z.B. Metaphern, Witz, Ironie) sowie die Aneignung komplexer Fähigkeiten in der Schriftsprache (z.B. Verstehen und die Gestaltung unterschiedlicher Textsorten). Schulisches Lernen ist deshalb mitbetroffen, da Sprache und vor allem Schriftsprache weniger effektiv als mentales Instrument für kognitive Prozesse genutzt werden kann (ROMONATH 2000). Aus primär sprachspezifischen Entwicklungsstörungen entstehen oft allgemeine Lernstörungen (MAXWELL & WALLACH 1984). Die Verschlechterung der durchschnittlichen nonverbalen Intelligenztestwerte beträgt häufig zwischen 10 und 20 Punkten (u.a. JOHNSON et al. 1999).

Sprachstörungen im Jugendalter

sekundäre allgemeine Lernstörung

Neben den schulischen Misserfolgen stellt die Sprachauffälligkeit im Jugendalter auch ein Gefährdungsmoment der Persönlichkeitsentwicklung dar. Bei Kindern mit Sprachstörungen treten signifikant gehäuft sozial-emotionale Störungen auf, v.a. in Form von Aufmerksamkeitsstörungen, erhöhter Ängstlichkeit und Schwierigkeiten, soziale Beziehungen aufzunehmen (u.a. BAKER & CANTWELL 1982; BLANKEN 1993). Es zeigen sich durchschnittlich ungünstigere soziometrische Positionen in der Schule sowie Beeinträchtigungen in der Persönlichkeitsdynamik und im Selbstwertgefühl (KANTER 1964; GERTNER 1994).

sozial-emotionale Störungen

Auf Grund dieser zusätzlichen Lern- und Verhaltensproblematik wird zunehmend von einem so genannten Strukturwandel in der Schülerschaft gesprochen, d.h. dass im Gegensatz zu früheren Jahren die meisten Schüler mit dem Förderschwerpunkt Sprache in nichtsprachlichen Verhaltens- und Leistungsbereichen zusätzlich massiv gestört sind. Untersuchungen von GIESEKE & HARBRUCKER (1991) bestätigen, dass in Sprachheilschulen die Mehrzahl der Schüler mehrdimensional gestört ist und zu einem erheblichen Anteil in einem für die Lernvoraussetzungen ungünstigen erzieherischen Umfeld lebt. Die Zahl der Kinder, die an die Regelschule zurückgeführt werden können, nimmt deutlich ab, während der Anteil der Schüler, die eine Jahrgangsstufe wiederholen, zunimmt (BREITENBACH 1992; POHL 2002).

Strukturwandel

Die Feststellung des Förderbedarfs im Bereich des sprachlichen Handelns und die anschließende Förderorts",4>Ermittlung des bestmöglichen Förderorts werden in den einzelnen Bundesländern unterschiedlich geregelt, meistens anhand eines sonderpädagogischen Gutachtens, das den Förderbedarf beschreibt und Empfehlungen zum geeigneten Förderort gibt.

Feststellung des Förderbedarfs

In manchen Bundesländern wird der sonderpädagogische Förderbedarf im Rahmen einer genau festgelegten Verordnung ermittelt, z.B. Verordnung über die Feststellung des sonderpädagogischen Förderbedarfs und die Entscheidung über den schulischen Förderort (VO-SF) in Nordrhein-Westfalen. Zunächst wird in Absprache der allgemeinen Schule mit den

Erziehungsberechtigten ein Antrag auf die Eröffnung des Verfahrens gestellt. Die zuständige Schulaufsicht prüft den Antrag und beauftragt bei Zustimmung eine sonderpädagogische Lehrkraft, einen Pädagogen der allgemeinen Schule, das Gesundheitsamt und weitere Fachdienste ein Gutachten zum sonderpädagogischen Förderbedarf zu erstellen. Anschließend berät die zuständige Schulaufsicht mit den Erziehungsberechtigten und Schulträgern und entscheidet über den jeweiligen Förderbedarf und den Förderort (u.a. http://www.brd.nrw.de/)

2 Schulische Möglichkeiten für Kinder und Jugendliche mit sonderpädagogischem Förderbedarf im Bereich der Sprache

Vielfalt und Flexibilität schulischer Formen

Während in den Anfängen der schulischen Betreuung von Kindern und Jugendlichen mit Sprach-, Sprech-, Stimm- und Redestörungen nur die Sprachheilschule zur Verfügung stand, vollzieht sich derzeit die sprachliche Förderung im Organisationsrahmen schulischer und außerschulischer Einrichtungen in vielfältigen Formen von Unterricht, Therapie und Beratung. Es fand eine Abkehr von der institutionsbezogenen hin zur personalen Sichtweise von Behinderung statt, d.h.: „Konzeption und Organisation sonderpädagogischer Förderung sollten ausgerichtet sein auf die Kinder und Jugendlichen in ihrer jeweiligen Lebenswelt mit ihren jeweiligen Förderbedürfnissen. Unterschiedliche Angebote an unterschiedlichen Orten sollten aufeinander abgestimmt und flexibel sein" (SCHULZ 2003, 114).

sprachtherapeutischer Unterricht

Schulische Sprachförderung mit dem Hauptelement des sprachtherapeutischen Unterrichts ist grundsätzlich an jedem Förderort möglich. Sie ist jedoch gebunden an die Bereitschaft und Qualifikation der beteiligten (Sprachheil-) Lehrer sowie die aufgabengerechte Ausstattung des jeweiligen Förderortes. Die sprachheilpädagogischen Ressourcen können dabei unterrichtsintegriert, additiv und beratend eingesetzt werden. In den zunehmenden integrativen Zusammenhängen stellt sich noch die Frage nach einer praxistauglichen pädagogischen Konzeption der Sprachförderung. Deshalb sollte die gewachsene Struktur der Sprachheilschule mit wertvoller, nicht wiederholbarer Kompetenzbündelung nicht per Verordnung aufgelöst werden (WELLING 2000). Je nach individuellem Förderbedarf und örtlichen Gegebenheiten können folgende Schulformen eines

Verbundsystem schulischer Förderorte

gestuften und flexiblen Verbundsystems für sprachauffällige Kinder der bestmögliche Förderort sein:

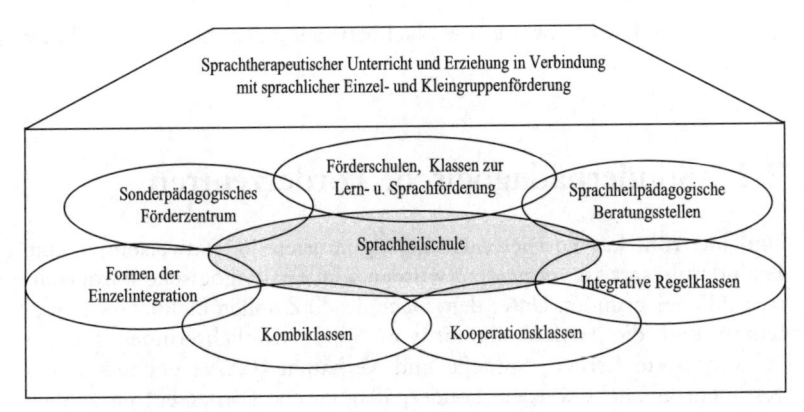

Abb. 2: Mögliche Schulformen für sprachauffällige Kinder mit dem Kernstück der Sprachheilschule

2.1 Sprachheilschulen

Der traditionelle Förderort für sprachauffällige Schüler ist die Sprachheilschule. Es gibt Bezirksschulen, in denen Schüler aus einem bestimmten Bezirk zusammengefasst und dort halbtags beschult und gefördert werden. Daneben bestehen auch einige wenige Internatsschulen mit stationärer Unterbringung. In Sprachheilschulen sind Jungen deutlich überrepräsentiert, da diese erheblich mehr Redeflussstörungen, Artikulationsstörungen, Sprachentwicklungsstörungen und Lese-Rechtschreibschwierigkeiten aufweisen (u.a. GIESEKE & HARBRUCKER 1991, Halpern 2000).

In den einzelnen Klassen sind in der Regel maximal 15 Schüler, die meist von einem Sprachheillehrer unterrichtet und gefördert werden. Als pädagogisches Konzept bilden Erziehung, Unterricht und Sprachtherapie eine Einheit und ergänzen sich gegenseitig. Aus finanziellen und organisatorischen Gründen entfallen in der Praxis des Öfteren die Therapie- und Förderstunden oder die Förderung findet vorwiegend als Klassenunterricht statt.

pädagogisches Konzept

Die Sprachheilschule eignet sich vor allem für sprachauffällige Schüler, welche die Voraussetzungen für eine erfolgreiche integrative Beschulung nicht mitbringen, u.a. Lernen in einer großen Gruppe, ausreichendes Sprachverständnis, und die eine umfangreiche tägliche Förderung in einer kleinen Gruppe brauchen, um ihre kommunikativen Fähigkeiten und ihr sprachliches Selbstwertgefühl aufzubauen und zu festigen (SCHULZ 2003). Stationäre Einrichtungen sind für Schüler mit gravierenden Kommunikationsbeeinträchtigungen oder sehr langen Fahrwegen vorteilhaft. Die Schüler werden nach den Lehrplänen der allgemeinen Schulen unterrichtet, in seltenen Fällen wird die Grundschulzeit auf fünf Jahre ausgedehnt (z.B. in TESCHE). Seit ihrem Bestehen ist die Sprachheilschule als Durchgangsschule konzipiert, d.h. mit dem Ziel einer möglichst frühzeitigen und schnellen Reintegration in das Regelschulsystem. Meist besteht lediglich ein Grundschulzweig, in seltenen Fällen Hauptschulzweige oder gar ein Realschulzweig. Bei der Reintegration in die all-

Schülerschaft der Sprachheilschule

Durchgangsschule

gemeine Schule ist teilweise eine Nachbetreuung der ehemaligen Schüler nötig.

2.2 Sonderpädagogische Förderzentren

Bündelung von Kompetenzen für Lernen, Sprache, Verhalten

Um eine frühe kategorisierende und stigmatisierende Zuweisung in eine Behinderungsart zu vermeiden, wurden sonderpädagogische Förderzentren (SFZ) gegründet. Unter dem Dach des SFZ sollen fachliche Kompetenzen und die Professionalität von Sonderschullehrerinnen für die Schwerpunkte Lernen, Sprache und Verhalten (L,S,V) gebündelt und verfügbar gemacht werden. Sonderpädagogische Förderzentren „haben in aller Regel einen stationären, schulischen und ambulanten Teil. Ein Sonderpädagogisches Förderzentrum ist eine Weiterentwicklung der Sonderschule" (STOELLGER 1997, 99). Weiterentwicklung bedeutet, dass im SFZ Schüler mit den Förderschwerpunkten L,S,V gleichsam integriert werden. In einigen Bundesländern bestehen auch SFZ ohne Klassen und Schüler nur als Beratungs- und Kompetenzzentren, in denen die Sonderschullehrer als Ambulanzlehrer vorrangig beraten und in der allgemeinen Schule fördern (u.a. in Bremen).

Sonderpädagogische Diagnose- und Förderklassen

Im Eingangsbereich sind häufig Sonderpädagogische Diagnose- und Förderklassen (DFK: Bayern, Schleswig-Holstein; Sonderpädagogische Förderklassen: Berlin) zu finden, in denen Schüler mit den sonderpädagogischen Schwerpunkten L,S,V die ersten beiden Jahrgangsstufen in drei Jahren absolvieren und ihre individuellen Fähigkeiten in gezielter Förderung verbessern können (SCHOR 2001). In Hamburg entstanden für Schüler mit Förderbedürfnissen in mehreren Bereichen so genannte Beobachtungsklassen 1–2 und in Brandenburg eine Flexible Eingangsstufe (FLEX) für die Jahrgangsstufe 1 und 2, die individuell in ein bis drei Jahren mit sonderpädagogischer Unterstützung durchlaufen werden konnen.

Reduzierung von Sprachförderung

Im Zuge dieser Multiprofessionalität und Vernetzung sonderpädagogischer Schwerpunkte wird jedoch die sprachheilpädagogische Förderung häufig reduziert und andere Förderschwerpunkte treten auf Kosten der Sprachförderung in den Vordergrund. Die verfügbaren Stunden werden vermehrt für Schüler mit sozial-emotionalen Problemen eingesetzt, da diese Kinder mehr Aufmerksamkeit fordern. An vielen Förderzentren kommt es zur „Vereinzelung" der Sprachheillehrer und einen dadurch

erschwerter Fachaustausch

erschwerten fachlichen Austausch. Teilweise werden Sprachheillehrer zum Förderlehrer ohne eigene Klasse, wodurch die Möglichkeit zum therapieimmanenten Unterricht verloren geht (SCHUCK 2000). Sonderpädagogische Förderzentren mit mehreren Förderschwerpunkten eignen sich vorrangig für sprachauffällige Schüler, die zusätzlich Lern- und Verhaltensauffälligkeiten zeigen.

sprachheilpädagogische Förderzentren

An einigen Standorten wurden Sprachheilschulen zu möglichst wohnortnahen störungsspezifischen, d.h. *sprachheilpädagogischen Förderzentren* umgewandelt. Das Konzept des Förderzentrums für Sprachbehinderte „sieht im Mittelpunkt seiner Bemühungen das Spontansprachhandeln und die Entwicklung und Elaboration kreativer, emotionaler, sozialer, sprachlicher und psychomotorischer Fähigkeiten" (GÜNTHER 1995, 237). Die Kooperation und Vernetzung dieser Förderzentren mit vorschulischen, außerschulischen Einrichtungen sowie den Regelschulen ist unabdinglich. Aufgaben dieser sprachheilpädagogischen Förderzentren sind schulinterne und -externe Beratung (s. Beratungszentren), systemische Förderdiagnostik, sprachheilpädagogische Förderung und Therapie, Bereitstellung einer Mediothek mit Übungsmaterialien, speziellen Förderprogrammen, Testverfahren, aktuellen Medien, Zeitschriften, Lern- und Sprachspielen und Computersoftware zum Ausleihen (GÜNTHER 1995).

Vernetzung und Aufgaben

2.3 Integrative Formen

Im Zuge der Integrationsbewegung wurden in den letzten Jahren verschiedene Wege einer integrativen Beschulung von Schülern mit dem Förderschwerpunkt Sprache eröffnet und praktiziert, von denen im Folgenden die häufigsten Formen dargestellt werden.
Für eine Beschulung in der allgemeinen Schule müssen die sprachauffälligen Schüler „Voraussetzungen mitbringen", d.h. „sie müssen in großen Gruppen lernen können. Ihr individuelles Fähigkeitsprofil muss so sein, dass sie trotz ihrer Schwierigkeiten im gemeinsamen Unterricht erfolgreich mitarbeiten und ihre sprachliche Handlungskompetenz erweitern können" (SCHULZ 2003, 117). Neben den erforderlichen Voraussetzungen entstehen in integrativen Zusammenhängen v.a. in Kombiklassen, Kooperationsklassen und IR-Klassen häufig Probleme bei der notwendigen Kooperation der beteiligten Lehrer. Auf Grund mangelnder Aus- und Weiterbildung bzw. fachlicher Begleitung gelingt sie nur teilweise und führt zu Frustrationen.

Voraussetzungen

Probleme

Formen der Einzelintegration
Immer häufiger werden einzelne Kinder mit Sprachauffälligkeiten in der Regelschule integriert und durch den Mobilen Sonderpädagogischen Dienst (MSD) gefördert. Der Sonderschullehrer (im Idealfall Sprachheillehrer) klärt im Rahmen einer kooperativen systemischen Diagnostik den sonderpädagogischen Förderbedarf eines Kindes ab, berät die Eltern und beteiligten Lehrer und fördert innerhalb des Unterrichts oder zusätzlich. Daneben unterstützt er die Regelschule beim Aufbau geeigneter Hilfssysteme und Förderkonzepte (SCHOR 2002).
In diesem Konzept werden Sprachheilpädagogen teilweise zur „sonderpädagogischen Feuerwehr" degradiert, die als Einzelkämpfer mit meist einer wöchentlichen Förderstunde pro sprachauffälliges Kind in der Volksschule die gesamte Bandbreite sprachheilpädagogischer Förderung sowie die Förderung im Bereich Lernen und sozial-emotionaler Entwicklung abdecken müssen (SCHUCK 2000). In vielen Bundesländern herrscht zudem der Anspruch der zielgleichen Integration, d.h. die sprachauffälligen Kinder müssen den Anforderungen der Regelschule weitgehend gewachsen sein.

Aufgaben des MSD

Sprachheilpädagogen als Einzelkämpfer

Kombiklassen

Konzept

In Kombiklassen bzw. Kombinationsklassen werden 5–6 Kinder mit dem Förderschwerpunkt Sprache gemeinsam mit 15–16 Kindern ohne besonderen sprachlichen Förderbedarf wohnortnah in der Sprengelgrundschule beschult. Der sonderpädagogische (v.a. sprachliche) Förderbedarf wird auf der Grundlage eines Gutachtens festgestellt. Die Ressourcenzuweisung ist schülerbezogen und variiert je nach Standort zwischen 1,6 – 2,58 Lehrerwochenstunden pro Schüler. Vorteil dieser integrativen Arbeit ist, dass die Sonderpädagogen immer Sprachheillehrer sind und sprachspezifische Prozessdiagnostik und Förderpläne die Grundlage der Arbeit darstellen (SCHULZ 2003). Der Sprachheillehrer ist intensiv in das Schulleben der Grundschule integriert und nimmt an allen Veranstaltungen dort teil, wobei seine Stammschule meist eine Sprachheilschule bleibt.

Erhaltung der spezifischen Fachlichkeit

Um die Spezifität zu erhalten, finden an einigen Standorten so genannte „Sprachheiltage" im Sinne von Dienstbesprechungen, Lehrerkonferenzen sowie externen und internen Fortbildungen statt. Ferner sucht teilweise der Rektor der Schule zur Sprachförderung die Sprachheillehrer in den Kombiklassen einmal pro Woche zum Gespräch auf (ZIELKE-BRUHN 2002).

Vorteile

Nach Aussagen der Lehrer profitieren die sprachauffälligen Kinder sowohl vom Zwei-Lehrer-System als auch von den zusätzlichen Sprachvorbildern der Grundschulkinder (*peer-learning*). Auch Grundschulkinder ohne amtlich festgestellten sprachlichen Förderbedarf können eine zusätzliche sprachheilpädagogische Förderung erhalten. Kombiklassen eignen sich vorrangig für sprachauffällige Kinder, die Sprachstörungen ohne weitere Förderschwerpunkte zeigen.

Kooperationsklassen
Ein ähnliches Modell wie die Kombiklassen sind Kooperationsklassen. Sie sind unter dieser Bezeichnung lediglich in Bayern zu finden:
„Eine Kooperationsklasse ist eine Klasse einer Volksschule, die eine Gruppe von Schülern mit sonderpädagogischem Förderbedarf aufnimmt. Dabei darf der Förderbedarf der einzelnen Schüler weder qualitativ noch quantitativ so hoch sein, dass ausschließlich eine Beschulung in einer Förderschule in Betracht kommt (...). Kooperationsklassen können insbesondere eingerichtet werden, wenn eine Gruppe von Schülern einer Förderschule in die Volksschule zurückgeführt werden soll und ein noch bestehender sonderpädagogischer Förderbedarf mit Unterstützung durch die Mobilen Sonderpädagogischen Dienste kompensiert werden kann" (BAYERISCHES STAATSMINISTERIUM FÜR UNTERRICHT UND KULTUS 2003, 2).

Reintegration ehemaliger Sprachheilschüler

Durch das Konzept der Kooperationsklassen soll die Reintegration ehemaliger Schüler der Sprachheilschule oder eines SFZ erleichtert werden. Im Idealfall unterstützt ein Sprachheillehrer die Schüler im gemeinsamen Unterricht oder in äußerer Differenzierung in einer Kleingruppe und arbeitet mit dem Volksschullehrer intensiv im Team zusammen (Kooperation). Kooperationsklassen sind vor allem für sprachauffällige Schüler geeignet, die auf Grund noch bestehenden Förderbedarfs eine spezifische Nachbetreuung in der Volksschule benötigen. Seit kurzem werden Kooperationsklassen auch in der ersten Jahrgangsstufe eingerichtet, um Schüler wohnortnah und integrativ zu beschulen (TROSSBACH-NEUNER 2003).

Integrative Regelklassen
Das Modell der Integrativen Regelklasse (IR-Klassen) wird vorrangig in Hamburg praktiziert. Integrative Regelklassen bieten prinzipiell für alle Kinder eines Einzugsgebiets, auch für Kinder mit Förderbedarf im Bereich des Lernens, der Sprache und der sozial-emotionalen Entwicklung in den Jahrgangsstufen 1–4 eine gemeinsame Beschulung. Die Schülerrichtfrequenz pro Klasse liegt bei 26 Schülern. Die Zuweisung von Sonderschullehrerstunden geschieht pauschal, ohne Schüler als behindert zu etikettieren. Für eine Schule mit acht Klassen und Vorschule werden drei Sonderpädagogenstellen bereitgestellt (SCHULZ 2003). Das Konzept zielt auf eine Verbesserung der Qualität des Grundschulunterrichts, sodass die Zahl der auffälligen Kinder insgesamt abnehmen soll (SCHUCK 1995, HINZ et al. 1998). Die wohnortnahe Beschulung, ohne Schüler als behindert einzustufen, findet große Resonanz, birgt jedoch für sprachauffällige Kinder auch Nachteile. Spezifische Förderdiagnostik und Förderpläne sind kein verbindlicher Bestandteil der Konzeption und es werden nur wenige Testverfahren zur Förderdiagnostik in den einzelnen Schulen eingesetzt. Die Lehrer sind nur teilweise Sprachheilpädagogen und nach der 4. Jahrgangsstufe ist keine Weiterführung der IR-Klassen möglich. Schüler mit noch bestehendem Förderbedarf werden an die Förderschule überwiesen.

2.4 Weitere Formen der Beschulung sprachauffälliger Schüler an Förderschulen

Auf Grund der Komplexität und Multimodalität von Sprachstörungen und der Auswirkungen auf das schulische Lernen und die Persönlichkeitsentwicklung sind sprachauffällige Schüler auch an Schulen mit dem Förderschwerpunkt Lernen oder Verhalten zu finden. An diesen Orten stehen die Förderschwerpunkte Lernen und Verhalten im Mittelpunkt, weniger sprachheilpädagogische Maßnahmen.
Eine Sonderform sind *Klassen zur Lern- und Sprachförderung*. In Klassen der Jahrgangsstufe 1–2, die an Förderschulen (Lernen) oder Sprachheilschulen angegliedert sind, werden Kinder mit Förderbedarf im Bereich Sprache und Lernen gemeinsam und wohnortnah beschult. Die Klassenrichtfrequenz beträgt z.B. in Hamburg acht Schüler, wobei „Schülerschaft und Gruppenzusammensetzung […] die sprachheilpädagogische Schwerpunktsetzung im Schulalltag gegenüber den anderen Schwerpunkten z.T. in den Hintergrund treten (lassen)" (SCHULZ 2003, 119). Die Schulform ist vor allem für Schüler geeignet, die Förderbedarf im Lernen und in der Sprache gleichermaßen aufweisen. Nach der Jahrgangsstufe 2 werden die Schüler in die Schule zur Sprachförderung, in die Förderschule oder in die Grundschule überwiesen.

2.5 Sprachheilpädagogische Beratungszentren

Im Rahmen der Umstrukturierung des Förderschulsystems in eine flexible Schullandschaft entstanden vermehrt sonderpädagogische Beratungszentren – für sprachauffällige Kinder sprachheilpädagogische Beratungszentren meist angegliedert an einer Sprachheilschule. Die Aufgabe dieser sprachheilpädagogischen Beratungszentren sind Früherfassung und Früherziehung sprachauffälliger Kinder im Kindergarten, logopädische Förderung innerhalb der Beratungsstelle (u.a. Stotterkurse, Therapie von Sprachentwicklungsstörungen) und vor allem Beratung des Umfelds sprachauffälliger Kinder (Eltern, Volksschullehrer). Weiterhin werden Fortbildungen und Elternabende zu speziellen Themen wie Erkennen von Sprachstörungen und förderlicher Umgang damit angeboten. Das Hauptziel der meisten Beratungsstellen ist „im Territorium kein sprachgeschädigtes Kind zurückzulassen, gestützt auf die Erkenntnis, dass die Auswirkung einer Schädigung umso geringer gehalten werden kann, je früher sie erkannt wird und je eher auf ihre Beseitigung Einfluss genommen wird" (BÖHM et al. 2001, 277).

Aufgaben

Hauptziel

In Bremen wurde nach Auflösung der Schule zur Sprachförderung das Sprachheilpädagogische Arbeitszentrum für Lehrer (S*P*A*T*Z) gegründet mit den Aufgaben, den Fachaustausch zu fördern, Fachberatung und Hilfestellung anzubieten, Fortbildungen zu organisieren, Arbeitskreise zu initiieren und Fachkonferenzen auszurichten (KREMIN et al. 2000). In manchen Beratungszentren kümmern sich die Sonderschullehrer auch um die Nachbetreuung der ehemaligen Kinder der Sprachheilschule in der Regelschule.

*S*P*A*T*Z Bremen*

3 Schwerpunkte in den einzelnen Bundesländern

Schulformen in den einzelnen Bundesländern

Die schulischen Möglichkeiten für sprachauffällige Kinder unterscheiden sich in den einzelnen Bundesländern teilweise erheblich. Im Folgenden sind Formen und Schwerpunktsetzungen tabellarisch zusammengefasst (Stand 1. Halbjahr 2003), wobei weitere Förderschulen neben der Sprachheilschule sowie sprachheilpädagogische Beratungszentren nicht berücksichtigt wurden. Sie sind in nahezu allen Bundesländern zu finden.

1. Baden-Württemberg	– *Schulen für Sprachbehinderte*, i.d. Regel 1.–4. Jahrgangsstufe – *Integrativ:* ambulanter Sprachheilunterricht → *MSD* als subsidiäre Hilfe – *Kooperation: Außenklassen* von Sonderschulen an allgemeinen Schulen

2. Bayern	– Schule zur Sprachförderung (v.a. 1.–4. Jg., z.T. Hauptschulstufe) – Ausbau der SFZ – *Sopäd. Diagnose- und Förderklassen* – Integrativ: durch Prävention (Frühförderung), auf dem Weg (*MSD, Kooperationsklassen*), durch Kooperation (Projekte)
3. Berlin	– *SFZ*, z.T. fachspezifisch: Schwerpunkt Sprache – *Sonderschulen, Sopäd. Kleinklassen* (bes. für sprachauffällige Schüler der Vorklasse bis 2. Jg.) – *Sopäd. Förderklassen* (Zwei-Pädagogen-System, Dehnung des Lehrstoffes auf drei Jahre in Jg.1–2) – *kooperativer Schulverbund* (GS-SO, flexible Zusammenarbeit) – *Integration*: Fläming-, Uckermark-Schule, Einzelintegration → 1/3 der Schüler
4. Brandenburg	– *Förderschulen für Sprachauffällige* (1.–6. Jg.), meist ganztägig – *Internat für Sprachauffällige* (jedoch rückläufig) – Förderklassen für Sprachauffällige angegliedert an Grundschulen (nur 1.–2. Jg.) – *Gemeinsamer Unterricht* als Schwerpunkt
5. Bremen	– *Auflösung der Sprachheilschulen*: „Schule ohne Schüler" mit Beratungsstelle und Ambulanz – *SFZ*: als Organisationseinheit und Koordinierungsstelle für Fachkräfte: Schüler mit Förderbedarf integrativ in der allgemeinen Schule
6. Hamburg	– *Sprachheilschulen* mit Ambulanz, Beratungsstelle (auch Hauptschul- und Realschulzweig) – *Integrative Regelklassen* – *Kombiklassen, Beobachtungsklassen*
7. Hessen	– *Sprachheilschulen, Sprachheilklassen* – Förderung im *Gemeinsamen Unterricht* – Sonderschule als *Beratungs- und Förderzentrum*
8. Mecklenburg-Vorpommern	– *Sprachheilschulen*, z.T. Profilierung als sprachheilpädagogisches Förderzentrum – *Sprachheilgrundschulklassen* – Förderung im *Gemeinsamen Unterricht* (teil- + vollintegrativ) – *LRS Förderung* (LRS-Klassen, Kleinfördergruppen)
9. Niedersachsen	– *Schulen für Sprachbehinderte* (v.a. 1.–4. Jg.) – *Sprachheilklassen* an Schulen für Lernhilfe und an Grundschulen – Integrativ: *Konzept der sopäd. Grundversorgung*: Kinder mit sopäd. Förderbedarf in L,S,V in allgemeiner Schule (bis 4. Jg.) – *MSD* (zielgleiche Einzelintegration)
10. Nordrhein-Westfalen	– *Schulen für Sprachbehinderte* – *sopäd. Fördergruppe* an der allgemeinen Schule – *Gemeinsamer Unterricht*, in integrativen Schwerpunktschulen v.a. im Primarbereich (rechtliche Gleichrangigkeit von gemeinsamen Unterricht und Sonderschule) – *Integrative Grundschule* (Versuch: Integration von L,E,S in die Grundschule des Wohnbezirks), Integrative Regelklassen

11. Rhein-land-Pfalz	– *Schulen mit dem Förderschwerpunkt Sprache*: meist als Ganztagsschule – Kombination von Schulen für *sprachauffällige und lernschwache* Kinder in Halbtagsform – Schulversuch: *Gemeinsamer Unterricht* von Kindern mit und ohne Beeinträchtigungen in Schwerpunktgrundschulen, die integrative Aufgaben übernehmen – Einzelintegrationsmaßnahmen, *kooperative* Maßnahmen freiwillig
12. Saarland	– *Sprachheilschulen* als Schwerpunkt – *integrative Sprachförderklassen* an Grundschulen – Prävention: Sprachförderunterricht zu Beginn der Schulzeit – Einzelintegration, Gemeinsamer Unterricht, Kooperationsmaßnahmen
13. Sachsen	– *Sprachheilschulen*, 1.–4. Jg. mit *Außenstellen* an Grund- und Mittelschulen – Überregionale sprachheilpädagogische *Förderzentren* – *integrativ*: Vollintegration, Teilintegration in einzelnen Fächern, Kooperation der Förderschule mit allgemeiner Schule
14. Sachsen-Anhalt	– *Sprachheilschulen*, nur bis 6. Jg.; keine Abschlussmöglichkeit – sopäd. Förderung überwiegend in *Sonderschulen* – *LRS-Klassen*, jedoch von Abbau betroffen – *integrativ*: wenige Schüler betreut
15. Schleswig-Holstein	– *Sprachheilgrundschulen*, 1 Sprachheilinternatsschule: mit Intensivkursen für jugendliche Stotterer und Polterer, extreme Leseversager – *Sprachheilgrundschulklassen* an Förderschulen (nur 1.–2. Jg.) – *Sprachheilkombiklassen* an Grundschulen – *integrativ*: ambulanter Sprachheilunterricht; Sprachheilambulatorien
16. Thüringen	– *Schulen für Sprachbehinderte*, z.T. Ganztagsschulen – Regionale *Förderzentren* (L,V,S,K) → als Kernstück sopäd. Förderung – Integrative Beschulung durch *MSD*

(u.a. vds-Materialien 1999, DGS 2000, HOECHST 2003, GÖRGEN 2003, Schleswig-Holsteiner Landtag 2001, Ministerium für Schule und Weiterbildung, Wissenschaft und Forschung des Landes Nordrhein-Westfalen 1998).

4 Fachpolitische Stellungnahmen zu den unterschiedlichen Schulformen

Kipp-Phänomene

Die Auflösung von Sprachheilschulen (u.a. in Bremen und zu Gunsten von SFZ) zeigt Tendenzen, das klassische Spezialistentum der Sprachheilpädagogik im Zuge der Integrationsdiskussion aufzulösen. Es sind Kipp-Phänomene zu beobachten: eine Abwärtsentwicklung der Zahl der Sprachheilschulen bei gleichzeitigem Anstieg von Förderzentren und integrativen Schulversuchen (GROHNFELDT 2002). Auf nationaler wie internationaler Ebene nehmen die Bestrebungen zur schulischen Integration von Kindern mit sonderpädagogischem Förderbedarf mit Nachdruck zu. Die Notwendigkeit und Effizienz eines gegliederten Förderschulwesens werden stark hinterfragt (SCHOR 2003).

Die Sprachheilpädagogik hat jedoch „ein ambivalentes Verhältnis" zur Integration (HOMBURG 1986, 212). Es gibt sowohl Verfechter der totalen Integration als auch starke Befürworter der Sprachheilschule. In der Integrationsdebatte mahnt GROHNFELDT zur Vorsicht vor allgemeingültigen Aussagen und verweist auf sozialpsychologische Überlegungen: „Kontakt alleine ohne Vorbereitung genügt nicht, sonst erfolgt eher eine Verstärkung der Vorurteile und Stigmatisierungsprozesse" (GROHNFELDT 1977, 271). *ambivalentes Verhältnis zur Integration*

Seit etwa zwanzig Jahren wird das Prinzip der *Integration durch Rehabilitation* von namhaften Fachvertretern favorisiert (z.B. BRAUN, HOMBURG & TEUMER 1980; KNURA & NEUMANN 1982). Es wird ausgehend von der gestörten Sprache und deren Auswirkungen auf die Persönlichkeitsentwicklung von einer „speziellen Erziehungsbedürftigkeit" gesprochen, die in der Sprachheilschule zu realisieren ist. Die zeitweise Separierung sprachauffälliger Kinder wird dadurch gerechtfertigt, dass diese „eine Durchgangsschule [ist], die nach dem Normalschullehrplan unterrichtet und den übergroßen Teil ihrer Schüler wieder auf die allgemeine Schule zurückführt" (HOMBURG 1986, 210). Die Sprachheilschule als Durchgangsschule – eher „mit dem medizinischen Attribut des Heilens assoziiert (...) und weniger als (überwiegend negativ bewertete) Sonderschulform" (GROHNFELDT 2003, 109) – widerspricht der Kritik der Integrationsdebatte gegenüber „der" Sonderschule. Sie besitzt bis heute ein traditionell gutes Image und wird von den Eltern sehr geschätzt. *Integration durch Rehabilitation*

Rechtfertigung der Sprachheilschule

Die Sprachheilschule hat gegenüber integrativen Schulformen die Vorteile der kleineren Gruppe, in der alle Schüler Sprachprobleme aufweisen und keiner deshalb diskriminiert wird, sowie der Bündelung der sprachheilpädagogischen Kompetenzen und Ressourcen. Eine ambulante, schulexterne Versorgung mit Sprachtherapie am Nachmittag oder eine wöchentliche Sprachförderung im gemeinsamen Unterricht reicht für sprachauffällige Kinder mit komplexen, multimodalen Sprachstörungen nicht aus. „Sprachbehinderte Kinder benötigen nicht ein bis zweimal pro Woche für fünfzehn Minuten Sprachtherapie, in der sie den Therapeuten ganz für sich haben, sondern im Rahmen der sprachtherapeutischen Erziehung und des sprachtherapeutischen Unterrichts lang dauernde Unterstützung, gezielte Herausforderung und wiederkehrende Bewährung" (GROHNFELDT, HOMBURG & TEUMER 1993, 180). Diese für sprachliches Lernen wichtigen Lernbedingungen können die allgemeinen Schulen für Kinder mit Sprachstörungen derzeit nicht in angemessener Weise gestalten. *Vorteile gegenüber integrativen Formen*

Da sprachauffällige Kinder auch häufig in anderen Bereichen, v.a. Lernen und Verhalten, Störungen zeigen, spricht diese Interdependenz für die Einrichtung störungsübergreifender Förderzentren. Die SFZ haben ebenso den Vorteil der kleineren Gruppe, werden jedoch von Eltern weniger akzeptiert und bilden mitunter ein Sammelbecken für Problemkinder. Häufig tritt die spezifische Fachlichkeit, die für sprachliches Lernen *störungsübergreifende sonderpädagogische Förderzentren* unabkömmlich ist, zu Gunsten von den dominanteren Lern- und Verhaltensproblemen in den Hintergrund. Sprachheilpädagogische Förderzentren zeigen kaum Unterschiede zu Sprachheilschulen, da auch in Sprachheilschulen Ambulanz- und Beratungsstellen sowie Kooperationsprojekte mit den Regelschulen zu finden sind.

sprachheilpädagogische Förderzentren

Wenn die Sprachheilschule allerdings dem Anspruch als Durchgangsschule durch die Aufnahme und Betreuung von Schülern mit zunehmend komplexeren Entwicklungsstörungen nicht mehr nachkommt, besteht „die Gefahr der Abwärtsspirale aus sinkender Wertschätzung und sich ändernder Schülerschaft, bis die ursprüngliche Schulform sich letztlich überflüssig gemacht hat und wahrscheinlich von der Lernbehindertenschule assimiliert wird. In diesem Fall würde die ursprüngliche Klientel von anderen – wahrscheinlich außerschulischen – Institutionen und Berufsgruppen erfasst" (GROHNFELDT 2003, 11). Somit ist die Sprachheilschule nur dann zu rechtfertigen, „wenn sie Teil eines sprachheilpädagogischen Zentrums ist, wenn sie als Angebotsschule bereit steht, wenn Eltern und Schülern Alternativen angeboten werden können und wenn die Wirkung vorgelagerter Hilfen nicht ausgereicht haben" (HOMBURG 1986, 212).

Probleme der Sprachheilschule

KROPPENBERG kritisiert bezogen auf sprachauffällige Kinder die Trennung der allgemeinbildenden Schulen in Volksschulen und Förderschulen. Es wurden zwar überzeugende Förderkonzepte entwickelt, jedoch weitgehend unter Nichtberücksichtigung sprachlichen *peer-learnings*, d.h. gleichaltrige Kinder mit altersangemessenen sprachlichen Fähigkeiten dienen als ständige Modelle und Interaktionspartner (KROPPENBERG 2000).

Kritik an der Trennung von Volks- und Förderschulen

Eine *Konzeption der Nichtaussonderung* vertritt ebenso KRÄMER (1994). Sie verweist im Sinne des Normalisierungsprinzips darauf, dass es *normal* ist, die Schule am Wohnort zu besuchen, nicht als „behindert" behandelt zu werden. „Die Aussonderung von Menschen mit Behinderungen – aus den allen anderen zugänglichen Lebenszusammenhängen – verstößt gegen die Menschenwürde und stellt eine zusätzliche Behinderung in der Persönlichkeitsentwicklung dar" (KRÄMER 1994, 8).

Konzeption der Nichtaussonderung

Im Bereich der Forschung wird ein einseitiger Legitimationszwang integrativer Versuche kritisiert: „Bis heute hat eine Evaluation der Sondereinrichtungen auf Effektivität und Wirtschaftlichkeit noch nicht stattgefunden: dagegen wird eine Evaluation der integrativen Versuche immer und immer wieder gefordert und ist schon vielfach durchgeführt worden" (KROPPENBERG 2000, 105f.), u.a. in Hamburg (HINZ et al. 1998). Gegen die starke Selektion von Kindern mit Förderbedarf spricht, dass sich die zentrale Grundannahme des differenzierten Schulsystems, nämlich durch die Homogenisierung von Lerngruppen mit den Mitteln der äußeren Differenzierung bessere Erfolge zu erzielen, nicht bestätigte (SCHUCK 1995). Zudem ist langjährige Arbeit in der Förderschule auf Grund geringer Erfolgserlebnisse und häufiger Disziplinprobleme für die dort arbeitenden Lehrer psychisch oft schwer zu verkraften (KROPPENBERG 1995).

einseitiger Legitimationszwang integrativer Versuche

Belastung der Lehrer

Eine integrative Grundschulklasse bietet demgegenüber die Möglichkeit, integrierte, wohnortnahe und hinsichtlich der individuellen Sprachentwicklung heterogene Gruppen zu bilden. Die Verwendung und Weiterentwicklung der eigenen Sprache sollte jedes Kind als einen aktiven und von ihm selbst kontrollierten, wertschöpfenden Akt erleben können und auf gleichaltrige sprachliche Modelle zurückgreifen können. Dieses Kon-

Vorteile integrativer Formen

zept einer integrativen Grundschule für sprachauffällige Kinder fordert hohe Ideale und Ziele, sowie relevante Bedingungen und schulpolitische, finanzielle Mittel. AHRBECK, SCHUCK & WELLING stellen fest, dass „solange in der integrativen Grundschule diese von uns benannten Bedingungen nicht erfüllt sind, (...) die Sprachheilschule ein besserer Weg zur Integration sprachbehinderter Kinder bleiben [wird]" (AHRBECK, SCHUCK & WELLING 1992, 300).

In diesen Überlegungen zur bestmöglichen Beschulung sprachauffälliger Kinder wird deutlich, dass die beiden Pole – pro und contra Sprachheilschule und schulische Integration – im Grunde keinen Widerspruch darstellen. Im Sinne der geforderten Pluralität der Förderorte ist die Sprachheilschule als Durchgangsschule „*ein* Mittel innerhalb eines komplexen, flexiblen, die Schulzeit übergreifenden Versorgungssystems zur Erreichung von Habilitation und Rehabilitation" (HOMBURG 1986, 212). Die einstmals tragende Säule der Sprachheilschule ist bereits einem komplexen System schulischer und außerschulischer Einrichtungen gewichen. Dabei sollten geplante weitere Veränderungen im Schulsystem „behutsam, systematisch kontrolliert und abgesichert vorgenommen werden" (GROHNFELDT, HOMBURG & TEUMER 1993, 174). Vorschnelle Umstrukturierungen und Auflösungen sind nicht als sinnvoll zu sehen. „Integrative Missionarinnen und Missionare, die die Abschaffung der Sonderschulen fordern, schaden den notwendigen Prozessen der (Einstellungs-)Veränderungen mehr, als sie nützen" (KROPPENBERG 2000, 113). Die Förderschulen haben in den letzten Jahrzehnten für die Menschen mit den unterschiedlichsten Behinderungen überzeugende Förderkonzepte erarbeitet. „Der nun anstehende nächste Entwicklungsschritt ist das Wieder-Hinein-Nehmen dieser Konzepte in das Regelschulwesen, sodass behinderte und nichtbehinderte Kinder und Jugendliche zu beiderseitigem Gewinn gemeinsam unterrichtet und gefördert werden" (KROPPENBERG 1989, 281). Dazu sind der Erhalt der Sprachheilschule und die Anbindung der Sprachheilpädagogen an diese Schule eine wichtige Voraussetzung für den Erhalt einer spezifischen Fachlichkeit und spezifisch sprachlichen Förderung sowie deren Qualitätssicherung.

Pluralität der Förderorte

Forderung nach behutsamer Umstrukturierung im Schulsystem

Erhalt der Sprachheilschule und der spezifischen Fachlichkeit

5 Ausblick

Für sprachauffällige Kinder können je nach individuellen Gegebenheiten unterschiedliche Förderorte am sinnvollsten sein. Die Öffnung, Flexibilität und Vernetzung separierender und integrierender Schulformen sind zu fördern, wobei das qualitäts- und identitätsstiftende Spezifikum Sprache im Mittelpunkt bestehen bleiben muss. In Zukunft müssen auch vermehrt außerschulische Dienste und Systeme in die schulische Förderung sprachauffälliger Kinder miteinbezogen werden, um in einer Zeit der knappen Kassen und fehlenden Ressourcen eine Mindestversorgung aufrecht erhalten zu können. Die Sprachheilschule sollte dabei als Keimzelle für innovative sprachheilpädagogische Maßnahmen und Konzepte unbedingt bestehen bleiben.

Flexibilität und Vernetzung

Sprach- und Lernstörungen

Ulrich Heimlich

Vorbemerkung

KMK-Empfehlungen 1994 Mit den „Empfehlungen zur sonderpädagogischen Förderung in den Ländern in der Bundesrepublik Deutschland" der Kultusministerkonferenz von 1994 und den darauf aufbauenden Empfehlungen zu den Förderschwerpunkten „Sprache" (1998) und „Lernen" (1999) sowie zu den weiteren Förderschwerpunkten wird ein Prozess der Modernisierung im sonderpädagogischen Arbeitsfeld zusammengefasst (vgl. zum Text der Empfehlungen: DRAVE & RUMPLER & WACHTEL 2000). Unter dem Eindruck des neuen Begriffs „sonderpädagogischer Förderbedarf", der von der englischen Bezeichnung *„special educational needs"* beeinflusst ist, sind eine Reihe von professionellen Entwicklungen in Gang gekommen, die das Erscheinungsbild der Heil- und Sonderpädagogik nachhaltig verändern. Kinder und Jugendliche mit Behinderungen werden seither nicht mehr nur unter dem Aspekt ihrer Defizite und Schädigungen gesehen. Vielmehr setzt sich gerade vor dem Hintergrund kon-

neue Lerntheorien struktivistischer Lerntheorien und neuerer Ergebnisse der Hirnforschung (SPITZER 2002) eine *veränderte Sichtweise von Menschen mit Behinderung* durch. In diesem Zusammenhang wird es auch auf der Ebene der sonderpädagogischen Förderpraxis zunehmend problematischer, zwischen Behinderungsarten strikt zu unterscheiden. Entscheidend ist vielmehr der individuelle Förderbedarf und die Suche nach einem optimalen Förderangebot. Kaum ein Kind bzw. Jugendlicher hat einen Förderbedarf, der sich nur auf einen Förderschwerpunkt bezieht. In der Folge verändert sich das Aufgabenfeld von Sonderpädagogen/-innen zu einer pädagogischen Tätigkeit, die weit über die Förderschulen hinausweist. Moderne Sonderpädagogik umfasst professionelle Aufgaben, die in ho-

Kooperation hem Maße auf *interdisziplinäre Kooperation in multiprofessionellen Teams* angewiesen sind. Gerade angesichts stagnierender Ressourcen im Bildungs- und Erziehungssystem wird es umso dringlicher, die vorhandenen Ressourcen für die sonderpädagogische Förderung möglichst optimal zu vernetzen. Insofern sind Sonderpädagogen/-innen bereits jetzt in zunehmendem Maße in regionalen Fördernetzwerken tätig und nicht

Förderorte mehr ausschließlich an Förderschulen. Die *Pluralisierung der Förderorte* (HEIMLICH 1999) wird zukünftig das sonderpädagogische Kompetenzprofil um neue Kompetenzen erweitern, die gleichberechtigt neben der Unterrichts- und Erziehungskompetenz stehen. Dabei ist besonders an Beratungs- und Diagnosekompetenzen zu denken. Im Folgenden sollen diese innovativen Entwicklungen für die Förderschwerpunkte „Sprache" und „Lernen" auf der Ebene der Kinder und Jugendlichen mit sonderpädagogischem Förderbedarf (1) analysiert werden, um von dort aus die Auswirkungen der KMK-Empfehlungen auf die sonderpädagogische Förderpraxis in dem ausgewählten Bereich abschätzen zu können (2). Dabei geht es sowohl um die Herausarbeitung von Gemeinsamkeiten als auch um die Identifizierung von Unterschieden. Als Zukunftsperspektive sind besonders die Möglichkeiten der Vernetzung von „Lernbehindertenpädagogik" und „Sprachbehindertenpädagogik" von Interesse, die sowohl in der sonderpädagogischen Förderpraxis als auch in der sonderpädagogischen Theoriebildung bereits seit längerer Zeit diskutiert werden (GROHNFELDT 1994; HEIMLICH 1996).

1 Schüler/-innen mit sonderpädagogischem Förderbedarf in den Förderschwerpunkten „Sprache" und „Lernen"

Im historischen Rückblick auf die Entwicklung der Sonderpädagogik fällt zunächst die Eigenständigkeit in der Herausbildung der sonderpädagogischen Fachrichtungen „Sprachbehindertenpädagogik" (DUPUIS 1983) und „Lernbehindertenpädagogik" (MYSCHKER 1983) auf. Die Spezialisierung hinsichtlich der sonderpädagogischen Diagnostik und die darauf bezogenen Förderangebote haben zugleich Abgrenzungen und Profilierungen der sonderpädagogischen Teildisziplinen unterstützt. Die sonderpädagogische Förderpraxis war zwar ebenfalls durch eine strikte Trennung in „Schulen für Sprachbehinderte" und „Schulen für Lernbehinderte" (später Förderschulen) geprägt. Gleichzeitig sind für Sonderpädagogen/ -innen der entsprechenden Fachrichtungen aber immer schon Überschneidungen in der festgestellten „Behinderungsart" und die Notwendigkeit verstärkter Kooperation über enge Fachrichtungsgrenzen hinweg alltägliche Erfahrung gewesen. „Lernbehinderungen" gehen häufig mit Problemen des Schriftspracherwerbs und Sprach- sowie Sprechstörungen einher (ZIELINSKI [3]1999). „Sprachbehinderungen" erfordern ein Diagnose- und Förderkonzept, das ebenso angemessene Lernstrategien und die komplexen Variablen der gesamten Lernsituation berücksichtigt (KOLBERG 2003). Viele Sonderpädagogen/-innen haben sich auch in der Vergangenheit bereits in der Lehrerausbildung durch eine Doppelqualifikation in Sprach- und Lernbehindertenpädagogik auf diese praktischen Anforderungen eingestellt.

Neben dieser alltäglichen Unterstützung erhält der Dialog der Fachrichtungen „Sprachbehindertenpädagogik" und „Lernbehindertenpädagogik" seit Beginn der siebziger Jahre besonders durch die wachsenden Integrationsbemühungen weitere Anstöße (SCHRÖDER 1999; BRAUN 1999). Bleiben Kinder und Jugendliche mit Sprach- bzw. Lernbehinderungen im Unterricht der allgemeinen Schule zusammen und werden dort von Sonderpädagogen/-innen der entsprechenden sonderpädagogischen Fachrichtung diagnostisch und fördernd begleitet, so kann die professionelle Gestaltung dieses integrativen Förderangebotes nur durch fachrich-

sonderpädagogische Fachrichtungen

schulische Integration

tungsübergreifende sonderpädagogische Kompetenzen sichergestellt werden. Die integrative Förderung blieb allerdings nicht nur eine zusätzliche Aufgabe im Rahmen eines modernen sonderpädagogischen Förderangebotes. Sie stellte auch die Grundlagen der Sonderpädagogik als erziehungswissenschaftlicher Disziplin in Frage.

So hat sich unser Bild von Kindern und Jugendlichen mit Sprach- und Lernbehinderungen – also letztlich die anthropologische Grundlage der Sonderpädagogik – durch die integrativen Fördererfahrungen nachhaltig gewandelt. Die Suche nach den Defiziten der Kinder und Jugendlichen in der Sprache oder im Lernen als Begründung für eine Überweisung in die „Sonderschule" wird abgelöst durch eine pädagogische Diagnostik des Lern- und Entwicklungsstandes im jeweiligen Bereich, um darauf aufbauend konkrete Maßnahmen der Förderung abzuleiten. Diese förderdiagnostische Strategie als Kern einer modernen Sonderpädagogik hat die Kultusministerkonferenz im Jahre 1994 in Verbindung mit wissenschaftlichen Beratungen in ihre „Empfehlungen zur sonderpädagogischen Förderung" eingebracht. Der grundlegende Perspektivenwechsel in der sonderpädagogischen Förderung kommt besonders im Begriff des „sonderpädagogischen Förderbedarfs" zum Ausdruck. Nicht mehr die „Sonderschulbedürftigkeit" steht im Mittelpunkt sonderpädagogischen Handelns, sondern vielmehr die Frage nach den Fördermöglichkeiten bezogen auf eine je individuelle Lernausgangslage. Da jede sonderpädagogische Förderung an den Kompetenzen von Kindern und Jugendlichen anknüpft (eine Förderung der Defizite wäre geradezu paradox), enthält der Begriff des sonderpädagogischen Förderbedarfs zugleich eine veränderte sonderpädagogische Anthropologie. Von den individuellen Lernmöglichkeiten und dem bereits erreichten Entwicklungsstand ausgehend beschreibt der sonderpädagogische Förderbedarf letztlich die „Zone der nächsten Entwicklung" im Sinne VYGOTSKIJS (2002). Zusätzlich erfolgt eine sonderpädagogische Förderdiagnostik mittlerweile nicht mehr nur zentriert auf das Kind bzw. den Jugendlichen, sondern bezieht vielmehr seine Umwelt unter dem Aspekt der vorhandenen Förderressourcen in komplexer Weise mit ein (Kind-Umfeld-Analyse, SANDER 2002). Auch sonderpädagogische Förderung wird im Rahmen von ökologischen Theoriemodellen einer modernen Sonderpädagogik nicht nur beim Kind bzw. Jugendlichen mit Förderbedarf festgemacht. Sie umfasst ebenso Interventionen in weiteren sozialräumlichen Zonen und ist prinzipiell nur noch als Mehrebenenmodell konstruierbar. Für die Förderschwerpunkte „Sprache" und „Lernen" ergeben sich aus dieser veränderten Theorieperspektive weit reichende Annäherungen, die zu einer Verbreiterung des Überschneidungsbereiches zwischen der „Sprachbehindertenpädagogik" und der „Lernbehindertenpädagogik" führen. Dies darf jedoch keineswegs zu einer Nivellierung spezifischer sonderpädagogischer Aufgabenstellungen und damit verbundenen Kompetenzen in den Förderschwerpunkten „Sprache" und „Lernen" führen. Deshalb ist es zwingend erforderlich, sich dieser Spezifika bezogen auf die genannten Förderschwerpunkte zunächst einmal bewusst zu sein.

1.1 Förderschwerpunkt Sprache

In den Empfehlungen der Kultusministerkonferenz (KMK) zum Förderschwerpunkt Sprache heißt es im Sinne einer Definition:

> „Sonderpädagogischer Förderbedarf im sprachlichen Handeln ist bei Schülerinnen und Schülern anzunehmen, die in ihren Bildungs-, Lern- und Entwicklungsmöglichkeiten hinsichtlich des Spracherwerbs, des sinnhaften Sprachgebrauchs und der Sprechtätigkeit so beeinträchtigt sind, dass sie im Unterricht der allgemeinen Schule ohne sonderpädagogische Unterstützung nicht hinreichend gefördert werden können" (DRAVE & RUMPLER & WACHTEL 2000, S. 226f.).

Definition

Positiv zu vermerken ist hier zunächst einmal, dass der sonderpädagogische Förderbedarf im Förderschwerpunkt „Sprache" in Bezug auf die allgemeine Schule bestimmt wird und auch die Richtlinien der allgemeinen Schule die Grundlage der sonderpädagogischen Förderung bilden. Damit ist die Erfüllung dieses Förderbedarfs ebenfalls Aufgabe der allgemeinen Schule. Sonderpädagogische Förderung soll verstärkt in der allgemeinen Schule stattfinden. Basis dieser begrifflichen Abgrenzung ist nicht die Sprachtheorie insgesamt, sondern vielmehr das Konstrukt sprachlichen Handelns mit seinen Elementen Spracherwerb, Sprachgebrauch und Sprechtätigkeit. Dies entspricht im Wesentlichen der Einteilung von Sprachbehinderungen in „Störungen der Sprachentwicklung", „Störungen der Rede", „Zentrale Sprach- und Sprechstörungen" sowie Stimmstörungen („Dysphonien", „Rhinophonien" und „Myofunktionelle Störungen"), wie sie GROHNFELDT (2001, 136) zusammenfassend vornimmt. Sprach- und Sprechstörungen können in allen Lebensaltern auftreten. HEIDTMANN (2002a, 275ff.) betont ergänzend insbesondere den pragmatisch-kommunikativen Aspekt der Sprache und hebt damit hervor, dass Sprach- und Sprechstörungen in jedem Fall die soziale Interaktion mit anderen Menschen in erheblicher Weise tangieren (vgl. auch KEESE 2000). Das Problem der Mehrsprachigkeit wird in der Regel ebenfalls in diesen Bereich hineingestellt. Die Aneignung der Sprache als „konventionelles und kulturgebundenes Zeichensystem" (HEIDTMANN 2002b, S. 277) unterliegt starken gesellschaftlichen Normorientierungen. Kinder und Jugendliche mit Sprach- und Sprechstörungen sind von daher ständig durch soziale Ausgrenzungen bedroht. Im schulischen Kontext wirken sich Sprach- und Sprechstörungen ähnlich gravierend aus, da die Sprache „ein zentrales Medium schulischen Lernens" (DRAVE & RUMPLER & WACHTEL 2000, 227) darstellt, wie auch in den KMK-Empfehlungen anerkannt wird.

sprachliches Handeln

Sprach- und Sprechstörungen

Sprache

Die Feststellung des sonderpädagogischen Förderbedarfs im sprachlichen Handeln orientiert sich nach den KMK-Empfehlungen grundlegend am Modell der Kind-Umfeld-Analyse und erhebt neben dem allgemeinen Entwicklungs- und Leistungsstand Informationen zu den Beeinträchtigungen des sprachlichen Handelns sowie zum Spracherwerb bzw. zur Sprechentwicklung und zum jeweiligen sozialen Umfeld. Hinzu kommen

Förderdiagnostik

Überprüfungen der Wahrnehmung und der Motorik sowie medizinische und psychologische Untersuchungen. Sonderpädagogische Diagnostik im Förderschwerpunkt Sprache ist somit in jedem Fall eine interdisziplinäre Aufgabe, die nur in Kooperation von Sonderpädagogen/-innen mit Medizinern/-innen und Psychologen/-innen bewältigt werden kann.

Hervorzuheben in dieser Beschreibung des sonderpädagogischen Förderbedarfs im Förderschwerpunkt „Sprache" ist jedoch insgesamt die kompetenzorientierte Anthropologie. Nicht die Störung steht im Mittelpunkt, sondern vielmehr die individuellen Kompetenzen zum sprachlichen Handeln in konkreten Lebenssituationen (WELLING 2000, 253). So wird das Bildungsziel der Sprachförderung in den KMK-Empfehlungen letztlich auf die sprachliche Handlungskompetenz bezogen (a.a.O., 255).

1.2 Förderschwerpunkt Lernen

Demgegenüber werden im Förderschwerpunkt „Lernen" eher die Beeinträchtigungen in den Mittelpunkt der begrifflichen Abgrenzung gestellt:

Definition

> „Sonderpädagogischer Förderbedarf ist bei Kindern und Jugendlichen gegeben, die in ihrer Lern- und Leistungsentwicklung so erheblichen Beeinträchtigungen unterliegen, dass sie auch mit zusätzlichen Lernhilfen der allgemeinen Schulen nicht ihren Möglichkeiten entsprechend gefördert werden können" (DRAVE & RUMPLER & WACHTEL 2000, S. 302).

Beeinträchtigungen des Lernens

Zunächst wird dabei deutlich, dass sich die Komplexität des Störungsbildes vervielfacht. Beeinträchtigungen des Lernens können mit sensorischen, motorischen, kognitiven und sprachlichen Auffälligkeiten, aber auch mit Verhaltensproblemen oder speziellen Aspekten des sozialen Umfeldes bzw. der bisherigen Förderung einhergehen (SCHMETZ 2000). Meist werden Beeinträchtigungen des Lernens erst mit dem Eintritt in die Schule erkannt (KANTER 2001) und so mit schulischen Lernproblemen gleich gesetzt. Lernbehinderungen sind wiederum besonders gravierende Lernstörungen (LAUTH 2000, 21). Ihre individuelle Genese reicht jedoch in der Regel bis in die frühe Kindheit zurück. Häufig lassen sich mangelnde Entwicklungsanregungen bereits frühzeitig konstatieren. Mit dem Schuleintritt haben sich die Entwicklungsrückstände meist schon manifestiert. Auch im Förderschwerpunkt Lernen wird die Förderung in der allgemeinen Schule als Bezugspunkt der Bestimmung des sonderpädagogischen Förderbedarfs herangezogen, allerdings verbunden mit der Einschränkung, dass die Richtlinien der allgemeinen Schule auf die individuellen Förderbedürfnisse dieser Schülergruppe bezogen werden müssten und von daher zu modifizieren seien.

Lerntheorie

Den KMK-Empfehlungen liegt eine Lerntheorie zugrunde, die Lernen als aktiven Interaktionsprozess mit der sozialen Umwelt ansieht (BUNDSCHUH 2002, S. 189). Lernen gilt dabei als „eine durch Erfahrung herbeigeführte Verhaltensänderung" (SCHMETZ 2000, 324). Dazu sind nach

KLAUER & LAUTH (1997) „Selbstreflexion", „Planungsprozesse", „Befolgung einer Strategie" und „Zielbewusstsein" erforderlich (zit. n. SCHMETZ 2000, 324). Zugleich ist Lernen stets ein konstruktiver Akt des Individuums im Austausch mit seiner sozialen Umwelt (SCHMETZ 200, 324f.). Lerninhalte und Lerngegenstände werden nicht einfach vom Gehirn abgebildet, sie werden von jedem Lernenden gleichsam noch einmal hervorgebracht (konstruiert). Nachdem man innerhalb des radikalen Konstruktivismus zunächst davon ausgegangen ist, dass dieser Konstruktionsvorgang ausschließlich individuell geprägt wird, hat der soziale Konstruktivismus (GERGEN 2002; BENKMANN 1998) die soziale Vermitteltheit dieses Konstruktionsvorganges immer klarer gezeigt. So konstruiert nicht jeder Lernende seinen eigenen Lerngegenstand, vielmehr entstehen Lerngegenstände in einem ko-konstruktiven Akt. Für die Entstehung von Lernbehinderungen bzw. Lernstörungen bedeutet dies, dass hier keine individuellen Syndrome mehr vorliegen, sondern vielmehr Probleme beim Lernen, die in ihrem sozialen Kontext zu sehen sind.

sozialer Konstruktivismus

Die Feststellung des sonderpädagogischen Förderbedarfs im Förderschwerpunkt Lernen wird aus diesem Grunde auch in den KMK-Empfehlungen als interdisziplinärer Prozess beschrieben. Erst die Person-Umfeld-Analyse bietet Aufschluss über die Entstehungszusammenhänge und den Verlauf von Lernstörungen. Im Einzelnen sind neben dem allgemeinen Lern- und Entwicklungsstand Informationen zu den Bereichen bisheriger Förderung, zum aktuellen schulischen Leistungsstand, zu den sensorischen, motorischen, kognitiven, kommunikativen, emotionalen, sprachlichen Fähigkeiten und zu den jeweiligen Lebensumständen erforderlich (DRAVE & RUMPLER & WACHTEL 2000, 304). Das Bildungsziel sonderpädagogischer Förderung im Förderschwerpunkt Lernen ist die handlungsfähige, selbstständige und eigenverantwortliche Persönlichkeit (vgl. a.a.O., 306).

1.3 Gemeinsamkeiten auf der Ebene der Förderschwerpunkte

Die KMK-Empfehlungen zu den Förderschwerpunkten „Sprache" und „Lernen" offenbaren einen weiten Überschneidungsbereich. Kinder und Jugendliche mit diesen Förderschwerpunkten sind zu einem großen Teil in beiden Bereichen von Problemen des Schriftspracherwerbs betroffen und bedürfen der sonderpädagogischen Unterstützung beim Erlernen der Schriftsprache im schulischen Kontext in besonderem Maße. Sonderpädagogische Förderung bei Lese-Rechtschreibschwierigkeiten gerät so bereits zu einem Feld notwendiger Kooperation. In diesen Überschneidungsbereich fällt sicher ebenfalls der Förderbedarf im Bereich der Lernstrategien und des metakognitiven Lernens. Insofern mag auch die internationale Bezeichnung „language-learning problems" von Aram et al. (zit. n. KEESE 2000, 48) diese verbindende Sichtweise zum Ausdruck bringen. Probleme beim Sprachhandeln sind ein bedeutsamer Bestandteil von Lernstörungen, Probleme des Lernens begleiten in der Regel

Überschneidungen im Förderbedarf

Sprach- und Sprechstörungen. Sicher bewegen sich die Fachrichtungen „Sprachbehindertenpädagogik" und „Lernbehindertenpädagogik" so bereits auf der Ebene des jeweiligen sonderpädagogischen Förderbedarfs aufeinander zu. Dies gilt jedoch auch unter Einbeziehung des jeweiligen wissenschaftlichen Diskurses in den Fachrichtungen. Es besteht ein hoher Konsens hinsichtlich der zugrunde liegenden Anthropologie, die sich in beiden Fachrichtungen rapide von der Defizitorientierung der traditionellen Sonderpädagogik zu einer *kompetenzorientierten Sichtweise* verändert. Konsens besteht ebenfalls hinsichtlich der Überwindung einer Individuumszentrierung bei der Analyse von Sprach- und Lernstörungen. Im Sinne einer *ökologischen Sichtweise* in der Heil- und Sonderpädagogik (SPECK 2003) wird schon bei der sonderpädagogischen Diagnostik Wert auf die Einbeziehung des sozialen Umfeldes und der vorhandenen Ressourcen gelegt. Sprach- und Lernstörungen werden als Ausdruck einer erschwerten Lernsituation betrachtet und in Verbindung mit der jeweiligen Lebenssituation untersucht (HEIMLICH 2002a). Dies ist insofern bedeutsam, als erst gemeinsame Sichtweisen die Ausgangssituation für fachliche Kooperation schaffen. Somit stellt sich die Frage, inwieweit sich diese veränderte Sichtweise von Kindern und Jugendlichen mit Sprach- und Lernstörungen auf die Gestaltung von Fördermaßnahmen und die Entscheidung über die Förderorte zwischenzeitlich ausgewirkt hat.

veränderte Anthropologie

ökologische Heil- und Sonderpädagogik

2 Auswirkungen der KMK-Empfehlungen auf die Förderschwerpunkte „Sprache" und „Lernen"

Zentrale Indikatoren für die Beurteilung der Auswirkungen der KMK-Empfehlungen seit 1994 sind vor allem die Anteile der Kinder und Jugendlichen mit Behinderung sowie die Anteile der sonderpädagogischen Lehrkräfte in der allgemeinen Schule.

2.1 Schüler/-innen mit sonderpädagogischem Förderbedarf in der allgemeinen Schule

Sonderpädagogik in der allgemeinen Schule

Die Kultusministerkonferenz weist die Schülerdaten für die allgemeinen Schulen seit dem Schuljahr 1999/ 2000 bundesweit aus. Die aktuellsten Angaben liegen derzeit für das Schuljahr 2000/ 2001 vor (vgl. Sekretariat ... 2002). Demnach befinden sich von den insgesamt 487.904 Schülern/ -innen mit sonderpädagogischem Förderbedarf 68.340 in allgemeinen Schulen, was einem Anteil von ziemlich genau 14% entspricht. Der weitaus größere Teil der Schüler/-innen mit sonderpädagogischem Förderbedarf besucht also weiterhin die Förderschulen. Insofern ist auch sechs Jahre nach Veröffentlichung der KMK-Empfehlungen von 1994 immer noch überwiegend von einem *stationären Angebot sonderpädagogischer Förderung* auszugehen, das sich auf die Förderschulen konzentriert.

Im Förderschwerpunkt „Sprache" liegt der Anteil der Schüler/-innen in der allgemeinen Schule bei 21,9% (9.598 absolut). Im Förderschwerpunkt „Lernen" beträgt dieser Anteil 10,9% (28.207 absolut). Hier deutet sich bereits an, dass die Sprachbehindertenpädagogen/-innen etwa doppelt so häufig in der allgemeinen Schule tätig sind als Lernbehindertenpädagogen/-innen. Gerade in diesem *ambulanten Bereich sonderpädagogischer Förderung* weist die Sprachbehindertenpädagogik ebenfalls eine lange Tradition aus (BRAUN 1999), während die Lernbehindertenpädagogik erst in den letzten Jahren begonnen hat, ihren Aufgabenbereich auf die allgemeine Schule auszuweiten (SCHRÖDER 1999). Allerdings stellen Schüler/-innen mit dem Förderschwerpunkt Lernen mittlerweile einen Anteil von 53,1% an den Schülern/-innen mit sonderpädagogischem Förderbedarf in der allgemeinen Schule. Die *Förderquote* (Anteil der Schüler/-innen mit sonderpädagogischem Förderbedarf an der Gesamtzahl der Schüler/-innen) liegt im Förderschwerpunkt „Sprache" bei 0,5% und im Förderschwerpunkt „Lernen" bei 2,8%. Demgegenüber beträgt die *Sonderschulbesuchsquote* (Anteil der Schüler/-innen mit sonderpädagogischem Förderbedarf in Sonderschulen an der Gesamtzahl der Schüler/-innen) im Förderschwerpunkt „Sprache" 0,4%, im Förderschwerpunkt „Lernen" 2,5%. Die Wahrscheinlichkeit, dass Schüler/-innen mit dem Förderschwerpunkt „Lernen" in der allgemeinen Schule sonderpädagogisch unterstützt werden müssen, liegt also auf der Basis dieser Daten um einiges höher als im Förderschwerpunkt „Sprache". Allerdings dürfte eine integrative Förderung im Förderschwerpunkt „Sprache" nach wie vor eher zu realisieren sein, da in diesem Bereich nach den Richtlinien der allgemeinen Schule unterrichtet wird. Im Förderschwerpunkt „Lernen" ist demgegenüber ein zieldifferenter gemeinsamer Unterricht mit entsprechend modifiziertem Richtlinienbezug erforderlich. Offensichtlich wird dieser Typus integrativer Förderung nach wie vor eher zögernd in die Praxis umgesetzt, soweit jedenfalls die bundesweiten KMK-Daten hier zu Rate gezogen werden.

ambulante Sonderpädagogik

integrative Förderung

2.2 Lehrkräfte für Sonderpädagogik in der allgemeinen Schule am Beispiel Bayerns

Leider weist die KMK-Statistik keine Lehrerdaten für die allgemeine Schule aus. In einer eigenen Aufbereitung der Daten der amtlichen Schulstatistik in Bayern haben wir das aktuelle Datenmaterial zu den Förderschullehrern/-innen in allgemeinen Schulen allerdings zusammenstellen können (HEIMLICH & RÖBE 2003). Diese exemplarische Fokussierung auf ein Bundesland ist jedoch auch dadurch begründet, dass Bayern bereits seit Beginn der neunziger Jahre das sonderpädagogische Fördersystem (HEIMLICH 1999) über die Förderschulen hinaus ausgeweitet und zahlreiche neue Organisationsformen im präventiven und integrativen Bereich realisiert hat. Für die Veränderung der sonderpädagogischen Lehrertätigkeit ist der Mobile Sonderpädagogische Dienst (MSD) in Bayern von besonderem Interesse.

Mobiler Sonderpädagogischer Dienst (MSD)

Im Schuljahr 2002/2003 bieten 95,2% der Schulen zur individuellen Sprachförderung und 96,6% der Schulen zur individuellen Lernförderung MSD an. Von den Lehrkräften wurden 21,2% im Förderschwerpunkt „Sprache" für den MSD eingesetzt und 14,5% im Förderschwerpunkt Lernen. Der Anteil der Sprachbehindertenpädagogen/-innen in der allgemeinen Schule liegt also deutlich höher als bei den Lernbehindertenpädagogen/-innen. Auch hier bestätigt sich allerdings erneut das Bild einer überwiegend stationär ausgerichteten sonderpädagogischen Förderung auf der Ebene der personellen Ressourcen. Mehr als drei Viertel der Förderschullehrkräfte werden in Bayern nach wie vor in den Förderschulen eingesetzt.

Anteil der Lehrkräfte im MSD

Setzt man nun die Zahl der Schüler/-innen, die durch den MSD an allgemeinen Schulen betreut werden, mit den Sonderschullehrerstunden in Verbindung, so erhält man die landesweit durchschnittliche Stundenzahl, die pro Schüler/-in mit sonderpädagogischem Förderbedarf in der allgemeinen Schule zur Verfügung stehen. Im Förderschwerpunkt „Sprache" sind das 0,89 Unterrichtsstunden pro Woche und im Förderschwerpunkt „Lernen" 0,93 (bezogen auf eine 45-Minuten-Einheit). Sicher sind diese landesweiten Durchschnittszahlen vorsichtig zu interpretieren, sagen sie doch wenig über die konkrete Situation an den einzelnen Förderorten aus. Auch eine Differenzierung nach Förderschwerpunkten ist zweifellos zwingend erforderlich. So kann sich der MSD im Förderschwerpunkt „Hören" oder „Sehen" in vielen Fällen auf ein Beratungsangebot konzentrieren. Nur so ist im Übrigen die überregionale Aufgabe des MSD in diesen Förderschwerpunkten zu bewältigen. In den Förderschwerpunkten „Lernen" und „Sprache" dürfte in jedem Fall die Aufgabe der Förderung des einzelnen Kindes (in welcher Form auch immer) hinzukommen. Festzuhalten bleibt deshalb, dass die personellen Ressourcen für den MSD sich in engen Grenzen bewegen.

Unterrichtsstunden pro Woche pro Schüler/-in

Befragt man nun die Förderschullehrer/-innen nach ihrer Tätigkeit im MSD, so wird sehr schnell deutlich, wie stark die Förderschwerpunkte in der Arbeit des MSD bereits miteinander verknüpft sind. In einer Pilotstudie sind 20 Förderschullehrer/-innen aus dem MSD nach den Förderschwerpunkten befragt worden. Von 20 Lehrkräften, die im Förderschwerpunkt „Lernen" tätig sind, arbeiten 19 auch im Förderschwerpunkt „emotionale und soziale Entwicklung" (HEIMLICH 2002b, 248) und weitere 10 zusätzlich noch im Förderschwerpunkt „Sprache". Das Arbeitsfeld des MSD zeichnet sich bereits jetzt durch ein hohes Maß an Vernetzung quer zu den Förderschwerpunkten aus. Eine ähnliche Entwicklung wird auch aus den Sonderpädagogischen Förderzentren in Bayern gemeldet. Hier sind mittlerweile die Förderschwerpunkte „Sprache", „Lernen" sowie „emotionale und soziale Entwicklung" gezielt zusammengeführt worden, umso auch die entsprechenden sonderpädagogischen Kompetenzen bündeln zu können. Die Erfahrung zeigt, dass dies dann in der nötigen Qualität gelingt, wenn auch die spezifischen fachlichen Kompetenzen beispielsweise von Sprachbehindertenpädagogen/-innen im Förderzentrum weiterhin bereitgehalten werden.

Vernetzung der Förderschwerpunkte

Sonderpädagogische Förderzentren

Diese wenigen Daten mögen veranschaulichen, dass die sonderpädagogische Förderpraxis längst dabei ist, die engen sonderpädagogischen Fachrichtungsgrenzen zu verlassen. Die genaue differenzialdiagnostische Abgrenzung einer Behinderungsart ist in diesem Zusammenhang nicht mehr das Ziel des diagnosegeleiteten Förderkonzepts. Vielmehr steht die Feststellung des individuellen sonderpädagogischen Förderbedarfs von Schülern/-innen im Mittelpunkt der sonderpädagogischen Förderpraxis, um für die daraus abzuleitenden Fördermaßnahmen in einem weiteren Schritt den optimalen Förderort zu erschließen. In einem solchen förderdiagnostischen Klärungsprozess kann sich eine übertriebene Kompetenzabgrenzung der sonderpädagogischen Lehrkräfte nur als kontraproduktiv erweisen. Insofern ist für die sonderpädagogische Lehrertätigkeit aus den bayerischen Erfahrungen mit dem MSD zu schließen, dass das Konzept des sonderpädagogischen Förderbedarfs aus den KMK-Empfehlungen von 1994 und die damit einsetzende Pluralisierung der Förderorte sich im Sinne einer verstärkten Kooperation und Vernetzung in der sonderpädagogischen Förderpraxis bereits ausgewirkt hat. Offen bleibt zum gegenwärtigen Zeitpunkt, wieweit die sonderpädagogische Lehrerbildung in der Lage sein wird, auf diese Kooperations- und Vernetzungstendenzen einzugehen und ihre historisch gewachsenen Fachrichtungsstrukturen ebenfalls dynamisieren kann.

Kooperation als Leitbild

Ausblick

Der Dialog der sonderpädagogischen Fachrichtungen „Sprachbehindertenpädagogik" und „Lernbehindertenpädagogik" ist dank der KMK-Empfehlungen von 1994 in der sonderpädagogischen Förderpraxis bereits in vollem Gange. Auch auf der Ebene der Sonderpädagogik als Wissenschaft treten überraschende Gemeinsamkeiten zu Tage, wenn wir es wagen, die engen sonderpädagogischen Fachrichtungsgrenzen zu überschreiten. Kooperation kann auch hier als Leitbild der zukünftigen Vernetzungsarbeit im Bereich der Forschung und des Studienangebotes dienen. Kooperation gelingt dann am ehesten, wenn ausgehend von der Akzeptanz der jeweiligen fachlichen Kompetenz des Gegenübers nach gemeinsamen Sichtweisen und Aufgabenfeldern gesucht wird. Dann dürften auch vernetzte Forschungsprojekte und kooperative Studienangebote keine fernen Horizonte einer modernen Sonderpädagogik als Wissenschaft mehr sein.

Sprache und Verhaltensstörungen

Konrad Bundschuh

Auch in der Sprachheilpädagogik ist die Frage nach dem Verstehen, Erziehen und Fördern von Kindern und Jugendlichen mit Sprachstörungen im Kontext einer begleitenden problematischen emotional-sozialen Entwicklung von immanenter Bedeutsamkeit. Bereits in den 1970-er und 80-er Jahren verweisen zahlreiche Untersuchungen auf ein gemeinsames Auftreten von Verhaltensstörungen und Sprachstörungen bei Kindern und Jugendlichen (THALMANN 1971; BAUMGARTNER 1978), und auch heute finden sich entsprechende Veröffentlichungen zu dieser Thematik (z.B. WEGSCHNEIDER 2000; NOTERDAME u.a. 1999). In diesen Publikationen dominiert neben einer Darstellung von Erklärungsmodellen im Kontext Verhaltensstörung auch die Beschreibung von möglichen Störungsbildern, die als Folge einer Sprachbehinderung auftreten können. Ein solches kategoriales bzw. dimensionales Vorgehen scheint auch heute bedeutsam zu sein, es sollte allerdings durch ein Verständnis von Verhaltensstörung ergänzt werden, welches es erlaubt, problematische Verhaltensweisen vor dem jeweiligen biografischen Hintergrund und der subjektiven Weltdeutung des Kindes bzw. Jugendlichen als Anpassungsleistungen mit einer dem Individuum immanenten Sinnhaftigkeit und Zielbezogenheit zu verstehen (GÖPPEL 2002). Gerade vor dem Hintergrund einer anzustrebenden Praxis gemeinsamen heilpädagogischen Denkens im Kontext Sprache und emotional-soziale Entwicklung scheint ein solches Verständnis notwendig. Zentrale Fragen für den in der Schule tätigen Sprachheilpädagogen sind daher auch die nach einem veränderten Verständnis von Verhaltensstörung vor dem Hintergrund einer ganz bestimmten problematischen Erziehungssituation bzw. nach den Möglichkeiten, die ein solches Verständnis in diesem Zusammenhang bietet.

Verhaltensstörung als Anpassungsleistung

1 Zum Verständnis des Zusammenhangs von Verhaltensstörung und Sprache

1.1 Verhaltensstörung aus heilpädagogischer Sicht

Verhaltensstörungen sind längerfristige Auffälligkeiten bei Kindern und Jugendlichen, die sich auf die dialogische Basis verschiedener Erziehungs-

und Bildungsverhältnisse negativ auswirken, sodass heilpädagogische Bemühungen und Maßnahmen herausgefordert werden. Verhalten wird prägnant und hebt sich von einem sozialen Erwartungshintergrund vergleichbar mit einem Figur-Hintergrund-Effekt ab. Dabei gehört der Umgang mit sozial auffälligen Kindern und Jugendlichen an sich zur pädagogischen Normalität (BUNDSCHUH 2002, 308). Dass sich Kinder und Jugendliche nicht immer angepasst verhalten, sondern Normen und Werte der Erwachsenen in Frage stellen, ist geradezu ein Kennzeichen jeder neuen Generation (Werning 1996). Während die als aggressiv, hyperaktiv, ausagierend, unkonzentriert und leistungsunwillig bezeichneten Schüler besonders auffallen, werden die passiven, zurückgezogenen, stillen, traurigen und ängstlichen erheblich seltener wahrgenommen. Verhaltensstörungen werden auf dem Hintergrund traditioneller medizinischer, psychologischer und soziologischer Vorstellungen als von Normen und allgemeinen Erwartungen negativ abweichende Verhaltensweisen gesehen, die die psychosoziale Entwicklung sowie die soziale und berufliche Integration beeinträchtigen, unter Umständen verhindern und häufig schulisches Leistungsversagen mit einschließen. MYSCHKER definiert daher Verhaltensstörung als „ein von den zeit- und kulturspezifischen Erwartungsnormen abweichendes maladaptives Verhalten, das organogen und/oder milieureaktiv bedingt ist, wegen der Mehrdimensionalität, der Häufigkeit und des Schweregrades die Entwicklungs-, Lern- und Arbeitsfähigkeit sowie das Interaktionsgeschehen in der Umwelt beeinträchtigt und ohne besondere Hilfe nicht oder nur unzureichend überwunden werden kann" (2002, 44).

Als wichtig erweist sich für das heilpädagogische Arbeitsfeld, Verhaltensstörungen als Resultat eines komplexen, von zahlreichen psychischen, sozialen und auch materiellen Gegebenheiten beeinflusstes Geschehen anzusehen, wobei unterschiedliche Ansätze ein als auffällig wahrgenommenes Verhalten erklären (vgl. STEIN & FAAS 1999, 48f.):

Im Sinne eines personorientierten, traditionellen Ansatzes resultiert ein „gestörtes Verhalten" aus einer auffälligen Persönlichkeitsstruktur des Kindes oder wird durch genetische bzw. organische Ursachen hervorgerufen. Aus der Perspektive eines „situationistischen Ansatzes" ist es mit den aktuellen situativen Bedingungen in Beziehung zu setzen. In einem interaktionalen Verständnis rückt die Wechselwirkung zwischen personorientiertem und situationistischem Ansatz in den Mittelpunkt der Betrachtung. Aber auch die Wahrnehmungen, Bewertungen und Zuschreibungen eines Beobachters sind ebenso von Bedeutung wie biografische Ereignisse. Nach STEIN & FAAS ergeben sich Verhaltensstörungen durchweg aus und in Situationen pädagogischer Interaktion und stellen aus der Perspektive des Kindes Bewältigungsversuche ihrer Wirklichkeit dar. Diese werden allerdings von Außenstehenden als „von der Norm abweichend" bzw. „unangemessen" bezeichnet. Eine verstehende Sichtweise in der Heilpädagogik begreift jedes Verhalten von Kindern mit (psychischen) Auffälligkeiten zunächst als für diese sinnvoll. So sind beispielsweise Aggressionen oder Passivität als Ausdruck der Befindlichkeit und Bedürfnisse dieser Kinder zu interpretieren, denn gerade diese Auffälligkeiten können Isolation, Frustration, Deprivation und vielleicht auch subjektive Vernachlässigung signalisieren (BUNDSCHUH 2003a, 164).

Marginalien: pädagogische Normalität; Definition; Verhaltensstörung als multidimensionales Geschehen; pädagogische Interaktion

Häufig scheitern die unmittelbaren Bezugspersonen an Barrieren der Kommunikation, der Wahrnehmung und damit des Verstehens, wie noch aufzuzeigen sein wird.

1.2 Sprachstörung und maladaptives Verhalten

Nach GROHNFELDT (2000, 19) stellt Sprache eine höhere psychische Funktion des Menschen dar, die auf zugrunde liegende motorische, sensorische und kognitive Verarbeitungsprozesse aufbaut und auch auf diese zurückwirkt.

> Da eindeutige Ursache-Wirkungs-Zusammenhänge bei Sprachstörungen kaum festzustellen sind, sondern diese vielfach im Sinne eines kumulativen Schwellenwertphänomens oder eines Multifunktionsphänomens erklärt werden, ist die Berücksichtigung emotional-sozialer Aspekte von besonderer Bedeutung.

Prävalenzstudien — Prävalenzstudien stützen diese Auffassung. So stellte beispielsweise THALMANN in seiner häufig zitierten Studie „Verhaltensstörungen bei Kindern im Grundschulalter" bei 11,3 % seiner Stichprobe Sprachstörungen fest (THALMANN 1971, 95), und BAUMGARTNER verweist in einer Untersuchung an 11 Sprachheilschulen und 28 Schulvorbereitenden Einrichtungen darauf, dass 47% der Schüler als eindeutig und 11% als zweifelhaft verhaltensgestört zu bezeichnen seien und im Vergleich zu Regelschulpopulationen ein instabileres Leistungsverhalten, größeres Angstverhalten, ein hohes Maß an Unsicherheit sich selbst und anderen gegenüber sowie Auffälligkeiten im Sozialkontakt mit Erwachsenen und Gleichaltrigen zeigen (BAUMGARTNER 1978). Ähnliche Ergebnisse werden von LOVE & THOMPSON (1988) vorgelegt. Sie gehen hinsichtlich des gemeinsamen Auftretens von Sprach- und Aufmerksamkeitsstörungen von einer Prävalenzrate von 48,3 % aus. Auch deuten weitere Untersuchungsergebnisse darauf hin, dass die Auftretenshäufigkeit von Verhaltensstörungen mit dem Schweregrad einer Sprachstörung ansteigt (MAYR 1990).

Zusammenhang von Sprach- und Verhaltensstörungen — Gefragt nach möglichen Zusammenhängen zwischen dem Ausbildungsgrad von Sprachstörungen und Verhaltensstörungen einerseits und Sinnzusammenhängen bestimmter Sprachstörungen mit Kategorien von Verhaltensstörungen andererseits, berichtet NEUKÄTER bezugnehmend auf eine Untersuchung von CANTWELL, dass von 100 Kindern aus einem Sprachheilzentrum 53 Kinder psychiatrische Diagnosen erhielten, wobei am häufigsten „Aufmerksamkeitsstörungen/Hyperaktivität" und „Oppositionelles Trotzverhalten" ermittelt wurden (NEUKÄTER 1995, 123). Er kommt daher in einer Analyse der vorliegenden Prävalenzstudien zu dem Ergebnis, dass „aus der Perspektive unausgelesener Populationen wie auch aus der Perspektive von Institutionen für Verhaltensgestörte oder Einrichtungen für Sprachgestörte ... Sprachstörungen und Verhaltensstörungen häufig bei den jeweils untersuchten Kindern gemeinsam auftreten"

(1995, 124). Inwieweit dabei heute von den o.a. Prävalenzraten auszugehen ist, gilt es noch wissenschaftlich zu erhellen. Eine aktuelle Umfrage an 11 Sprachheilschulen in Nordbayern und im Raum München im Oktober 2003 ergab, dass der Prozentsatz der Schüler mit Verhaltensstörungen durchschnittlich zwischen 20 und 30 Prozent beträgt, wobei auch hier externalisierende Störungen sowie sozial-unreifes Verhalten vor internalisierendem Verhalten dominierten (BUNDSCHUH 2003b).

Zur Erklärung der hohen Schnittmenge von verhaltensauffälligen und sprachgestörten Personen verweist NEUKÄTER dabei auf vier hypothetische Modelle (1995, 124f):

- Sprach- und Sprechstörungen können eine mögliche Folge vorangegangener Verhaltensauffälligkeiten sein (PRIZANT u.a. 1990).
- Sprach- und Sprechstörungen können zu Verhaltensstörungen führen (PRIZANT u.a. 1990).
- Verhaltensstörungen und Sprachbehinderungen liegen ein oder mehrere gemeinsamen Faktoren zugrunde, die für die Ausbildung von Auffälligkeiten verantwortlich zu machen sind (BAKER & CANTWELL 1987).
- Weder das Kind noch die Umwelt alleine ist für Verhaltens- und Sprachprobleme verantwortlich, sondern die Wechselwirkung der entstehenden Transaktionen führen zu einer spezifischen Konstellation, die Sprach- und Sprechstörungen gemeinsam mit Verhaltensstörungen auftreten lassen (SAMEROFF 1987; MC CONLEY & SWISHER 1987).

Erklärungsmodelle

1.3 Verhaltensstörung und Sprachbehinderung aus transaktionaler Sicht

Die Frage eines möglichen Zusammenhangs zwischen Sprachproblemen und Verhaltensstörungen kann keinesfalls generell verallgemeinernd bewertet werden, weil es keine Linearität oder Kausalität, also keinen eindeutigen Zusammenhang gibt. Die Personagenese vollzieht sich nicht nur in einem Zusammenspiel verschiedener Faktoren im Individuum, sondern ist auch Ausdruck zwischenmenschlicher Interaktionen. In diesem Verständnis ist eine Bedingung für Sprach- und Verhaltensstörungen in einer gestörten Kommunikation zu sehen, wobei aufgrund der Mehrdimensionalität entweder der Hörer oder der Sprecher oder beide auf den Sprechakt so reagieren, dass der Kommunikationszusammenhang beeinträchtigt oder dauerhaft gestört ist. Sprachstörungen sind demnach auch in einem Zusammenhang mit Kommunikation bzw. Interaktion zu sehen (vgl. GROHNFELDT 2001, 21). Unter transaktionalem Aspekt zeigt Meixner (1985, 13) Zusammenhänge zwischen Verhaltens- Sprach- und Sprechstörungen auf. Die Entwicklung eines Kindes wird durch seine Sozialisationsagenten geprägt. In der Phase der Primärsozialisation, in der das Kind mit wenigen Bezugspersonen (Eltern, Geschwister) kommuniziert, spielt das Verhalten der unmittelbaren Bezugspersonen eine entscheidende Rolle. Nicht nur das von den Eltern angebotene Sprachvorbild, sondern auch das Verhalten, das sie dem Kind im Zusammen-

Personagenese

Sprachstörung und Interaktion

Primärsozialisation

hang mit seinen Äußerungen gegenüber zeigen, nimmt – unter persönlichkeitsbildendem Aspekt betrachtet – Einfluss auf die Identitätsfindung und damit auch auf das spätere Sozialverhalten (BUNDSCHUH 2003a, 55–59; 2001, 48).

Sekundärsozialisation In der Phase der sekundären Sozialisation tritt das Kind im Rahmen von Kindergarten und Schule in eine größere Gruppe ein, und Beziehungen zu Gleichaltrigen gewinnen an Bedeutung. Auf die primären, u.U. abweichenden Verhaltensweisen bauen sich nun weitere Verhaltensstrategien auf. Kann ein Kind aufgrund einer Sprachstörung nicht „adäquat" mit den Mitgliedern der neuen Gemeinschaft in Beziehung treten, wird es verunsichert und es verändert u.U. sein Verhalten aus Furcht vor weiteren Misserfolgen. Da die Entwicklung in diesem Alter einen dialektischen Prozess darstellt, dem eine besonders beeinflussende Wirkung hinsichtlich internalisierter sozialer Rollen, Identität, Eigenwirksamkeit oder eigener sozialer Relevanz in der Gruppe immanent ist (KATZ-BERNSTEIN 1998), münden die kompensierenden, internalisierenden oder externalisierenden Ausdrucksbestrebungen oft in einem Teufelskreis von Sprach-, Lern- und Verhaltensstörungen. Aber auch wenn die Sprachstörung vom Kind überwunden wurde, persistieren häufig die sozialen und emotionalen Störungen in Form von Ängsten, Frustrationen und Minderwertigkeitsgefühlen auf dem Hintergrund tiefgreifender Erfahrungen. Entsprechend auffällige Kinder in der Sprachheilschule bedürfen daher von Beginn an eines gezielten pädagogisch-therapeutischen Angebotes.

2 Pädagogisch-therapeutische Maßnahmen im Umgang mit schwierigem Verhalten

Bedeutung des Verstehens Aufgrund des oben genannten, häufig gemeinsamen Auftretens von Verhaltensauffälligkeiten und Sprachstörungen spielt die Frage der Bewertung bzw. des Verstehens einer Verhaltensstörung seitens des Lehrers auf der Basis eines transaktionalen Theorieverständnisses eine entscheidende, ja handlungsleitende Rolle im Kontext Erziehung, Unterricht und Förderung. Ein solches Verstehen ermöglicht dem Lehrer gegenüber dem Kind eine pädagogisch-partnerschaftliche Rolle einzunehmen, auf deren

Bedürfnisorientierung Grundlage sich in Orientierung an den Bedürfnissen des Betroffenen verschiedene Ansätze der Förderung wie Spiel, Kunst, Musik, Entspannung, Erlebnispädagogik oder aber auch pädagogische Verhaltensmodifikation in den Unterricht eingebracht werden. Dieses erzieherische Handeln gilt es durch Konzeptionen der Pädagogik bzw. Didaktik bei Verhaltensstörungen im Sinne eines übergreifenden Rahmens zu ergänzen, wobei an dieser Stelle nicht genügend Raum zur Verfügung steht, bedeutsame Modelle und Konzeptionen vorzustellen. Verwiesen sei daher auf die Ausführungen von HILLENBRAND (2003; 2002), MYSCHKER (2002) und GOETZE (2001). Beispielhaft soll der Fokus auf spieltherapeutische Konzeptionen und einen entwicklungsorientierten Ansatz gerichtet werden, da diese neben der Möglichkeit sprachlicher Förderung auch die Änderung von Verhalten intendieren. Im Sinne einer heilpädagogischen Haltung wird allerdings zunächst die Lehrer-Schüler-Beziehung aus konstruktivistischer Perspektive thematisiert.

2.1 Die Lehrer-Schüler-Beziehung aus konstruktivistischer Perspektive

Vor der pädagogischen Herausforderung „einer anwachsenden Komplexität an Erziehungsfragen" im Kontext Verhaltensstörung (BUNDSCHUH 1997) stehen verstärkt auch die Lehrerinnen und Lehrer an Sprachheilschulen. Diese Arbeit im Feld kann sich allerdings in mehrfacher Hinsicht als schwierig erweisen, da (auffälliges) „Verhalten sich immer in einem komplexen historischen Geflecht von Situationen und Interaktionen artikuliert und Verhaltensbeschreibungen stets historische und situationsabhängige Bewertungen von Beobachtern darstellen" (REISER 1999, 145). Geht man darüber hinaus von der konstruktivistischen Vorstellung aus, Menschen als selbstreferentielle, autopoetische Systeme anzusehen, die wiederum in soziale Systeme eingebunden sind, kann das als gestört erlebte bzw. bezeichnete Verhalten nicht unmittelbar als objektiv angesehen werden, sondern es ist zuvorderst als eine subjektive Konstruktion zu betrachten (BUNDSCHUH 2003a, 141ff.). In diesem Bewusstsein ergibt sich für die Tätigkeit des Sprachheilpädagogen die Notwendigkeit, dass er in der Phase der Vorinformation (BUNDSCHUH 1999, 120ff., 257ff.) seinen Fokus zum einen auf die Genese der Konstruktion der Störung durch die (wertenden) Bezugspersonen richtet und zum anderen die Interaktionsprozesse zwischen ihm und dem (auffälligen) Kind in den Mittelpunkt rückt. Das von allen Beteiligten gezeigte Verhalten i.w.S. ist dabei als eine Handlung anzusehen, die nicht Ausdruck „richtigen" oder „falschen" Agierens, sondern ein Ergebnis viabler Wirklichkeitskonstruktion darstellt. Die damit einhergehende zunächst prinzipielle Achtung der Konstruktionen anderer relativiert jede Beschreibung des Verhaltens als Ausdruck von Störung und unterstellt „die Rechtmäßigkeit der Wirklichkeitskonstrukte und des Seins eines Menschen, der Motive seines Handelns und des Standes seiner Entwicklung" (LINDEMANN & VOSSLER 1999, 157).

Ein solches Verständnis von „gestörtem" Verhalten negiert nicht, dass ein Lehrer ein solches Verhalten subjektiv als störend oder unakzeptabel empfinden kann, es relativiert nur seine Bewertung und unterstreicht zugleich die Bedeutung, was ein betroffener Schüler selbst zu sich und über sich selbst sagt und was an Etikettierungen von außen erfolgt. Damit werden im transaktionalen Prozess zwischen Lehrer und Schüler nicht lineare, sondern rekursive Vorstellungen der Bedingtheit menschlichen Erlebens und Verhaltens in den Vordergrund gerückt, in der Rückkoppelungen von Wirkungen auf Ursachen als Regel, nicht als Ausnahme angesehen werden. Es wird in diesem Zusammenhang geradezu verständlich, dass sich der betroffene Schüler in seinem sozialen Umfeld mit seinen

Mensch als autopoetisches System

Konstruktion

Rekursivität

Erfahrungen in einer ganz bestimmten Weise entwickelt hat und er – auf der Basis sehr früher und weiterer Erfahrungen sowie entsprechender Verarbeitungsprozesse – Gestalter seiner Welt ist. Hierzu gehören auch mögliche psychische Probleme und das als auffällig bezeichnete Verhalten. Wenn Wahrnehmung auch eine Bedeutungszuweisung von jemandem darstellt, wenn objektive Erkenntnis nicht möglich ist, dann ist der gesamte erzieherische Prozess im Rahmen von Unterricht ein rekursiver sozialer Prozess des gemeinsamen Herstellens von Wirklichkeit durch Sprache, wobei die Funktion eines solchen Vorgehens immer nur sein kann, Hypothesen über die Wirklichkeit von Systemen aufzustellen, nicht Wirklichkeiten abzubilden. Eine solche Wirklichkeit als Wirklichkeitsbehauptung wird damit zu einem interaktiv produzierten Konstrukt strukturell gekoppelter Systeme, in der es zu einer mehr oder weniger symmetrischen Begegnung kommt. Ich gehe davon aus, dass jeder Mensch als aktiv handelndes, sein Leben gestaltendes – kompetentes – Individuum betrachtet und wert geschätzt werden möchte, sodass es im Umgang mit „Verhaltensauffälligkeiten" zunächst darum geht, individuelle und soziale Ressourcen frei zu legen und zu aktivieren, damit der Betroffene seine Situation möglichst autonom bewältigen und im persönlichen Leben Sinn erkennen kann. Damit wird das Verstehen eines Schülers zu einem kommunizierbaren, begründbaren, nachvollziehbaren Prozess, der vom Sprachheilpädagogen und vom Schüler in gleicher Weise hergestellt und beeinflusst wird. Alle Beteiligten müssen die Rahmentheorie ihrer Überzeugungen, ihr Menschenbild darstellen, erarbeiten und anpassen, will man ein Scheitern der pädagogischen Bemühungen nicht begünstigen. Erziehung und Unterricht von Kindern mit Verhaltensstörungen geht damit von der Dynamik und (an sich unglaublichen) Veränderbarkeit der Menschen aus.

strukturelle Kopplung

Verstehen als kommunizierbarer Prozess

> Es geht nicht darum, eine „Verhaltensstörung" im Sinne einer Krankheit zu beseitigen, sondern Primat muss es sein, gemeinsam mit dem betroffenen Schüler, den Eltern, Klassenlehrer die Wählbarkeit von Konstrukten zu verdeutlichen, von Konstrukten, die auf der Basis pädagogischer, didaktischer und psychologischer Fachkompetenz passender, hilfreicher, brauchbarer, sinnvoller, nützlicher sind und die es zu erproben gilt, d.h. in – gesellschaftlich akzeptables – Handeln umzusetzen.

2.2 Der Entwicklungstherapeutische Unterricht als Möglichkeit einer übergreifenden Förderung in der Sprachheilschule

Der *Entwicklungstherapeutische Unterricht* ist ein Ansatz, der versucht, fehlende Kompetenzen des Kindes in den Bereichen Verhalten, Kommunikation, Sozialisation und (Vor-)Schulleistung systematisch auf- und auszubauen. Ausgehend von der Annahme, dass sich Entwicklung in Sequenzen vollzieht, richtet sich der Blick nicht auf etwaige Defizite, sondern auf Verhaltenskompetenzen, die oftmals nicht beachtet oder als untypisch fehlinterpretiert werden. Ein solches Vorgehen ermöglicht es dem Kind, freudvolle und befriedigender Resultate zu bringen und den Weg für eine konstruktive Verhaltensänderung zu bahnen (BERGSSON 1995, 3).

Das diesem Ansatz zugrunde liegende Curriculum unterteilt die kindliche Entwicklung in fünf Stufen und vier Lernbereiche, wobei jeder Stufe ein Richtziel zugeordnet wird, welches sich in den vier Kernbereichen Verhalten, Kommunikation, Sozialisation und (vor-) schulische Fertigkeiten konkretisiert (BERGSSON 1995, 5). Die Operationalisierung der Stufen und Dimensionen differenziert sich letztlich in 144 positiv beschriebene und beobachtbare Einzelziele, die ein Aufzeigen der „Zone der nächsten Entwicklung" mit den jeweils nötigen Handlungsstrategien zur Förderung ermöglichen. Diese Feinziele spiegeln sich auch im Entwicklungstherapeutischen Lernziel-Diagnosebogen (ELDiB) wider, der als Diagnoseinstrument einen individuellen Erziehungsplan ermöglicht und in direkter Verbindung zu Ansatzpunkten der individuellen Förderung steht.

Curriculum

Das Programm stellt damit ein theoretisch fundiertes und praktisch erprobtes Konzept bereit, in dem die Diagnose des Entwicklungsstandes, die Definition von Förderzielen, die Unterrichtsplanung und -gestaltung, Interventionsstrategien und Evaluation eng miteinander vernetzt sind und auch für sprachbehinderte Kinder mit Verhaltensstörungen eine angemessene schulische Förderung bietet.

Bewertung

2.3 Spieltherapeutisches Arbeiten im Kontext Schule und Unterricht

Insbesondere für Kinder mit Sprach- und Verhaltensstörungen stellt Sprache vielleicht zunächst kein günstiges Ausdrucks- bzw. Kommunikationsmedium dar. Mit der Übernahme und Weiterentwicklung des Konzeptes von ROGERS durch VIRGINIA M. AXLINE in Richtung Spieltherapie wurde eine kinderorientierte Therapie geschaffen. 1947 erschien das einführende Werk mit dem Titel „Play Therapy". 1971 wurde es in deutscher Sprache als „Kinder-Spieltherapie im nichtdirektiven Verfahren" publiziert. „Dibs – Die wunderbare Entfaltung eines menschlichen Wesens", ein Bericht über eine erfolgreiche Spieltherapie mit dem Kind „Dibs", erschien ebenfalls 1971. Die Spieltherapie AXLINES basiert auf der Persönlichkeitstheorie, dem Therapiekonzept und den Therapiezielen von ROGERS. Bedenkt man, dass gerade im Zusammenhang mit Kindern mit schulischen Schwierigkeiten oft wenig Verständnis und Einfühlungsvermögen für ihre Probleme seitens der Eltern oder Erziehungsberechtigten besteht und dass diese Kinder möglicherweise zu keinem Gefühl von „Richtig-Sein" und „Selbstwert" gelangen, kann diese Therapieform eine gute Hilfe bedeuten.

Spieltherapie

Bei Anwendung in Förderschulen wird im Rahmen der „personenzentrierten Spieltherapie" die Einbettung in eine übergreifende pädagogische

Schule und Unterricht

Konzeption empfohlen, damit für Kinder, Lehrer, Eltern usw. nachvollziehbar ist, dass letztendlich nicht primär therapeutische, sondern pädagogische Ziele verfolgt werden. GOETZE verbindet daher diesen Ansatz mit Elementen der Gesprächspsychotherapie im Sinne ROGERS und schlägt für eine Spieltherapie vier Phasen vor (1998, 62–82):

> - Non-personales Stadium: Es dient der sachlich-materiellen, aber auch der emotionalen Vorbereitung des Sonderpädagogen auf die non-direktive Phase.
> - Non-direktive Phase: Das Kind darf entsprechend seiner Bedürfnisse und dem angebotenen Material im Sinne der nicht-direktiven Spieltherapie nach AXLINE spielen.
> - Klientenzentrierte Phase: In dieser Phase können vorhandene Probleme durch das Kind thematisiert werden.
> - Personenzentrierte Phase: Aufgrund der tragfähigen und partnerschaftlichen Beziehungen treten konstruktive Formen der Konfliktlösung in den Vordergrund, während das Reflektieren von Gefühlen zurückgeht. Hier werden gezielte Hilfen angeboten.

Neben der Möglichkeit konstruktiver, therapiewirksamer Konfliktlösung bieten Spiele unter sprachheilpädagogischem Aspekt eine gute Möglichkeit, zum spontanen Sprechen anzuregen und bestimmte Satzmuster, Dialogschemata und kommunikative Sprechakte einzuüben.

3 Gemeinsame Herausforderungen im Kontext von Sprachheilpädagogik und einer Pädagogik bei Verhaltensstörungen

Wesentliche Chancen zur gemeinsamen Bewältigung der großen Herausforderungen von Unterricht und Alltagswirklichkeit im Zusammenhang mit Sprach- und Verhaltensstörungen bestehen darin, sich auf die Bedeutung von Erziehung gerade auch unter erschwerten Bedingungen zu besinnen und insbesondere auf die *pädagogische Haltung* zu rekurrieren. In einem solchen Verständnis hebt sich Erziehung in diesem speziellen Arbeitsfeld von bloßer unterrichtlicher Tätigkeit bzw. einer methodisch-instrumentellen Form der Förderung ab. Eine solche Haltung befördert im Besonderen ein verstehendes Wahrnehmen von individuellen Konstruktionen und ermöglicht das Auffinden der „Zone der nächsten Entwicklung" (WYGOTSKI) durch sensible Ko-Konstruktion auch im Kontext von Lernen, Verhalten und Sprache (BUNDSCHUH 2003a, 143ff.). Die Entfaltung einer heilpädagogischen Methode hängt auch von der Interaktion zwischen dem Pädagogen und dem Menschen mit einer Störung ab, wobei die Qualität und Intensität dieser Wechselwirkung das allen heilpädagogischen Methoden gemeinsame Wirkprinzip darstellt (GRÖSCHKE 1997, 266). Individueller Förderbedarf im Bereich von Sprach- und Verhaltensstörungen verlangt vorübergehend oder langfristig eine Orientierung am Schüler, ein Abweichen und Absehen von Normen, Lehrplänen und Curricula, erfordert Modifikation von Unterricht und Lernstoff, um das Vertrauen der Betroffenen in das eigene Lernvermögen wieder herzustellen und damit das gerade für diese Schüler so wichtige Selbstwertgefühl zu stärken. Frühes Erkennen, prophylaktische Aufarbeitung durch Gespräche und auch durch kindorientierte Therapien erweisen sich so als fruchtbar, denn wir können auf Grund der neueren neurobiologischen Forschung (ROTH 2001; ELIOT 2001) davon ausgehen, dass menschliches Verhalten wesentlich durch emotionale Prozesse und Erleben bestimmt wird, die wiederum in hohem Maße aus Begegnungen bzw. unmittelbarer Erfahrung hervorgehen. Nur so können therapiewirksame Prozesse dazu beitragen, psychische Probleme aufzuarbeiten, Wahrnehmungsbarrieren abzubauen und Freude an der Zuwendung zur Welt und damit am Lernen i.w.S. zu wecken (BUNDSCHUH 2002, 301f.). Dass solche Prozesse auch in integrativen Formen sonderpädagogischer Förderung – bspw. im Rahmen gemeinsamen Unterrichts von Kindern mit und ohne Sprach- bzw. Verhaltensstörungen – realisiert werden sollten, sei angemerkt.

Individualisierung

gemeinsamer Unterricht

Wenn die Aufmerksamkeit in diesem Sinne auf das So-Sein des betroffenen Menschen gerichtet ist und der Mensch in seinem Werden und in den Bedingungen des Werdens verstanden wird, ermöglicht Erziehung eine Ausweitung von Handlungsfähigkeit und Autonomie in einer primär leistungsorientierten Gesellschaft, die auch aufgrund ihrer Erscheinungen wie Benachteiligung, Medienkonsum, Werteverfall und Bindungslosigkeit für eine Zunahme von Verhaltensstörungen Mitverantwortung trägt.

Fragen der Diagnostik und spezifischen Förderung bei der Berufsbildung sprachgestörter Jugendlicher

Lilli Jedik

Ein großer Teil der Jugendlichen, die bei der Berufsbildung einer Unterstützung durch rehabilitative Maßnahmen bedürfen, sind ehemalige Abgänger von Sprachheilschulen. Die Problemstellung lässt sich am besten verdeutlichen, wenn man sich die heutige Situation in den Sprachheilschulen vor Augen führt.

> Während vor ca. 20 Jahren noch die meisten Sprachheilschüler Stotternde waren, hat sich die Situation in den Sprachheilschulen heute deutlich verändert. Mit einem Anteil von über 80% ist die *Sprachentwicklungsstörung* heute im Vergleich zum Stottern (unter 10 %) deutlich überrepräsentiert.

Neben den Sprachentwicklungsstörungen können bei Jugendlichen folgende Sprach-, Sprech- und Stimmstörungen auftreten: Stottern, Poltern, Störungen der Artikulation, Dysgrammatismus, organisch bedingte Störungen des Sprechens und/oder der Stimme, zentrale Sprach- und Sprechstörungen (Aphasie, Dysarthrophonie, Sprechapraxie), Lese-Rechtschreib-Schwäche, Stimmstörungen und Schluckstörungen. In vielen Fällen treten auch kombinierte Störungssyndrome auf, z. B. Stottern und Sprachentwicklungsstörungen mit oder ohne Verhaltensauffälligkeiten. Nach Abschluss der Sprachheilschule stellt sich für jeden einzelnen Jugendlichen die Frage nach seiner individuellen Berufsfindung. Für die Bewilligung der rehabilitativen Maßnahmen zur Eingliederung ins Berufsleben bildet die gesetzliche Definition von „Behinderung" im Neunten Buch des Sozialgesetzbuches (SGB 9, §2, Absatz 1) die Grundlage:

kombinierte Störungssyndrome

gesetzliche Definition von „Behinderung"

„Menschen sind behindert, wenn ihre körperliche Funktion, geistige Fähigkeit oder seelische Gesundheit mit hoher Wahrscheinlichkeit länger als sechs Monate von dem für das Lebensalter typischen Zustand abweichen und daher die Teilhabe am Leben in der Gesellschaft beeinträchtigt ist. Sie sind von Behinderung bedroht, wenn die Beeinträchtigung zu erwarten ist".

Damit ist vor dem Gesetz nicht eindeutig geklärt, ob sprachbeeinträchtigte Menschen als „behindert" gelten. Da sie aber, obwohl sie weder körperlich noch geistig behindert sind, sprachtherapeutischer und sonderpädagogischer Hilfen bedürfen, spricht man in diesem Zusammenhang von einer „Sprachbehinderung". Ein weiteres Problem ist die Zuweisung der Schwere der Behinderung, um daraus rehabilitative Maßnahmen abzuleiten. Bei offensichtlichen Behinderungen, wie z. B. der Körperbehinderung ist die Schwere der Behinderung leichter zu bestimmen als bei einer Sprachbehinderung.

Während die Jugendlichen im Falle einer Förderung durch rehabilitative Maßnahmen als „sprachbehindert" eingestuft werden, spricht man in der Sprachheilpädagogik vor dem Hintergrund eines ganzheitlichen Menschenbildes eher von „Sprachstörungen".

Da die spezifische Sprachentwicklungsstörung ca. 80% der Sprachstörungen bei Jugendlichen ausmacht, soll sie im Folgenden näher beschrieben werden. Danach werden Fragen der spezifischen Förderung bei der Berufsbildung sprachgestörter Jugendlicher erörtert.

1 Spezifische Sprachentwicklungsstörung im Jugendalter

> Der Terminus *spezifische Sprachentwicklungsstörung* (im Folgenden SSES) bezieht sich auf jene Gruppe von etwa 6–8 Prozent von Kindern, welche im Vorschulalter durch ausgeprägte Defizite im Erwerb ihrer Muttersprache auffallen (TOMBLIN et al. 1997), ohne dass sich dafür offensichtliche Ursachen finden lassen. Dabei werden Kinder ausgeschlossen, bei denen sich die Sprachprobleme durch Beeinträchtigungen des Hörens, allgemeine geistige Retardierung, Schädigungen des Nervensystems, soziopsychische Störungen oder Fehlentwicklungen auf Grund extremer Milieuumstände erklären lassen könnten (DANNENBAUER 2002).

Definiton einer spezifischen Sprachentwicklungsstörung

Der Spracherwerb wird nicht in der Kindheit abgeschlossen, sondern geht auch im Jugendalter weiter. Gerade im Jugendalter werden wichtige Erweiterungen des sprachlichen Repertoires erzielt. In pragmatischer Hinsicht lernen die Jugendlichen immer genauer zu differenzieren, welche sprachlichen Mittel in der jeweiligen Situation zur Erreichung ihrer kommunikativen Ziele erforderlich und angemessen sind (DANNENBAUER 2002). Am deutlichsten erkennbar wird der andauernde Spracherwerb im Bereich des mentalen Lexikons. Das Lexikon wird dabei nicht nur umfangreicher (bei 16-Jährigen dürfte es einen durchschnittlichen Umfang von ca. 60.000 Wörtern erreicht haben), sondern seine Inhalte werden vielfältiger miteinander vernetzt. Dadurch verbessern sich die Geschwindigkeit und Genauigkeit des lexikalischen Zugriffs (NIPPOLD 1998). Durch Nachdenken über Denkprozesse werden im Jugendalter auch metakognitive und metalinguistische Kompetenzen erheblich erweitert, die den wichtigsten Entwicklungsmotor in allen sprachlichen Bereichen bilden (DANNENBAUER 2002).

Erweiterungen des sprachlichen Repertoires im Jugendalter

Erweiterung der metakognitiven und metalinguistischen Kompetenzen

Die besonderen Merkmale einer spezifischen Sprachentwicklungsstörung im Jugendalter lassen sich wie folgt beschreiben.

1.1 Scheinbare sprachliche Unauffälligkeit und latente Störungsstruktur

scheinbare sprachliche Unauffälligkeit

Man vermutet, dass Jugendliche sprachliche Defizite durch metasprachliche Fähigkeiten kompensieren, indem sie Äußerungsstrukturen meiden, bei denen sie sich nicht sicher sind, und dabei andere, sichere Konstruktionen bevorzugt verwenden. Dadurch erreichen sie eine Unauffälligkeit, in der sie sich aber trotzdem von nicht sprachgestörten Gleichaltrigen unterscheiden, da ein solcher begrenzter Bestand die Komplexität reduziert. So persistiert unter dem Deckmantel einer scheinbaren Unauffälligkeit ein weites Spektrum von Defiziten, die mehr oder weniger stark ausgeprägt sein können (DANNENBAUER 2002). Die Spontansprache der SSES-Jugendlichen weist Defizite auf, die von unflüssigen und unstimmigen Formulierungen mit vielen Abbrüchen und Neuansätzen über Wortfindungsprobleme und Auslassungen bis hin zu unterentwickelten Erzählstrukturen reichen.

Defizite in der Spontansprache

Auffälligkeiten im schriftsprachlichen Bereich

Besonders betroffen ist bei Jugendlichen auch der Bereich der Schriftsprache. Es stechen häufig ihre teils extremen Schwierigkeiten beim Lesen und Schreiben hervor, wodurch ihr Textverständnis erheblich erschwert wird. Auf Grund reduzierter Leseerfahrungen bleiben die fördernden Einflüsse des Lesens auf viele sprachliche und kognitive Fertigkeiten aus. Da die Sprache auch weniger effektiv als mentales Instrument für kognitive Prozesse genutzt werden kann, ist das schulische Lernen mitbetroffen. Bei vielen Jugendlichen und Erwachsenen mit einer eindeutigen Vorgeschichte von SSES ist somit eine Persistenz der Sprachdefizite zu vermuten, die sich über die gesamte Lebensspanne erstreckt.

Persistenz der Sprachdefizite

1.2 Das Merkmal des absinkenden Intelligenzquotienten

Viele Jugendliche mit SSES lassen in ihrer Entwicklung zunehmend Lernschwierigkeiten erkennen, deren eigentlicher Kern zwar das Sprachproblem ist, die jedoch auch auf andere Leistungsbereiche übergreifen können. Sie geraten häufig in Klassen für Lernbehinderte, ohne dass die Spezifität ihrer Förderbedürfnisse exakt erkannt worden ist. Signifikant niedrigere Schulabschlüsse und weniger qualifizierte Berufstätigkeiten als beim Durchschnitt der Altersgenossen sind die Folge.

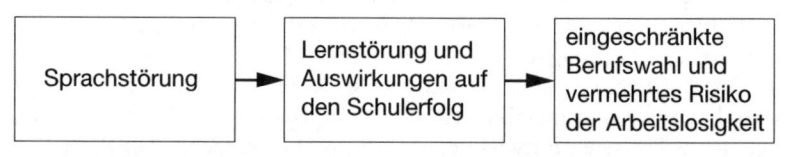

Sprachstörung → Lernstörung und Auswirkungen auf den Schulerfolg → eingeschränkte Berufswahl und vermehrtes Risiko der Arbeitslosigkeit

Verschärft wird diese Problematik durch das Phänomen des absinkenden Intelligenzquotienten, das sich bereits im späten Kindesalter beobachten lässt und über das Jugendalter hinweg anhält. Im Durchschnitt nimmt der IQ der SSES-Jugendlichen um 10 bis 20 Punkte ab.

Eine mögliche Erklärung dafür ist, dass die Entfaltung intellektueller Potenziale bei diesen Jugendlichen durch sprachliche Mängel beschränkt wird. Außerdem wird eine begrenzte Kapazität der Informationsverarbeitung angenommen, die sich zunächst selektiv im Bereich der sprachlichen Entwicklung auswirkt, dann aber auch andere kognitive Aktivitäten betrifft, sobald die Anforderungen steigen.

Phänomen des absinkenden Intelligenzquotienten

1.3 Die Gefahr sozio-emotionaler Schwierigkeiten

Auch in sozio-emotionaler Hinsicht kann eine SSES Auswirkungen auf den Jugendlichen haben. Manche der betroffenen Jugendlichen werden von ihren Altersgenossen in der Interaktion zurückgesetzt und entwickeln ein geringes Selbstvertrauen. Insbesondere bei Jugendlichen mit rezeptiven Sprachstörungen (Beeinträchtigung des Sprachverständnisses) und Intelligenzquotienten im unteren Grenzbereich kann es zu psychiatrischen Auffälligkeiten kommen, die bereits in den klinischen Zuständigkeitsbereich fallen. Zu den häufigsten Diagnosen gehören Aufmerksamkeitsstörungen ohne oder mit Hyperaktivität, Ängstlichkeit, Oppositionsverhalten und Fehlanpassungen, wie z. B. Depressivität oder Rücksichtslosigkeit. Außerdem kann es zu Essstörungen, Habits, einer niedrigen Frustrationstoleranz oder Übererregbarkeit kommen. Die Probleme können sich auch über das Jugendalter hinaus fortsetzen. Viele führen ein eingeschränktes Sozialleben mit zum Teil wenig erwachsenenartigen Interessen. Es ist aber davon auszugehen, dass SSES *keine* Folge der psychiatrischen Probleme ist (DANNENBAUER 2002).

geringes Selbstvertrauen

psychiatrische Auffälligkeiten

eingeschränktes Sozialleben

> **Zusammenfassend** lässt sich festhalten:
> In der Mehrzahl der Fälle persistieren bei SSES-Jugendlichen laut- und schriftsprachliche Probleme bis ins Erwachsenenalter. Sie bewirken meist, dass die Jugendlichen bei den für das Jugendalter typischen Fortschritten des Spracherwerbs nicht angemessen mithalten können und neue Defizite in Kauf nehmen müssen. Steigende sprachliche Anforderungen können durch die kommunikativen Beeinträchtigungen nicht bewältigt werden, was zu Lernerschwernissen und Misserfolgen führen kann. Die Entfaltung der intellektuellen und sozialen Kompetenzen kann nicht optimal gelingen. SSES-Jugendliche absolvieren schulische und berufliche Bildungsgänge oft mit geringerem Erfolg.

2 Berufliche Ersteingliederung und Rehabilitation von sprachgestörten Jugendlichen

Ziel der beruflichen Ersteingliederung

Ziel der beruflichen Ersteingliederung ist die „möglichst vollständige und dauerhafte Eingliederung von jungen behinderten oder von einer Behinderung bedrohten Menschen in den allgemeinen Arbeitsmarkt" (BFA 2002, 303). Die damit angestrebte berufliche Rehabilitation zielt auf eine ganzheitliche Förderung der persönlichen Entwicklung. Sie umfasst „alle Maßnahmen und Hilfen, die erforderlich sind, die dauerhafte Eingliederung oder Wiedereingliederung behinderter Menschen in Arbeit, Beruf und Gesellschaft zu erreichen" (BFA 2002, 405). Rechtliche Grundlagen sind vor allem das SGB III (Drittes Buch des Sozialgesetzbuches) und das SGB IX (Neuntes Buch des Sozialgesetzbuches).

Aufgaben der Reha-Teams in den Arbeitsämtern

Die Beratung in Fragen der beruflichen Rehabilitation, die finanzielle Förderung der Teilnahme an Maßnahmen der beruflichen Eingliederung sowie die anschließende Vermittlung in den Arbeitsmarkt fällt nach dem SGB III (Drittes Buch des Sozialgesetzbuches) fast ausschließlich in die Zuständigkeit des Arbeitsamtes. Die erfolgreiche Beratungs- und Vermittlungsarbeit setzt dabei eine intensive Zusammenarbeit des Arbeitsamtes mit anderen Stellen voraus, die an der beruflichen Eingliederung beteiligt sind, wie z. B. Schulen, Jugendämtern, Betrieben etc. Durch die Zusammenarbeit mit Schulen und Eltern lässt sich der individuelle Förderbedarf genau feststellen. Die partnerschaftliche Zusammenarbeit mit Rehabilitationseinrichtungen wie Berufsbildungswerken ist Voraussetzung für das gemeinsame Ziel der dauerhaften beruflichen Eingliederung behinderter Menschen.

Feststellung des individuellen Förderbedarfs

Feststellung von Behinderung und beruflicher Eignung

Zur Förderung der Eingliederung muss in jedem Einzelfall festgestellt werden, ob eine Behinderung (nach gesetzlicher Definition) vorliegt oder droht. Wenn die Behinderung nicht durch vorliegende Gutachten ausreichend nachgewiesen ist, werden zur Feststellung die Fachdienste des Arbeitsamts (Ärztlicher Dienst, Psychologischer Dienst) einbezogen. Anschließend wird die berufliche Eignung für eine Ausbildung geklärt. Im Einzelfall kann eine Arbeitserprobung oder eine Maßnahme zur Abklärung der beruflichen Eignung erforderlich sein.

Feststellung von Behinderung

Klärung der beruflichen Eignung

Für die berufliche Eingliederung von Menschen mit Behinderung gilt nach dem Normalitätsprinzip der Grundsatz:
„So normal wie möglich – so speziell wie erforderlich" (BFA 2002, 305).
Für die Entscheidung im Einzelfall leiten sich daraus die folgenden Vorgaben für die Fachkräfte in den Arbeitsämtern ab (ebd.):

> - Allgemeine Leistungen haben Vorrang vor besonderen Leistungen.
> - Betriebliche Maßnahmen haben Vorrang vor außerbetrieblichen Maßnahmen.
> - Wohnortnahe Maßnahmen haben Vorrang vor Internatsmaßnahmen.
> - Allgemeine Bildungsangebote haben Vorrang vor rehaspezifischen Maßnahmen.
> - Regelausbildungen haben Vorrang vor behindertenspezifischen Ausbildungen.

Arten von Maßnahmen
Bei der beruflichen Ersteingliederung kommen insbesondere die folgenden Maßnahmen zum Einsatz (vgl. ebd.):

- Berufsvorbereitende Bildungsmaßnahmen
- Berufsausbildung in Betrieben / Ausbildungsbegleitende Hilfen (abH)
- Berufsausbildung in Berufsbildungswerken (BBW)
- Berufsausbildung in außerbetrieblichen Einrichtungen.

Rehabilitations- und Bildungseinrichtungen
Soweit eine betriebliche Durchführung wegen Art oder Schwere der Behinderung nicht möglich ist, werden die Maßnahmen der beruflichen Ersteingliederung vor allem in folgenden Einrichtungen durchgeführt:

- Berufsbildungswerke (BBW)
- Werkstätten für behinderte Menschen (WfB)
- Spezielle Reha-Einrichtungen zur wohnortnahen Rehabilitation lernbehinderter Jugendlicher
- Sonstige außerbetriebliche Einrichtungen

Im Folgenden soll die Berufsausbildung in außerbetrieblichen Einrichtungen am Beispiel von Berufsbildungswerken näher dargestellt werden.

Berufsausbildung in außerbetrieblichen Einrichtungen

2.1 Berufsausbildung und spezifische Förderung von sprachgestörten Jugendlichen in Berufsbildungswerken

Berufsbildungswerke sind überregionale Einrichtungen zur beruflichen Erstausbildung junger Menschen mit Behinderungen. Durch die Vermittlung einer qualifizierten Berufsausbildung soll den jungen Menschen mit Behinderungen die dauerhafte Teilhabe an Gesellschaft und Arbeitsleben ermöglicht werden. Das Ausbildungsangebot orientiert sich an den Erfordernissen des Arbeitsmarktes. Lerninhalte, Ausbildungsbedingungen und begleitende medizinische, psychologische und sozialpädagogische Betreuung sind auf die Belange von Auszubildenden mit Behinderungen abgestellt. Berufsschule, Ausbildungswerkstätten, Wohnmöglichkeiten, Freizeiteinrichtungen und begleitende Reha-Fachdienste sind in der Regel unter einem Dach zusammengefasst, um eine ganzheitliche Betreuung und Förderung zu gewährleisten.

Zugang
Die Ausbildung in einem Berufsbildungswerk (BBW) kommt dann in Frage, wenn nach eingehender Diagnose die Art oder Schwere der Behinderung die besonderen Hilfen dieser Einrichtung erforderlich machen (BFA 2002). Dazu wird eine differenzierte Untersuchung der Eignung durch das Arbeitsamt durchgeführt. Über die Aufnahme entscheidet das Berufsbildungswerk. Im Fall einer Berufsausbildung schließt der Auszubildende mit dem BBW einen Berufsbildungsvertrag.

> Eignungsuntersuchung durch das Arbeitsamt

Ausbildung
Die Ausbildung erfolgt auf Grundlage des Berufsbildungsgesetzes (BBiG) bzw. der Handwerksordnung (HwO) nach dem dualen System in Ausbildungswerkstätten und in der Berufsschule, die in der Regel ins BBW integriert ist. Inhalte, Methoden und Ausstattung sind auf die jeweilige Behinderung zugeschnitten. Durch kleine Arbeitsgruppen ist eine intensive Betreuung möglich. Berufsschullehrer arbeiten eng mit den begleitenden medizinischen, psychologischen und sozialpädagogischen Fachdiensten zusammen und stimmen gemeinsam mit den Auszubildenden individuelle Förderpläne ab. Insgesamt bilden die Berufsbildungswerke in etwa 200 verschiedenen Berufen aus. Um Übergänge für die berufliche Integration nach der Ausbildung zu erleichtern, findet während der Ausbildung mindestens ein mehrwöchiges Praktikum statt. Ziel der Ausbildung ist die Qualifizierung des Rehabilitanden in einem zukunftsorientierten Beruf (einschließlich entsprechender Schlüsselqualifikationen) und die anschließende Eingliederung auf dem Arbeitsmarkt.

> Abstimmung individueller Förderpläne

> Eingliederung auf dem Arbeitsmarkt als Ziel der Ausbildung

Berufsvorbereitung
Zur Vorbereitung auf eine Berufsausbildung bieten die Berufsbildungswerke auch Förderlehrgänge mit diagnoseabhängigen Maßnahmeprofilen an. Zur Klärung der Eignung und zur Absicherung einer tragfähigen Berufswahl können im Vorfeld auch eine Arbeitserprobung oder Maßnahmen zur Abklärung der beruflichen Eignung durchgeführt werden.

> Förderlehrgänge

Begleitende Betreuung
Während des Aufenthalts im BBW wird die Rehabilitation durch Reha-Fachdienste, bestehend aus Ärzten, Psychologen, Sozialpädagogen, Sonderpädagogen usw. begleitet und gefördert. Es wird jeweils ein individueller Rehabilitationsplan erstellt, der die Ziele und Einzelschritte der Rehabilitation umfasst sowie eine diagnosegeleitete Planung des individuellen Förderbedarfs einschließt.

> Erstellung eines individuellen Rehabilitationsplans

Übergang auf den Arbeitsmarkt
Nach Abschluss einer Berufsausbildung hilft das BBW beim Übergang auf den allgemeinen Arbeitsmarkt. Hierfür werden z. B. Bewerbungstrainings, Vermittlung durch eine eigene Jobbörse, Hilfe bei Behördengängen und der Wohnungssuche angeboten. Eine diagnosegeleitete nachgehende Betreuung ist im Einzelfall notwendig. Für die Vermittlung der Rehabi-

litanden auf den allgemeinen Arbeitsmarkt können die Berufsbildungswerke auch auf die Dienstleistungen der Integrationsfachdienste zurückgreifen.

3 Probleme von sprachgestörten Jugendlichen an der Schwelle zur Berufsausbildung

Sprachgestörte Jugendliche stoßen bei ihrer Berufswahl, Ausbildung und Berufsausübung auf behinderungsbedingte Einschränkungen. In welchem Umfang die Einschränkungen zutreffen, kann nicht generell ermittelt werden, sondern hängt vom Schweregrad der individuellen Störung ab. Dieser ergibt sich nicht nur aus der Störung an sich, sondern aus dem Störungsbewusstsein und den damit zusammenhängenden Folgeeinschränkungen. Dass sprachgestörte Menschen keine sprechintensiven Berufe einnehmen sollten, ist inzwischen ein veraltetes Vorurteil. Heute vollzieht sich ein Wandel im öffentlichen Bewusstsein, der es begünstigt, sich zu einer Sprachstörung zu bekennen. Wichtig ist grundsätzlich, dass Kollegen, Ausbilder und Vorgesetzte über die Sprachstörung informiert werden, um sensibel reagieren zu können. Denn eine Sprachstörung wirkt sich meist auf die Kommunikationsfähigkeit eines Menschen aus (GROHNFELDT 2002).

behinderungsbedingte Einschränkungen bei der Berufswahl, Ausbildung und Berufsausübung

Die Beeinträchtigung kann zum einen in der Person des Sprachbeeinträchtigten selbst liegen, indem das subjektive Empfinden der Kommunikationsstörung durch Missverstehen für den Einzelnen schwerer ins Gewicht fällt als der objektive Grad der Störung selbst. Zum anderen kann die Beeinträchtigung auch in der Reaktion des sozialen Umfeldes durch z.B. vorurteilsbedingte Einstellungen begründet sein. Denn das Ausdrucksvermögen eines Menschen, die Flexibilität und Sicherheit beim Auftreten sind Kriterien für die Ersteinschätzung eines Menschen und führen bei sprachgestörten Menschen oft zu Fehleinschätzungen (GROHNFELDT 2002).

Die Beeinträchtigung der zwischenmenschlichen Kommunikation birgt nach ROMONATH (1997) ein mögliches potentielles Entwicklungsrisiko. Der Aufbau der eigenen Identität und die altersgemäße Erweiterung der Lern- und Leistungsfähigkeit sind gefährdet. Insgesamt wirken sich beeinträchtigte komplexe Fähigkeiten sprachlich-sozialen Handelns auf den Ausbau einer eigenständigen personalen und sozialen Identität aus. Oft sind sprachgestörte Jugendliche wegen ihrer Sprachstörung gehemmt, ängstlich und zurückgezogen (ROMONATH 2000).

Beeinträchtigung der Kommunikationsfähigkeit als potentielles Entwicklungsrisiko

Dabei zählen kommunikative Fähigkeiten in der heutigen Arbeitswelt zu den Schlüsselqualifikationen. Untersuchungen über die beruflichen Anforderungsprofile in der heutigen Arbeitswelt verdeutlichen den hohen Stellenwert einer differenzierten und erfolgreich kommunikativen Verwendung der Laut- und Schriftsprache (ROMONATH 2000). Aus der

kommunikative Fähigkeiten als Schlüsselqualifikationen in der heutigen Arbeitswelt

eingeschränkten Kommunikationsfähigkeit und Verwendung der Laut- und Schriftsprache kann die soziale und berufliche Teilhabe an der Gesellschaft gefährdet sein, genauso wie die seelische Gesundheit oder Zufriedenheit.

Hilfen zur Situationsbewältigung und Situationsveränderung

GROHNFELDT (2002) schlägt hier Hilfen zur individuellen Situationsbewältigung und Situationsveränderung im sozialen Bezugsfeld vor. Letzteres zielt darauf ab, Vorurteile abzubauen und ein Verständnis für die Sprachgestörten aufzubauen.

Zur individuellen Situationsbewältigung sollen Sprachbeeinträchtigte auf kommunikative Anforderungen ihrer beruflichen und sozialen Umwelt vorbereitet werden, indem ihnen einfache und differenzierte Kommunikationsschemata verfügbar gemacht werden. Z.B. kann dies durch Einüben von Standarddialogen und Ritualen im Rollenspiel erreicht werden.

Ausblick

hoher Stellenwert von Ausbildung und Beruf

In unserer modernen Industrie- und Leistungsgesellschaft kommt der Ausbildung und Berufstätigkeit von Menschen ein enorm hoher Stellenwert zu (BUNDESANSTALT FÜR ARBEIT 2002). Berufsbildung und Berufstätigkeit sind Teil des menschlichen Lebens und ermöglichen vor allem die Teilhabe am gesellschaftlichen Leben. Sprachgestörte Jugendliche befinden sich dabei häufig in einer besonders schwierigen Situation. In der Sonderschulzeit, die bei sprachgestörten Jugendlichen häufig nicht nur auf die Grundschulzeit beschränkt ist, werden die Bedürfnisse sprachbeeinträchtigter Jugendlicher weitgehend respektiert. Sicher ist, dass nach Beendigung der regulären Schulzeit die Förderung nicht einfach abgebrochen werden kann. Der bedeutsame Übergang von Sprachheilschülern in Ausbildung und Beruf muss durch rehabilitative Maßnahmen unterstützt werden, die auf den jeweiligen Einzelfall abgestimmt werden, indem man den individuellen Förderbedarf und das Förderziel herausarbeitet.

Unterstützung durch rehabilitative Maßnahmen

In persönlichen Beratungsgesprächen kann auf die individuelle Situation des betreffenden Jugendlichen eingegangen werden. Dadurch können zum einen Art und Ausmaß der Sprachstörung und ihr Ausprägungsgrad in kommunikativen Situationen, zum anderen das subjektive Erleben bzw. das Störungsbewusstsein erfasst werden (GROHNFELDT 2002). Individuelle Beratung, Auswahl und Förderung der geeigneten Maßnahmen spielen eine Schlüsselrolle für eine erfolgreiche berufliche Ersteingliederung und Rehabilitation. Wichtig ist, dass es sich bei der Auswahl der Maßnahmen um individuelle Einzelfallentscheidungen handeln muss. Die besonderen Bedürfnisse und Belange der sprachgestörten Jugendlichen sind stets zu berücksichtigen.

individuelle Einzelfallentscheidungen

Literaturverzeichnis

Affolter, F. (1987): Wahrnehmung, Wirklichkeit und Sprache. Villingen/ Schwenningen: Neckar-Verlag
Ahrbeck, B., Schuck, K. D. & Welling, A. (1990): Integrative Pädagogik und Therapie. Zum Problem der Enttherapeutisierung in der Sprachbehindertenpädagogik. Die Sprachheilarbeit 35, 165–172
Ahrbeck, B., Schuck, K.D. & Welling, A. (1992): Aspekte einer sprachbehindertenpädagogischen Professionalisierung integrativer Praxis. Die Sprachheilarbeit 37, 6, 287–302
AKoP – Arbeitskreis Kooperative Pädagogik e.V. (1981): Satzung des Arbeitskreises Kooperative Pädagogik. Zeitschrift für Kooperative Pädagogik 1 (Beilage)
Alig, M. L. (1995): Play yourself free. Tipps zum Spielen und Lernen mit der englischen Sprache. In: *Hegele, I. u.a.*: Kinder begegnen Fremdsprachen (57–58). Braunschweig
Alisch, L.-M. (1995): Grundlagenanalyse der Pädagogik als praktische Wissenschaft. Berlin: Duncker & Humboldt
Anochin, P.K. (1967): Das funktionelle System als Grundlage der physiologischen Architektur des Verhaltensaktes. Jena: Gustav Fischer Verlag
Antor, G. & Bleidick, U. (2001) (Hrsg.): Handlexikon der Behindertenpädagogik. Stuttgart: Kohlhammer
Arbeitskreis Sprachentwicklungsstörungen (Hrsg.) (2002): Sprachentwicklung mehrsprachig aufwachsender Kinder. Informationen in vielen Landessprachen. www.arbeitskreis-sprache.de
Arnold, M. (2002): Aspekte einer modernen Neurodidaktik. Emotionen und Kognitionen im Lernprozess. München: Vögel
Asher, J. (1977): Learning Another Language Through Actions. The complete teacher's guidebook. Los Gatos, CA: Sky Oaks.
Axline, V. (1997): Kinder-Spieltherapie im nicht-direktiven Verfahren. München, Basel: Ernst Reinhardt
Axline, V. (1973): Spieltherapie im nicht-direktiven Verfahren. In: *Biermann, G.* (Hrsg.): Handbuch der Kinderpsychotherapie. Bd. I (185–192). München, Basel: Ernst Reinhardt
Axline, V. (1991): Dibs – Die wunderbare Entfaltung eines menschlichen Wesens. Bern, München: Scherz

Bach, H. (1976): Der Begriff der Behinderung unter dem Aspekt der Multidimensionalität. Zeitschrift für Heilpädagogik 27, 7, 396–404
Bahr, R. & Lüdtke, U. (1999): Qualitätssicherung in der Sprachheilpädagogik: Ausverkauf des Pädagogischen? Die Sprachheilarbeit 44, 3, 133–135.
Bahr, R. & Lüdtke, U. (2000): Pädagogik. In: Grohnfeldt, M. (Hrsg.): Lehrbuch der Sprachheilpädagogik und Logopädie, Band 1 (79–115). Stuttgart: Kohlhammer
Bahr, R. (1994): Therapie sprachentwicklungsgestörter Kinder aus pädagogischer Sicht. Sprache – Stimme – Gehör 18, 2, 61–67
Bahr, R. (2000): Didaktischer Subjektivismus oder subjektorientierte Didaktik? Tendenzen sonderpädagogischen Unterrichts am Beispiel der Sprachheilpädagogik. Die neue Sonderschule 45, 3, 203–212
Bahr, R. (2002): Diagnostik als Problemkonstruktion in der Sprachheilpädagogik. In: *Meixner, F.* (Hrsg.): Mehrdimensionalität der sprachheilpädagogischen Arbeit (41–51). Wien

Bahr, R. (2003): Qualitätsmerkmale sprachtherapeutischen Unterrichts. In: *Hübner, K. & Röhner-Münch, K.* (Hrsg.): Einblick in die Sprachheilpädagogik 2003 (13–30). Aachen: Shaker

Bailey, D.B., Bruer, J.T., Symons, F.J. & Lichtman, J.W. (Eds.) (2001): Critical thinking about critical periods. Baltimore: Paul H.Brookes

Baker, L. & Cantwell, P. (1982): Psychiatric Disorders in Children with Different Types of Communication Disorders. Journal of Communication Disorders 15, 113–126

Baker, L., Cantwell, D.P. & Mattison, R.E. (1980): Behavior Problems in Children with Pure Speech Disorders and in Children with Combined Speech and Language Disorders. Journal of Abnormal Child Psychiatry 8, 245–256

Barnett, W.S. (2000): Economics of early childhood intervention. In: *Shonkoff, J.P. & Meisels, S.J.* (Eds.): Handbook of early childhood intervention. 2nd ed (589–610). Cambridge: University Press

Battacchi, M., Suslow, T. & Renna, M. (^{2}1997): Emotion und Sprache. Zur Definition der Emotion und ihren Beziehungen zu kognitiven Prozessen, dem Gedächtnis und der Sprache. Frankfurt: Lang

Baumann, Z. (1995): Postmoderne Ethik. Hamburg: Hamburger Edition

Baumert, J. (Hrsg.) (2002): PISA 2000 – Die Länder der Bundesrepublik Deutschland im Vergleich. Opladen: Leske & Budrich

Baumert, J., Eigler, G., Ingenkamp, K., Macke, G., Steinert, B. & Weishaupt, H. (1992): Zum Status der empirisch-analytischen Pädagogik in der deutschen Erziehungswissenschaft. In: *Ingenkamp, K., Jäger, R.S., Petillon, H. & Wolf, B.* (Hrsg.): Empirische Pädagogik 1970–1990. Eine Bestandsaufnahme der Forschung in der Bundesrepublik Deutschland, Bd. 1 (1–88). Weinheim: Deutscher Studien Verlag

Baumgartner St. & Giel B. (2000): Qualität und Sprachtherapie. In: Grohnfeldt, M. (Hrsg.): Lehrbuch der Sprachheilpädagogik und Logopädie. Bd. 1: Selbstverständnis und theoretische Grundlagen (275–308). Stuttgart: Kohlhammer

Baumgartner, S. & Füssenich, I. (1999): Sprachtherapie mit Kindern. München, Basel: Ernst Reinhardt.

Baumgartner, S. (1978): Verhaltensauffälligkeiten bei Kindern an Schulen für Sprachbehinderte. München: Univ. Diss.

Baumgartner St. (1994): Sprechflüssigkeit. In: *Baumgartner St.& Füssenich I.* (Hrsg.) Sprachtherapie mit Kindern (204–289). München: E. Reinhardt-Verlag

Baumgartner, S. (1994a): Sprachheilpädagogik als Heilpädagogik – ein Versuch. Die Sprachheilarbeit 39, 3, 140–151

Baumgartner, S. (1995): Sprachheilende Interaktionen in der pädagogischen Moderne. Die Sprachheilarbeit, 40, 126–135

Baumgartner, S. (1997): Perspektiven einer veränderten Wissensvermittlung in der Sprachheilpädagogik. Die Sprachheilarbeit 42, 6, 260–276

Baumgartner, S. (1998): Die Chancen der Sprachheilpädagogik. Behindertenpädagogik in Bayern, 2, 95–110

Baumgartner, S. (1998a): Wissenschaftliche Sprachheilpädagogik und die Qualitätssicherung professionellen sprachtherapeutischen Handelns. Die Sprachheilarbeit, 43, 243–259

Baumgartner, S. (2000): Zur sprachheilpädagogischen Identität. Die Sprachheilarbeit, 6, 247–255

Baumgartner, S. (2002): Heilen und Forschen am Beispiel der adaptiven Stottertherapie. Die Sprachheilarbeit, 1, 18–26

Baur, S. & Endres, R. (1999): Kindliche Sprachverständnisstörungen. Die Sprachheilarbeit, 44, 6, 318–328

Bauriedl, T. (1993): Beziehungsanalyse. Frankfurt a. M: Suhrkamp.

Bayerisches Staatsministerium für Unterricht und Kultus (Hrsg.) (2000): Lehrplan für die Grundschule in Bayern. Bekanntmachung des Bayerischen Staatsministeriums für Unterricht und Kultus vom 9. August 2000. Nr. IV/1–(7410/1–4/84000). München

Bayerisches Staatsministerium für Unterricht und Kultus (2001): Lehrplan für die bayerische Grundschulstufe zum Förderschwerpunkt Sprache

Bayerisches Staatsministerium für Unterricht und Kultus (2002): Lehrplan Deutsch als Zweitsprache. München: Maiß
Bayerisches Staatsministerium für Unterricht und Kultus (2003): Einrichtung bzw. Genehmigung von Außenklassen und Kooperationsklassen. München
Beck, U. (1986): Risikogesellschaft. Auf dem Weg in eine andere Moderne. Frankfurt/M: Suhrkamp
Becker, K.-P. & Braun, O. (2000): Geschichte der Sprachheilpädagogik in Deutschland 1945–2000. Rimpar: edition von freisleben
Becker, K.-P. & Sovák, M. (1971): Lehrbuch der Logopädie. Berlin (Ost): VEB Volk und Gesundheit
Becker, K.-P: & Autorenkollektiv (1979): Rehabilitationspädagogik. Berlin (Ost): VEB Volk und Gesundheit
Becker-Mrotzek, M. & Vogt, R. (2001): Unterrichtskommunikation. Linguistische Analysemethoden und Forschungsergebnisse. Tübingen: Narr
Belke, G. (2001): Mehrsprachigkeit im Deutschunterricht, Sprachspiele, Spracherwerb, Sprachvermittlung. Hohengehren: Schneider
Bellack, A. u.a. (1974): Die Sprache im Klassenzimmer (Reihe: Sprache und Lernen – Internationale Studien zur pädagogischen Anthropologie). Düsseldorf: Schwann
Benkmann, Rainer (1998): Entwicklungspädagogik und Kooperation. Sozialkonstruktivistische Perspektiven der Förderung von Kindern mit gravierenden Lernschwierigkeiten in der allgemeinen Schule. Weinheim: Deutscher Studien Verlag
Benner, D. (^{4}2001): Hauptströmungen der Erziehungswissenschaft. Eine Systematik traditioneller und moderner Theorien. Weinheim: Beltz
Bergsson, M. (1995): Ein entwicklungstherapeutisches Modell für Schüler mit Verhaltensauffälligkeiten – Organisation einer Schule. Essen: Progressus
Björck-Akesson, E. & Granlund, M. (2000): Creating a team around the child through professionals' continuing education. In: *Odom, S.L., Hanson, M.J., Blackman, J.A. & Kaul, S.* (eds.): Early intervention practices around the world. (171–190). Baltimore: Paul H. Brookes
Blanken, G. (1993): Psychiatric and Psychological Aspects of Language Development Disorders. In: *Blanken, G.* (Hrsg.): Linguistic Disorders and Pathologies: an international handbook (595–603). Berlin: de Gruyter
Bleidick, U. & Hagemeister, U. (^{6}1998): Einführung in die Behindertenpädagogik. Allgemeine Theorie der Behindertenpädagogik. Stuttgart: Kohlhammer
Bleidick, U. (1958): Aus heilpädagogischen Grund-, Fach- und Hilfswissenschaften. Heilpädagogik als Wissenschaft. Zeitschrift für Heilpädagogik 9, 4, 161–168
Bleidick, U. (1971): Heilpädagogik – Sonderpädagogik – Pädagogik der Behinderten. Wandlungen der Begriffsbildung. In: *Reinartz, A. & Kluge, K.-J.* (Hrsg.): Die Sonderpädagogik als Forschungsproblem in Deutschland (41–88). Darmstadt: Wissenschaftliche Buchgesellschaft
Bleidick, U. (1972, ^{5}1984): Pädagogik der Behinderten. Berlin: Marhold
Bleidick, U. (1976): Metatheoretische Überlegungen zum Begriff der Behinderung. Zeitschrift für Heilpädagogik 27, 7, 408–415
Bleidick, U. (1977): Einführung in die Behindertenpädagogik. Bd. 1. Stuttgart: Kohlhammer
Bleidick, U. (1985) (Hrsg.): Theorien der Behindertenpädagogik. Berlin: Marhold
Bleidick, U. (1988): Heilpädagogik, Ökologie, System. Zeitschrift für Heilpädagogik, 39, 827–840
Bless, G. (1996): Zur Wirksamkeit der Integration. Ergebnisse empirischer Forschungen im Überblick. In: *Opp, Freytag & Budnik* (Hrsg.): Heilpädagogik in der Wendezeit (124–132). Luzern: Edition SHZ/SPC, Schweizerische Zentralstelle für Heilpädagogik
Bleyhl, W. (2000): Fremdsprachen in der Grundschule. Grundlagen und Praxisbeispiele. Hannover
Bleyhl, W. (2001): Über die Verstehensmethode. In: *Ministerium für Kultus, Jugend und Sport Baden-Württemberg* (Hrsg.): Fremdsprachen in der Grund-

schule. Lehren und Lernen mit dem Konzept des kommunikativen Unterrichts (7–13). Stuttgart

Bloom, L. (²2002): The Transition from Infancy to Language. Acquiring the Power of Expression. Cambridge: Cambridge University Press

Böhm, H., Langer, S., Schüler, S. & Spitzner, K. (2001): 75 Jahre städtische und staatliche sprachheilpädagogische Beratungsstelle in Chemnitz. Die Sprachheilarbeit 46, 273–280

Böhm, W. & Wenger-Hadwig, A. (1998) (Hrsg.): Erziehungswissenschaft oder Pädagogik? Würzburg: ERGON

Boetcher, W. & Sitta, H. (1980): Grammatik in Situationen. In: Diegritz, Th. (Hrsg.): Diskussion Grammatikunterricht (202–227). München: Humboldt

Borbonus, T. (1999): Sprachtherapeutischer Unterricht – ein Phantom? In: dgs – Landesgruppe Sachsen e.V. (Hrsg.): Sprachheilpädagogik über alle Grenzen – Sprachentwicklung in Bewegung (274–281). Würzburg: edition von freisleben

Borbonus, T. (2003): Wer ist denn hier bärenstark? Die Sprachheilarbeit 48, 138–139

Borchert, J. (2000) (Hrsg.): Handbuch der Sonderpädagogik. Göttingen: Hogrefe

Borg-Laufs, M. (2002): Die Rolle der Bindungstheorie in der Verhaltenstherapie. Verhaltenstherapie und psychosoziale Praxis, 3, 583–596

Bortfeld, H. & Whitehurst, G.J. (2001): Sensitive periods in first language acquisition. In: Bailey, D.B., Bruer, J.T., Symons, F.J. & Lichtman, J.W. (Eds.): Critical thinking about critical periods (173–192). Baltimore: Paul H. Brookes

Bourdieu, P. (1977): The Economics of Linguistic Exchanges. Social Science Information 16, 6, 645–668

Bourdieu, P. (1983): Ökonomisches Kapital, kulturelles Kapital, soziales Kapital. In: Kreckel, R. (Hrsg.): Politische Soziologie der sozialen Ungleichheit (183–198). Frankfurt: Suhrkamp

Bourdieu, P. (⁵2002): Praktische Vernunft. Zur Theorie des Handelns. Frankfurt: Suhrkamp.

Braun, O. & Macha-Krau, H. (2000): Geschichte der Sprachheilpädagogik und Logopädie. In: Grohnfeldt, M. (Hrsg.): Lehrbuch der Sprachheilpädagogik und Logopädie. Band 1: Selbstverständnis und theoretische Grundlagen (47–78). Stuttgart: Kohlhammer

Braun, O. (1980): Das Verhältnis von Theorie und Praxis in der Sprachbehindertenpädagogik, dargestellt am sprachtherapeutischen Unterricht der Schule für Sprachbehinderte. Die Sprachheilarbeit 25, 135–142

Braun, O. (1983): Sprachtherapeutischer Unterricht in Theorie und Praxis – Bestandsaufnahme und Diskussion – In: Deutsche Gesellschaft für Sprachheilpädagogik e.V. (Hrsg.): Konzepte und Organisationsformen zur Rehabilitation Sprachbehinderter (167–178). Hamburg: Wartenberg & Söhne

Braun, O. (1991): Integration sprachbehinderter Kinder in der Praxis. Die Sprachheilarbeit 36, 209–218

Braun, O. et al. (1995): Leitlinien zur spezifisch pädagogischen Förderung von Menschen mit Sprachbehinderungen. Die Sprachheilarbeit 40, 315–319

Braun, O. (1997): Der pädagogisch-therapeutische Umgang mit stotternden Kindern und Jugendlichen. Berlin: Edition Marhold

Braun, O. (1998): Neue Wege in der pädagogischen Sprachtherapie. In: Frühwirth, I. & Meixner, F. (Hrsg.): Sprache und Bewegung (11–22). Wien: Jugend und Volk

Braun, O. (1999): Integrative Pädagogik bei Kindern und Jugendlichen mit Sprachstörungen. In: Myschker, N. & Ortmann, M. (Hrsg.): Integrative Schulpädagogik (216–237). Stuttgart: Kohlhammer

Braun, O. (1999, ²2002): Sprachstörungen bei Kindern und Jugendlichen. Stuttgart: Kohlhammer

Braun, O. (2002): Zum Wandel der Sprachheilpädagogik. In: Deutsche Gesellschaft für Sprachheilpädagogik (Hrsg.): Phänomen Sprache. Laut- und Schriftsprachstörungen unter veränderten Kommunikationsbedingungen (1–22). Würzburg: edition von freisleben

Braun, O., Homburg, G. & Teumer, J. (1980): Grundlagen pädagogischen Handelns bei Sprachbehinderten. Die Sprachheilarbeit 25, 1–17
Braun, U. (1996): Unterstützte Kommunikation. Düsseldorf: Verlag Selbstbestimmtes Leben
Braun, W. (1992): Pädagogik – eine Wissenschaft? Aufstieg, Verfall, Neubegründung. Weinheim: Klinkhart
Breitenbach, E. (1992): Strukturwandel in der Schülerschaft an Sprachheilschulen – Tatsache oder Einbildung. Die Sprachheilarbeit 37, 111–118
Brezinka, W. (1968): Von der Pädagogik zur Erziehungswissenschaft. Vorschläge zur Abgrenzung. Zeitschrift für Pädagogik 14, 317–334 u. 435–475
Brezinka, W. (1975): Von der Pädagogik zur Erziehungswissenschaft. Weinheim: Beltz
Broich, R. P. (2001): Integration gescheitert? Bad Heilbrunn: Klinkhardt
Bronfenbrenner, U. (1981): Die Ökologie der menschlichen Entwicklung. Stuttgart: Klett
Brügelmann, H.: Computer im Anfangsunterricht Lesen und Schreiben. In: *Krauthausen & Herrmann* (Hrsg.): Computereinsatz in der Grundschule? Stuttgart, Düsseldorf, Berlin, Leipzig: Klett Schulbuchverlag
Brügge, W. & Mohs, K. (2001): Therapie der Sprachentwicklungsverzögerung. Eine Übungssammlung. München, Basel: Ernst Reinhardt
Büschges-Abel, W. (2000): Systemische Beratung in Familien mit behinderten oder chronisch erkrankten Angehörigen: ein lösungsorientierter Ansatz für Heilpädagogik und klinische Sozialpädagogik. Neuwied: Luchterhand
Bund-Länder-Kommission für Bildungsplanung und Forschungsförderung (1987): Gesamtkonzept für die informationstechnische Bildung. Heft 16. Bonn: BLK-Geschäftsstelle
Bundesanstalt für Arbeit (BFA) (2002): Teilhabe durch berufliche Rehabilitation. Handbuch für Beratung, Förderung, Aus- und Weiterbildung. BW Bildung und Wissen Verlag und Software GmbH, Nürnberg.
Bundschuh, K., Heimlich, U. & Krawitz, R. (2002): Wörterbuch Heilpädagogik. Bad Heilbrunn: Klinkhardt
Bundschuh, K. (1997): Das Diagnose-Fördermodell als Element einer Heilpädagogik der neunziger Jahre. Die neue Sonderschule 42, 3, 179–192
Bundschuh, K. (^{5}1999): Einführung in die sonderpädagogische Diagnostik. München, Basel: Ernst Reinhardt
Bundschuh, K. (2001): Entwicklung als Prozess der Begegnung. In: *Klein, F.* (Hrsg.): Begegnung und Vertrauen. Zwei Grunddimensionen des Erziehungsraumes. (31–52). Luzern: Edition SZH
Bundschuh, K. (2002): Heilpädagogische Psychologie. München: Ernst Reinhardt
Bundschuh, K. (2002a): Verhaltensauffälligkeiten. In: *Bundschuh, K., Heimlich, U. & Krawitz, R.* (Hrsg.): Wörterbuch der Heilpädagogik. (304–308). Bad Heilbrunn: Klinkhardt
Bundschuh, K. (2003a): Emotionalität, Lernen und Verhalten. Ein heilpädagogisches Lehrbuch. Bad Heilbrunn: Klinkhardt
Bundschuh, K. (2003b): Pilotstudie zu Verhaltensstörungen an Sprachheilschulen. Unveröffentlichter Forschungsbericht. München
Bundschuh, K. (2002): Lernen. In: *Bundschuh, K., Heimlich, U., Krawitz, R.* (Hrsg.): Wörterbuch Heilpädagogik (189–192). Bad Heilbrunn: Klinkhardt, ^{2}2002
Burkhardt Montanari, E. (2000): Wie Kinder mehrsprachig aufwachsen. Ein Ratgeber. Frankfurt a. M.: Brandes & Apsel
Busse, U. (1998): Ein neues „Lehrer-Leitbild" – eine neue Ausbildung. Die Sprachheilarbeit 43, 1–2

Carstens H. (1981): Untersuchungen zur verbalen Interaktion im Unterricht der Schule für Sprachbehinderte. Frankfurt/M.: Lang
Cauneau, I. (1992): Hören, Brummen, Sprechen. Angewandte Phonetik im Unterrichtsfach „Deutsch als Fremdsprache". Stuttgart: Klett

Chodorow, N. (2001): Die Macht der Gefühle. Subjekt und Bedeutung in Psychoanalyse, Geschlecht und Kultur. Stuttgart: Kohlhammer
Chomsky, N. (2003): Power and Terror. Post-9/11 Talks and Interviews. New York: Seven Stories Press
Christiansen, C. (^{3}2002): Förderung der phonologischen Bewusstheit zur Vorbeugung von Lese-Rechtschreibschwierigkeiten. Kiel: Druckerei Joost
Cierpka, M. (Hrsg.) (1996): Handbuch der Familiendiagnostik. Berlin: Springer
Clarke, A. & Clarke, A. (2000): Early experience and the life path. London: Kingsley
Coen, S. (2000): Integrative Sprachförderung am Beispiel des Bilderbuchs „Der Regenbogenfisch". Die Sprachheilarbeit 45, 260–264
Coggins, T.E. & Timler, G. (2000): Assessing language and communicative development – the role of the speech-language pathologist. In: *Guralnick, M.J.* (Ed.): Interdisciplinary clinical assessment of young children with developmental disabilities (43–65). Baltimore: Paul H. Brookes
Coninx, F. (2001): Sekundäre Sprachentwicklungsstörungen bei Hörschädigungen. In: *Grohnfeldt, M.* (Hrsg.): Lehrbuch der Sprachheilpädagogik und Logopädie. Band 2: Erscheinungsformen und Störungsbilder (126–137). Stuttgart, Berlin, Köln: Kohlhammer
Crais, E.R. (1997): Preparing practitioners for getting the most out of child assessment. In: Winton, P.J, McCollum, J.A. & Catlett, C. (Eds.): Reforming personnel preparation in early intervention (309–336). Baltimore: Paul H. Brookes
Crämer, C. (2000): „Ni:cht-s? – Ah, nix!" Diagnose und Forderung des sinnverstehenden Lesens. Grundschule, 7–8, 39–49
Crämer, C. & Schumann, G. (^{5}2000): Schriftsprache. In: *Baumgartner, S. & Füssenich, I.* (Hrsg.): Sprachtherapie mit Kindern. München, 256–319: UTB Reinhardt
Crämer, C., Füssenich, I. & Schumann, G. (1996): Lese- und Schreibschwierigkeiten im Zusammenhang mit Problemen der gesprochenen Sprache. Die Sprachheilarbeit, 41, 5–21

Dale, P.S. et al. (1996): Parent-child book reading as an intervention technique for young children with language delay. Topics in Early Childhood Special Education, 16 (2), 213–235
Damasio, A. (^{4}1999): Descartes' Irrtum. Fühlen, Denken und das menschliche Gehirn. München: dtv
Damasio, A. (2000): The Feeling of What Happens: Body and Emotion in the Making of Consciousness. New York: Vintage
Damasio, A. (2003): Looking for Spinoza: Joy, Sorrow and the Feeling Brain. New York: Minerva
Dannenbauer, F.M. (1992): Grammatik. In: *Baumgartner S. & Füssenich I.* (Hrsg.): Sprachtherapie mit Kindern (123–203). München: Ernst Reinhardt
Dannenbauer, F.M. (1994): Zur Praxis der entwicklungsproximalen Intervention. In: *Grimm, H. & Weinert, S.* (Hrsg.): Intervention bei sprachgestörten Kindern. Voraussetzungen, Möglichkeiten und Grenzen (83–104): München: Urban & Fischer
Dannenbauer, F.M. (^{3}1997): Anmerkungen zu Fragen der Sprachtherapie mit dysgrammatisch sprechenden Kindern. In: *Füssenich, I. & Gläss, B.* (Hrsg.): Dysgrammatismus. Theoretische und praktische Probleme bei der interdisziplinären Beschreibung gestörter Kindersprache, Heidelberg: Edition Schindele
Dannenbauer, F.M. (1998): Thesen zum Zusammenhang von sprachheilpädagogischem Unterricht und sprachlicher Individualtherapie. Die Sprachheilarbeit, 43, 90–95
Dannenbauer, F.M. (1999): Grammatik. In: *Baumgartner, S. & Füssenich, I.* (Hrsg.): Sprachtherapie mit Kindern. München, Basel: Ernst Reinhardt
Dannenbauer, F.M. (2001): Chancen der Frühintervention bei spezifischer Sprachentwicklungsstörung. Die Sprachheilarbeit 46, 3, 103–111

Dannenbauer, F.M. (2001a): Rezension zu von Knebel, U.: Kindliche Aussprachestörung als Konstruktion. Vierteljahresschrift für Heilpädagogik und ihre Nachbargebiete (VHN) 70, 3, 292–301

Dannenbauer, F.M. (2001b): Spezifische Sprachentwicklungsstörungen. In: *Grohnfeldt, M.* (Hrsg.): Lehrbuch der Sprachheilpädagogik und Logopädie. Bd. 2: Erscheinungsformen und Störungsbilder (48–74). Stuttgart, Berlin, Köln: Kohlhammer

Dannenbauer, F.M. (2002): Grammatik. In: *Baumgartner, S., Füssenich, I.* (Hrsg.): Sprachtherapie mit Kindern (105–161): München: ntb

Dannenbauer, F.M. (2002a): Spezifische Sprachentwicklungsstörung im Jugendalter. Die Sprachheilarbeit 47, 10–17

Danner, H. (^{4}1998): Methoden geisteswissenschaftlicher Pädagogik. Einführung in Hermeneutik, Phänomenologie und Dialektik. München: Reinhardt

Datler, W. & Strachota, A. (1999): Vertiefung: Identitätsbildung und Identitätsdiffusion – Themen gegenwärtiger Heilpädagogik. In: *Dohrenbusch, H. & Blickenstorfer, J.* (Hrsg.): Allgemeine Heilpädagogik, Bd. II. (104–114) Edition SZH

Delitz, G. & Proßowsky, P. (2002): Bri-Bra-Brillenbär, Sprachspiele für Kinder in multikulturellen Gruppen. Donauwörth: Auer

Deuse, A. (1994): Atem-, Stimm- und Sprechübungen am Computer im Rahmen eines ‚ganzheitlichen' methodenintegrierten Konzepts. Die Sprachheilarbeit 39 152–164

Deutsche Gesellschaft für Sprachheilpädagogik e.V. (Hrsg.) (1969): Podiumsgespräch zum Tagungsthema. In: *Deutsche Gesellschaft für Sprachheilpädagogik* (Hrsg.): Die Eigenständigkeit der Sprachheilpädagogik. Vorträge und Diskussionen der 8. Arbeitstagung vom 10.-12. Oktober 1968 in München. (27–37). Hamburg: Wartenberg

Deutsche Gesellschaft für Sprachheilpädagogik e.V. (dgs) – Hauptvorstand- (1988): Sprachbehinderte und Integration. Die Sprachheilarbeit 33, 125–127

Deutsche Gesellschaft für Sprachheilpädagogik e.V. (dgs): Förderschwerpunkt Sprache – Positionspapier – 25.02.2000. Die Sprachheilarbeit 45, 130–132

Deutsche Gesellschaft für Sprachheilpädagogik e.V. (dgs) (2000): Aktuelles, Informationen, Nachrichten: Berichte der Landesgruppen. Die Sprachheilarbeit, 45, 4, 161–185

Diederich, J. (1994): Wahrheit ade – alles umsonst? In: *Pollak, G. & Heid, H.* (Hrsg.): Von der Erziehungswissenschaft zur Pädagogik? (149–162). Weinheim: Deutscher Studien Verlag

Dietz, G. (2003): Der Halbmond ist aufgegangen. Frankfurter Allgemeine Sonntagszeitung, 25 (22.06.2003)

Dittmar, N. (1997): Grundlagen der Soziolinguistik. Tübingen: Niemeyer

Dlugosch, A.: Sonderpädagogik als professionelles Handeln zweiter Ordnung? In: *Bundschuh, K.* (Hrsg.): Sonder- und Heilpädagogik in der modernen Leistungsgesellschaft (247–254). Bad Heilbrunn: Klinkhardt

Döpfner, M., Lehmkuhl, G., Heubrock, D. & Petermann, F. (2000): Diagnostik psychischer Störungen im Kindes- und Jugendalter. Göttingen: Hogrefe

Drave, W., Rumpler, F., Wachtel, P. (Hrsg.) (2000): Empfehlungen zur sonderpädagogischen Förderung. Würzburg: edition bentheim

Dreher, J. & Pfaffendorf, R. (Hrsg.) (2001): Lehrerarbeitsheft 1. Momel lernt lesen. Donauwörth: Auer-Verlag

Dürner, J. & Schöler, H. (2000): Die Schülerschaft der Schulen für Sprachbehinderte in Baden-Württemberg. Die Sprachheilarbeit 45, 200–208

Dupuis, G. (1983): Sprachbehindertenpädagogik. In: *Solarová, S.* (Hrsg.): Geschichte der Sonderpädagogik (260–296) Stuttgart: Kohlhammer

Eggert, D. (1997): Von den Stärken ausgehen ... . Dortmund: borgmann publishing

Eglins, H. (1972): Planung eines Schulversuchs zur Integration der Schule für Sprachbehinderte in die Gesamtschule. Die Sprachheilarbeit 17, 23–24

Eichler, W. (1995): Neun Thesen zu einer pädagogisch-didaktischen Grammatik. In: *Festschrift für D.C. Kochan* 1995

Eliot, L. (2001): Was geht da drinnen vor? Die Gehirnentwicklung in den ersten fünf Lebensjahren. Berlin: Berlin

Ellis, H. & Moore, B. (1999): Mood and Memory. In: *Dalgleish, T. & Power, M.* (eds.): Handbook of Cognition and Emotion (193–210). Chichester: Wiley

Empfehlungen zur Ordnung des Sonderschulwesens. Beschlossen von der ständigen Konferenz der Kultusminister der Länder in der Bundesrepublik Deutschland am 16. März 1972

Empfehlungen zur sonderpädagogischen Förderung in den Schulen in der Bundesrepublik Deutschland. Beschluss der Kultusministerkonferenz vom 06.05.1994

Ertmer, D. J. & Ertmer, P. A. (1998): Constructivist Strategies in Phonological Intervention: Facilitating Self-Regulation for Carryover. Language, Speech and Hearing Services in Schools 29, 67–75

Esser, G. & Wurm-Dinse, U., et al. (1994): Fehlhörigkeit, Sprachwahrnehmungsstörungen und LRS – Zusammenhänge. In: *Bundesverband Legasthenie* (Hrsg.): Legasthenie. Berlin

Fauconnier, G. & Turner, M. (2002): The Way we Think: Conceptual Blending and the Mind's Hidden Complexities. New York: Basic Books

Fischer, K. & Yan, Z. (2002): The Development of Dynamic Skill Theory. In: *Lewkowicz, D. & Lickliter, R.* (eds.): Conceptions of Development. Lessons from the Laboratory (279–312). New York: Psychology Press

Fletcher, P. & MacWhinney, B. (Eds.) (2000): The handbook of child language. Oxford: Blackwell

Foerster, H. v.: (^{5}2000): Entdecken oder Erfinden. Wie lässt sich Verstehen verstehen? In: *Gumin, H. & Meier, H.* (Hrsg.): Einführung in den Konstruktivismus (41–88). München: Piper

Forgas, J. (1999): Network Theories and Beyond. In: *Dalgleish, T. & Power, M.* (eds.): Handbook of Cognition and Emotion (591–612). Chichester: Wiley

Forster, M. & Martschinke, S. (2001): Diagnose und Förderung im Schriftspracherwerb, Band 2: Leichter lesen und schreiben lernen mit der Hexe Susi. Donauwörth: Auer Verlag

Friederici, A.D. (Hrsg.) (1999): Sprachrezeption. Göttingen: Hogrefe

Friesenhahn, G.J. (1985): Kritische Theorie und Pädagogik. Horkheimer, Adorno, Fromm, Marcuse. Berlin: Express Edition

Frith, U. (1985): Beneath the surface of developmenatl dyslexia. In: *Patterson, K. E., Marshall, J. C. & Coltheart, M.* (Eds.): Surface dyslexia 301–327. Hilsdale, NJ.

Frostig, M. & Müller, H.: (1985): Teilleistungsstörungen. Ihre Erkennung und Behandlung bei Kindern. München: Urban & Fischer

Fröschels, E. (1913): Lehrbuch der Sprachheilkunde (Logopädie). Leipzig, Wien: Deuticke

Frühwirth I. (1987): Der Buchstabentag – Rückblick auf zwei Jahre mehrdimensionale, multisensorielle Erarbeitung der Buchstaben in Sprachheilklassen. Der Sprachheilpädagoge 19, 4, 56–62

Fthenakis, W.E. (Hrsg.) (2003): Elementarpädagogik nach Pisa – wie aus Kindertagesstätten Bildungseinrichtungen werden können. Herder

Führing, M., Lettmayer, O., Elstner, W. & Lang, H. (^{8}1981): Die Sprachfehler des Kindes und ihre Beseitigung. Wien: Österreichischer Bundesverlag

Füssenich, I. & Heidtmann, H. (1995): Formate und Korrekturen als zentrale Elemente in der Sprachtherapie. In: *Wagner, K. R.* (Hrsg.): Sprechhandlungserwerb (102–122). Essen: Eule.

Füssenich, I. & Löffler, C. (2001): Lernprozesse von Schulanfängern/innen und ihre Bedeutung für das Lehren. Alfa-Forum 47, 11–16

Füssenich, I. & Löffler, C. (2003): Lehr- und Lernprozesse beim alphabetischen Schreiben. Grundschule 5, 9–13.

Füssenich, I. (1987): Gestörte Kindersprache aus interaktionistischer Sicht. Heidelberg: Edition Schindele
Füssenich, I. (1997): Was hat Grundbildung mit Lesen- und Schreibenlernen zu tun? In: *Stark, W., Fitzner, T. & Schubert, C.* (Hrsg.): Grundbildung für alle in Schule und Erwachsenenbildung (58–68). Stuttgart: Klett
Füssenich, I. (1998): „Durst habe. Trinke muß" (Timo, 11 Jahre). Zum Verhältnis von Mündlichkeit und Schriftlichkeit bei der Therapie gestörter Kindersprache. Die Sprachheilarbeit 43, 4, 167–176
Füssenich, I. (^{5}2000): Semantik. In: Baumgartner, S. & Füssenich, I. (^{5}2000) (Hrsg.): Sprachtherapie mit Kindern. (63–104) München: UTB Reinhardt
Füssenich, I. (2001): Frühes Fremdsprachenlernen in Sonderschulen. Grundschule 33, 10, 21–23
Füssenich, I. (2001a): Sind Sprachstörungen immer hörbar? Die Grundschule 5, 14–17
Füssenich, I. (2003): Pädagogische Förderung bei Beeinträchtigungen der sprachlichen Kommunikation. In: *Leonhardt, A. & Wember, F. B.* (Hrsg.): Grundfragen der Sonderpädagogik. Bildung. Erziehung. Behinderung (421–440). Weinheim-Basel-Berlin: UTB Schöningh
Fuhr, T. (1999): Was ist Allgemeine Pädagogik? Pädagogische Rundschau, 53, 59–82

Gagné, R. M. (^{4}1975): Die Bedingungen des menschlichen Lernens. Hannover: Schroedel
Garshelis, J.A. & McConnell, S.R. (1993): Comparison of family needs assessed by mothers, individual professionals and interdisciplinary teams. Journal of Early Intervention 17, 1, 36–49
Geisel, C. (2002): Schriftspracherwerb im Zusammenhang mit Problemen der gesprochenen Sprache – am Beispiel von Kindern einer 1. Klasse der Schule für Sprachbehinderte, unveröffentl. wissenschaftl. Hausarbeit, Reutlingen.
Gergen, Kenneth J. (2002): Konstruierte Wirklichkeiten. Eine Hinführung zum sozialen Konstruktionismus. Stuttgart u.a.: Kohlhammer
Gertner, B.L., Rice, M.L. & Hadley, P.A. (1994): Influence of communicative competence on peer preferences in a preschool classroom. Journal of Speech and Hearing Research, 37, 913–923
Giesecke, Th. & Harbrucker, F. (1991): Wer besucht die Schule für Sprachbehinderte? Die Sprachheilarbeit 36, 4, 170–180
Gieseke, T. (1993): Diagnostik, Therapie und Unterricht bei sprachbehinderten Kindern aus neuropsychologischer Sicht – Falldarstellung. Sonderpädagogik in Berlin 4 (88–104)
Gieseke, T. (Hrsg.) (1995): Integrative Sprachtherapie. Tendenzen und Veränderungen in der Sprachheilpädagogik. Berlin: VWB – Verlag für Wissenschaft und Bildung
Glinz, Hans (1952): Die innere Form des Deutschen. Bern und München: Franke
Glumpler, E. & Apeltauer, E. (1997): Ausländische Kinder lernen Deutsch. Berlin: Cornelsen
Glück C.W. (1999): Wortfindungsstörungen von Kindern in kognitionspychologischer Perspektive. Der Sprachheilpädagoge 31, 2, 1–27
Glück, C.W. (2000): Von Lautfindungsstörungen und vom Langsamlesen. Wie Kinder mit semantisch-lexikalischen Schwierigkeiten ihre Lesewege gehen. Die Sprachheilarbeit 45, 47–56
Glück, C.W. (2001): Semantisch-lexikalische Störungen als Teilsymptomatik von Sprachentwicklungsstörungen. In: *Grohnfeldt, M.* (Hrsg.): Lehrbuch der Sprachheilpädagogik und Logopädie. Band 2: Erscheinungsformen und Störungsbilder (75–87). Stuttgart: Kohlhammer
Glück, C., Pritzl, C. & Amman, T. (1997): Neue Medien – Neue Wege? Computerunterstützte Förderung des Schriftspracherwerbs – eine Betrachtung vorhandener Möglichkeiten aus sprachheilpädagogischer Sicht. Die Sprachheilarbeit 42, 22–32

Görgen, J. (2003): Förderung von Kindern und Jugendlichen mit Sprachstörungen. Antwortbrief des Ministeriums für Bildung, Kultur und Wissenschaft: Saarland.
Goetze, H. & Neukäter, H. (1993): Strukturierter Unterricht. In: *Goetze, H. & Neukäter, H.* (Hrsg.): Handbuch der Sonderpädagogik Bd. 6: Pädagogik bei Verhaltensstörungen. Berlin: Marhold
Göldner, H.-D., Hahn, G. & Schrom, W. (Hrsg.) (2001): Lehrplan für die Grundschule in Bayern. Texte, Kommentare, Handreichungen. Jahrgangsstufen 1 mit 4. Kommentar. Kronach, München, Bonn, Potsdam: Carl Link/Deutscher Kommunal-Verlag
Göppel, R. (2002): Wenn ich hasse, habe ich keine Angst mehr. Psychoanalytisch-pädagogische Beiträge zum Verständnis problematischer Entwicklungsverläufe und schwieriger Erziehungssituationen. Donauwörth: Auer
Goetze, H. (2001): Grundriß der Verhaltensgestörtenpädagogik. Berlin: Marhold
Goffman, E. (1967): Stigma. Über Techniken der Bewältigung beschädigter Identität. Frankfurt a. M.: Suhrkamp
Gollwitz, G. (2003): Grammatik fördern im Alltag. Bad Abbach: Gollwitz
Gombert, J. E. (1990): Le développement métalinguistique. Paris: Presses universitaires de France
Gonschorek G. & Schneider S. (^{2}2002): Einführung in die Schulpädagogik und die Unterrichtsplanung. In: *Petersen J. & Reinert G.-B.* (Hrsg.): Schule und Unterricht. Donauwörth: Auer Verlag
Graichen, J. (1983): Verschwinden Teilfunktionsschwächen? Zeitschrift für Kinder- und Jugendpsychiatrie, 11, 355–362
Greenspan, S.I. & Meisels, S.J. (1996): Toward a new vision for the developmental assessment of infants and young children. In: *Meisels, S.J. & Fenichel, E.* (Eds.): New visions for the developmental assessment of infants and young children (11–26). Washington, D.C.: ZERO TO THREE
Grimm, H. & Doil, H. (2000): Elternfragebögen für die Früherkennung von Risikokindern (ELFRA) Göttingen: Hogrefe
Grimm, H. & Weinert, S. (1994): Intervention bei sprachgestörten Kindern. Voraussetzungen, Möglichkeiten und Grenzen. Stuttgart: Gustav Fischer
Grimm, H. & Weinert, S. (2002): Sprachentwicklung. In: *Oerter, R. & Montada, L.* (Hrsg.): Entwicklungspsychologie. 5.Auflage (517–550). Weinheim, Basel, Berlin: Beltz
Grimm, H. (^{3}1995): Sprachentwicklung allgemeintheoretisch und differentiell betrachtet. In: *Oerter, R. & Montada, L.*: Entwicklungspsychologie. Ein Lehrbuch (705–757). Weinheim: Beltz Psychologie Verlags Union
Grimm, H. (1999, ^{2}2003): Störungen der Sprachentwicklung. Göttingen: Hogrefe
Grimm, H. (Hrsg.) (2000): Sprachentwicklung. Enzyklopädie der Psychologie. Serie III, Sprachentwicklung, Band 3. Göttingen: Hogrefe
Grohnfeldt, M. & Ritterfeld, U. (2000): Grundlagen der Sprachheilpädagogik und Logopädie. In: *Grohnfeldt, M.* (Hrsg.): Lehrbuch der Sprachheilpädagogik und Logopädie., Bd. 1 (15–47). Stuttgart: Kohlhammer
Grohnfeldt, M. (1977): Zur schulischen und sozialen Integration Sprachbehinderter in Regelschulen. In: *Schindele, R.* (Hrsg.): Unterricht und Erziehung behinderter Kinder in Regelschulen (266–274). Rheinstetten: Schindele
Grohnfeldt, M. (1979): Untersuchungen zur Lautstruktur und Phonemkapazität bei sprachlich auffälligen Vorschulkindern. Die Sprachheilarbeit 24, 125–137
Grohnfeldt, M. (1980): Erhebungen zum altersspezifischen Lautbestand bei drei- bis sechsjährigen Kindern. Die Sprachheilarbeit 25, 169–187
Grohnfeldt, M. (1989): Merkmale der pädagogischen Sprachtherapie. In: *Grohnfeldt, M.* (Hrsg.): Handbuch der Sprachtherapie, Band 1 (21–29). Berlin: Edition Marhold
Grohnfeldt, M. (^{6}1993): Störungen der Sprachentwicklung. Berlin: Marhold
Grohnfeldt, M. (1994): Die Sprachheilpädagogik im Spannungsfeld von Generalisierung und Spezialisierung, Einordnung und Abgrenzung. Die Sprachheilarbeit 39, 197–210

Grohnfeldt, M. (1995): Perspektiven in der sprachheilpädagogischen Arbeit. Die Sprachheilarbeit 40, 217–227
Grohnfeldt, M. (²1996a): Merkmale der pädagogischen Sprachtherapie. In: *Grohnfeldt, M.* (Hrsg.): Handbuch der Sprachtherapie, Bd. 1: Grundlagen der Sprachtherapie. (13–31). Berlin: Marhold
Grohnfeldt, M. (1996b): Die Bedeutung der Lebenslaufforschung in der Sprachheilpädagogik. In: *Grohnfeldt, M.* (Hrsg.): Lebenslaufstudien und Sprachheilpädagogik. Grundlagen und Beispiele einzelfallorientierten Vorgehens (11–34). Dortmund: verlag modernes lernen
Grohnfeldt, M. (1999): Beratung bei Sprachstörungen – mehr als ein Schlagwort? Die Sprachheilarbeit 44, 5–14
Grohnfeldt M. (Hrsg.) (2000) Lehrbuch der Sprachheilpädagogik und Logopädie, Bd. 1: Selbstverständnis und theoretische Grundlagen. Stuttgart: Kohlhammer
Grohnfeldt, M. (2000a): Notwendigkeiten und Probleme der Einteilung von Störungsbildern und ihre Bedingungshintergründe. In: *Grohnfeldt, M.* (Hrsg.): Lehrbuch der Sprachheilpädagogik und Logopädie. Bd. 2: Erscheinungsformen und Störungsbilder: (17–23) Stuttgart: Kohlhammer
Grohnfeldt, M. (Hrsg.) (2001): Lehrbuch der Sprachheilpädagogik und Logopädie. Band 2: Erscheinungsformen und Störungsbilder. Stuttgart, Berlin, Köln: Kohlhammer
Grohnfeldt, M. (2001): Sprachbehinderung, Sprachbehinderte, Sprachbehindertenpädagogik. In: *Antor, G., Bleidick, U,* (Hrsg.): Handlexikon der Behindertenpädagogik (135–138). Stuttgart u.a.: Kohlhammer
Grohnfeldt, M. (2002): Sprach-, Sprech- und Stimmstörungen. In: *Bundesanstalt für Arbeit (BFA)* (2002): Teilhabe durch berufliche Rehabilitation. Handbuch für Beratung, Förderung, Aus- und Weiterbildung (213–223). BW Bildung und Wissen Verlag und Software GmbH, Nürnberg
Grohnfeldt M. (2002): Weichenstellungen in der Sprachheilpädagogik – 75 Jahre Deutsche Gesellschaft für Sprachheilpädagogik. Würzburg: edition von freisleben
Grohnfeldt, M. (2002b): Sprachheilpädagogik als System – Aspekte eines Forschungsprojektes. Die Sprachheilarbeit 47, 1, 4–9
Grohnfeldt, M. (Hrsg.) (2002c): Lehrbuch der Sprachheilpädagogik und Logopädie. Band 4: Beratung, Therapie und Rehabilitation. Stuttgart: Kohlhammer
Grohnfeldt M. (2003): Die Sprachheilschule vor neuen Herausforderungen. Zum 50-jährigen Bestehen der Sprachheilschule in Dresden. Die Sprachheilarbeit 48, 105–113
Grohnfeldt M. (2004a): Zur Einheit der Sprachheilpädagogik. Die Sprachheilarbeit 49, 50–51
Grohnfeldt M. (2004b): Merkmale und Veränderungen im Berufsfeld von Sprachheilpädagogik und Logopädie. Die Sprachheilarbeit 49
Grzeskowiak, U. & Kleuker, K. (1981): Grundlagen der Sprachheilpädagogik. Eine Einführung für Mitarbeiter in der Behindertenarbeit. Berlin: Marhold
Gräfe, H. (1850): Die deutsche Volksschule. Leipzig (629–651)
Gröschke, D. (1997): Praxiskonzepte der Heilpädagogik. Anthropologische, ethische und pragmatische Dimensionen. München, Basel: Ernst Reinhardt
Gröschke, G. (1999): Psychologische Grundlagen der Heilpädagogik. Bad Heilbrunn: Klinkhardt
Gudjons H., Teske R. & Winkel R. (Hrsg.) (⁷1993): Didaktische Theorien. Hamburg: Bergmann + Helbig
Günther, H. (1993): Erziehung zur Schriftlichkeit. In: *Eisenberg, P. & Klotz, P.* (Hrsg.): Sprache gebrauchen – Sprachwissen erwerben (85–96). Stuttgart: Klett
Günther, H. (1995): Konzeption des Förderzentrums für Sprachbehinderte unter dem Aspekt der Spiel-, Sprach- und Lernschule. Die Sprachheilarbeit, 40, 3, 234–245
Günther, H. (1996): Sprachheilpädagogik – Entwicklungen, Tendenzen, Perspektiven. Sprache – Stimme – Gehör 20, 109–115

Günther, K.-B. (1986): Ein Stufenmodell der Entwicklung kindlicher Lese- und Schreibstrategien. In: *Brügelmann, H.* (Hrsg.): ABC und Schriftsprache: Rätsel für Kinder, Lehrer und Forscher (32–54). Konstanz: Faude Verlag

Guralnick, M.J. (Ed.) (1997): The effectiveness of early intervention. Baltimore: Paul H. Brookes

Guralnick, M.J. (Ed.) (2000): Interdisciplinary clinical assessment of young children with developmental disabilities. Baltimore: Paul H. Brookes

Gutzmann, H. (^{2}1912): Sprachheilkunde. Vorlesungen über die Störungen der Sprache mit besonderer Berücksichtigung der Therapie. Berlin: Kronfeld

Habermas, J. (1969): Erkenntnis und Interesse. In: Technik und Wissenschaft als 'Ideologie'. (146–168). Frankfurt a.M.: Suhrkamp

Hacker, D. (^{5}2000): Phonologie. In: *Baumgartner, S. & Füssenich, I.* (Hrsg.): Sprachtherapie mit Kindern (13–62). München: UTB Reinhardt

Hackl-Reisinger E. (1987): Ein K-Tag. Der Sprachheilpädagoge 19, 4, 73–79

Hackler, J. (1997): Computereinsatz in der Therapie – aus lerntheoretischem Blickwinkel betrachtet. Kriterien und Empfehlungen zu computerunterstütztem Lernen. In: dgs (Hrsg.): Interdisziplinäre Zusammenarbeit: Illusion oder Vision. XXII. Arbeits- und Fortbildungstagung in Münster 1996, 945–957

Haeberlin, U. (1985): Allgemeine Heilpädagogik (1. Beiheft zur VHN). Bern, Stuttgart: Haupt

Haeberlin, U. (^{2}1990): Das Menschenbild für die Heilpädagogik (2. Beiheft zur VHN). Bern, Stuttgart: Haupt

Häuser, D., Kasielke, E. & Scheidereiter, U. (1994): KISTE – Kindersprachtest für das Vorschulalter. Beiheft mit Anleitung und Normentabellen. In: *Ingenkamp, K.* (Hrsg.): Deutsche Schultests. Weinheim, Basel: Beltz

Haffner, U. (1995): „Gut reden kann ich". Das Entwicklungsproximale Konzept in der Praxis – eine Falldarstellung. Dortmund: modernes leben

Halpern, D.F. (2000): Sex differences in cognitive abilities. Hillsdale, NJ: Erlbaum. (Kap. 15)

Hanselmann, H. (1941): Grundlinien zu einer Theorie der Sondererziehung. Zürich: Rotapfel

Hansen, B. & Heidtmann, H. (2001): Mit dem Schiff auf Handelsreise. Ein Spiel zur Förderung von Aussprachestörungen. Praxis Grundschule, 8–13

Hansen, D. (1994): Zur Wirksamkeit und Effizienz einer psycholinguistisch begründeten Methode der Sprachtherapie bei kindlichem Dysgrammatismus. Sprache – Stimme – Gehör 18, 1, 29–37

Hansen, D. (1996a): Sprachbehindertenpädagogik als empirische Wissenschaft – Einige kritische Überlegungen zur Theorie, Praxis und akademischen Lehre. Vierteljahresschrift für Heilpädagogik und ihre Nachbargebiete (VHN) 65, 2, 160–173

Hansen, D. (1996b): Spracherwerb und Dysgrammatismus. Grundlagen, Diagnostik und Therapie. München, Basel: Reinhardt

Hansen, K. (1929): Die Problematik der Sprachheilschule in ihrer geschichtlichen Entwicklung. Halle a. S.: Marhold

Hansen, K. (1929): Die Problematik der Sprachheilschulen in ihrer geschichtlichen Entwicklung, Halle/ Saale: Marhold

Hansen, K. (1930): Arzt und Lehrer im Kampfe gegen die Sprachgebrechen. In: *Hasenkamp, E:* (Hrsg.): „Das sprachkranke Kind". Bericht über die Verhandlungen auf der Tagung in Halle a. S. 23. bis 25. Mai 1929. Halle: Carl Marhold

Hartmann, E. (2002): Möglichkeiten und Grenzen einer präventiven Intervention zur phonologischen Bewusstheit von lautsprachgestörten Kindergartenkindern. Freiburg/CH: BoD GmbH, Norderstedt

Hartmann, E. (2003): LRS-Prävention bei sprachentwicklungsgestörten Kindern durch vorschulische Förderung phonologischer Bewusstheit: Grundlagen, Forschungsbilanz und Perspektiven. Mitsprache 35, 1, 7– 38

Hauptvorstand der Deutschen Gesellschaft für Sprachheilpädagogik e.V. (dgs) (2000): Förderschwerpunkt Sprache – Positionspapier. Die Sprachheilarbeit 45, 3, 130–132

Hayes, S.C., Nelson, R.O. & Jarrett, R.B. (1987): The treatment utility of assessment: A functional approach to evaluating assessment quality. American Psychologist 42, 963–974
Heese, G. & Wegener, H. (Hrsg.) (^{3}1969): Enzyklopädisches Handbuch der Sonderpädagogik und ihrer Grenzgebiete. Bd. 1–3. Berlin-Charlottenburg: Marhold
Heese, G. (1978): Frühförderung behinderter Kinder als pädagogische Aufgabe. In: *Heese, G.* (Hrsg.): Frühförderung behinderter und von Behinderung bedrohter Kinder (3–25). Berlin: Marhold
Heid, H. (1994): Das Subjekt als Objekt erziehungswissenschaftlicher Forschung? Zur Stichhaltigkeit „geisteswissenschaftlicher" Einwände gegen das analytisch-empirische Forschungsparadigma. In: *Pollak, G. & Heid, H.* (Hrsg.): Von der Erziehungswissenschaft zur Pädagogik? (133–147). Weinheim: Deutscher Studien Verlag
Heidemann, R. (2003): Körpersprache im Unterricht. Ein Ratgeber für Lehrende. Wiebelsheim: Quelle & Meyer
Heidtmann, H. & Knebel, U. von (2003a): Aussprachefähigkeiten spielend fördern. Eine Spielesammlung für die Sprach- und Kommunikationsförderung mit Kindern für den Schwerpunkt Phonologie. Horneburg: Persen
Heidtmann, H. & Knebel, U. von (2003b): Spielesammlung. Aussprachefähigkeiten spielend fördern. Sprach- und Kommunikationsförderung mit Kindern für den Schwerpunkt Phonologie. Horneburg: Persen
Heidtmann, H. (1983): Theoretische Überlegungen und empirische Untersuchungen zur Adaptation von Pragmatik-Prinzipien und -Methoden für die Sprachbehindertenpädagogik. Habilitationsschrift. Dortmund
Heidtmann, H. (2002a): Sprachbehinderungen. In: *Bundschuh, K., Heimlich, U., Krawitz, R.* (Hrsg.): Wörterbuch Heilpädagogik (275–277). Bad Heilbrunn: Klinkhardt
Heidtmann, H. (2002b): Sprache. In: *Bundschuh, K., Heimlich, U., Krawitz, R.* (Hrsg.): Wörterbuch Heilpädagogik (277–279). Bad Heilbrunn: Klinkhardt
Heimann, P., Otto, G. & Schulz, W. (1965, ^{9}1977): Unterricht – Analyse und Planung. Hannover: Schroedel
Heimlich, U. (1996): Orte und Konzepte sonderpädagogischer Förderung. Ökologische Entwicklungsperspektiven der Heilpädagogik. Z. Heilpäd. 47, 46–54
Heimlich, U. (1999): Sonderpädagogische Fördersysteme. Auf dem Weg zur Integration. Stuttgart u.a.: Kohlhammer
Heimlich, U. (2002a): Lernschwierigkeiten. In: *Bundschuh, K., Heimlich, U., Krawitz, R.* (Hrsg.): Wörterbuch Heilpädagogik (192–197). Bad Heilbrunn: Klinkhardt, ^{2}2002
Heimlich, U. (2002b): Förderung des gemeinsamen Unterrichts durch Mobile Sonderpädagogische Dienste im Förderschwerpunkt „Lernen" – ein Zwischenbericht. Behindertenpädagogik in Bayern 45, 3, 244–252
Heimlich, U. & Röbe, D. (2003): Mobile Sonderpädagogische Dienste in Bayern – ein Datenreport bis zum Schuljahr 2002/2003. Forschungsbericht Nr. 2 München: Ludwig-Maximilians-Universität, Forschungsstelle zur integrativen Förderung (FiF)
Heinemann, M. (1996): Störungen der Sprachentwicklung als Alarmzeichen (unveröffentl. Arbeitspapier). Mainz, Johannes-Gutenberg-Universität
Heinz-Unterberg, R. (1988): Zum Verhältnis von schriftlicher und mündlicher Sprache in Schule, Legastheniebetreuung und Sprachtherapie. In: *Kegel, G., Arnhold, T., Dahlmeier, K., Schmid, G., Tischer, B.* (Hrsg.): Sprechwissenschaft & Psycholinguistik 2. Beiträge aus Forschung und Praxis (127–217). Opladen: Westdeutscher Verlag
Helmke, A. (2003): Unterrichtsqualität erfassen, bewerten, verbessern. Seelze: Kallmeyer
Herrmann, T. & Grabowski, J. (1994): Sprechen. Psychologie der Sprachproduktion. Heidelberg: Spektrum Akademischer Verlag
Herrmann, U., Oelkers, J., Schriewer, J. & Tenorth, H.-E. (1983): Überflüssige oder verkannte Disziplin? Erziehungswissenschaft zwischen Ratlosigkeit und

Betriebsamkeit, Theoriekonjunkturen und Theorieverschleiß. Zeitschrift für Pädagogik, Beiheft 18: Beiträge zum 8. Kongreß der Deutschen Gesellschaft für Erziehungswissenschaft vom 22.–24. März 1982 in der Universität Regensburg. (443–463). Weinheim, Basel: Beltz

Hillenbrand, C. (2002): Einführung in die Verhaltensgestörtenpädagogik. München, Basel: Ernst Reinhardt

Hillenbrand, C. (2003): Didaktik bei Unterrichts- und Verhaltensstörungen. München, Basel: Ernst Reinhardt

Hiller, G.G. & Schönberger, F. (1977): Erziehung zur Geschäftsfähigkeit. Entwurf einer handlungorientierten Sonderpädagogik. Essen: Neue Deutsche Schule Verlagsgesellschaft

Hinz, A. et al. (1998): Die Entwicklung der Kinder in der integrativen Grundschule. Hamburg: Hamburger Buchwerkstatt

Hirschman, M. (2000): Language repair via metalinguistic means. International Journal of Language and Communication Disorders 35, 251–268

Hoechst, K.-D. (2003): Schulformen für Sprachbehinderte. Antwortbrief des Ministeriums für Bildung, Frauen und Jugend. Rheinland-Pfalz

Hoepfner, T. (1925): Die Grundlagen der Behandlung der assoziativen Aphasie. Die Hilfsschule 18, 65–79 und 106–112

Hörmann, H. (1970): Psychologie der Sprache. Heidelberg: Springer

Hötsch, B. & Holtz, A. (1981): Aspekte einer Kritik der Sprachbehindertenpädagogik. Die Sprachheilarbeit 26, 217–230

Hoffmann, D. (1994): Der Beitrag der Erziehungswissenschaft zur Unübersichtlichkeit der Erziehung. In: *Uhle, R. & Hoffmann, D.* (Hrsg.): Pluralitätsverarbeitung in der Pädagogik. Unübersichtlichkeit als Wissenschaftsprinzip? (13–31). Weinheim: Deutscher Studien Verlag

Holtz, A. (1984): Über Kontinuität und Diskontinuität in der Geschichte der Sprachbehindertenpädagogik. Die Sprachheilarbeit 29, 45–54

Homburg, G. & Lüdtke, U. (2003): Zur Komplexität sprachtherapeutischen Handelns. Sprachheilpädagogische Therapietheorie: Die Kunst der Balance in einem dreidimensionalen theoretischen Raum. In: *Grohnfeldt, M.* (Hrsg.): Lehrbuch der Sprachheilpädagogik und Logopädie, Band 4: Beratung, Therapie und Rehabilitation (114–133). Stuttgart: Kohlhammer

Homburg, G. (1978): Die Pädagogik der Sprachbehinderten. Rheinstetten: Schindele

Homburg, G. (1986): Integration – die falsche Priorität? Die Sprachheilarbeit 31, 208–213

Homburg, G. (1994): Sprache und Kommunikation aus sprachheilpädagogischer Sicht. Dimensionen der Sprachtherapie. In: *Frühwirt, I. & Meixner, F.*: Sprache und Kommunikation (13–30). Wien: Jung und Volk, Schulbuchverlag

Homburg, G. (1997): Konzepte und Ansatzpunkte der Dysgrammatismustherapie. In: *Grohnfeldt, M.* (Hrsg.): Handbuch der Sprachtherapie, Bd. 4: Störungen der Grammatik. (113–143). Berlin: Wissenschaftsverlag Volker Spiess

Homburg, G. (2003): Auf der anderen Seite des Wissens. Die Sprachheilarbeit 48, 5, 185–187

Homburg, G., Iven, C. & Maihack, V. (2000): Qualitätsmanagement in der Sprachtherapie. Kontrollmechanismus oder Kompetenzgewinn? Köln: ProLog Therapie und Lernmittel

Homburg, G., Iven, C. & Maihack, V. (Hrsg.) (2003): Zentral-auditive Wahrnehmungsstörungen – therapierelevantes Phänomen oder Phantom? Tagungsbericht des dbs. Köln: Prolog

Hornbostel, S. & Keiner, E. (2002): Evaluation der Erziehungswissenschaft. Zeitschrift für Erziehungswissenschaft, 4, 634–653

Hoyningen-Süess, U. (1995): Zum Selbstverständnis der Sonderpädagogik als Wissenschaft. In: *Hagmann, T.* (Hrsg.): Heil- und Sonderpädagogik und ihre Nachbarwissenschaften. Aktuelle Ansätze in Forschung, Lehre und Praxis (111–116) Luzern: Edition SZH/SPC (Heilpädagogisches Seminar Zürich)

Huber, G.L. (Hrsg.) (1993): Neue Perspektiven der Kooperation. Hohengehren: Schneider

Hugenschmidt, B. & Leppert, J. (1993): Heilpädagogische Sprachförderung im Vorschulalter. Eine Einführung. Freiburg: Lambertus

Ingenkamp, K. (1992): Ausbreitung und Akzeptanz der empirisch orientierten Pädagogik. In: *Baumert, J., Eigler, G., Ingenkamp, K., Macke, G., Steinert, B. & Weishaupt, H.* (Hrsg.): Zum Status der empirisch-analytischen Pädagogik in der deutschen Erziehungswissenschaft (4–88). Weinheim: Deutscher Studien Verlag

Ivo, H. & Neuland, E. (1991): Grammatisches Wissen – Skizze einer empirischen Untersuchung. Diskussion Deutsch, H. 119 (437–485). Frankfurt: Diesterweg

Jäcklein, M. (1999): Rückverlagerung von Artikulationsstellen am Beispiel der Velarisierung – Mathias, 4;0. In: *Hacker, D. & Wilgermein, H.* (Hrsg.): Aussprachestörungen bei Kindern. Ein Arbeitsbuch für Logopäden und Sprachtherapeuten (170–189). München: Reinhardt

Jansen, H. & Marx, H. (1999): Phonologische Bewusstheit und ihre Bedeutung für den Schriftspracherwerb. Forum Logopädie 2, 7–16

Jansen, H., Mannhaupt, G., Marx, H., Skowronek, H.: (^{2}2002): Bielefelder Screening zur Früherkennung von Lese- Rechtschreibschwierigkeiten. Göttingen: Hogrefe

Jantzen, W. (1987): Allgemeine Behindertenpädagogik. Bd. 1. Weinheim, Basel

Jedik, L. (2001): Zweisprachigkeit und Migration. In: *Grohnfeldt, M.* (Hrsg.): Lehrbuch der Sprachheilpädagogik und Logopädie, Band 2: Erscheinungsformen und Störungsbilder (138–149). Stuttgart, Berlin, Köln: Kohlhammer

Jetter, K. (1975): Kindliches Handeln und kognitive Entwicklung. Ein Beitrag zur Kognitionspsychologie des körperbehinderten Kindes auf der Grundlage der genetischen Theorie Jean Piagets. Bern: Huber

Jetter, K. (1985): Was ist Kooperative Pädagogik? Behinderte in Familie, Schule und Gesellschaft 8, 1, 2–13

Jetter, K. (^{4}1988): Leben und Arbeiten mit behinderten und gefährdeten Säuglingen und Kleinkindern (1. Aufl. 1982). Stadthagen: Bernhardt-Pätzhold

Jetter, K. (1994): „Wahrnehmungsstörungen" – Vom paradigmatischen Umgang mit dem Konzept einer Teilleistungsstörung und einigen Folgen für die Praxis der Frühförderung. Frühförderung interdisziplinär 13, 19–32

Jetter, K. (2002): Freundschaft und Kooperation. Einige Gedanken anlässlich der Emeritierung meines Freundes Franz Schönberger. In: *Arbeitskreis Kooperative Pädagogik (AKoP) e.V.* (Hrsg.): Vom Wert der Kooperation. Gedanken zu Bildung und Erziehung (207–219). Frankfurt/M.: Lang

Johnson, C.J., Beitchman, J.H., Young, A., Escobar, M., Atkinson, L., Wilson, B., Brownlie, E.B., Douglas, L., Taback, N., Lam, I. & Wang, M. (1999): Fourteen-Year Follow-Up of Children With and Without Speech/Language Impairments: Speech/ Language Stability and Outcomes. Journal of Speech, Language and Hearing Research 42, 744–760

Johnson, D. & Myklebust, H. (1980): Lernschwächen. Stuttgart: Fischer

Kalmar, M (2001a): Die acht auditiven Fallen im Lese-Rechtschreib-Erwerbsprozess. In: *dgs Landesgruppe Berlin* (Hrsg.): Sprachheilpädagogik im Spannungsfeld *von Wissenschaft und Praxis* (266–275). Würzburg: edition von freisleben

Kalmar, M. (2001b): Kommentierte Wortlisten für die Lautschulung – Schuleingangsphase (8., ergänzte Fassung). In: Broschüre des Österreichischen Bundesverbandes Legasthenie. Wien

Kalmar, M. (2002): Praxis der (meta)phonologischen Analyse. In: *Kolberg, T., Otto, K., Wahn, C.* (Hrsg.): Phänomen Sprache – Laut- und Schriftsprachstörungen unter veränderten Kommunikationsbedingungen (308–321). Würzburg: edition von freisleben

Kanter, G. (1964): Sozialpsychologische Untersuchungen an sprachbehinderten Kindern in Normalschulklassen. Heilpädagogische Forschung 1, 38–76

Kanter, G.O. (2001): Lernbehinderung, Lernbehinderte, Lernbehindertenpädagogik. In: *Antor, G., Bleidick, U.* (Hrsg.): Handlexikon der Behindertenpädagogik (119–124). Stuttgart u.a.: Kohlhammer

Katz-Bernstein, N. (1998): Die Bedeutung von Kommunikation und Sprache für die Sozialisationsprozesse im Vorschulalter. In: *Zollinger, B.*: Kinder im Vorschulalter: Erkenntnisse, Beobachtungen und Ideen zur Welt der Drei- bis Siebenjährigen. Bern, Stuttgart, Wien: Haupt

Katz-Bernstein, N. (2003): Therapie aus pädagogisch-psychologischer Sicht. In: *Grohnfeldt, M.* (Hrsg.): Lehrbuch der Sprachheilpädagogik und Logopädie Bd. 4: Beratung, Therapie und Rehabilitation (66–91). Stuttgart: Kohlhammer

Keese, A. (2000): Sprachbehinderungen. In: *Borchert, J.* (Hrsg.): Handbuch der sonderpädagogischen Psychologie (45–60). Göttingen u.a.: Hogrefe

Keller, P. (1972): Schule für Sprachbehinderte versus integrierte Gesamtschule. Die Sprachheilarbeit 17, 12–17

Kelly, J.F. & Barnard, K.E. (2000): Assessment of parent-child interaction: Implications for early intervention. In: *Shonkoff, J.P. & Meisels, S.J.* (Eds.): Handbook of early childhood intervention. 2nd ed (285–289). Cambridge: University Press

Klann-Delius, G. (1979): Affektive Bedingungen der Sprachentwicklung – ein vernachlässigtes Thema der Psycholinguistik. Linguistische Arbeiten und Berichte 11, 16–22

Klein, G. (2002): Frühförderung für Kinder mit psychosozialen Risiken. Stuttgart: Kohlhammer

Kleine Schaars, W. & Petereit, P. (2002): Menschen mit einer geistigen Behinderung haben das Recht auf ein selbstbestimmtes Leben. Verhaltenstherapie & psychosoziale Praxis 1, 23–32

Klicpera C., Gasteiger-Klicpera, B. (1995): Psychologie der Lese- und Schreibschwierigkeiten. Entwicklung, Ursachen, Förderung. Weinheim: Psychologie Verlags Union

Klinger, C. (1990): Bis hierher und wie weiter? Überlegungen zur feministischen Wissenschafts- und Rationalitätskritik. In: *Krüll, M.* (Hrsg.): Wege aus der männlichen Wissenschaft. Perspektiven feministischer Erkenntnistheorie (21–56). Pfaffenweiler: Centaurus

Klippert, H. (2002): Kommunikationstraining. Übungsbausteine für den Unterricht. Weinheim, Basel: Beltz

KMK – Konferenz der Kultusminister der Länder in der BRD (1994/2000): Empfehlungen zur Sonderpädagogischen Förderung in den Schulen in der Bundesrepublik Deutschland (Beschluss der Kultusministerkonferenz vom 6. Mai 1994). Abdruck in: Drave, W., Rumpler, F. & Wachtel, P. (Hrsg.): Empfehlungen zur sonderpädagogischen Förderung. Allgemeine Grundlagen und Förderschwerpunkte (KMK) mit Kommentaren (25–39). Würzburg: Bentheim.

KMK – Konferenz der Kultusminister der Länder in der BRD (1998/2000): Empfehlungen zum Förderschwerpunkt Sprache (Beschluss der Kultusministerkonferenz vom 26. Juni 1998). Abdruck in: Drave, W., Rumpler, F. & Wachtel, P. (Hrsg.): Empfehlungen zur sonderpädagogischen Förderung. Allgemeine Grundlagen und Förderschwerpunkte (KMK) mit Kommentaren (223–240). Würzburg: Bentheim

Knapp, W. (2001): Diagnostische Leitfragen. Praxis Grundschule 3, 5f.

Knebel, U. von (1996): Therapiedidaktische Ansatzpunkte: Entscheidungsfelder in der Sprachtherapie mit aussprachegestörten Kindern. Die Sprachheilarbeit 41, 6, 366–375

Knebel, U. von (2000): Kindliche Aussprachestörung als Konstruktion. Eine historische Analyse mit pädagogischer Perspektive. Münster: Waxmann

Knebel, U. von (2002): Sonderpädagogischer Förderbedarf als bildungspolitische und pädagogische Herausforderung – eine neue Chance für eine ‚Pädagogisierung' der Heil- und Sonderpädagogik. In: *Bundschuh, K.* (Hrsg.): Sonder- und Heilpädagogik in der modernen Leistungsgesellschaft. Krise oder Chance? (255–265). Bad Heilbrunn: Klinkhardt

Knebel, U. von (2003): Problemfelder der Theoriebildung innerhalb der Sprachbehindertenpädagogik aus pädagogischer und wissenschaftstheoretischer Sicht – Zusammenfassung zentraler Ergebnisse einer Literaturanalyse zum Gegenstandsbereich Aussprachestörungen. Vierteljahresschrift für Heilpädagogik und ihre Nachbargebiete (VHN) 72, 2, 130–142

Knebel, U. von; Kracht, A., Nagel, R. & Welling, A. (1996): „Leitlinien" der Sprachbehindertenpädagogik? Von den Mühen einer gerechten Interpretation der „spezifisch pädagogischen Förderung von Menschen mit Sprachbehinderungen". Die Sprachheilarbeit 41, 1, 42–56

Knebel, U. von & Welling, A. (1997): Kindliche Aussprachestörung – Phänomene und Konzepte. Historische und erkenntnistheoretische Betrachtungen. Der Sprachheilpädagoge 29, 1, 1–23

Knebel, U. von & Welling, A. (2002): „Zum Sprechen anleiten" – „Sprache vermitteln" – „Persönlichkeit umerziehen". Arten und Unarten antagonistischer Kooperation im sprachtherapeutischen Denken des 20. Jahrhunderts. In: *Arbeitskreis Kooperative Pädagogik (AKoP) e.V.* (Hrsg.): Vom Wert der Kooperation. Gedanken zu Bildung und Erziehung (79–126). Frankfurt a.M.: Lang

Knebel U. von et al. (1996): „Leitlinien" der Sprachbehindertenpädagogik? Die Sprachheilarbeit 41, 42–56

Knerr, Y. (2003): Förderung der phonologischen Bewusstheit bei sprachbehinderten Kindern zur Vorbereitung auf den Schriftspracherwerb. Entwicklung eines sprachtherapeutischen Förderkonzeptes zur phonologischen Bewusstheit unter Einbezug musikalisch-früherzieherischer Elemente. Unveröffentlichte Magisterarbeit. München

Knura, G. & Neumann, B. (1980): Methoden der Sprachtherapie. In: *Knura, G. & Neumann, B.* (Hrsg.): Handbuch der Sonderpädagogik. Band 7. Pädagogik der Sprachbehinderten (161–173). Berlin: Marhold

Knura, G. (1977): Sprachheilpädagogik und Rehabilitation Sprachbehinderter. Der Sprachheilpädagoge 9, 4, 2–11

Knura, G. (^{2}1982): Grundfragen der Sprachbehindertenpädagogik. In: *Knura, G. & Neumann, B.* (Hrsg.): Handbuch der Sonderpädagogik, Bd. 7: Pädagogik der Sprachbehinderten. (3–64). Berlin: Marhold

Knura, G. (^{2}1982a): Grundfragen der Erziehung, des Unterrichtens und der Therapie in der Schule für Sprachbehinderte. In: *Knura, G. & Neumann, B.* (Hrsg.): Handbuch der Sonderpädagogik, Bd. 7: Pädagogik der Sprachbehinderten (413–421) Berlin. Marhold

Kobi, E.E. (1979): Heilpädagogik als Herausforderung. Luzern: Schweizerische Zentralstelle für Heilpädagogik

König, E. & Zedler, P. (Hrsg.) (^{2}2002): Qualitative Forschung. Weinheim: Beltz

Kolberg, T. (2003): Mehrdimensionale basale Förderung als Voraussetzung der Sprachentwicklungsförderung. Sonderpädagogische Förderung 48, 2, 103–122

Kolonko, B. & Krämer, I. (1992): Heilen separieren brauchbar machen. Aspekte zur Geschichte der Sprachbehindertenpädagogik. Pfaffenweiler: Centaurus-Verlagsgesellschaft

Konstantinidou, M. (1997): Sprache und Gefühl. Semiotische und andere Aspekte einer Relation. Hamburg: Buske

Kotten-Sederqvist, A. & Dannenbauer, F. (1996): Der ökologische Ansatz: Entwicklungsimpulse für die Sprachheilpädagogik? In: *Opp, G. & Peterander, F.* (Hrsg.): Focus Heilpädagogik. (294–302). München: Ernst Reinhardt

Kracht, A. & Welling, A. (2000): Aussiedlung und Einwanderung: Probleme der Einsprachigkeit – Wege zu Mehrsprachigkeit. Die Sprachheilarbeit 45, 57–63

Kracht, A. & Welling, A. (2001): Pädagogische Professionalität in der Sprachtherapie: Therapiedidaktik am Beispiel „grammatische Entwicklungsstörung". In: *Deutsche Gesellschaft für Sprachheilpädagogik (dgs) e.V. – Landesgruppe Berlin* (Hrsg.): Sprachheilpädagogik im Spannungsfeld von Wissenschaft und Praxis. Kongressbericht (527–537). Berlin: von Freisleben

Kracht, A. (2000): Migration und kindliche Zweisprachigkeit: Interdisziplinarität und Professionalität sprachpädagogischer und sprachbehindertenpädagogischer Praxis. Münster: Waxmann

Kracht, A. (2003): Sprachtherapie und Beratung im Kontext kindlicher Mehrsprachigkeit. In: *Grohnfeldt, M.* (Hrsg.): Lehrbuch der Sprachheilpädagogik und Logopädie, Band 4: Beratung, Therapie und Rehabilitation (202–210). Stuttgart, Berlin, Köln: Kohlhammer

Kracht, A., Leuoth, C. & Welling, A. (2004): TOGA – Therapieorientierte grammatische Analyse. Ein Verfahren zur Analyse grammatischer Fähigkeiten bei ein- und mehrsprachigen Kindern. München (in Vorb.)

Kraimer, K. (2000): Die Fallrekonstruktion – Bezüge, Konzepte, Perspektiven. In: *Kraimer, K.* (Hrsg.): Die Fallrekonstruktion (23–57). Frankfurt/M.: Suhrkamp

Kraimer, K. (2002): Einzelfallstudien. In: *König, E. & Zedler, P.* (Hrsg.): Qualitative Forschung (213–233). Weinheim: Beltz

Krauss, M.W. (1997): Two generations of family research in early intervention. In: *Guralnick, M.* (Ed.): The effectiveness of early intervention (611–624). Baltimore: Paul H. Brookes

Krauss, M.W. (2000): Family assessment within early intervention programs. In: *Shonkoff, J.P. & Meisels, S.J.* (Eds.): Handbook of early childhood intervention, (2nd ed) (290–308). Cambridge: University Press

Krauthausen & Herrmann (1994a): Einleitung. In: *Krauthausen & Herrmann* (Hrsg.): Computereinsatz in der Grundschule? Stuttgart, Düsseldorf, Berlin, Leipzig: Beltz

Krauthausen & Herrmann (1994b): Plädoyer für eine pädagogisch-didaktisch reflektierte Diskussion zum Computereinsatz in der Grundschule. In: *Krauthausen & Herrmann* (Hrsg.): Computereinsatz in der Grundschule? Stuttgart, Düsseldorf, Berlin, Leipzig: Klett Schulbuchverlag

Krawitz, R. (1997): Pädagogik statt Therapie. Vom Sinn individualpädagogischen Sehens, Denkens und Handelns. Bad Heilbrunn: Klinkhardt

Kremin, R., Laue, E., Schüttpelz, S. & Storck-Jenniches, A.-E. (2000): S*P*A*T*Z – ein kollegiales Unterstützungssystem. Die Sprachheilarbeit 45, 3, 113–115

Kriebel, R. (2001): Sprechangst. In: *Grohnfeldt, M.* (Hrsg.): Lehrbuch der Sprachheilpädagogik und Logopädie. Band 2: Erscheinungsformen und Störungsbilder (198–204). Stuttgart, Berlin, Köln: Kohlhammer

Kristen, U. (1997): Praxis Unterstützte Kommunikation. Eine Einführung. Düsseldorf

Kristeva, J. (1986): Revolution in Poetic Language. In: *Moi, T.* (ed.): The Kristeva Reader, 89–136. New York: Columbia University Press

Kristeva, J. (1998): The Subject in Process. In: *French, P. & Lack, R.-F.* (eds.): The Tel Quel Reader (133–178). London: Routledge

Kron F.W. (1993, ^{5}1996): Grundwissen Didaktik. München/Basel: Ernst Reinhardt

Kroppenberg, D. (1983): Sprachliche Beeinträchtigung unter sonderpädagogischem Aspekt. Berlin: Marhold

Kroppenberg, D. (1989): Integration Sprachbehinderter – ein ‚ausgefallenes' Kongressthema. In: *Deutsche Gesellschaft für Sprachheilpädagogik (dgs) Landesgruppe Rheinland-Pfalz* (Hrsg.): Förderung Sprachbehinderter: Modelle und Perspektiven (267–282). Hamburg

Kroppenberg, D. (1995): Gemeinsames Leben und Lernen von Kindern mit und ohne (Sprach)Behinderungen. Der Sprachheilpädagoge 27, 4, 33–52

Kroppenberg, D. (2000): Gemeinsames Leben und Lernen von Menschen mit und ohne Sprachbehinderung (Das Jahrtausend der Integration). In: *Frühwirth, I. & Meixner, F.* (Hrsg.): Sprachheilpädagogik und Integration. Wien: Verlag Jugend & Volk GmbH

Krämer, I.K. (1994): „Und wenn du nicht sprichst wie alle..." Zur schulischen Nichtaussonderung von Kindern mit Sprachbehinderungen. Pfaffenweiler: Centaurus-Verlagsgesellschaft

Krämer-Kilic, I. K. & Lütje-Klose, B. (1998): Grundlagen, Prinzipien und Förderstrategien psychomotorisch orientierter Sprachförderung und ihre Verwendung in integrativen Arbeitszusammenhängen. In: *Frühwirth, I. & Meixner, F.* (Hrsg.): Sprache und Bewegung (70–90). Wien: Jugend & Volk

Krüger, H. (1996): Pädagogik in der Moderne – Perspektiven einer reflexiven Erziehungswissenschaft. In: *Opp, G.* (Hrsg.): Heilpädagogik in der Wendezeit (239–248). Luzern: Edition SZH/Spc

Krüger, H.-H. (1997): Einführung in Theorien und Methoden der Erziehungswissenschaft. Opladen: Leske und Budrich

Küspert, P., Schneider, W. (1998): Würzburger Leiseleseprobe. Göttingen: Hogrefe

Küspert, P. & Schneider, W. (^{2}2000, ^{3}2002): Hören, Lauschen, Lernen: Sprachspiele für Kinder im Vorschulalter: Würzburger Trainingsprogramm zur Vorbereitung auf den Erwerb der Schriftsprache. Göttingen: Vandenhoeck & Ruprecht

Lakoff, G. & Johnson, M. (1999): Philosophy in the Flesh: The Embodied Mind and its Challenge to Western Thought. New York: Basic Books

Landerl, K., Wimmer H. (1994): Phonologische Bewusstheit als Prädiktor für Lese- und Schreibfertigkeiten in der Grundschule. In: Zeitschrift für Pädagogische Psychologie, Bern, Göttingen Toronto 8 (3–4), 153–164.

Landerl, K., Linortner, R., Wimmer, H. (1992): Phonologische Bewusstheit und Schriftspracherwerb im Deutschen. In: Zeitschrift für Pädagogische Psychologie 6, 17–35

Lane, R. & Nadel, L. (eds.) (2000): Cognitive Neuroscience of Emotion. Oxford: Oxford University Press

Largo, R. (1993): Babyjahre. Hamburg: Carlsen

Lassahn, R. (^{8}1995): Einführung in die Pädagogik. Heidelberg: Quelle & Meyer

Lauth, G. (2000): Lernbehinderungen. In: *Borchert, Johann* (Hrsg.): Handbuch der sonderpädagogischen Psychologie (21–31). Göttingen u.a.: Hogrefe

LeDoux, J. E. (1998): The Emotional Brain. The Mysterious Underpinnings of Emotional Life. London: Weidenfeld & Nicolson

LeDoux, J. (2003): The Self: From Soul to Brain. New York

Leixnering, W. & Bogyi, G. (1997): Fragen der Ethik. In: *Reinelt, T.* (Hrsg.): Lehrbuch der Kinderpsychotherapie: Grundlagen und Methoden (20–26). München: Ernst Reinhardt

Lengyel, D. (2000): Kindliche Zweisprachigkeit und Sprachbehindertenpädagogik. Düsseldorf: LAGA NRW

Lenzen, D. (1999): Erziehungswissenschaft. Reinbek: Rowohlt

Leontjew, A. (1977): Probleme der Entwicklung des Psychischen. Kronberg/Ts.

Lindemann, H. & Vossler, N. (1999): Die Behinderung liegt im Auge des Betrachters. Neuwied: Luchterhand

Lionni, L. (1968): Frederick. Köln: Middelhauve

Locke, J. (1997): A theory of neurolinguistic development. Brain and language 58, 265–326

Löffler, C. & Füssenich, I. (2002): Prävention von Analphabetismus in den ersten beiden Schuljahren. Grundschule 5, 17–19

Lorenz, J.H. (1994): Kognitionspsychologische Grundlagen des Lernens mit dem Computer in der Grundschule. In: *Krauthausen & Herrmann* (Hrsg.): Computereinsatz in der Grundschule? Stuttgart, Düsseldorf, Berlin, Leipzig: Klett Schulbuchverlag

Love, A.J. & Thompson, M.G.: Language Disorders and Attention Deficit Disorders in Young Children Reffered for Psychiatric Services. American Journal of Ortopsychiatry 58, 52–64

Lovik, T. (1996): Total Physical Response: Beschreibung und Beurteilung einer innovativen Methode. In: *Henrici, G. & Zöfgen, E.*: Fremdsprachen Lehren und Lernen 38–49. Tübingen

Luchtenberg, S. (2002): Überlegungen zur Sprachstandsdiagnostik: In: Staatsinstitut für Schulpädagogik und Bildungsforschung: Kenntnisse in Deutsch als Zweitsprache erfassen (73–92). Stuttgart: Klett

Lüdtke, U. & Bahr, R. (2002): Förderschwerpunkt Sprache: Kriterien und Standards schulischer Prozessqualität. Zeitschrift für Heilpädagogik 53, 236–243

Lüdtke, U. & Bahr, R. (2002a): Verstehende Diagnostik individueller Sprachentwicklungsprozesse: Außensichten und Innensichten. In: *Grohnfeldt, M.* (Hrsg.): Lehrbuch der Sprachheilpädagogik und Logopädie Band 3: Diagnostik, Prävention und Evaluation (129–147). Stuttgart: Kohlhammer

Lüdtke, U. & Bahr, R. (2002b): Förderschwerpunkt Sprache: Kriterien und Standards schulischer Prozessqualität. In: Zeitschrift für Heilpädagogik 53, 6, 236–243

Lüdtke, U. (1998): Die Pädagogische Atmosphäre: Analyse – Störungen –Transformation – Bedeutsamkeit. Eine anthropologische Grundlegung der Sprachheilpädagogik. Frankfurt: Lang

Lüdtke, U. (2002a): Die Sprache der Gefühle – Gefühle in der Sprache. Kommunikation und Regulation von Emotionen in Therapie und Unterricht. In: *Kolberg, T., Otto, K. & Wahn, C.* (Hrsg.): Phänomen Sprache. Laut- und Schriftsprachstörungen unter veränderten Kommunikationsbedingungen. Kongressband der 25. Arbeits- und Fortbildungstagung der dgs (394–404). Rimpar: Freisleben

Lüdtke, U. (2002b): Emotionales Erleben als Gegenstand sprachheilpädagogischer Forschung. In: *Steiner, J.* (Hrsg.): „Von Aphasie mitbetroffen". Zum Erleben von Angehörigen aphasiebetroffener Menschen (120–156). Zell: Steiner

Lüdtke, U. (2003): Aktuelle Herausforderungen an die Sprachheilpädagogik: Forschung – Praxis – Lehre. Die Sprachheilarbeit 48, 140–150

Lütje-Klose, B. (1997): Wege integrativer Sprach- und Kommunikationsförderung in der Schule. St. Ingbert: Röhrig

Lundberg, I., Frost, J., Petersen, O. (1988): Effects of an extensive training program for stimulating phonological awareness in preschool children. Reading research Quarterly 23, 263–284

Maihack, V. (2001) : Sprachheilpädagogik und Sprachtherapie. Zur historischen Entwicklung klinisch-therapeutischer Handlungsfelder von Sprachheilpädagogen unter besonderer Berücksichtigung der Zeit von 1945 bis 1990. Dissertation. Universität Dortmund

Maihack, V. (2002): dgs und dbs – ein minimalistisches Paar? Die Sprachheilarbeit 47, 154–155

Mandel, H. & Krause, U. (2001): Lernkompetenz für die Wissensgesellschaft. Forschungsberichte des Lehrstuhls für Empirische Pädagogik und Pädagogische Psychologie der LMU München. München

Mannhaupt, G. (1994): Deutschsprachige Studien zur Intervention bei Lese- und Rechtschreibschwierigkeiten. Ein Überblick zu neueren Forschungstrends. Zeitschrift für Pädagogische Psychologie 8 (3–4), 123–138.

Mannhaupt, G. (2003). Ergebnisse von Therapiestudien. In: *Suchodoletz, W. von* (Hrsg.): Therapie der Lese-Rechtschreibstörung (91–107). Stuttgart: Kohlhammer

Markowetz, R. (2000): Identitätsentwicklung und Pubertät – über den Umgang mit Krisen und identitätsrelevanten Erfahrungen von Jugendlichen mit einer Behinderung. Behindertenpädagogik 2, 136–174

Martschinke, S., Kirschhock, E. M., Frank, A. (2001): Diagnose und Förderung im Schriftspracherwerb, Band 1: Der Rundgang durch Hörhausen. Donauwörth; Auer Verlag

Marx U. & Steffen G. (1990): Lesenlernen mit Hand und Fuß. Horneburg: S. Persen

Marx U. & Steffen G. (1994): Lautgebärden-Klappkarten (Ergänzung zum Lehrgang: Lesenlernen mit Hand und Fuß). Horneburg: S. Persen

Maxwell, S. & Wallach, G. (1984): The language-learning disability connection: symptoms of early language disability change over time. In: *Wallach, G. & Butler, K.* (eds.): Language learning disabilities in school-age children (15–34). Baltimore

May, P. (1995): Hamburger Schreibprobe für die erste Klasse. Hamburg: Verlag für pädagogische Medien

Mayer, A. (2003): Möglichkeiten der Sprach- und Kommunikationsförderung im Unterricht mit sprachentwicklungsgestörten Kindern. Die Sprachheilarbeit 48, 1, 11–20

Mayr, T. (1990): Zur Epidemiologie von Sprach-, Sprech- und Kommunikationsstörungen. Ergebnisse einer Screening-Untersuchung – Konsequenzen für die Gestaltung eines angemessenen Betreuungssystems. Heilpädagogische Forschung 16, 14–20

Mayr, T. (1990a): Verhaltensauffälligkeiten bei Vorschulkindern mit unterschiedlich schweren Sprech-, Sprach- und Kommunikationsstörungen – eine epidemiologische Studie. Heilpädagogische Forschung 16, 37–44

Mc Conley, R. & Swisher, C. (1987): Are Maltreated Children at Risk for Speech or Language Impairments? An Unanswered Question. Journal of Speech and Hearing Disorders 52, 301–303

McCollum, J.A. & Hemmeter, M.L. (1997): Parent-child interaction intervention when children have disabilities. In: *Guralnick, M.* (Ed.): The effectiveness of early intervention (549–576). Baltimore: Paul H. Brookes

McLean, L. & Cripe, J. (1997): The effectiveness of early intervention for children with communication disorders. In: *Guralnick, M.* (Ed.): The effectiveness of early intervention (349–428). Baltimore: Paul H. Brookes

Mead, G. H. (1968): Geist, Identität, Gesellschaft. Frankfurt a. M.: Suhrkamp

Meisels, S.J. & Atkins-Burnett, S. (2000): The elements of early childhood assessment. In: *Shonkoff, J.P. & Meisels, S.J.* (Eds.): Handbook of early childhood intervention. 2nd ed (231–257). Cambridge: University Press

Meixner, F. (1985): Verhaltensauffälligkeiten bei sprachbeeinträchtigten Kindern. Der Sprachheilpädagoge 1, 11–20

Merkelbach, V. (Hrsg.) (1997): Kreatives Schreiben. Braunschweig: Westermann

Mertens, A. (1996): Diagnose von Sprachbehinderung bei Zweisprachigkeit. Köln, Weimar, Wien: Böhlau

Miller, L.J. & Hanft, B.E. (1998): Building positive alliances: Partnerships with families as the cornerstone of developmental assessment. Infant and Young Children, 11, 49–60

Ministerium für Kultus, Jugend und Sport Baden-Württemberg (1995): Bildungsplan für die Schule für Sprachbehinderte. Stuttgart

Ministerium für Kultus, Jugend und Sport Baden-Württemberg (2001): Bildungsplan für die Grundschule. Ergänzung: Fremdsprachen Englisch/Französisch. Stuttgart

Ministerium für Schule und Weiterbildung, Wissenschaft und Forschung des Landes Nordrhein-Westfalen (1998): Alle Kinder wollen lernen. Düsseldorf

Mitschriften und Unterlagen des Arbeitskreises Adaption des neuen Grundschullehrplans für Kinder mit Förderschwerpunkt Sprache (November 2001–Juli 2002). München

Möckel, A. (1984): Zum Verhältnis von Pädagogik und Sonderpädagogik. In: *Kobi, E.E., Bürli, A. & Broch, E.* (Hrsg.): Zum Verhältnis von Pädagogik und Sonderpädagogik. Referate der 20. Arbeitstagung der Dozenten für Sonderpädagogik in deutschsprachigen Ländern in Basel (36–46). Luzern: Schweizerische Zentralstelle für Heilpädagogik

Möckel, A. (1995): Der Heilaspekt in der Pädagogik. In: *Hagmann, T.* (Hrsg.): Heil- und Sonderpädagogik und ihre Nachbarwissenschaften. Aktuelle Ansätze in Forschung, Lehre und Praxis (238–243). Zürich: Edition SZH/SPC (Heilpädagogisches Seminar Zürich)

Möckel (1996): Krise der Sonderpädagogik. Zeitschrift für Heilpädagogik 47, 90–95

Montanari, E. (2002): Mit zwei Sprachen groß werden. Mehrsprachige Erziehung in Familie, Kindergarten und Schule. München: Kösel

Motsch, H.-J.& Berg, M. (2003): Therapie grammatischer Störungen – Interventionsstudie zur Kontextoptimierung. Die Sprachheilarbeit 48, 4, 151–156

Motsch, H.-J. (1989): Sprach- oder Kommunikationstherapie? Kommunikationstheoretische Grundlagen eines geänderten sprachtherapeutischen Selbstverständnisses. In: *Grohnfeldt, M.* (Hrsg.): Grundlagen der Sprachtherapie. Band 1. Handbuch der Sprachtherapie (73–95). Berlin: Edition Marhold

Motsch, H.-J. (1994): Erwerbsstörungen kommunikativer Fähigkeiten und Kommunikationstherapie. In: *Frühwirt, I. & Meixner, F.:* Sprache und Kommunikation. (41–48). Wien: Jung und Volk, Schulbuchverlag

Motsch, H.-J. (1996): Interdisziplinarität bei Sprechablaufstörungen – der Traum von grenzenloser Kompetenz. In: *Deutsche Gesellschaft für Sprachbehindertenpädagogik e.V., Landesgruppe Westfalen-Lippe* (Hrsg.): Interdisziplinäre Zusammenarbeit. Kongreßbericht zur XXII. Arbeits- und Fortbildungstagung 1996 in Münster (573–587). Hamm: Edition von Freisleben

Motsch, H.-J. (1996a): Sprach- oder Kommunikationstherapie? In: *Grohnfeldt, M.* (Hrsg.): Handbuch der Sprachtherapie. Band 1: Grundlagen der Sprachtherapie. (73–95). Berlin

Motsch, H.-J. (2000): Mitschriften des Vortrags auf der XXIV. Arbeits- und Fortbildungstagung der dgs. Förderung grammatischer Fähigkeiten. Teil 1: Praxis in der Sackgasse. Teil 2: Effektivitätssteigerung durch Kontextoptimierung. Dresden

Motsch, H.-J. (2002): Effektivitätssteigerung durch Kontextoptimierung in der Therapie spezifischer Sprachentwicklungsstörungen. In: *Von Suchodoletz, W.* (Hrsg.): Therapie von Sprachentwicklungsstörungen – Anspruch und Realität (83–105). Stuttgart: Kohlhammer

Motsch, H.-J. (2004): Kontextoptimierung. Förderung grammatischer Fähigkeiten in Therapie und Unterricht. München, Basel: Ernst Reinhardt

Müller, M. (1991): Denkansätze in der Heilpädagogik. Eine systematische Darstellung heilpädagogischen Denkens und der Versuch einer Überwindung der 'unreflektierten Paradigmenkonkurrenz'. Heidelberg: Schindele

Müller, R.: (1982): Diagnostischer Rechtscheibtest für die 2. Klasse. Weinheim; Beltz, Psychologie Verlags Union

Myschker, N. (1983): Lernbehindertenpädagogik. In: *Solarová, S.* (Hrsg.): Geschichte der Sonderpädagogik (120–166). Stuttgart u.a.; Kohlhammer

Myschker, N. ([4]2002); Verhaltensstörungen bei Kindern und Jugendlichen. Erscheinungsformen – Ursachen – Hilfreiche Maßnahmen. Stuttgart: Kohlhammer

Naegele, I. & Haarmann, D. (1993): Darf ich mitspielen? Kinder verständigen sich in vielen Sprachen. Anregungen zur interkulturellen Kommunikationsförderung. Weinheim: Beltz

Neukäter, H. (1995): Sprachstörungen und Verhaltensauffälligkeiten. In: *Grohnfeldt, M.* (Hrsg.): Sprachstörungen im sonderpädagogischen Bezugssystem. (115–128). Berlin: Marhold

Neuland, E. (1992): Sprachbewusstsein und Sprachreflexion. Der Deutschunterricht, H. 4 (3–14). Stuttgart: Klett

Nickisch, A., Heber, D. & Burger-Gartner, J. (2001): Auditive Verarbeitungs- und Wahrnehmungsstörungen bei Schulkindern. Dortmund: modernes leben

Niedecken, D. (1998): Namenlos: Geistig Behinderte verstehen. Berlin: Luchterhand

Nippold, M.A. (1998): Later language development. The school-age and adolescent years. 2. Auflage; PRO-ED, Inc., Austin, Texas

Nohl, H. (1949): Pädagogik aus dreißig Jahren. Frankfurt a.M.: Schulte-Bulmke

Nohl, H. ([6]1963): Die pädagogische Bewegung in Deutschland und ihre Theorie. Frankfurt a. M.: Schulte-Bulmke

Noterdame, M., Minow, F. & Amorosa, H. (1999): Psychische Auffälligkeiten bei sprachentwicklungsgestörten Kindern: Erfassung der Verhaltensänderungen

während Therapie anhand der Child Behavior Checklist. Praxis der Kinderpsychologie und Kinderpsychiatrie 48, 3, 141–154
Nussbeck, S. (2003): Wahrnehmungsstörungen – häufig zitiert, schlecht definiert. Frühförderung interdisziplinär 22, 1, 20–27

O'Connor, R., E., Jenkins, J.R., Slocum, T.A. (1995): Transfer among Phonological Tasks in Kindergarten: Essential Instructional Content. Journal of Educational Psychology 87, 202–217
Oerter, R. (1996): Fördert Spiel Entwicklung? In: *Opp, G. & Peterander, F.* (Hrsg.): Focus Heilpädagogik (260–271). München, Basel: Ernst Reinhardt
Oevermann, U. (1991): Genetischer Strukturalismus und das sozialwissenschaftliche Problem der Erklärung der Entstehung des Neuen. In: *Müller-Dohm, S.* (Hrsg.): Jenseits der Utopie (267–333). Frankfurt/M.
Oevermann, U. (1996): Theoretische Skizze einer revidierten Theorie professionalisierten Handelns. In: *Combe, A. & Helsper, W.* (Hrsg.): Pädagogische Professionalität. (70–182). Frankfurt
Oevermann, U. (2000): Die Methode der Fallrekonstruktion in der Grundlagenforschung sowie der klinischen und pädagogischen Praxis. In: *Kraimer, K.* (Hrsg.): Die Fallrekonstruktion (58–156). Frankfurt/M.: Suhrkamp
Öktem, Ö. (1981): Sozialisation und Identitätsentwicklung bei ausländischen (türkischen) Kindern in der Bundesrepublik Deutschland. Linguistische Arbeiten und Berichte 16 (89–95). Berlin
Ogburn, W.F. (1969): Kultur und sozialer Wandel. Ausgew. Schriften. Neuwied: Luchterhand
Olechowski, R. (1994): Das Theorie-Praxis-Problem in der empirisch-pädagogischen Forschung. In: *Olechowski, R & Rollet, B.* (Hrsg.): Theorie und Praxis. Aspekte empirisch-pädagogischer Forschung – quantitative und qualitative Methoden (14–23). Frankfurt a.M.: Lang
Opp, G. (1998): Reflexive Heilpädagogik – neue Professionsentwicklungen. In: *Datler, W. u.a.* (Hrsg.): Zur Analyse heilpädagogischer Prozesse (333–337). Luzern: Edition SZH
Orthmann, W. (1969a): Zur Struktur der Sprachgeschädigtenpädagogik. Berlin: Marhold
Orthmann, W. (1969b): Die Eigenständigkeit der Sprachheilpädagogik. In: *Deutsche Gesellschaft für Sprachheilpädagogik* (Hrsg.): Die Eigenständigkeit der Sprachheilpädagogik. Vorträge und Diskussionen der 8. Arbeitstagung vom 10.-12. Oktober 1968 in München (13–26). Hamburg: Wartenberg
Orthmann, W. (1971): Sprachheilpädagogik – Sprachbehindertenpädagogik – Sprachsonderpädagogik. Die Rehabilitation, 1, 33–39
Orthmann, W. (1972): Zum Thema Integration – Isolation sprachbehinderter Schüler. Die Sprachheilarbeit 17, 99–101
Orthmann, W. (1977): Bemerkungen zur erziehungswissenschaftlichen Grundlage der Sprachbehindertenpädagogik. Die Sprachheilarbeit, 22, 37–49
Orthmann, W. (^{2}1982): Geschichte der Sprachbehindertenpädagogik. In: *Knura, G. & Neumann, B.* (Hrsg.): Pädagogik der Sprachbehinderten (67–91). Berlin: Marhold
Osburg, C. (1997): Gesprochene und geschriebene Sprache. Aussprachestörungen und Schriftspracherwerb. Hohengehren: Schneider Verlag
Osburg, C. (2002): Spielmaterialien zur Förderung von Kindern mit Aussprachestörungen. Praxis Grundschule 3, 26–33
Osburg, C. (2003): „Wie wird <Daas> gesrieben?" Therapeutische Überlegungen zum Zusammenhang von gesprochener und geschriebener Sprache. In: *Grohnfeldt, M.* (Hrsg.): Lehrbuch der Sprachheilpädagogik und Logopädie, Bd. 4: Beratung, Therapie und Rehabilitation (185–192). Stuttgart: Kohlhammer

Panksepp, J. (1998): Affective Neuroscience. The Foundations of Human and Animal Emotions. Oxford: Oxford University Press

Papoušek, M. & Hofacker, N. von (1998): Persistent crying in early infancy: a non-trivial condition of risk for the developing mother-infant relationship. Child: Care, Health and Development, 5, 24, 395–424

Papoušek, M. & Gontard, A. von (Hrsg.) (2003): Spiel und Kreativität in der frühen Kindheit. Stuttgart: Klett-Cotta

Papoušek, H. & Papoušek, M. (1989): Intuitiv parenting: aspects related to educational psychology. In: *Hopkins, B., Pecheux, M.G. & Papoušek, H.* (Eds.): Infancy and Education: Psychological Considerations. In: European Journal of Psychology of Education 4, 2. Special Issue, 201–210

Papoušek, M. & Papoušek, H. (1997): Stimmliche Kommunikation im Säuglingsalter als Wegbereiter der Sprachentwicklung. In: *Keller, H.* (Hrsg.): Handbuch der Kleinkindforschung (535–562). Bern: Huber

Papoušek, M. (1994): Vom ersten Schrei zum ersten Wort – Anfänge der Sprachentwicklung in der vorsprachlichen Kommunikation. Huber: Bern

Parsons, T. (1968): Sozialstruktur und Persönlichkeit. Frankfurt a. M.: Europäische Verlagsanstalt

Paschen, H. (1979): Logik der Erziehungswissenschaft. Düsseldorf: Schwann

Peltzer-Karpf, A. & Zangl, R. (1997): Vier Jahre Vienna Bilingual Schooling. Eine Langzeitstudie. ZOOM, Fremdsprachen in der Grundschule, Extraheft 1, Wien/Graz

Peltzer-Karpf, A. & Zangl, R. (1998): Die Dynamik des frühen Fremdsprachenerwerbs. Tübingen

Penner, Z. & Kölliker Funk, M. (1998): Therapie und Diagnose von Grammatikerwerbsstörungen. Ein Arbeitshandbuch. Luzern: Edition SZH

Penner, Z. (2000): Phonologische Entwicklung. In: *Grimm, H.* (Hrsg.): Enzyklopädie der Psychologie. Serie III, Sprachentwicklung, Band 3 (105–139).

Penner, Z. (2002): Plädoyer für eine präventive Frühintervention bei Kindern mit Spracherwerbsstörungen. In: *Suchodoletz, W. von* (Hrsg.): Therapie von Sprachentwicklungsstörungen (106–142). Stuttgart: Kohlhammer

Pert, C. (2001): Moleküle der Gefühle. Körper, Geist und Emotionen. Frankfurt: Rowohlt

Peseschkian, N. (1983): Auf der Suche nach Sinn. Frankfurt a. M.: Fischer

Peterander, F. (1993): Skalen zur Messung entwicklungsförderlichen Elternverhaltens. System Familie 6, 36–47

Peterander, F. (2000): The Best Quality Cooperation between Parents and Experts in Early Intervention. In: Infants and Young Children 12, 3, 32–45

Peterander, F. (2002): Qualität und Wirksamkeit der Frühförderung. Frühförderung interdisziplinär 2, 21, 96–106

Peterander, F (2003a): Supporting the early intervention team. In: *Odom, S.L., Hanson, M.J., Blackman, J.A. & Kaul, S.* (Eds.): Early intervention practices around the world (301–332). Baltimore: Paul H. Brookes

Peterander, F. (2003b): Multivariate Diagnostik in der Frühförderung. In: Kindheit und Entwicklung 1, 12, 24–34

Peterander, F. (2003c): Interdisziplinäre Frühförderung. In: *Leonhardt, A. & Wember, F.B.* (Hrsg.): Grundfragen der Sonderpädagogik. Bildung – Erziehung – Behinderung (686–701). Weinheim, Basel, Berlin: Beltz

Peterander, F. (im Druck): Preparing practitioners to work with families in early childhood intervention. Educational and Child Psychology

Petermann, F., Niebank, K. & Scheithauer, H. (Hrsg.) (2000): Risiken in der frühkindlichen Entwicklung (359–372). Göttingen: Hogrefe

Petermann, F., Niebank, K. & Scheithauer, H. (2004): Entwicklungswissenschaft. Berlin, Springer

Peterßen W. H. (⁴1994): Lehrbuch allgemeine Didaktik. München: Ehrenwirth

Pohl, A. (2002): Veränderungen der schulischen Situation in Niedersachsen. Die Sprachheilarbeit 47, 6, 278–279

Poskiparta, E., Niemi, P., Vauras, M. (1999): Who benefits from Training in Linguistic awareness in the first grade, and what components show training Effects. Journal of Learning disabilities, Volume 32, 5, 437–446

Postman, N. (1983): Das Verschwinden der Kindheit. Frankfurt: Fischer

Postman, N. (1999): Die zweite Aufklärung – Vom 18. bis ins 21. Jahrhundert. Berlin: Berlin-Verlag
Praschak, W. (1993): Alltagsgestaltung und Zusammenarbeit: Grundlagen der sensumotorischen Kooperation mit schwerstbehinderten Menschen. Vierteljahresschrift für Heilpädagogik und ihre Nachbargebiete 62, 297–311
Praschak, W. (1999): Frühförderung schwerst geschädigter Säuglinge und Kleinkinder. In: Wilken, E. (Hrsg.): Frühförderung von Kindern mit Behinderung. (82–99). Stuttgart: Kohlhammer
Praschak, W. (2000): Die Stufen der Sensumotorischen Kooperation. Strukturen der Entwicklungsförderung von Kindern und Jugendlichen mit schwerster Behinderung aus der Sicht der Kooperativen Pädagogik. In: Fischer, E. (Hrsg.): Pädagogik für Kinder und Jugendliche mit mehrfachen Behinderungen (105–125). Dortmund: Borgmann
Praschak, W. (2002): Von der Berührung zum Dialog. Bemerkungen zur sensomotorischen Kooperation mit anderen Menschen, die auch schwerstbehindert sein können. In: *Arbeitskreis Kooperative Pädagogik (AKoP) e.V.* (Hrsg.): Vom Wert der Kooperation. Gedanken zu Bildung und Erziehung (63–78). Frankfurt/M.: Lang
Prizant, B.M. et al. (1990): Communication Disorders and Emtional Behavioral Disorders in Children and Adolescents. Journal of Speech and Hearing Disorders 55, 179–192
Prizant, B.M., Wetherby, A.M. & Roberts, J.E. (2000): Communication problems. In: Zeanah, Jr. Ch. H. (Ed.): Handbook of infant mental health. 2nd ed (282–297). New York, London: Guilford press
Putnam, H. (2002): The collapse of the fact: Value dichotomie and other essays. Cambridge, Mass.: Harvard University Press

Ramey, C.T. & Landesman Ramey, S. (1998): Early intervention and early experience. American Psychologist 2, 63, 109–120
Rauh, H. (2002): Vorgeburtliche Entwicklung und frühe Kindheit. In: Oerter, R. & Montada, L. (Hrsg.): Entwicklungspsychologie. 5.Aufl (131–208). Weinheim: Beltz
Reber, K. (2002): Konzeption eines Computerprogramms für die Sprachtherapie: Schriftsprache als Weg und Ziel sprachheilpädagogischer Intervention. Unveröffentlichte Magisterarbeit an der LMU München
Reber, K. (2003): Schriftsprache als Weg und Ziel sprachtherapeutischer Intervention: Metalinguistische Sprachtherapie mit dem Computerprogramm paLABra. Die Sprachheilarbeit 48, 240–249
Reber, K., Steidl, M. (2002): paLABra. Software für Metalinguistische Sprachtherapie. http://www.palabra-info.de
Reich, E. (2003): Vom Exodus des Lernens aus der (Allgemeinen) Pädagogik – Folgeprobleme der Ausdifferenzierung innerhalb der Erziehungswissenschaft. Pädagogische Rundschau, 1, 35–48
Reich, H.A. (2001): Verfahren zur Beschreibung der Sprachentwicklung zweisprachiger Kinder. In: Deutsches Jugendinstitut, Tagungsbericht: Treffpunkt deutsche Sprache (77–82). München
Reich, K. (^{4}2002a): Systemisch-konstruktivistische Pädagogik. Einführung in Grundlagen einer interaktionistisch-konstruktivistischen Pädagogik. Neuwied: Luchterhand
Reich, K. (2002b): Konstruktivistische Didaktik. Lehren und Lernen aus interaktionistischer Sicht. Neuwied: Luchterhand
Reichle, J. & Wacker, D. (Eds.) (1993): Communicative alternatives to challenging behavior. Baltimore: Paul H. Brookes
Reider, K. & v. Roehl, A. (1999): Das Schaf mit dem Zitronenohr. Düsseldorf: Patmos
Reinhardt, I. (2003): Storytelling in der Pädagogik. Eine Einführung in die Arbeit mit Geschichten, Stuttgart: ibidem
Reiser, H. (1998): Sonderpädagogik als Service-Leistung? Zeitschrift für Heilpädagogik, 49, 46–54.

Reiser, H. (1999): Förderschwerpunkt Verhalten. Zeitschrift für Heilpädagogik 50, 144–148
Reuen, S. (1997): Der Computer als Schreibwerkzeug. Theoretische Grundlagen und praktische Erfahrungen aus einer vierten Grundschulklasse. Frankfurt a.M., Berlin, Bern, New York, Paris, Wien: Verlag Peter Lang
Ritter, G. (²1999): Die zwischenmenschliche Beziehung in der Bewegungsbehandlung: Zur krankengymnastischen Arbeit mit dem Säugling. Mit einem Beitrag von Franz Schönberger (1. Aufl. 1988). Düsseldorf: Selbstbestimmtes Leben
Ritterfeld, U. (2000): Zur Prävention bei Verdacht auf eine Spracherwerbsstörung: Argumente für eine gezielte Interaktionsschulung der Eltern. Frühförderung interdisziplinär 19, 80–87
Ritterfeld, U. (2003): Auditive Aufmerksamkeit und Sprachlernen: Explikation eines impliziten Zusammenhangs. Die Sprachheilarbeit 48, 4–10
Ritterfeld, U. (2003a): Beratung. In: *Grohnfeldt, M.* (Hrsg.): Lehrbuch der Sprachheilpädagogik und Logopädie. Band 3: Beratung, Therapie und Rehabilitation (24–41). Stuttgart: Kohlhammer
Rösler, A. & Geissler, G. (⁵1964): Die fröhliche Sprechschule. Theorie und Praxis der heilpädagogischen Behandlung von Sprachstörungen. Berlin: Marhold
Rolff, H.-G. & Zimmermann, P. (1990): Kindheit im Wandel. Weinheim, Basel
Romonath, R. (1983): Psycholinguistisch orientierter Sprachunterricht in der Schule für Sprachbehinderte. In: *Deutsche Gesellschaft für Sprachheilpädagogik e. V.* (Hrsg.): Konzepte und Organisationsformen zur Rehabilitation Sprachbehinderter (179–188). Hamburg: Wartenberg & Söhne
Romonath, R. (1997): Jugendliche mit Sprachbehinderung – „Stiefkinder" sonderpädagogischer Förderung in Mecklenburg-Vorpommern? Zur Begründung einer Förderung aus pädagogischer und entwicklungslinguistischer Perspektive. Die neue Sonderschule, Heft 1, 23–37
Romonath, R. (2000): Reintegration von Absolventinnen und Absolventen der Sprachheilgrundschule in das Regelschulsystem: Eine empirische Untersuchung. Aachen: Shaker Verlag
Romonath, R. (2001): Schule als Sprachlernort – Sprachstörungen als Lernschwierigkeiten. Die Sprachheilarbeit 46, 155–163
Romonath, R. (2001a): Vergleichende Sprachheilpädagogik – die Entwicklung der Sprech- und Sprachpathologie in den USA. Die Sprachheilarbeit 46, 4–13
Roth, E. (1999): Prävention von Lese- und Rechtschreibschwierigkeiten. Evaluation einer vorschulischen Förderung der phonologischen Bewusstheit und der Buchstabenkenntnis. Frankfurt: Lang
Roth, E., Schneider, W. (2002): Langzeiteffekte einer Förderung der phonologischen Bewusstheit und der Buchstabenkenntnis auf den Schriftspracherwerb. Zeitschrift für Pädagogische Psychologie 16 (2) Bern, Göttingen Toronto 99–107
Roth, F. P., Speece, D. L., Cooper, D. H., De La Paz, S. (1996): Unresolved mysteries: How do metalinguistic and narrative skills connect with early reading? The Journal Of Special Education 30 (3), 257–277
Roth, G. (1994): Das Gehirn und seine Wirklichkeit. Frankfurt a.M.: Suhrkamp
Roth, G. (2001): Fühlen, Denken, Handeln. Wie das Gehirn unser Verhalten steuert. Frankfurt/M.: Suhrkamp
Roth, H. (1963): Die realistische Wendung in der Pädagogischen Forschung. Die deutsche Schule 55, 109–119
Roth, L. (2001) (Hrsg.): Pädagogik. München: Oldenbourg
Rothe, K. C. (1923): Die Sprachheilkunde. Eine neue Hilfswissenschaft der Pädonomie. Wien: Österreichischer Schulbücherverlag
Rothe, K. C. (1925): Das Stottern und die assoziative Aphasie und ihre heilpädagogische Behandlung. Wien: Österreichischer Bundesverlag für Unterricht, Wissenschaft und Kunst
Rothe, K. C. (1929): Die Umerziehung. Die heilpädagogische Behandlung schwererziehbarer, entgleister und stotternder Kinder und Jugendlicher, Halle: Marhold

Rothweiler, M. (1996): Die Erforschung von Spracherwerbsstörungen: (k)eine Aufgabe für die Sprachbehindertenpädagogik? Die Sprachheilarbeit 41, 4, 201–203

Ruthrof, H. (2000): The Body in Language. New York: Cassell

Sameroff, A. (1987): The Social Context of Development. In: *Eisenburg, N.* (Hrsg.): Contemporary Topics in Development. New York: John Wiley & Sons

Sameroff, A.J. & Fiese, B.H. (2000): Transactional regulation: The developmental ecology of early intervention. In: *Shonkoff, J.P. & Meisels, S.J.* (Eds.): Handbook of early childhood intervention. 2nd ed (135–159). New York: Cambridge University Press

Sander, Alfred (2002): Kind-Umfeld-Analyse: Diagnostik bei Schüler und Schülerinnen mit besonderem Förderbedarf. In: *Mutzeck, W.*: Förderdiagnostik (12–24). Weinheim: Deutscher Studien Verlag, ^{3}2002

Sassenroth, M. (2002): Leitkonzepte im Bereich der Förderung von Sprache und Kommunikation sprachbehinderter Kinder und Jugendlicher. In: *Werning et al.* (Hrsg.): Sonderpädagogik (190–222). München: Oldenbourg

Sassenroth, M. (2002a): Sonderpädagogische Aufgabenfelder – Integration/Separation. In: *Werning, R. et al.* (Hrsg.): Sonderpädagogik (389–410). München: Oldenbourg

Sassenroth, M. (2002b): Verhältnis der Sonderpädagogik zur Allgemeinen Pädagogik. In: *Werning, R., Balgo, R., Palmowski, W. & Sassenroth, M* (Hrsg.): Sonderpädagogik. Lernen, Verhalten, Sprache, Bewegung und Wahrnehmung. (1–14). München

Schader, B. (2000): Sprachenvielfalt als Chance, Handbuch für den Unterricht in mehrsprachigen Klassen. Zürich: Orell Füssli

Schaeffer, D. (1992): Tightrope Walking: Handeln zwischen Pädagogik und Therapie. In: *Dewe, B., Ferchhoff, W. & Radtke F.* (Hrsg.): Erziehen als Profession (200–230). Opladen: Leske + Budrich

Scharff, G. (2003): Praktische Ansätze der schulischen Integration von Immigrantenkindern. SchulVerwaltung, Ausgabe Bayern 2, 44–48

Schäufele, M. (1996): Veränderungen der mündlichen Sprache eines elfjährigen Kindes mit grammatischen Störungen, unveröffentl. wissenschaftl. Hausarbeit, Reutlingen

Schavan, A. (2001): Vorwort. In: Ministerium für Kultus, Jugend und Sport Baden-Württemberg (Hrsg.): Fremdsprachen in der Grundschule. Lehren und Lernen mit dem Konzept des kommunikativen Unterrichts. Stuttgart

Schiller, N., Wildenhues, U., Wember, F.B. (2003): Systematische Leseförderung bei zweisprachig aufwachsenden Kindern mit besonderem pädagogischen Förderbedarf. Zeitschrift für Heilpädagogik 5, 183–193

Schinnen, M. (1999): Basale Förderung in der Grundschule. Darstellung eines integrativen Konzepts sonderpädagogischer Förderung. Die Sprachheilarbeit 44, 199–206

Schinzler, K. (1998): Kommunikation mit nichtsprechenden Menschen. Zulassungsarbeit.

Schittko, K. (^{3}1987): Modellvorstellungen einer kritischen Didaktik und Unterrichtskonzepte. In: Schönberger, F.: Kooperative Didaktik (24–77). Stadthagen: Pätzold

Schlentner, S. (2000): Jetzt können Sie nicht richtig deutsch und sollen auch noch Englisch lernen ... Englischunterricht ab Klasse 1 auch an der Sprachheilschule? Mitteilungsblatt: dgs – Landesgruppe Baden-Württemberg, Heft 1/2000, S.1

Schleswig-Holsteiner Landtag (2001): Sprachheilpädagogische Förderung in Schleswig-Holstein. Drucksache 15/937 und 15/916. Schleswig-Holstein

Schlösser, E. (2001): Wir verstehen uns gut – spielerisch Deutsch lernen. Münster: Ökotopia.

Schmetz, Ditmar (2000): Förderschwerpunkt Lernen. In: *Drave, W., Rumpler, F., Wachtel, P.* (Hrsg.): Empfehlungen zur sonderpädagogischen Förderung (323–342). Würzburg: edition bentheim

Schmid-Barkow, I. (1999): Kinder lernen sprechen, schreiben, denken, Frankfurt / M: Lang

Schmid-Barkow, I. (1999a): Phonologische Bewusstheit als Teil der metasprachlichen Entwicklung im Kontext von Spracherwerbsprozessen und Spracherwerbsstörungen. Die Sprachheilarbeit 6, 44, 307–317

Schmidtchen, S. (2001): Allgemeine Psychotherapie für Kinder, Jugendliche und Familien. Stuttgart: Kohlhammer

Schneider, W., Ennemoser, M., Roth, E., Küspert, P. (1999): Kindergarten Prevention of Dyslexia: Does Training in phonological awareness work for everybody. Journal of learning disabilities, volume 32, 429–436

*Schneider, W., Küspert, P. (*2003): Frühe Prävention der Lese-Rechtschreib-Störungen. In: *Suchodoletz, W. von* (Hrsg.): Therapie der Lese-Rechtschreibstörung (108–125). Stuttgart: Kohlhammer

Schneider, W., Roth, E., Ennemoser, M. (2000): Training phonological skills and letter knowledge in children at risk for dyslexia: A comparison of three kindergarten intervention programs. Journal of Educational Psychology 92, 284–295

Schneider, W., Vise, M., Reimers, P., Blaesser, B. (1994) Auswirkungen eines Trainings der sprachlichen Bewusstheit auf den Schriftspracherwerb in der Schule. Zeitschrift für Pädagogische Psychologie 8 (3/4) Bern, Göttingen Toronto 177–188

Schneider, W. (2000): Das Konzept der phonologischen Bewusstheit und seine Bedeutung für den Schriftspracherwerb. In: *Akademie für Lehrerfortbildung und Personalführung Dillingen* (Hrsg.): Lese-Rechtschreib-Schwierigkeiten. (96–105). Donauwörth: Auer Verlag

Schöler, H. (1987): Zur Entwicklung metasprachlichen Wissens. In: Deutsche Gesellschaft für Sprachheilpädagogik e.V. (Hrsg.): Spracherwerb und Spracherwerbsstörungen. (339–359). Hamburg: Wartenberg & Söhne

Schönberger, F., Jetter, K. & Praschak, W. (1987): Bausteine der Kooperativen Pädagogik. Teil 1. Grundlagen, Ethik, Therapie, Schwerstbehinderte. Stadthagen: Pätzold

Schönberger, F. (1963): Die Mimik zerebral gelähmter Kinder als sozialer Reiz. Heilpädagogik, Beiblatt der Zeitschrift Erziehung und Unterricht, 6, 4, 50–55

Schönberger, F. (1966): Intelligenz- und Entwicklungsprüfungen bei spastisch gelähmten Kindern. Wiener Medizinische Wochenschrift, 37, 3, 742–747

Schönberger, F. (1971): Die sogenannten Contergankinder. Erster Bericht über die Längsschnittuntersuchung der 'Stiftung für das behinderte Kind' an dysmelen Kindern. München: Kösel

Schönberger, F. (^{2}1977a): Körperbehinderungen – Ein Gutachten zur schulischen Situation körperbehinderter Kinder und Jugendlicher in der Bundesrepublik Deutschland. In: *Deutscher Bildungsrat* (Hrsg.): Gutachten und Studien der Bildungskommission 35, Sonderpädagogik 4, (200–279). Stuttgart: Klett

Schönberger, F. (1977b): Lernen als Zusammenarbeit. In: *Hiller, G.G. & Schönberger, F.* (Hrsg.): Erziehung zur Geschäftsfähigkeit. Entwurf einer handlungsorientierten Sonderpädagogik (31–69). Essen: Kamps

Schönberger, F. (1978a): Körperbehindertenpädagogik. In: *Fachbereich Sonderpädagogik der Pädagogischen Hochschule Reutlingen (Hrsg.):* Handlungsorientierte Sonderpädagogik. 25 Jahre Studium der Sonderpädagogik in Baden-Württemberg. (35–37). Heidelberg: Schindele

Schönberger, F. (1978b): Körperlich Auffällige – Der bewegungsbeeinträchtigte Schüler. In: *Klauer, K.K. & Reinartz, A.* (Hrsg.): Sonderpädagogik in allgemeinen Schulen. Handbuch Sonderpädagogik. Bd. 9 (61–70). Berlin: Marhold

Schönberger, F. (^{3}1979): Mehrfach-Behinderungen bei Körperbehinderungen – Ansätze zu einer psychologischen Theorie. In: *Solarová, S.* (Hrsg.): Mehrfachbehinderte Kinder und Jugendliche. (130–144). Berlin

Schönberger, F. (1983): Neue didaktische Konzeptionen in der Körperbehindertenpädagogik. In: *Haupt, U. & Jansen, G.W.* (Hrsg.): Handbuch der Sonderpädagogik. Bd. 8: Pädagogik der Körperbehinderten (52–75). Berlin: Marhold

Schönberger, F. (³1987a): Kooperative Didaktik – Unterrichtslehre einer handlungsorientierten Sonderpädagogik. In: *Schönberger, F.* (Hrsg.): Kooperative Didaktik (83–171). Stadthagen: Bernhardt-Pätzhold

Schönberger, F. (1987b): Warten auf das Kind – Prinzip einer Kooperativen Bewegungstherapie nach dem Bobath-Konzept. In: *Schönberger, F., Jetter, K. & Praschak, W.* (Hrsg.): Bausteine der Kooperativen Pädagogik (185–197). Stadthagen: Bernhardt-Pätzhold

Schönberger, F. (1987c): Bewegungsbereitschaft und Handlungsentwurf: Mentale Voraussetzungen einer alltagstauglichen und kooperativen Bewegungsbehandlung. Krankengymnastik 39, 12, 865–870

Schönberger, F. (1987d): Vier Thesen zur sensumotorischen Kooperation mit geistig und körperlich Schwerstbehinderten. In: *Schönberger, F., Jetter, K. & Praschak, W.* (Hrsg.): Bausteine der Kooperativen Pädagogik. Teil 1. Grundlagen, Ethik, Therapie, Schwerstbehinderte (221) Stadthagen, Bernhard-Pätzhold

Schönberger, F. (1998): Kommunikation und Kooperation im Bobath-Konzept (unveröffentlichtes Manuskript)

Schönberger, F. (²1999): Menschliche Bewegung ist Bewegungshandeln – Menschenwürdige Bewegungsbehandlung ist Zusammenarbeit: Kooperation macht die zwischenmenschliche Beziehung in der Krankengymnastik zum dialogischen Verhältnis. In: *Ritter, G.* (Hrsg.): Die zwischenmenschliche Beziehung in der Bewegungsbehandlung. Zur krankengymnastischen Arbeit mit dem Säugling (3–15). Düsseldorf: Selbstbestimmtes Leben

Schönberger, F. (2002): Vom Handel und Wandel der Menschen – Existentielle Kooperation, transformale Operation, transgressive Handlung. In: *Arbeitskreis Kooperative Pädagogik (AKoP) e.V.* (Hrsg.): Vom Wert der Kooperation. Gedanken zu Bildung und Erziehung (159–172). Frankfurt/M.: Lang

Schönpflug, U. (1985): Begriffsentwicklung zweisprachiger Kinder. Information zur pädagogischen Arbeit mit ausländischen Kindern 13. Berlin, 65–69

Scholz, H.-J. (1981): Schriftspracherwerb bei sprachbehinderten Kindern – ein Beitrag zur Didaktik sprachlichen Verhaltens. Der Sprachheilpädagoge, 2, 2–11.

Scholz, H.-J. (1987): Interaktionistische Aspekte der pädagogischen Intervention bei sprachentwicklungsauffälligen Kindern. Sprache – Stimme – Gehör 11, 87–90

Schor, B.J. (2001): Das Sonderpädagogische Förderzentrum. Von der Idee zur Realität. Fakten, Analysen, Perspektiven. Donauwörth: Auer-Verlag

Schor, B.J. (2002): Mobile Sonderpädagogische Dienste. Ein Integrationsmodell mit Zukunft. Fakten, Analysen und Perspektiven. Donauwörth: Auer-Verlag

Schor, B.J. (2003): Wen heilt die Sprachheilschule? Behindertenpädagogik in Bayern 46, 1, 22–26.

Schore, A. (2001): The Effects on a Secure Attachment Relationship on Right Brain Development, Affect Regulation, and Infant Mental Health. Infant Mental Health Journal 22, 7–66

Schröder, U. (1999): Integrative Pädagogik bei Kindern und Jugendlichen mit Lernbehinderung. In: *Myschker, N., Ortmann, M.* (Hrsg.): Integrative Schulpädagogik (182–215). Stuttgart u.a.: Kohlhammer

Schuck, K.-D. (1995): Zum Erfordernis der Professionalisierung sprachbehindertenpädagogischer Tätigkeit in einer sich wandelnden Schule. Die Sprachheilarbeit 40, 3, 225–233

Schuck, K.-D. (2000): Professionalisierung sprachheilpädagogischer Arbeit im Zuge der Einrichtung von Förderzentren. Die Sprachheilarbeit 45, 3, 108–112

Schulabteilung der Regierung von Schwaben (Hrsg.) (1993): Handzeichensystem zum Sprechen, Lesenlernen, Rechtschreiben. Thannhausen

Schulte-Körne, G. et al. (1998): Die Bedeutung der auditiven Wahrnehmung und der phonologischen Bewusstheit für die Lese-Rechtschreibschwäche. Sprache – Stimme – Gehör 22, 25–30

Schulz von Thun, F. (2001): Miteinander reden. Bände 1–3. Reinbek bei Hamburg: Rowohlt Taschenbuch Verlag

Schulz, B. (2003): Sprachheilschulen im Gesamtkontext schulischer Förderung – Überlegungen aus Hamburger Perspektive. Die Sprachheilarbeit 48, 3, 114–120

Schulze, A. (1968): Über die Eigenständigkeit der Sprachsonderpädagogik und die schulische und berufliche Eingliederung sprachbehinderter Kinder und Jugendlicher. Die Sprachheilarbeit 13, 201–207

Schwetz M. (1987): Ein Buchstabentag – Wir lernen das „Sch". Der Sprachheilpädagoge 19, 4, 63–72

Seeman, M. (1955): Sprachstörungen bei Kindern, Berlin: Volk und Gesundheit

Sekretariat der der Kultusministerkonferenz (Bearb.) (2002): Sonderpädagogischen Förderung in Schulen 1991 bis 2000. Statistische Veröffentlichungen der Kultusministerkonferenz. Dokumentation Nr. 159, März 2002

Sekretariat der Ständigen Konferenz der Kultusminister der Länder (2000): Empfehlungen zum Förderschwerpunkt Sprache. Beschluss der Kultusministerkonferenz vom 26.6.1998. In: Drave, W., Rumpler, F., Wachtel, P. (Hrsg.): Empfehlungen zur sonderpädagogischen Förderung (223–240). Würzburg: edition bentheim

Sekretariat der Ständigen Konferenz der Kultusminister der Länder (2000): Empfehlungen zum Förderschwerpunkt Lernen. Beschluss der Kultusministerkonferenz vom 1.10.1999. In: Drave, W., Rumpler, F., Wachtel, P. (Hrsg.): (Hrsg.): Empfehlungen zur sonderpädagogischen Förderung (299–315). Würzburg: edition bentheim

Senatsverwaltung für Bildung, Jugend und Sport (2002): Bärenstark. Berliner Sprachstandserhebung und Materialien zur Sprachförderung für Kinder in der Vorschul- und Schuleingangsphase. Berlin

Sennlaub, G. (1988): Spaß beim Schreiben oder Aufsatzerziehung. Stuttgart: Kohlhammer

Shonkoff, J.P. & Phillips, D.A. (2000): Communicating and learning. In: Shonkoff, J.P. & Phillips, D.A. (Eds.): From neurons to neighborhoods. The science of early child development (124–142). Washington D.C.: National Academy press

Shore, R. (1997): Rethinking the brain: New insights into early development. New York: Families and Work Institute

Siebert, H. (1999): Pädagogischer Konstruktivismus. Eine Bilanz der Konstruktivismusdiskussion für die Bildungspraxis. Neuwied: Luchterhand

Siebert, H. (2001): Selbstgesteuertes Lernen und Lernberatung. Neue Lernkulturen in Zeiten der Postmoderne. Neuwied: Luchterhand

Simeonsson, R.J. & Rosenthal, S.L. (Eds.) (2001): Psychological and developmenttal assessment – children with disabilities and chronic conditions. New York, London: The Guilford Press

Skowronek, H. & Marx, H. (1989): Die Bielefelder Längsschnittstudie zur Früherkennung von Risiken der Lese-Rechtschreibschwäche: Theoretischer Hintergrund und erste Befunde. Heilpädagogische Forschung XV, 38–49

Sohns, A. (2000): Frühförderung entwicklungsauffälliger Kinder in Deutschland. Weinheim: Beltz

Solarová, S. (1971): Therapie und Erziehung im Aufgabenfeld des Sonderpädagogen. Sonderpädagogik 1, 2, 49–58

Speck, O. & Warnke, A. (Hrsg.) (1983): Frühförderung mit den Eltern. München, Basel: Ernst Reinhardt

Speck, O. (1973): Früherkennung und Frühförderung behinderter Kinder. In: Muth J. (Hrsg.): Deutscher Bildungsrat, Behindertenstatistik, Früherkennung, Frühförderung. Stuttgart: Kohlhammer

Speck, O. (1988, ^{2}1991, ^{5}2003): System Heilpädagogik. Eine ökologisch reflexive Grundlegung. München: Ernst Reinhardt

Speck, O. (1995): Wandel der Konzepte in der Frühförderung. Frühförderung interdisziplinär 14, 116–130

Spier, A. (1999): Mit Spielen Deutsch lernen. Berlin: Cornelsen

Spitzer, M. (2002): Lernen. Gehirnforschung und die Schule des Lebens. Heidelberg, Berlin: Spektrum Akademischer Verlag

Staatsinstitut für Schulpädagogik und Bildungsforschung (2002): Kenntnisse in Deutsch als Zweitsprache erfassen. Stuttgart: Klett
Stein, L. (1937): Sprach- und Stimmstörungen und ihre Behandlung in der täglichen Praxis. Wien
Steiner, J. (1993): Grundzüge einer ganzheitlichen Aphasiebehandlung und -Forschung. In: *Grohnfeldt, M.* (Hrsg.): Handbuch der Sprachtherapie, Bd. 6 (300–327). Berlin: Edition Marhold
Steiner, J. (1996): Der Dialog als Zentrum diagnostisch-systemischen Handlungsdenkens. Sprache – Stimme – Gehör 20, 26–31
Steiner, J. (2002): Theorie der Sprachtherapie und wissenschaftliches Selbstverständnis mit einer Metaanalyse ausgewählter deutscher Fachzeitschriften. LOGOS interdisziplinär 10, 4, 244–250
Steinmüller, U. (1991): Spracherwerb und Zweisprachigkeit im interkulturellen Kontext. In: *Marburger, H.*: Schule in der multikulturellen Gesellschaft (114–121). Frankfurt a. M.: Verlag für Interkulturelle Kommunikation
Stoellger, N. (1997): Das Sonderpädagogische Förderzentrum. Darstellung und Erläuterung eines Reformkonzepts. Zeitschrift für Heilpädagogik 3, 98–104
Storch, M. (1999): Vertiefung: Identität in der Postmoderne – mögliche Fragen und mögliche Antworten. In: *Dohrenbusch, H. & Blickensdorfer, J.* (Hrsg.): Allgemeine Heilpädagogik, Bd. II (70–83). Edition SZH
Stothard, S.E., Snowling, M.J., Bishop, D.V.M., Chipchase, B.B. & Kaplan, C.A. (1998): Language-Impaired Preschoolers: A Follow-Up Into Adolescence. Journal of Speech, Language and Hearing Research 41, 407–418
Strümpell, L. von. (1890, ⁴1910): Die Pädagogische Pathologie oder die Lehre von den Fehlern der Kinder. Leipzig: E. Ungleich
Suchodoletz, W. von. (Hrsg.) (2002): *Therapie von Sprachentwicklungsstörungen. Anspruch und Realität.* Stuttgart: Kohlhammer
Supple, M. de M. (1998): The Relationship between Oral and Written Language. Folia Phoniatrica et Logopaedica 50, 243–255
Szagun, G. (2000): Sprachentwicklung beim Kind. Weinheim, Basel: Beltz

Tenorth, H.-E. (2001): Pädagogik, Erziehungswissenschaft. In: *Antor, G. & Bleidick, U.* (Hrsg.): Handlexikon der Behindertenpädagogik (45–48). Stuttgart: Kohlhammer
Thalmann, H.-Ch. (1971): Verhaltensstörungen bei Kindern im Grundschulalter. Stuttgart: Klett
Thierbach, K. (1989): Sprachbehindertenpädagogik und Integration. Zeitschrift für Heilpädagogik 40, 804–807
Thoms, P. (1929): Die pädagogische Arbeit an Sprachgeschädigten in ihren Wandlungen (36–41). Vox
Thurmair, M. & Naggl, M. (2000): Praxis der Frühförderung. München, Basel: Ernst Reinhardt
Tomblin, J.B., Records, N.L., Buckwalter, P., Zhang, X., Smith, E. & O'Brien, M. (1997): Prevalenz of specific language impairment in kindergarden children. Journal of Speech, Language and Hearing Research 40, 1245–1260
Trautmann, T. (1997): Wie redest du denn mit mir? Kommunikation im Grundschulbereich. Hohengehren: Schneider
Triarchi-Herrmann, V. (2002): Die Mehrsprachigkeit als Aufgabenfeld der Sprachheilpädagogik. Die Sprachheilarbeit 47, 1, 35–40
Troßbach-Neuner, E. (1993) Gesprochene Sprache im Aufbau phonematischer Bewusstheit. Die Sprachheilarbeit 38/6. 24–28; 33–34
Troßbach-Neuner, E. (1997a): Schwerpunkte der Unterrichtsarbeit bei Kindern mit Förderbedarf im Bereich der Sprache. Zeitschrift für Heilpädagogik 5, 184–189
Troßbach-Neuner, E. (1999): Bilderbücher als Mittel entwicklungsorientierter Sprachförderung im Unterricht. Zeitschrift für Heilpädagogik 1, 16–23
Troßbach-Neuner, E. (2003): Entwicklungsproximale Sprachtherapie in der Schule. Geht das? In: *Grohnfeldt, M.* (Hrsg.): Spezifische Sprachentwicklungsstörungen (54–76). Rimpar: edition von freisleben

Troßbach-Neuner, E. (2003a): Kooperationsklassen. Eine Ergänzung des Angebots sonderpädagogischer Förderung in der allgemeinen Schule. SchulVerwaltung BY 6, 221–225

Tschamler, H. (³1996): Wissenschaftstheorie. Eine Einführung für Pädagogen. Bad Heilbrunn: Klinkhardt

Türcke, C. & Bolte, G. (1994): Einführung in die kritische Theorie. Darmstadt: Wissenschaftliche Buchgesellschaft

Tunmer, W. E., Bowey, J. A. (1984): Metalinguistic Awareness and Reading Acquisition. In: Metalinguistic Awareness in Children. Theory, Research, and Implications (144–168). Berlin, Heidelberg, New York, Tokyo: Springer-Verlag

Ueffing, C.M. (2003): Der Vorkurs als neue Chance für Kindergarten und Grundschule – Bemerkungen zur positiven Gestaltung. In: Staatsinstitut für Schulpädagogik und Bildungsforschung: Lernszenarien. Testfassung. Oberursel: Finken.

Utecht, D. (2003): Mehrsprachigkeit – Schlüssel zur Welt aber nicht zu unseren Schulen?! Die Sprachheilarbeit 48, 5, 194–199

Valtin, R. (2000): Die Theorie der kognitiven Klarheit – Das neue Verständnis von Lese-Rechtschreib-Schwierigkeiten In: *Akademie für Lehrerfortbildung und Personalführung Dillingen* (Hrsg.): Lese-Rechtschreib-Schwierigkeiten (16–59). Donauwörth: Auer Verlag

vds-Materialien (1999): Sonderpädagogische Förderung in den Ländern der Bundesrepublik Deutschland. Zeitschrift für Heilpädagogik 4, 191–220

Vollmer, G. (1993): Wissenschaftstheorie im Einsatz. Stuttgart: Hirzel

VORAUS. Diskette (Information über Systemvoraussetzungen: info@voraus2001.de; Bestellung über: bestellung@voraus2001.de)

Vygotskij, Lev S. (2002): Denken und Sprechen. Psychologische Untersuchungen. Weinheim, Basel: Beltz (russ. Originalausgabe 1934)

Wagner, R. & Werner-Frommelt, A. (2003): Schulische Intervention. In: *Amorosa, H. & Noterdaeme, M.*: Rezeptive Sprachstörungen. Ein Therapiemanual (71–79). Göttingen, Bern, Toronto, Seattle: Hogrefe

Waller, M. (1986): Metasprachliche Entwicklung: Forschungsgegenstand, Schwerpunkte, Desiderata und Perspektiven der empirischen Forschung. Heidelberg

Watzlawick, P. et al. (⁴1974): Menschliche Kommunikation (53–56). Bern: Huber

Watzlawick, P., Beavin, J. & Jackson, D. (1996): Menschliche Kommunikation. Formen, Störungen, Paradoxien. Bern, Göttingen, Toronto, Seattle: Hans Huber

Wegschneider, V. (2000): Verhaltensauffälligkeiten als sekundäres Symptom von Sprachstörungen und mögliche Therapieansätze. Der Sprachheilpädagoge 1, 8–29

Weigand, E. (1998): Emotions in Dialogue. In: *Cmejrková, S. et al.* (eds): Dialoganalysis VI. Proceedings of the 6th International Congrtess on Dialogue Analysis, Prague 1996 (35–48). Tübingen

Weigand, E. (2002): Emotions in Dialogic Interaction. Advances in the Complex. Scientific Report on an ESF Exploratory Workshop. www.uni-munster.de/Ling/main_weigand

Weigl, I. & Reddemann-Tschaikner, M. (2001): HOT – ein handlungsorientierter Therapieansatz für Kinder mit Sprachentwicklungsstörungen. Berlin: Thieme

Weinert, F. (1998): Neue Unterrichtskonzepte zwischen gesellschaftlichen Notwendigkeiten, pädagogischen Visionen und psychologischen Möglichkeiten. In: Wissen und Werte für die Welt von morgen – Bildungskongress des Bayerischen Staatsministeriums für Unterricht, Kultus, Wissenschaft und Kunst (101–125). Donauwörth: Auer

Weinert, H. (⁹1982): Die Bekämpfung von Sprechfehlern. Berlin: Volk und Gesundheit

Weinert, S. (2002): Therapie bei Sprachentwicklungsstörungen. In: *Suchodoletz, W. von.* (Hrsg.): Therapie von Sprachentwicklungsstörungen (46–69). Stuttgart: Kohlhammer
Weisgerber, L. (1950): Von den Kräften der deutschen Sprache. Düsseldorf: Schwann
Welling, A. & Grümer, C. (2000): Variabilität sprachlicher Bewusstheit und Heterogenität sprachlicher Erfahrung – Kinder mit sprachlicher Beeinträchtigung lernen Lesen und Schreiben. In: *Balhorn, H., Giese, H. & Osburg, C.* (Hrsg.): Betrachtungen über Sprachbetrachtungen. Grammatik und Unterricht (154–165). Kallmeyer
Welling, A., Grümmer, C. & Schulz, B. (2003): Lehrerbildung und sonderpädagogischer Studien- und Praxisschwerpunkt Sprache. Ein Beitrag zur Professionalisierung der unterrichts- und therapiedidaktischen Praxis. Zeitschrift für Heilpädagogik 54, 5, 194–203
Welling, A. & Kracht, A. (2002): Sprachpädagogische Professionalisierung der Sprachtherapie – Kooperation als pädagogische Leitidee. In: *Arbeitskreis Kooperative Pädagogik (AKoP) e.V.* (Hrsg.): Vom Wert der Kooperation – Gedanken zu Bildung und Erziehung (127–158). Frankfurt/M.: Lang
Welling, A. (1990): Zeitliche Orientierung und sprachliches Handeln. Handlungstheoretische Grundlegungen für ein pädagogisches Förderkonzept. Frankfurt a.M.: Lang
Welling, A. (1995): Didaktik – eine Herausforderung an die Sprachbehindertenpädagogik. In: *Grohnfeldt, M.* (Hrsg.): Handbuch der Sprachtherapie, Bd. 8: Sprachstörungen im sonderpädagogischen Bezugssystem. (38–59). Berlin: Marhold
Welling, A. (1996): Pädagogische Sprachheilarbeit und interdisziplinäres Denken – ein allgemeiner Impuls. In: *Deutsche Gesellschaft für Sprachbehindertenpädagogik e.V., Landesgruppe Westfalen-Lippe* (Hrsg.): Interdisziplinäre Zusammenarbeit. (63–74). Hamm: Edition von Freisleben
Welling, A. (1998): Sprachliches Handeln und Bewegungshandeln: Ein Praxiskonzept Kooperativer Sprachtherapie mit Kindern. In: *Frühwirth, I. & Meixner, F.* (Hrsg.): Sprache und Bewegung. (23–45). Wien: Jugend & Volk
Welling, A. (^{5}1999): Sprachbehindertenpädagogik. In: *Bleidick, U. u.a.* (Hrsg.): Einführung in die Behindertenpädagogik, Bd. 3: Schwerhörigen-, Sehbehinderten-, Sprachbehinderten-, Verhaltensgestörtenpädagogik (85–141). Stuttgart: Kohlhammer
Welling, A. (2000): Sprachbehinderungen. In: *Borchert, J.* (Hrsg.): Handbuch der Sonderpädagogischen Psychologie. Göttingen: Hogrefe
Welling, A. (2000): Förderschwerpunkt Sprache – eine kopernikanische Wende im Kleinen. In: *Drave W., Rumpler F. & Wachtel P.* (Hrsg.): Empfehlungen zur sonderpädagogischen Förderung (251–260). Würzburg: edition bentheim
Welling, A. (2003): Kind mit Anarthrie – Therapeutische Herausforderungen an das interprofessionelle Team. In: *Hübner, K. & Röhner-Münch, K.* (Hrsg.): Einblick in die Sprachheilpädagogik 2003. (81–96). Aachen: Shaker
Wendlandt, W. (1980): Verhaltenstherapie des Stotterns. Denkansätze, Zielsetzungen, Behandlungsmethoden. Weinheim: Beltz
Wendlandt, W. (^{2}1986): Verhaltenstherapeutisches Sprechtrainingsprogramm für stotternde Kinder und Jugendliche. Berlin: Marhold
Wendlandt, W. (2002): Zum Aufbau eines eigenverantwortlichen Selbsttrainings – Methodische Prinzipien für den Einsatz therapeutischer Hausaufgaben. LOGOS interdisziplinär 10, 2, 84–95
Werner, E. (1997): Gefährdete Kindheit in der Moderne: Protektive Faktoren.- Vierteljahresschrift für Heilpädagogik und ihre Nachbargebiete (VHN) 66, 2, 192–203.
Werner L. & Berkhahn C. (2003): *Praxisvorschläge zur Therapieintegration PRAVO 2003.* In: http://www. ph-heidelberg.de/org/sprachbe/WernerMitarbeiter/Therapieintegration-PRAVO.pdf
Werner L. & Bollinger C. (2002): Therapie und Unterricht: Ergänzung oder Alternative einer mehrdimensionalen Förderung im Primar- und Sekundarbe-

reich. In: *Meixner F.* (Hrsg.) Mehrdimensionalität der sprachheilpädagogischen Arbeit (134–146). Wien: Jugend & Volk

Werner, L. (1972): Zur Integration sprachtherapeutischer Maßnahmen in das Planungsmodell für Unterricht der Berliner Schule. Die Sprachheilarbeit 17, 87–92

Werner, L. (1975): Therapieimmanenz in der Schule für Sprachgeschädigte. Die Sprachheilarbeit 20, 77–83

Werner L. (1992): Biokybernetischer Ansatz. In: *Grohnfeldt M.* (Hrsg.) Handbuch der Sprachtherapie, Bd. 5: Störungen der Redefähigkeit (221–234). Berlin: Edition Marhold

Werner L. (^{2}1996): Sprachtherapie im Schulalter. In: *Grohnfeldt M.* (Hrsg.) Handbuch der Sprachtherapie. Bd. 1: Grundlagen der Sprachtherapie (161–191). Berlin: Edition Marhold

Werner L. (2001): Das Märchen vom ungelösten Dualismusproblem in der Sprachbehindertenpädagogik. Oder: Wie (Sprach-)Therapie und Unterricht doch zueinander finden. In: *Müller A.* (Hrsg.) Sonderpädagogik provokant (203–210). Luzern: Schweizerische Zentralstelle für Heilpädagogik

Westrich, E. (1971): Der Stotterer. Psychologie und Therapie. Bonn: Dürrsche Buchhandlung

Westrich, E. (1974): Der Stammler. Der Erlebensaspekt in der Sprachheilpädagogik. Bonn-Bad Godesberg: Dürrsche Buchhandlung

Westrich, E. (1978): Sprachbehinderung oder Sprachbehinderter? Grundsätzliches Problem sprachlicher Beeinträchtigungen. Die Sprachheilarbeit 23, 1, 27–31

Westrich, E. (1989): Grundsätzliches zur Förderung der Sprachbehinderten. In: *dgs – Landesgruppe Rheinland* (Hrsg.): Förderung Sprachbehinderter: Modelle und Perspektiven (XVIII. Arbeits- und Fortbildungstagung in Mainz 1988). (491–501). Hamburg: Wartenberg

Whitehurst, G.J. et al. (1988): Accelerating language development through picture book reading. Developmental Psychology, 24, 525–559

Wildegger-Lack, E. (1991): Schriftsprachtherapie. Didaktische Verfahren eines handlungsorientierten Modells. Germering: Verlag Wildegger

Wildegger-Lack, E. (2000): Mitschriften des Vortrags auf der XXIV. Arbeits- und Fortbildungstagung der dgs. Artikulationstherapie in der Spontansprache. Wege zur Übernahme neu erworbener Laute in die Alltagssprache. Dresden

Wildegger-Lack, E. (2003): Littera. Metalinguistisches Schriftsprachtraining in sechs Stufen. Germering: Verlag Wildegger

Wimmer, H., Mayringer, H. & Landerl, K. (1998). Poor Reading: A Defizit in Skill- Automatization or a Phonological Deficit? Scientific Studies of Reading, 2, 321–340

Winton, P.J., McCollum, J.A., Catlett, C. (Eds.) (1997): Reforming Personnel Preparation in Early Intervention. Baltimore: Paul H. Brookes

Witschas, D. & Stiefenhofer, B. (1999): Kreatives Schreiben, 3./4. Jahrgangsstufe. Puchheim: pb-verlag

Wlassowa, N.A. (1957): Behandlung des Stotterns bei Kindern im Vorschulalter. Die Sonderschule 2, 196–204

Wocken, H. (1997): Kompetenzen und Ausbildung von Sonderpädagogen. Unveröffentlichtes Manuskript. Hamburg

Wood, M. (1996): Developmental Therapy in the Classroom. Methods for Teaching Students with Emotional or Behavioral Handicaps. Texas: Pro-ed

Wulf, C. (^{2}1978): Theorien und Konzepte der Erziehungswissenschaft. München: Juventa

ZERO TO THREE – *National Center for Infants, Toddlers, and Families* (Hrsg.). (1999): Diagnostische Klassifikation: 0–3. Seelische Gesundheit und entwicklungsbedingte Störungen bei Säuglingen und Kleinkindern. Wien, New York: Springer

Ziegenhain, U., Wijnroks, L., Derksen, B. & Dreisörner, R. (1999): Entwicklungspsychologische Beratung bei jugendlichen Müttern und ihren Säuglingen.

In: *Opp, G., Fingerle, M. & Freytag, A.* (Hrsg.): Was Kinder stärkt (142–165). München, Basel: Ernst Reinhardt
Zielinski, Werner (³1998): Lernschwierigkeiten. Stuttgart u.a.: Kohlhammer
Zielke-Bruhn, J. (2002): Die gemeinsame Beschulung von sprach- und nichtsprachbehinderten Kindern an der Sternschule. Die Sprachheilarbeit 47, 2, 55–62
Zollinger, B. (1999): Spracherwerbsstörungen – Grundlagen zur Früherfassung und Frühtherapie. 6.Aufl. Bern: Paul Haupt
Zuckrigl, A. (1964): Sprachschwächen. Der Dysgrammatismus als sprachheilpädagogisches Problem, Villingen: Neckar

Stichwortverzeichnis

A

Adaptation, sensitive 192
Aggressivität 357
allgemeine Sprachdidaktik 127
Alligator-Testprinzip 156
Alltagshandlungen 160
Altersnormvergleiche 82
ambulante Sonderpädagogik 353
Analphabeten 246 f.
Aneignung 36
Aneignungstheorie 37
Anfangsunterricht 180
Angebots-Nutzungs-Modelle 106
Ängstlichkeit 357
Anspruch, pädagogischer 71 f.
Anthropologie 59, 352
Anthropologie, sonderpädagogische 348
Arbeitsamt 370
Arbeitsgedächtnis, sprachliches 249
Arbeitsgemeinschaft freiberuflicher und angestellter Sprachheilpädagogen (AGFAS) 18
Arbeitsgemeinschaft für Sprachheilpädagogik in Deutschland 17
Arbeitsleben 371
Arbeitsmarkt, allgemeiner 370
Artikeleinsetzungsregel 182
Aspekte, pädotherapeutische 29
Assimilation 297 ff.
Ästhetik/Kommunikation 141
Äußerungen, dysgrammatische 245
Audio I 287
AudioLog 3 287
auditive Wahrnehmung 311
Aufmerksamkeit 181, 186 f.
Aufmerksamkeitsstörungen 358
Ausbildung 371, 374
ausbildungsbegleitende Hilfe 371
Ausbildungswerkstätten 372
Aussprache 234, 236, 241, 274
Aussprachestörungen 236, 238 f., 244
Automatisierung 282
Autonomie 365

B

Bedeutung der Ausbildung 19
Bedeutungskonstruktion, emotionale 109
Bedingungsanalyse, didaktische 48
Bedürfnisorientierung 360
Begriffsbildung 296

Begründungen sprachbehindertenpädagogischen Handelns 89 f.
Behandlungsstandards 66
Behandlungsziele 67
Behinderung als pädagogische Kategorie 29
Behinderungsbegriff 74 f.
Beobachterperspektiven 121
Beobachtungsklassen 336
Beratung 60
Beratung der Eltern 324
Beratungsangebot 321
Beratungsgespräche 325
Beratungszentren, sprachheilpädagogische 340
Berliner Didaktikmodell 44
berufliche Deformation 123
berufliche Ersteingliederung 370
Berufsausbildung 371, 373
Berufsausbildungsgesetz 372
Berufsausübung 373
Berufsbildung 366 f.
Berufsbildung sprachgestörter Jugendlicher 366
Berufsbildungsvertrag 372
Berufsbildungswerke 370 ff.
Berufsprofil Sprachtherapeutin 19
Berufsrolle 122
Berufsschule 372
Berufstätigkeit 374
Berufswahl 373
Beschulung, gemeinsame 33
Bewusstheit, metasprachliche 250
Bewusstheit, phonologische 157, 219, 248, 251, 253, 254, 259 f.
Bewusstheit, sprachliche 235, 250
Beziehungsgestaltung 72, 81
Bezug, pädagogischer 36, 72
Bezugspunkte, wissenschaftstheoretische 80
Bielefelder Screening zur Früherkennung von Lese- und Rechtschreibschwierigkeiten (BISC) 255, 257 f.
Bilderbücher 191
Bilderbuchprogramm 192 f.
Bildergeschichte 176
Bildung 25, 70, 72 f., 83 f.
Bildung, informationstechnische 271
Bildung, sprachliche 138
Bildungsinhalte 220, 223
Bildungsmaßnahmen, berufsvorbereitende 371
Bildungsplanorientierung 139
Bildungstheorien 59

Bildungsverständnis, monolingual 300
Bildungsziele 73, 76, 224 ff.
Bildungszielorientierung 77, 87
Binnendifferenzierung 32
BISC 255, 257 f.
Blickkontakt zu den Schülern 172 f.
Bootstrapping-Strategien 200
Buchstaben-Laut-Training 255 f., 262 f.
Budenberg-Lernprogramme 289
Burn-Out 123

C

Computereinsatz 271
Computereinsatz in der Grundschule 280
computergestützte Intervention 271 f.
Computerprogramm 270 ff., 278
Computerprogramm paLABra 274
cultural lag 148

D

Defizite, lexikalische 296
Defizithypothese 298
Defizitorientierung 352
Denken, heilpädagogisches 356
Deprofessionalisierungstendenzen 90
Deutsch als Zweitsprache 292 f., 296 ff.
Deutscher Bundesverband der Logopäden (dbl) 18
Deutsche Gesellschaft für Sprachheilpädagogik e.V. (dgs) 17 f.
Deutscher Bundesverband der Sprachheilpädagogen (dbs) 18
Diagnose 363
Diagnose- und Förderklassen, sonderpädagogische 336
Diagnoseinstrument 363
Diagnostischer Prozess 322
Diagnostik 115
Diagnostik, frühkindliche 321
Diagnostik, monolinguale 299
Diagnostik, multivariate 321 f.
diagnostische Prinzipien 322
Dialog, personengeleiteter 163
Dialogfähigkeit 178
Dialogführung, individuelle 151
Dialogic Reading Training Program 192
dialogische Orientierung 149
dialogischer Prozess 40
Dialograum 113
Didaktik 91, 112
Didaktik, sprachheilpädagogische 119
Didaktik, sprachtherapeutische 48

Didaktikmodelle 92 ff.
Didaktiktheorie 107, 120, 122
Didaktiktheorie, relationale 125
didaktische Basis 88
Differenz, sprachliche 114 f., 118
Differenzerfahrungen 124
Differenzhypothese 298
Differenzierung 283
Drei-Ebenen-Modell menschlicher Aktivität 282
Dualismusproblematik 17
DuoDiff 287
Durchgangsschule 335, 343
Dysgrammatiker 236

E

Effektivität 326
Effektivität, therapeutische 190
Effektivitätsstudien 316
Effizienz 291
Effizienz sprachtherapeutischer Maßnahmen 22
Effizienzbelege 66
Effizienzkontrolle 65
Eigenkorrektur 227
Eigenständigkeit der Sprachheilpädagogik 69
Eignung, berufliche 370
Eingangsdiagnostik 284
Eingangsstufe, flexible 336
Ellipsen 183
Eltern als Experten 323
Eltern-Kind-Beziehung 325 f.
Eltern-Kind-Interaktionen 326
Eltern-Kind-Kommunikation 322
Elternarbeit 22
Elternfragebögen 323
embodiment 108
Emergenz 112, 126, 146
Emotion 141
emotionale Triangulation 118
Emotionen 106
Empfehlungen der Kultusministerkonferenz 218, 349 ff., 346
Empowerment 118
Enttherapeutisierung 32
Entwicklung, emotional-soziale 356
Entwicklung, menschliche 146
Entwicklungsbezogenheit 32
Entwicklungsgeschichte der Theoriebildung 26
entwicklungsorientierter Ansatz 361
Entwicklungsstand 363
entwicklungstherapeutischer Lernziel-Diagnosebogen 363
entwicklungstherapeutischer Unterricht 362
Ermittlung des Förderortes 333
Ermunterung zum Sprechen 171

Ersteingliederung, berufliche 371, 374
Erstsprache 295 f., 298, 300 ff.
Erstsprachentwicklung 296 f.
Erstspracherwerb 297
Erwerb der Schrift 236
Erwerb der Schriftsprache 235
Erwerb der Zweitsprache 307
Erziehung 25, 57, 60, 63, 73 f., 83 f., 365
Erziehung zur Sprachlichkeit 28
Erziehung, sprachtherapeutische 39
Erziehung, wertorientierte 83
Erziehungsplan 363
Erziehungswege 74
Erziehungswissenschaft 57, 59, 64, 73, 78, 81 ff., 86
Erziehungsziele 76
Ethikfragen 63
Ethnizität 59
Evaluationsstudien 82
exemplarisches Lernen 221

F

Fachkompetenz, sprachdidaktische 33
Fachkompetenz, sprachtherapeutische 33
Fähigkeiten, metalinguistische 201
Fähigkeiten, metasprachliche 236
Fähigkeiten, sprachlich-kognitive 235
Fallen, auditive 261
Familie 59
Familienorientierung 320
Familiensprache 297, 302 f.
Fehler 290
Fehlerdenken 166
Feststellung des Förderbedarfs 333
Fixierung, defektologische 156
Förderangebot 346
Förderanliegen, sprachtherapeutisches 164
Förderansätze, multimodale 324
Förderbedarf 89, 114 f., 117, 136, 225
Förderbedarf Sprache 35
Förderbedarf, individueller 346, 374
Förderbedarf, sonderpädagogischer 331
Förderbedürfnis 136, 142
Förderbedürfnisse 128, 136 ff.
Förderdiagnostik 119, 221, 284, 348 f.
Förderkonzept, diagnosegeleitetes 355
Förderkonzepte 72, 83
Förderlehrgänge 372
Fördermaßnahmen 223, 352

Förderorte 333 f., 345 f., 352
Förderpläne, individuelle 372
Förderplanung 119
Förderressourcen 348
Förderschulen 339
Förderschwerpunkt emotionale und soziale Entwicklung 218, 354
Förderschwerpunkt Lernen 218, 346 ff., 350 f., 354
Förderschwerpunkt Sprache 106, 120 f., 123, 125, 127, 131, 144, 217 f., 331, 346 ff., 351, 354
Förderschwerpunkt Sprache und Kommunikation 31
Förderschwerpunkte Sprache und Lernen 352
Fördersituationen, integrative 32
Förderung 34
Förderung der morphologisch-syntaktischen Ebene 200
Förderung der phonetisch-phonologischen Ebene 198
Förderung der semantisch-lexikalischen Ebene 199
Förderung des Sprachverständnisses 198
Förderung grammatischer Fähigkeiten 180
Förderung in der Sprachheilschule 18
Förderung, ganzheitliche 372
Förderung, integrative 348
Förderung, spezifische 366
Förderzentren 18, 331
Förderzentren, sonderpädagogische 336
Förderzentren, sprachheilpädagogische 336
Förderziele 117, 224 ff., 363, 374
Form-Funktions-Erfahrungen 180, 183
Formen der Beratung 22
Formulierungshilfen 176
Forschung 67
Fremdsprache 295
Fremdsprache in der Grundschule 305
Fremdsprachenlernen, frühes 305, 308 f.
Fremdspracherwerb 295
Frühdiagnostik 323
Früherkennung 252, 322 f., 328, 330
Frühförderstellen, interdisziplinäre 317 f., 320
Frühförderung 252, 316
Frühförderung, interaktionsorientierte 326
Frühförderung, regionale und mobile 320
funktionale Erzieherhaltung 149

Funktionalität, dialogische 151
Funktionalität, sachliche 151

G

Ganzheitlichkeit 32
Gedächtnisleistung 281
Gegenstandsspezifität (sprachlich) 141
gender 108
Gesprächspsychotherapie 62, 364
Gestalttherapie 62
Gestaltungsmittel, parasprachliche 172
Gestaltungsmomente, pädagogische 72
Globalisierung von Sprachtherapie 55
Grammatik 234, 236, 242, 266, 268, 269, 274 ff.
Grammatikmodelle 49
Grammatikregeln 180 f., 184
Grammatikunterricht 152 f.
Graphem 244 f.
Graphem-Phonem-Korrespondenz 158
Grapheme 234 f., 239
Grundannahme, anthropologische 35
Grundlagenforschung 84
Grundorientierungen 26
Grundpositionen, wissenschaftstheoretische 80, 87
Grundsätze sprachpädagogischen Denkens 26
Grundschule, integrative 344
Gruppentherapie 104
Gutachten zum sonderpädagogischen Förderbedarf 333

H

Habitus 117
Handeln, dialogisches 164
Handeln, kommunikatives 41
Handeln, sprachtherapeutisches 154
Handlung, sprachliche 146
Handlungen 282
Handlungs- und Projektorientierung 33
Handlungsebene 284
Handlungsfähigkeit 74 f., 83, 365
Handlungsfähigkeit, dialogische 41
Handlungsfähigkeit, sprachliche 76
Handlungsmodelle, pädagogisch-therapeutische 27
handlungsorientierte Frühförderung 130
Handlungsorientierung 32, 160
Handlungsstrukturen 183
Handlungstheorie 37

Handzeichen 198
Heilen 61
Heilpädagogik 60, 64 f., 357
heilpädagogische Methode 364
Heilungsbegriff, medizinischer 28
Heilverfahren, didaktische 27
Herkunftssprache 293
hermeneutischer Zirkel 306
Heterogenität 115
Hilfen im Unterricht 331
Homogenität, linguistische 117
Hören, peripheres 286
Hörmodelle 156 f.
Hörverstehensansatz 305 f., 308 ff.
Hyperaktivität 357 f.

I

Identifikation 157
Identität 138
Identität der Sprachheilpädagogik 53
Identität, disziplinäre 60
Identität, sprachliche 117
Identitätsbildung 296
Identitätsbildung der Sprachheilpädagogik 57
Identitätsentwicklung 136, 293 f.
Identitätshypothese 297
Identitätsprobleme 294, 296
Ideologiekritik 83
Imitationen, lautmalerische 198
Impulstechnik 177
Individualisierung 32, 283
Individualtherapie 104
Individuumszentrierung 352
Informationsflut 148
Informationsverarbeitung, phonologische 249, 258
Informationsverarbeitungsgeschwindigkeit, sprachgebundene 249
Institutionen, pädagogische 74
Institutionslösung 26
Instruktionswissenschaft 57
Integration 34, 293, 298, 300, 337, 343, 345
Integration durch Rehabilitation 343
Integration, berufliche 372
Integration, kreative 300
Integration, schulische 343, 347
Integrationsfachdienste 373
Integrationsmöglichkeit mehrsprachiger Kinder 299
Integrationspädagogik 129, 134
integrative Förderung 353
integrative Regelklasse 339
Intelligenzquotient, absinkender 369
Intelligenztestwerte 333
Interaktion, pädagogische 357
Interaktionen 40, 282, 359
Interaktionshypothese 252

Interaktionsstil der Eltern 325
Interdisziplinarität 57, 86
Interkulturelle Pädagogik 299
Interlanguagehypothese 297
Interventionsforschung 65

J

Jugendkultur 59

K

Kasusmarkierung 181 f.
Kind- und Familiendiagnostik 323
Kind-Umfeld-Analyse 284, 348 f.
Klassen zur Lern- und Sprachförderung 339
KMK-Empfehlungen 133, 349
Kode, nonverbaler 167
Koevolution 122 f.
Kognition 141
Kognitionspsychologie 57
Kognitionswissenschaft 57
Kombiklassen 337 f.
Kommunikation 40, 167 f., 282, 296
Kommunikation, pädagogische 41
Kommunikationsbedingungen 169 ff.
Kommunikationsfähigkeit 373
Kommunikationsförderung im Unterricht 169
Kommunikationsstrukturen, familiäre 325
Kommunikationstherapie 42
Kommunikationsverhalten 168
Kommunikationsverhalten der Lehrkraft 167 f.
Kommunikationsverhalten, nonverbales 172 f.
Kompetenz, didaktische 280
Kompetenz, kommunikative 168
Kompetenz, sprachliche 44
Kompetenzen 59, 348
kompetenzorientierte Anthropologie 350
Kompetenzorientierung 352
Konflikte, kulturelle 294
Konstrukt sprachliches Handeln 349
Konstruktivismus 108, 351
konstruktivistische Perspektive 361
Konterxteffekte 113
kontextoptimierte Situationsstrukturierung 201
Kontextoptimierung 21, 180 ff., 200, 207, 208, 210 ff.
Kontextunterstützung 112
Kontextunterstützung, emotionale 111
Kontrastierung 185, 188
Konversationsprogramm 192 f.
Konzept, methodologisches 85

Konzepte zur sprachheilpädagogischen Bildung 35
Konzepte, didaktische 77
Konzeptualisierung des Faches 70
Kooperation 128, 282, 346, 350, 355
Kooperation der Lehrer und Schüler 33
Kooperation von Regel- und Sonderschullehrern 22
Kooperationsklassen 337 f.
kooperative Didaktik 129 f., 144
kooperative Methode 145
kooperative Pädagogik 58
kooperative Physiotherapie 130
kooperative Sprachdidaktik 127, 129, 131, 134, 137, 145
kooperative Sprachtherapie 130
kooperativer Sprachunterricht 136
Kopplung, strukturelle 362
Körpersprache 172 f.
Kurzzeitgedächtnis, sprachliches 250
Kurzzeitintervention 183

L

language-learning-problem 351
Lautbildung 225, 302
Lautsprache 167, 281
Lautwahrnehmung 302
Legasthenie 248
Legastheniekonzept 248
Legastheniker 248
Lehr-Lern-Prozesse 124
Lehren und Lernen in Gruppen 59
Lehrerbild, sonderpädagogisches 355
Lehrerbildung 217 f.
Lehrerfunktionen 217
Lehrerrolle 150
Leistung der Sprachtherapie 61
Lernatmosphäre 126
Lernausgangslage 283 f.
Lernbehindertenpädagogik 347 f., 352
Lernbereiche 363
Lernen 281, 350 f., 353
Lernen im Spiel 324
Lernen, computerunterstütztes 285
Lernen, selbstinitiiertes 62
Lernen, sprachliches 146
Lernfortschritte, grammatische 189
Lerngegenstände 110, 351
Lerninhalte 109, 351
Lernkultur 52
Lernmotiv 109
Lernpsychologie 57
Lernschwierigkeiten 368
Lernsituation 352
Lernstoffbezug 139
Lerntheorie 350
Lerntheorie, integrative 39

Lerntypenhierarchiemodelle 39
Lernvoraussetzungen 89
Lernzieldifferenzierung 34
Lernziele 100 f.
Lernzielkontrolle 120
Lese- und Rechtschreibkompetenz 253 f.
Lese- und Rechtschreibleistungen 255
Lese- und Rechtschreibschwierigkeiten 249 f., 253, 256 ff.
Lese- und Schreibkompetenz 260
Lesekompetenz 120
Lesen 266 f., 270, 274 f., 277 f.
Lesen und Schreiben bei sprachgestörten Kindern und Jugendlichen 234
Lesen, sinnentnehmendes 243
Lesen- und Schreibenlernen 234
Lesenlernen 245
Lexik 302
linguistic identity 118
Linguistik 19
linguistische Markierung 156
Logopädie 19, 88

M
Maßnahmen, betriebliche 371
Maßnahmen, rehabilitative 366 f., 374
Maßnahmen, rehaspezifische 371
Maßnahmen, wohnortnahe 371
Matthäuseffekt 255
Mediatisierung 280
Mehr-Ebenen-Diagnostik 284
Mehrsprachigkeit 293, 299, 302
metalinguistische Fähigkeiten 265 ff., 275 f., 278
metalinguistische Intervention 265, 268 f., 274
metalinguistische Sprachtherapie 265, 271 f., 274, 278
Metapragmatik 267 f.
Metasemantik 267 f.
Metasprache 234
Metasyntax 267 f.
Methoden des Unterrichts 97 f.
Methoden, quantitative und qualitative 66
Methodenanwendung, exemplarische 221
Methodenkombination 274
methodische Standards 60
Migration 293 f., 299
Minimalpaare 240 f., 244
Mitbestimmung, soziale 132, 138
mobile Hilfe 328
Mobiler Sonderpädagogischer Dienst (MSD) 337 f., 354 f.

Modalität 213
Modalitätenwechsel 181, 183, 201, 211
Modell, sprachdidaktisches 44
Modellieren 155, 201
modellieren sprachlicher Äußerungen 219
Modellierformen 165
Modelliertechniken 155 ff.
Modelliertechniken in der Unterrichtsplanung 156
Modellierung 177, 192
Modellierungstechniken 174, 200
Modelling 175, 206 f., 209, 214, 216
Monismus 108
morphologisch-syntaktische Ebene 200
Motherese 191 f.
Motivation 227
Motive 282
Motorik 141
Mundmotorik-Übungen 198
Mutter-Kind-Dyaden 192 f.
Muttersprache, nichtdeutsche 293, 296

N
Nachvollziehbarkeit, intersubjektive 85
Neurowissenschaft 108
Nichtaussonderung 32, 343
Nominalphrase 182, 188 f.
Normalisierungsprinzip 343
Normalitätsprinzip 370
Normenpluralismus 116

O
Objektwissenschaftlichkeit 65
Ökologische Heil- und Sonderpädagogik 352
Ontologie 108
Operationen 282, 285
Operationsebene 284
Orientierungsreaktion 283

P
Pädagogik 68 f., 73, 78 f., 81 f., 85
Pädagogik, kooperative 76 f.
Pädagogikferne der Fachliteratur 75
pädagogische Haltung 364
pädagogisches Handeln und Therapie 61 f.
Pädagogisierung 53
Pädagogisierung der Sprachheilpädagogik 54
paLABra 274 ff., 278
Paradigma, medizinisches 27
Paradigmenwechsel 107, 118, 318
Passivität 357

Passung 224
Passung, sprachliche 196, 205
Parallelsprechen 156
Peer-Group-Sozialisation 59
Persistenz der Sprachdefizite 368
Personagenese 359
Personalität 142
Persönlichkeits- und Sozialentwicklung 331
Perturbationen 123
Phonem-Graphem-Korrespondenzen 160, 242, 252 f., 261, 264
Phonem-Graphem-Zuordnungen 240 f.
Phonemanalyse 243 f., 249, 261, 263 f.
Phonembewusstheit 253
Phonem 234 f., 239 f.
Phonemebene 302
Phonemsynthese 261, 263
phonologische Bewusstheit 290
phonologisches Bewusstsein 267 ff., 274 f.
PISA 106, 115, 120, 147
Planungsmodell des sprachtherapeutischen Unterrichts 46 ff.
Pluralisierung 283
Pluralität der Förderorte 344
Postmoderne 108, 118
Pragmatik 266, 303
Präpositionalphrase 188 f.
Präsentation 156
Prävalenzstudien 358
Prävention 124
Primärsozialisation 359
Primat der Sprachheilschule 17
Prinzipien der Sprachfrühförderung 320
Prinzipien, heilpädagogische 76
Probleme, laut- und schriftsprachliche 369
Problemlagen im Kindes- und Jugendalter 59
Problemlösen 281
Professionalisierung 122 f.
Professionalität 107, 134, 217
Professionsaufgabe 134
Prosodik 302
Prozess, kommunikativer 362
Prozesse, phonologische 240
Psycholinguistischer Entwicklungstest (PET) 192

Q

Qualität und Sprachtherapie 90
Qualität, pädagogische 69 f., 72, 76, 87
Qualitätsentwicklung 121
Qualitätssicherung 65, 274

R

Rationalität 106
Referendariat 217 f.
Reflexion 120, 126
Regeln, phonotaktische 261
Reha-Einrichtungen 371
Rehabilitation 34, 371
Rehabilitation von sprachgestörten Jugendlichen 370
Rehabilitationseinrichtungen 370 f.
Reime 243, 246
relationale Didaktik 108, 118
Repräsentationen, mentale 110
Repräsentationsaufbau 113
Ressourcen, individuelle 362
Ressourcen, soziale 362
Ressourcenorientierung 181
Rezeption 213
Reziprozität 115
Reziprozität der Rollen 156
Rhythmisierung 202, 206, 211, 216
Risikofaktoren 283
Rollentheorie, interaktionistische 40

S

Sachdialog, kindgerechter 153
Sachdialoge, personengeleitete 147, 152, 161
Schlüsselqualifikationen 52
Schreiben 267, 270, 274 f.
Schreibenlernen 245
Schrift 238
Schrifterwerb 234, 236, 242
Schriftsprache 241, 246, 252, 265 ff., 275 f., 281, 288, 368, 373
Schriftspracherwerb 157, 239, 242, 248 ff., 253, 256, 258, 265 f., 271 ff., 278
Schriftsprachtherapie 269 f., 273
Schulen, mehrsprachige 299
Schülerbedürfnis 163
Schülerdaten 352
Schulerfolg 331
Schülerinteresse 163
Schülerrolle 151
Schülerschaft der Sprachheilschule 335
Schulformen für sprachauffällige Kinder 335
Schulformen für sprachbehinderte Kinder 340 ff.
Schulformen, integrative 331
Segmentierung der mündlichen Sprache 234
Segmentierungsleistungen 241
Segregation 297
Segregation vs. Assimilation 293
Sekundärsozialisation 360

Selbstbestimmung, personale 132, 138
Selbstkontrollmechanismen 226
Selbstorganisation 123
Selbstorganisationsprozesse 319
Selbsttätigkeit 32
Selbstverständnis, diagnostisches 116
Selbstverständnis, heilpädagogisches 90
Selektion, soziale 115
Semantik 234, 236, 302
Semilingualismus 296
sensible Perioden 326
sensible Phasen 319
sensumotorische Kooperation 130
sichere Bindung 319
Sicherung, lexikalische 199
Signale, nonverbale 167, 176
Silbenanalyse 244
Silbengliederung 243
Sinnfrage 148
Sinnstützen, außersprachliche 172
Sinnverstehen, einfühlendes 38
Situation, lebensweltliche 133
Situationsgestaltung 72, 75
Situationsstrukturierung 200
Software 271, 278
Software zur Förderung 280
sonderpädagogischer Förderbedarf 346, 348
sozialer Konstruktivismus 351
Sozialisation 294 ff.
Sozialität 141
sozialpädiatrische Zentren 317
spezifische Sprachdidaktik 127 f.
Spiel- und Lern-Handlungen 285
Spiele in der Sprachtherapie 199
Spieltherapie 361, 363
Spontansprache 368
Sprach- und Lernstörungen 352
Sprach- und Sprechstörungen 349, 352
Sprach-Lerntherapiebedarf 64
Sprachbegriff 131
Sprachbehindertendidaktik 153
Sprachbehindertenpädagogik 88
Sprachbehindertenpädagogik und Logopädie 89
Sprachbehindertenpädagogik, integrative 32
Sprachbehinderung 367
Sprachbildung, persönlichkeitsgeleitete 149
Sprachdiagnostik 142
Sprachdidaktik 153, 166
Sprachentwicklungsstörung, spezifische 367 f.
Sprachentwicklungsstörungen 316, 326 ff., 366

Sprachentwicklungsverzögerungen 318
Spracherwerb 331
Spracherwerbsansatz, interaktionistischer 32
Spracherwerbstörungen 132, 327
Spracherziehung 78
Sprachförderung 78, 155
Sprachförderung, entwicklungsproximale 200
Sprachförderung, förderdiagnostische 197
Sprachförderung, schulische 334
Sprachförderung, unterrichtsimmanente 167, 175
Sprachfrühförderung 324, 327, 330
Sprachgebrauch 58, 154, 331
Sprachheilarbeit 70
Sprachheilpädagogik als Behindertenpädagogik 28
Sprachheilpädagogik als Heilpädagogik 26
Sprachheilpädagogik als Integrationspädagogik 31
Sprachheilpädagogik als Rehabilitationspädagogik 30
Sprachheilpädagogik als Sonderpädagogik 28
Sprachheilpädagogik als Wissenschaft 65, 70
Sprachheilpädagogik, außerschulische 18
Sprachheilpädagogik, schulische 18, 24
Sprachheilpädagogische Förderzentren 344
Sprachheilschule 17, 24, 331, 334 f., 339 f., 342 ff.
Sprachheilschulen 18, 339
Sprachheiltage 338
Sprachlehrstrategien 193
Sprachlehrstrategien, mütterliche 191
Sprachlernklassen 299
Sprachlernprozesse 44, 306
Sprachlernstrategien 308
sprachliche Entwicklungsstörung (handlungstheoretisch) 133
sprachliche Identität 118
sprachliches Handeln 131
sprachliches Lernen 138
sprachliches Lernziel 117
Sprachlichkeit 118
Sprachmodell, didaktisches 45
Sprachmodelle 156
Sprachpädagogik 58
Sprachpädagogik als Verhaltenswissenschaft 65

Sprachprobleme und Verhaltensstörungen 359
Sprachrehabilitation 78
sprachrehabilitativer Prozess 30
Sprachrezeption 286
Sprachsegmentierung 243
Sprachsonderpädagogik 28
Sprachspezifizierung 139
Sprachstand 301 f.
Sprachstandserhebung 301
Sprachstandsmessungen 120
Sprachstatus-Vergleiche 115
Sprachstörung 132, 373
Sprachstörung, mündliche 241
Sprachstörung, rezeptive 198
Sprachstörungen 236, 237, 332, 356
Sprachstörungen im Jugendalter 333
Sprachstörungen und Kommunikation 359
Sprachstörungen, hörbare und nicht hörbare 236
Sprachstörungen, mündliche 234, 236, 244
sprachstruktureller Aufbau 161
sprachtherapeutische Methoden 219
sprachtherapeutischer Unterricht 218 f.
Sprachtherapie 40, 55 f., 61, 78
Sprachtherapie, integrative 33
Sprachtherapie, pädagogische 33, 39, 55
Sprachüberprüfung 300
Sprachunterricht 78, 134
Sprachverhalten des Lehrers 173
Sprachverwendungsbezug 139
Sprechängste 170
Sprechanlässe, natürliche 172
Sprechhemmungen 170
SprechSpiegel III 288
Sprechtätigkeit 331
Sprechweise 181, 187
Sprechwissenschaft 19
Standardisierung 283
Standardverfahren, verhaltenstherapeutische 62
Stimulation, emotionale 113
Stimulieren sprachlicher Äußerungen 219
Störungen, externalisierende 359
Störungen, mehrdimensionale 333
Störungen, phonologische 239, 240
Störungen, semantische 243
Störungsfelder in der Sprachheilschule 332
Störungsstruktur, latente 368
Störungssyndrome, kombinierte 366
Strategien, sprachlehrorientierte 193
strukturelle Koppelung 123
Strukturen, grammatische 303
strukturzentrierte Fragen 156
Studienschwerpunkt, didaktischer 95
Subjektorientierung 112
Synthesefähigkeit 243 f.
System, funktionelles 283
System, autopoetisches 361
System, selbstreferentielles 361

T

Team-Teaching 22
Technik, evokative 192
Teilhabe, kulturelle 132, 138
Teilleistungsschwächen 248
Teilleistungen 248 f.
Teilleistungsstörungen 248
Testverfahren, standardisierte 82
Textproduktion 303
Theorie-Praxis-Differenz 80
Theorie-Praxis-Verhältnis 81
Theorie-Praxis-Zirkel 25
Theoriebildung 77, 79 ff., 84
Theoriebildung, sprachheilpädagogische 70
Therapeuten-Rolle 64
Therapeutisierung des Alltags 64
Therapie 34, 60, 63 ff., 240 f., 245
Therapieimmanenz 190
Therapieintegration 91, 189
therapiewirksame Prozesse 365
Transdisziplinarität 60 f.

U

Übergangssprache 302
Umerziehung 35 f.
Unterricht 25, 59 f., 63, 119
Unterricht der allgemeinen Schule 331
Unterricht mit dem Förderschwerpunkt Sprache 21
Unterricht und Sprachtherapie 90
Unterricht, sprachtherapeutischer 17, 21, 30, 39, 42 f., 148, 152, 154, 163, 217, 334, 343
Unterricht, verständnisintensiver 147
Unterrichts- und Therapieplanung 99 f.
Unterrichtsentwurf allgemeine Schule 101 ff.
Unterrichtsentwurf Schule für Sprachbehinderte 103
Unterrichtsentwürfe 117
Unterrichtsevaluation 120
Unterrichtsformen 144
Unterrichtsformen, offene 32
Unterrichtsgegenstand 136, 138 f.
Unterrichtshandlungen 143
Unterrichtsinhalte 140
Unterrichtskontexte, interkulturelle 124

Unterrichtskonzeptionen 96 f.
Unterrichtsmedien 144
Unterrichtsmethoden 138, 143
Unterrichtsphasen 143
Unterrichtsplanung 363
Unterrichtsqualität 125 f.
Unterrichtsreihe 226
Unterrichtsthematik 135, 138
Unterrichtsziele 139
Ursachenorientierung 181, 183

V

Variabilität 132
Verankerung 113
Verarbeitung, zentral-auditive 286
Verarbeitungsstrategien, sprachliche 113
Verbalisieren, handlungsbegleitendes 211
Verbundsystem, flexibles 21
Verhalten, maladaptives 358
Verhalten, schwieriges 360
Verhaltensänderung 38, 363
Verhaltenskompetenzen 363
Verhaltensmodifikation 360
Verhaltensstörungen 356 f.
Verhaltensweisen, abweichende 357
Verhältnis der sonderpädagogischen Fachrichtungen 19
Verknüpfungshypothese, phonologische 262
Verlaufsdiagnostik 284
Vernetzung 355
Verschwinden der Kindheit 148
Verstehen einer Verhaltensstörung 360
Viabilität 110, 113

W

Wahrnehmung 281, 362
Wahrnehmung und Sprache 280
Wahrnehmung, auditive 286
Wahrnehmung, visuelle 285

Werkstätten für behinderte Menschen 371
Werkzeugfunktion der Sprache 109
Wertneutraliät 38
Wesensgleichheit: Unterricht und Sprachtherapie 91
Wesensmerkmale der Sprachheilpädagogik 69
Wirksamkeit der Frühförderung 329
Wirksamkeitsnachweise 66
Wissen, metasprachliches 205
Wissensbildung, kognitive 109
Wissenschaft 65
Wissenschaft, empirisch-analytische 82
Wissenschaft, handlungsnahe 37
Wissenschaft, integrative 37
Wissenschaft, kritische 83
Wissenschaft, phänomenologisch-hermeneutische 81
Wissenschaft, wertgeleitete 66
Wissenschaften, sprachpathologische 56
Wissenschaftlichkeit 69, 79 f., 82, 85, 87
Wissenschaftsanspruch 69, 78, 80, 83, 87
Wissenschaftstheorie 108
Wissenstransfer 60
Wissensvermittlung, kognitive 111
Work-Life-Balance 124
Wortschatz 266, 269, 274 ff.

Z

zentrale didaktische Kategorien 109
Zielstruktur 181, 183 f., 187 f.
Zieltransparenz 225, 227
Zone der nächsten Entwicklung 175, 200
Zusammenhang von Laut- und Schriftsprache 234
Zweisprachigkeit 296
Zweitsprache 295 ff., 300 ff.
Zweitspracherwerb 295 f., 302

Autorenverzeichnis

Bahr, Reiner; Dr. paed.; Rethelstr. 157, 40237 Düsseldorf
Baumgartner, Stephan; Dr. phil.; Ludwig-Maximilians-Universität München, Leopoldstr. 13, 80802 München
Berkhahn, Cornelia; Mundelsheimer Str. 1, 71634 Ludwigsburg
Braun, Otto; Prof. Dr. phil.; Humboldt-Universität zu Berlin, Georgenstr. 36, 10099 Berlin
Bundschuh, Konrad; Prof. Dr. phil. Dipl.-Psych.; Ludwig-Maximilians-Universität München, Leopoldstr. 13, 80802 München
Deuse, Arno; PD Dr. phil.; Wilhelm-Wolters-Str. 54a, 28309 Bremen
Ettenreich-Koschinsky, Angela; Schule an der Herkscher-Klinik, Deisenkofener Str. 28, 81539 München
Füssenich, Iris; Prof. Dr. phil.; Pädagogische Hochschule Ludwigsburg, Fakultät für Sonderpädagogik, Postfach 2344, 72762 Reutlingen
Gollwitz, Giselher; Kanalstr. 12, 93077 Bad Abbach
Grimme, Barbara; Venloerstr. 501, 50825 Köln
Grohnfeldt, Manfred; Prof. Dr. phil.; Ludwig-Maximilians-Universität München, Leopoldstr. 13, 80802 München
Heimlich, Ulrich; Prof. Dr. phil.; Ludwig-Maximilians-Universität München, Leopoldstr. 13, 80802 München
Jedik, Lilli; Dr. paed.; Ludwig-Maximilians-Universität München, Leopoldstr. 13, 80802 München
Knebel, Ulrich von; Dr. phil.; Universität Hamburg, Sedanstr 19, 20146 Hamburg
Lüdtke, Ulrike; Dr. paed.; Universität Bremen, Postfach 330440, 28334 Bremen
Mayer, Andreas; Rudolf-Zenker-Str. 4, 81377 München
Miksch, Angela; Sprachheilpädagogisches Arbeits- und Beratungszentrum, Klenzestr. 27, 80469 München
Motsch, Hans-Joachim; Prof. Dr. phil.; Pädagogische Hochschule Heidelberg, Keplerstr. 87, 69120 Heidelberg
Nguyen-thi, Minh-Dai; Dr. phil.; Emil-Geis-Str. 2, 81379 München
Peterander, Franz; Prof. Dr. phil., Ludwig-Maximilians-Universität München, Leopoldstr. 13, 80802 München
Reber, Karin; Biberstr. 24, 92637 Weiden
Schmitt, Karin; Schwalbenstr. 88, 85521 Offenbrunn
Schneider, Wilma; Dr. phil.; Hohenzollernstr. 120, 80796 München
Weiß, Petra; Schule zur individuellen Lernförderung, Rothpletzstr. 40, 80937 München
Welling, Alfons; Prof. Dr. phil.; Universität Hamburg, Sedanstr. 19, 20146 Hamburg
Werner, Lothar; Prof. Dr. phil.; Pädagogische Hochschule Heidelberg, Keplerstr. 87, 69120 Heidelberg
Ziegler, Daniela; Weinbrümlestr. 20, 76359 Marxzell-Pfaffenrot